国家卫生健康委员会“十三五”规划教材
科研人员核心能力提升导引丛书
供研究生及科研人员用

IBM SPSS 统计软件应用

IBM SPSS Applications

主　编　陈平雁　安胜利

副主编　欧春泉　陈莉雅　王建明

人民卫生出版社
·北　京·

图书在版编目（CIP）数据

IBM SPSS 统计软件应用 / 陈平雁，安胜利主编. —北京：人民卫生出版社，2020.8（2023.11 重印）
ISBN 978-7-117-30196-1

Ⅰ.①I… Ⅱ.①陈… ②安… Ⅲ.①统计分析-应用软件-教材 Ⅳ.①C819

中国版本图书馆 CIP 数据核字（2020）第 120034 号

IBM SPSS 统计软件应用

IBM SPSS Tongji Ruanjian Yingyong

主　　编：陈平雁　安胜利
出版发行：人民卫生出版社（中继线 010-59780011）
地　　址：北京市朝阳区潘家园南里 19 号
邮　　编：100021
E - mail：pmph @ pmph.com
购书热线：010-59787592　010-59787584　010-65264830
印　　刷：三河市潮河印业有限公司
经　　销：新华书店
开　　本：850 × 1168　1/16　　**印张：**22.5
字　　数：635 千字
版　　次：2020 年 8 月第 1 版
印　　次：2023 年 11 月第 4 次印刷
标准书号：ISBN 978-7-117-30196-1
定　　价：98.00 元

编　者（按姓氏笔画排序）

丁元林　广东医科大学
于　浩　南京医科大学
马金香　广州医科大学
王　玖　滨州医学院
王　彤　山西医科大学
王乐三　中南大学湘雅医学院
王建明　南京医科大学
王炳顺　上海交通大学医学院
王锡玲　复旦大学公共卫生学院
尹　平　华中科技大学同济医学院
毕育学　西安交通大学医学部
朱彩蓉　四川大学华西公共卫生学院
安胜利　南方医科大学
李　康　哈尔滨医科大学
李秀央　浙江大学医学院
张庆英　汕头大学医学院
张晋昕　中山大学公共卫生学院
陈　征　南方医科大学
陈平雁　南方医科大学
陈炳为　东南大学公共卫生学院
陈莉雅　南方医科大学
欧春泉　南方医科大学
易　东　陆军军医大学
胡冬梅　大连医科大学
钟晓妮　重庆医科大学
姚　晨　北京大学医学部
贺　佳　海军军医大学
夏结来　空军军医大学
黄高明　广西医科大学
崔　壮　天津医科大学
颜　艳　中南大学湘雅医学院
薛付忠　山东大学公共卫生学院

主编简介

陈平雁　现任南方医科大学公共卫生学院生物统计学系教授，博士研究生导师，博士后合作导师。中华预防医学会生物统计学分会主任委员，国际生物统计学会中国分会副理事长，广东省生物统计学会会长，国家科技重大专项评审专家，国家科学技术奖励评审专家，国家食品药品监督管理局新药审评咨询专家，国家食品药品监督管理局保健食品和化妆品审评专家。器官衰竭防治国家重点实验室/国家肾病临床研究中心/广东省肾脏病研究所学术委员会副主任。广州市重大行政决策论证专家。

从事生物统计学教学、科研工作30余年。在国内首先创办生物统计学系（2005年）。在国内率先开设生物统计本科专业（2006年）。发表论文280余篇，其中SCI收录论文80余篇。主编5部SPSS统计软件应用系列教材。获总后勤部优秀教师，全军院校育才奖银奖。获中华医学会一等奖1项（参与），省部级科学技术进步奖二等奖1项（参与），省部级科学技术进步奖三等奖4项（2项负责，2项参与），广东省教育教学成果奖二等奖（负责）。

安胜利　现任南方医科大学公共卫生学院生物统计学系副主任，副教授，硕士研究生导师。广东省食品药品监督管理局医疗器械审评专家，广东省药品监督管理局药品不良反应监测专家，广东省药学会乳腺科用药专家委员会顾问，中华预防医学会预防医学信息专业委员会委员。

从事生物统计学教学、科研工作20余年。改进了分类变量一致性评价方法，提出的一致性评价系数（CEA系数）具有更高的可靠性，并在亚组识别方法方面进行了一系列工作。发表论文80余篇，其中SCI收录论文20余篇。作为副主编编写教材3部，作为编委参与编写教材6部。获国家发明专利1项，广东省教育教学成果奖二等奖（参与）。

副主编简介

欧春泉　现任南方医科大学公共卫生学院生物统计学系主任，教授，博士研究生导师，器官衰竭防治国家重点实验室课题组长。中华预防医学会生物统计学分会秘书长，中国卫生信息与健康医疗大数据学会卫生统计学教育专业委员会副主任委员，中国医药教育协会医药统计专业委员会副主任委员，国家食品药品监督管理局药品注册审评专家咨询委员会生物统计专家咨询委员会委员，广东省生物统计学会副会长，广东省高校本科统计类教学指导委员会副主任委员。

从事生物统计学教学、科研工作20余年。率先提出了基于卫星监测的气溶胶厚度对我国近地面大气细颗粒物浓度进行准确估计的统计方法，达到了高分辨率和高覆盖率，并在气候变化和大气污染人群健康效应评估方法和应用方面展开了一系列开创性的工作。参与制订、修订我国新药研发和审评相关指南5个。作为副主编编写教材5部，作为编委参与编写"十三五"规划教材2部。发表论文90余篇，其中SCI收录论文70篇。获广东省教育教学成果奖二等奖（参与）。

陈莉雅　现任南方医科大学南方医院统计室统计师。广东省生物统计学会理事，广东省生物统计学会医院统计分会副主任委员。

从事医院统计工作10余年。全国高等医药院校教材《IBM SPSS 19统计软件应用教程》（第2版）副主编。参与国家自然科学基金2项，主持广东省卫生经济学会科研课题2项，主持院内思想政治课题4项，获得广东省医院协会医院伦理与文化管理专业委员会学术年会主题征文优秀论文二等奖2项，三等奖2项。

王建明　现任南京医科大学公共卫生学院副院长，流行病学教授，博士研究生导师。巴基斯坦利雅卡特医学和健康科学大学（LUMHS）兼职/访问教授，国家卫生应急体系建设指导专家库专家（权威类），江苏省防痨协会第七届理事会副理事长，江苏省健康管理学会社区健康管理专业委员会副主任委员，江苏省预防医学会卫生应急专业委员会常务委员。

长期从事流行病学教学和科研工作，主持国家自然科学基金面上项目5项，江苏省重点研发计划1项，江苏省科技支撑计划1项，江苏省自然科学基金1项，美国中华医学基金会项目1项。以第一作者或通讯作者发表学术论文100余篇，其中SCI收录论文50余篇。主编、副主编或参编教材（专著）20部。江苏省高校"青蓝工程"中青年学术带头人、"青蓝工程"教学团队负责人、江苏高校省级外国留学生英文授课精品课程主讲人、江苏省"六大人才高峰"培养对象。获江苏省教学成果奖二等奖1项、中华预防医学会科学技术奖二等奖1项、江苏医学科技奖三等奖2项等。

全国高等学校医学研究生“国家级”规划教材 第三轮修订说明

进入新世纪，为了推动研究生教育的改革与发展，加强研究型创新人才培养，人民卫生出版社启动了医学研究生规划教材的组织编写工作，在多次大规模调研、论证的基础上，先后于 2002 年和 2008 年分两批完成了第一轮 50 余种医学研究生规划教材的编写与出版工作。

2014 年，全国高等学校第二轮医学研究生规划教材评审委员会及编写委员会在全面、系统分析第一轮研究生教材的基础上，对这套教材进行了系统规划，进一步确立了以“解决研究生科研和临床中实际遇到的问题”为立足点，以“回顾、现状、展望”为线索，以“培养和启发读者创新思维”为中心的教材编写原则，并成功推出了第二轮（共 70 种）研究生规划教材。

本套教材第三轮修订是在党的十九大精神引领下，对《国家中长期教育改革和发展规划纲要（2010—2020 年）》《国务院办公厅关于深化医教协同进一步推进医学教育改革与发展的意见》，以及《教育部办公厅关于进一步规范和加强研究生培养管理的通知》等文件精神的进一步贯彻与落实，也是在总结前两轮教材经验与教训的基础上，再次大规模调研、论证后的继承与发展。修订过程仍坚持以“培养和启发读者创新思维”为中心的编写原则，通过“整合”和“新增”对教材体系做了进一步完善，对编写思路的贯彻与落实采取了进一步的强化措施。

全国高等学校第三轮医学研究生“国家级”规划教材包括五个系列。①科研公共学科：主要围绕研究生科研中所需要的基本理论知识，以及从最初的科研设计到最终的论文发表的各个环节可能遇到的问题展开；②常用统计软件与技术：介绍了 SAS 统计软件、SPSS 统计软件、分子生物学实验技术、免疫学实验技术等常用的统计软件以及实验技术；③基础前沿与进展：主要包括了基础学科中进展相对活跃的学科；④临床基础与辅助学科：包括了专业学位研究生所需要进一步加强的相关学科内容；⑤临床专业学科：通过对疾病诊疗历史变迁的点评、当前诊疗中困惑、局限与不足的剖析，以及研究热点与发展趋势探讨，启发和培养临床诊疗中的创新思维。

该套教材中的科研公共学科、常用统计软件与技术学科适用于医学院校各专业的研究生及相应的科研工作者，基础前沿与进展学科主要适用于基础医学和临床医学的研究生及相应的科研工作者；临床基础与辅助学科和临床专业学科主要适用于专业学位研究生及相应学科的专科医师。

全国高等学校第三轮医学研究生“国家级”规划教材目录

1	医学哲学（第 2 版）	主　编	柯　杨　张大庆
		副主编	赵明杰　段志光　边　林　唐文佩
2	医学科研方法学（第 3 版）	主　审	梁万年
		主　编	刘　民　胡志斌
		副主编	刘晓清　杨土保
3	医学统计学（第 5 版）	主　审	孙振球　徐勇勇
		主　编	颜　艳　王　彤
		副主编	刘红波　马　骏
4	医学实验动物学（第 3 版）	主　编	秦　川　谭　毅
		副主编	孔　琪　郑志红　蔡卫斌　李洪涛　王靖宇
5	实验室生物安全（第 3 版）	主　编	叶冬青
		副主编	孔　英　温旺荣
6	医学科研课题设计、申报与实施（第 3 版）	主　审	龚非力　李卓娅
		主　编	李宗芳　郑　芳
		副主编	吕志跃　李煌元　张爱华
7	医学实验技术原理与选择（第 3 版）	主　审	魏于全
		主　编	向　荣
		副主编	袁正宏　罗云萍
8	统计方法在医学科研中的应用（第 2 版）	主　编	李晓松
		副主编	李　康　潘发明
9	医学科研论文撰写与发表（第 3 版）	主　审	张学军
		主　编	吴忠均
		副主编	马　伟　张晓明　杨家印
10	IBM SPSS 统计软件应用	主　编	陈平雁　安胜利
		副主编	欧春泉　陈莉雅　王建明

11	SAS统计软件应用（第4版）	主　编　贺　佳 副主编　尹　平　石武祥
12	医学分子生物学实验技术（第4版）	主　审　药立波 主　编　韩　骅　高国全 副主编　李冬民　喻　红
13	医学免疫学实验技术（第3版）	主　编　柳忠辉　吴雄文 副主编　王全兴　吴玉章　储以微　崔雪玲
14	组织病理技术（第2版）	主　编　步　宏 副主编　吴焕文
15	组织和细胞培养技术（第4版）	主　审　章静波 主　编　刘玉琴
16	组织化学与细胞化学技术（第3版）	主　编　李　和　周德山 副主编　周国民　肖　岚　刘佳梅　孔　力
17	医学分子生物学（第3版）	主　审　周春燕　冯作化 主　编　张晓伟　史岸冰 副主编　何凤田　刘　戟
18	医学免疫学（第2版）	主　编　曹雪涛 副主编　于益芝　熊思东
19	遗传和基因组医学	主　编　张　学 副主编　管敏鑫
20	基础与临床药理学（第3版）	主　编　杨宝峰 副主编　李　俊　董　志　杨宝学　郭秀丽
21	医学微生物学（第2版）	主　编　徐志凯　郭晓奎 副主编　江丽芳　范雄林
22	病理学（第2版）	主　编　来茂德　梁智勇 副主编　李一雷　田新霞　周　桥
23	医学细胞生物学（第4版）	主　审　杨　恬 主　编　安　威　周天华 副主编　李　丰　杨　霞　王杨淦
24	分子毒理学（第2版）	主　编　蒋义国　尹立红 副主编　骆文静　张正东　夏大静　姚　平
25	医学微生态学（第2版）	主　编　李兰娟
26	临床流行病学（第5版）	主　编　黄悦勤 副主编　刘爱忠　孙业桓
27	循证医学（第2版）	主　审　李幼平 主　编　孙　鑫　杨克虎

28	断层影像解剖学	主　编	刘树伟　张绍祥
		副主编	赵　斌　徐　飞
29	临床应用解剖学（第2版）	主　编	王海杰
		副主编	臧卫东　陈　尧
30	临床心理学（第2版）	主　审	张亚林
		主　编	李占江
		副主编	王建平　仇剑崟　王　伟　章军建
31	心身医学	主　审	Kurt Fritzsche　吴文源
		主　编	赵旭东
		副主编	孙新宇　林贤浩　魏　镜
32	医患沟通（第2版）	主　编	尹　梅　王锦帆
33	实验诊断学（第2版）	主　审	王兰兰
		主　编	尚　红
		副主编	王传新　徐英春　王　琳　郭晓临
34	核医学（第3版）	主　审	张永学
		主　编	李　方　兰晓莉
		副主编	李亚明　石洪成　张　宏
35	放射诊断学（第2版）	主　审	郭启勇
		主　编	金征宇　王振常
		副主编	王晓明　刘士远　卢光明　宋　彬　李宏军　梁长虹
36	疾病学基础	主　编	陈国强　宋尔卫
		副主编	董　晨　王　韵　易　静　赵世民　周天华
37	临床营养学	主　编	于健春
		副主编	李增宁　吴国豪　王新颖　陈　伟
38	临床药物治疗学	主　编	孙国平
		副主编	吴德沛　蔡广研　赵荣生　高　建　孙秀兰
39	医学3D打印原理与技术	主　编	戴尅戎　卢秉恒
		副主编	王成焘　徐　弢　郝永强　范先群　沈国芳　王金武
40	互联网+医疗健康	主　审	张来武
		主　编	范先群
		副主编	李校堃　郑加麟　胡建中　颜　华
41	呼吸病学（第3版）	主　审	钟南山
		主　编	王　辰　陈荣昌
		副主编	代华平　陈宝元　宋元林

42 消化内科学（第 3 版）
主 审 樊代明 李兆申
主 编 钱家鸣 张澍田
副主编 田德安 房静远 李延青 杨 丽

43 心血管内科学（第 3 版）
主 审 胡大一
主 编 韩雅玲 马长生
副主编 王建安 方 全 华 伟 张抒扬

44 血液内科学（第 3 版）
主 编 黄晓军 黄 河 胡 豫
副主编 邵宗鸿 吴德沛 周道斌

45 肾内科学（第 3 版）
主 审 谌贻璞
主 编 余学清 赵明辉
副主编 陈江华 李雪梅 蔡广研 刘章锁

46 内分泌内科学（第 3 版）
主 编 宁 光 邢小平
副主编 王卫庆 童南伟 陈 刚

47 风湿免疫内科学（第 3 版）
主 审 陈顺乐
主 编 曾小峰 邹和建
副主编 古洁若 黄慈波

48 急诊医学（第 3 版）
主 审 黄子通
主 编 于学忠 吕传柱
副主编 陈玉国 刘 志 曹 钰

49 神经内科学（第 3 版）
主 编 刘 鸣 崔丽英 谢 鹏
副主编 王拥军 张杰文 王玉平 陈晓春 吴 波

50 精神病学（第 3 版）
主 编 陆 林 马 辛
副主编 施慎逊 许 毅 李 涛

51 感染病学（第 3 版）
主 编 李兰娟 李 刚
副主编 王贵强 宁 琴 李用国

52 肿瘤学（第 5 版）
主 编 徐瑞华 陈国强
副主编 林东昕 吕有勇 龚建平

53 老年医学（第 3 版）
主 审 张 建 范 利 华 琦
主 编 刘晓红 陈 彪
副主编 齐海梅 胡亦新 岳冀蓉

54 临床变态反应学
主 编 尹 佳
副主编 洪建国 何韶衡 李 楠

55 危重症医学（第 3 版）
主 审 王 辰 席修明
主 编 杜 斌 隆 云
副主编 陈德昌 于凯江 詹庆元 许 媛

56	普通外科学（第 3 版）	主　编　赵玉沛 副主编　吴文铭　陈规划　刘颖斌　胡三元
57	骨科学（第 3 版）	主　审　陈安民 主　编　田　伟 副主编　翁习生　邵增务　郭　卫　贺西京
58	泌尿外科学（第 3 版）	主　审　郭应禄 主　编　金　杰　魏　强 副主编　王行环　刘继红　王　忠
59	胸心外科学（第 2 版）	主　编　胡盛寿 副主编　王　俊　庄　建　刘伦旭　董念国
60	神经外科学（第 4 版）	主　编　赵继宗 副主编　王　硕　张建宁　毛　颖
61	血管淋巴管外科学（第 3 版）	主　编　汪忠镐 副主编　王深明　陈　忠　谷涌泉　辛世杰
62	整形外科学	主　编　李青峰
63	小儿外科学（第 3 版）	主　审　王　果 主　编　冯杰雄　郑　珊 副主编　张潍平　夏慧敏
64	器官移植学（第 2 版）	主　审　陈　实 主　编　刘永锋　郑树森 副主编　陈忠华　朱继业　郭文治
65	临床肿瘤学（第 2 版）	主　编　赫　捷 副主编　毛友生　于金明　吴一龙　沈　铿 马　骏
66	麻醉学（第 2 版）	主　编　刘　进　熊利泽 副主编　黄宇光　邓小明　李文志
67	妇产科学（第 3 版）	主　审　曹泽毅 主　编　乔　杰　马　丁 副主编　朱　兰　王建六　杨慧霞　漆洪波 曹云霞
68	生殖医学	主　编　黄荷凤　陈子江 副主编　刘嘉茵　王雁玲　孙　斐　李　蓉
69	儿科学（第 2 版）	主　编　桂永浩　申昆玲 副主编　杜立中　罗小平
70	耳鼻咽喉头颈外科学（第 3 版）	主　审　韩德民 主　编　孔维佳　吴　皓 副主编　韩东一　倪　鑫　龚树生　李华伟

71	眼科学（第 3 版）	主　审	崔　浩　黎晓新
		主　编	王宁利　杨培增
		副主编	徐国兴　孙兴怀　王雨生　蒋　沁 刘　平　马建民
72	灾难医学（第 2 版）	主　审	王一镗
		主　编	刘中民
		副主编	田军章　周荣斌　王立祥
73	康复医学（第 2 版）	主　编	岳寿伟　黄晓琳
		副主编	毕　胜　杜　青
74	皮肤性病学（第 2 版）	主　编	张建中　晋红中
		副主编	高兴华　陆前进　陶　娟
75	创伤、烧伤与再生医学（第 2 版）	主　审	王正国　盛志勇
		主　编	付小兵
		副主编	黄跃生　蒋建新　程　飚　陈振兵
76	运动创伤学	主　编	敖英芳
		副主编	姜春岩　蒋　青　雷光华　唐康来
77	全科医学	主　审	祝墡珠
		主　编	王永晨　方力争
		副主编	方宁远　王留义
78	罕见病学	主　编	张抒扬　赵玉沛
		副主编	黄尚志　崔丽英　陈丽萌
79	临床医学示范案例分析	主　编	胡翊群　李海潮
		副主编	沈国芳　罗小平　余保平　吴国豪

全国高等学校第三轮医学研究生“国家级”规划教材评审委员会名单

顾　　问

韩启德　桑国卫　陈　竺　曾益新　赵玉沛

主任委员（以姓氏笔画为序）

王　辰　刘德培　曹雪涛

副主任委员（以姓氏笔画为序）

于金明　马　丁　王正国　卢秉恒　付小兵　宁　光　乔　杰
李兰娟　李兆申　杨宝峰　汪忠镐　张　运　张伯礼　张英泽
陆　林　陈国强　郑树森　郎景和　赵继宗　胡盛寿　段树民
郭应禄　黄荷凤　盛志勇　韩雅玲　韩德民　赫　捷　樊代明
戴尅戎　魏于全

常务委员（以姓氏笔画为序）

文历阳　田勇泉　冯友梅　冯晓源　吕兆丰　闫剑群　李　和
李　虹　李玉林　李立明　来茂德　步　宏　余学清　汪建平
张　学　张学军　陈子江　陈安民　尚　红　周学东　赵　群
胡志斌　柯　杨　桂永浩　梁万年　瞿　佳

委　　员（以姓氏笔画为序）

于学忠　于健春　马　辛　马长生　王　彤　王　果　王一镗
王兰兰　王宁利　王永晨　王振常　王海杰　王锦帆　方力争
尹　佳　尹　梅　尹立红　孔维佳　叶冬青　申昆玲　田　伟
史岸冰　冯作化　冯杰雄　兰晓莉　邢小平　吕传柱　华　琦
向　荣　刘　民　刘　进　刘　鸣　刘中民　刘玉琴　刘永锋
刘树伟　刘晓红　安　威　安胜利　孙　鑫　孙国平　孙振球
杜　斌　李　方　李　刚　李占江　李幼平　李青峰　李卓娅
李宗芳　李晓松　李海潮　杨　恬　杨克虎　杨培增　吴　皓

吴文源　吴忠均　吴雄文　邹和建　宋尔卫　张大庆　张永学
张亚林　张抒扬　张建中　张绍祥　张晓伟　张澍田　陈　实
陈　彪　陈平雁　陈荣昌　陈顺乐　范　利　范先群　岳寿伟
金　杰　金征宇　周天华　周春燕　周德山　郑　芳　郑　珊
赵旭东　赵明辉　胡　豫　胡大一　胡翊群　药立波　柳忠辉
祝墡珠　贺　佳　秦　川　敖英芳　晋红中　钱家鸣　徐志凯
徐勇勇　徐瑞华　高国全　郭启勇　郭晓奎　席修明　黄　河
黄子通　黄晓军　黄晓琳　黄悦勤　曹泽毅　龚非力　崔　浩
崔丽英　章静波　梁智勇　谌贻璞　隆　云　蒋义国　韩　骅
曾小峰　谢　鹏　谭　毅　熊利泽　黎晓新　颜　艳　魏　强

前　　言

IBM SPSS 软件源于 SPSS 软件（Statistical Package for Social Sciences，社会科学统计软件包），后者自 1968 年 SPSS 公司的成立之日起问世。由于 SPSS 公司于 2009 年 10 月 2 日正式并入 IBM 公司，此后 SPSS 软件更名为 IBM SPSS 软件，如本书介绍的 IBM SPSS 25。SPSS 软件一直是国际上最流行且具有权威性的统计分析软件之一，自 1992 年推出第一个 Windows 版本即最初的 SPSS 4.0 版本以来，不断更新，刚刚升级至目前的 IBM SPSS 25 版本。IBM SPSS 软件最显著的特点是菜单和对话框的操作方式，无需学习专门的程序语言，绝大多数操作过程仅靠鼠标击键即可完成，易于掌握和操作，因而是非统计专业人员应用最多的统计软件。在 SPSS 软件基础上，IBM SPSS 软件加入了 IBM 的一些数据处理理念，例如智能化分析，不过，由于数据类型的复杂性，这一理念能否被接受乃至被普遍应用还有待时间验证。

本书在《IBM SPSS 19 统计软件应用教程》（第 2 版）的基础上进行了更新和充实。全书共有 18 章：第一章介绍了 IBM SPSS 软件的演变过程和主要窗口；第二、三章介绍了有关数据文件的建立、导入、导出、编辑和整理等内容，尤其在第三章中，添加关于 Data 主菜单的五个子菜单介绍，分别是跨文件调整字符串宽度（Adjust String Widths Across Files）、搜索权重（Rake Weights）、倾向评分匹配（Propensity Score Matching）、病例对照匹配（Case Control Matching）和拆分为文件（Split Dateset into Separate Files）；第四章介绍了数据转换方法；第五章是有关数据汇总和简单的描述性报告的内容；第六章介绍了基本统计分析方法，包括频数分布分析、描述性统计分析、探索性分析、列联表资料分析及比值分析等；第七章介绍的统计表体现了列表的灵活性和方便性；第八章以单变量的 t 检验为主，用参数方法进行均数比较；第九章介绍的一般线性模型的单变量分析颇有特色，列举了 10 种实验设计的方差分析方法，这些设计包括完全随机设计、随机单位组设计、拉丁方设计、析因设计、裂区设计、二阶段交叉设计、嵌套设计和正交设计等资料的方差分析，以及协方差分析和重复测量数据的方差分析；第十、十一章介绍了双变量相关分析、偏相关分析、线性回归、曲线估计、非线性回归、概率单位分析、聚类分析、判别分析、因子分析与主成分分析及各种 logistic 回归分析等内容；第十二章以实际资料为背景，应用 IBM SPSS 的不同过程对信度分析做了较系统的介绍，突出实际问题的解决；第十三章较全面地介绍了非参数检验，尤其体现出其在等级资料的处理优势，此外，还简要介绍了新增的智能分析模块；第十四章是流行病学常用到的生存分析方法，由于 IBM SPSS 未提供条件 logistic 分析的专门模块，此章同时结合实例介绍了如何借助 Cox 回归分析实现这一功能；第十五章介绍了诊断试验中常用的受试者操作特征曲线（ROC 曲线）；第十六章介绍了广义估计方程，主要针对医学研究领域内大量出现的存在缺失的重复测量数据，且反应变量常为分类变量的情形；第十七章介绍了统计图形的绘制和编辑，具有很强的实用性和针对性；最后一章属于应用软件的基本操作内容，即系统参数的设置，以及分析结果的编辑和导出。附录部分为 IBM SPSS 25 函数族具体函数的定义与应用，以便查阅。按照国际惯例，备有中英文索引，列出了本书所涉及的常用统计学术语及缩略语。

引用大量医学和生物学科研的实际数据始终是本书的突出特点。文中所列举的数据实例均来自医学和生物学科研的真实数据，贴近日常科研实践。对分析结果的详尽解释是本书的另一突出特点，这种解释特别有助于读者对统计方法的正确理解和合理应用。

本书以具有一定医学统计学基础知识的非统计专业人员为主要对象，力求通俗易懂，侧重数据文件格式、操作步骤以及统计分析结果的解释，避免编程内容和统计方法背景知识的深层介绍。

本书可作为医学院校研究生和本科生的教材，亦可用作培训和继续教育，同时也可供广大非统计专业的科研和教学人员自学。对于统计专业人员，本书亦不失其重要参考价值。

书中所有引用的数据均得到数据拥有人的许可，在此深表感谢。南方医科大学公共卫生学院生物统计学系研究生梁绮红、康佩及刘颖颀做了大量细致认真的校对工作，在此一并致谢。

本教材是在多年教学、培训和数据处理的基础上，将以往的 SPSS 及 IBM SPSS 讲义和教材经修改和充实后编写而成，凝集了编者大量的心血和经验。为了进一步提高本书的质量，以供再版时修改，因而诚恳地希望各位读者、专家提出宝贵意见。

与该书配套的数据文件集可通过登录人卫智网图书增值服务（jh.ipmph.com）下载。

陈平雁　安胜利

2020 年 4 月

目　录

第一章　概述

SPSS（Statistical Package for Social Sciences）是社会科学统计软件包的缩写，于1968年由美国斯坦福大学的三位研究生研发而成，并以此名称创立SPSS公司。经过多年发展，SPSS软件已经成为国际上权威的统计软件之一。SPSS公司于2009年7月28日被IBM公司要约收购，并于2009年10月2日正式并入IBM公司，之后SPSS版本系列更名为IBM SPSS版本系列，如本书介绍的是IBM SPSS Statistics 25。为方便起见，本书简称为IBM SPSS 25。

第一节　SPSS版本的演变过程

SPSS从1992年开始推出了Windows版本，即最初的SPSS 4版本，到现在已经演进到IBM SPSS 25版本。SPSS的升级内容主要体现在五个层面：第一是基于操作平台的升级，如SPSS 7基于Windows 95操作系统，SPSS 11以上版本可以满足Windows XP，SPSS 17可满足Vista操作系统，IBM SPSS 19则为满足Windows 7操作系统而升级，同时可满足Windows XP及Vista操作系统，IBM SPSS 25可满足Windows 10操作系统。第二是数据交换与管理功能的升级，如SPSS 18增加了数据准备和预处理功能，IBM SPSS 25新增了一个交互连接用户界面，简化了很多交互设置，比如打开和保存Stata 14文件、从数据编辑器中复制粘贴包括变量名和标签在内的数据等。第三是输出结果的升级，如输出结果的图形化功能不断增强，IBM SPSS 25不仅可以快速创建吸引人的、现代化的图表，而且可以在Microsoft Office中编辑，快速生成达到出版质量水平的图表。第四是统计分析功能的升级，如SPSS 9增加了多分类logistic分析模块，SPSS 12增加了复杂抽样模块等，IBM SPSS 19进一步丰富了广义线性混合模型和自动线性模型，IBM SPSS 25新增贝叶斯统计功能，包括回归、单因素方差分析（analysis of variance，ANOVA）、t检验等；新增高级统计分析功能，包括增强的混合模型、广义线性模型等；原有的一般线性模型（GLM）和单因素方差分析程序也做了相应的更新，包括制作带有误差棒的轮廓图、条图、线图等。第五是IBM SPSS 25可以使用除内置SPSS Statistics过程随附功能以外的Python和R开发工具，比如倾向评分匹配、病例对照匹配等，可以从SPSS社区获取此产品。需注意的是，安装新版本之前无需卸载IBM SPSS Statistics的旧版本，可以在同一台机器上安装和运行多个版本，但是不要在以前版本的相同目录中安装新版本。

第二节　主要窗口及其功能

IBM SPSS 25主要有四大窗口：数据编辑窗（Data Editor）、结果输出窗（Viewer）、程序编辑窗（Syntax Editor）和脚本编辑窗（Script）。这里只介绍前三种窗口。

一、数据编辑窗

1. 打开数据编辑窗　打开数据编辑窗有以下几种方式：

- 启动SPSS以后，数据编辑窗将首先自动打开。
- 打开一个新的数据文件时，旧的数据文件仍然保持打开状态。
- 若在SPSS运行过程中欲建立新的数据文件，从菜单选择

File

　　New

　　　　Data

2. 数据编辑窗的功能 同 Windows 环境下的其他窗口一样，数据编辑窗可以移动（点拖标题框）、缩小或放大（点拖边框或角）、最小化和最大化。数据编辑窗主要有建立新的数据文件，编辑和显示已有数据文件等功能。数据编辑窗由数据窗（Data View）和变量窗（Variable View）组成，两个窗口切换单独显示。数据窗用于显示和编辑数据（图 1-1），变量窗用于定义、显示和编辑变量特征（图 1-2）。

二、结果输出窗

1. 打开结果输出窗 打开结果输出窗有以下两种方式：

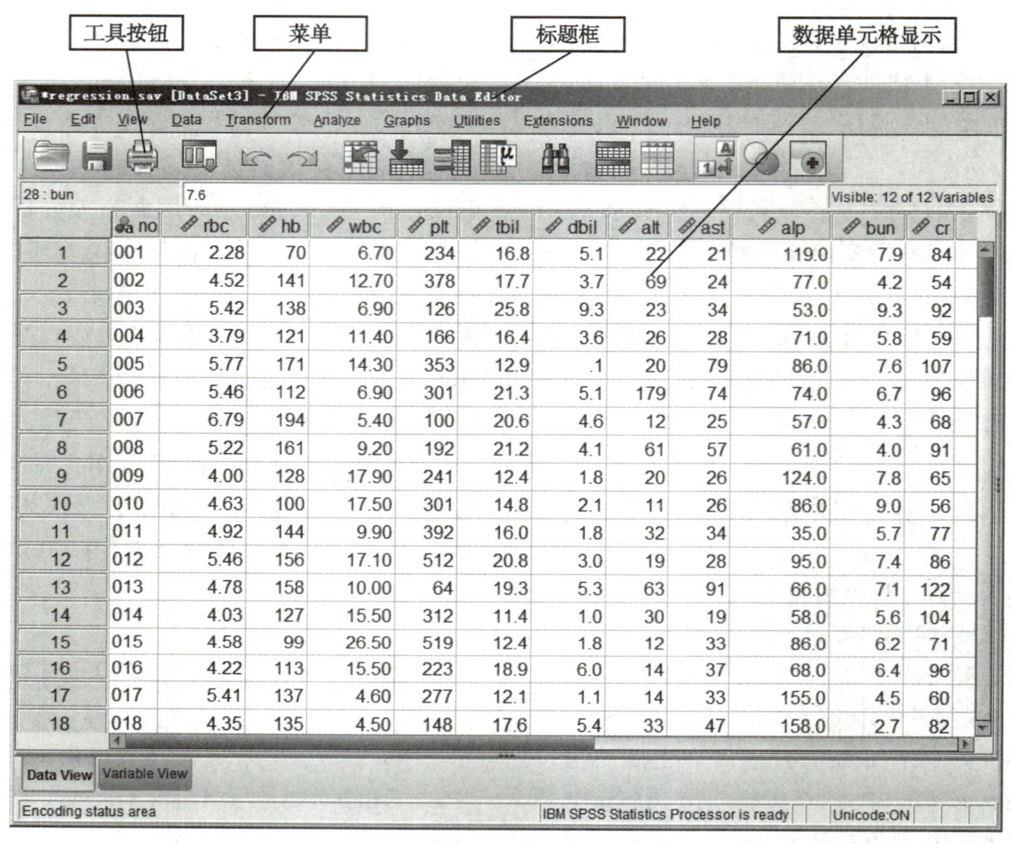

	no	rbc	hb	wbc	plt	tbil	dbil	alt	ast	alp	bun	cr
1	001	2.28	70	6.70	234	16.8	5.1	22	21	119.0	7.9	84
2	002	4.52	141	12.70	378	17.7	3.7	69	24	77.0	4.2	54
3	003	5.42	138	6.90	126	25.8	9.3	23	34	53.0	9.3	92
4	004	3.79	121	11.40	166	16.4	3.6	26	28	71.0	5.8	59
5	005	5.77	171	14.30	353	12.9	.1	20	79	86.0	7.6	107
6	006	5.46	112	6.90	301	21.3	5.1	179	74	74.0	6.7	96
7	007	6.79	194	5.40	100	20.6	4.6	12	25	57.0	4.3	68
8	008	5.22	161	9.20	192	21.2	4.1	61	57	61.0	4.0	91
9	009	4.00	128	17.90	241	12.4	1.8	20	26	124.0	7.8	65
10	010	4.63	100	17.50	301	14.8	2.1	11	26	86.0	9.0	56
11	011	4.92	144	9.90	392	16.0	1.8	32	34	35.0	5.7	77
12	012	5.46	156	17.10	512	20.8	3.0	19	28	95.0	7.4	86
13	013	4.78	158	10.00	64	19.3	5.3	63	91	66.0	7.1	122
14	014	4.03	127	15.50	312	11.4	1.0	30	19	58.0	5.6	104
15	015	4.58	99	26.50	519	12.4	1.8	12	33	86.0	6.2	71
16	016	4.22	113	15.50	223	18.9	6.0	14	37	68.0	6.4	96
17	017	5.41	137	4.60	277	12.1	1.1	14	33	155.0	4.5	60
18	018	4.35	135	4.50	148	17.6	5.4	33	47	158.0	2.7	82

图 1-1 数据文件打开后数据编辑窗的数据窗

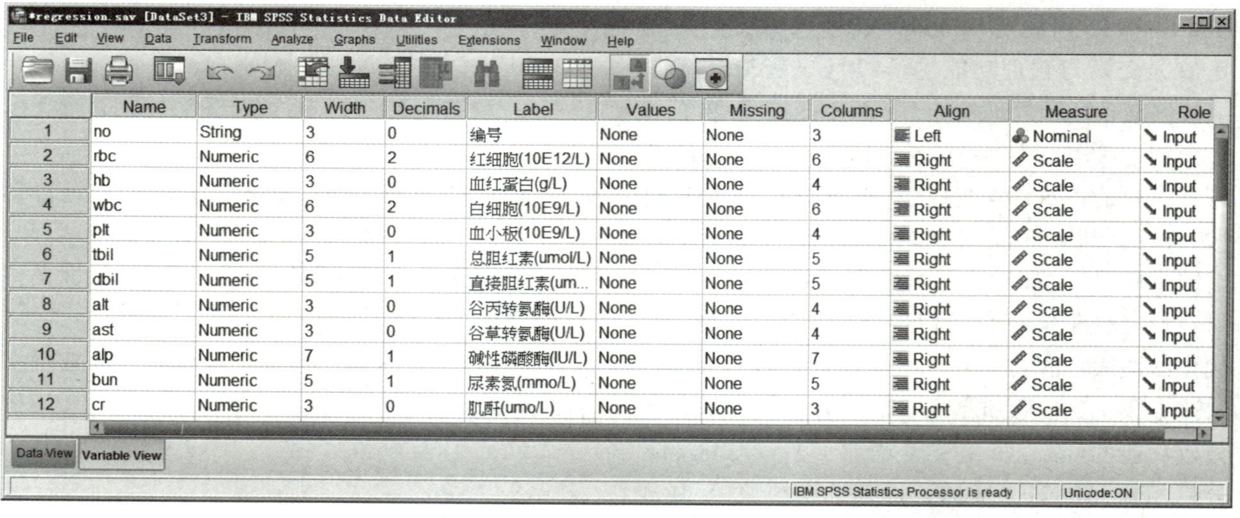

	Name	Type	Width	Decimals	Label	Values	Missing	Columns	Align	Measure	Role
1	no	String	3	0	编号	None	None	3	Left	Nominal	Input
2	rbc	Numeric	6	2	红细胞(10E12/L)	None	None	6	Right	Scale	Input
3	hb	Numeric	3	0	血红蛋白(g/L)	None	None	4	Right	Scale	Input
4	wbc	Numeric	6	2	白细胞(10E9/L)	None	None	6	Right	Scale	Input
5	plt	Numeric	3	0	血小板(10E9/L)	None	None	4	Right	Scale	Input
6	tbil	Numeric	5	1	总胆红素(umol/L)	None	None	5	Right	Scale	Input
7	dbil	Numeric	5	1	直接胆红素(um...	None	None	5	Right	Scale	Input
8	alt	Numeric	3	0	谷丙转氨酶(U/L)	None	None	4	Right	Scale	Input
9	ast	Numeric	3	0	谷草转氨酶(U/L)	None	None	4	Right	Scale	Input
10	alp	Numeric	7	1	碱性磷酸酶(IU/L)	None	None	7	Right	Scale	Input
11	bun	Numeric	5	1	尿素氮(mmo/L)	None	None	5	Right	Scale	Input
12	cr	Numeric	3	0	肌酐(umo/L)	None	None	3	Right	Scale	Input

图 1-2 数据文件打开后数据编辑窗的变量窗

● 在第 1 次产生分析结果的 SPSS 过程后，结果输出窗被自动打开。

● 打开新的结果输出窗，从菜单选择

File

　　New

　　　　Output

2. 结果输出窗的功能　所有统计分析结果，包括文本、图形和表格形式，均显示在结果输出窗内（图 1–3）。在第 1 次产生分析结果的 SPSS 过程后或打开已保存的数据文件时，结果输出窗被打开。此后，所有 SPSS 过程的分析结果会陆续写在本结果输出窗，直至新的结果输出窗被打开。通过打开新的结果输出窗的方式，可以同时打开数个结果输出窗，但指定结果输出窗只有 1 个，即输出结果只写在当前指定的结果输出窗中。指定结果输出窗可通过点击屏幕下方的输出文件条标进行切换。

结果输出窗又分为两个窗口，左窗内为输出的标题，称标题窗；右窗内为统计分析的具体输出内容，包括统计图、统计表和文字说明，称内容窗。标题窗和内容窗的宽窄可通过移动两窗间的纵线调节。当输出内容过多时，为便于针对性地阅读，可通过点击各标题左侧的“+”或“–”以显示或隐藏内容窗中相应的内容。

根据输出结果的 3 种形式，即文本、图形和表格，结果输出窗相应地设有 3 个编辑器，即文本编辑器、统计图编辑器和统计表编辑器，输出结果可通过激活这些编辑器进行编辑，具体操作参见有关章节。

三、程序编辑窗

1. 打开程序编辑窗　打开程序编辑窗有以下几种方式：

● 在第 1 次通过对话框选择 SPSS 过程时，点击按钮 Paste，程序编辑窗自动打开，执行 SPSS 过程的相应程序写在窗中（图 1–4）。

● 直接双击已保存的程序文件。

● 打开新的程序编辑窗

File

　　New

　　　　Syntax

2. 程序编辑窗的功能　在程序编辑窗，SPSS 过程以命令语句形式出现。该窗口还可以编辑对话框操作不能实现的特殊过程的命令语句。窗口中所有的命令语句最终形成一个程序文件，可存为以 .sps 为后缀（系统默认）的文件。与结果输出窗一样，可以同时打开数个程序编辑窗，但指定程序编辑窗只有一个，对话框所选择的 SPSS 过程只粘贴在当前指定的程序编辑窗。指定程序编辑窗可通过点击屏幕下方的程序文件条标进行切换。

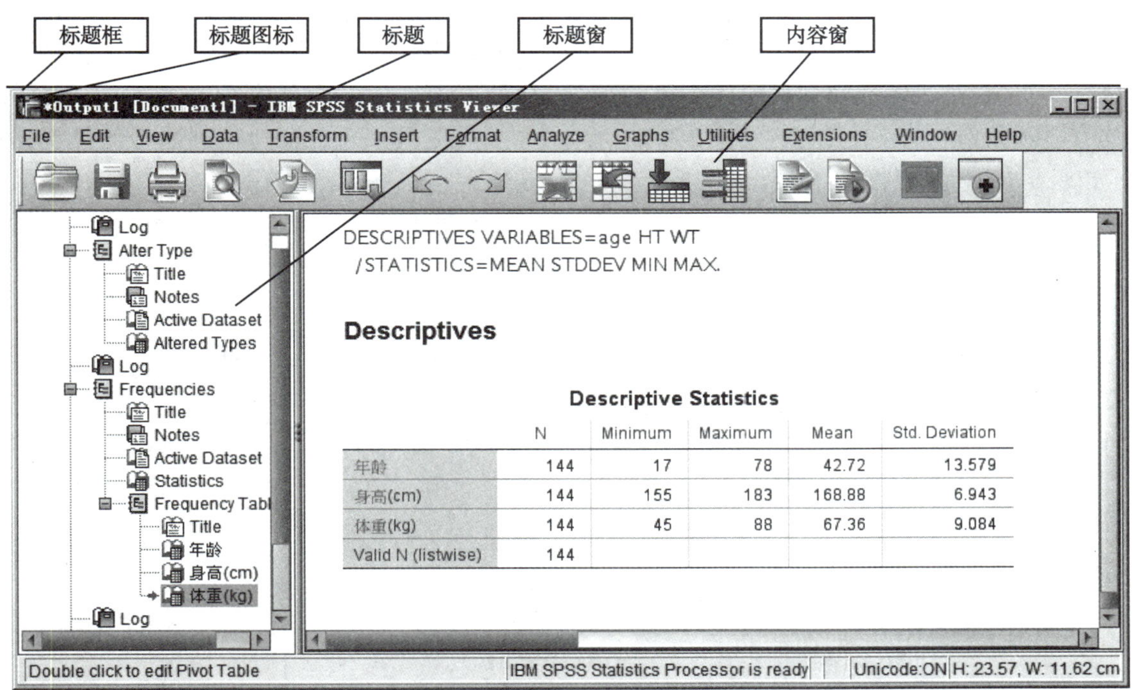

	N	Minimum	Maximum	Mean	Std. Deviation
年龄	144	17	78	42.72	13.579
身高(cm)	144	155	183	168.88	6.943
体重(kg)	144	45	88	67.36	9.084
Valid N (listwise)	144				

图 1–3　结果输出窗

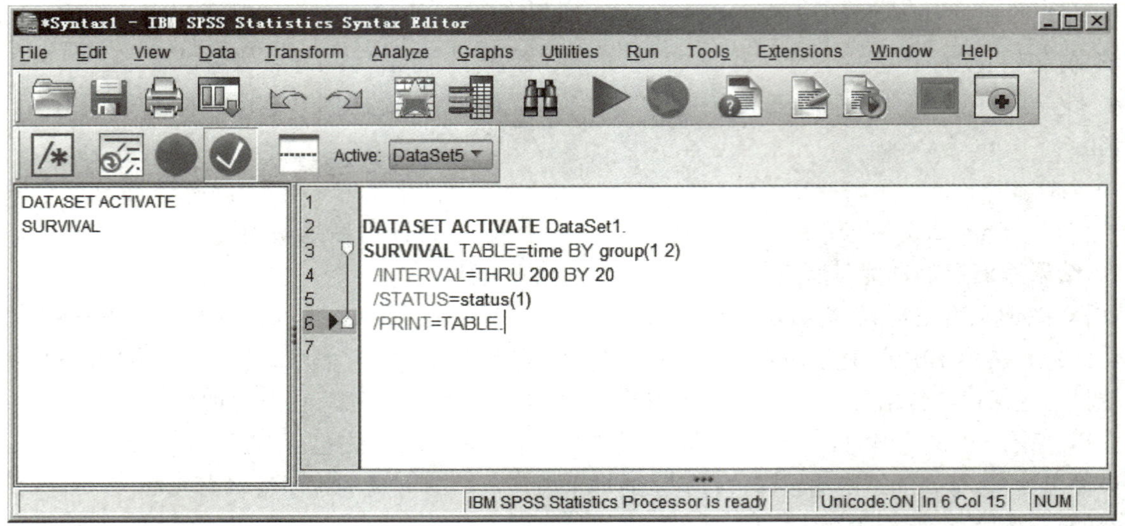

图 1–4 程序编辑窗

建立程序文件的好处在于：处理大型或较复杂的资料时，可将所有分析过程汇集在一个程序文件中，以避免因数据的小小改动而大量重复分析过程；对一些特殊的或专业性问题，又不能通过菜单和对话框操作方式实现的过程，可通过编辑命令语句实现。这部分内容超出了本书范围，有兴趣的读者可参考有关书籍。

数据编辑窗、结果输出窗和程序编辑窗可通过点击屏幕下方的相应条标进行切换。

第三节 显示菜单

数据编辑窗、结果输出窗和程序编辑窗的主菜单均有显示菜单（View），其各自的子菜单略有不同，如图 1–5，下面分别给予介绍。

1. 状态栏（Status Bar） 在三个编辑窗口最下端中间的条形区域显示 SPSS 的运行状态。若显示“IBM SPSS Statistics Processor is ready”，表示 SPSS 运行正常；若显示“IBM SPSS Statistics Processor is unavailable”，则表示 SPSS 不能正常运行，需要重新安装。

2. 工具条（Toolbars） SPSS 的每个窗口都有自己的工具条，条内设置有数个功能按钮，以便快速简便地执行命令，如图 1–6 是系统默认的数据编辑窗的工具条。在 SPSS 环境下，用户可进行以下有关工具条的操作：

- 显示或隐藏工具条。
- 垂直或水平显示工具条，将工具条贴于窗口的上、下、左、右任何位置。
- 工具条可在窗口内外的任何位置移动和定位。
- 可根据需要自定义工具条。

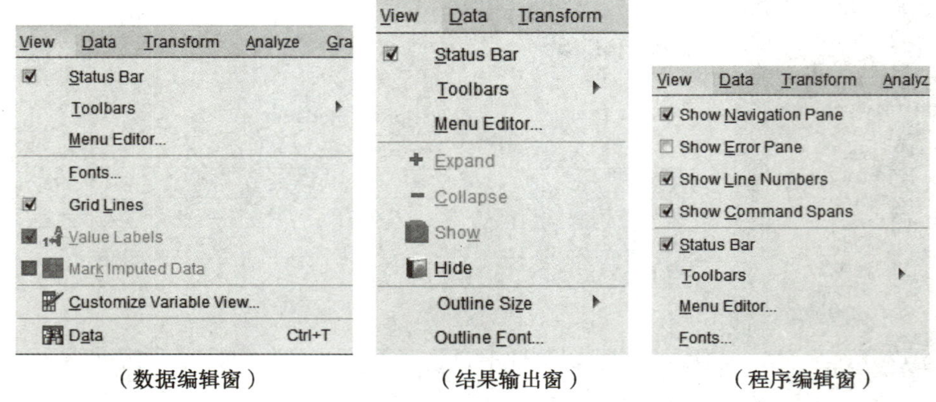

（数据编辑窗） （结果输出窗） （程序编辑窗）

图 1–5 三个窗口显示菜单（View）的子菜单

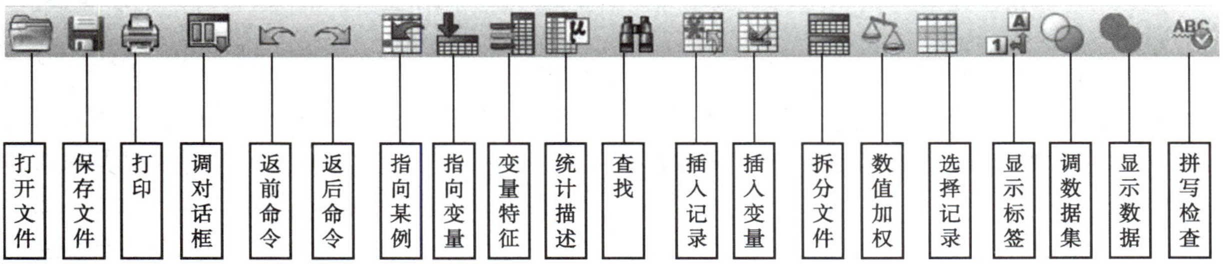

打开文件　保存文件　打印　调对话框　返前命令　返后命令　指向某例　指向变量　变量特征　统计描述　查找　插入记录　插入变量　拆分文件　数值加权　选择记录　显示标签　调数据集　显示数据　拼写检查

图 1-6　数据编辑窗的工具条

（1）显示或隐藏工具条：从菜单选择

View

Toolbars

☑ 数据编辑器：显示工具条。如果将“√”去除，则为不显示工具条。

（2）Customize：自定义工具条。用户可自定义 SPSS 工具条，这一功能对统计专业人员颇有价值。从菜单选择

View

Toolbars

Customize

弹出 Show Toolbars（显示工具）对话框（图 1-7）。

Window：窗口。有数据编辑窗（Data Editor）、程序编辑窗（Syntax）、结果输出窗（Output）和全部窗口（All）选项。

☑ Show ToolTips：显示工具条的小贴士。即对相应工具条的简要解释。

☑ Large Buttons：显示大图标。不选此项，则显示相对较小的图标。

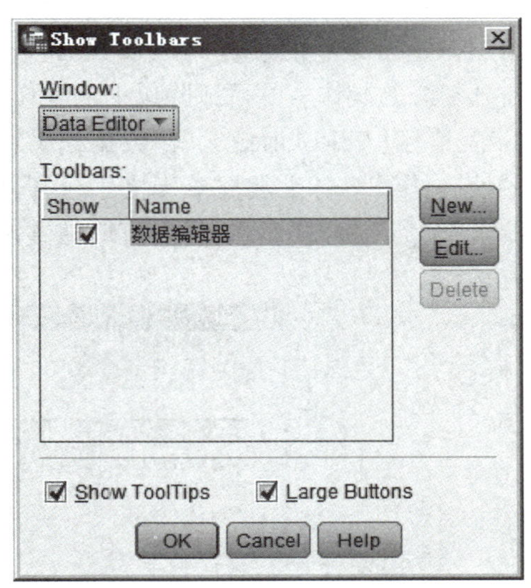

图 1-7　显示工具条对话框

New：新定义工具条。在新弹出的窗口进行设置。

Edit：对工具条进行编辑。击 Edit 弹出 Edit Toolbar（编辑工具条）对话框（图 1-8）。后面过程不再详述。

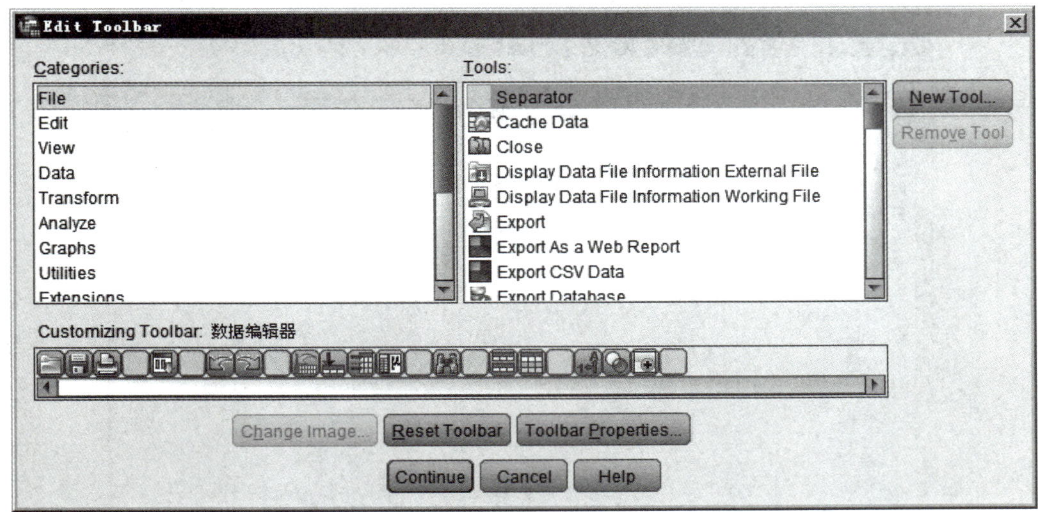

图 1-8　编辑工具条对话框

3. 定义字体(Fonts) 从菜单选择

View

Fonts

弹出 Font(定义字体)对话框(图 1-9)。

4. 菜单编辑器(Menu Editor) 从菜单选择

View

Menu Editor

弹出 Menu Editor(菜单编辑器)对话框(图 1-10)。可以在数据编辑器、程序编辑器和结果输出窗口进行菜单的项目插入条目、插入菜单和插入分割线的操作。并可删除以上的操作。

5. 表格线(Grid Lines) 在数据编辑窗,横纵线条的表格线将各个数据单元格划分开来,为系统默认形式。若要隐藏表格线,可取消该选项。

6. 变量值标签(Value Labels) 在数据编辑窗,选此项,可显示分类变量各水平的赋值标签。

7. 标记归因数据(Mark Imputed Data) 如果数据存在多变量缺失,在进行缺失数据多重填补操作后(完成 Analyze 菜单下的 Multiple Imputation 过程后),产生经多重填补后的新数据集,原观察数据集中的缺失数据被多重填补方法估计出的数据单元用不同的背景和字体标示,以区别于原观察数据。经填补后的数据集可定义为新的数据文件并保存。当重新打开填补后的新数据文件时,经填补的数据单元格不特别显示。若要显示缺失数据的填补情况,可从菜单选择

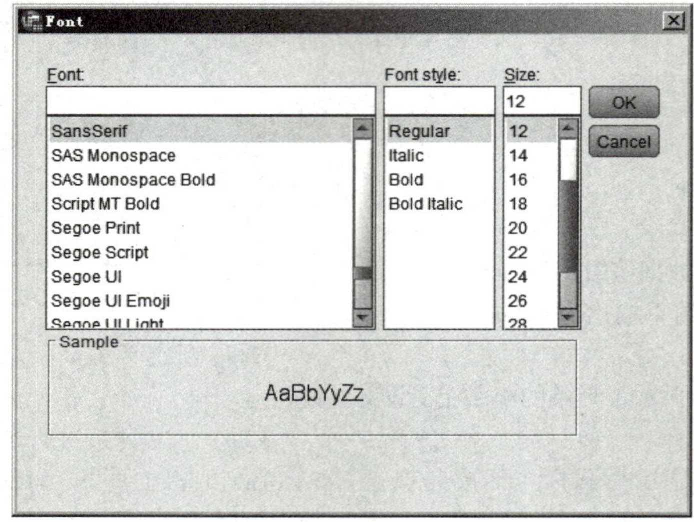

图 1-9 定义字体对话框

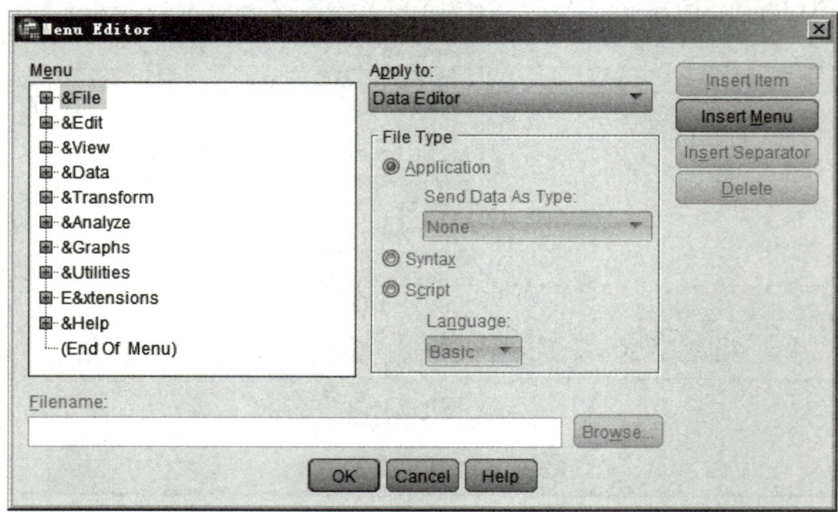

图 1-10 菜单编辑器对话框

View

Mark Imputed Data

选中之后，经填补的数据单元格会显示不同的背景和字体。

8. 自定义变量视窗（Customize Variable View） 从菜单选择

View

Customize Variable View

弹出 Customize Variable View（自定义变量视窗），可对变量名（Name）、变量类型（Type）、变量宽度（Width）、保留小数位（Decimals）、变量标签（Label）、变量值标签（Values）、缺失值（Missing）、变量显示（Columns）、对齐方式（Align）、度量类型（Measure）及角色（Role），进行设置是否显示和位置的移动（图 1-11）。

Restore Defaults：恢复默认显示。

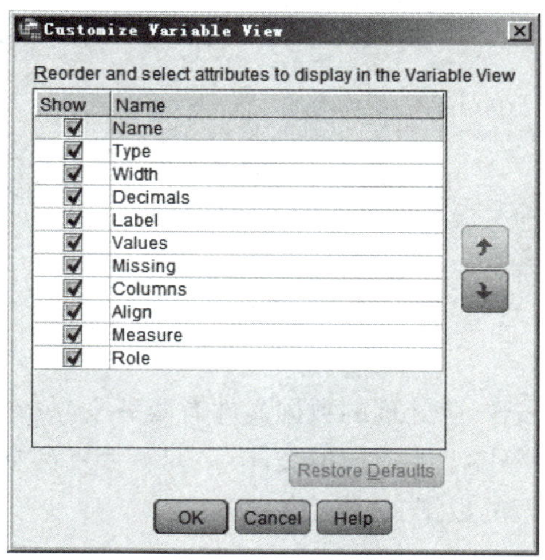

图 1-11　自定义变量视窗

9. 变量/数据窗口切换（Variables/Data） 在数据编辑窗，选此项，或者使用快捷键 Ctrl+T，可切换显示数据窗口和变量窗口。

（陈平雁　安胜利　毕育学）

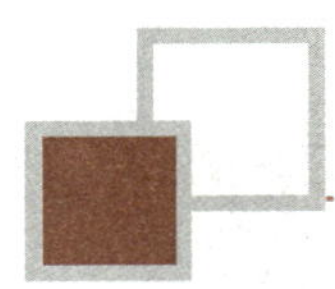

第二章　数据文件的建立、导入和导出

SPSS 所处理的数据文件有两种来源：一是在 SPSS 环境下新建数据文件；二是调用已建立的各种类型的数据文件。

一、在 SPSS 环境下建立数据文件

启动 SPSS 以后，界面显示数据编辑窗（Data Editor）。在数据编辑窗内直接输入数据，保存后便形成 SPSS 数据文件。如果要建立另一个新的数据文件，不必退出程序，从菜单选择

File

　　New

　　　　Data

会出现一空白的数据编辑窗。输入数据后，就形成了新的数据文件。

1. 数据文件的结构　SPSS 的数据文件为二维行列结构，每行为 1 个记录［或称观察单位（case）］，每列为一个变量（variable）。由于不同数据类型需用不同的统计方法处理，因此，数据文件的具体格式不尽相同，这些将在后面的章节中结合统计分析过程详细介绍。

2. 定义变量　建立数据文件的第一步是定义变量。在数据编辑窗左下角激活变量窗（Variable View）。定义变量有如下内容：变量名（Name）、变量类型（Type）、变量宽度（Width）、保留小数位（Decimals）、变量标签（Label）、变量值标签（Values）、缺失值（Missing）、变量显示（Columns）、对齐方式（Align）、度量类型（Measure）及角色（Role）。

（1）变量名（Name）：在框中输入要定义的变量名称。若不定义，系统将依次默认为 “*VAR00001*”“*VAR00002*”“*VAR00003*” ……

定义变量名应遵循以下原则：

- 变量名不允许重复，必须唯一。
- 变量名最长不超过 64 个字节（32 个汉字）。
- 首字符必须是字母或汉字、@、# 或 $。首位置 @ 表示宏变量；# 为临时变量，需由命令语法创建；$ 为系统变量，用户无法自行定义。不能以下划线 “_” 或圆点 “.” 结尾。
- 变量名中不能有空格或某些特殊符号，如 “!”“?” 和 “*” 等。
- 变量名不能与 SPSS 的关键字相同，即不能用 ALL、AND、BY、EQ、GE、GT、LE、LT、NE、NOT、OR、TO、WITH 等作变量名。
- 对变量名英文字母的大小写不作区分。

（2）变量类型（Type）、变量宽度（Width）及保留小数位（Decimals）：将光标移至某个变量的变量类型单元格右方并击左键，弹出 Variable Type（变量类型）对话框（图 2-1），有 9 种变量类型供选择。

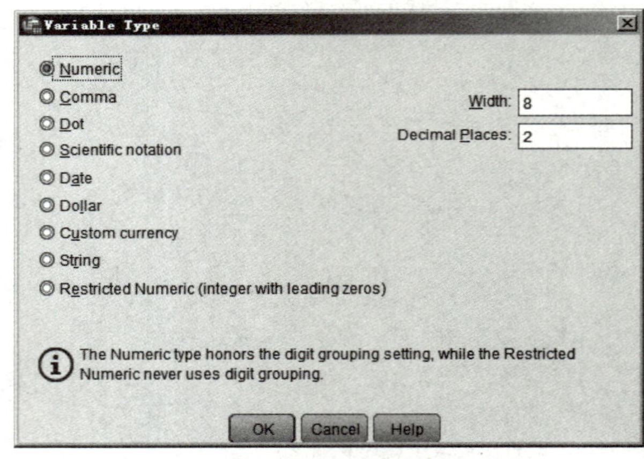

图 2-1　变量类型对话框

- Width [8]：变量宽度。数值型变量系统默认 8 位，小数点算作 1 位。
- Decimal Places [2]：保留小数位。数值型变量系统默认 2 位。

⊙ Numeric：标准数值型变量。系统默认。

◎ Comma：逗号数值型变量。千进位用逗号分隔，小数与整数间用圆点分隔。

◎ Dot：圆点数值型变量。千进位用圆点分

隔，小数与整数间用逗号分隔。

◎ Scientific notation：科学记数法。

◎ Date：日期型变量。对话框中列出了34种日期型，既可以表示季、月、周、日，也可以表示时、分、秒及百分秒。现以"2018年12月31日"为例，列举几种常用的输入和显示方式。

dd-mmm-yyyy	31-Dec-2018	
dd-mmm-yy	31-Dec-18	
mm/dd/yyyy	12/31/2018	（美国方式）
mm/dd/yy	12/31/18	（美国方式）
dd.mm.yyyy	31.12.2018	（欧洲方式）
dd.mm.yy	31.12.18	（欧洲方式）

◎ Dollar：带美元符号的数值型变量。

◎ Custom currency：自定义变量。

◎ String：字符型变量。主要起标识作用，但不能参与运算。

◎ Restricted Numeric（integer with leading zeros）：数值型变量。为非负整数变量，当位数不足时，自动在左边以0填充从而达到设定的宽度。

一般说来，标准数值型变量、日期型变量和字符型变量3种类型最常用，系统默认标准数值型变量（Numeric）。

（3）变量标签（Label）：数据处理过程中，变量名的命名越简单越好，特别是在变量较多的情况下。此时，对每一个变量含义的解释就显得非常重要，需要给它们"贴上标签"，以便识别。在数据窗口，当光标移至某变量名处，会显示变量标签。

（4）变量值标签（Values）：当光标移至某个变量的变量值标签单元格右方并单击左键，弹出Value Labels（变量值标签）对话框（图2-2）。对话框中，Value对应的条框填入变量水平的赋值，Label对应的条框填入变量值标签。两个条框填入内容后，Add键被激活。点击Add键后，下面大框内显示变量值及其标签。如本例，定义"1=男，2=女"。若需修改或删除变量值标签，在下面大框内选定对象后，Change键和Remove键被激活，修改后点击Change键完成修改；若击Remove键则删除该变量值标签。

（5）缺失值（Missing）：在Variable View窗口点击相应变量下的Missing栏，弹出Missing Values（缺失值）对话框（图2-3）。

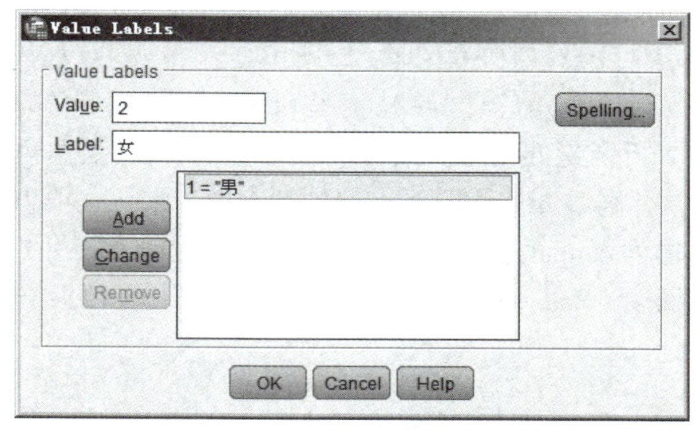

图2-2　变量值标签对话框

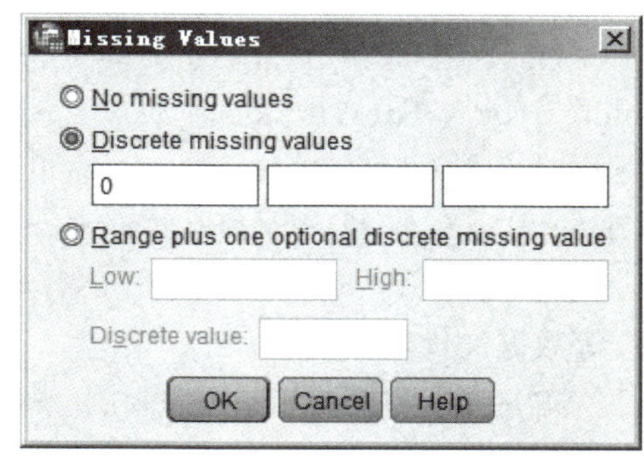

图2-3　缺失值对话框

◎ No missing values：缺失值用系统缺失值圆点"·"表示。

⊙ Discrete missing values

[0] [ ] [ ]：例如，变量中凡是0的数据均被视为缺失数据。此项选择最多可定义3个不同数值为缺失数据。

⊙ Range plus one optional discrete missing value

Low：[1]　High：[5]

Discrete value：[10]。

若如上所示，将取值填入文本框中，表示为变量中凡是1至5之间的数据及数值10均被视为缺失数据。

（6）变量显示（Columns）：表示显示数据的列宽，系统默认8个字符宽。

（7）对齐方式（Align）：有左、中、右3种数据对齐方式。

（8）度量类型（Measure）：按度量精度将变量分为定量变量（Scale）、等级变量（Ordinal）和定性变量（Nominal）。该选项只用于统计制图时坐标轴变量的区分以及SPSS决策树模块的变量定义。

定量变量，如身高、体重、血压等测量值。等级变量，如疾病转归记录：死亡、无效、好转、治愈。定性变量，如血型记录：A 型、B 型、AB 型、O 型。

（9）角色（Role）：某些对话框支持预定义的分析变量的角色。当打开某分析框时，满足角色要求的变量自动显示在目标列表内。默认选项为输入（Input）。此外还有输出或者目标（Target）、两者（Both）、无（None）、部分（Partition）和拆分（Split）。

二、数据文件的导入

IBM SPSS 25 可以导入各类数据库及 SPSS Statistics（*.sav，*.zsav）、SPSS/PC+（*.sys）、Portable（*.por）、Excel（*.xls，*.xlsx，*.xlsm）、CSV（*.csv）、Text（*.txt，*.dat，*.csv，*.tab）、SAS（*.sas7bdat，*.sd7，*.sd2，*.ssd01，*.ssd04，*.xpt）、Stata（*.dta）、dBase（*.dbf）、Lotus（*.w*）和 Sylk（*.slk）等数据文件。

（1）SPSS 数据文件（*.sav）的调用

从菜单选择

File

Open

Data

弹出 Open Data（打开数据）对话框（图 2–4），文件框内显示以“*.sav，*.zsav”为后缀的 SPSS 数据文件（系统默认），选对象文件，击 Open 按钮，或双击对象文件。

（2）美国信息交换标准代码（ASCII）数据文件（文本文件，*.txt，*.dat）的导入

例 2–1　文件“clinical trial.dat”为 ASCII 数据文件（文本文件），有 29 个变量，144 个记录，将其导入为 SPSS 数据。

从菜单选择

File

Import Data

Text Data

弹出打开文件对话框。也可以直接选择 File / Open Data，弹出打开数据对话框。选定数据文件 clinical trial.dat，击 Open 按钮，弹出 Text Import Wizard（读入 ASCII 数据文件引导）对话框。读入 ASCII 数据文件有 6 个步骤，每个步骤都会弹出一个相应的对话框。第一个对话框（图 2–5）的内容为：

Does your text file match a predefined format？：该文本文件与以前定义的格式是否匹配？

◎ Yes：选此项，则 Browse 按钮被激活，可将以前定义的文件调出。

⊙ No：系统默认。该文件需定义格式，本例选此项。

击按钮 Next>，弹出对话框之二。

How are your variables arranged？：变量间分隔方式？

⊙ Delimited：变量间用特殊符号分隔。系统默认，本例选此项。

◎ Fixed width：固定列格式。

Are variable names included at the top of your file？：文件顶端是否含变量名？

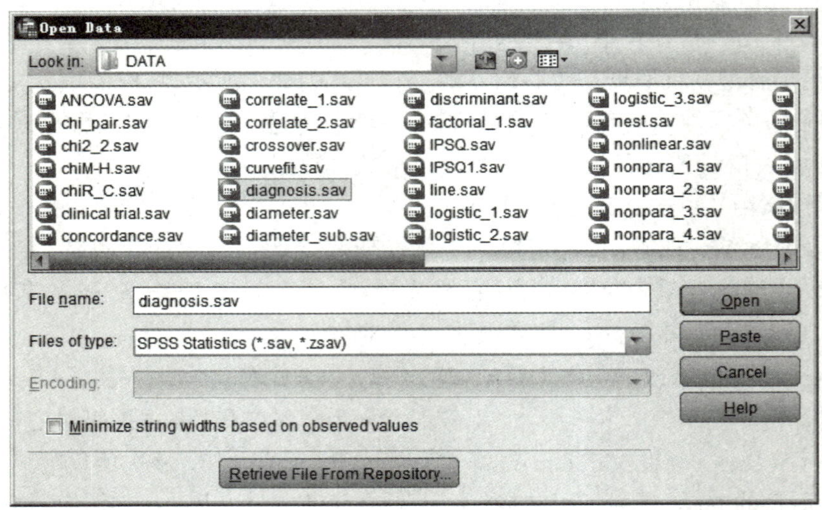

图 2–4　打开数据对话框

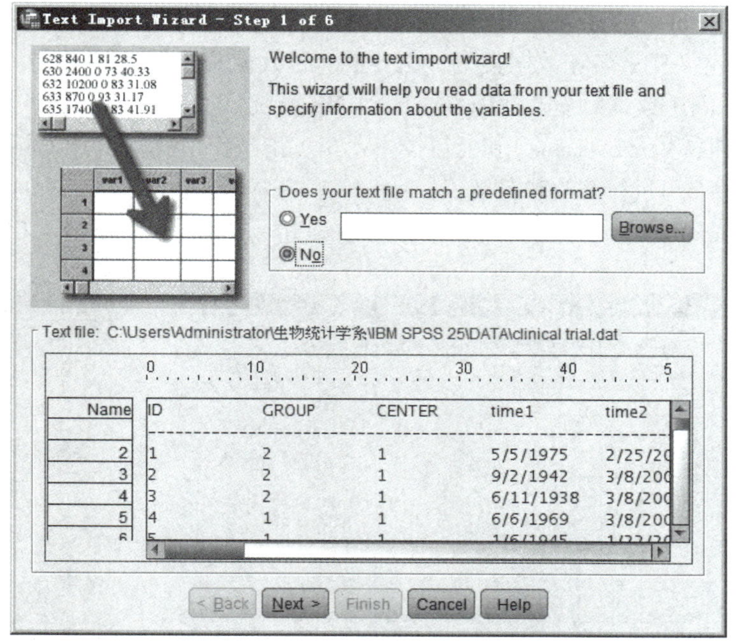

图 2-5 读入 ASCII 数据文件引导对话框之一

⊙ Yes：选此项，则文件中第 1 行被视为变量名，本例选此项。

◎ No：系统默认，系统将自动将变量命名为 *V1*，*V2*，*V3*…

What is the decimal symbol？：小数符号是哪个？

⊙ Period：句点，系统默认，本例选此项。

◎ Comma：逗号。

击按钮 Next>，弹出对话框之三。

The first case of data begins on which line number？：第 1 例数据从哪行开始。本例选 2（系统默认），因为第 1 行是变量名。

How are your cases represented？：如何表达记录？

⊙ Each line represents a case：每个记录占 1 行（系统默认），本例选此项。

◎ A specific number of variables represents a case [27]：27 个变量代表 1 个记录。

How many cases do you want to import？：读入多少记录？

⊙ All of the cases：全部记录（系统默认），本例选此项。

◎ The first [1000] cases：前 1 000 例。

◎ A random percentage of the cases（approximate）[10]%：随机选择 10%（近似）。

击按钮 Next>，弹出对话框之四。

Which delimiters appear between variables？：变量间的分隔符号。

☑ Tab：Tab 键，系统默认。

☑ Space：空格，系统默认。

☐ Comma：逗号。

☐ Semicolon：分号。

☐ Other：[ ]：自定义，将符号填入后面框中。

What is the text qualifier？：字符型变量的修饰符号。常用的有单引号和双引号，如果文本型数据文件中有修饰符号，SPSS 系统会自动将修饰符号所指变量识别为字符型变量。

⊙ None：无修饰符号，系统默认。

◎ Single quote：单引号。

◎ Double quote：双引号。

◎ Other：[ ]：自定义，将符号填入后面框中。

Leading and Trailing Spaces：前部和尾部的空格，共有两种处理方式。

☐ Remove leading spaces from string values：去除字符串前部空格。

☐ Remove trailing spaces from string values：去除字符串尾部空格。

击按钮 Next>，弹出对话框之五，见图 2-6。

Specifications for variable(s) selected in the data preview：根据数据预览定义变量名和数据类型。在图 2-6 下方的 Data preview（数据预览）框内，选择要修改的变量，变量名框（Variable name）和变量类型框（Data format）被激活，可进行修改和定义。

Percentage of values that determine Automatic data format 95：变量值处于自动导入格式时，变量的数据格式由至少 50% 以上相同格式的值确定，系统默认为 95%。

击按钮 Next>，弹出对话框之六，见图 2-7。

You have successfully defined the format of your text file.：已成功定义文本文件的格式。

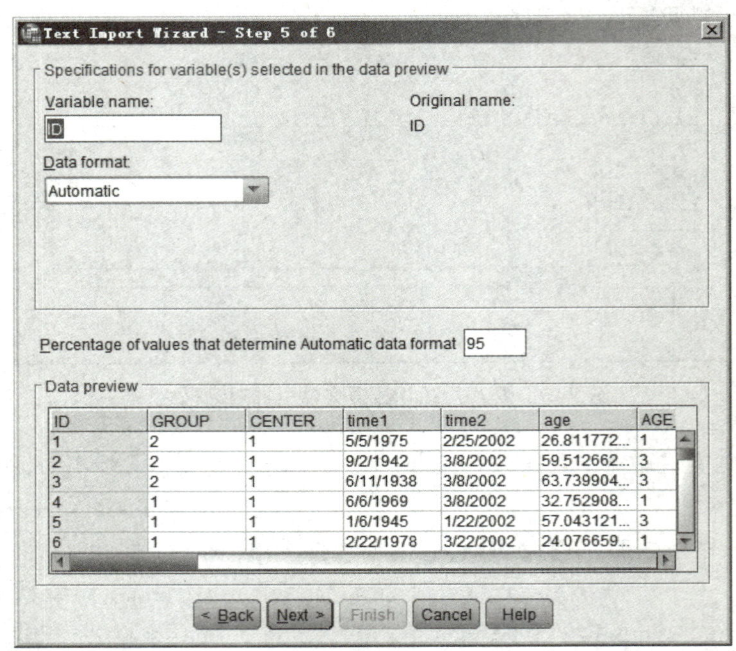

图 2-6 读入 ASCII 数据文件引导对话框之五

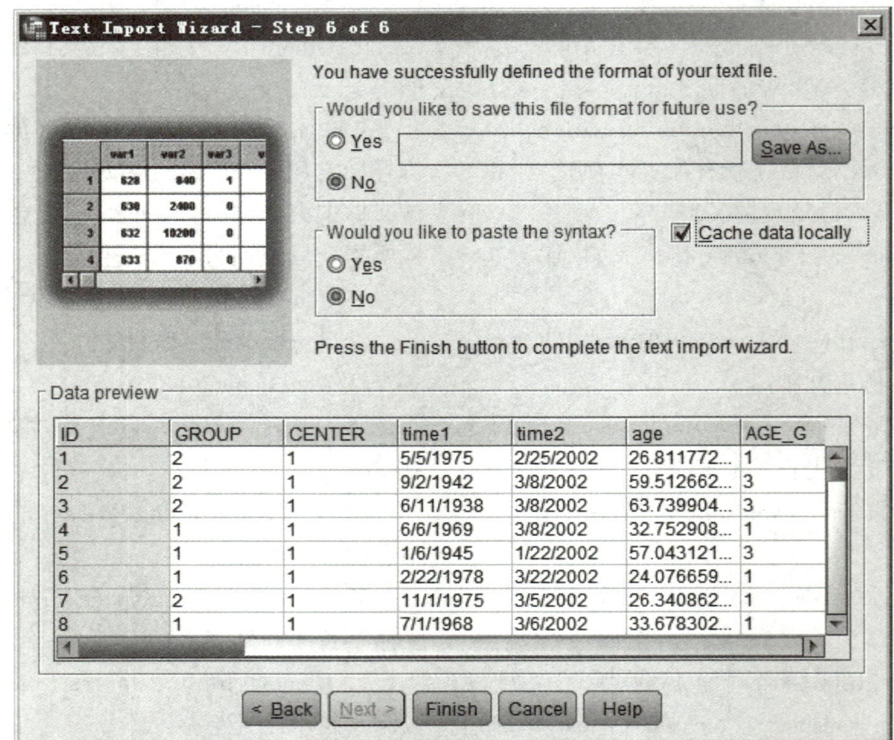

图 2-7 读入 ASCII 数据文件引导对话框之六

Would you like to save this file format for future use？：是否将此文件格式存盘以便今后使用？

◎ Yes：选此项，则 Save As 按钮被激活，击该按钮后，将文件另存到指定路径。

⊙ No：系统默认，不保存此文件格式。

Would you like to paste the syntax？：是否存为程序文件？

◎ Yes：选此项，则将上述过程存为程序文件。

⊙ No：系统默认，不存为程序文件。

☑ Cache data locally：在本地缓存数据。缓存数据存放在临时磁盘空间中。

上述过程完成后，读入 ASCII 数据文件引导对话框之六（图 2-7）的 Finish 按钮被激活，击该按钮后，ASCII 数据被读入到 SPSS 数据编辑窗内，完成了数据导入过程。

（3）Excel 文件（*.xls）的导入

例 2-2 文件“clinical trial. xls”为 Excel 数据文件，有 27 个变量，144 个记录，将其导入为 SPSS 数据。

从菜单选择

File

Open

Data

弹出打开数据对话框，选择 *.xls 文件类型，选定文件“clinical trial.xls”，击 Open 按钮，弹出 Read Excel File（打开 Excel 数据文件）对话框（图 2-8），有选项

☑ Read variable names from the first row of data：视第 1 行数据为变量名。本例选此项。若不选此项，则从第 1 行开始就读为数据，系统自动命名变量名为 *V1*、*V2*、*V3*……

☑ Percentage of values that determine data type：95：按照多数值的类型确定变量值类型。默认该值为 95%。

☐ Remove leading spaces from string values：去除字符串前部空格。

☐ Remove trailing spaces from string values：去除字符串尾部空格。

击 OK 按钮完成导入。

（4）数据库文件的导入

从菜单选择

File

Import Data

Database

New Query

弹出 Database Wizard（数据库导入引导）对话框（图 2-9），图中有系统默认的六种数据库类

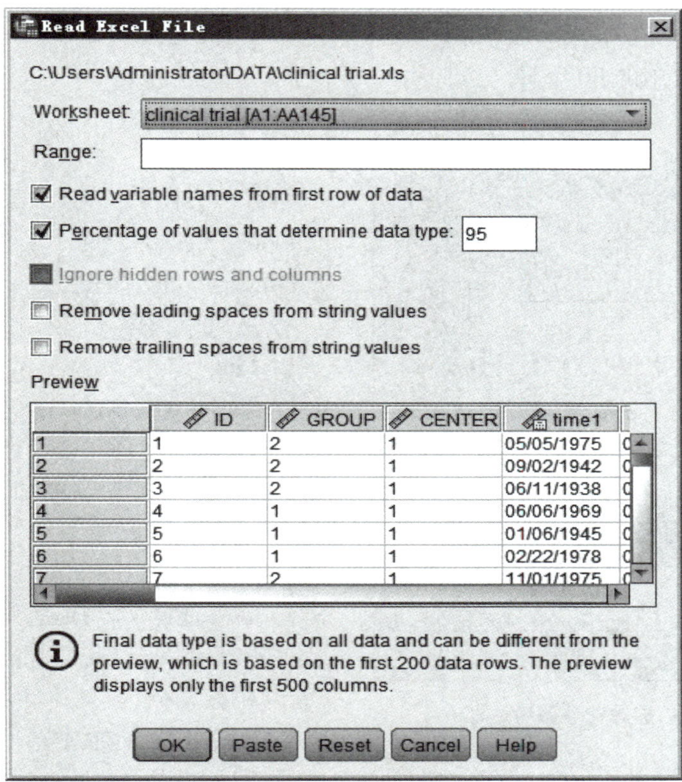

图 2-8 打开 Excel 数据文件对话框

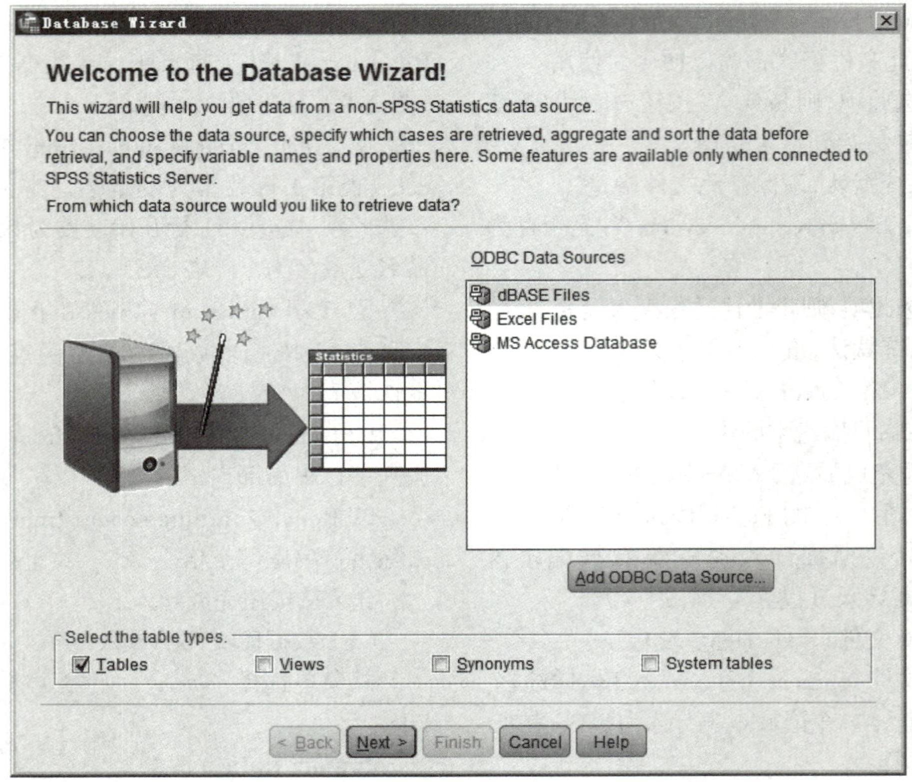

图 2-9 数据库导入引导对话框

型供选择，如果需要导入其他更多类型的数据库，击 Add ODBC Data Source 按钮，弹出开放式数据库互连（ODBC）数据源管理器对话框（图 2-10），可以选择所需的数据库类型，本系统支持的数据库类型驱动程序有最常用的 30 余种。按照引导可逐步完成导入过程。

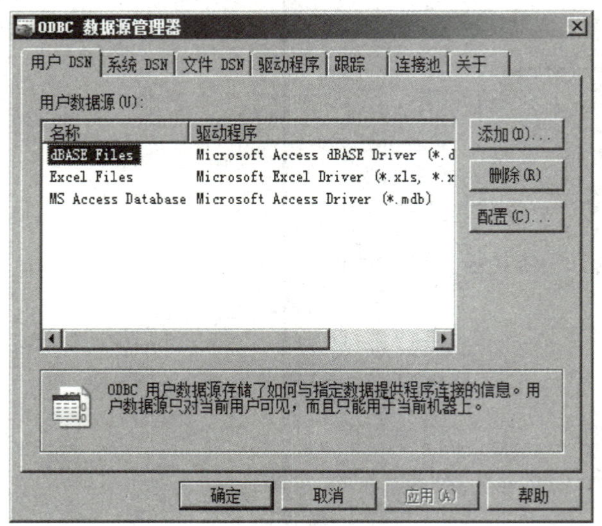

图 2-10 ODBC 数据源管理器对话框

三、数据保存与导出

IBM SPSS 25 可以将数据存为 SPSS Statistics（*.sav，*.zsav）、SPSS 7（*.sav）、SPSS/PC+（*.sys）、Protable（*.por）、Tab delimited（*.dat）、Comma delimited（*.csv）、Fixed ASCII（*.dat）、Excel（*.xls，*.xlsx）、1-2-3 Rel（*.wk3，*.wk1，*.wks）、SYLK（*.slk）、dBASE（*.dbf）、SAS（*.sd2，*.ssd01，*.ssd04，*.sd7，*.sas7bdat，*.xpt）及 Stata（*.dta）等数据文件。

从菜单选择

File

Save / Save As

弹出 Save Data As（保存数据文件）对话框（图 2-11），选择保存路径，键入文件名，确定数据类型，击 Save 按钮。

□ Encrypt file with password：文件加密。

如果选择文件加密，则保存文件时，击 Save 按钮。弹出 Encrypt File（文件加密）对话框（图 2-12），输入相应密码，密码限定为 10 个字符，且分大小写，加密文件只能通过密码打开，需慎重加密。IBM SPSS 20 版本及之前版本无法打开此加密文件。

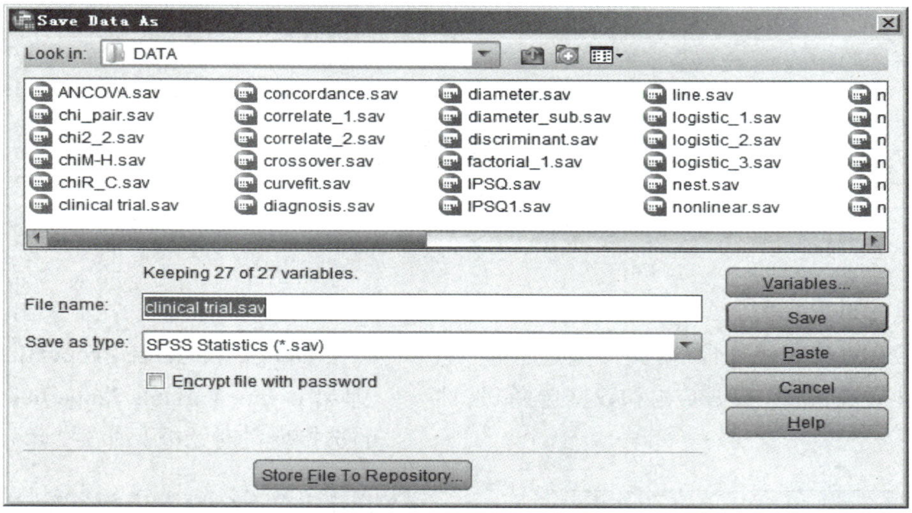

图 2-11　保存数据文件对话框

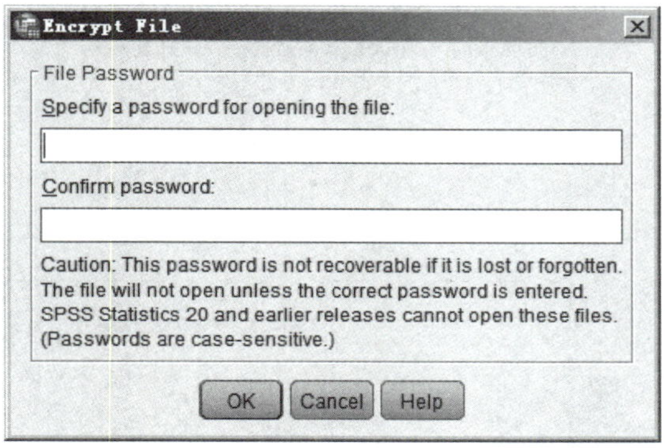

图 2-12　文件加密对话框

如果有选择性地保存部分变量，可击 Variable 按钮，弹出选择变量对话框（图 2-13），之后保存的数据文件将只包含此处选择的变量。

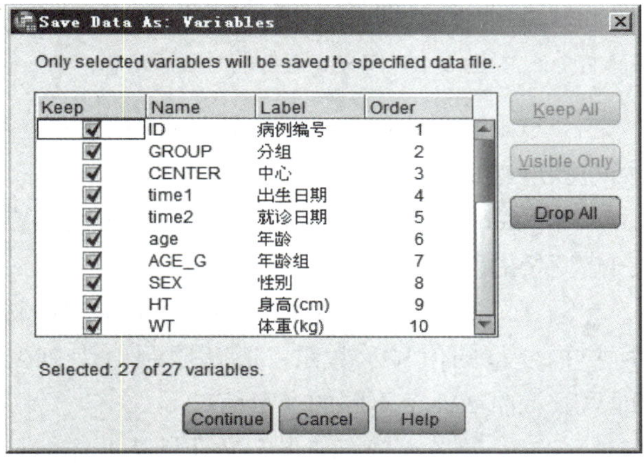

图 2-13　保存数据的选择变量对话框

四、数据的读写属性设置

SPSS 自 12 版本开始加入了数据文件的只读功能限制，对于因误操作导致数据文件的不可逆转改变起了很好的保护作用。在 File 菜单，Mark File Read Only/Mark File Read Write（数据文件读写设定）是一个切换功能选项，如果菜单显示“Mark File Read Only”，表示目前数据处于可编辑状态。若点击该项，则显示切换为“Mark File Read Write”，此时数据处于锁定状态，任何编辑都是无效的，虽然编辑会及时显示，但不能有效存盘。对于重要的原始数据，将其设定于只读状态（菜单显示“Mark File Read Write”）是一个应该提倡的习惯。

配套数据文件集

（陈莉雅　崔　壮）

第三章　数据文件的整理

点击主菜单的 Data，弹出数据文件整理子菜单（图 3-1），由数据编辑、数据结构和数据选择三组菜单组成。

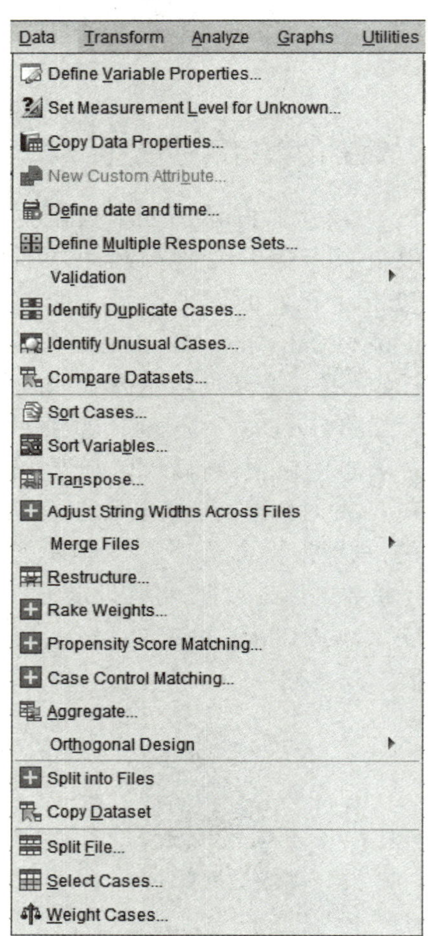

图 3-1　数据文件整理子菜单

第一节　数 据 编 辑

一、定义变量特征

从菜单选择

Data

Define Variable Properties

弹出 Define Variable Properties（定义变量特征）的选择变量对话框（图 3-2）。

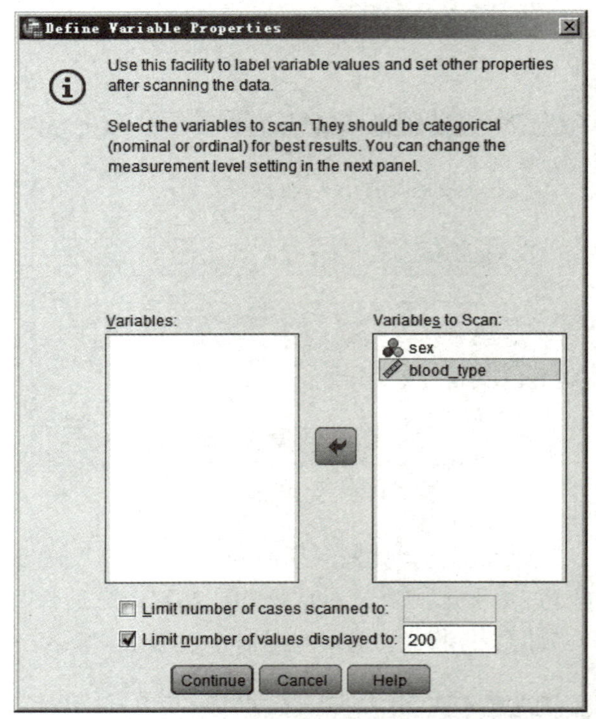

图 3-2　定义变量特征对话框

◇ Variables to Scan：将需要进行扫描的变量从左侧选进来。

□ Limit number of cases scanned to：限制所要扫描变量的例数。

☑ Limit number of values displayed to：限制所扫描变量的值显示数量。默认限制值为 200。即只显示前 200 个不同的变量值。

点击 Continue 按钮弹出定义变量特征详细对话框（图 3-3）。

◇ Scanned Variable List：已扫描变量列表。

Current Variable：当前变量。

Label：当前变量标签。

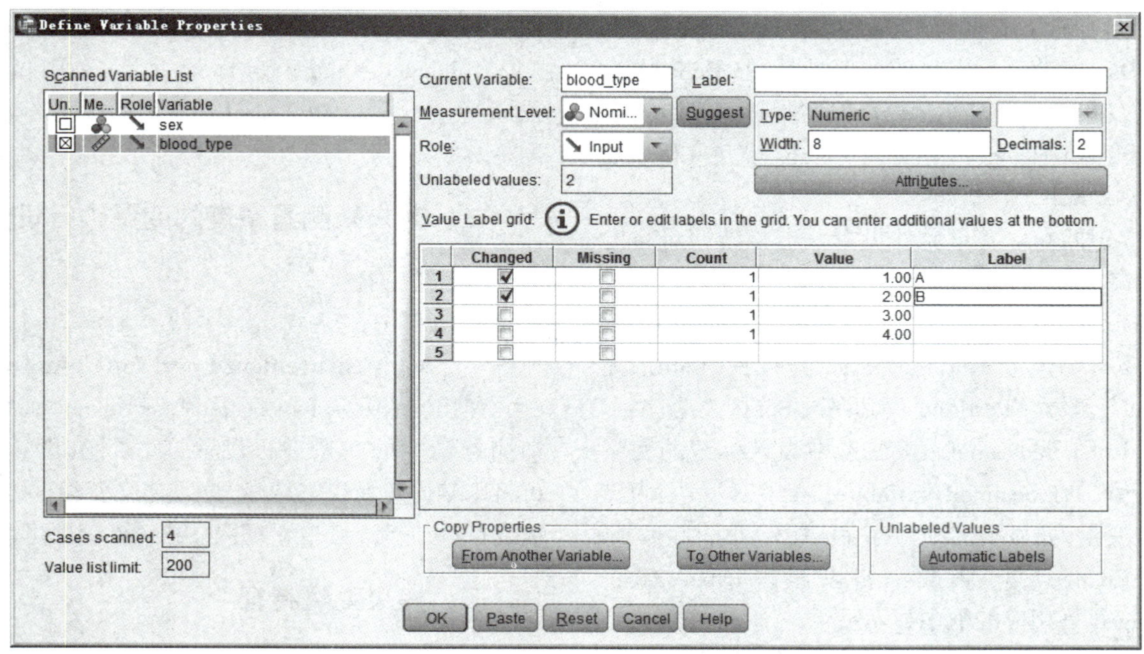

图 3-3 定义变量特征详细对话框

Measurement Level：测量精度。根据测量精度，将变量分为名义变量、等级变量和定量变量三类，系统默认定量变量。如对测量精度把握不准，可击 Suggest 按钮获得提示（图 3-4）。

在图 3-4 中，正在扫描的变量是“*blood_type*”，目前尚未定义测量精度，系统建议将其定义为等级变量或名义变量，用户可进行相应的选择，如默认，则击 Continue 按钮。

Type：类型。可供选择的为标准数值型变量（Numeric）、逗号数值型变量（Comma）、圆点数值

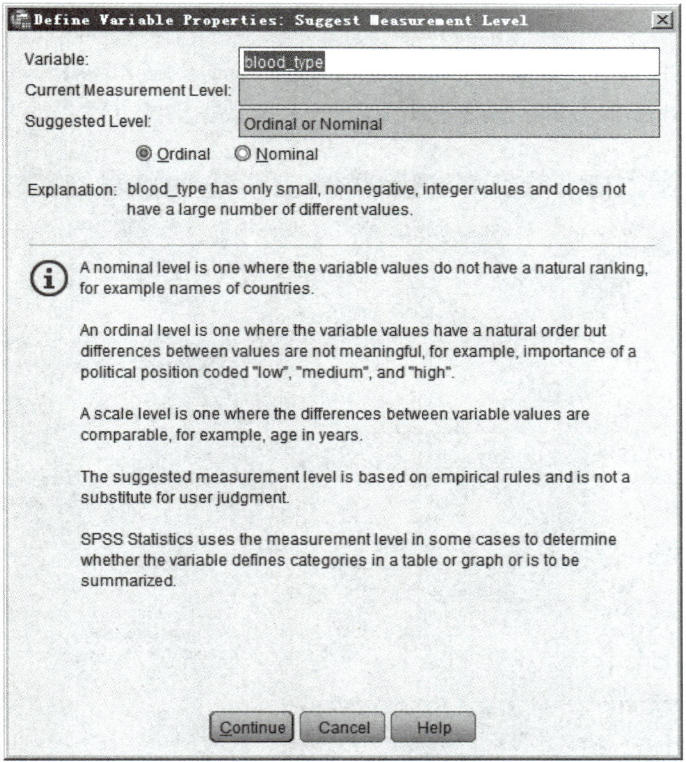

图 3-4 测量精度设置提示

型变量(Dot)、科学记数法(Scientific)、日期型变量(Date)、带美元符号的数值型变量(Dollar)、自定义变量(Currency)、百分比变量(Percent)及字符型变量(String)。并可在Width(宽度)和小数位(Decimal)设置。

Attributes:变量属性设置。击该按钮可自定义增减变量属性。

Role:角色。默认选项为输入(Input)。此外,还有输出或者目标(Target)、两者(Both)、无(None)、部分(Partition)和拆分(Split)。

Unlabeled values:该变量中尚未标记的变量值个数。在Scanned Variable List中,显示□为已标记变量,如显示☑则为存在未标记变量。

Changed:已修改。如果修改Label之后,Changed下相应的框中显示☑。

Missing:缺失。若选中某一行(☑),则该行对应的数值被定义为缺失值。

Count:计数。

Value:值。

Label:变量值标签。

Cases Scanned: 4 已扫描的例数。本例为4例。

Value list limit: 200 :最多可显示不同数值的个数,系统默认为200。

Copy Properties:复制属性。可从另一个变量复制其属性(From Another Variable)或者将其属性复制到另一个变量(To Other Variables)。

Unlabeled Values:未标记变量。可自动设置标签(Automatic Labels)。复制自身作为其标签。

二、对未知测量精度的变量进行设置

从菜单选择

Data

Set Measurement Level for Unknown

弹出Set Measurement Level for Unknown(对未知测量精度的变量进行设置)对话框(图3-5)。可将未知测量精度的变量,选入名义变量框,或等级变量框或者连续变量框内。击OK键即可。

三、拷贝变量特征

从菜单选择

Data

Copy Data Properties

弹出Copy Variable Properties(拷贝变量特征)对话框(图3-6)。拷贝变量特征分五步进行,每一步都有对话框提示。

◇ Choose the source of the properties:选择属性来源。

⊙ An open dataset:已打开的各数据文件。

◎ An external SPSS Statistics data file:外部的SPSS数据格式文件。击Browse导入。

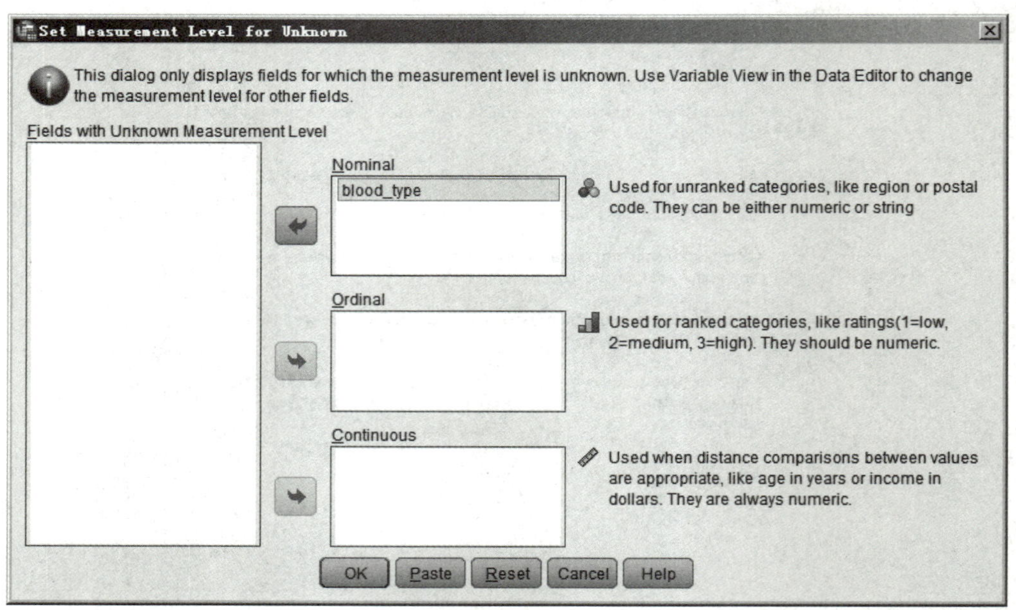

图3-5 对未知测量精度的变量进行设置对话框

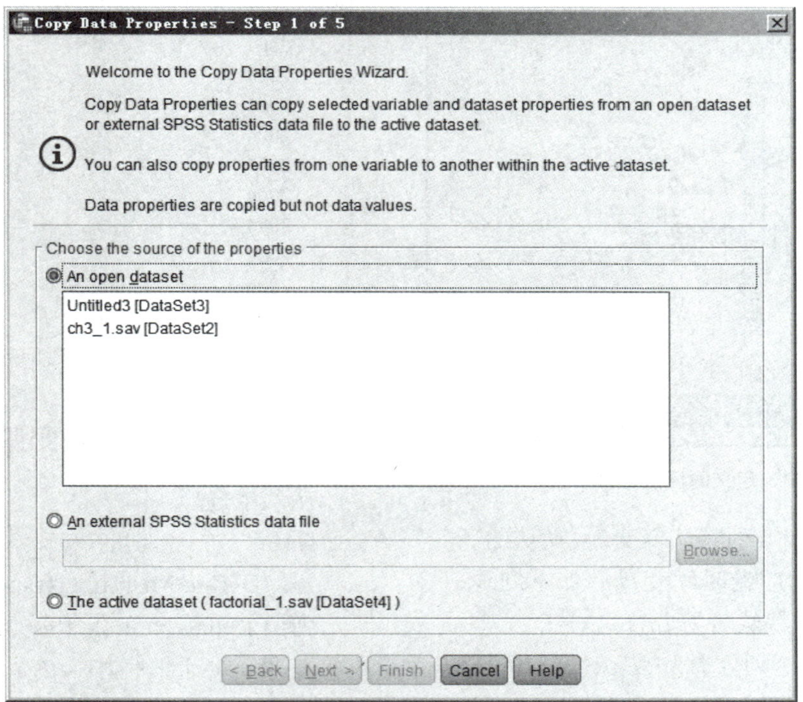

图 3-6 拷贝变量特征对话框

◎ The active dataset(factorial_1.sav [DataSet4]):当前已激活的文件名为 factorial_1.sav 数据集。当前数据集可根据用户激活的文件名不同而不同。

四、自定义属性

在数据编辑窗(Variable View),从菜单选择

Data

New Custom Attribute

弹出 New Custom Attribute(自定义属性)对话框(图 3-7)。

Variables:变量列表。

Selected variables:选择的变量。

Attribute name:属性名称。

Attribute value:属性值。

☑ Display attribute in the Data Editor:在数据编辑窗口显示属性。

Display Defined/Hide List of Attributes:显示和隐藏属性列表。

五、定义时间

从菜单选择

Data

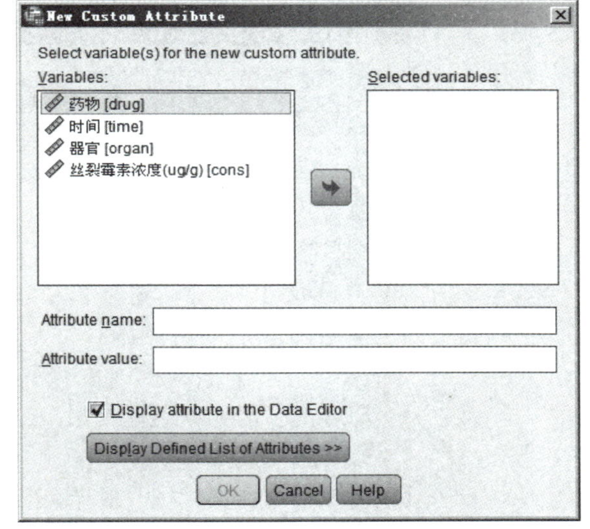

图 3-7 自定义属性对话框

Define Dates

弹出 Define Dates(定义时间)对话框(图 3-8)。

Cases Are:时间类型选择列表。

First Case Is:定义起始日期和时间。本例中选择 Cases Are 下的 Years, quarters, months(年、季度和月),可自定义起始年份为 2004 年第 1 季度的第 1 个月。注意:设置中季度值不能大于 4,年份不能大于 12,不同的日期变量如有限定值则均会在该框内显示。

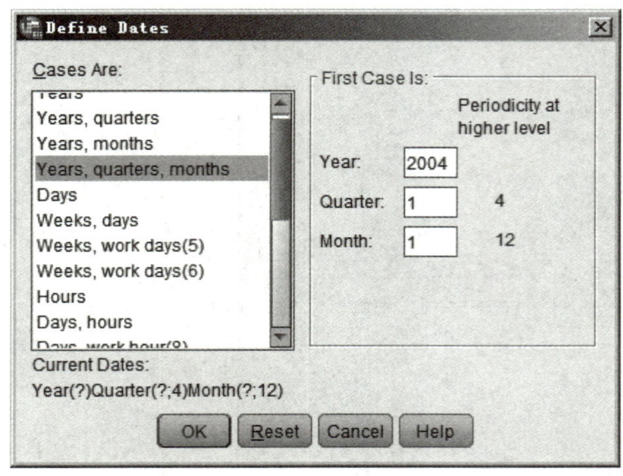

图 3-8　定义时间对话框

击 OK 后，产生 4 列默认新变量，默认的新变量命名方式为在相应的时间变量后加下划线，且新增一个解释变量默认名为 *DATE_*。

本例中其中前 3 列分别为 *YEAR_*，*QUARTER_*，*MONTH_*，第 4 列为字符型的变量 *DATE_*，为标记解释前 3 列的变量。结果如图 3-9。

YEAR_	QUARTER_	MONTH_	DATE_
2004	1	1	JAN 2004
2004	1	2	FEB 2004
2004	1	3	MAR 2004
2004	2	4	APR 2004
2004	2	5	MAY 2004
2004	2	6	JUN 2004
2004	3	7	JUL 2004
2004	3	8	AUG 2004
2004	3	9	SEP 2004
2004	4	10	OCT 2004

图 3-9　定义时间的结果

六、定义多重应答变量

从菜单选择

Data

Define Multiple Response Sets

弹出 Define Multiple Response Sets（定义多重应答变量）对话框（图 3-10）。具体见多重应答分析。

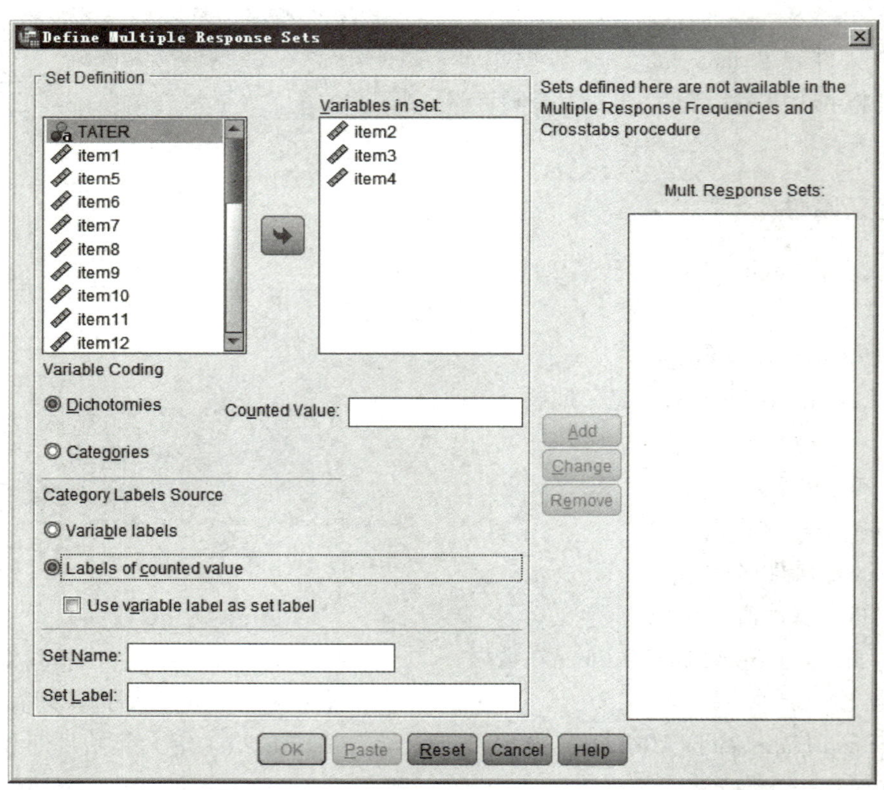

图 3-10　定义多重应答变量对话框

第二节 数据核验

数据核验（validation）过程可以简单快速地对变量和变量值存在的可疑值或无效值进行核验，这一功能对较大型的临床试验数据分析尤为实用。本软件带有预先设置的数据核验规则，可从菜单选择 Data → Validation → Load Predefined Rules 实现导入。由于预先设置的规则难以满足不同数据的核验要求，应用中更多地采用自定义的核验规则。下面以数据文件“clinical trial.sav”为例，分别说明单变量和交互变量的核验过程。①单变量规则：年龄区间为 18~65（岁）；②交互变量规则：女性且体重 >=70kg。从菜单选择

Data

Validation

Define Rules

弹出 Defined Rules（定义核验规则）对话框，由 Single-Variable Rules（单变量规则）和 Cross-Variable Rules（交互变量规则）两个复选框组成。

在 Single-Variable Rules（单变量规则）界面操作（图 3-11）。

Rule Definition：规则的定义。

Name：可直接选用数据文件中已有的变量名作为规则名或者自定义规则名，本例填入变量“*age*”。

Type：变量值类型。有数值型、字符型和日期型 3 种选择，本例为数值型。若为日期型，则可对日期型数据的格式进行选择。

Valid Values：核验值。有具体数值和数值范围两种选择，本例选范围，在最小值和最大值框内分别填入 18 和 65。

☑ Allow noninteger values within range：范围内允许填入非整数。

☑ Allow user-missing values：自定义缺失值。

☑ Allow system-missing values：系统缺失值。

对于规则可通过 New（新建）、Duplicate（复制）和 Delete（删除）进行操作。

在 Cross-Variable Rules（交互变量规则）界面操作（图 3-12）。

Name：规则名。本例命名为“女性且体重 >=70kg”。

Logical Expression（should evaluate to 1 for an invalid case）：逻辑表达式，对于无效个例计为 1。可通过点击 Insert 按钮选择所要核验的变量进入该框，本例在框内写入“SEX=2 & WT >=70”。

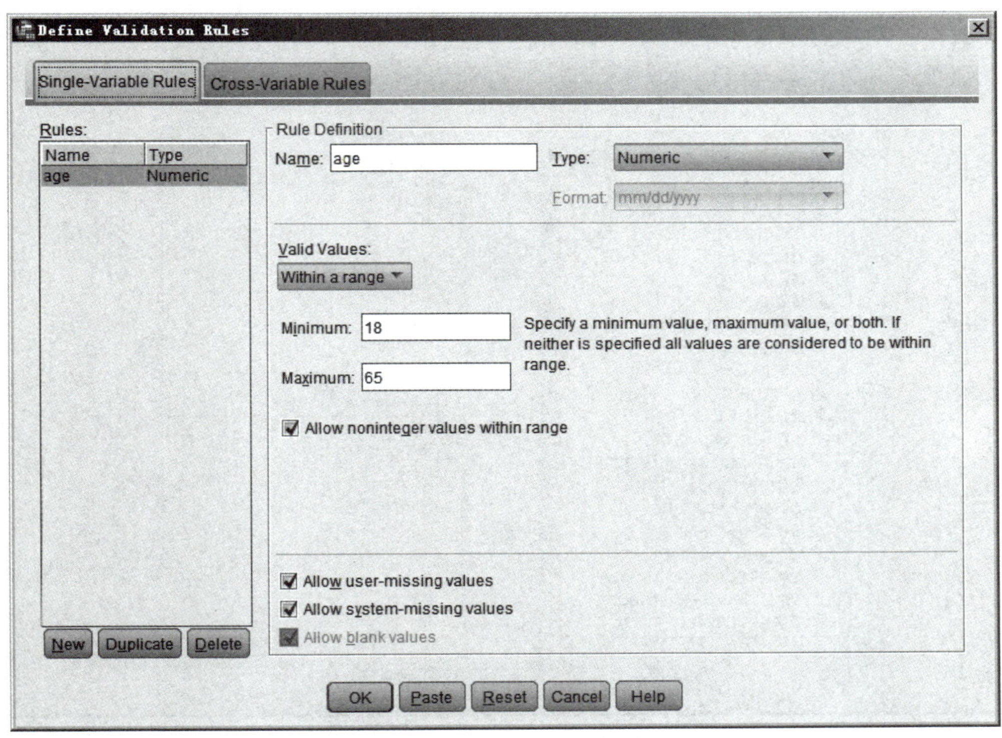

图 3-11 定义核验规则对话框

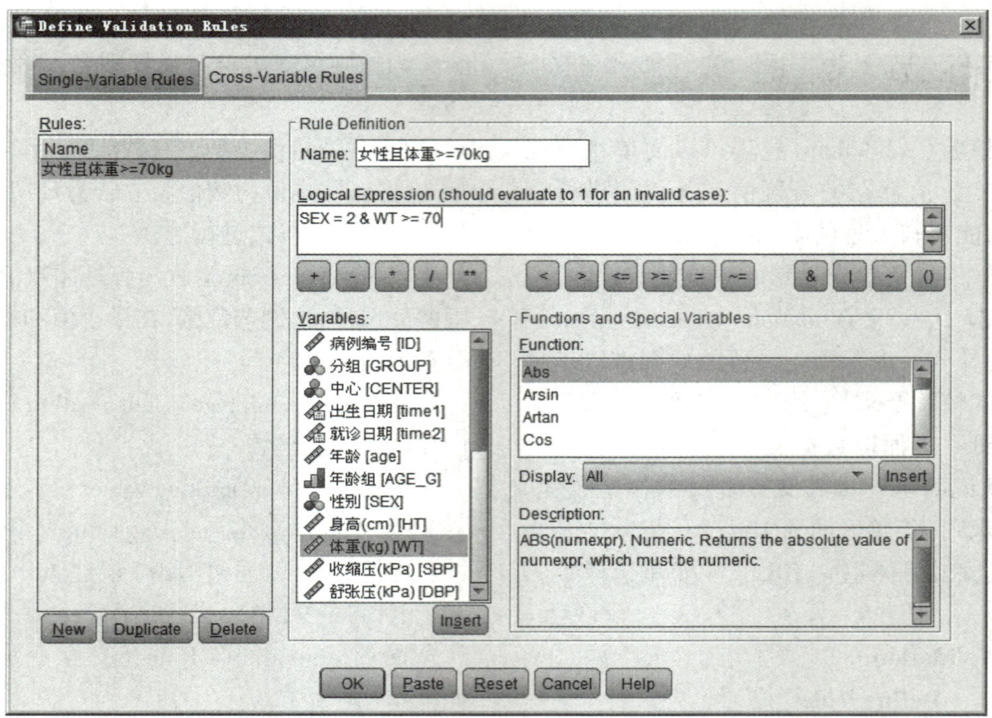

图 3-12　交互变量规则对话框

1. 单变量规则　年龄区间为 18~65（岁）　　**Validation**

本例过程：　　**Validate Data**

从菜单选择　　弹出 Validate Data（核验数据）对话框（图

Data　　3-13）。

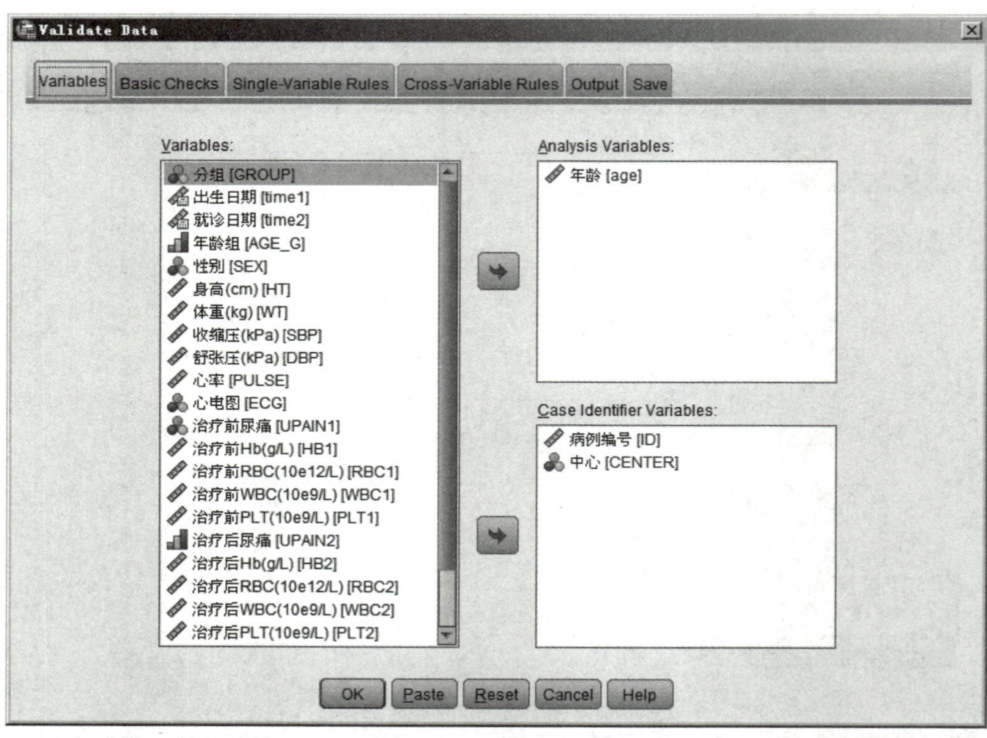

图 3-13　核验数据对话框

Analysis Variables：分析变量。对于单变量数据直接选入所需要分析的变量即可。本例选择“*age*”。

Case Identifier Variables：标识变量。本例选入“*ID*”和“*CENTER*”。以唯一变量确认是否存在重复。

击 Basic Checks 弹出基本核验对话框（图 3–14）。

◇ Analysis Variables：分析变量。

☑ Flag variables that fail any of the following checks：标记未通过核验的变量。

Maximum percentage of missing values：n（Applies to all variables）：对于所有变量，缺失值最大百分比为 *n*，默认值为 70。

Maximum percentage of cases in a single category：n（Applies to categorical variables only）：仅对分类变量，单个分类最大百分比为 *n*，默认值为 95。

Maximum percentage of categories with count of 1：n（Applies to categorical variables only）：仅对分类变量，赋值为 1 的最大百分比为 *n*，默认值为 90。

Minimum coefficient of variation：n（Applies to scale variables only）：仅对定量变量，最小变异系数为 *n*，默认值为 0.001。

Minimum standard deviation：n（Applies to scale variables only）：仅对定量变量，最小标准差为 *n*，默认值为 0。

◇ Case Identifiers。

☑ Flag incomplete IDs：标记不完整的 *ID*。

☑ Flag duplicate IDs：标记重复的 *ID*。

☑ Flag empty cases：标记空白个例。可供选择的为 All analysis variables（所有分析变量）和 All variables in dataset except ID variables（除 *ID* 变量外的所有变量）。注意，所有变量为缺失或者空白的个例才被认为是空白个例。

击 Single–Variable Rules 弹出单个变量规则信息框（图 3–15）。图中显示的是所分析变量的变量名，并展示该变量的分布图、最大值、最小值和核验规则。如果需要修改规则，可点击 Define Rules 进行修改。

Display：显示变量。有全部变量、数值型变量、字符型变量和日期型变量等选择，默认选项为全部变量。

Cases Scanned：例数扫描，本例为 144 例。

☑ Limit number of cases scanned Cases：5000：限制扫描的例数，默认为 5000 例。注意，限制扫描例数对核验有效变量不产生影响。

击 Output 弹出输出设置对话框（图 3–16）。

◇ Casewise Report：个例报告。

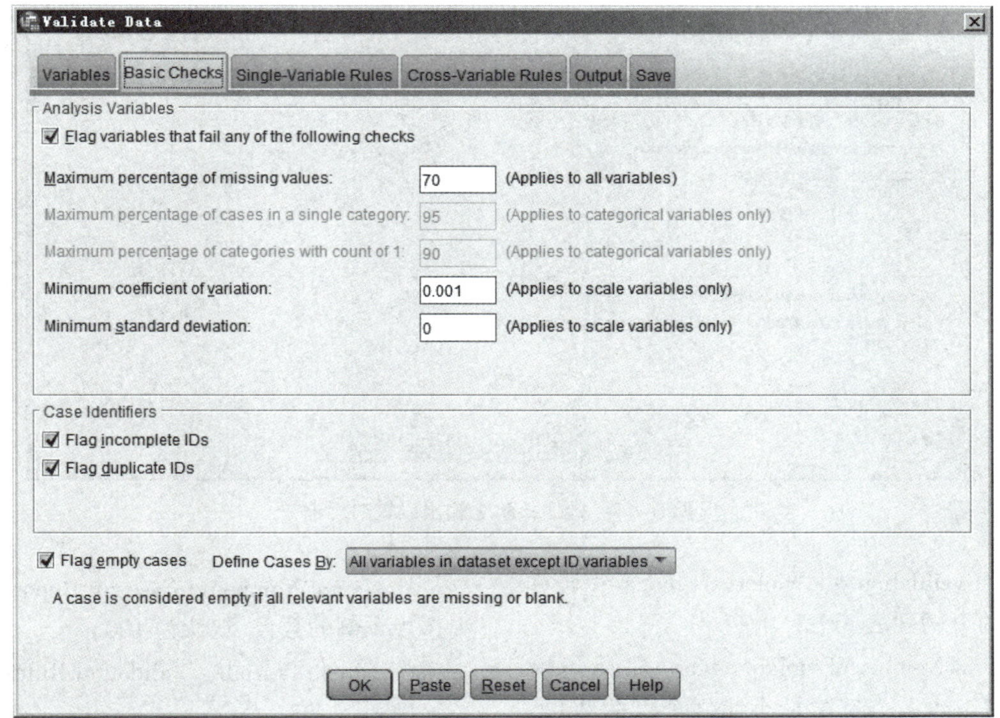

图 3–14 数据核验之基本核验对话框

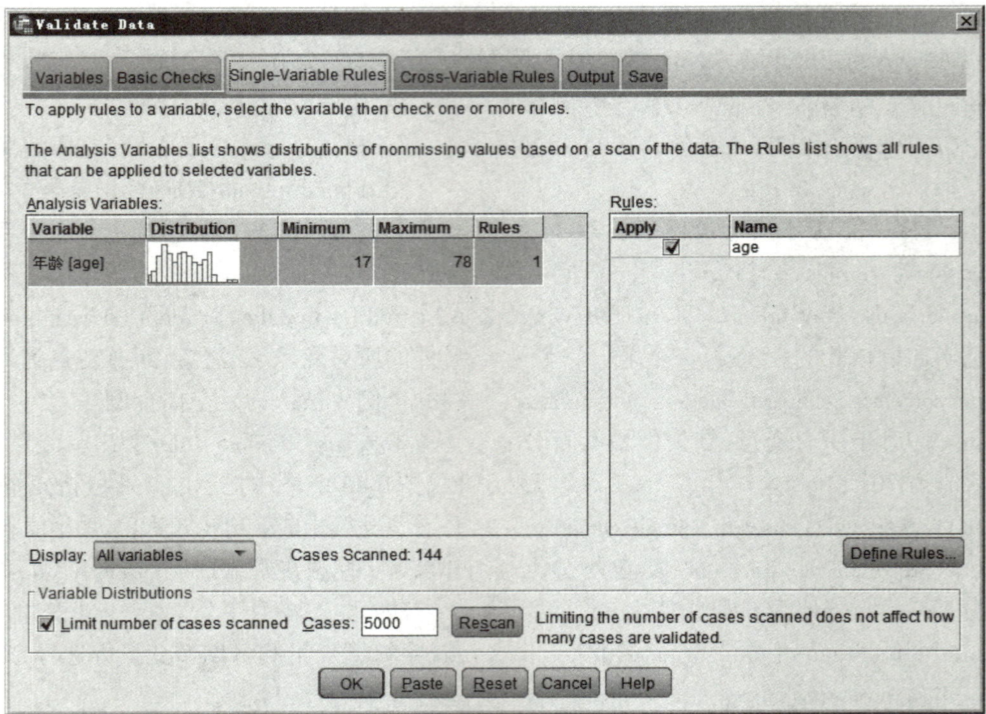

图 3-15 数据核验之单个变量规则信息对话框

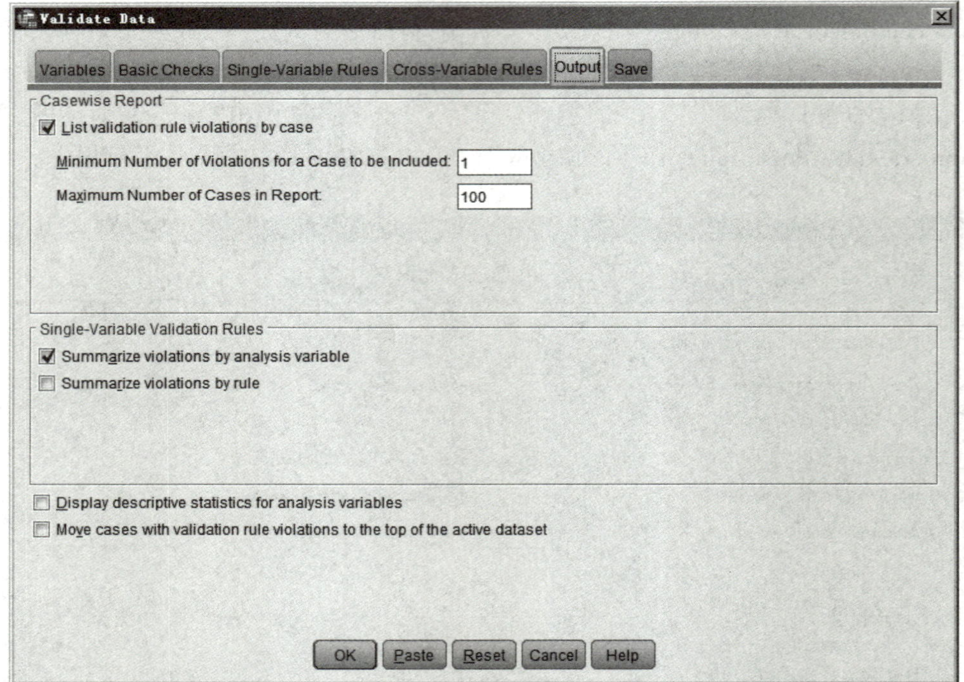

图 3-16 数据核验之输出设置对话框

☑ List validation rule violations by case：违背核验规则的个例列表。

Minimum Number of violations for a Case to be included：[1]：纳入个例中最小违规个例的数目，默认为 1。

Maximum Number of Cases in Report：[100]：最大违规个例的数目，默认为 100。

◇ Single-Variable Validation Rules：单变量核验规则。

☑ Summarize violations by analysis variable：

按核验变量汇总违规情况。

□ Summarize violations by rule：按核验规则汇总违规情况。

□ Display descriptive statistics for analysis variables：输出核验变量的描述统计量。

□ Move cases with validation rule violations to the top of the active dataset：将违规个例移动到当前数据集的顶部。

击 Save 弹出保存信息对话框（图 3-17）。可选择保存 Empty Case（空白个例）、Duplicate ID Group（重复 *ID* 变量）、Incomplete ID（不完整 *ID*）以及 Validation Rule Violations（违规判断）。

□ Replace existing summary variables：替换现有的汇总变量。

□ Save indicator variables that record all validation rule violations：保存核验规则的指示变量。

结果见图 3-18 和图 3-19。图 3-18 为核验规则描述，包括规则变量名（*age*）、数据类型（Type）及规则定义的范围（18~65）等。图 3-19 为输出的单项规则外的个例及其病例编号和中心。

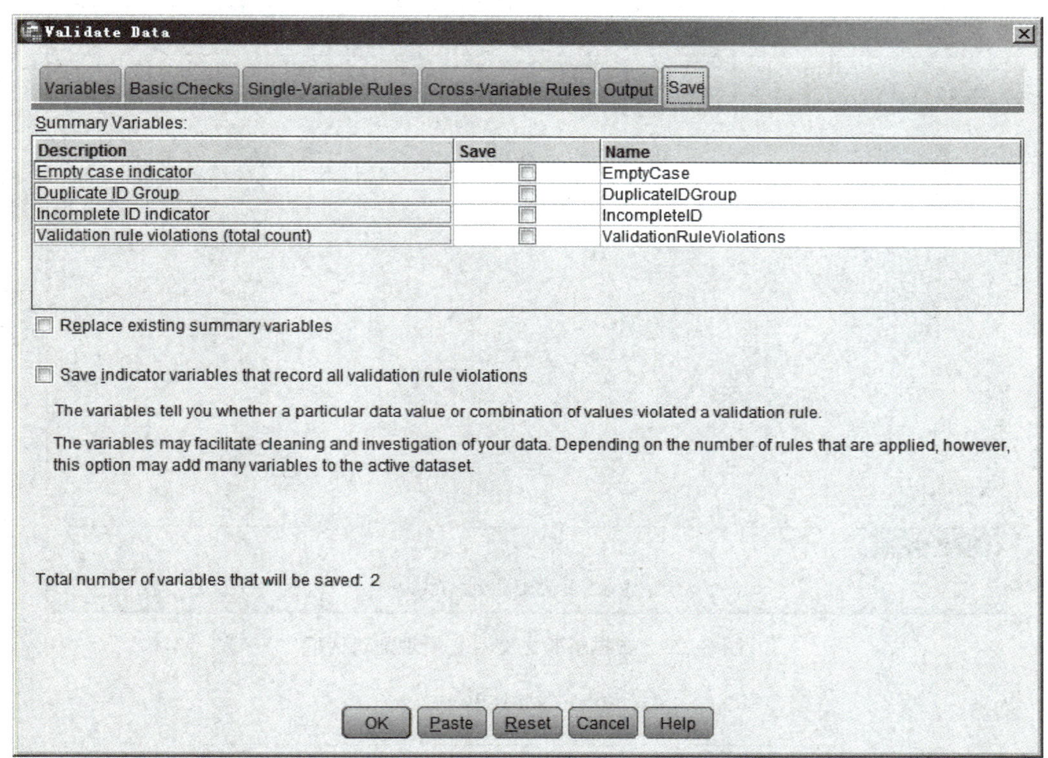

图 3-17　数据核验之保存信息对话框

Rule Descriptions

Rule	Description
age	Type: Numeric Domain: Range Flag user-missing values: No Flag system-missing values: No Minimum: 18 Maximum: 65 Flag unlabeled values within range: No Flag noninteger values within range: No $VD.SRule[1]: Rule

Rules violated at least once are displayed.

图 3-18　核验规则描述

Case Report

Case	Validation Rule Violations	Identifier	
	Single-Variable[a]	病例编号	中心
11	age (1)	11	中心1
12	age (1)	12	中心1
59	age (1)	59	中心2
72	age (1)	72	中心2
74	age (1)	74	中心2

a. The number of variables that violated the rule follows each rule.

图 3-19　单变量规则个例输出列表

2. 交互变量规则 女性且体重 >=70kg。

本例过程：

从菜单选择

Data

Validation

Validate Data

弹出 Validate Data（数据核验）对话框，在核验变量框中选入“*SEX*”和“*WT*”，在标识变量框中选入“*ID*”和“*CENTER*”。点击 Cross–Variable Rules 进入交互变量规则复选框（图 3–20）。

结果见图 3–21、图 3–22。交互规则名称为“女性且体重不小于 70kg”，不符合规则数目为 9 例，规则表达式为“（SEX=2）&（WT >=70）”。图 3–22 显示的是个例在数据文件中的位置、规则判断、病例编号和中心等信息。

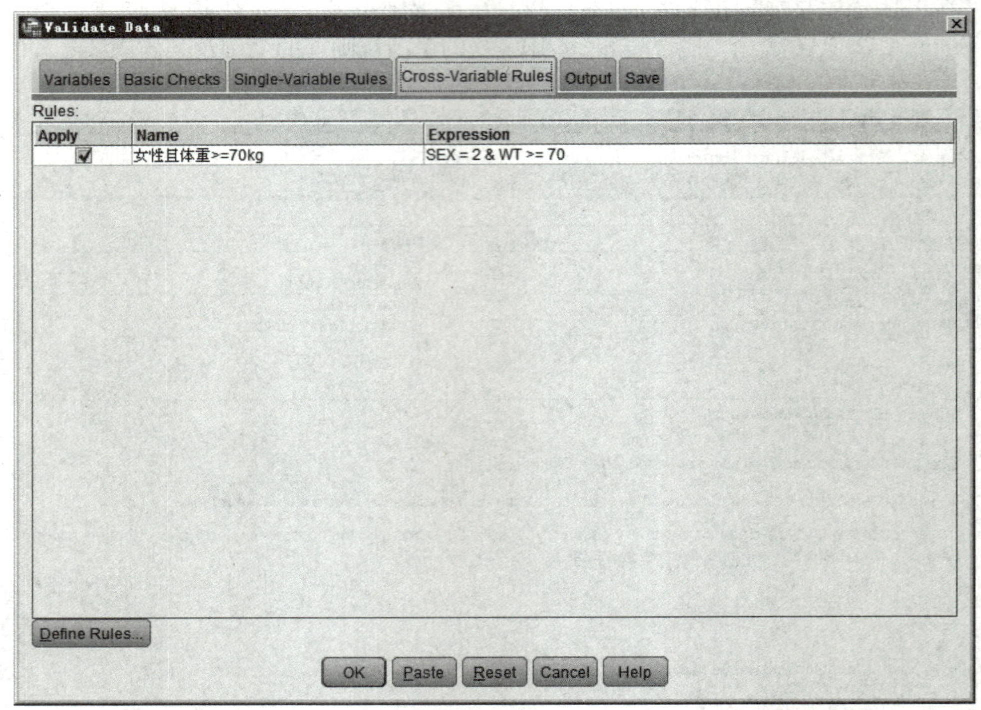

图 3–20 数据核验之交互变量规则对话框

Cross-Variable Rules

Rule	Number of Violations	Rule Expression
女性且体重>=70kg	9	SEX = 2 & WT >= 70

图 3–21 交互规则描述

Case Report

Case	Validation Rule Violations	Identifier	
	Cross-Variable	病例编号	中心
11	女性且体重>=70kg	11	中心1
41	女性且体重>=70kg	41	中心1
42	女性且体重>=70kg	42	中心1
47	女性且体重>=70kg	47	中心1
69	女性且体重>=70kg	69	中心2
82	女性且体重>=70kg	82	中心2
89	女性且体重>=70kg	89	中心2
101	女性且体重>=70kg	101	中心2
104	女性且体重>=70kg	104	中心2

图 3–22 交互变量规则输出列表

第三节　辨识重复观察单位

辨识重复观察单位(identify duplicate cases)的功能主要用于数据核查,以免某个观察单位被重复录入。这项功能还可用于病例对照设计中匹配对象的选择。从菜单选择

Data

　　Identify Duplicate Cases

弹出 Identify Duplicate Cases(辨识重复观察单位)对话框,见图 3-23。将匹配的变量选入 Define matching cases by 框内,如有需要,可将排序标志的变量选入 Sort within matching groups by 框内。

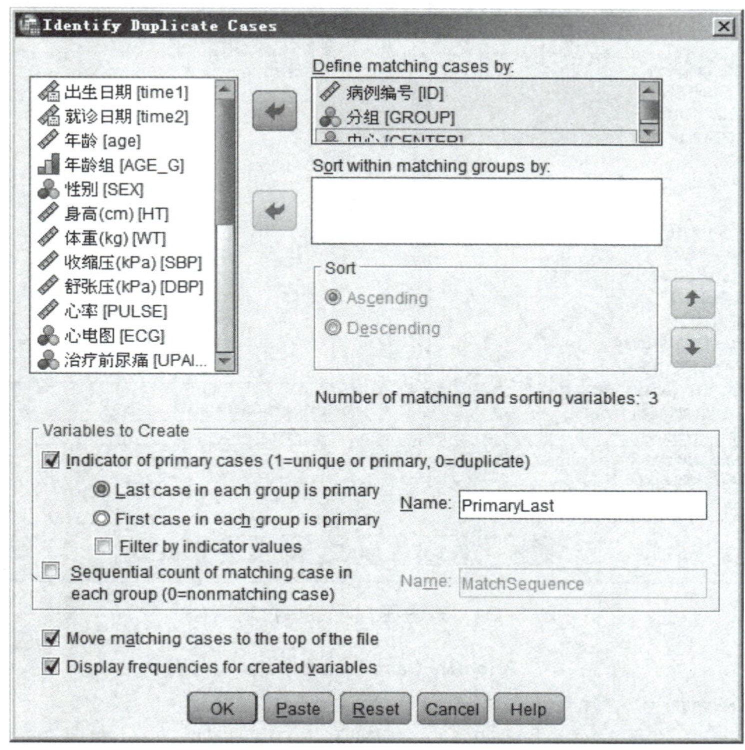

图 3-23　辨识重复观察单位对话框

◇ Variables to Create:建立重复标识变量。

☑ Indicator of primary cases(1=unique or primary, 0=duplicate):定义重复标识变量的变量名和重复观察单位中的原观察单位。系统默认的变量名为“Primary Last”或“Primary First”。定义 1 代表原观察单位;0 代表重复观察单位。

⦿ Last case in each group is primary:每组重复观察单位的最后 1 例为原观察单位。

◎ First case in each group is primary:每组重复观察单位的第 1 例为原观察单位。

□ Filter by indicator values:将重复观察单位滤掉。

□ Sequential count of matching case in each group(0=nomatching case):产生一个新变量,系统命名为“MatchSequence”,给出每组重复观察单位的累积例数,对于没有重复的观察单位,该变量取值为 0。

☑ Move matching cases to the top of the file:将匹配发现的重复观察单位置于文件顶部。

☑ Display frequencies for created variables:在结果文件中给出重复标识变量的频数表,即对新产生的“Primary Last”或“Primary First”变量进行频数分析。

第四节　辨识异常观察单位

从菜单选择

Data

　　Identify Unusual Cases

弹出 Identify Unusual Cases(辨识异常观察单

位）对话框（图 3-24）。

将所需要分析的变量选入 Analysis Variables 分析变量框中，也可选入 Case Identifier Variable（观察单位标示变量），默认显示 Percentage of cases with highest anomaly index values: 5，即最高百分比为 5% 的异常值。本例选择体重（*WT*）为分析变量，标示变量为分组（*group*）。得到图 3-25。Case 为观察单位在数据文件中的位置，*group* 为标示变量，异常值为第 1 例属第 2 组的体重 45kg，依此类推。

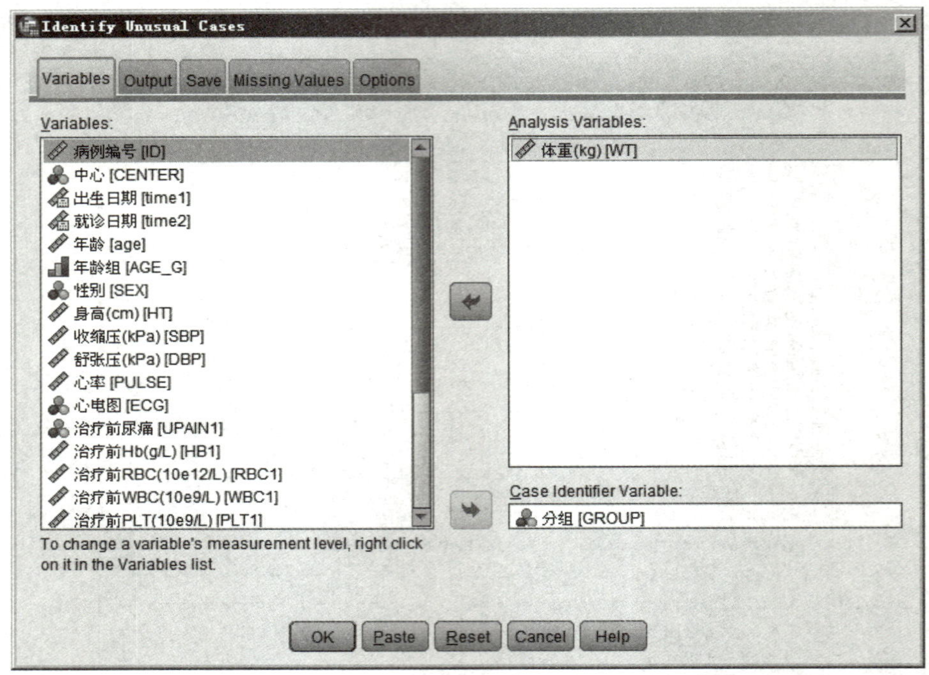

图 3-24　辨识异常观察单位对话框

Anomaly Case Reason List

Reason: 1

Case	GROUP	Reason Variable	Variable Impact	Variable Value	Variable Norm
1	2	WT	1.000	45	52.00
133	1	WT	1.000	88	80.23
84	1	WT	1.000	57	60.60
131	1	WT	1.000	87	80.23
139	2	WT	1.000	87	80.23
48	2	WT	1.000	58	60.60
54	1	WT	1.000	76	72.39

图 3-25　辨识异常观察单位结果

第五节　观测值排序

从菜单选择

Data

Sort Cases

弹出 Sort Cases（观测值排序）对话框（图 3-26）。

Sort by：选择排序变量。对所选变量的观测值排序。如果选择了两个以上的变量，其排序结果将按变量在 Sort by 栏中选入的顺序依次进行。

◇ Sort Order：排序方式。

⊙ Ascending：升序排列。数值型变量由小到大按升序排列，字符型变量按 A、B、C、D 等字母顺序由前到后排列。系统默认。

◎ Descending：降序排列。数值型变量由大到小按降序排列，字符型变量按 Z、Y、X 等字母顺序由后向前排列。

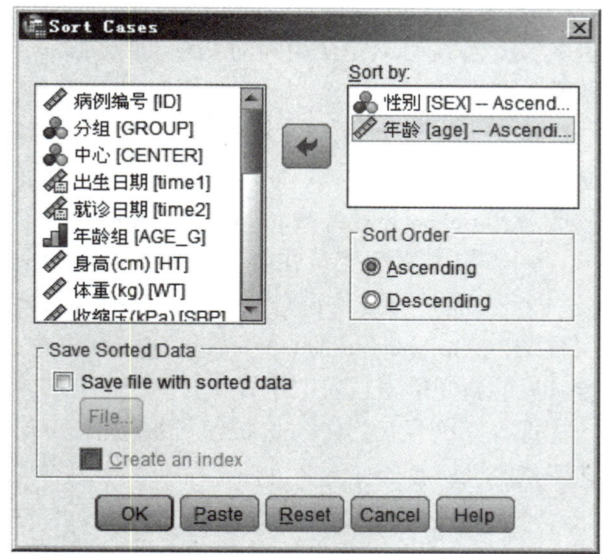

图 3-26 观测值排序对话框

◇ Save file with sorted data：将排序后的数据存为新文件。

第六节 观测变量排序

从菜单选择

Data

Sort Variables

弹出 Sort Variables（观测变量排序）对话框（图 3-27）。

Variable View Columns：观测变量列表。数据编辑窗的变量窗口中的各变量特征列表。

◇ Sort Order：排序方式。

⊙ Ascending：升序排列。按照在图 3-27 中的所选特征，数字类由小到大按升序排列［例如变量宽度（Width）），字符类按 A、B、C、D 等字母顺序由前到后排列［例如变量名（Name））。系统默认。

◎ Descending：降序排列。

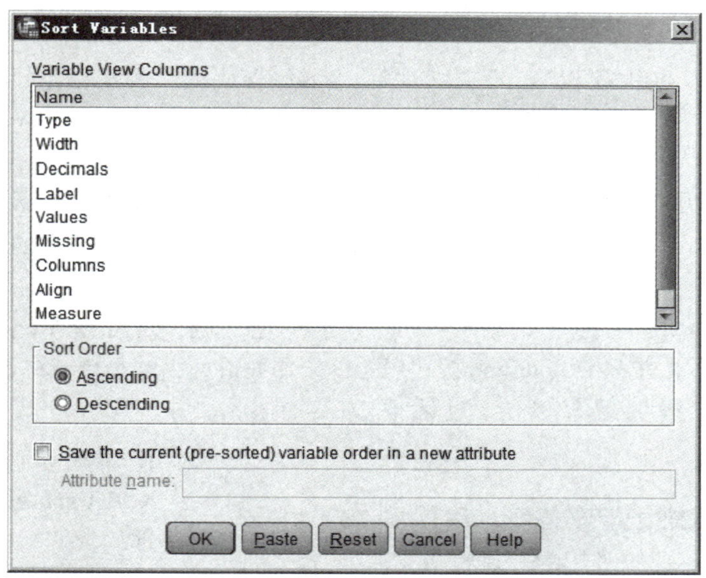

图 3-27 观测变量排序对话框

□ Save the current（pre-sorted）variable order in a new attribute：将目前的变量顺序另存为一个新的变量属性。在新属性名称（Attribute name）中命名。

第七节 数 据 转 置

将原始数据的行和列进行互换，使新文件的行是原文件的列，新文件的列是原文件的行。从菜单选择

Data

Transpose

弹出 Transpose（数据转置）对话框（图 3-28）。

Variable（s）：选入转置变量。

Name Variable：选入用于定义名称的变量，该变量的各个值为转置后数据的新变量名。如果该变量原为字符型，则新数据中的变量名为原字符；如果该变量为数值型，则新数据中的变量名以字

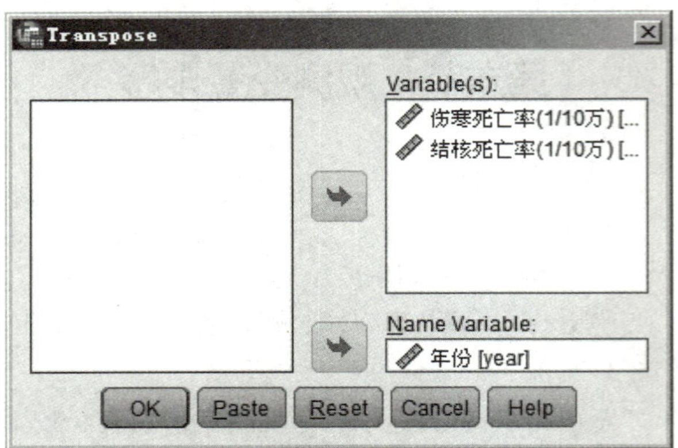

图 3-28 数据转置对话框

母 V 开头，其后为原数值。若该选项缺失，系统会自动为新数据产生新变量名“*var001*”“*var002*”“*var003*”……此外，系统还自动生成一变量名为“*CASE-LBL*”的新字符变量，该变量各取值为原数据的各变量名。

第八节 合并文件

1. 添加观察单位(add cases) 将外部文件的观察单位(cases)添加到当前数据文件中，合并后新数据文件的观察单位数应为两文件之和，即合并文件(merge files)。从菜单选择

Data

Merge Files

Add Cases

选定要添加的数据文件→击 Continue 按钮→弹出 Add Cases from(添加观察单位)对话框(图 3-29)。

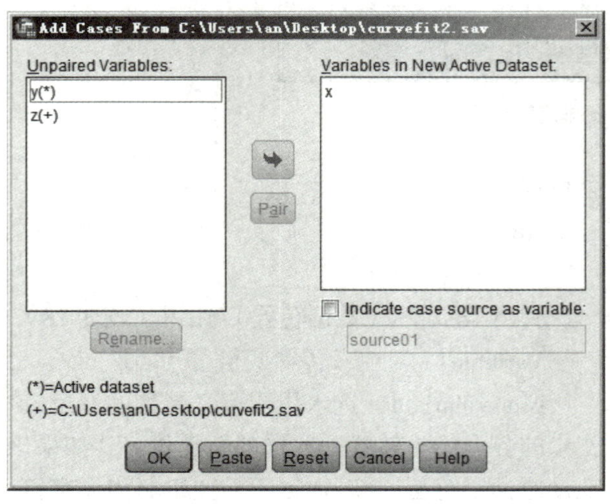

图 3-29 添加观察单位对话框

Unpaired Variables：显示两个数据文件中变量名及变量类型不完全相同的变量，即不能完全匹配的变量。

- 若这些变量在合并后的新文件中将以独立的列变量存在，可选住该变量，击 ▶ 按钮，将变量送入 Variables in New Working Dataset 框中。
- 若想某两个变量在合并后的新文件中成为一个列变量，可选住这对变量，击 Pair 按钮，将变量送入 Variables in New Working Dataset 框中，合并后的新变量为当前工作文件变量的变量名。

选择某变量后，Rename 按钮可被激活，可对该变量定义一新的变量名。

(*)：标有“*”的变量是当前工作数据文件中的变量。

(+)：标有“+”的变量是外部数据文件中的变量。

Variables in New Active Dataset：显示两个数据文件中变量名及变量类型均相同的变量，这些变量可包括在合并后的新文件中；若想新文件中不包含该框中的某变量，可选住该变量，击 ◀ 按钮，将变量送入 Unpaired Variables 框中。

□ Indicate case source as variable：标记来源变量。默认变量命名为 *source01*，为二分类变量。其中 1 表示新添加进来的观察单位，0 为原有观察单位。

2. 添加变量(add variables) 从外部文件添加变量到当前数据文件中。从菜单选择

Data

Merge Files

Add Variables

选定要处理的数据文件→击 Continue 按钮→弹出 Add Variables from(添加变量)的 Merge Method(合并方法)对话框(图 3-30 左图)。

合并方法分别有一对一的基于文件排序、关键变量数值合并方法，以及一对多的基于关键变量数值的方法。其中后两种方法需要先调用 Sort Cases 过程，依该变量的数值的大小对文件中的观察单位排序。

Key Variables：可能的关键变量显示在下方，为外部文件中的各个变量。可通过点击 Variable 对话框进行添加或删除。

Variables：选择变量对话框(图 3-30 右图)。

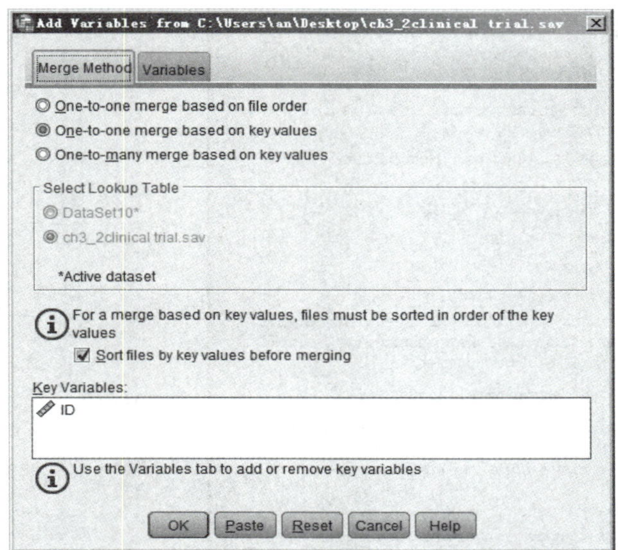

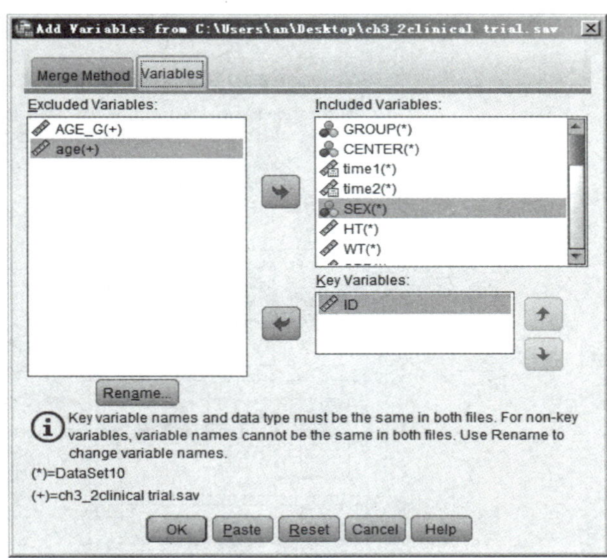

图 3–30　添加变量对话框

Included Variables：显示两个数据文件中变量名或变量类型不完全相同的变量，这些变量在合并后的新文件中将以独立的列变量存在；若想新文件中不包含该框中的某变量，可选住该变量，击◀按钮，将变量送入 Excluded Variables 框中。

Excluded Variables：若两个数据文件中有变量名及变量类型相同的变量，则当前文件中的该变量显示在 Included Variables 框中，从 Included Variables 框或下方 Key Variables 框中移出的变量显示在 Excluded Variables 框中。

● 若想将外部文件的某变量合并到新文件中并以独立的变量存在，需要点击 Rename 按钮，为变量更名。

● 若变量名相同的两个变量是一对关键变量，即每个观察单位的数值大小完全相同，合并到新文件中将成为一列变量，需先调用 Sort Cases 过程，依该变量值的大小对当前文件中的观察单位排序。

第九节　重建数据结构

对于较复杂的数据，如临床试验和大型调查研究数据，分析过程中往往需要在原始数据库基础上通过数据结构转换形成不同的数据集，SPSS 的重建数据结构（restructure）过程就是为此目的设计的，下面用实例介绍该过程。

例 3–1　以数据文件“repeated_1.sav”为例，该数据集有 12 行 6 列，即 12 个观测单位和 6 个变量。6 个变量中有 1 个标识变量（*ID*）、一个分组变量（*group*）和其余 4 个反应变量（均为重复测量变量）。试将 4 个反应变量合并成一个反应变量，新变量名为“*FL*”，即使得原数据集转换为具有 48 个观测单位的新数据集，新的数据文件名为“repeated_1_trans1.sav”。

从菜单选择

Data

Restructure

弹出 Restructure Data Wizard（重建数据结构引导）对话框（图 3–31）。

⊙ Restructure selected variables into cases：将所选 n 个观测单位 m 个变量转换为 nm/k 个观测单位 k 个变量，这里 $m>k$，且 m 为 k 的整倍数。本例选此项（系统默认），数据结构转换示意图如图 3–32，上图示意由 2 例 4 个变量转换为 8 例 1 个变量；下图示意由 2 例 6 个变量转换为 6 例 2 个变量。

◎ Restructure selected cases into variables：上一选项的逆过程，将所选 nm/k 个观测单位 k 个变量转换为 n 个观测单位 m 个变量，这里 $m \geqslant k$，且 m 为 k 的整倍数。

◎ Transpose all data：所有的行与列转置。此功能相当于本章第七节的数据转置（Transpose），选此项后直接完成行列转置，重建数据结构过程结束。

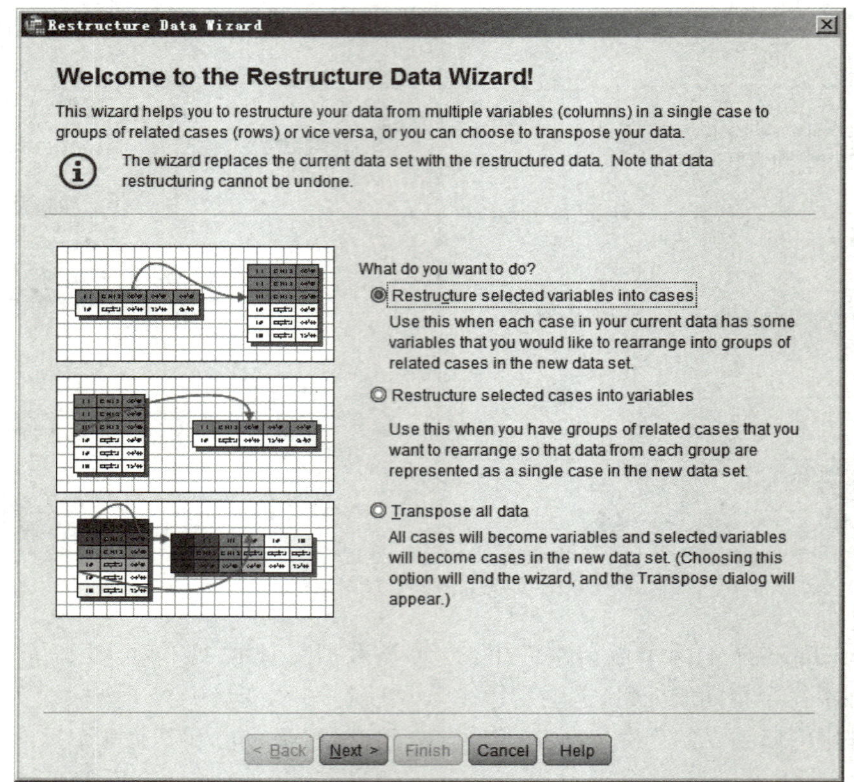

图 3–31　重建数据结构对话框

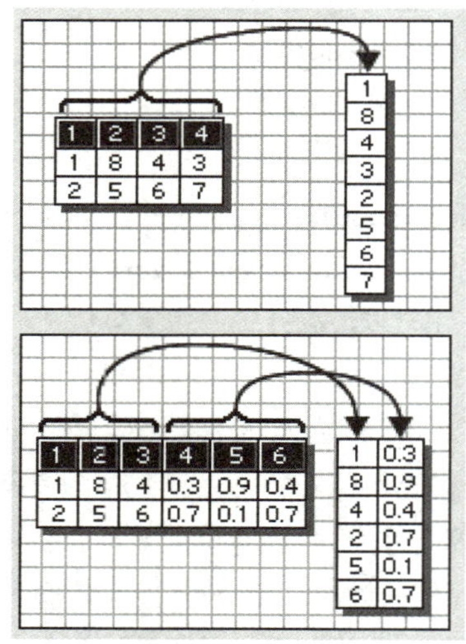

图 3–32　数据结构转换示意图

击重建数据结构对话 Next > 按钮，弹出 Restructure Data Wizard–Step 2 of 7（重建数据结构引导 7 步中的第 2 步对话框），见图 3–33。

⊙ One（for example，w1，w2，and w3）：将所选 m 个变量转换为 1 个变量。本例选此项（系统默认）。

◎ More than one（for example，w1，w2，w3 and h1，h2，h3，etc.）：将所选 m 个变量转换为 k 个变量，$m>k>1$，且 m 为 k 的整倍数。

How many? [2]：自定义 k 值，系统默认为 2。

击第 2 步的 Next > 按钮，弹出 Restructure Data Wizard–Step 3 of 7（重建数据结构引导 7 步中的第 3 步对话框），见图 3–34。

◇ Variables in the Current File：当前数据文件中的变量。

◇ Case Group Identification：原观测单位标识变量，有三种选择。

● Use case number：由系统流水号产生（系统默认）。

● Use selected variable：用数据文件中已有的变量做为标识变量，本例选此项，将变量名“*ID*”选入。

● None：不创建标识变量。

◇ Variables to be Transposed：选入需要转置的变量，本例选入 *fl_normal*、*fl_injur*、*fl_fixat* 和 *fl_fatig*。

Target Variable：目标变量名，系统默认 *trans1*；目标变量超过 1 个时，系统默认 *tran2*，…，当然也可以自定义，本例自定义为“*FL*”。每个目标变量所对应的原始变量经过选择操作后显示于目标变量的下方框内。

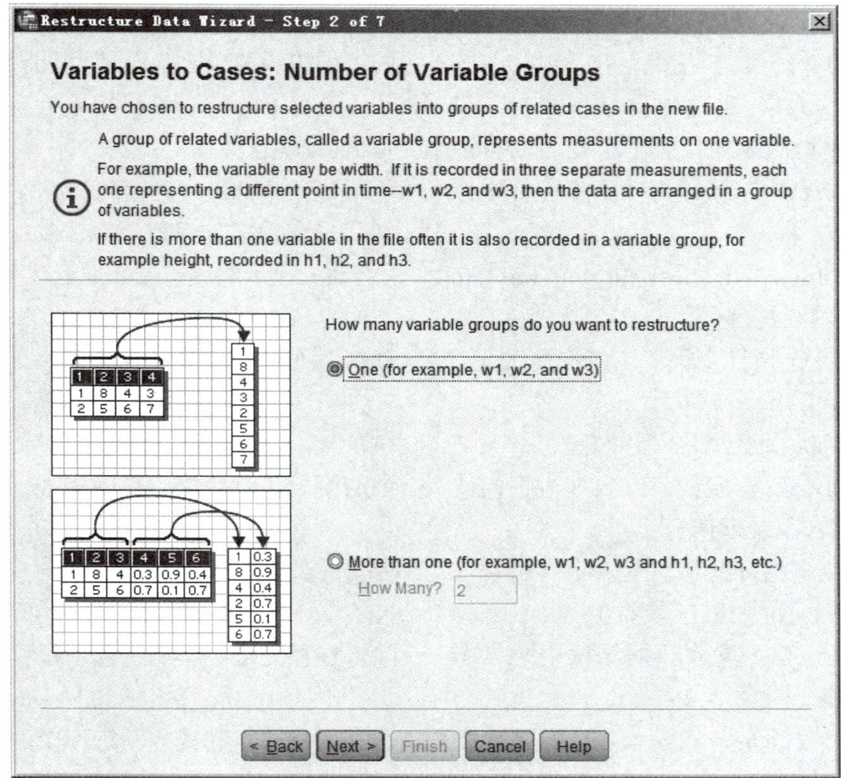

图 3-33　重建数据结构对话框 7 步中的第 2 步对话框

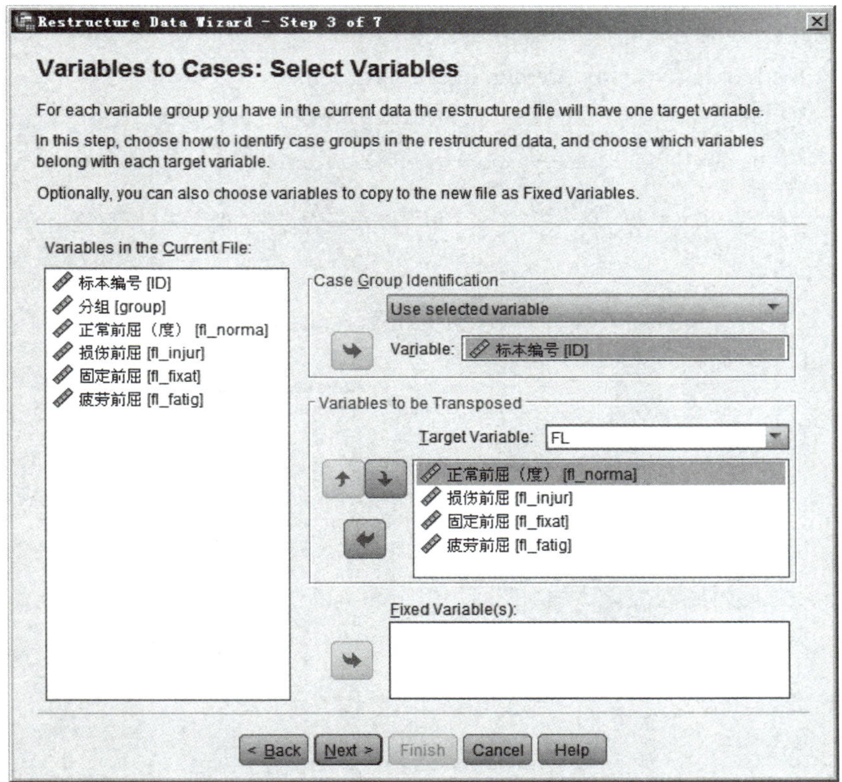

图 3-34　重建数据结构对话框 7 步中的第 3 步对话框

◇ Fixed Variable(s):固定不变的变量,本例选入分组变量 *group*。

击第 3 步的 Next > 按钮,弹出 Restructure Data Wizard-Step 4 of 7(重建数据结构引导 7 步中的第 4 步对话框),即创建指针变量(Index Variable)对话框,见图 3-35。指针变量通常用作分组变量使用。

How many index variables do you want to create?:创建多少指针变量?

⊙ One:创建 1 个指针变量。本例选此项(系统默认)。

◎ More than one:创建多个指针变量。

How many? [2]:该选项被激活后,在方框内填入指针变量的个数,系统默认为 2。

◎ None:不创建指针变量。

击第 4 步的 Next > 按钮,弹出 Restructure Data Wizard-Step 5 of 7(重建数据结构引导 7 步中的第 5 步对话框),见图 3-36。

◇ What kind of index values?:定义指针变量值的形式。

◎ Sequential numbers:指针变量值用连续数字表示(系统默认),如 1,2,3,4 等,每个数字代表指针变量的一个水平,与一个原始变量对应,数值的大小按照选入原始变量的顺序由小到大排列。

⊙ Variable names:用原始变量名作为指针变量值,本例选此项。

Index Values:变量值,本例显示 4 个变量值(即 4 个水平),分别为 *fl_normal*、*fl_injur*、*fl_fixat*、*fl_fatig*,显示顺序与选入原始变量的顺序相同。

◇ Edit the Index Variable Name and Label:编辑指针变量的变量名及标签。

击第 5 步的 Next > 按钮,弹出 Restructure Data Wizard-Step 6 of 7(重建数据结构引导 7 步中的第 6 步对话框),见图 3-37。

◇ Handing of Variables not Selected:未选择变量的处理。

◎ Drop variable(s) from the new data file:删除未选择变量。本例选此项(系统默认)。

⊙ Keep and treat as fixed variable(s):保留未选择变量并将其视为固定不变的变量。

◇ System Missing or Blank Values in all Transposed Variables:缺失数据处理。

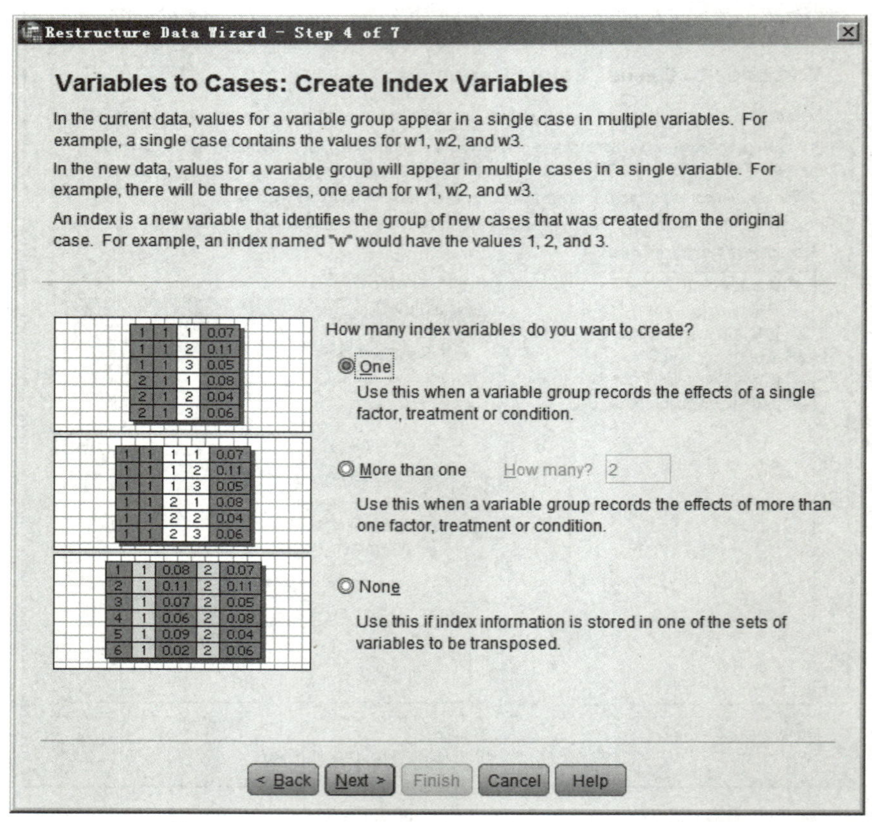

图 3-35 重建数据结构对话框 7 步中的第 4 步对话框

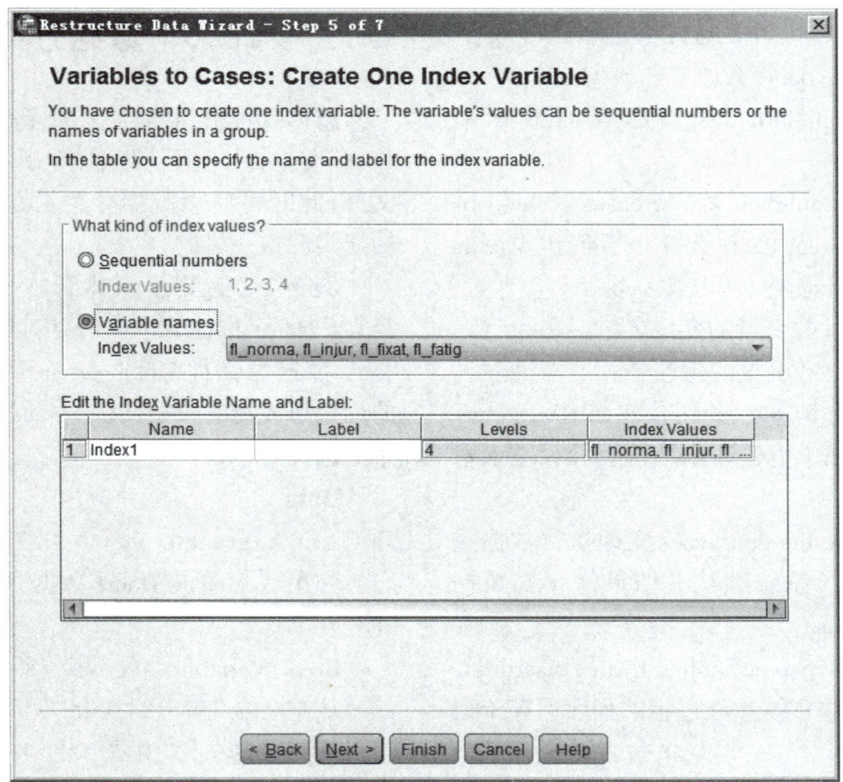

图 3–36 重建数据结构对话框 7 步中的第 5 步对话框

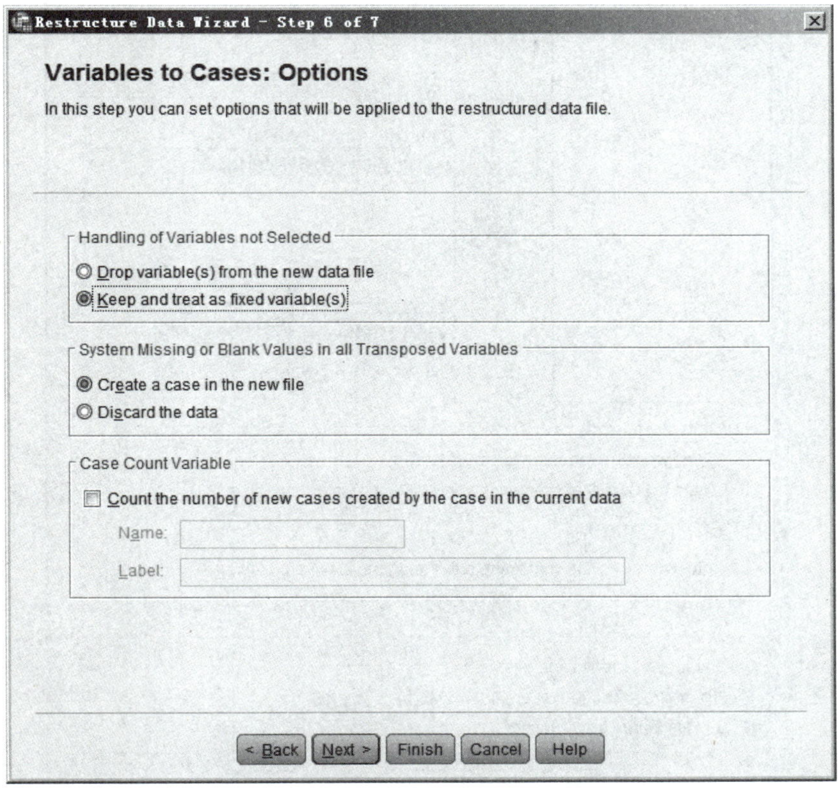

Restructure Data Wizard - Step 6 of 7

Variables to Cases: Options

In this step you can set options that will be applied to the restructured data file.

Handling of Variables not Selected

Drop variable(s) from the new data file

Keep and treat as fixed variable(s)

System Missing or Blank Values in all Transposed Variables

Create a case in the new file

Discard the data

Case Count Variable

Count the number of new cases created by the case in the current data

Name:

Label:

< Back Next > Finish Cancel Help

图 3–37 重建数据结构对话框 7 步中的第 6 步对话框

⦿ Create a case in the new file：在转置后的数据文件中保留缺失数据。本例选此项（系统默认）。

◎ Discard the data：去掉这些缺失值。

◇ Case Count Variable：创建观测的计数变量。

□ Count the number of new cases created by the case in the current data：选择是否创建观测的计数变量。本例不创建（系统默认）。

Name：创建计数变量的变量名。

Label：创建计数变量的标签。

击第 6 步的 Next > 按钮，弹出 Restructure Data Wizard-Finish（重建数据结构引导 - 结束对话框），图略。

⦿ Restructure the data now：立即执行数据重建。本例选此项（系统默认），结果保存到数据“repeated_1_tran1.sav”。

◎ Paste the syntax generated by the wizard into a syntax window：将数据重建过程的程序保存于程序文件。

第十节 数据分类汇总

数据处理中，有时需要将某些中间变量，如均数、标准差、最小值、最大值等，形成一个新的数据文件，此时可应用数据分类汇总（aggregate data）功能实现这一目的。

例 3-2 为测量人体脊柱椎体的矢状面管径，以 216 个椎体标本为研究对象，每个椎体测量 4 次，数据见文件“diameter.sav”。请以 4 次测量的均数形成新的数据文件“diameter_sub.sav”。从菜单选择

Data

Aggregate

弹出 Aggregate Data（数据分类汇总）对话框（图 3-38）。

Break Variable（s）：分类 / 组变量。

从左框内选择分组变量，本例选变量“*subject*”。

新的数据文件（汇总文件）中，每一个分类变

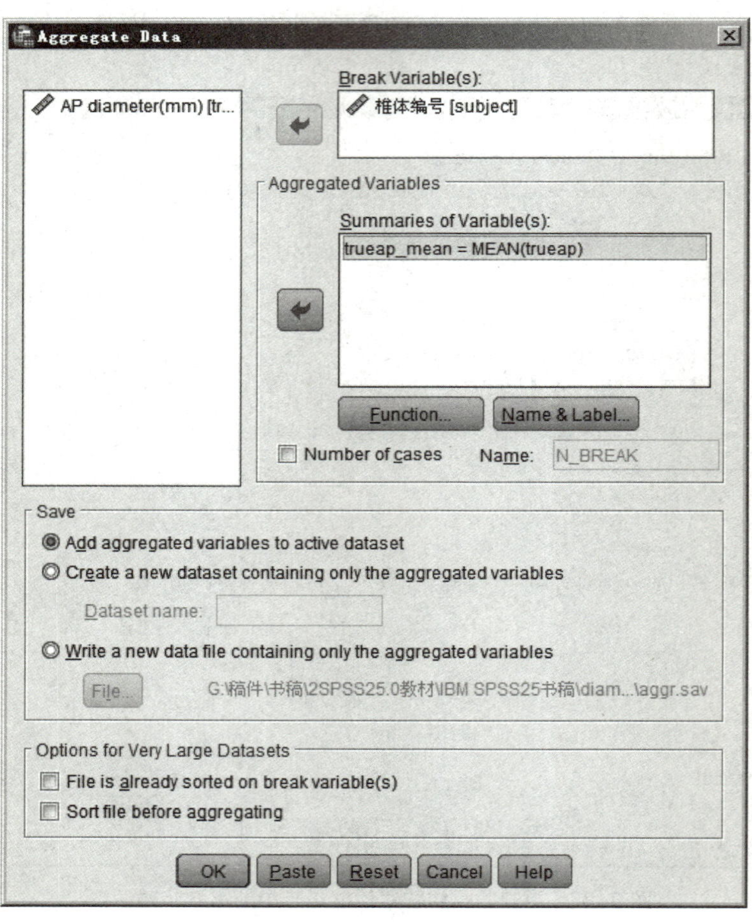

图 3-38 数据分类汇总对话框

量水平只产生一个新的汇总观测值。分类变量的变量名及特征均与源文件相同。分类变量可以是数值型变量,也可以是字符型变量。

Aggregated Variables：汇总变量。

从左框内选择反应变量,本例选变量“*trueap*”。

汇总数据文件中,原反应变量经分类汇总后形成新变量,系统默认的变量名为原变量名后跟下划线和函数名称,如本例汇总函数为均数,故汇总变量名为“*trueap_mean*”。新变量名亦可修改和标记。

Name & Label：修改汇总变量名和标签。击 Name & Label 按钮,弹出 Aggregate Data：Variable Name and Label(修改汇总变量名和标签)对话框(图 3-39),将新变量名及标签添入相应框内即可。

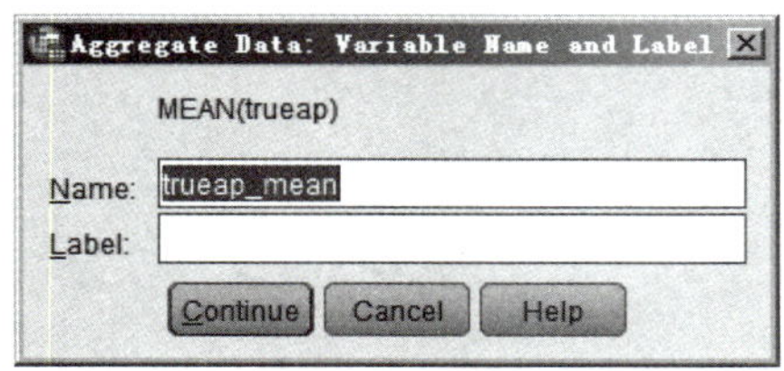

图 3-39　修改汇总变量名和标签对话框

Function：汇总函数。击 Function 按钮,弹出 Aggregate Data：Aggregate Function(汇总函数)对话框(图 3-40)。

Aggregate Data: Aggregate Function
Summary Statistics　Specific Values　Number of cases
Mean　First　Weighted
Median　Last　Weighted missing
Sum　Minimum　Unweighted
Standard Deviation　Maximum　Unweighted missing
Percentages, Fractions, Counts
Percentages　Fractions　Counts
Above
Below　Value:
Inside
Outside　Low:　High:
Continue　Cancel　Help

图 3-40　汇总函数对话框

对话框内列出了 6 类函数 24 种选项,每次只能选其中 1 项。

1. Summary Statistics　汇总统计量。

⊙ Mean：原变量每个分类水平的均数。本例选此项。

◎ Median：原变量每个分类水平的中位数。

◎ Sum：原变量每个分类水平的和。

◎ Standard Deviation：原变量每个分类水平的标准差。

2. Specific Values　特定值。

◎ First：原变量每个分类水平的第 1 个观察值。

◎ Last：原变量每个分类水平的最后 1 个观察值。

◎ Minimum：原变量每个分类水平的最小值。

◎ Maximum：原变量每个分类水平的最大值。

3. Number of cases　原变量每个分类水平的观察值数目。

◎ Weighted：原变量每个分类水平的加权观察值数目。

◎ Weighted missing：原变量每个分类水平的加权缺失值数目。

◎ Unweighted：原变量每个分类水平的未加权观察值数目。

◎ Unweighted missing：原变量每个分类水平的未加权缺失值数目。

4. Percentages　百分比。

◎ Above：原变量每个分类水平的观察值大于设定值所占百分比,以百分数表示。选本项时,Value(设定值)文本框被激活,需添入设定数值。

◎ Below：原变量每个分类水平的观察值小于设定值所占百分比,以百分数表示。选本项时,Value(设定值)文本框被激活,需添入设定数值。

◎ Inside：原变量每个分类水平的观察值在 Low(低限)与 High(高限)之间所占百分比,以百分数表示。选本项时,Low(低限)与 High(高限)文本框被激活,需添入设定数值。

◎ Outside：原变量每个分类水平的观察值在 Low(低限)与 High(高限)之外所占百分比,以百分数表示。选本项时,Low(低限)与 High(高限)文本框被激活,需添入设定数值。

5. Fractions　比例。

◎ Above：原变量每个分类水平的观察值大于设定值的比例,以小数表示。选本项时,Value

（设定值）文本框被激活，需添入设定数值。

◎ Below：原变量每个分类水平的观察值小于设定值的比例，以小数表示。选本项时，Value（设定值）文本框被激活，需添入设定数值。

◎ Inside：原变量每个分类水平的观察值在Low（低限）与High（高限）之间的比例，以小数表示。选本项时，Low（低限）与High（高限）文本框被激活，需添入设定数值。

◎ Outside：原变量每个分类水平的观察值在Low（低限）与High（高限）之外的比例，以小数表示。选本项时，Low（低限）与High（高限）文本框被激活，需添入设定数值。

6. Counts 计数。

◎ Above：原变量每个分类水平的观察值大于设定值的观察单位个数。选本项时，Value（设定值）文本框被激活，需添入设定数值。

◎ Below：原变量每个分类水平的观察值小于设定值的观察单位个数。选本项时，Value（设定值）文本框被激活，需添入设定数值。

◎ Inside：原变量每个分类水平的观察值在Low（低限）与High（高限）之间的观察单位个数。选本项时，Low（低限）与High（高限）文本框被激活，需添入设定数值。

◎ Outside：原变量每个分类水平的观察值在Low（低限）与High（高限）之外的观察单位个数。选本项时，Low（低限）与High（高限）文本框被激活，需添入设定数值。

回到数据分类汇总对话框（图 3-38）。

□ Number of cases：汇总的分类组的个例数。默认名为“*N_BREAK*”。

◇ Save：数据保存。

⊙ Add aggregated variables to active dataset：将汇总变量加入当前数据文件，系统默认。

◎ Create a new dataset containing only the aggregated variables：新建仅包含汇总变量的数据文件。本例重新命名数据文件名为“diameter_sub.sav”。

◎ Write a new data file containing only the aggregated variables：另存一个仅包含汇总变量的新数据文件。选此项后，文件名及路径按钮 File 被激活，路径对话框。

◇ Options for Very Large Datasets：大型数据文件选项。对于大型数据文件，下面选项有助于提高运算速度。

□ File is already sorted on break variable（s）：源文件分类变量已排序。

□ Sort file before aggregating：汇总前先将分类变量排序。

第十一节 正交设计

详见第九章第九节“正交设计资料的方差分析”。

第十二节 复制数据集

打开需要被复制的数据文件，然后从菜单选择

Data

Copy Dataset

即产生一个与原有数据文件相同的新数据文件。

第十三节 拆分文件

数据处理有时需要将某些分类变量进行分层分析，又称固定水平分析，例如对性别中的男性和女性分别进行分析，此时要通过拆分文件（split file）实现。从菜单选择

Data

Split File

弹出 Split File（拆分文件）对话框（图 3-41）。

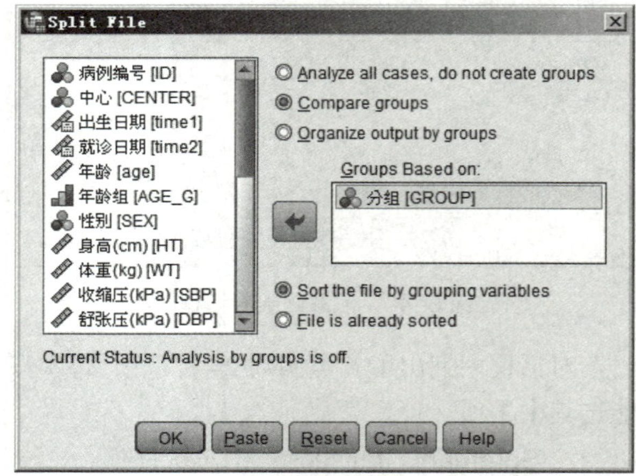

图 3-41 拆分文件对话框（*gender* 为分层变量）

◎ Analyze all cases, do not create groups：分析所有观测对象，不进行文件拆分，或者拆分文件的还原。系统默认。

⊙ Compare groups：根据分层变量进行分析。选此项后，Groups Based on（分层变量）框被激活。若框内选入 2 个以上变量（最多可以选入 8 个分层变量），则分层顺序与变量选入框内的顺序相同。

◎ Organize output by groups：根据分层变量进行分析（最多可以选入 8 个分层变量），选此项后，输出方式按每一种不同的分层组合给出一组完整的结果，而 Compare groups 选项则是在每一过程的输出时体现所有不同的分层组合。

⊙ Sort the file by grouping variables：按分层变量将观察单位由小到大升序排列，然后再拆分文件。

◎ File is already sorted：如果已按分层变量将观察单位由小到大排序，可选此项，以节省运行时间。

第十四节　选择观察单位

在数据分析中，有时可能只对某一分类变量的其中几个水平（组）感兴趣；或者在判别分析时，可能用其中 90% 的观察单位建立判别函数，用其余 10% 观察单位考核判别函数；或者只对某一段时间或某一编号范围的观察单位感兴趣，此时，可通过下述操作实现。从菜单选择

Data

　　Select Cases

弹出 Select Cases（选择观察单位）对话框（图 3–42）。

◇ Select：选择观察单位。

◎ All cases ：选择全部观察单位。

⊙ If condition is satisfied：选择满足设定条件的观察单位，选此项后，If 按钮被激活，击该按钮，弹出 If（条件）对话框（图 3–43）。本例以数据文件 "clinical trial.sav" 为例，选择变量 *SEX* 等于 1（男性）的观察单位为分析对象。

◎ Random sample of cases：随机抽取一定比例或数量的观察单位。选择此项后，激活 Sample 按钮，击该按钮，弹出 Select Cases：Random Sample（随机抽样）对话框（图 3–44），可设定样本量（Sample Size）。

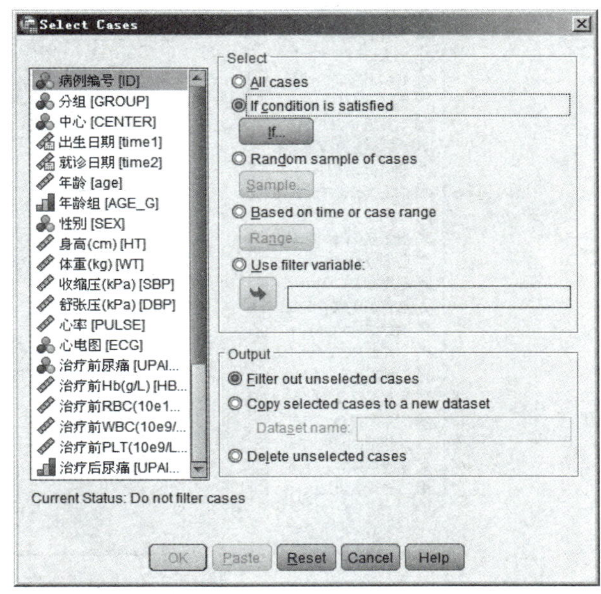

图 3–42　选择观察单位（Select Cases）对话框

Sample Size：样本量。

⊙ Approximately [90] % of all cases：按设定的大约比例随机抽取观察单位。需注意"大约"的含义，例如，对某一含有 100 例观察单位的数据文件，若框内填 "90"，则运行结果不一定恰好抽到 90 例观察单位。

◎ Exactly [10] cases from the first [40] cases：从前若干观察单位中随机抽取一定例数的观察单位。本例，从前 40 例观察单位中随机抽取 10 例观察单位。

◎ Based on time or case range：按观察单位的编号范围选取观察单位。

◎ Use filter variable：用过滤变量选取观察单位。除 "All Cases" 选项外，其余选项均在数据窗中产生一个名为 "*filter_$*" 的过滤变量，在过滤变量中，"1" 表示被选择的观察单位；"0" 表示未被选择的观察单位。选此项后，其下的长条框被激活，可从左边的变量框中将过滤变量选入。

◇ Output：输出。

⊙ Filtered out unselected cases：未被选择的观察单位仍保留在文件中，处于未被选择状态，其编号格内标有斜对角线，其过滤变量赋值为 0。

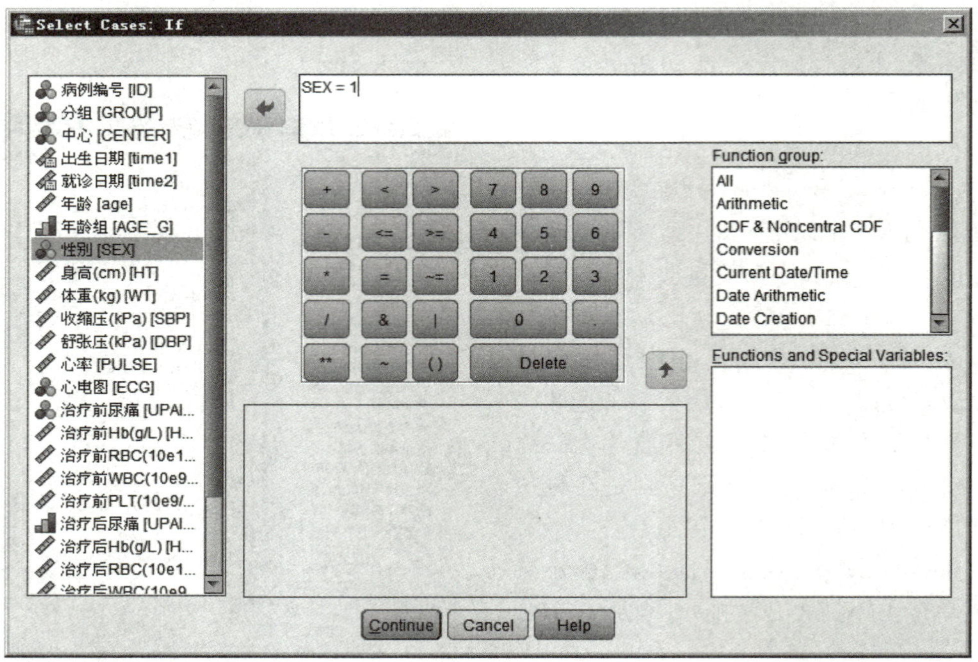

图 3-43 选择观察单位的条件对话框

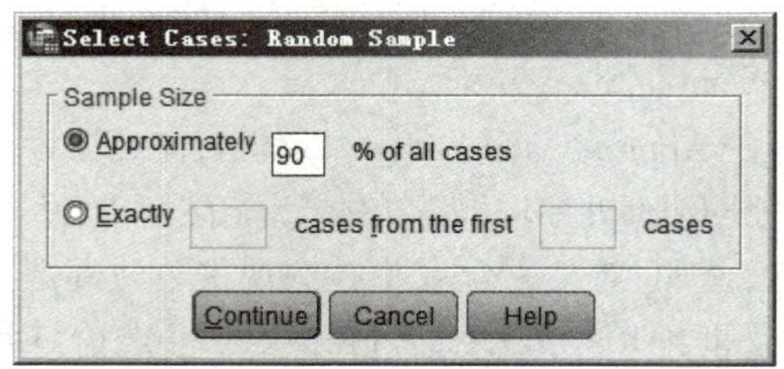

图 3-44 随机抽样对话框

◎ Copy selected cases to a new dataset：复制所选个例到新的数据文件中。新数据文件可在 Dataset name 中命名。

◎ Deleted unselected cases：未被选择的观察单位从文件中删除，选择该项要谨慎，因为删除的数据是不能恢复的。

第十五节 观察单位加权

加权是指以某变量，特别是频数变量的变量值作为权重，对观察单位进行加权，常用于以频数形式录入的资料，如列联表和等级资料频数表。加权后的变量值被解释为频数。从菜单选择

Data

Weight Cases

弹出 Weight Cases（观察单位加权）对话框（图 3-45）。

◎ Do not weight cases：不进行加权。

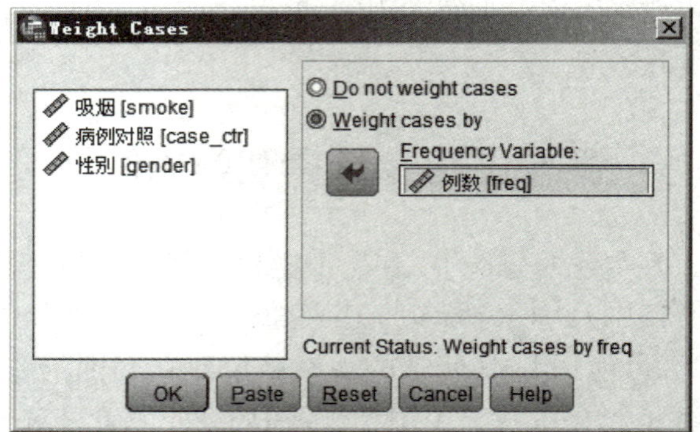

图 3-45 观察单位加权对话框

⊙ Weight cases by：指定频数变量，以该变量的各数值作为权重对观察单位进行加权，即把变量值定义为频数。

第十六节 跨文件调整字符串宽度

在合并两个数据文件时，各数据集中相同的字符变量名需具有相同的宽度。SPSS 中的跨文件调整字符串宽度（Adjust String Widths Across Files）可实现此功能。

从菜单选择

Data

Adjust String Widths Across Files

弹出 Adjust String Widths Across Files（跨文件调整字符串宽度）的主对话框（图 3-46）。

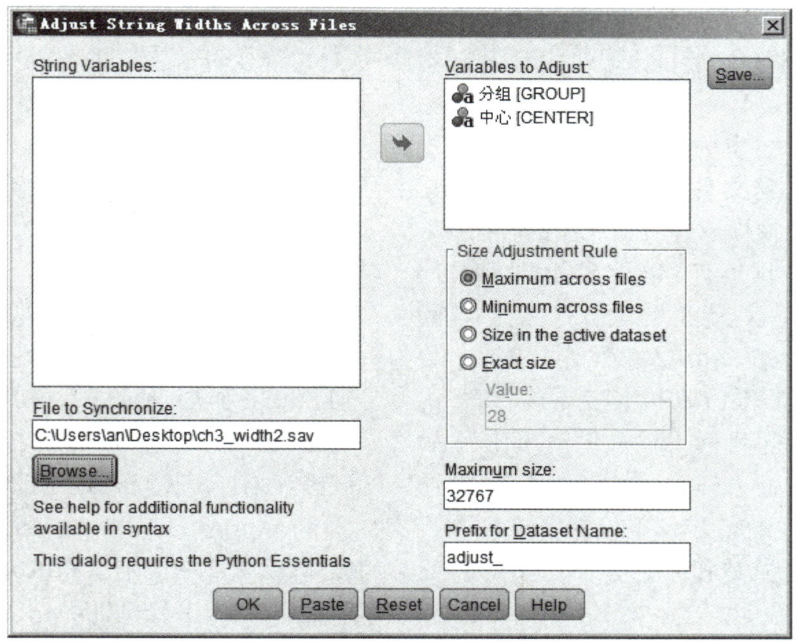

图 3-46 跨文件调整字符串宽度对话框

◇ Variables to Adjust：要调整宽度的变量。选入当前数据集中需要调整字符串宽度的变量。

◇ Size Adjustment Rule：调整规则。

⊙ Maximum across files：各文件相同变量名的最大宽度。

◎ Minimum across files：各文件相同变量名的最小宽度。

◎ Size in the active dataset：当前数据集中的大小。

◎ Exact size：确切大小。可通过输入数值进行指定。

◇ File to Synchronize：要同步的文件。击 Browse 导入。

◇ Maximum size：最大数值。32767 为默认值。

◇ Prefix for Dataset Name：调整后数据集名称的前缀。系统默认名为 adjust_。前述 Browse 所导入的文件被激活，并与该名称组合为新文件名。

★ Save options：保存选项。

击 Save 按钮，弹出 Save options（保存选项）对话框（图 3-47）。

□ Resave file after adjustments if modified：如果进行了修改，那么将调整后的文件重新保存。

□ Overwrite existing file：覆盖现有文件。

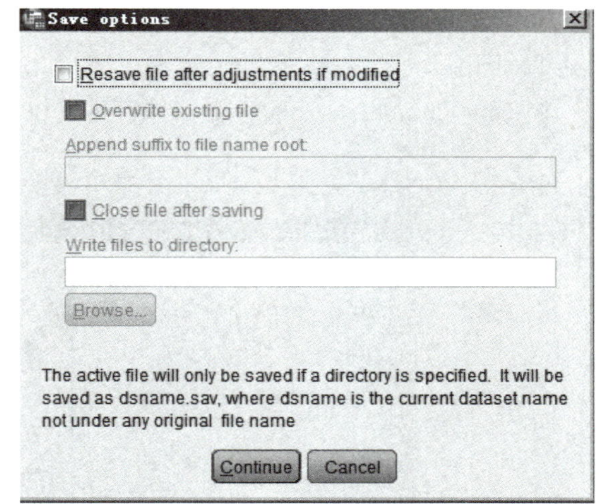

图 3-47 保存选项对话框

Append suffix to file name root：对主对话框中导入的文件名添加后缀。

□ Close file after saving：保存后关闭文件。

Write files to directory：将文件写入目录。击 Browse 导入目录。

第十七节 搜索权重

由于抽样设计不当、抽样误差、无应答等原因，抽样调查数据的某些因素（如性别、年龄组）的分布往往与目标人口不匹配。在这种情形下，可以基于这些因素，调整样本观测单位（case）的权重,使调整后样本的分布与已知的人口分布相匹配,达到调查样本更接近目标人口的目的。这个过程被称为“Rake Weights”,而这些因素则被称为人口总计变量,亦称为控制总计变量。

例 3-3 以数据文件“survey.sav”为例,该数据集是某一社区抽样调查所得居民的收缩压、舒张压数据。该数据集有 144 行 5 列,即 144 个观测单位和 5 个变量。5 个变量分别为个体标识变量(*ID*)、年龄组(*AGE_G*)、性别(*SEX*)、收缩压(*SBP*)和舒张压(*DBP*)。已知该社区一共有 10 000 名居民(目标人口),年龄组比例为(<35 岁 =:(35~50):(>50)=0.5 : 0.3 : 0.2;性别比例为男 : 女 =0.5 : 0.5。求调整权重后样本数据中收缩压、舒张压的均数和标准差。

从菜单选择

Data

Rake Weights

弹出 Rake Weights to Control Totals(搜索权重)对话框(图 3-48)。

Weight Variable to Create:命名拟产生的权重变量名。

Control Total Variable 1:控制总计变量 1,即人口总计变量 1。只能选入分类变量。本例选择年龄组(*AGE_G*)作为控制总计变量 1。

Categories and Control Totals or Fractions 1:控制总计变量 1 的类别值和该类别的总数或占比。本例依次输入 1 0.5 2 0.3 3 0.2,表示该社区居民的年龄组类别值为 1,2,3,各个类别值的占比分别为 0.5,0.3 和 0.2。每个数字间需有空格。(若输入 1 500 2 300 3 200,则表示控制总计变量 1 的类别值为 1,2,3,各个类别值的总数分别为 500,300 和 200。)

Control Total Variable 2:控制总计变量 2。本例选择性别(*SEX*)作为控制总计变量 2。

Categories and Control Totals or Fractions 2:控制总计变量 2 的类别值和该类别的总数或占比。本例依次输入 1 0.5 2 0.5。

根据实际需要,可继续在下面的对话框中定义更多的控制总计变量。

Population Total:目标人口总计(选填)。即加权后的观察单位数总和。若前述控制变量输入的是各类别的计数而不是占比,则此处是否输入总计数 10 000 不影响输出结果。

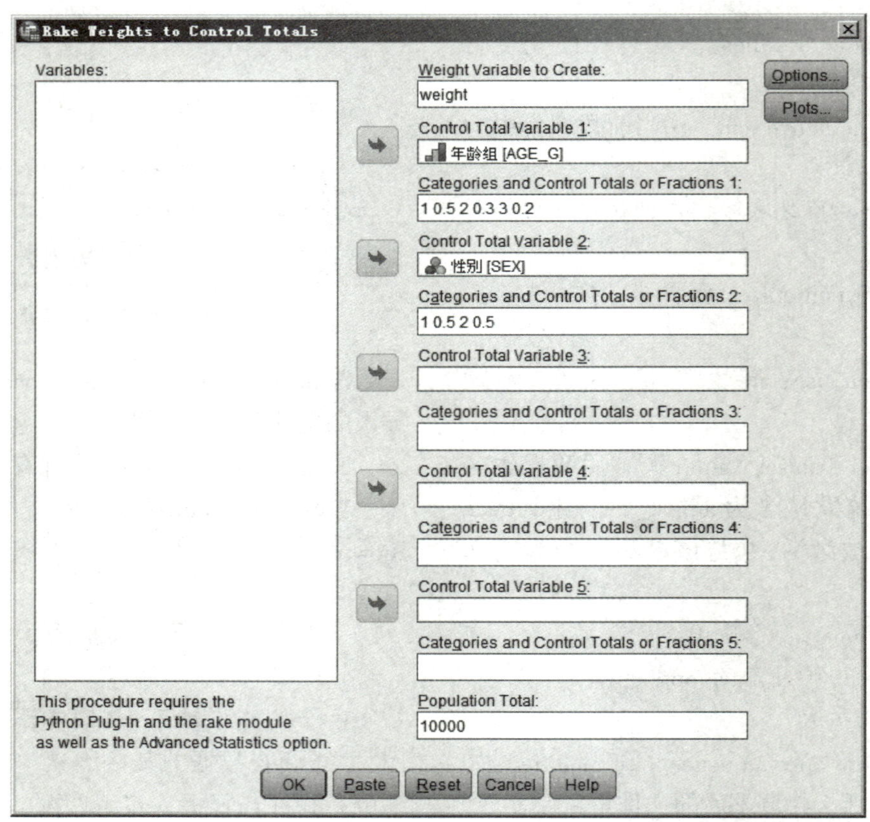

图 3-48 搜索权重对话框

★ Options：选项。击 Options 按钮，弹出以下对话框（图 3-49）。

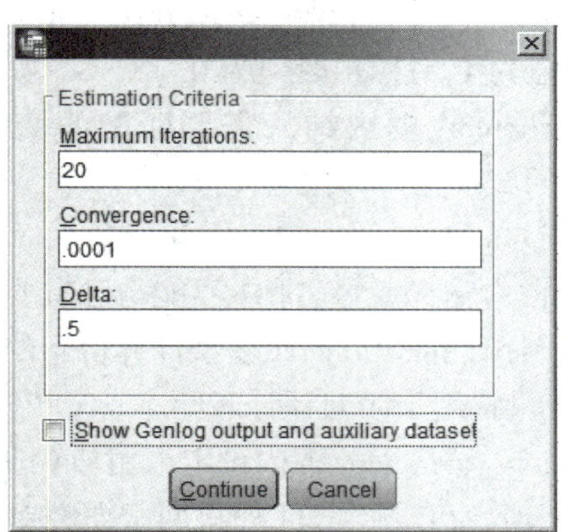

图 3-49　选项对话框

Estimation Criteria：估计标准。可在下面的框中进行设置。

● Maximum Iterations：最大迭代步数。默认值为 20。

● Convergence：收敛标准。如果在连续迭代过程中，任何参数的变化小于所设定的数值，则过程停止。

● Delta：调和参数。默认值为 0.5。如果生成的权重不能产生所需的样本比例，可尝试把 Delta 设为 0 或增加迭代步数。

□ Show Genlog output and auxiliary dataset：显示此过程生成的 GENLOG 输出和辅助数据集。

★ Plots：权重的直方图、热图。击 Plots 按钮，弹出 Plots 对话框（图 3-50）。

☑ Display histogram of weights：显示权重的直方图。系统默认。

Heatmap：热图。

□ Display heatmap of weights：显示权重的热图。选此项后，热图的维度数目框被激活。热图的维度是按前述所列控制变量的顺序定义的，维度数目的最小取值为 2，最大取值为 4。热图中颜色越深表示权重越大。

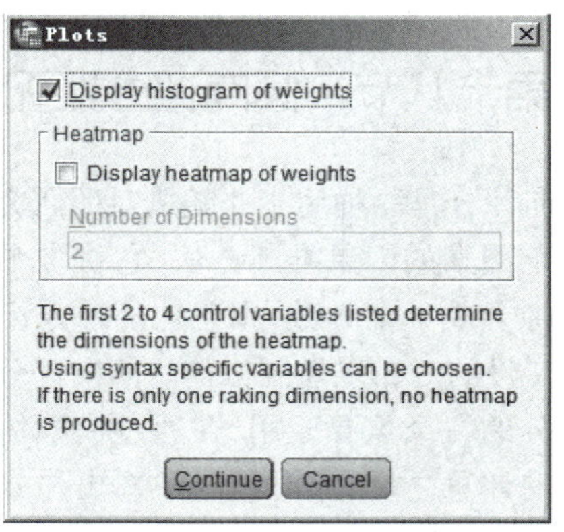

图 3-50　图形对话框

运行后原数据文件处于被新产生的变量“*weight*”加权的状态。本例部分结果见图 3-51、图 3-52。可见本例中小于 35 岁的女性权重最大。

分别计算加权前、后的均数和标准差，结果见图 3-53。

Raked Weights

AGE_G, SEX	Category Rake Weight	Unweighted Case Count
1.0, 1.0	76.911	28.000
1.0, 2.0	129.386	22.000
2.0, 1.0	47.171	35.000
2.0, 2.0	79.354	17.000
3.0, 1.0	39.851	30.000
3.0, 2.0	67.040	12.000

图 3-51　例 3-3 的搜索权重结果

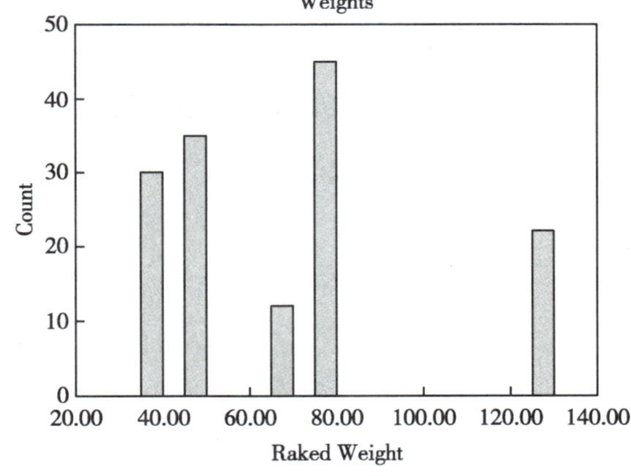

图 3-52　例 3-3 所得权重的频数分布直方图

Descriptive Statistics

	N	Mean	Std. Deviation
收缩压(kPa)	144	16.512	2.4338
舒张压(kPa)	144	10.101	1.1758
Valid N (listwise)	144		

Descriptive Statistics

	N	Mean	Std. Deviation
收缩压(kPa)	144	16.077	2.3430
舒张压(kPa)	144	9.924	1.1589
Valid N (listwise)	144		

图 3-53　例 3-3 调整权重前（左图）、后（右图）结果

第十八节 倾向评分匹配

倾向评分是一种用于非随机对照研究中涉及较多混杂因素的因果推断方法，它将多个协变量的影响综合成一个分数，用于均衡暴露组和对照组间协变量的分布以控制偏倚。倾向评分匹配是倾向评分的一个重要应用，在通过模型估计出各个体倾向评分之后，从对照组中选出与暴露组倾向评分相同或相近的个体进行匹配，从而达到均衡组间协变量的目的。

例 3-4 为研究药物 A 用于孕晚期引产的临床疗效和安全性，在我国某地区使用药物 A 的 20 家医院中进行分层抽样，选取省级和市区级各 3 家医院作为研究单位，按照严格的纳入和剔除标准筛选出 6 家医院 2010 年 1 月至 2014 年 12 月单纯使用药物 A 引产病例 1 022 例（试验组）、单纯使用药物 B 引产病例 899 例（对照组）进行回顾分析。年龄（*Age*）、孕周（*Gestational_weeks*）、宫颈评分（*Cervical_score*）和是否初产（*Nulliparity*）等基线信息在两组的分布不均衡，现采用倾向评分匹配以均衡这些协变量。部分数据见文件 "pregnant.sav"。

1. 操作过程

从菜单选择

Data

Propensity Score Matching

弹出 Propensity Score Matching（倾向评分匹配）的主对话框（图 3-54）。

Group Indicator：框内纳入分组变量（一般暴露组赋值为 1，对照组赋值为 0）。

Predictors：框内纳入需要匹配的变量进入 logistic 回归模型计算倾向评分。

Name for Propensity Variable（must not already exist）：框内输入变量名称（不能与已有变量名重复）用于保存 logistic 回归模型计算得到的倾向评分，该变量将用于倾向评分匹配。

Match Tolerance：框内设定卡钳值（即匹配容许误差），取值 0~1 之间，如果两个研究对象的倾向评分差值的绝对值小于或等于该值，则匹配成功。卡钳值为 0 表示精确匹配，为 1 表示任意匹配。卡钳值越小匹配越精确，匹配后两组的可比性越好，但匹配后的样本量越少；卡钳值越大虽然可以增加匹配后的样本量，但会增加不良匹配的可能性，不能达到均衡组间协变量的目的。研究结果表明最合适的卡钳值是取两组倾向评分标准差的 20% 或者直接取 0.02 或 0.03，根据研究的实际情况，研究者也可参考合格匹配数的分布选择合适的卡钳值。本例卡钳值取 0.02。

Case ID：框内选入研究对象的个体标识变量，本例选入 "*ID*"。

Match ID Variable Name（must not already exist）：框内输入变量名称（不能与已有变量名重

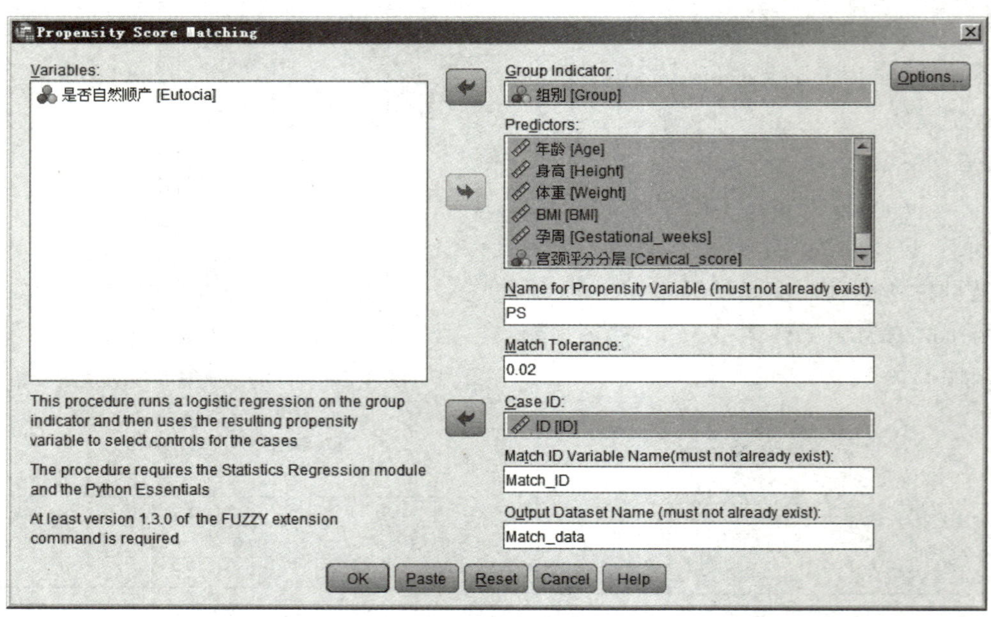

图 3-54 倾向评分匹配对话框

复）用于存储匹配成功的 *ID* 号。运行后，在原数据集中，该变量仅显示与试验组匹配成功的对照组 *ID* 号，余为缺失值；在下述新产生的数据集中，该变量显示两组各自相应的匹配成功的个体 *ID* 号，若匹配失败，则为缺失值。

Output Dataset Name（must not already exist）：框内输入新的数据集名称（不能与已有数据集的名称重复），该数据集中匹配成功的两组个体在 *match_id* 变量中均有相对应的匹配成功的个体 *ID* 号。

★ Options：选项。

击 Options 按钮，弹出以下对话框（图 3-55）。

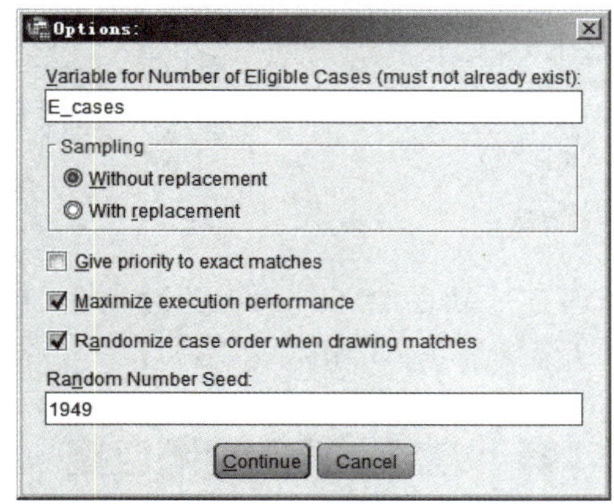

图 3-55　选项对话框

Variable for Number of Eligible Cases（must not already exist）：框内输入变量名称（不能与已有变量名重复）用于存储暴露组的某一个研究对象在对照组中有多少个体满足与其匹配的条件。该变量结果若为缺失值，意味着相应个体属于对照组。

Sampling：抽样方式

⊙ Without replacement：默认为不放回抽样。

◎ With replacement：有放回抽样。

☐ Give priority to exact matches：优先进行精确匹配，即优先将两组倾向评分相同的个体匹配在一起。

☑ Maximize execution performance：综合考虑精确匹配和模糊匹配（在设定的卡钳值范围内进行匹配），最大限度地优化匹配效率，系统默认勾选。

☑ Randomize case order when drawing matches：当对照组有多个满足匹配条件的研究对象时，SPSS 将随机抽取一个与暴露组匹配。本例选此项。

Random Number Seed：设定随机数种子，可确保匹配过程可以重复。

2. 主要输出结果

（1）logistic 回归模型的参数估计及检验：以"*Group*"（1= 试验组，0= 对照组）为因变量，以需要匹配的变量为自变量建立 logistic 回归模型，计算每个研究对象的倾向评分，logistic 回归模型的参数估计及检验结果如图 3-56 所示。

（2）倾向评分匹配结果：匹配结果见图 3-57，精确匹配 0 对，模糊匹配 595 对，共计匹配 595 对。

（3）倾向评分匹配容许误差：如图 3-58 所示，倾向评分匹配首先进行精确匹配，即首先将倾向评分（PS）相同的个体匹配在一起，匹配 222 803 次，成功率 0%；其次在精确匹配的基础上，对倾向评分（PS）进行模糊匹配（两个体的倾向评分差值的绝对值小于或等于卡钳值），匹配 15 646 次，成功率约为 0.267%。

3. 匹配后输出的数据集　输出的数据集 Match_data 新增三个设定的变量，如图 3-59 所示。PS 是基于 logistic 回归模型计算得到的倾向评分，E_cases 表示暴露组的某一个研究对象在对照组中有多少个体满足与其匹配的条件，match_id 表示匹配成功的 ID。例如，ID 为 1 的研究对象（暴露组），倾向评分为 0.628（保留三位小数），对照组有 1 个研究对象满足与其匹配的条件，其 ID 为 949。

Variables in the Equation

		B	S.E.	Wald	df	Sig.	Exp(B)
Step 1[a]	年龄	-.008	.013	.406	1	.524	.992
	身高	-.090	.095	.899	1	.343	.914
	体重	.128	.113	1.289	1	.256	1.136
	BMI	-.329	.288	1.301	1	.254	.720
	孕周	.222	.034	42.609	1	.000	1.248
	宫颈评分分层	-1.063	.084	161.657	1	.000	.345
	是否初产	1.199	.132	82.701	1	.000	3.317
	Constant	6.916	15.277	.205	1	.651	1008.110

a. Variable(s) entered on step 1: 年龄, 身高, 体重, BMI, 孕周, 宫颈评分分层, 是否初产.

图 3-56　logistic 回归模型的参数估计及检验

Case Control Matching Statistics

Match Type	Count
Exact Matches	0
Fuzzy Matches	595
Unmatched Including Missing Keys	427
Unmatched with Valid Keys	427
Sampling	without replacement
Log file	none
Maximize Matching Performance	yes

图 3-57 倾向评分匹配结果

Case Control Match Tolerances

Match Variables	Value	Fuzzy Match Tries	Incremental Rejection Percentage
Exact (All Variables)	.	222803.000	100.000
PS	.020	222803.000	99.733

Tries is the number of match comparisons before drawing.
Rejection percentage shows the match rejection rate. Rejections are attributed to the first variable in the BY list that causes rejection.

图 3-58 倾向评分匹配容许误差

ID	Age	Height	Weight	BMI	Gestational_weeks	Cervical_score	Nulliparity	Group	Eutocia	PS	E_cases	match_id
1	23	159.00	74.00	29.27	42.29	1	0	1	1	.62764	1.00	949.00
2	27	157.00	60.00	24.34	37.14	1	1	1	0	.63592	1.00	1793.00
3	25	158.00	61.00	24.44	42.29	1	1	1	1	.84826	1.00	941.00
4	30	161.00	74.00	28.55	41.29	1	0	1	1	.57405	1.00	1123.00
5	30	165.00	63.00	23.14	40.71	1	1	1	1	.79900	.00	.

图 3-59 匹配后输出的数据集

4. 筛选匹配成功的对子

从菜单选择

Data

Select Cases

弹出 Select Cases（选择观察单位）对话框（图 3-60）

⊙ If condition is satisfied：设定 match_id>0

⊙ Copy selected cases to a new dataset：框内输入数据集名称（不能与已有数据集名称重复），存储匹配成功的对子。输出的数据集（PSM_finish），需要时可点击保存。

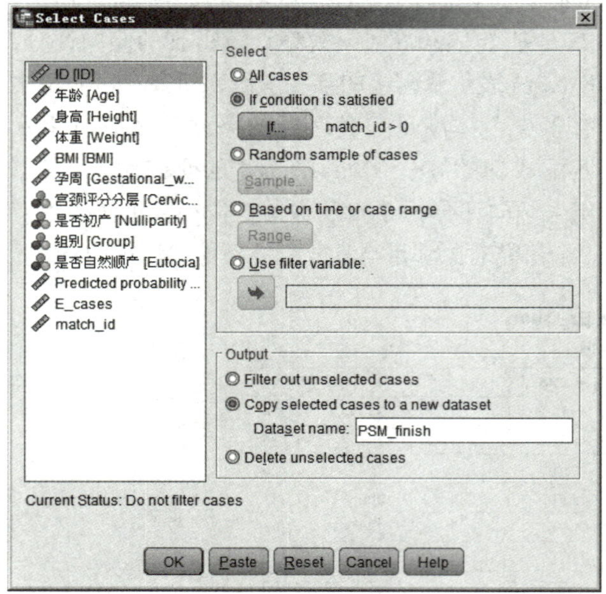

图 3-60 筛选匹配成功的对子

第十九节 病例对照匹配

病例对照匹配（case control matching）是指将病例组和对照组协变量相近的个体匹配在一起。匹配的目的是均衡病例组和对照组间协变量的分布来控制偏倚，从而准确估计危险因素的效应。

例 3-5 为探讨肺癌发生的影响因素，对 142 例肺癌患者和 752 例对照进行研究。性别（*Age*）、饮酒（*Drink*）、高血脂（*Hyperlipidemia*）、高血压家族史（*Hypertension*）等变量在两组间分布不均衡，现采用病例对照匹配均衡组间协变量。具体资料见数据文件“case_control.sav”。

1. 操作过程

从菜单选择

Data

Case-Control Matching

弹出 Case-Control Matching（病例对照匹配）的主对话框（图 3-61）。

Variables to Match on：框内纳入拟匹配的变量，数据集不需要按照这些变量排序。

Match Tolerances：设置匹配容许误差。对于分类变量，要求设置为“0”；对于连续型变量，可

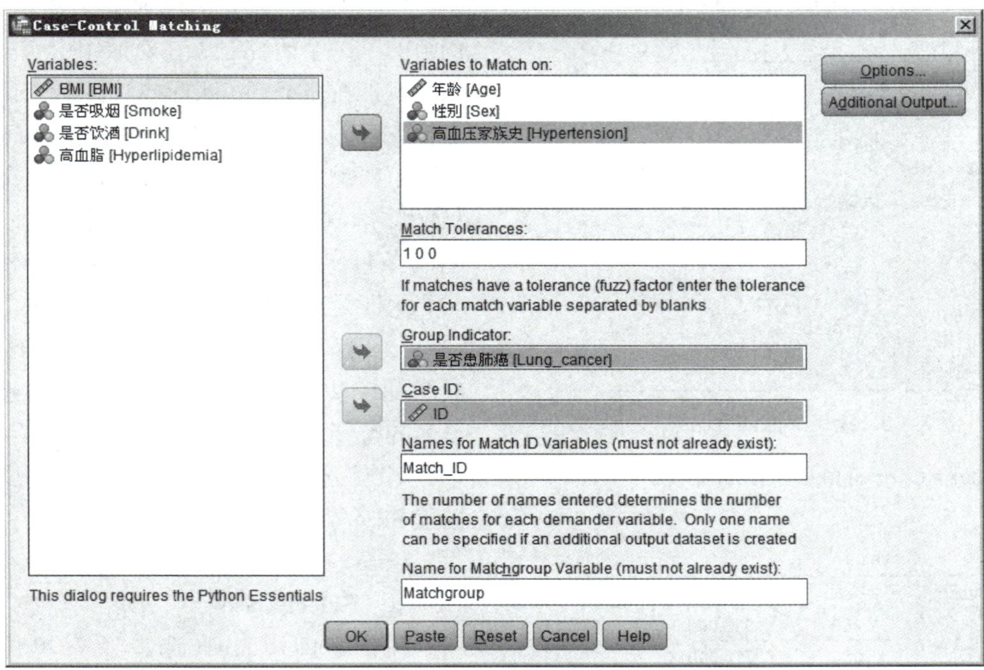

图 3-61　病例对照匹配对话框

根据实际情况设置。设置匹配容许误差时必须与 Variables to Match on 框内匹配变量纳入的顺序一致，并且用空格隔开。如本例设置的匹配容许误差分别为 1 0 0（中间空格隔开），表示匹配时“年龄”相差不超过 1 岁、“性别”和“高血压家族史”相同。若不设置匹配容许误差，即输入框为空白，则默认匹配容许误差都为“0”。

Group Indicator：框内纳入分组变量，一般病例组赋值为 1，对照组赋值为 0。若分组变量有其他赋值，包括缺失值，则相应观测不参与匹配。

Case ID：框内选入研究对象的 *ID* 号，作为对照组中匹配成功的标识变量。

Names for Match ID Variables（must not already exist）：框内输入变量名称（不能与已有变量名重复）用于存储匹配成功的 *ID* 号。

Name for Matchgroup Variable（must not already exist）：框内输入匹配组变量名称（不能与已有变量名重复），此变量的数值本身无实际意义，但匹配成功的两个研究对象具有相同的数值。

★ Options：选项。详见本章第十八节。

★ Additional Output：附加输出。

击 Additional Output 按钮，弹出以下对话框（图 3-62）。

Additional Output Dataset：附加输出数据集。

☑ Create new dataset of matches：将对照中所有匹配成功的观测输出到一个新的数据集。

Dataset Name：对上一选项的数据集命名（不能与已有数据集名称重复）。

2. 主要输出结果

（1）病例对照匹配结果：匹配结果见图 3-63，精确匹配 85 对，模糊匹配 57 对，共计匹配 142 对。

（2）病例对照匹配容许误差：如图 3-64 所示，病例对照匹配首先进行精确匹配，即首先将年龄、性别、高血压家族史这三个匹配变量数值相同的个体进行匹配，共计匹配 1 123 次，成功率约为 7.6%；其次，在精确匹配的基础上，对年龄进行模糊匹配（匹配时年龄相差不超过 1 岁），匹配

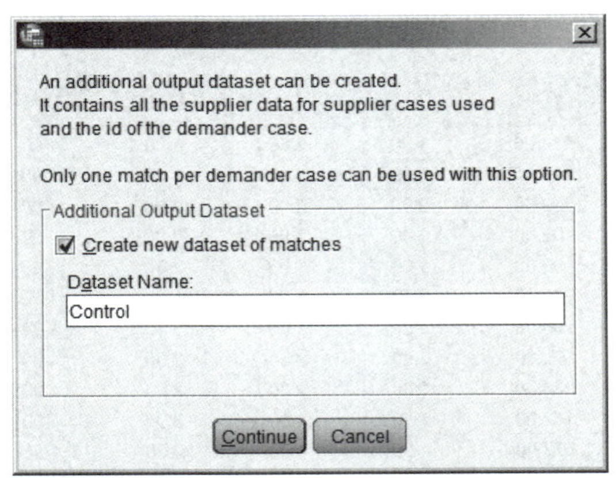

图 3-62　附加输出对话框

Case Control Matching Statistics

Match Type	Count
Exact Matches	85
Fuzzy Matches	57
Unmatched Including Missing Keys	0
Unmatched with Valid Keys	0
Sampling	without replacement
Log file	none
Maximize Matching Performance	yes

图 3-63 病例对照匹配结果

Case Control Match Tolerances

Match Variables	Value	Fuzzy Match Tries	Incremental Rejection Percentage
Exact (All Variables)	.	1123.000	92.431
Age	1.000	1038.000	31.214
Sex	.000	714.000	72.549
Hypertension	.000	196.000	70.918

Tries is the number of match comparisons before drawing.
Rejection percentage shows the match rejection rate. Rejections are attributed to the first variable in the BY list that causes rejection.

图 3-64 病例对照匹配容许误差

1 038 次，成功率约为 69.8%；在上述两次匹配成功的基础上，依次对性别、高血压家族史这两个变量进行匹配。

3. 匹配后数据集的变化

（1）原始数据集的变化：原始数据集新增三个设定的变量，如图 3-65 所示。E_Cases 表示病例组的某一个研究对象在对照组中有多少个体满足与其匹配的条件；匹配成功的两个研究对象的变量 *Matchgroup* 具有相同的数值；match_id 表示对照组匹配成功的 *ID*。例如，*ID* 为 2 的研究对象（病例组），对照组中有 4 个研究对象满足与其匹配的条件，变量 *Matchgroup* 数值为 -881241116，对照组匹配成功的 *ID* 为 132。

（2）匹配成功的对照组数据集（Control）：生成匹配成功的对照组数据集，如图 3-66，新增变量名的解释同上。

4. 筛选病例组匹配成功的观测

在原始数据集 SPSS 界面下，从菜单选择

Data

Select Cases

弹出 Select Cases（选择观察单位）对话框（图 3-67）

⊙ If condition is satisfied：设定 match_id>0

⊙ Copy selected cases to a new dataset：框内输入数据集名称（不能与已有数据集名称重复），存储病例组匹配成功的观测。输出的数据集（Case）见图 3-68。

5. 合并病例组和对照组匹配成功的观测

在新生成的数据集 Case（病例组匹配成功的数据集）的 SPSS 界面下，从菜单选择

ID	Age	Sex	BMI	Smoke	Drink	Hyperlipidemia	Hypertension	Lung_cancer	E_cases	Matchgroup	match_id
1	2	1	1	1	1	1	1	0	.	.	.
2	2	1	3	1	0	0	0	1	4.00	-881241116.0	132.00
3	3	1	1	1	1	1	1	0	.	.	.
4	1	1	1	1	1	0	1	0	.	.	.
5	1	1	3	1	1	0	0	0	.	.	.
6	3	1	2	1	1	0	1	1	7.00	1935690564.0	1.00
7	2	1	2	1	0	0	1	1	2.00	-882406165.0	13.00

图 3-65 原始数据集的变化

ID	Age	Sex	BMI	Smoke	Drink	Hyperlipidemia	Hypertension	Lung_cancer	Matchgroup	match_id
114.00	1.00	1.00	1.00	1.00	.00	.00	1.00	.00	-1.90E+9	32.00
293.00	1.00	2.00	1.00	1.00	.00	.00	1.00	.00	-376209087	778.00
329.00	2.00	2.00	1.00	.00	.00	.00	1.00	.00	1658169159	510.00
102.00	1.00	1.00	2.00	1.00	1.00	.00	1.00	.00	-1.90E+9	12.00
93.00	1.00	1.00	2.00	1.00	1.00	1.00	1.00	.00	-1.90E+9	89.00
53.00	3.00	1.00	1.00	1.00	1.00	.00	.00	.00	1934525515	81.00
80.00	2.00	1.00	3.00	1.00	1.00	.00	.00	.00	-1.90E+9	9.00
365.00	2.00	2.00	3.00	.00	.00	.00	1.00	.00	1658169159	344.00
284.00	1.00	2.00	2.00	1.00	1.00	1.00	.00	.00	-375044038	887.00
142.00	1.00	1.00	3.00	1.00	1.00	.00	.00	.00	-881241116	155.00
77.00	1.00	1.00	2.00	1.00	1.00	.00	1.00	.00	-1.90E+9	162.00

图 3-66 匹配成功的对照组数据集

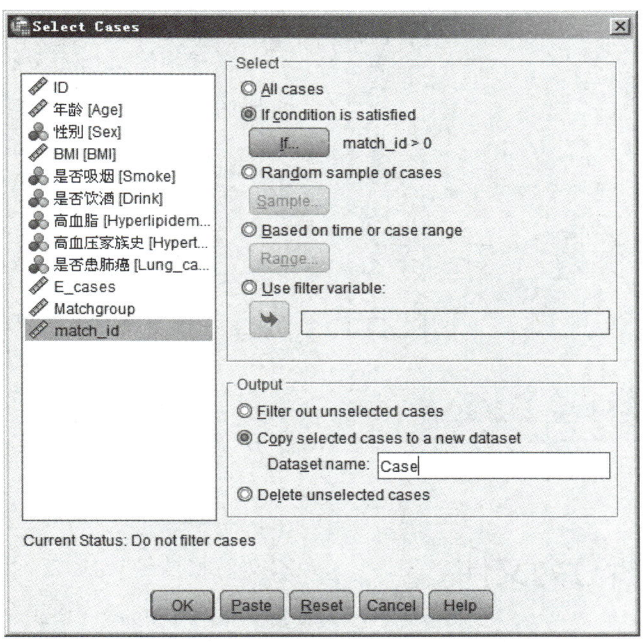

图 3-67　筛选病例组匹配成功的观测

ID	Age	Sex	BMI	Smoke	Drink	Hyperlipidemia	Hypertension	Lung_cancer	E_cases	Matchgroup	match_id
2	2	1	3	1	0	0	0	1	4.00	-881241116.0	132.00
6	3	1	2	1	1	0	1	1	7.00	1935690564.0	1.00
7	2	1	2	1	0	0	1	1	2.00	-882406165.0	13.00
8	1	1	3	1	1	1	1	1	17.00	-1897265190	141.00
9	1	1	1	1	1	0	0	1	26.00	-1898430239	80.00
10	1	1	3	1	1	0	0	1	19.00	-1898430239	19.00
11	1	1	3	1	1	1	1	1	14.00	-1897265190	68.00
12	1	1	2	1	1	1	1	1	30.00	-1897265190	102.00

图 3-68　病例组匹配成功的观测

Data

Merge files

Add cases

弹出 Add Cases to…（添加观测）对话框（图 3-69）→选择数据集 Control（对照组匹配成功的数据集）→点击 Continue →弹出 Add Cases From Control（从数据集 Control 添加观测）（图 3-70）→点击 OK →数据集 Control 的观测添加到数据集 Case（病例组匹配成功的数据集），病例组和对照组匹配成功的观测合并完成，点击保存数据集 Case。

Add Cases to Untitled10[Case]
Select a dataset from the list of open datasets or from a file to merge with the active dataset
An open dataset
ch3_case_control.sav[DataSet3]
Untitled9[Control]
An external SPSS Statistics data file
Browse...
Non-SPSS Statistics data files must be opened in SPSS Statistics before they can be used as part of a merge.
Continue　Cancel　Help

图 3-69　添加观测对话框

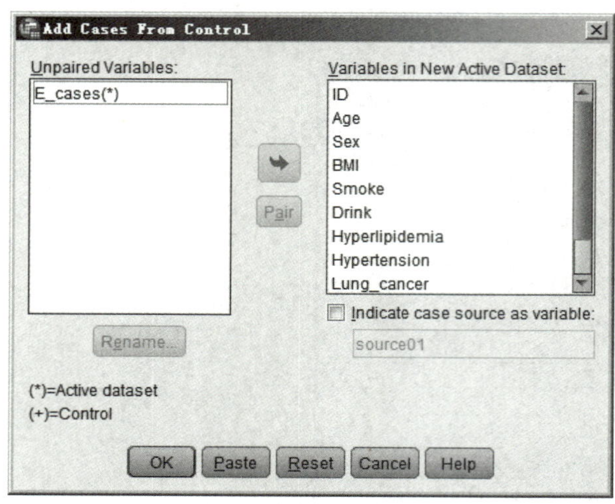

图 3–70 Add Cases From Control 对话框

第二十节 拆分为文件

从菜单选择

Data

Split Dateset into Separate Files

弹出 Split Dateset into Separate Files（拆分为文件）的主对话框（图 3–71）。

◇ Split Cases by：按以下变量拆分文件。要求选入的变量必须具有整数数值。

◇ Output Location：输出位置。

⊙ Write output files to indicated directory（choose below）：将输出文件写入指定的目录（请在下面进行选择）。

◎ Write output to a new temporary directory：将输出写入新的临时目录。

◇ Output File Directory：输出文件目录。击 Browse 导入。

□ Delete existing sav files from target directories（careful!）：删除目标目录中的现有 sav 文件。

◇ Output File Names：输出文件名。此处若指定文件名，则只输出拆分后拆分变量升序第一位的数据集，如此时选入 *GROUP* 变量，则输出 *GROUP* 中取值为 1 的数据集。

◇ Output Listing File：输出列表文件。即输出拆分后数据集的文件名与位置说明，可以是文本文件格式，击 Browse 指定目录和文件名。

★ Options：选项。

击 Options 按钮，弹出 Options（选项）对话框（图 3–72）。

◇ Output File Names：输出文件名。

◎ Based on split variable values：以拆分变量值作为文件名。

⊙ Based on split variable value labels：以拆分变量值标签作为文件名。

◎ Sequentially numbered：按顺序编号。

◇ Name Prefix：命名前缀。

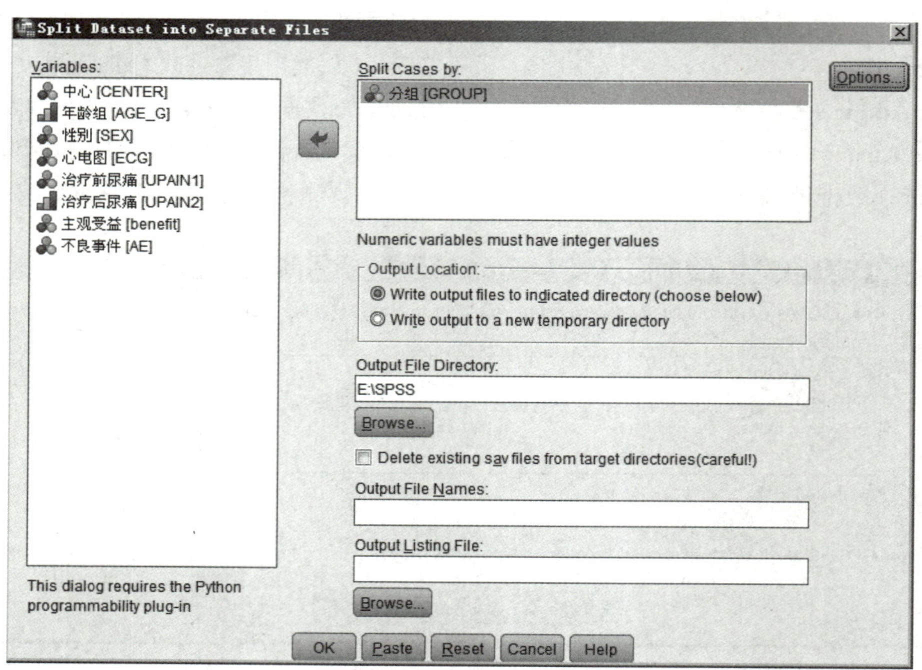

图 3–71 拆分为文件对话框

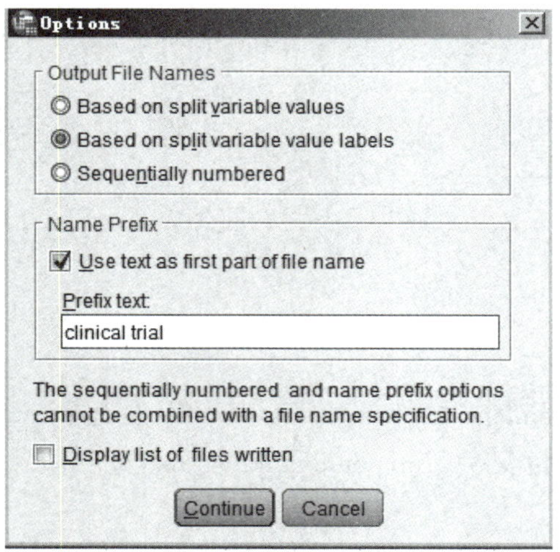

图 3-72　选项对话框

☑ Use text as a first part of file name：使用下面所填写的文本作为文件名的开头部分。若在主对话框中 "Output File Name" 中已指定拆分后的数据集文件名则此处不可选择。在 Prefix text 框中填写前缀文本。

☐ Display list of files written：显示写入的文件列表。

主要输出结果见图 3-73 和图 3-74。图 3-73 显示拆分文件信息，包括拆分变量、输出文件位置、删除的文件数量、输出文件数量、列表文件、清空目录信息。

Split File Information

	Settings and Statistics
Split Variable Names	GROUP
Output Directory	E:\SPSS
Files Deleted	0
Files Written	2
File List	None
Directories Cleared	No

图 3-73　拆分文件信息

Values and File Names for Split Files Written

	Values or Labels	Directory	Data File
1	试验药	E:\SPSS	clinical trial_试验药.sav
2	安慰剂	E:\SPSS	clinical trial_安慰剂.sav

Based on Variables: GROUP

图 3-74　输出文件信息

图 3-74 显示输出文件信息，包括拆分变量的变量值或变量标签、输出文件位置、输出文件名。

配套数据文件集

（安胜利　丁元林　颜　艳）

第四章 数据转换

在许多情况下，原始数据难以满足数据分析的全部要求，此时，需要将原始数据进行适当的转换。SPSS 具有强大的数据转换（transform）功能，它不仅可以进行简单的变量变换和重新建立分类变量，还可以进行复杂的统计函数运算以及逻辑函数运算。

点击主菜单的 Transform，弹出数据转换子菜单（图 4–1），主要功能有：计算产生变量（compute variable）、各观测单位的观测值计数（count values within cases）、数值序列移动（shift values）、原变量重新赋值（recode into same variables）、重新赋值产生新变量（recode into different variables）、自动重新赋值（automatic recode）、可视分类器（visual binning）、最优化分类器（optimal binning）、数据准备（prepare data for modeling）、观测单位排秩（rank cases）、日期型变量转换导向（date and time wizard）、产生时间序列变量（create time series）、缺失值替代（replace missing values）、随机数生成器（random number generators），以及运行未完成的变量变换（run pending transforms）。

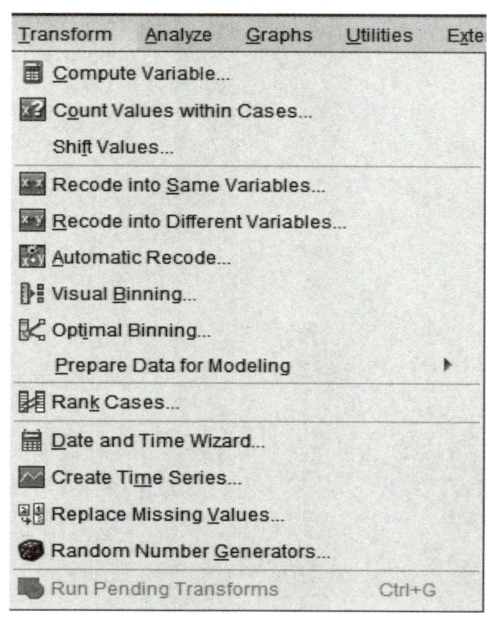

图 4–1 数据转换子菜单

第一节 计算产生变量

计算产生变量（compute variable）是指根据已存在的变量，经函数计算后，建立新变量或替换原变量值。从菜单选择

Transform

Compute Variable

弹出 Compute Variable（计算产生变量）对话框（图 4–2）。

Target Variable：目标变量名。可以是新变量，也可以是已有变量。填入目标变量名后，目标变量名框下的 Type&Label 按钮被激活，击该按钮后，弹出 Compute Variable：Type and Label（变量类型和标签）对话框（图 4–3）。

Label：目标变量标签。

⊙ Label [　　　　]：将标签内容填入框内。

◎ Use expression as label：以计算表达式作标签。

Type：目标变量类型。

⊙ Numeric：数值型。

◎ String：字符型，默认宽度为 8 个字节。

Numeric Expression：建立数学表达式。

可使用键盘或利用系统提供的计算板直接输入表达式区域，也可以将函数框中的函数选入表达式区域。IBM SPSS 25 提供了 201 种函数，列于 Functions and Special Variables 框内，在对话框的中下方框内有每种函数的简要解释。Function group 框内则显示的是 19 类函数类型，各种函数的定义及应用详见附录。在表达式中，字符常量需用单引号或双引号括起。

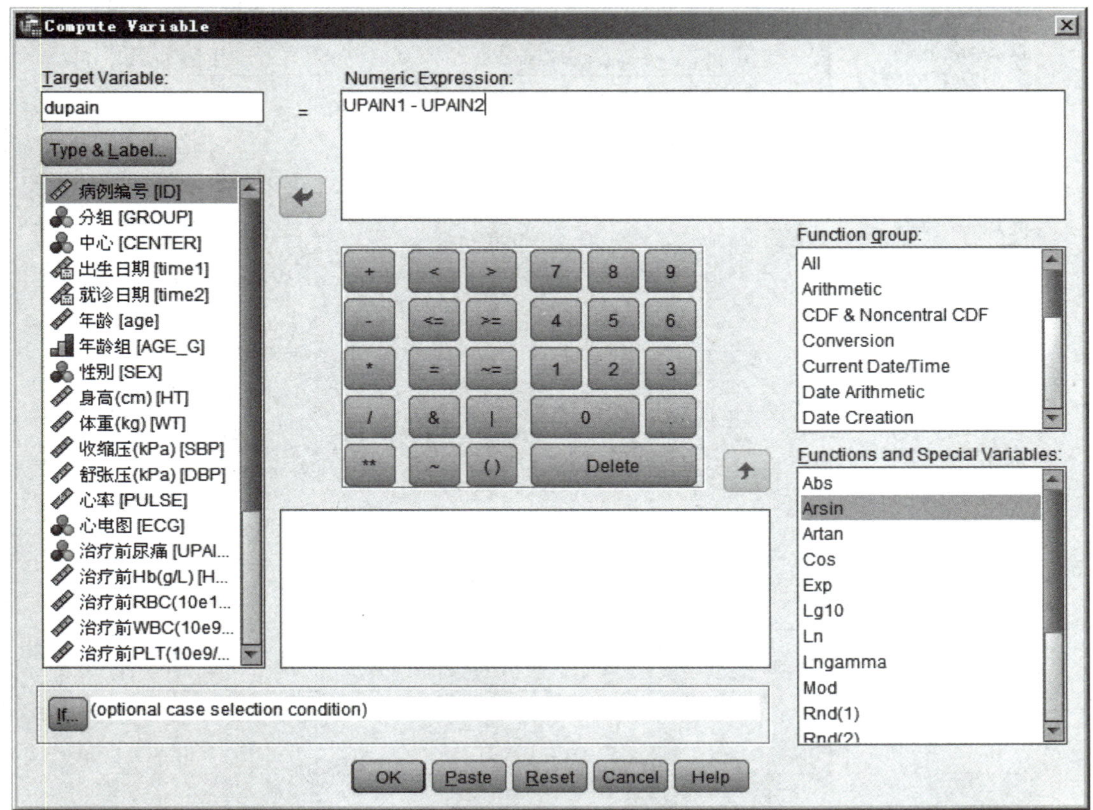

图 4-2 计算产生变量对话框

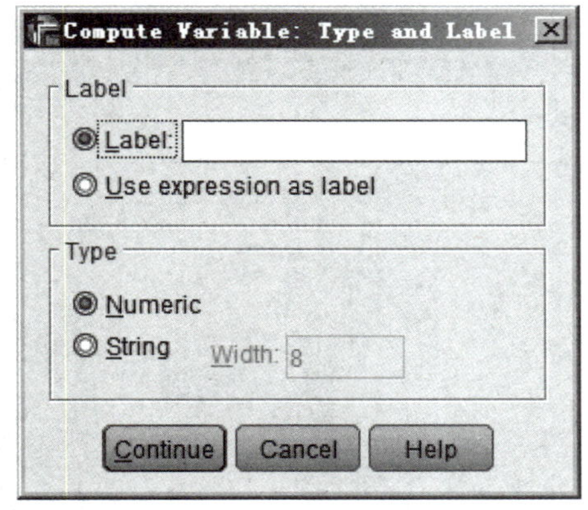

图 4-3 变量类型和标签对话框

If（optional case selection condition）：定义选择条件。

击 If 按钮，弹出 Compute Variables：If Cases（条件表达式）对话框，选项“⦿ Include if case satisfies condition”，条件表达式对话框被激活（图 4-4）。

函数表达式与算术表达式对缺失值的处理方式不同，例如：

- 对算术表达式　（x1+x2+x3）/3

如果 3 个变量中至少有 1 个为缺失值，则该表达式的结果为缺失值。

- 对函数表达式　MEAN（x1，x2，x3）

只有在 3 个变量都为缺失值时，该表达式的结果才为缺失值。

- 对函数表达式　MEAN.2（x1，x2，x3）

只要有 2 个或 2 个以上的变量不为缺失值，该表达式的结果就不为缺失值。

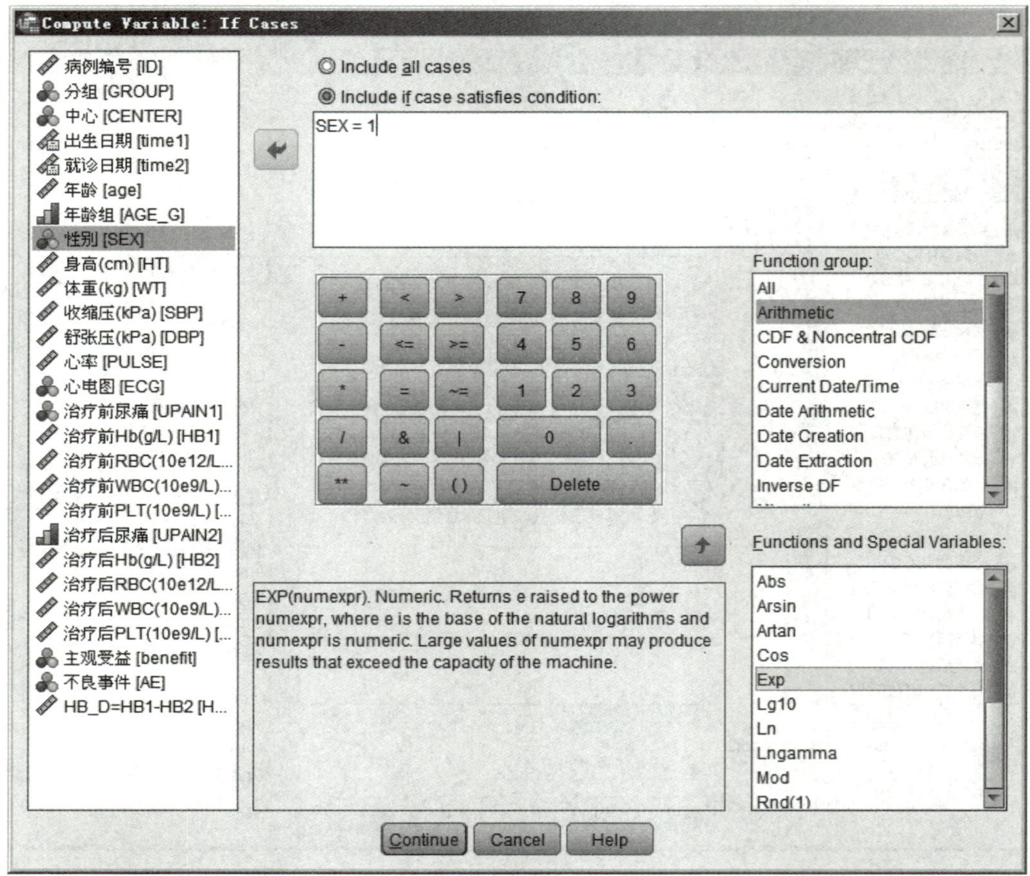

图 4-4 条件表达式对话框

第二节 各观测单位的观测值计数

数据转换中的 Count 功能可产生新的变量，以表示每个观测单位某一(些)观测值的个数。

例 4-1 数据文件“IPSQ.sav”是关于 20 个住院患者的满意度调查结果。调查表共有 39 个问题，即文件中的 39 个变量(含字母 acc，c，d，f，h，n，o，s 的变量名)。每个问题有 5 个可供选择的答案，即“很不满意”“不太满意”“一般”“比较满意”“很满意”，相应的赋值为 1~5 分。试统计每个调查对象的赋值分从 1 到 5 的计数。

从菜单选择

Transform

Count Values within Cases

弹出 Count Occurrences of Values within Cases(各观测单位某观测值计数)对话框(图 4-5)。

◇ Target Variable：目标变量名。本例分别输入变量名“*count1*”至“*count5*”。

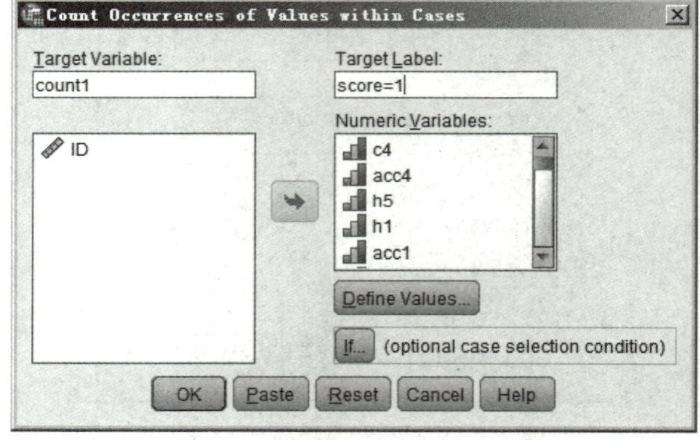

图 4-5 各观测单位的观测值计数对话框

◇ Target Label：目标变量名标签。本例分别输入标签“*score=1*”至“*score=5*”。

◇ Numeric Variables：选入变量。选入 2 个或 2 个以上相同类型(数值型或字符型)变量。本例选入含字母 c4，acc4，h5，h1，acc1 的 39 个变量。

击 Define Values 按钮，弹出 Count Values within Cases：Values to Count(定义观测值)对话框(图 4-6)。

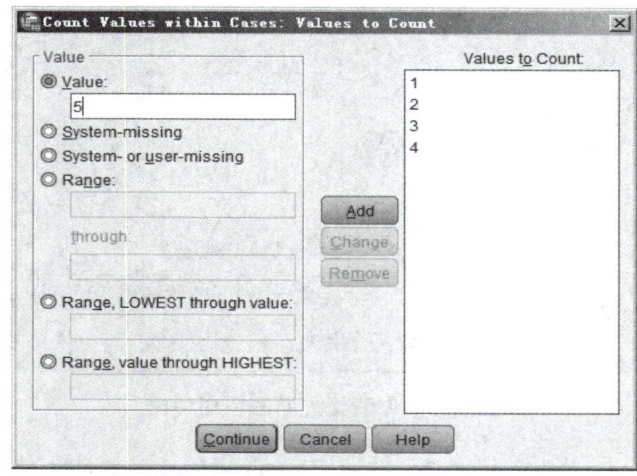

图 4-6 定义观测值对话框

◇ Value：定义观测值。

⊙ Value [ ]：将定义的观测值输入框内（本例分别输入 1~5），激活 Add 按钮，击该按钮，定义观测值进入 Values to Count 框内，然后击 Continue 按钮。

◎ System-missing：若选此项，系统缺失值也被列为计数之内。

◎ System-or user-missing：若选此项，系统缺失值或用户定义缺失值也被列为计数之内。

◎ Range，[2] through [4]：定义观测值范围，例如从 2 到 4。

◎ Range，LOWEST through value [3]：定义观测值范围，例如从最小值到 3。

◎ Range，Value through HIGHEST [4]：定义观测值范围，例如从 4 到最大值。

If（optional case selection condition）：定义选择条件，同本章第一节。

第三节 数值序列移动

数值序列移动（shift values）是指创建的新变量使原数值序列后移（滞后）或前移。从菜单选择

Transform

Shift Values

弹出 Shift Values（数值序列移动）对话框（图 4-7）。

◇ Variable → New name：原变量名→新变量名。

◇ Name and Method：变量名和方法。

Name [d_age4]：新变量名，本例为 *d_age4*。击 Change 按钮可将新变量名在 Variable → New name 中显示。

Method：方法

◎ Get value from earlier case（Lag）：将原变量的数据序列后移 *n* 个观测单位，如 *n* 为 2 时，则新变量的数据序列由原变量的数据序列后移 2 个观测单位产生，该数据序列的前 2 个观测值为系统缺失值，而原变量的数据序列中最末 2 个观测值则不出现在新变量中。

⊙ Get value from later case（Lead）：将原变量

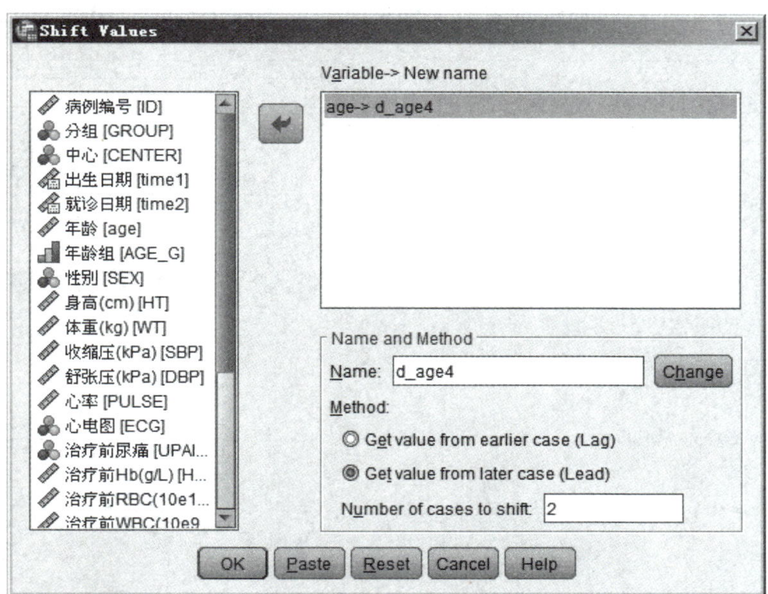

图 4-7 数值序列移动对话框

的数据序列前移 n 个观测单位，如 n 为 2 时，则新变量的数据序列由原变量的数据序列前移 2 个观测单位产生，该数据序列的最末 2 个观测值为系统缺失值，而原变量的数据序列中前 2 个观测值则不出现在新变量中。

Number of cases to shift：[2]：数据序列移动的位数，此值为非负整数。图 4-7 表示原变量为"*age*"，新变量"*d_age4*"为原变量前移 2 位后产生的新的数据序列。

第四节 重新赋值

问卷调查中，正向问题和负向问题往往会同时出现在一张问卷中，由此造成答案编码与实际赋值不符，而数据是按答案编码录入的，因此需要将某些变量的观测值重新赋值（recode）。数据处理中更为多见的是根据某一变量建立新的分类变量。上述两种情况见例 4-2 和例 4-3。

例 4-2 将数据文件"IPSQ.sav"中变量"*c2*"的观测值"1，2，3，4，5"，相应地重新赋值为"5，4，3，2，1"，即用新赋值替代原观测值，不更改变量名。

从菜单选择

Transform

Recode Into Same Variables

弹出 Recode into Same Variables（原变量重新赋值）对话框（图 4-8）。

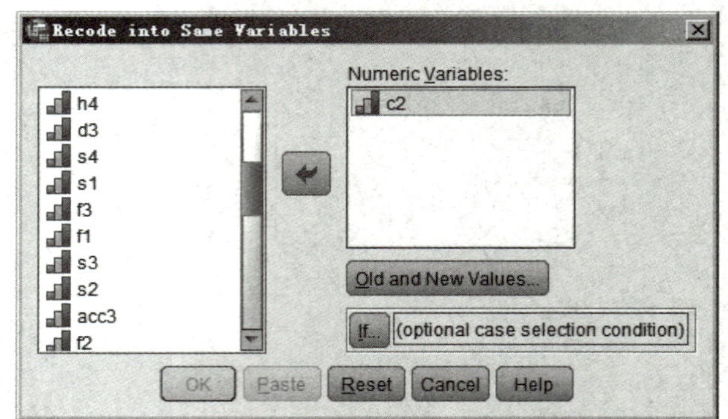

图 4-8 原变量重新赋值对话框

将变量"*c2*"选入 Numeric Variables（数值型变量）框内。若同时选 2 个以上变量，则所选变量的类型（数值型或字符型）应相同。选入变量后，Old and New Values 被激活，击该按钮，弹出 Recode into Same Variables：Old and New Values（原观测值和新赋值）对话框（图 4-9）。

◇ Old Value：原观测值。

⊙ Value [ ]：被重新赋值的原观测值。如本例中原观测值 5 重新赋值为 1。

◎ System-missing：系统缺失值。

◎ System-or user-missing：系统缺失值或用户定义缺失值。

◎ Range [2] through [3.9]：被重新赋值的原观测值范围，例如从 2~3.9。

◎ Range，LOWEST through value [1.9]：被重新赋值的原观测值范围，例如≤1.9。

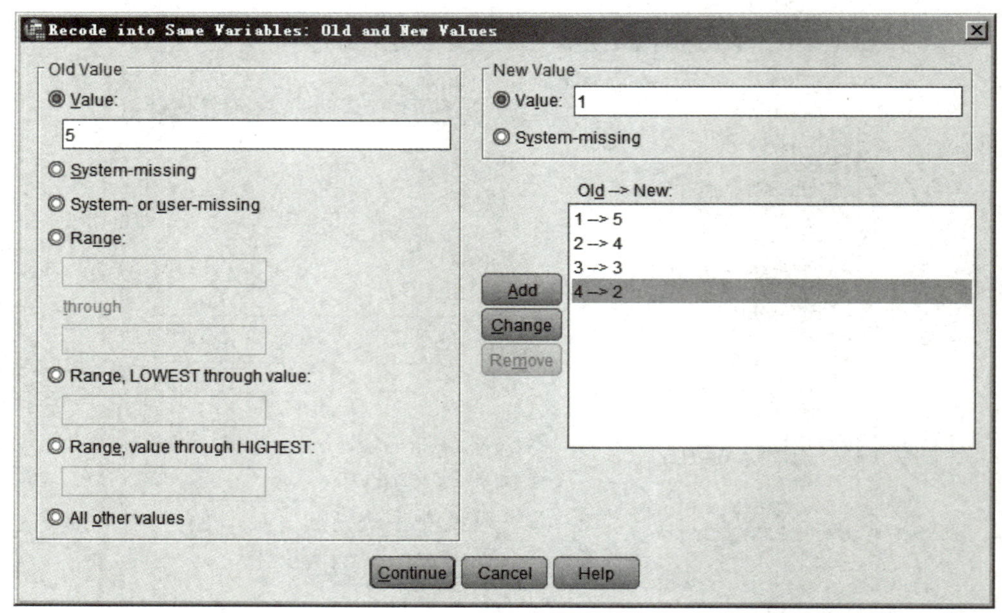

图 4-9 原观测值和新赋值对话框

◎ Range, value through HIGHEST [4]：被重新赋值的原观测值范围，例如≥ 4。

◎ All other values：除上述定义外，所有其他观测值。

◇ New Value：新赋值。

⊙ Value [ ]：新赋值。

◎ System-missing：系统缺失值。

例 4-3 数据文件"clinical trial.sav"中根据年龄变量"*age*"建立变量名为"*AGE_G*"的年龄组新变量，划分规则为：≤35 岁→1；36~50 岁→2；>50 岁→3。从菜单选择

Transform

Recode Into Different Variables

弹出 Recode into Different Variables（重新赋值产生新变量）对话框（图 4-10）。

将旧变量"*age*"选入 Numeric Variable→Output Variable 框内，将新变量"*AGE_G*"添入 Output Variable 框内，如果需要给新变量标签，本例在 Label 框内写入"年龄组"。击 Old and New Values 按钮，弹出 Recode into Different Variables：Old and New Values（原观测值和新赋值）对话框，与图 4-9 类似，赋值过程如下：

Old Value：Lowest through [35] → New Value [1] → Add

Old Value：[36] through [50] → New Value [2] → Add

Old Value：[50] through highest → New Value [3] → Add

完成赋值后，击 Continue 按钮，返回上级菜单，最后击 Change 按钮和 OK 按钮。

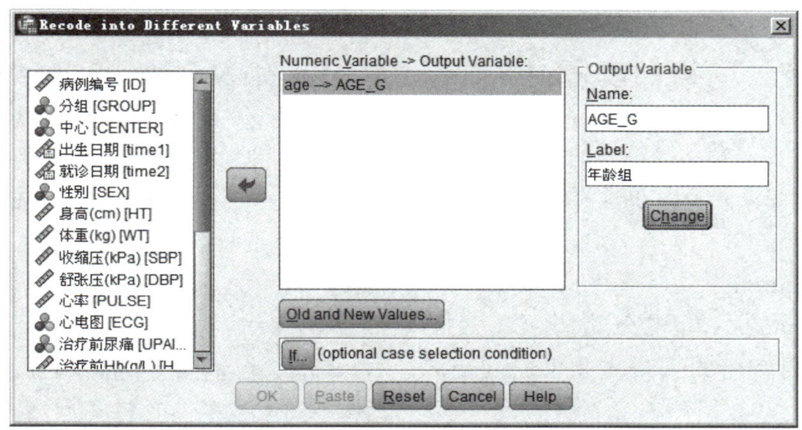

图 4-10 重新赋值产生新变量对话框

第五节 自动重新赋值

自动重新赋值（automatic recode）是将数值变量值或字符变量数值序列移动为从 1 开始的顺序整数，并存为新变量。从菜单选择

Transform

Automatic Recode

弹出 Automatic Recode（自动重新赋值）对话框（图 4-11）。

将原变量"*age*"选入 Variable→New Name（原变量→新变量）框内，在 New Name（新变量）文本框内添入新变量名"*age_rank*"，Add New Name 按钮被激活，击该按钮，新变量被确认。

◇ Recode Starting from：重新赋值顺序。

⊙ Lowest value：按原变量从小到大顺序，赋值为从 1 开始的顺序整数。

◎ Highest value：按原变量从大到小顺序，赋值为从 1 开始的顺序整数。

□ Use the same recoding scheme for all variables：所有选入的变量按同一方式赋值。

□ Treat blank string values as user-missing：字符型变量空白者被视为用户缺失值，排序在非缺失值之后。

◇ Tamplate：模板。

□ Apply template from：File 为从文件中导入模板。点击 File 导入模板。

□ Save template as：File 为保存模板。选择此项，点击 File 按钮选入模板的保存位置。

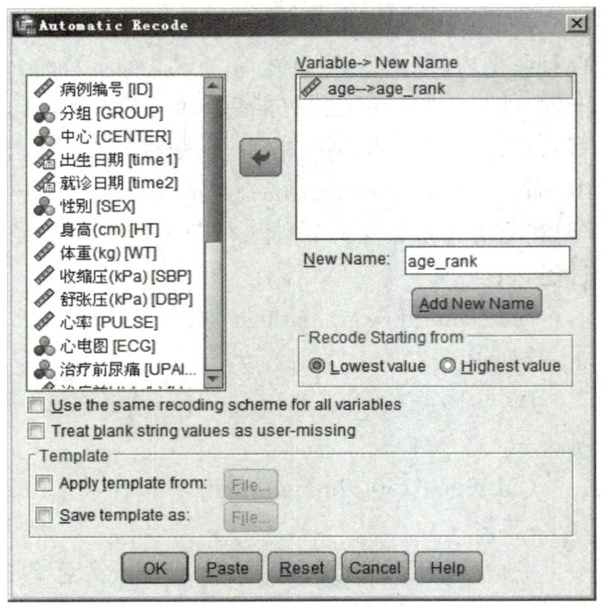

图 4-11　自动重新赋值对话框

第六节　可视分类器

可视分类器（visual binning）的功能是将连续型变量转换为分类变量。从菜单选择

Transform

Visual Binning

弹出 Visual Binning（可视分类器）对话框（图 4-12）。将需要转换的变量送入 Variables to Bin 框中。

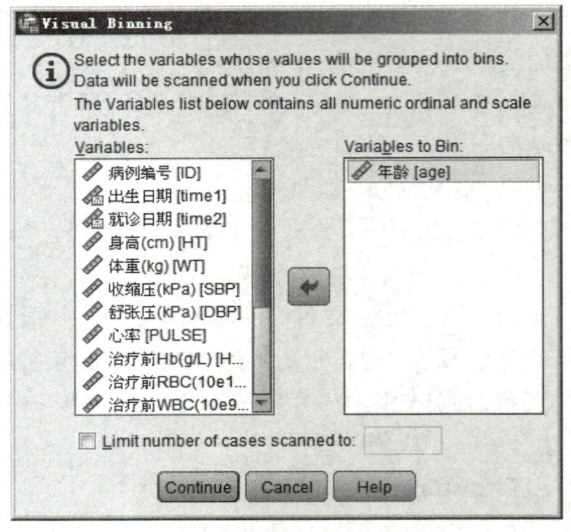

图 4-12　可视分类器对话框

□ Limit number of cases scanned to: ▭: 限制可视化变量的变量例数显示。如设定为 20，则只显示前 20 例变量的可视化视图。

击 Continue 按钮，弹出可视分类器下级对话框（图 4-13）。在选中 Scanned Variable List 框内的变量后，即显示该变量的频数分布图（直方图）。击 Make Cutpoints 按钮，弹出 Make Cutpoints（定义分类界点）对话框，有等距（Equal Width Intervals）、等百分位（Equal Percentiles Based on Scanned Cases）和等标准差（Cutpoints at Mean and Selected Standard Deviations Based on Scanned Cases）三种方法供选择。本例选择等距，起点为 15，分界点为 3，宽度为

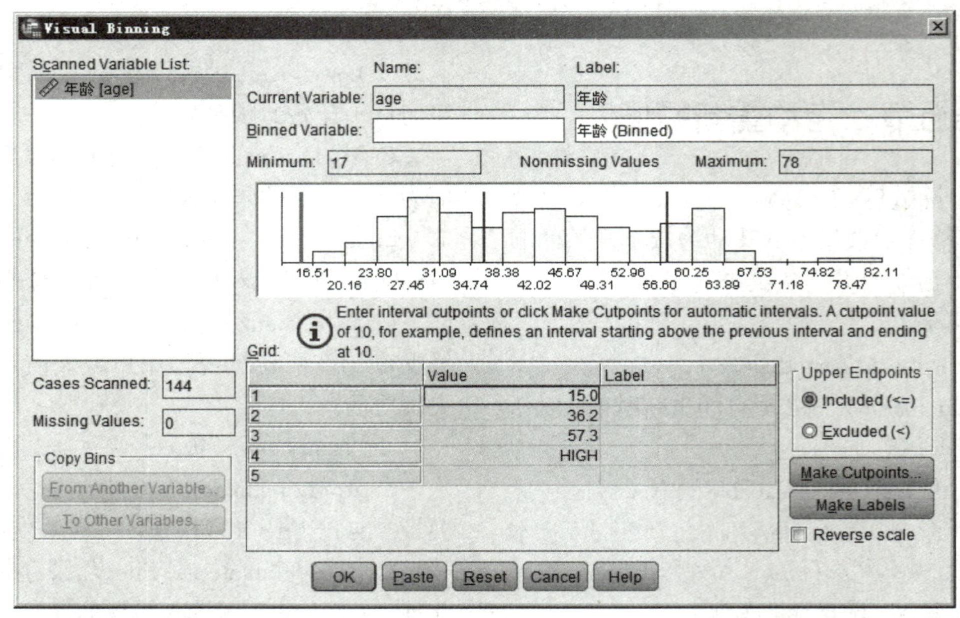

图 4-13　可视分类器对话框下级对话框

21.156，定义后击 Apply 按钮，回到上级对话框，在分布图上会显示各分类界点的垂直线段。

第七节　最优化分类器

根据最优化原则，对需要分类的变量进行分类。从菜单选择

Transform

Optimal Binning

弹出 Optimal Binning（最优化分类器）对话框（图 4-14）。

◇ Variables to Bin：需要进行分类的变量，本例选 logistic 模型的预测死亡概率变量“*PRE_1*”（见本书第十章第六节）。

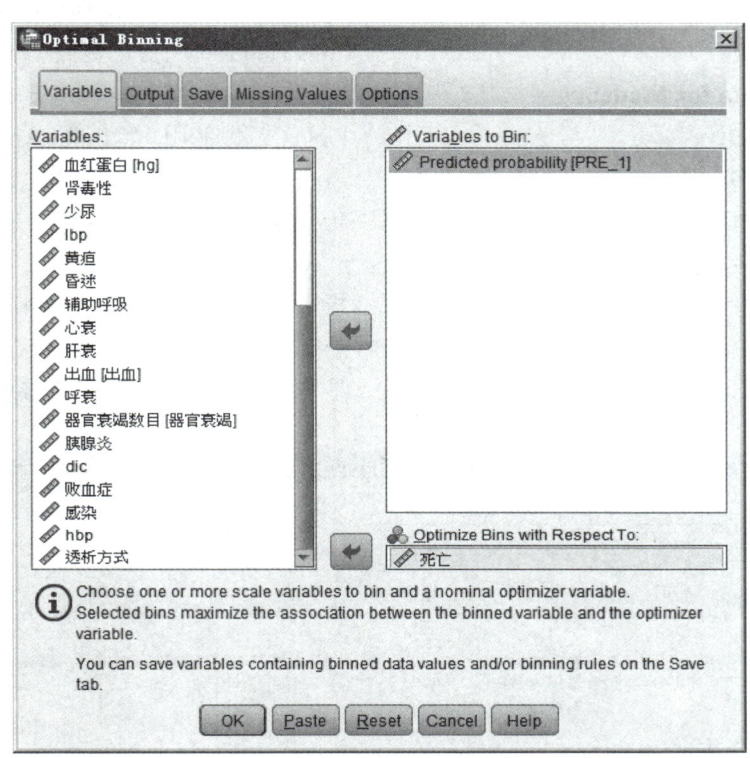

图 4-14　最优化分类器对话框

◇ Optimize Bins with Respect To：最优化分类变量所依据的分类变量，本例依据变量“死亡”（二分类变量）对预测死亡概率的变量“*PRE_1*”进行最优化分类。

在 Output 中可选择是否输出分类范围的端点值，已分类变量的一般统计描述和模型熵。并可在 Save 中选择是否保存已离散的数据变量文件或者替换原始数据文件中的相同变量，并可将最优离散化选择另存为语法程序。在 Missing Values 中可对缺失值进行设置。在 Options 中可对端点进行设置。结果见图 4-15。依据是否死亡将预测死亡概率值 *PRE_1* 分为三类（三级），分别为 $PRE\_1<0.172\ 28$，$0.172\ 28 \leqslant PRE\_1<0.521\ 75$，和 $PRE\_1 \geqslant 0.521\ 75$。

Predicted probability

Bin	End Point		Number of Cases by Level of 死亡		
	Lower	Upper	N	Y	Total
1	a	.17228	201	5	206
2	.17228	.52175	42	19	61
3	.52175	a	16	139	155
Total			259	163	422

Each bin is computed as Lower <= Predicted probability < Upper.

a. Unbounded

图 4-15　最优化分类结果

第八节　数据准备

数据准备（prepare data for modeling）是数据分析的重要步骤之一，相当于数据的预处理，又称数据清理，其主要目的是识别异常或无效的观察单位、变量、变量值并进行修正，通过简单分析了

解各个变量的分布特征，必要时进行数据转换，如标准化转化。该模块是 SPSS 18 版本开始新增的功能，其子菜单包括 Interactive Data Preparation（交互数据准备）、Automatic Data Preparation（自动数据准备）和 Backtransform Scores（数据还原）三种选项。

1. 交互数据准备 以“clinical trial.sav”数据文件为例。从菜单选择

Transform

Prepare Data for Modeling

Interactive

弹出 Interactive Data Preparation（交互数据准备）对话框，该对话框含有多个复选框。图 4-16 是分析目的对话框，针对分析速度和准确性方面有四种选择：平衡考虑速度和准确性（Balance speed & accuracy）、优化速度（Optimize for speed）、优化准确性（Optimize for accuracy）和自定义分析（Customize analysis）。默认选项为平衡考虑速度和准确性。

分析变量（Fields）对话框（图 4-17）主要是定义预分析的变量以及选择预分析变量的规则。

分析设置（Settings）对话框（图 4-18）可定义分析时间（Prepare Dates & Times）、剔除变量（Exclude Fields）、更改测量精度（Adjust Measurement）、改善数据质量（Improve Data Quality）、变量重新赋值（Rescale Fields）、变量转换（Tranform Fields）、选择和新建（Select And Construct）、新变量命名（Name Fields）和应用和转换（Apply Transformations）。需要指出，在变量重新赋值选项中，无、标准正态转换和区间转换（定义最大和最小值）三种方式。

本例按照默认选项，击 Analyze 按钮，得到分析（Analyse）对话框见图 4-19 和图 4-20。左窗为变量信息，右窗为相应变量的预分析结果，重点是各变量对预测模型的重要性以及分布特征。

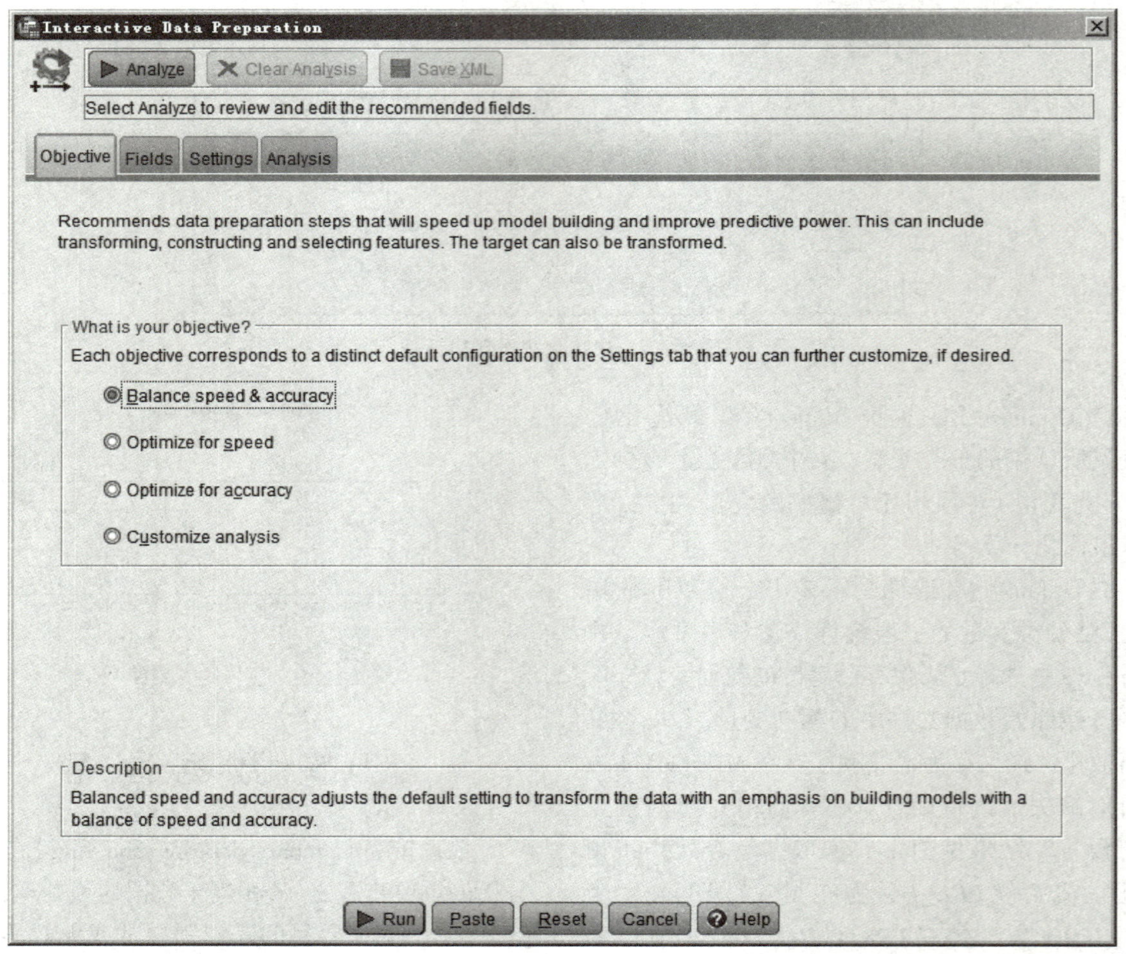

图 4-16 交互数据准备的分析目的对话框

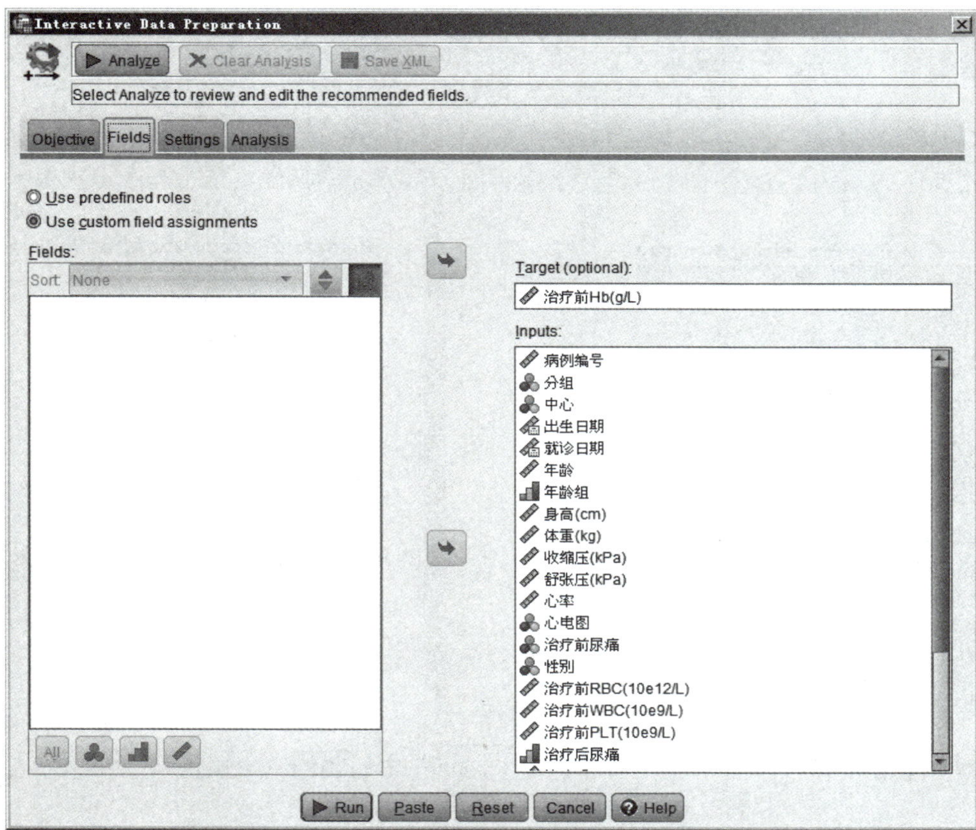

图 4-17　交互数据准备的分析变量对话框

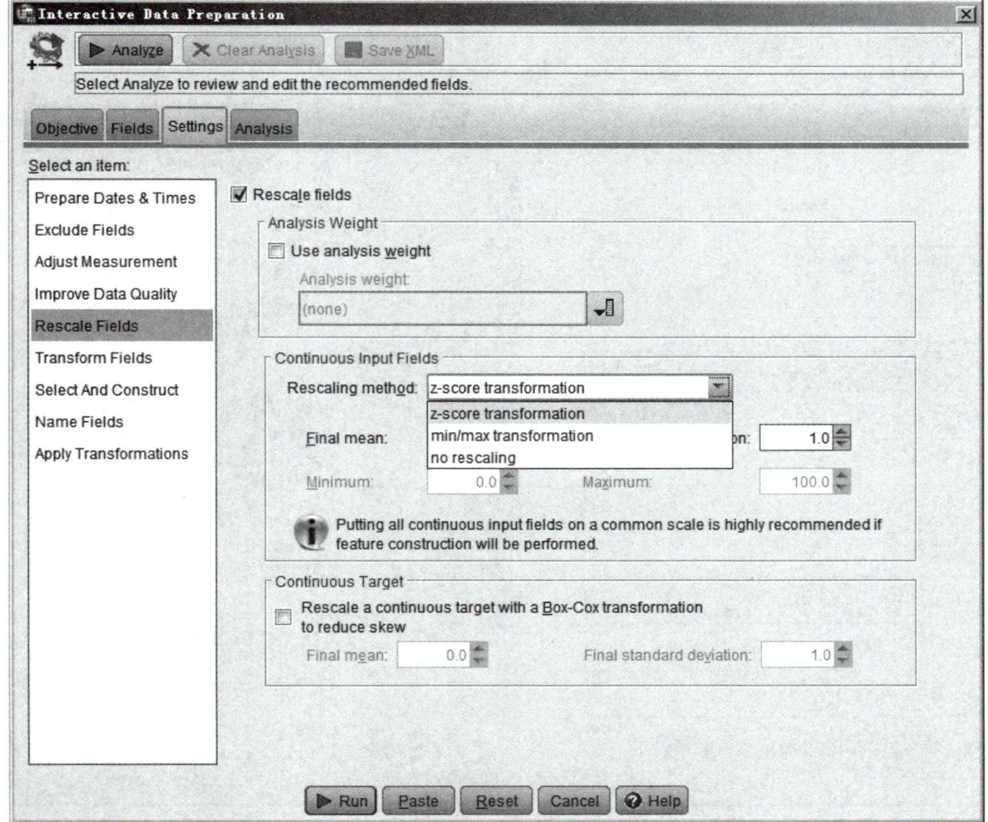

图 4-18　交互数据准备的分析设置对话框

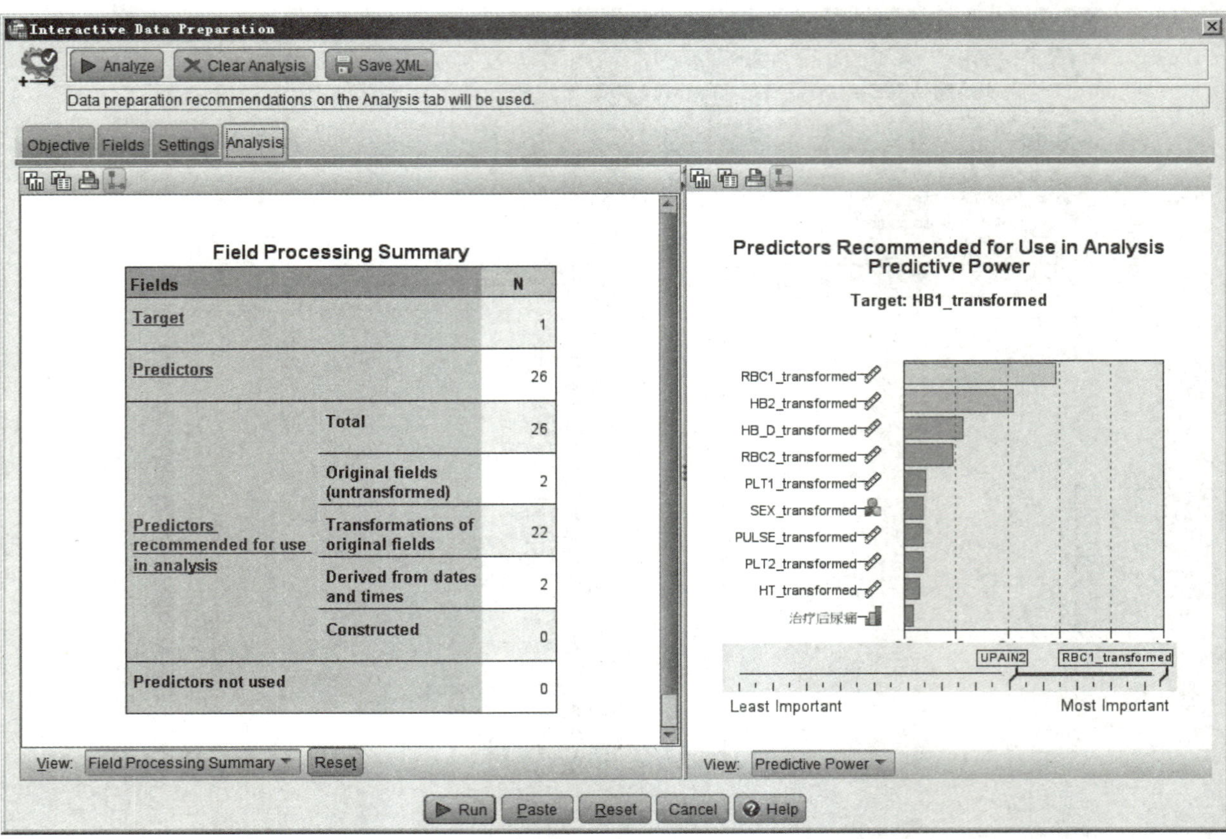

图 4-19　数据准备中的分析对话框 1

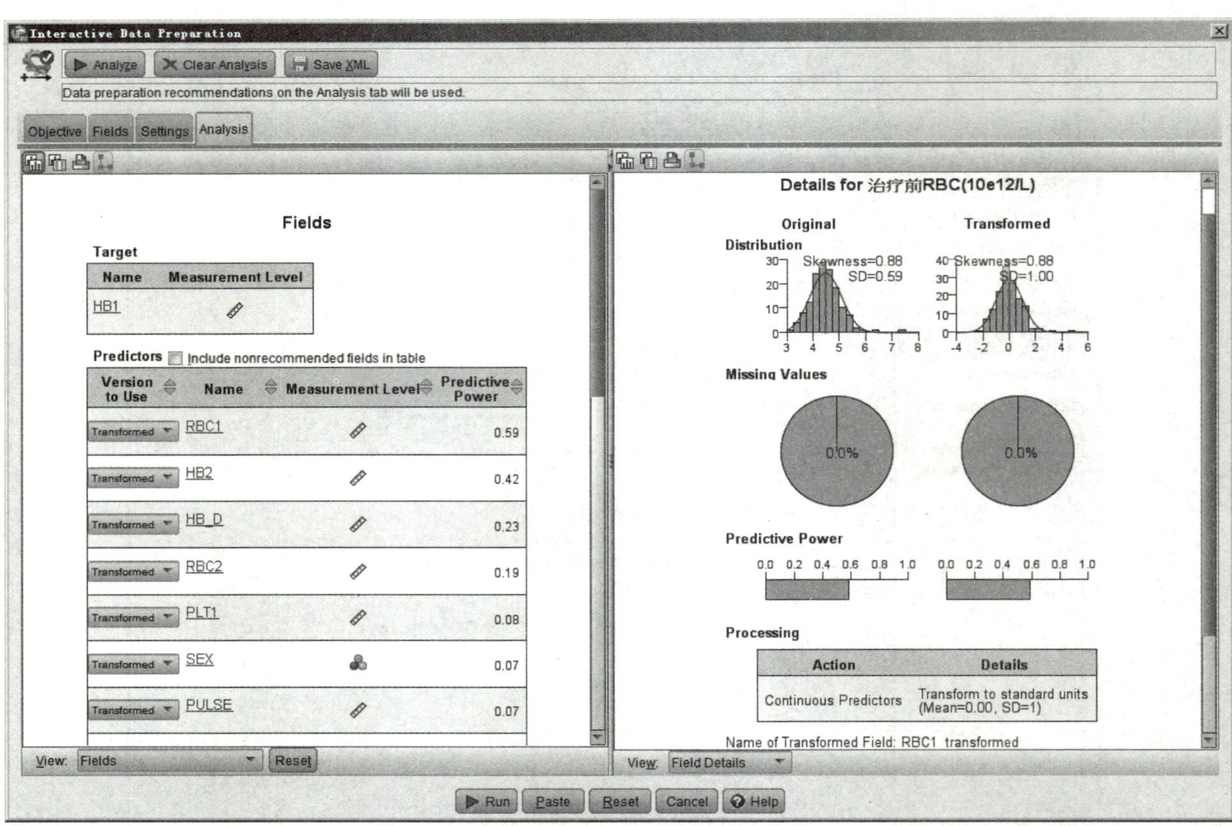

图 4-20　数据准备中的分析对话框 2

2. 自动数据准备(Automatic Data Preparation) 从菜单选择

Transform

Prepare Data for Modeling

Austomatic

弹出 Automatic Data Preparation(自动数据准备)对话框(图 4-21),与交互准备数据不同的是,自动数据准备没有分析模块,其他均相同。

3. 数据还原(Backtransform Scores) 如果原始数据经过交互数据准备或自动数据准备过程进行了转换,对于结果的解释和应用仍然需要采用原始数据的形态,所以需要将转换的数据还原为原始形态(图 4-22)。

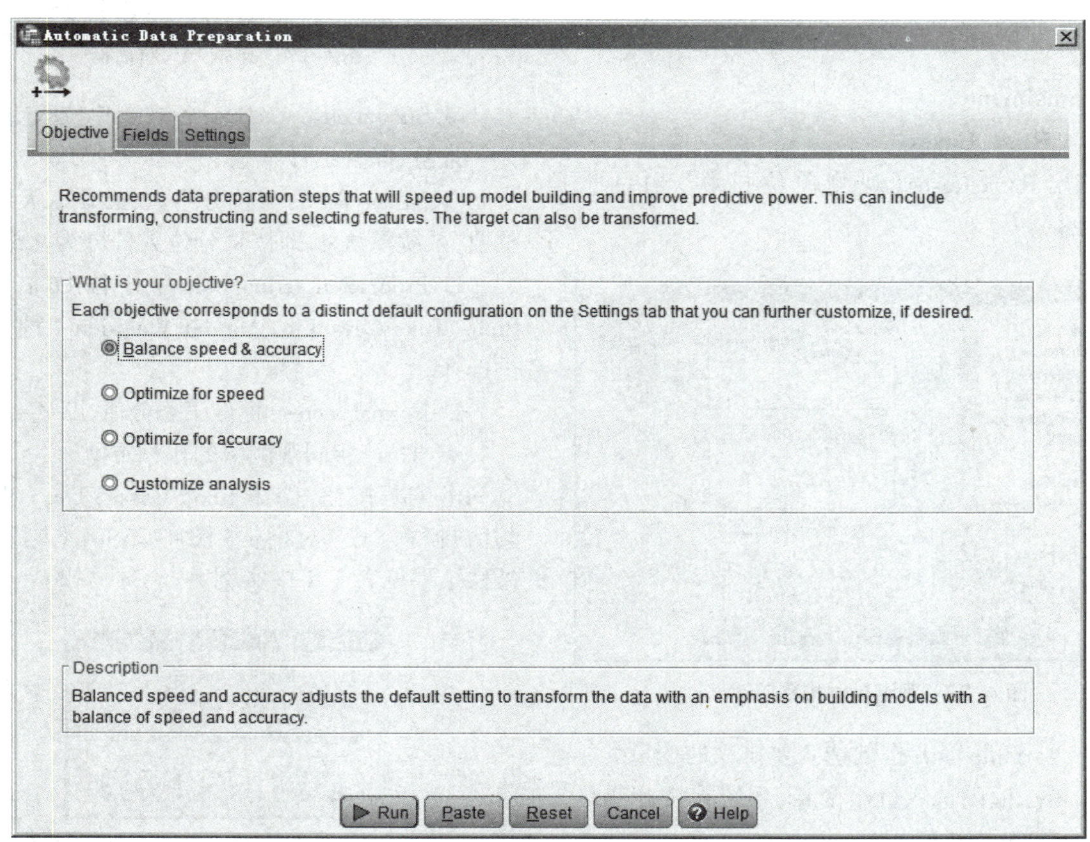

图 4-21 自动数据准备的目的对话框

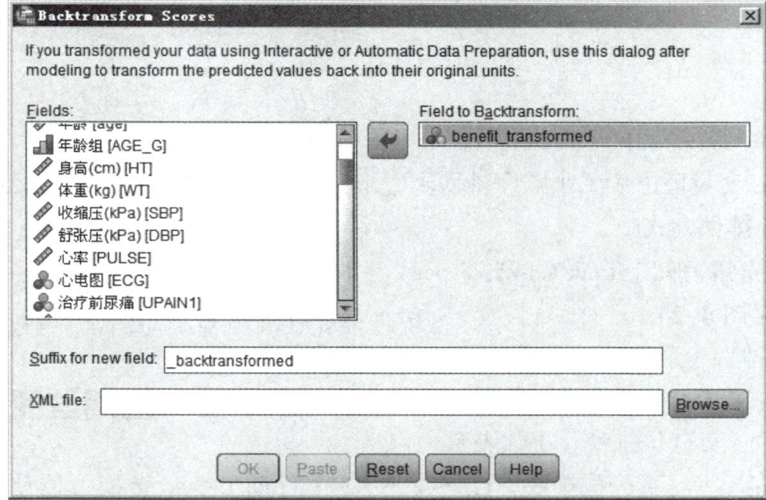

图 4-22 数据还原对话框

第九节 观测单位排秩

观测单位排秩是根据某变量观测值的大小，按一定顺序排秩，生成一代表其秩次的新变量，数据本身顺序并不改变。它与观测值排序（Sort Cases）不同，观测值排序是根据某变量观测值的大小将数据重新排序，并不生成新变量。从菜单选择

Transform

Rank Cases

弹出 Rank Cases（观测单位排秩）对话框（图 4-23）。

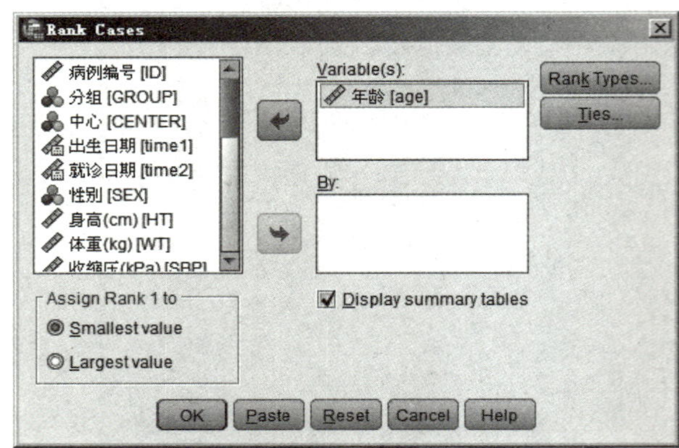

图 4-23 观测单位排秩对话框

◇ Variable（s）：框内选入要排秩的变量。

◇ By：框内选入分组变量，系统将按此变量的不同组别分别进行排秩。

☑ Display summary tables：输出基本统计量表。

◇ Assign Rank 1 to：代表秩的排列方式，有以下两种方式：

⦿ Smallest value：变量值由小到大顺序排秩。

◎ Largest value：变量值由大到小顺序排秩。

★ Rank Types：排秩方式。

击 Rank Types 按钮，弹出 Rank Cases：Types（排秩方式）对话框（图 4-24）。

☑ Rank：简单排秩。系统默认。

☐ Savage score：基于指数分布的指数分。

☐ Fractional rank：百分位排秩。小数表示。

☐ Fractional rank as %：百分位排秩。百分数表示。

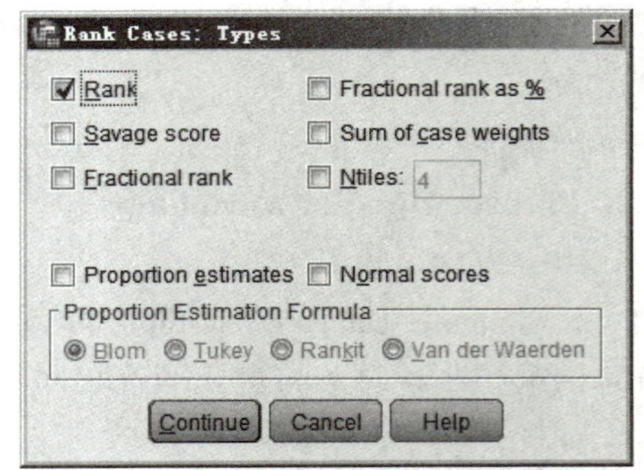

图 4-24 排秩方式对话框

☐ Sum of case weights：各观测单位权重之和，为一常量，即各组样本量。

☐ Ntiles [4]：百分位分组数，必须取大于 1 的整数，系统默认 4，即按百分位数等分为 4 组。

☐ Proportion estimates：百分位数估计，有 Blom、Tukey、Rankit、Van der Waerden 4 种方法可供选择。

☐ Normal scores：标准正态分值，即 Z-scores。

★ Ties：相同观测值的排秩方式。

击 Ties 按钮，弹出 Rank Cases：Ties（相同观测值排秩方式）对话框（图 4-25）。不同选项的排秩结果见表 4-1 中实例。

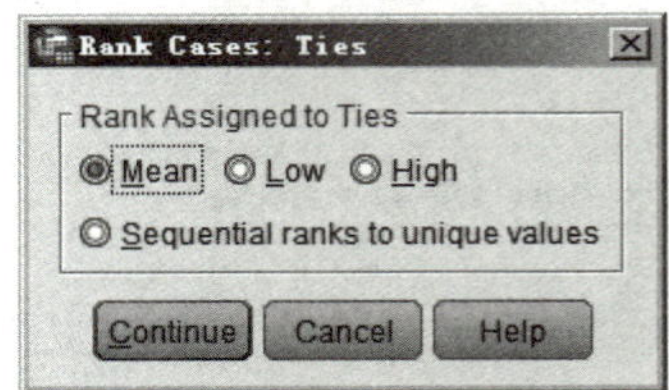

图 4-25 相同观测值排秩方式对话框

表 4-1 不同选项的排秩结果

Age	Mean	Low	High	Sequential
24	1	1	1	1
26	3	2	3	2
26	3	2	3	2
27	4	4	4	3
33	5	5	5	4
34	6	6	6	5

Age：年龄变量；Mean：按均数排秩；Low：按最小值排秩；High：按最大值排秩；Sequential：按顺序排秩

第十节 日期型变量转换导向

日期型变量转换可以使得日期型变量与数值型和字符型变量之间的转换具有相当大的灵活

性。从菜单选择

Transform

Date and Time Wizard

弹出 Date and Time Wizard（日期型变量转换导向）对话框（图 4-26）。

⊙ Learn how dates and times are represented in SPSS Statistics：了解 SPSS 中日期型变量转换的解释。

◎ Create a date/time variable from a string containing a date or time：将含有日期或时间的字符型变量转换为日期型变量。

◎ Create a date/time variable from variables holding parts of dates or times：将含有部分日期或时间的数值型变量转换为日期型变量。

◎ Calculate with dates and times：计算日期和时间。

◎ Extract a part of a date or time variable：将日期型变量转换为表示部分日期特征的数值型变量，例如，2018 年 10 月 31 日，按年转换为 2018；按月转换为 10；按日转换为 31；按周转换为 44。

◎ Assign periodicity to a dataset（for time series data）. This ends the wizard and opens the Define Dates dialog box：选此项后打开定义时间序列的对话框。

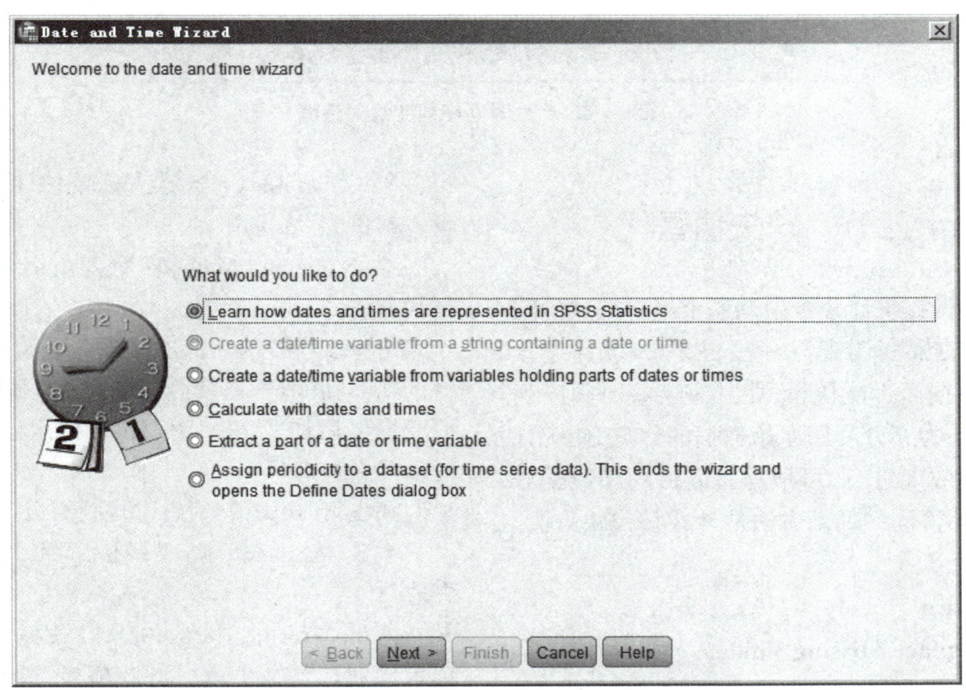

图 4-26 日期型变量转换导向对话框

第十一节 产生时间序列变量

从菜单选择

Transform

Create Time Series

弹出 Create Time Series（产生时间序列变量）对话框（图 4-27）。

◇ Variable → New name：原变量→新变量的变量名，本例为变量"*psh*"。

◇ Name and Function：新变量名和函数。

Name：psh_1：系统会自动产生一新变量名，为原变量名后加"*_1*"。用户也可以自己命名。但原变量及变量名仍保留，如本例默认为"*psh_1*"。

Function：函数。可供选择的时间序列函数有差异（Difference）、季节性差异（Seasonal difference）、中心性移动平均数（Centered moving average）、向前移动平均数（Prior moving average）、移动中位数（Running medians）、累积和（Cumulative sum）、延迟（Lag）、提前（Lead）和平滑（Smoothing）。

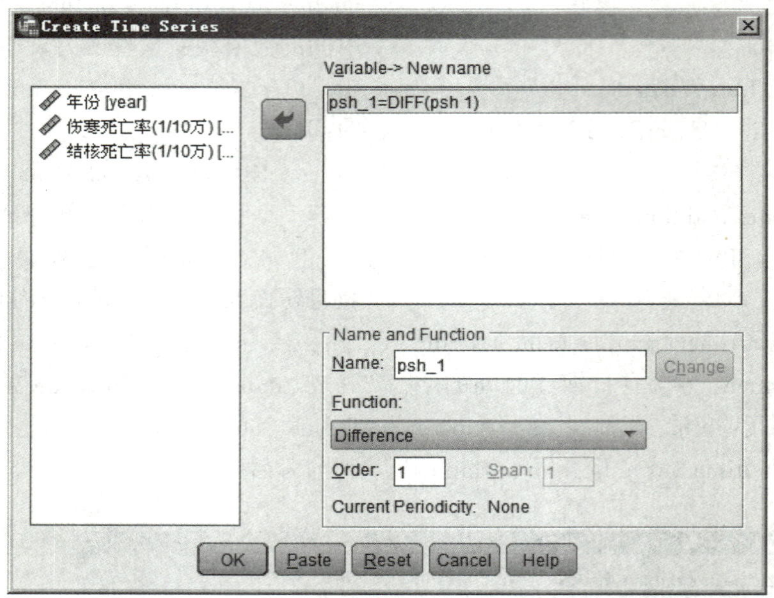

图 4-27 产生时间序列变量对话框

第十二节 缺失值替代

缺失数据在统计分析中是一个经常遇到的问题，如常见的量表调查。有些 SPSS 的统计过程会因缺失数据而不能执行，尤其是某些时间序列资料。因此，为充分利用原始数据的信息，使统计分析过程有效地进行，可根据研究目的和数据分布特征，选用不同的处理方法估计并替代缺失值。从菜单选择

Transform

Replace Missing Values

弹出 Replace Missing Values（缺失值替代）对话框（图 4-28）。

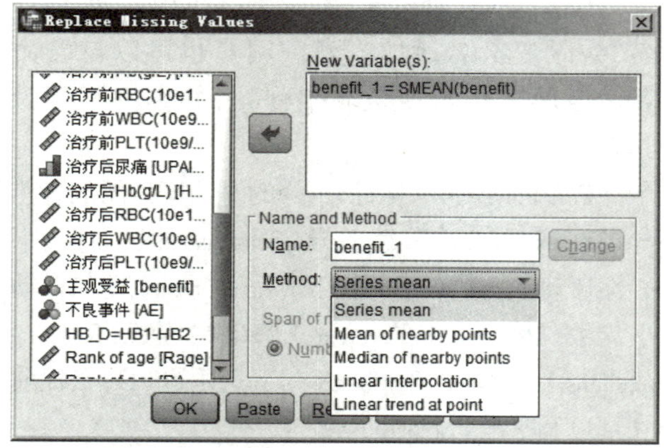

图 4-28 缺失值替代对话框

New Variable(s)：选入需要估计缺失值的变量。本例为“*benefit*”。

◇ Name and Method：新变量名和缺失值的替代方法。

Name：新变量名。所选变量经缺失值替代后将产生一新变量，系统会自动产生一新变量名，为原变量名后加“*_1*”。用户也可以自己命名，但原变量及变量名仍保留。

Method：缺失值的替代方法，有以下几种选择：

● Series mean：以变量的算术均数替代缺失值。

● Mean of nearby points：以缺失值邻近点的算术均数替代缺失值。选此项后，激活邻近点长度选项（Span of nearby points）。

⊙ Number：2：以缺失值邻近的上下各 2 个有效值的算术均数替代缺失值。

◎ All：以所有有效观测值的算术均数替代缺失值。

● Median of nearby points：以缺失值邻近点的中位数替代缺失值。选此项后，激活邻近点长度选项（Span of nearby points），同上。

● Linear interpolation：线性内插值法。以缺失值前后的 2 个有效观测值，根据内插值法估计和替代缺失值。

● Linear trend at point：线性趋势法。用线性回归方法估计和替代缺失值。

第十三节　随机数生成器

从菜单选择

Transform

Random Number Generators

弹出 Random Number Generators（随机数生成器）对话框（图 4–29）。

◇ Active Generator：生成器激活。

□ Set Active Generator：设置随机数生成器。

⊙ SPSS 12 Compatible：SPSS 12 以及之前版本的随机数生成器。

◎ Mersenne Twister：新的随机数生成器，较 SPSS12 及之前版本的模拟效果更为可靠。

◇ Active Generator Initialization：设置初始化生成器值。

□ Set Starting Point：设置初始值。

◎ Random：随机选定随机数种子。

⊙ Fixed Value / Value：2000000：确定随机数种子，可选 1～2000000000 之间的正整数。选此项是为了使模拟结果具有可重复性。

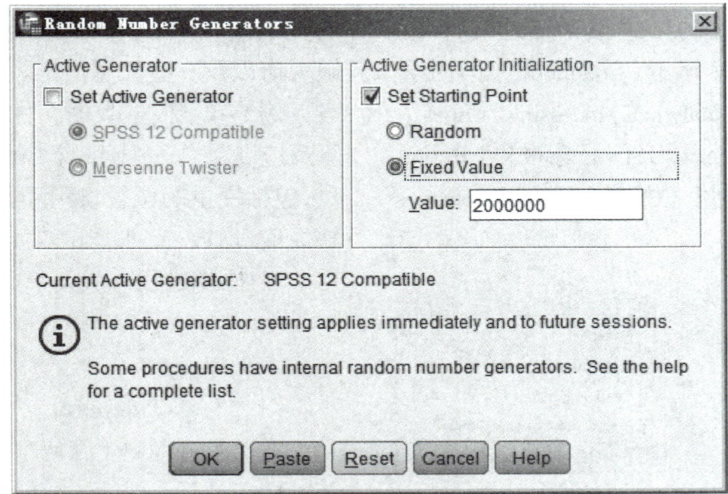

图 4–29　随机数生成器对话框

第十四节　运行未完成的变量变换

在同时进行多项变量变换操作时，若 Transform 菜单下 Run Pending Transforms 被激活，说明存在未完成的变量变换操作，此时点击 Run Pending Transforms（运行未完成的变量变换）可继续执行未完成的操作。

配套数据文件集

（陈莉雅　贺　佳　姚　晨）

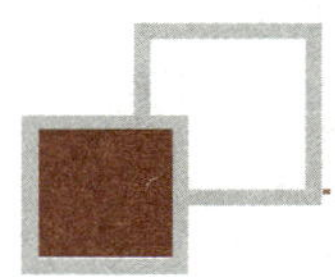

第五章 数据汇总报告

前面章节均属于数据整理方面，从本章起进入到统计分析的过程。主菜单 Analyze 列出了统计分析的绝大部分内容，Reports 列在第一行（图 5-1）。Reports 的主要功能是数据的汇总报告，它可以按自行规定的格式报告描述统计量。Reports 子菜单包含编码本（Codebook）、即时分析过程［OLAP（online analytical processing）Cubes］、数据汇总（Case Summaries）、行汇总报告（Report Summaries in Rows）和列汇总报告（Report Summaries in Columns）等过程。

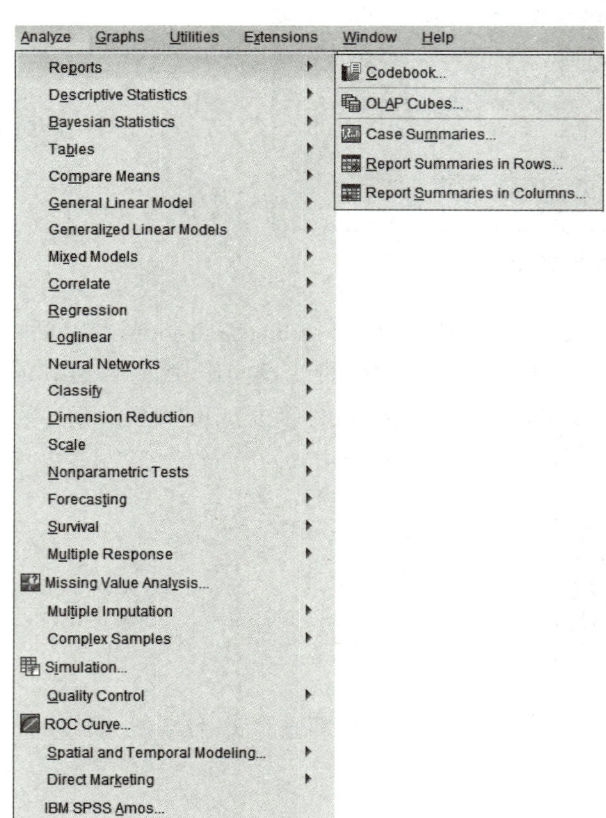

图 5-1 Analyze 主菜单及 Reports 子菜单

第一节 编 码 本

编码本（codebook）过程主要用于输出变量的基本信息，如变量名、变量标签与变量值标签、缺失值以及一些汇总信息。

例 5-1 根据数据文件“clinical trial.sav”，计算反应变量“*age*”（年龄）和“*WT*”（体重）的统计量，包括变量的位置、标签、类型、格式、测量精度、缺失值、均数、标准差和四分位数。

1. 操作过程 从菜单选择

Analyze

Reports

Codebook

弹出 Codebook（编码本）对话框（图 5-2）。

Variables：变量。显示分析中的所有变量列表。

Codebook Variables：编码本变量。输入需要进行编码的变量，本例为“*age*”和“*WT*”。

★ Output：输出结果。

击 Output 按钮弹出 Output（输出）选项对话框（图 5-3）。

◇ Variable Information：变量信息。包含变量的位置、标签、类型、格式、测量精度、角色、变量值标签、缺失值、自定义属性和保留属性等 10 项变量信息。

You must select at least one Variable Information option.：用户必须至少选择一项变量信息。

◇ File Information：文件信息。报告文件的名称、存放位置、样本例数、标签、文档、权重状态、自定义属性、保留属性等 8 项文件信息。

◇ Variable Display Order：输出结果中变量显示顺序。可按字母、文件、测量精度和变量清单进行升序或者降序排列。

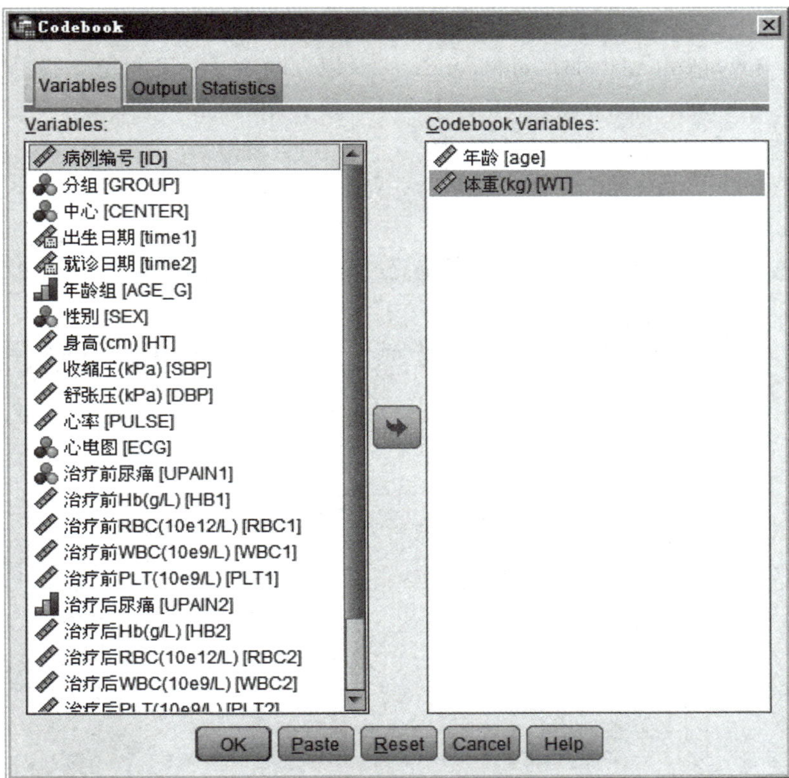

图 5-2　编码本对话框

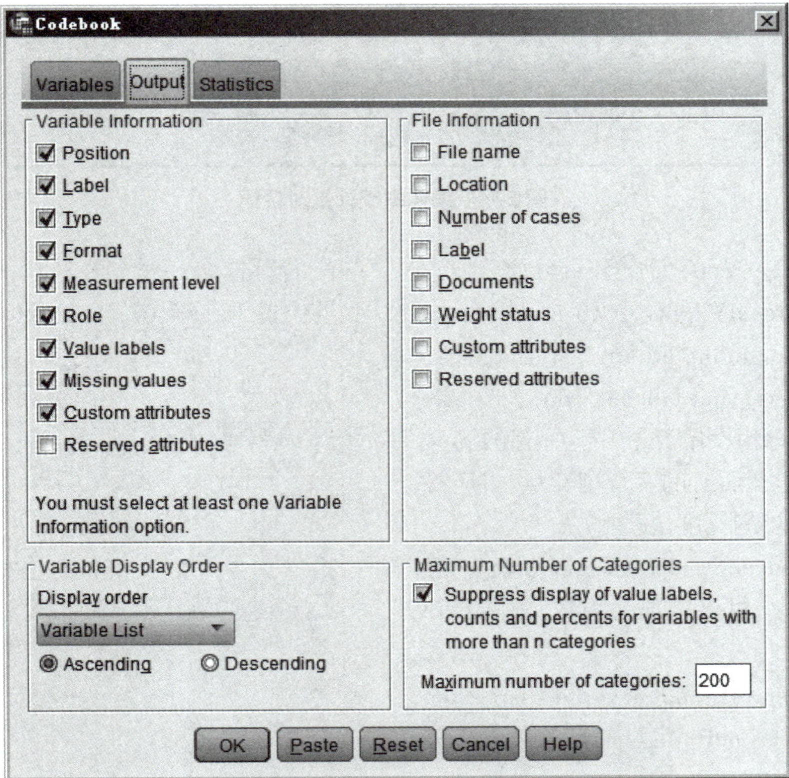

图 5-3　编码本输出对话框

◇ Maximum Number of Categories：最大分类个数。

☑ Suppress display of value labels，counts and percents for variables with more than n categories：当变量有 *n* 个类别以上时不显示变量值标签、计数和百分比。

Maximum number of categories：200：最大类别数。系统默认该值为200，即类别数达到200及以上时不显示变量值标签、计数和比例。

★ Statistics：统计量。

击 Statistics 按钮弹出 Statistics（统计量）选项对话框（图 5–4）。

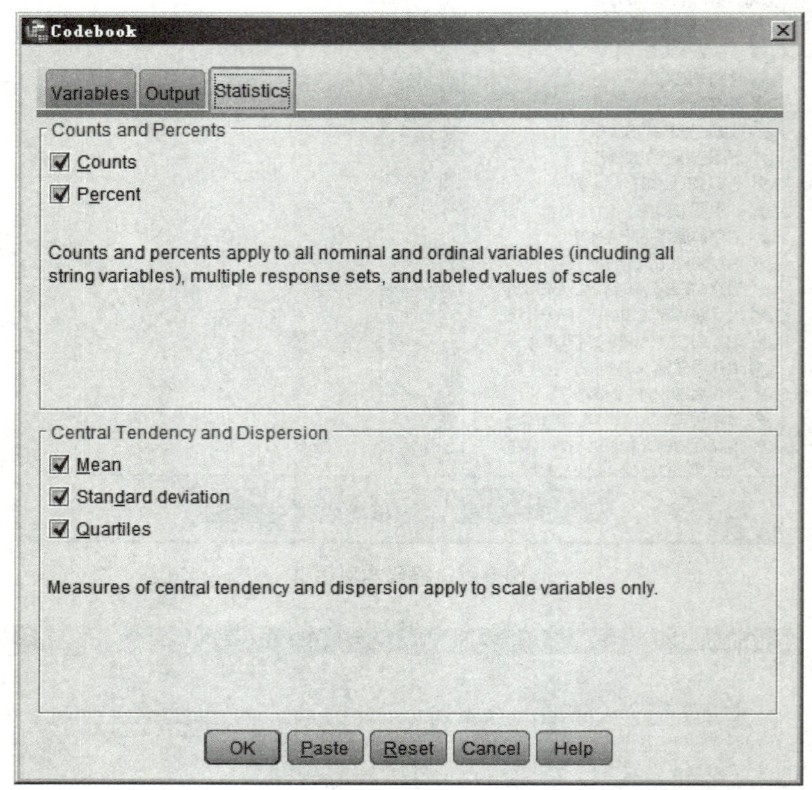

图 5–4 编码本统计量对话框

◇ Counts and Percents：计数和百分比。

Counts and percents apply to all nominal and ordinal variables（including all string variables），multiple response sets，and labeled values of scale variables：计数和百分比指标适用于所有的名义变量和等级变量，包括所有的字符型变量、多应答级向量以及定量变量的标度值。

◇ Central Tendency and Dispersion：集中趋势和离散趋势指标。可供选项为均数、标准差和四分位数。

Measures of central tendency and dispersion apply to scale variables only：定量变量的集中趋势和离散趋势描述。

2. 输出结果 在编码本结果窗中输出的结果为最初给出反应变量“*age*”和“*WT*”全部观察单位的所选统计量（图 5–5、图 5–6）。如体重在变量位置中在第 10 列，变量标签为体重（kg），有

age

		Value
Standard Attributes	Position	6
	Label	年龄
	Type	Numeric
	Format	F8
	Measurement	Scale
	Role	Input
N	Valid	144
	Missing	0
Central Tendency and Dispersion	Mean	42.72
	Standard Deviation	13.579
	Percentile 25	30.82
	Percentile 50	42.04
	Percentile 75	53.47

图 5–5 年龄编码本输出结果

WT

		Value
Standard Attributes	Position	10
	Label	体重(kg)
	Type	Numeric
	Format	F8
	Measurement	Scale
	Role	Input
N	Valid	144
	Missing	0
Central Tendency and Dispersion	Mean	67.36
	Standard Deviation	9.084
	Percentile 25	61.00
	Percentile 50	68.00
	Percentile 75	74.00

图 5-6　体重编码本输出结果

效例数为 144 例，无缺失值，均数为 67.36，标准差为 9.084，50% 分位数为 68.00。

第二节　即时分析过程

即时分析过程（online analytical processing，OLAP）主要用于统计描述。其特点是能提供快捷、灵活多样的交互方式，可按操作者的要求自由选择表格的报告格式和报告内容，并即时显示汇总结果。

例 5-2　根据数据文件"clinical trial.sav"，以变量"*GROUP*"（分组）和"*SEX*"（性别）为分组变量，计算反应变量"*age*"（年龄）和"*WT*"（体重）的统计量，包括合计、均数、样本量、标准差、标准误、最小值和最大值。

1. **操作过程**　从菜单选择

Analyze

　　Reports

　　　　OLAP Cubes

弹出 OLAP Cubes（即时汇总）对话框（图 5-7）。

Summary Variable（s）：汇总变量。一般为计量变量，本例为"*age*"和"*WT*"。

Grouping Variable（s）：分组变量。可选 1 个或多个，对上面的分析变量进行分组统计。本例选"*GROUP*"和"*SEX*"2 个变量。

□ Hide small counts：例数少于 *n* 时不显示。默认 *n* 值为 5，即例数少于 5 例时不显示。

★ Statistics：统计量。

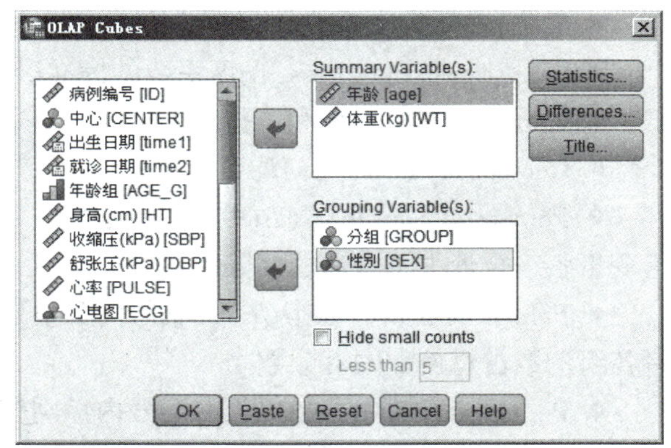

图 5-7　即时汇总对话框

击 Statistics 按钮，弹出 OLAP Cubes：Statistics（统计量）对话框（图 5-8）。

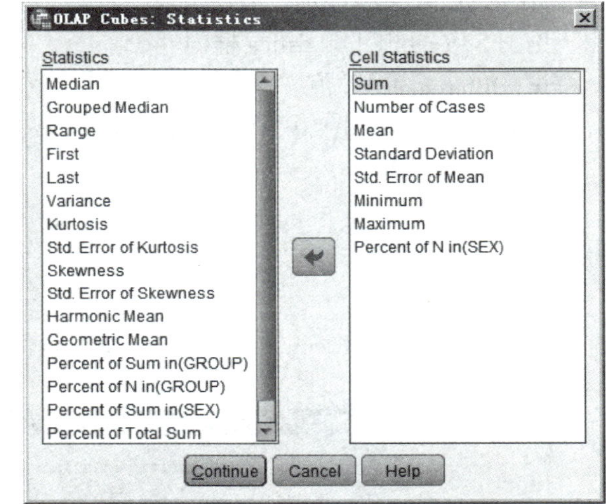

图 5-8　OLAP 统计量对话框

可供选择的统计量有：

- Median：中位数。
- Grouped Median：分组中位数。
- Std. Error of Mean：标准误。
- Minimum：最小值。
- Maximum：最大值。
- Number of Cases：观察单位总数。
- Range：极差。
- First：第 1 个观察值。
- Last：最后 1 个观察值。
- Mean：均数。
- Variance：方差。
- Kurtosis：峰度系数。
- Std. Error of Kurtosis：峰度系数的标准误。
- Standard Deviation：标准差。

● Skewness：偏度系数。

● Std. Error of Skewness：偏度系数的标准误。

● Harmonic Mean：调和均数。

● Geometric Mean：几何均数。

● Percent of Sum in（“*GROUP*”）：括号内分组变量各组合计占总合计的百分数。

● Percent of N in（“*GROUP*”）：括号内分组变量各组例数占总例数的百分数。

● Percent of Sum in（“*SEX*”）：括号内性别变量男女合计占总合计的百分数。

● Percent of N in（“*SEX*”）：括号内性别变量男女例数占总例数的百分数。

本例选入合计、样本量、均数、标准差、标准误、最小值、最大值和性别百分比占总例数的百分比。见图 5-8 的 Cell Statistics 框内。

★ Differences：差值。

击 Differences 按钮，弹出 OLAP Cubes：Differences（差值）对话框（图 5-9）。

◇ Differences for Summary Statisitcs：汇总变量之间的差值。

◎ None：不显示。

◎ Differences between variables：汇总变量间的差值。选择此项后可以定义不同变量之间的差值或其百分比，百分比计算以[（variable）-（Minus variable）]/（Minus variable）中相应框中变量计算。同时可以定义差值或其百分比的标签。

⊙ Differences between groups：分组变量间差值。选择此项后可以设定分组变量之间的差值或其百分比。百分比计算以[（Category）-（Minus category）]/（Minus category）中相应框中变量计算。同时可以定义差值或其百分比的标签。

◇ Type of Difference：差值类型。

☑ Percentage difference：百分比差值。

☑ Arithmetic difference：算术差值。

本例选择如图 5-9 所示。

★ Title：标题。

击 Title 按钮，弹出 OLAP Cubes：Title（标题）对话框（图 5-10）。

Title：标题。系统以“OLAP Cubes”作为默认标题，可自行命名。

Caption：添加注脚。

2. 输出结果 在结果窗中输出的 OLAP 结果为最初给出反应变量“年龄”和“体重”全部观察单位的所选统计量（图 5-11）。若要显示某一

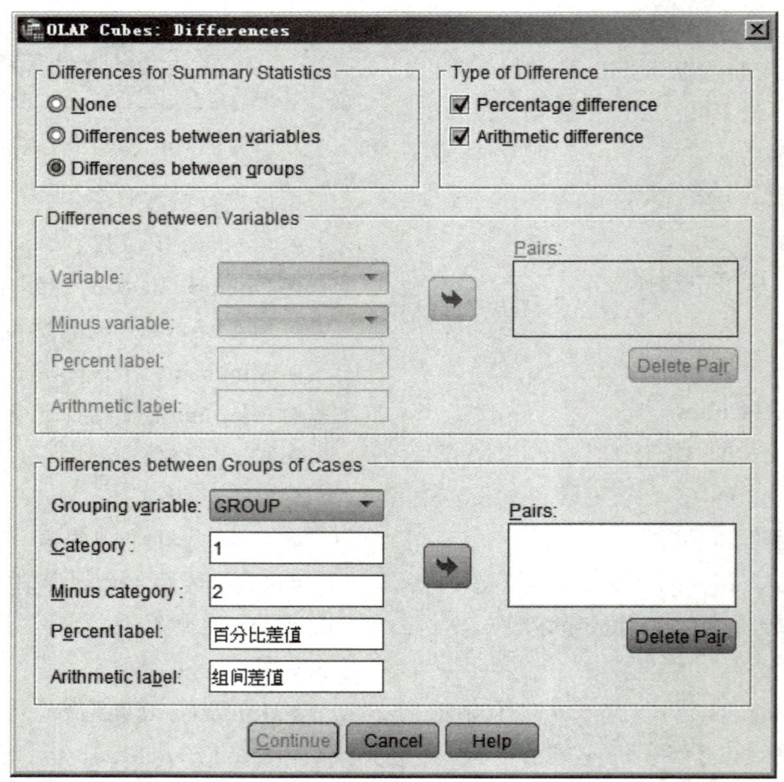

图 5-9 差值对话框

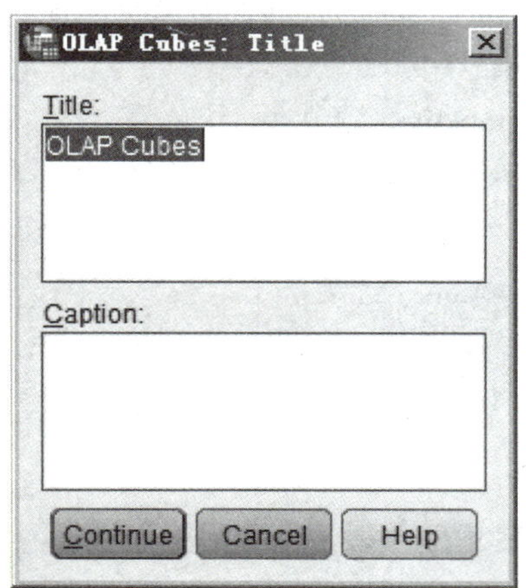

图 5-10 OLAP 标题对话框

分层的结果，或两个分组变量交互的结果，可通过即时交互方式实现。

3. 即时交互操作 在选定表格上双击，或击右键后从弹出菜单中选择 SPSS Pivot Table 下的编辑，表格被激活进入编辑状态。

表格左上角为 2 个分层变量，变量右侧可显示每个变量的水平。通过对各个变量的不同水平的选择，表格内会显示相应的统计量，这一过程是动态的，亦是交互的。如在“分组”右边的下拉菜单中选择“组间差值”，则显示两组间差值的年龄和体重的统计量（图 5-12）。同理，如选择男性试验药的组合，则输出结果见图 5-13。本操作也可通过 pivot 菜单下的 go to layers 实现。

OLAP Cubes

分组: Total
性别: Total

	Sum	N	Mean	Std. Deviation	Std. Error of Mean	Minimum	Maximum	% of N in 性别
年龄	6152	144	42.72	13.579	1.132	17	78	100.0%
体重(kg)	9701	144	67.36	9.084	.757	45	88	100.0%

图 5-11 OLAP 默认输出结果（全部观察单位）

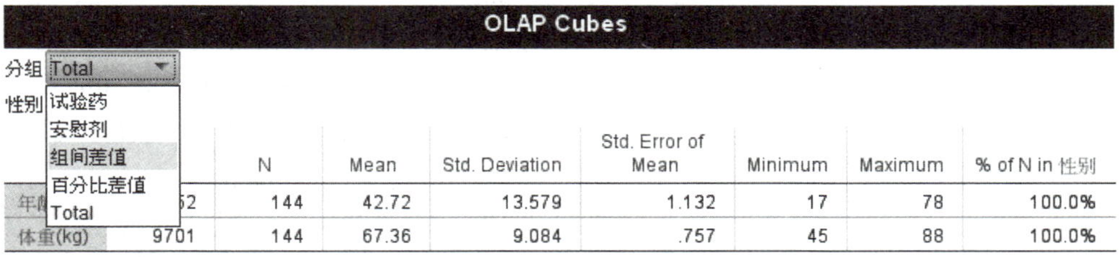

OLAP Cubes

分组 Total
性别 试验药
安慰剂
组间差值
百分比差值
Total

		N	Mean	Std. Deviation	Std. Error of Mean	Minimum	Maximum	% of N in 性别
年龄	52	144	42.72	13.579	1.132	17	78	100.0%
体重(kg)	9701	144	67.36	9.084	.757	45	88	100.0%

图 5-12 两组间差值的统计量

OLAP Cubes

分组: 试验药
性别: 男

	Sum	N	Mean	Std. Deviation	Std. Error of Mean	Minimum	Maximum	% of N in 性别
年龄	2182	48	45.45	13.916	2.009	19	78	66.7%
体重(kg)	3431	48	71.48	8.174	1.180	51	88	66.7%

图 5-13 男性试验药组的统计量

第三节 数 据 汇 总

数据汇总（case summaries）是将数据编辑窗中的全部或部分源数据在结果窗中罗列出来，以便浏览或打印。同时可对数据的基本特征进行描述。

例 5-3 以数据文件“clinical trial.sav”为例，以“*DROUP*”为分组变量，计算反应变量“*age*”（年龄）、“*WT*”（体重）和“*DBP*”（舒张压）的例数、均数及标准差，只限于数据文件中前 10 例的计算，并输出原始数据。

1. 操作过程 从菜单选择

Analyze

  Reports

    Case Summaries

弹出 Summarize Cases（汇总数据）对话框（图 5-14）。

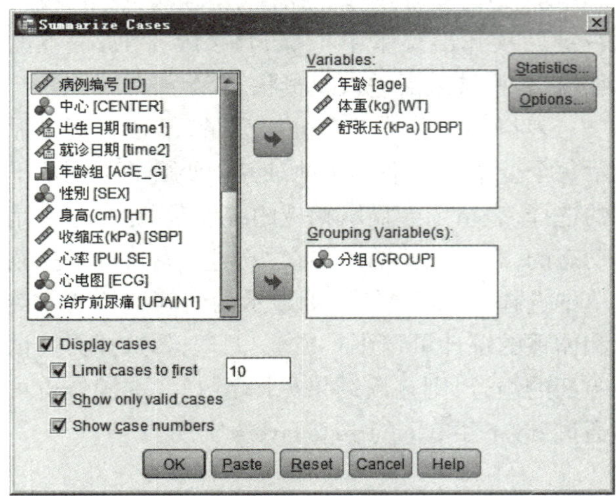

图 5-14　数据汇总对话框

◇ Variables：选入汇总变量。本例选 “*age*”“*WT*”“*DBP*”。

◇ Grouping Variable（s）：选入分组变量。本例选 “*GROUP*”。

☑ Display cases：输出观察单位数据，选该项后激活以下 3 项。

☑ Limit cases to first [10]：限定最多输出的观察单位例数，按数据窗的显示顺序。本例限定为 10 例。如要输出全部例数，则不选此项。

☑ Show only valid cases：仅显示有效观察单位，即不列出含缺失值的观察单位。

☑ Show cases numbers：显示各观察单位的顺序编号。本例选此项。

★ Statistics：统计量。

击 Statistics 按钮，弹出统计量对话框，类似图 5-8。本例选入样本量、均数和标准差。

★ Options：选项。

击 Options 按钮，弹出 Options（选项）对话框（图 5-15）。除了标题和注脚设置外，还有以下选项。

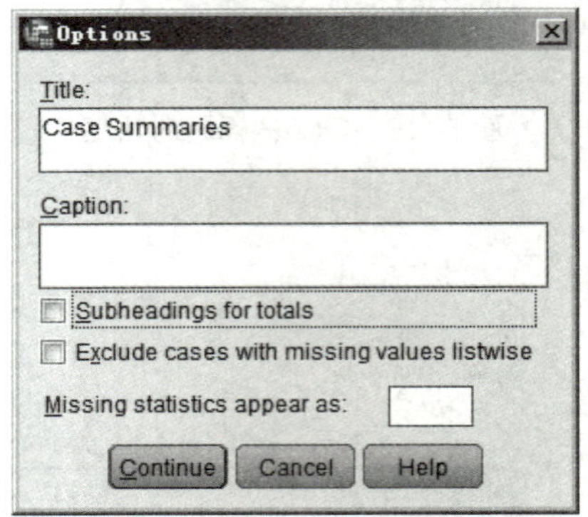

图 5-15　数据汇总选项对话框

☐ Subheadings for totals：给出亚组标题。本例选择不输出此项。

☐ Exclude cases with missing values listwise：计算统计量时不包括有缺失值的观察单位。

Missing statistics appear as：[　　]：定义统计量的缺失值。系统默认为圆点。

2. 输出结果　输出结果详见图 5-16。

Case Summaries[a]

				Case Number	年龄	体重(kg)	舒张压(kPa)
分组	试验药	1		4	33	54	10.0
		2		5	57	75	10.0
		3		6	24	53	8.0
		4		8	34	68	10.0
		5		10	63	53	10.0
		Total	N		5	5	5
	安慰剂	1		1	27	45	8.0
		2		2	60	65	9.0
		3		3	64	49	9.0
		4		7	26	65	10.0
		5		9	26	80	10.0
		Total	N		5	5	5
	Total	N			10	10	10

a. Limited to first 10 cases.

图 5-16　例 5-3 分析的输出结果

第四节 行汇总报告

行汇总报告（report summaries in rows）过程可罗列原始数据，其格式是以观察单位和统计量为行标目，以报告变量为列标目。与汇总数据过程相比，它可给出更为复杂的报告形式，其输出格式的设置也更为详细。

例 5-4 根据数据文件“clinical trial.sav”，报告不同性别（“*SEX*”）下反应变量“*age*”（年龄）、“*WT*”（体重）和“*DBP*”（舒张压）的例数、均数及标准差。

1. **操作过程** 从菜单选择

Analyze

Reports

Report Summaries in Rows

弹出 Report：Summaries in Rows（行汇总报告）对话框（图 5-17）。

◇ Data Columns：定义报告变量。

从左边源变量列表框内选入一个或多个变量进入 Data Columns（定义报告变量）框内，结果输出中每个入选变量各占一列。本例选入 3 个变量“*age*”“*WT*”和“*DBP*”。在本框内，选任一变量，激活 Format（输出格式）按钮。

★ Format：输出格式。

击 Format 按钮，弹出 Report：Data Column Format for DBP（输出格式）对话框（图 5-18）。

◇ Column Title：报告变量的标题。系统默认报告变量的标签，如无标签则以报告变量名为标题。下方有左、中、右 3 种对齐方式选择。

◇ Value Position within Column：数值输出位置。

⊙ Offset from right：右缩进字符数。系统默认 0。

◎ Centered within column：居中。

◇ Column Width：设定列宽。系统默认以列标题和输出内容中最宽者为列宽，也可在框内输入具体数值。

◇ Column Content：输出内容。

⊙ Values：输出变量值。系统默认。

◎ Value labels：输出变量值标签。

◇ Break Columns：选入分组（分类）变量。在本框内选入某一分组变量后，按钮 Summary、Options 和 Format 被激活（图 5-17）。

★ Summary：分组报告统计量。

击 Summary 按钮，弹出 Report：Summary Lines for SEX（报告统计量对话框）（图 5-19）。本例选 Mean of values（均数）、Number of cases（样本量）和 Standard deviation（标准差）。

★ Options：选项。

击 Options 按钮，弹出分组变量选项对话框（图 5-20），规定各组输出结果之间的间隔距离及分页情况。

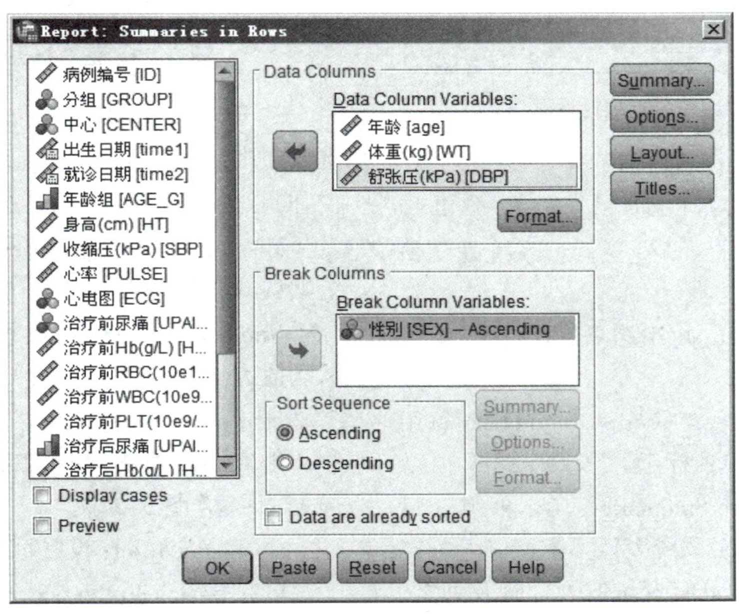

图 5-17 行汇总报告对话框

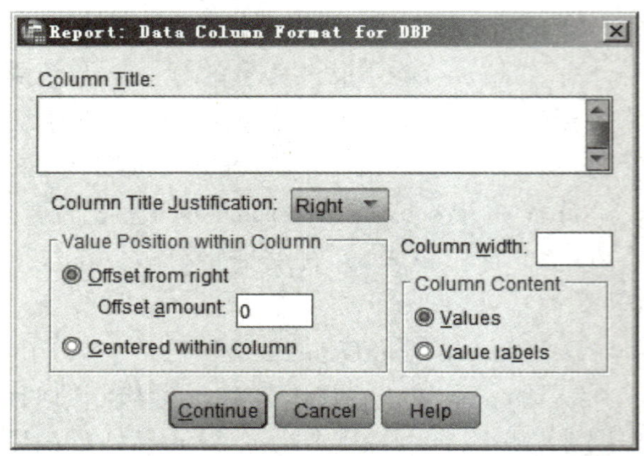

图 5-18 变量输出格式对话框

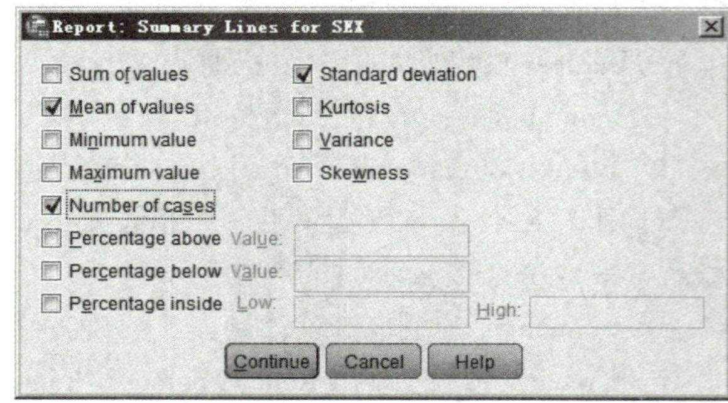

图 5-19 报告统计量对话框

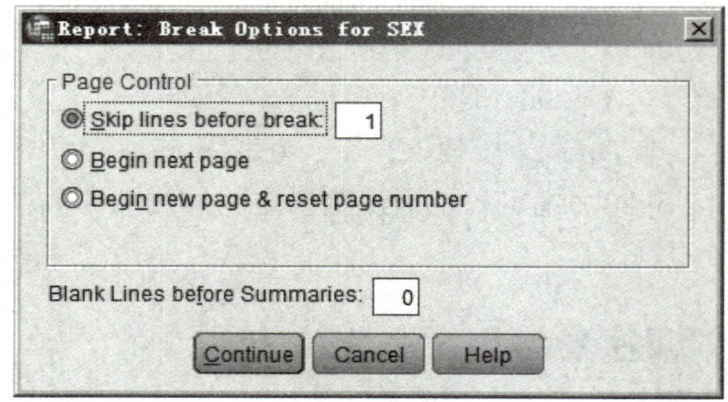

图 5-20 分组变量选项对话框

◇ Page Control：页面控制。

⊙ Skips lines before break [1]：选该项可规定各组输出结果间插入多少空行。系统默认值为 1。

◎ Begin next page：每组结果另起一页，但页码连续。

◎ Begin new page & reset page number：每组结果另起一页，页码单独标定。

Blank Lines before Summaries：[0]：分组变量间报告结果所空行数。系统默认不空行。

★ Format ：设置分组变量的列标题及列宽、对齐和缩进方式。对话框及操作与报告变量输出格式的设置完全相同。

◇ Sort Sequence：结果输出顺序（图 5-17）。

⊙ Ascending：按升序排列，即按分组变量值从小到大的顺序排列。系统默认。

◎ Descending：按降序排列。

□ Data are already sorted：如果规定了分组变量，则系统在报告结果之前必须先按分组变量对数据进行排序。假如数据已排序，选该项可节省运行时间。尤其在运行了一个预览报告（Preview）之后常选该项。

□ Display cases：输出数据编辑窗中各例原始数据。

□ Preview：仅显示第一页输出结果。例如只想浏览一下输出格式时可选该项，因为不用给出整个报告，故可节省时间。

★ Summary：汇总报告统计量。

如果要报告总的统计量，击 Summary 按钮，弹出与图 5-19 内容一样但标题不同的统计量对话框。本例选样本量、均数和标准差。

★ Options：选项（图 5-21）。

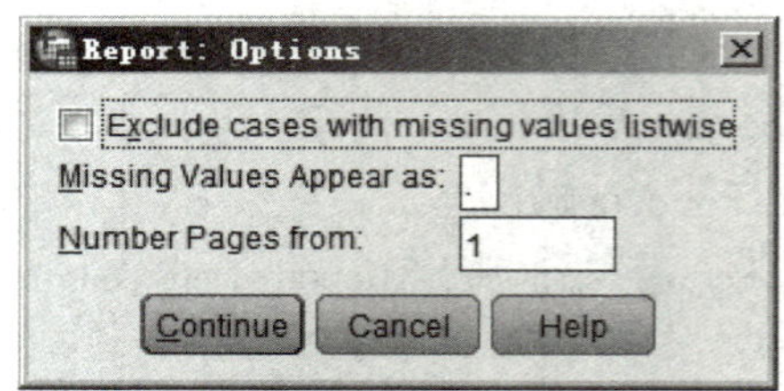

图 5-21 汇总报告选项对话框

□ Exclude cases with missing values listwise：选该项则计算统计量时不包括有缺失值的观察单位，同时也不显示该例的原始数据。

Missing Values Appear as [.]：定义缺失值。系统默认缺失值为“.”。

Number Pages from [1]：设置输出首页的页码。默认值为 1。

★ Layout：报告布局。

击 Layout 按钮，弹出 Report：Layout（报告布局）对话框（图 5-22）。

◇ Page Layout：设置页长及行长。

Page Begins on Line：规定每页从第几行开始，默认值为 1。

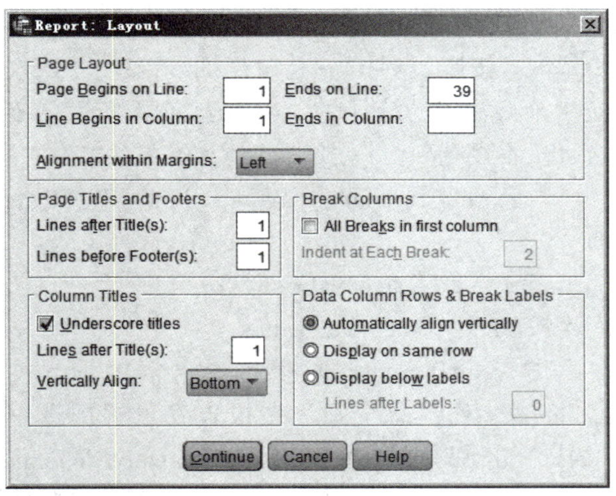

图 5-22　报告布局对话框

Ends on Line：规定每页到第几行结束，默认值为 39。

Line Begins in Column：规定各行的左边距，默认值为 1。

Ends in Column：规定每行到第多少个字符结束。

Alignment within Margins：对齐方式，有左中右之分，默认为左。

◇ Page Titles and Footers：设定标题、页脚与报告正文之间的距离。

Lines after Title(s)：规定在标题与报告正文之间插入多少空行，默认 1。

Lines before Footer(s)：规定在报告正文与页脚之间插入多少空行，默认 1。

◇ Column Titles：设置列标题的输出格式。

☑ Underscore titles：在每个列标题下加下划线。

Lines after Title(s)：在列标题与第 1 行数据之间插入多少空行，默认 1。

Vertically Align：各列标题的垂直对齐方式，有顶端和底端两种对齐方式供选择，默认为低端对齐。

◇ Break Columns：分组变量的输出位置。

□ All Breaks in first column：选该项则所有分组变量都在第 1 列列出，否则不同分组变量各占 1 列。

Indent at Each Break：每一级分组右缩进字符个数，默认值为 2。

◇ Data Column Rows & Break Labels：各列内容与分组标签之间的相对位置。

⊙ Automatically align vertically：原始数据从分组变量值所在的同一行开始列出，而统计量在分组变量值的下一行列出，系统默认。

◎ Display on same row：两者都从同一行开始显示。

◎ Display below labels：两者都显示在分组标签值的下方，中间隔多少空行则在 Lines after Labels 框内输入具体数字。

★ Titles：定义标题和页脚。

可输入 10 行文本内容作为页标题（或页脚），输完一行按 Next 键，接着输下一行的内容，击 Previous 键则返回到前一行的内容。同时可规定每行的对齐方式。可在页眉或页脚中插入左边列表框内的源变量，源变量若出现在标题中，则显示本页开始时该变量值的标签，若是出现在页脚中，则显示本页结束时该变量值的标签，没有值标记的话则显示变量值。系统还给出了 DATE 和 PAGE 两个特殊函数，以便在页眉和页脚中插入当前日期和当前页码。

2. 输出结果　行汇总报告的结果是以文本方式输出的，本例输出结果见图 5-23。例如，男性的平均年龄 44 岁；女性体重的标准差是 13kg；所有观察对象的舒张压均数为 10.1kPa，样本量为 144，标准差为 1.2kPa。

```
性别        年龄   体重(kg)  舒张压(kPa)
--------  --------  --------  --------

男
Mean         44       71     10.2
N            93       93       93
StdDev       14        8      1.2

女
Mean         41       61      9.9
N            51       51       51
StdDev       13        8      1.1

Grand Total

Mean         43       67     10.1
N           144      144      144
StdDev       14        9      1.2
```

图 5-23　例 5-4 行汇总报告输出结果

第五节　列汇总报告

列汇总报告（report summaries in columns）以分组变量的不同水平为行标目，以报告变量（包括合计汇总变量）和统计量为列标目。列汇总报告的功能与行汇总报告有许多相似之处，但也有不同之处。前者对变量汇总，后者对观察单位汇总。前者的报告变量中每个变量只能选 1 个统计量，但入选的变量可以分别选不同的统计量；后者的报告变量中每个变量可以选多个统计量，但入选的变量只能选相同的统计量。前者不能列出原始数据，后者可以。

例 5-5 仍以数据文件“clinical trial.sav”为例，以“*GROUP*”（分组）为分组变量，列出“*age*”（年龄）35~50 岁所占百分比；“*WT*”（体重）的均数；“*DBP*”（舒张压）的最大值。

1. 操作过程 从菜单选择

Analyze

Reports

Report Summaries in Columns

弹出 Report：Summaries in Columns（列汇总报告）主对话框（图 5-24）。

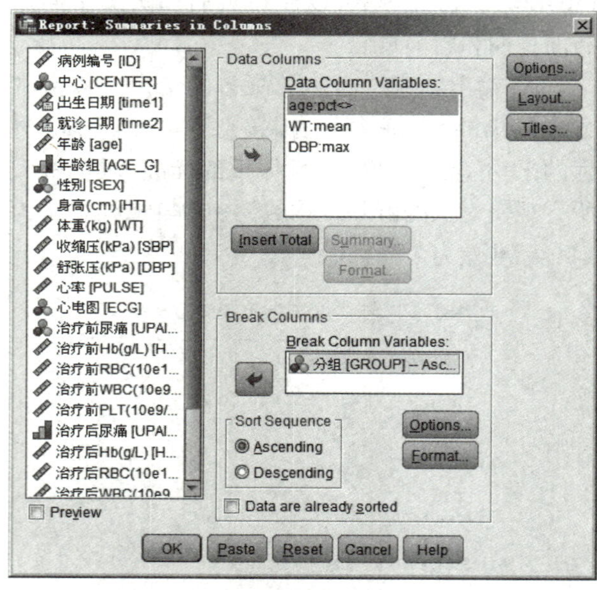

图 5-24 列汇总报告结果主对话框

Data Columns：选入报告变量。本例选入变量“*age*”“*WT*”和“*DBP*”。在报告变量中，每次选一个变量，Summary 和 Format 按钮被激活，击 Summary 按钮，分别选定待输出的统计量，一次仅选 1 个待输出的统计量。若不选，则系统默认求合计。本例选项为：

“*age*”：⊙ Percentage inside　Low：35 High：50

“*WT*”：⊙ Mean of values

“*DBP*”：⊙ Maximum value

击 Insert Total 按钮，报告变量框内加入变量“*total*”，列汇总变量。在报告变量框内选中“*total*”，击 Summary 按钮，弹出 Summary Columns（列汇总统计量）对话框，可以从中选择汇总的统计量。

在 Break Columns 框内选入分组变量“*group*”。击 Report 下的 Options 按钮，选择☑Display Grand Total（合计汇总），输出结果如下。

2. 输出结果 列汇总报告的结果也是以文本方式输出的，本例输出结果见图 5-25。例如，35~50 岁的病例在所有观察对象中占 36.1%，在试验药组中占 37.5%，在安慰剂组中占 34.7%。所有观察对象的平均体重 67kg。最大舒张压在试验药组是 13.0kPa，在安慰剂组是 12.0kPa。

```
分组        年龄        体重(kg)   舒张压(kPa)
          In 35 to50    Mean      Maximum
--------  --------  --------  --------

试验药      37.5%        68        13.0

安慰剂      34.7%        67        12.0

Grand Tota  36.1%        67        13.0
```

图 5-25 例 5-5 列报告输出结果

配套数据文件集

（陈莉雅　胡冬梅　易　东）

第六章　基本统计分析

统计分析子菜单 Descriptive Statistics（基本统计分析）包括 Frequencies（频数分布分析）、Descriptives（描述性统计分析）、Explore（探索性分析）、Crosstabs（列联表资料分析）、Ratio（比值分析）、P–P Plots（P–P 概率图）、Q–Q Plots（Q–Q 概率图），以及 TURF Analysis（累计不重复到达率和频次分析）等八种过程，见图 6–1。本章介绍前七种。

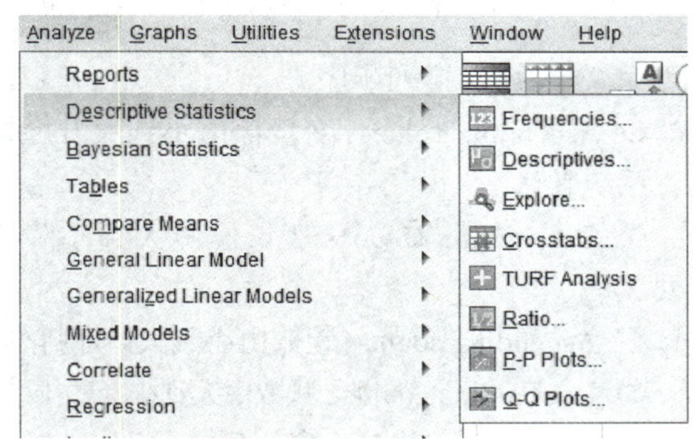

图 6–1　统计分析模块中的基本统计分析菜单

第一节　频数分布分析

频数分布分析主要通过频数分布表、条图和直方图，以及集中趋势和离散趋势的各种统计量，描述数据的分布特征。

例 6–1　数据文件“diameter_sub.sav”记录了 216 个人体脊柱椎体的矢状面管径，试对变量“*trueap_mean*”（矢状面管径）作描述性分析，并绘制直方图。

1. 操作过程　从菜单中选择

Analyze

Descriptive Statistics

Frequencies

弹出 Frequencies（频数分布分析）主对话框（图 6–2）。

☑ Display frequency tables：显示频数分布表。

★ Statistics：统计量。

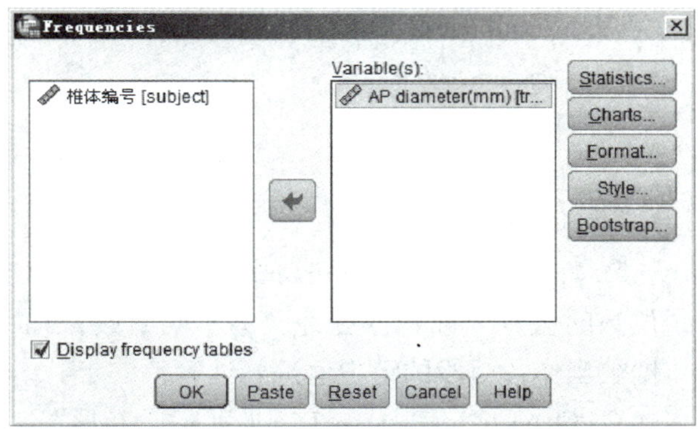

图 6–2　频数分布分析对话框

击 Statistics 按钮，弹出 Frequencies: Statistics（统计量）对话框（图 6–3）。

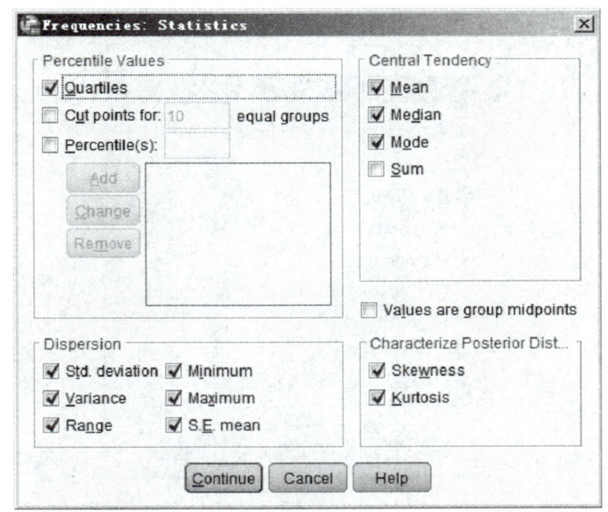

图 6–3　频数分布分析中的统计量对话框

◇ Percentile Values：百分位数。

☑ Quartiles：四分位数。

☐ Cut points for [10] equal groups：将全部观察值按百分位 n 等分。系统默认值为 10，即输出 $P_{10}, P_{20}, \cdots, P_{90}$ 的值。

☐ Percentile（s）[　　]：选择自定义百分位数。文本框内添入数值后，Add 按钮被激活，击该按钮后确认。

◇ Central Tendency：集中趋势指标。

☑ Mean：均数。

☑ Median：中位数。

☑ Mode：众数。

□ Sum：合计。

◇ Dispersion：离散趋势指标。

☑ Std. deviation：标准差。

☑ Minimum：最小值。

☑ Variance：方差。

☑ Maximum：最大值。

☑ Range：极差。

☑ S.E. mean：标准误。

□ Values are group midpoints：计算百分位数、中位数时假定当前数据已经分为不同组段，当前数据被当作各组段的组中值进行计算。

◇ Characterize Posterior Distribution：分布形态。

☑ Skewness：偏度系数及其标准误。

☑ Kurtosis：峰度系数及其标准误。

★ Charts：统计图（图 6-2）。

击 Charts 按钮，弹出 Frequencies：Charts（统计图）对话框（图 6-4）。

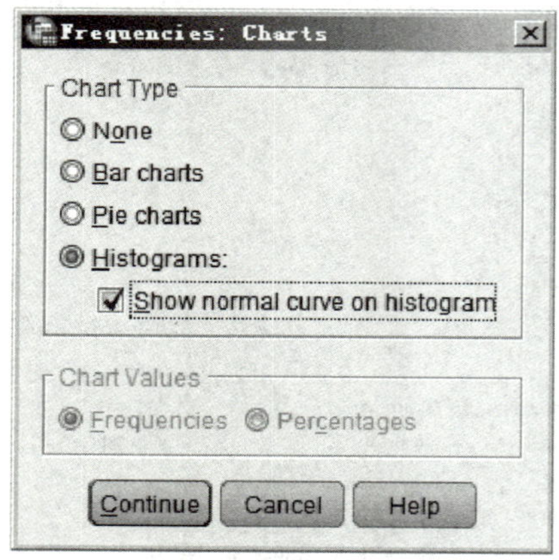

图 6-4 频数分布分析中的统计图对话框

◇ Chart Type：图形类型。

◎ None：不作图。

◎ Bar charts：条图。

◎ Pie charts：圆图。

⊙ Histograms：直方图。本例选此项，并激活下面选项。

☑ Show normal curve on histogram：将正态曲线加入直方图中。

◇ Chart Values：图形的尺度，此选项只对条图和圆图有效。

⊙ Frequencies：频数。

◎ Percentages：百分数。

★ Format：频数输出格式（图 6-2）。

击 Format 按钮，弹出 Frequencies：Format（频数输出格式）对话框（图 6-5）。

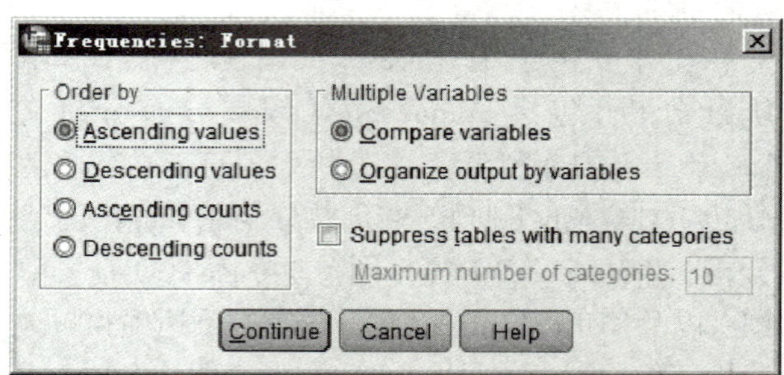

图 6-5 频数分布分析中的频数输出格式对话框

◇ Order by：排列顺序。

⊙ Ascending values：变量值由小到大升序排列。系统默认。

◎ Descending values：变量值由大到小降序排列。

◎ Ascending counts：频数由小到大升序排列。

◎ Descending counts：频数由大到小降序排列。

◇ Multiple Variables：多变量。

⊙ Compare variables：按过程输出，每一过程出现所有变量。系统默认。

◎ Organize output by variables：按变量输出，每一变量包含全部过程。

□ Suppress tables with many categories：频数分组超过多组时不显示频数分布表。

Maximum number of categories：10（系统默认最大分组数为 10）。

★ Style：对输出的表格进行自定义（此略）（图 6-2）。

★ Bootstrap：用 Bootstrap 方法计算有关统计量（图 6-2）。

击 Bootstrap 按钮，弹出 Bootstrap 对话框（图6-6）。

☑ Perform bootstraping：进行 bootstrap 抽样。

Number of samples：1000：抽样次数，系统默认为 1 000 次。

☑ Set seed for Mersenne Twister：设置随机数种子。

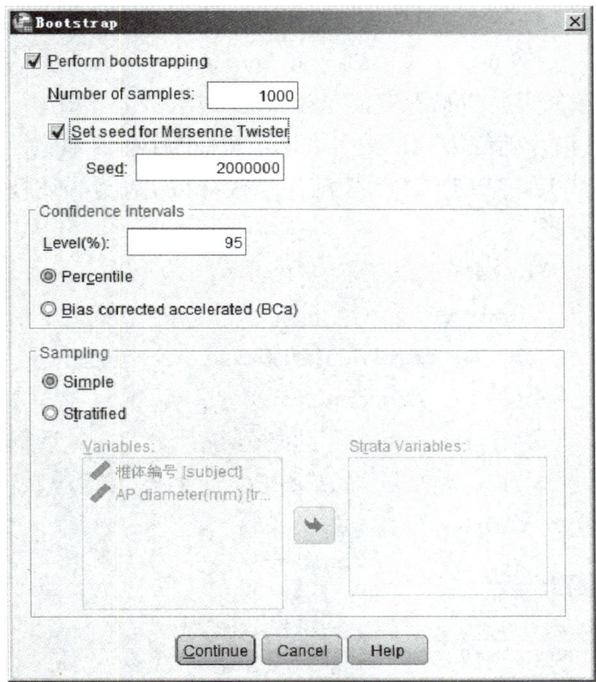

图 6-6 Bootstrap 方法选项对话框

Seed: 2000000: 可选 1~2000000000 之间的正整数。若不进行种子设定,则每次运行的结果不同。系统默认为 2000000。

◇ Confidence Intervals: 计算所选统计量的置信区间。

Level(%): 95: 置信区间水平,系统默认 95% 置信区间。

⊙ Percentile: 按照百分位数法计算置信区间。例如模拟抽样 1 000 次,计算出 1 000 个均数,其第 2.5 和第 97.5 百分位数即为 95% 置信区间的上下限。

◎ Bias corrected accelerated(BCa): 进行偏倚校正后的加速 Bootstrap 抽样法进行置信区间的计算。

◇ Sampling: Bootstrap 的抽样方法。

⊙ Simple: 简单抽样方法,即将当前所选变量作为一个整体进行抽样,系统默认。

◎ Stratified: 分层抽样方法,即根据选入 Strata Variables 框中的分层变量分别在每一层内独立进行 Bootstrap 抽样。

2. 主要输出结果

(1) 未进行Bootstrap 抽样,按照图 6-3 Statistics 对话框和图 6-4 Charts 对话框中的选项所得主要输出结果见图 6-7 和图 6-8。由图 6-7 见,偏度系数(skewness)及其标准误分别为 -0.189 和 0.166, Z=-0.189/0.166=-1.138 6(P=0.254 9); 峰度系数(kurtosis)及其标准误分别为 -0.057 和 0.330, Z=-0.057/0.330=-0.172 7(P=0.862 9)。结合两结果,可认为该资料服从正态分布。

Statistics

AP diameter(mm)

N	Valid	216
	Missing	0
Mean		14.4421
Std. Error of Mean		.04881
Median		14.4875
Mode		14.45
Std. Deviation		.71728
Variance		.514
Skewness		-.189
Std. Error of Skewness		.166
Kurtosis		-.057
Std. Error of Kurtosis		.330
Range		4.18
Minimum		12.25
Maximum		16.43
Percentiles	25	13.9031
	50	14.4875
	75	14.8969

图 6-7 例 6-1 的输出结果

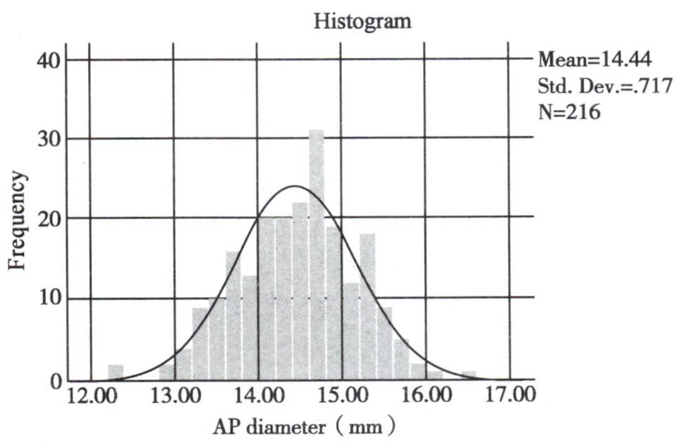

图 6-8 例 6-1 的频数分布直方图及正态曲线

这里用 Compute Variable(计算产生变量)过程中的 CDF.NORMAL(Z, 0, 1)函数,由 Z 值求出双侧(尾)概率,读者可自行做此练习。

(2) 进行 Bootstrap 抽样的主要输出结果见图 6-9。此处以计算均数与标准差为例,按照 Bootstrap 对话框中的默认选项,得到均数和标准差的 95% 置信区间分别为 14.345 9~14.533 7 和 0.651 37~0.786 66。

Statistics

AP diameter/mm

		Statistic	Bootstrap[a]			
			Bias	Std. Error	95% Confidence Interval	
					Lower	Upper
N	Valid	216	0	0	216	216
	Missing	0	0	0	0	0
Mean		14.4421	-.0021	.0479	14.3459	14.5337
Std. Deviation		.71728	-.00210	.03428	.65137	.78666

a. Unless otherwise noted, bootstrap results are based on 1000 bootstrap samples

图 6–9　进行 Bootstrap 抽样的主要输出结果

第二节　描述性统计分析

描述性统计分析主要用以计算描述集中趋势和离散趋势的各种统计量，此外还有一个重要功能是对变量做标准化变换，即 Z 变换。

例 6–2　对数据文件 “clinical trial.sav” 中的 4 个变量 “*hb1*”（治疗前血红蛋白水平）、“*RBC1*”（治疗前红细胞计数）、“*WBC1*”（治疗前白细胞计数）和 “*PLT1*”（治疗前血小板计数）进行描述性分析。

1. 操作过程　从菜单选择

Analyze

Descriptive Statistics

Descriptives

弹出 Descriptives（描述性统计分析）对话框（图 6–10）。将变量 “*hb1*” “*RBC1*” “*WBC*” 和 “*PLT1*” 选入 Variable(s) 框内。

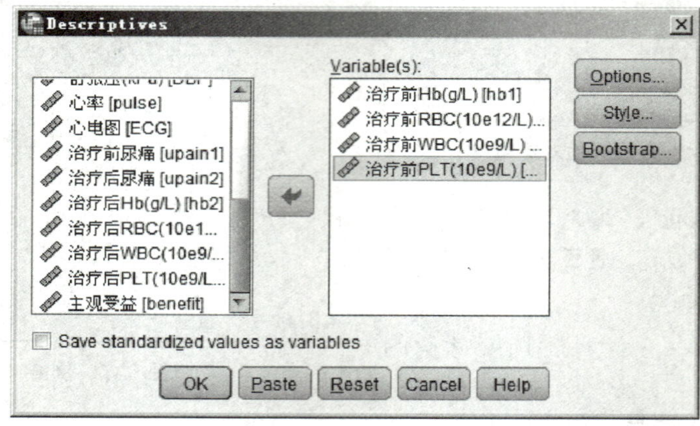

图 6–10　描述性统计分析对话框

□ Save standardized values as variables：对分析变量做标准化变换。选此项可产生一个标准化值（Z 分），并将 Z 分在数据文件中存为新变量，变量名为在原变量名前加 “Z”。Z 分的计算公式为：$Z_i=(x_i-\bar{x})/s$，其中 x_i 为分析变量的各观测值，$\bar{X}$ 为该变量的均数，s 为标准差。

★ Options：选项。

击 Options 按钮，弹出 Descriptives：Options（选项）对话框（图 6–11）。这里的统计量与图 6–3 的解释相同，本例选所有统计量。对于输出的显示顺序（Display Order）有以下选项。

⊙ Variable list：按变量选入变量框内的顺序显示输出结果。系统默认。

◎ Alphabetic：按变量名的字母顺序显示输出结果。

◎ Ascending means：按变量均数由小到大顺序显示输出结果。

◎ Descending means：按变量均数由大到小顺序显示输出结果。

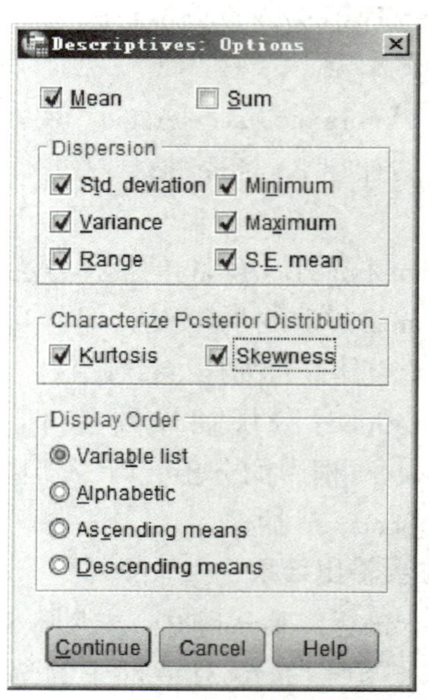

图 6–11　描述性分析选项对话框

★ Bootstrap：用 Bootstrap 方法计算有关统计量，见本章第一节。

2. 主要输出结果　本例输出结果见图 6–12，由此可见，Descriptives（描述性统计分析）过程与 Frequencies（频数分布分析）过程的 Statistics（统计量）的输出内容完全一样，而 Descriptives 过程的唯一不同之处是有一个产生标准化值的选项（Save standardized values as variables）。

Descriptive Statistics

		治疗前Hb(g/L)	治疗前RBC (10e12/L)	治疗前WBC (10e9/L)	治疗前PLT (10e9/L)	Valid N (listwise)
N	Statistic	144	144	144	144	144
Range	Statistic	123	4.23	12.50	590	
Minimum	Statistic	70	3.09	2.90	83	
Maximum	Statistic	193	7.32	15.40	673	
Mean	Statistic	135.40	4.4817	6.8238	217.85	
Std. Deviation	Statistic	18.754	.58660	2.03483	75.528	
Variance	Statistic	351.709	.344	4.141	5704.489	
Skewness	Statistic	-.209	.879	1.233	2.090	
	Std. Error	.202	.202	.202	.202	
Kurtosis	Statistic	1.419	3.390	2.526	9.344	
	Std. Error	.401	.401	.401	.401	

图 6–12　例 6–2 的输出结果

第三节　探索性分析

探索性分析（explore analysis）主要有以下几个目的：

● 对数据进行初步检查，判断有无离群点（outliers）和 / 或极端值（extreme values）。

● 对前提条件假定，如正态分布和方差齐性进行检验，不满足正态分布和方差齐性时，提示数据转换方法，最后决定使用参数方法或非参数方法。

● 了解组间差异的特征。

Explore（探索性分析）过程可给出统计量、正态性检验和描述性统计图，包括茎叶图、直方图及箱图等。

例 6–3　对例 6–2 数据文件 “clinical trial.sav” 中的变量 “*PLT1*”（治疗前血小板计数）按分组（类）变量为 “*GROUP*”（分组）进行探索性分析。

1. 操作过程　从菜单选择

Analyze

　　Descriptive Statistics

　　　　Explore

弹出 Explore（探索性分析）主对话框（图 6–13）。

Dependent List：选入因变量（解释变量），即进行探索性分析的变量，一般为计量类型，可选 1 个或多个。本例选入变量 “*PLT1*”。

Factor List：选入分类（组）变量，一般为计数或等级类型，可选 1 个或多个。本例选入分组（类）变量 “*GROUP*”。

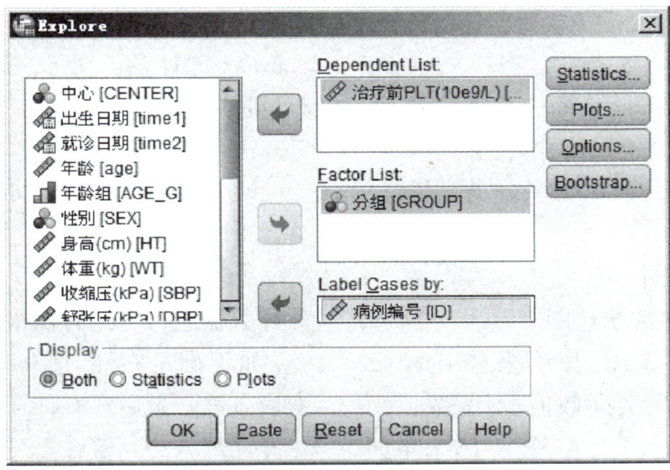

图 6–13　探索性分析主对话框

Label Cases by：选入对观察单位进行标记的变量，一般只能选入 1 个分类变量或标识变量，本例选入标识变量“*ID*”（病例编号）。

Display：输出内容。

⊙ Both：统计量与统计图形都输出。系统默认，本例选此项。

◎ Statistics：只输出统计量。

◎ Plots：只输出统计图形。

★ Statistics：统计量。

击 Statistics 按钮，弹出 Explore：Statistics（统计量）对话框（图 6–14），本例全选。

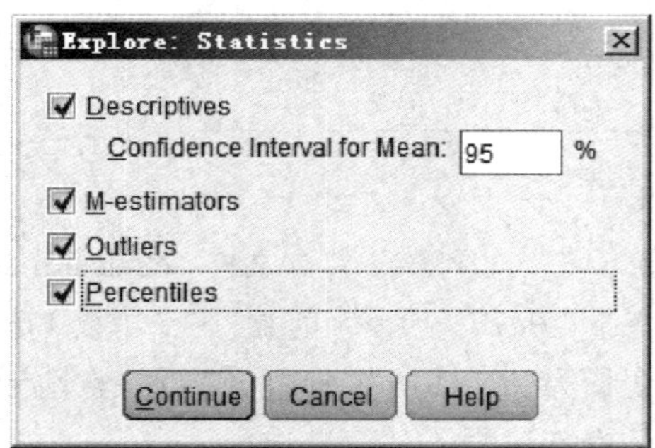

图 6–14 统计量对话框

☑ Descriptives：描述性统计量。

Confidence Interval for Mean 95 %：总体均数的置信区间。系统默认值为 95%。

☑ M–estimators：M 估计量。见后述。

☑ Outliers：显示 5 个最大值与 5 个最小值。

☑ Percentiles：百分位数，显示第 5、10、25、50、75、90 及 95 位点的百分位数。

★ Plots：统计图（图 6–13）。

击 Plots 按钮，弹出 Explore：Plots（统计图）对话框（图 6–15）。

◇ Boxplots：箱图。

⊙ Factor levels together：对每一分类变量，每图只显示 1 个因变量。系统默认，本例选此项。

◎ Dependents together：对每一分类变量，每图显示所有因变量。

◎ None：不显示箱图。

◇ Descriptive：描述性统计图。

☑ Stem–and–leaf：茎叶图，用来描述频数分布，将频数表的组段用实际数值取代，数值用“茎”（stem）和“叶”（leaf）组成，图 6–16 为本例分析结果之一。本例茎宽 100，每片叶子代表 1 例，如血小板计数 80×10^9/L 有 2 例，120×10^9/L 有 1 例，130×10^9/L 有 3 例，余类推。

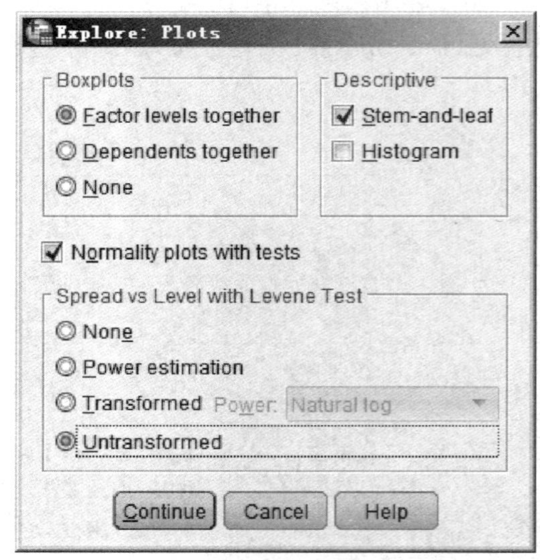

图 6–15 统计图对话框

Stem-and-Leaf Plots

```
治疗前PLT(10e9/L) Stem-and-Leaf Plot for
GROUP= 试验药

Frequency    Stem &  Leaf

   2.00        0 .  88
   5.00        1 .  23334
  22.00        1 .  5566666666777888899999
  22.00        2 .  0011111122222333333444
  13.00        2 .  6666666677888
   7.00        3 .  1112334
   1.00 Extremes    (>=673)

Stem width:     100
Each leaf:      1 case(s)
```

图 6–16 治疗前试验用药组的茎叶图

□ Histogram：直方图。

□ Normality plots with tests：作正态性检验，并绘制正态概率图（normality plot）。给出 Kolmogorov–Smirnov 统计量。若没有进行加权或以整数加权，则当加权后样本量在 3~5 000 之间时，还给出 Shapiro–Wilk 统计量。

◇ Spread vs Level with Levene Test：Levene 方差齐性检验，下有 4 个选项。若不做方差齐性检验，选 None。若做方差齐性检验，首先选 Untransformed，对原始数据进行方差齐性检验，如满足齐性，到此为止；如不满足齐性，选 Power estimation，以确定幂变换方法。最后在 6 种幂变换方法中尝试寻找满足齐性的方法。若经上述努力仍不能满足齐性要求，应考虑用非参数方法分析。

◎ None：不做方差齐性检验。系统默认。

◎ Power estimation：幂变换估计，求得最佳的幂变换值，为选择下述的幂变换方法提供参考，以达到方差齐性的目的。

◎ Transformed Power：[　　　　▼]幂变换方法，选此项后，幂变换方法框被激活，以下方法可供选择。

● Natural log：各变量值做自然对数变换后进行方差齐性检验。系统默认。

● 1/square root：各变量值做平方根的倒数变换后进行方差齐性检验。

● Reciprocal：各变量值做倒数变换后进行方差齐性检验。

● Square root：各变量值做平方根变换后进行方差齐性检验。

● Square：各变量值做平方变换后进行方差齐性检验。

● Cube：各变量值做立方变换后进行方差齐性检验。

⊙ Untransformed：不做数据变换，进行方差齐性检验。本例选此项。

★ Options：选项（图 6-13）。

击 Options 按钮，弹出 Explore：Options（选项）对话框（图 6-17）。

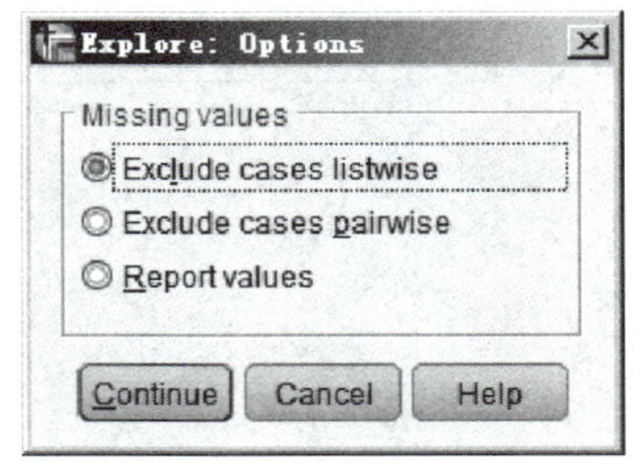

图 6-17　探索性分析的选项对话框

◇ Missing Values：确定缺失值的处理方式。

⊙ Exclude cases listwise：对每个观察单位，只要分析中所选入的变量有 1 个变量为缺失值，则该观察单位被视为缺失值，不参与分析过程，为系统默认。

◎ Exclude cases pairwise：对某个观察单位，只有该变量及与该变量分析有关的变量出现缺失值时才被视为缺失值。

◎ Report values：分类变量中含有缺失值的观察单位被单独另列为一组进行分析，并有相应的输出结果。

★ Bootstrap（图 6-13）：同频数分布分析中的 Bootstrap，图形同图 6-6。

2. 主要输出结果

（1）参与分析过程的观察单位描述：见图 6-18，每组有效例数均为 72 例，无缺失数据。

Case Processing Summary

		Cases					
		Valid		Missing		Total	
	分组	N	Percent	N	Percent	N	Percent
治疗前PLT(10e9/L)	试验药	72	100.0%	0	0.0%	72	100.0%
	安慰剂	72	100.0%	0	0.0%	72	100.0%

图 6-18　观察单位描述

（2）描述性统计计量：见图 6-19，部分结果说明如下：

1）5% Trimmed Mean：调整均数（trimmed mean），将最大值和最小值各 5% 的观察值去掉后所得的均数。

2）Interquartile Range：四分位间距，为第 75 和第 25 百分位数之差。

（3）M 估计量（M-estimators）：见图 6-20，是集中趋势的稳健估计量，共列出 4 种，分别为 Huber、Tukey、Hampel 和 Andrews 法的 M 估计量。除给出估计量外，还给出了不同方法计算估计量的加权常量。

（4）百分位数：见图 6-21，分别给出了加权平均和 Tukey 法（仅限于四分位数）计算百分位数的结果。

（5）正态性检验（test of normality）：图 6-22 给出了 Kolmogorov-Smimov 法和 Shapiro-Wilk 法两种正态性检验的结果，部分解释如下：

1）Sig.（significance level）：即 *P* 值。所有 *P* 值均小于或等于 0.024，说明两组血小板计数均不服从正态分布。一般说来，*P* 值越大，越支持资料服从正态分布。

Descriptives

	分组			Statistic	Std. Error
治疗前PLT(10e9/L)	试验药	Mean		224.00	9.270
		95% Confidence Interval for Mean	Lower Bound	205.52	
			Upper Bound	242.48	
		5% Trimmed Mean		219.29	
		Median		217.50	
		Variance		6186.704	
		Std. Deviation		78.656	
		Minimum		83	
		Maximum		673	
		Range		590	
		Interquartile Range		91	
		Skewness		2.598	.283
		Kurtosis		14.004	.559
	安慰剂	Mean		211.71	8.520
		95% Confidence Interval for Mean	Lower Bound	194.72	
			Upper Bound	228.70	
		5% Trimmed Mean		205.44	
		Median		198.00	
		Variance		5226.012	
		Std. Deviation		72.291	
		Minimum		102	
		Maximum		482	
		Range		380	
		Interquartile Range		79	
		Skewness		1.474	.283
		Kurtosis		3.150	.559

图 6–19 描述统计量输出结果

M-Estimators

	分组	Huber's M-Estimator[a]	Tukey's Biweight[b]	Hampel's M-Estimator[c]	Andrews' Wave[d]
治疗前PLT(10e9/L)	试验药	217.23	216.74	216.68	216.75
	安慰剂	200.70	196.21	199.86	196.20

a. The weighting constant is 1.339.

b. The weighting constant is 4.685.

c. The weighting constants are 1.700, 3.400, and 8.500

d. The weighting constant is 1.340*pi.

图 6–20 例 6–3 的 M 估计量输出结果

Percentiles

	Weighted Average(Definition 1)		Tukey's Hinges	
	治疗前PLT(10e9/L)		治疗前PLT(10e9/L)	
	分组		分组	
Percentiles	试验药	安慰剂	试验药	安慰剂
5	127.80	116.50		
10	147.90	137.20		
25	170.00	163.50	170.00	164.00
50	217.50	198.00	217.50	198.00
75	261.00	242.75	261.00	242.50
90	311.70	295.00		
95	330.70	376.75		

图 6–21 例 6–3 的百分位数输出结果

Tests of Normality

		Kolmogorov-Smirnov[a]			Shapiro-Wilk		
	分组	Statistic	df	Sig.	Statistic	df	Sig.
治疗前PLT(10e9/L)	试验药	.113	72	.024	.814	72	.000
	安慰剂	.123	72	.009	.895	72	.000

a. Lilliefors Significance Correction

图 6–22 例 6–3 的正态性检验结果

2）df（degrees of freedom）：自由度。

图 6-23 是试验用药组血小板计数分布的正态性检验 Q-Q 概率图。如果数据服从正态分布，则散点的分布接近于一条直线，本例不支持正态分布。

（6）方差齐性检验：图 6-24 给出了 Levene 方差齐性检验的结果，并列举了计算 Levene 统计量的 4 种算法，即分别基于均数、中位数、调整自由度的中位数和调整均数。

（7）箱图（Boxplot）与极端值：箱图（图 6-25）中 5 条横线分别代表 5 个百分位点，箱体高度即四分位数间距（$=P_{75}-P_{25}$）。需指出，箱图是在剔除了变量的离群点（outliers）和极端值（extreme values）后形成的。图中的空心圆点“∘”代表离群点，即观察值距箱体底线或顶线的距离为箱体高度的 1.5 倍至 3 倍时被视为离群点。图中的星号“*”代表极端值，即观察值距箱体底线或顶线的距离超过 3 倍的箱体高度时被视为极端值。图中 25 和 29 分别表示离群点和极端值个值所在数据库中的位置。图 6-26 是选项 Outlier 的输出结果，每个变量最多列出 5 个最大值和 5 个最小值。

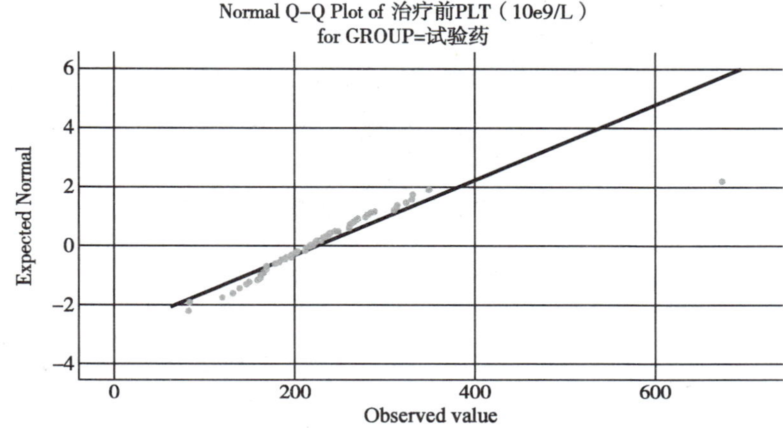

图 6-23　试验用药组治疗前血小板计数分布的正态性检验 Q-Q 概率图

Test of Homogeneity of Variance

		Levene Statistic	df1	df2	Sig.
治疗前PLT(10e9/L)	Based on Mean	.003	1	142	.960
	Based on Median	.007	1	142	.932
	Based on Median and with adjusted df	.007	1	140.092	.932
	Based on trimmed mean	.001	1	142	.976

图 6-24　试验用药组治疗前血小板计数分布的 Levene 方差齐性检验

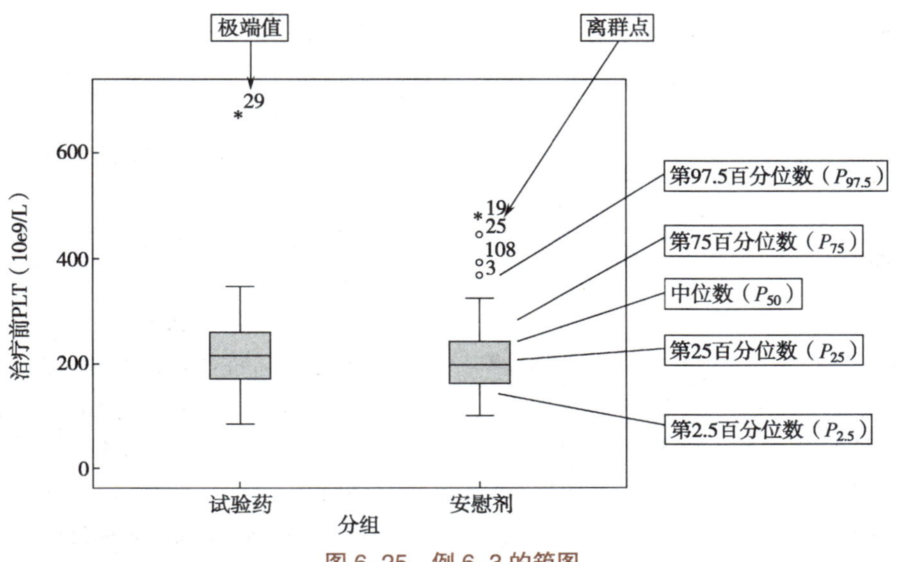

图 6-25　例 6-3 的箱图

Extreme Values

	分组			Case Number	病例编号	Value
治疗前PLT(10e9/L)	试验药	Highest	1	29	29	673
			2	84	84	349
			3	27	27	332
			4	75	75	330
			5	90	90	324
		Lowest	1	55	55	83
			2	17	17	84
			3	117	117	120
			4	140	140	132
			5	78	78	139[a]
	安慰剂	Highest	1	19	19	482
			2	25	25	445
			3	108	108	393
			4	3	3	368
			5	12	12	324
		Lowest	1	14	14	102
			2	106	106	106
			3	26	26	110
			4	64	64	120
			5	42	42	120

a. Only a partial list of cases with the value 139 are shown in the table of lower extremes.

图 6-26　例 6-3 选项 Outlier 的输出结果

第四节　列联表资料分析

列联表资料是指两个或多个分类变量各水平组合的频数分布表，又称频数交叉表，简称交叉表。本过程为二维或高维列联表资料分析提供了多种检验和相关性度量方法。χ^2 检验是分析列联表资料常用的假设检验方法，为重点介绍内容。

一、两个独立样本率比较的 χ^2 检验

两个独立样本率比较的数据格式有两种，一种是频数表格式，如例 6-4；一种是原始记录格式，如例 6-5。

例 6-4　为比较紫外线和抗病毒药物治疗带状疱疹的疗效，将带状疱疹患者随机分为两组，临床观察结果见表 6-1。问两组的总体有效率有无差别？

表 6-1　紫外线和抗病毒药物治疗带状疱疹的疗效比较

组别	有效	无效	合计	有效率 /%
抗病毒组	31	25	56	55.36
紫外线组	55	9	64	85.94
合计	86	34	120	71.67

1. 操作过程

（1）建立数据文件（chi2_2.sav）：数据格式为 4 行 3 列，3 个变量分别为行变量、列变量和频数变量（图 6-27）。

group	effect	freq
1	1	31
1	2	25
2	1	55
2	2	9

图 6-27　两个独立样本率比较的数据文件格式

● 分类变量（行变量）：行变量名“group”，1=“抗病毒组”；2=“紫外线组”。

● 分类变量（列变量）：列变量名为“effect”，1=“有效”；2=“无效”。

● 频数变量：变量名为“*freq*”，将四格表中的 4 个频数输入此列。

（2）说明频数变量：从菜单选择

Data

　　Weight Cases

弹出 Weight Cases 对话框，选择 ⊙Weight cases by 框，框内选入“*freq*”，即指定该变量为频数变量。

（3）χ^2 检验：从菜单选择

Analyze

　　Descriptive Statistics

Crosstabs

弹出 Crosstabs（列联表）主对话框（图 6–28）。

● Row（s）：行变量。本例选入“*group*”。

● Column（s）：列变量。本例选入“*effect*”。

● Layer：分层变量。为控制变量，该变量决定频数分布表的层。如果要增加另外一个控制变量，击 Next 按钮后，再选取一个变量。击 Previous 按钮，可选择以前确定的变量。

□ Display layer variables in table layers：用于控制是否在频数表中显示分层变量。但并不影响有关统计量的输出形式。

□ Display clustered bar charts：输出复式条图。

□ Suppress tables：不输出多维频数分布表。

★ Exact：确切概率检验。可参见本书第十三章第二节。

★ Statistics：统计量。

击 Statistics 按钮，弹出 Crosstabs：Statistics（统计量）对话框（图 6–29）。

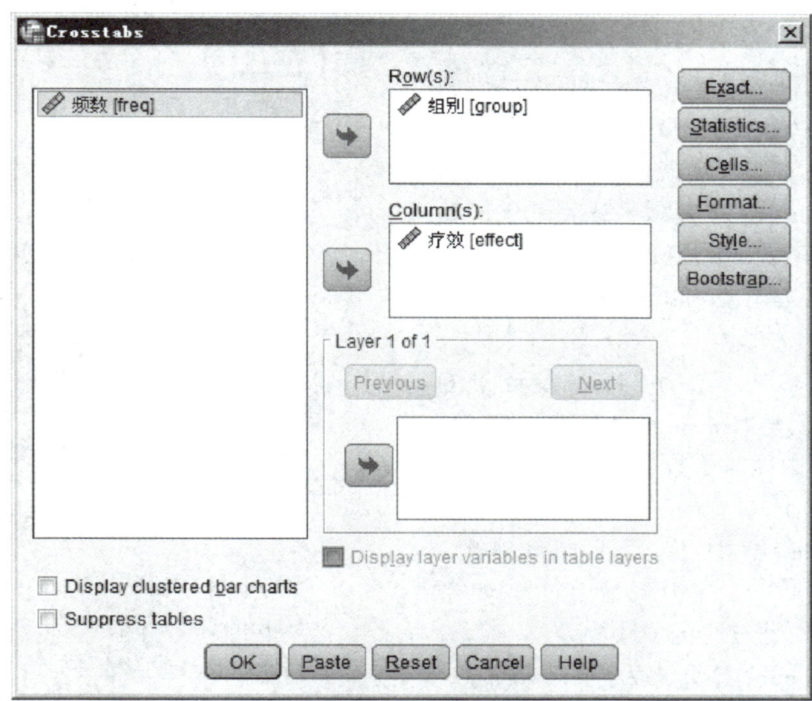

图 6–28 列联表主对话框

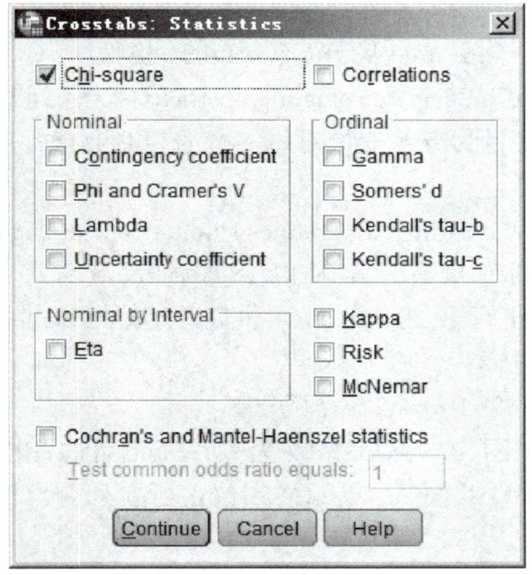

图 6–29 列联表的统计量对话框

☑ Chi-square：卡方检验。对于四格表资料，可输出 Pearson χ^2 检验、似然比 χ^2 检验（Likelihood-ratio）、Yates 连续性校正（Yates' continuity correction）χ^2 检验及 Fisher 确切概率检验（Fisher's exact test）的结果。

□ Correlations：计算 Pearson 积矩相关系数和 Spearman 相关系数，用以说明行变量和列变量的相关程度。

◇ Nominal：两分类变量的关联度（Association）测量。

□ Contingency coefficient：列联系数 $C=\sqrt{\chi^2/(\chi^2+N)}$，其中 N 为总例数。C 取值在 0~1 之间，其值越大，表示关联性越强。

□ Phi and Cramer's V：列联系数 φ 和 Cramer 列

联系数（Cramer contingency coefficient）V。$\phi=\sqrt{\chi^2/N}$；$V=\sqrt{\chi^2/[N(k-1)]}$，其中 k 为行数和列数中较小的一个数。对于四格表资料，$\varphi=V$。两者取值均在 0~1 之间，其值越大，表示关联性越强。

□ Lambda：减少预测误差率，取值在 0~1 之间，1 表示预测效果最好，0 表示最差。

□ Uncertainty coefficient：不定系数。也属于减少预测误差率，与 Lambda 含义相同，有对称和不对称两种计算结果。

◇ Ordinal：两有序分类变量（等级变量）的关联度测量。

□ Gamma：测量两个等级变量之间关联度的统计量，$\gamma=(P-Q)/(P+Q)$，其中 P 为和谐对子数（concordant pairs），Q 为非和谐对子数（discordant pairs）。γ 取值在 -1~+1 之间，+1 表示完全正关联（perfect positive relationship），-1 表示完全负关联（perfect negative relationship），0 表示无关联。

□ Somers'd：该统计量为 Gamma 统计量的非对称形式的扩展，与 Gamma 统计量唯一不同的是，分母部分加上中性对子数（tied pairs）。其取值范围及意义与 Gamma 相同。

□ Kendall's tau-b：计算式为 $\tau_b=(P-Q)/\sqrt{(P+Q-T_X)(P+Q+T_Y)}$，其中 T_X 为第 1 个变量的中性数，T_Y 为第 2 个变量的中性数。

□ Kendall's tau-c：计算式为 $\tau_c=2m(P-Q)/[N^2(m-1)]$，其中 m 为行数和列数中较小的数，N 为样本总例数。

◇ Nominal by Interval：一个定性变量和一个定量变量间的关联度。

□ Eta：关联度统计量，详见第八章第一节。

□ Kappa：κ 系数，为吻合度测量（measure of agreement）系数，用以测量两观测者或两观测设备之间的吻合程度，取值 -1~+1 之间，其值越大，说明吻合程度越高。

□ Risk：危险度分析（risk analysis），只适于四格表资料，可给出相对危险度（relative risk，*RR*）和比值比（odds ratio，*OR*）。

□ McNemar：配对计数资料的 χ^2 检验。

□ Cochran's and Mantel-Haenszel statistics：Mantel-Haenszel 公共 *OR* 检验，用以检验在扣除协变量（分层变量）的影响后，两个二分类变量是否有关联，同时检验这种关联在分层变量各水平间是否具有同质性。选此项后，Test common odds ratio equals：[1] 被激活，框内 1 为系统默认，即检验公共 *OR* 与 1 有无显著性差异。

★ Cells：列联表格显示内容（图 6-28）。

击 Cells 按钮，弹出 Crosstabs：Cell Display（列联表格显示内容）对话框（图 6-30）。

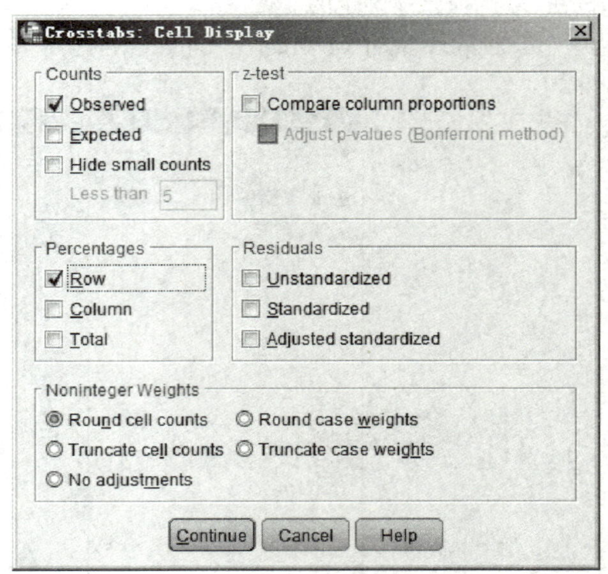

图 6-30　列联表格显示内容对话框

◇ Counts：频数。

☑ Observed：观察频数。

□ Expected：期望频数。

□ Hide small counts：隐藏较小的例数。

Less than [5]：少于 n 例，系统默认少于 5 例不输出。

◇ z-test：基于正态分布的 z 检验。

□ Compare column proportions：以行列表的列变量为分组变量对每一行的相对数指标进行比较。

□ Adjusted p-values（Bonferroni method）：若列变量有三个及以上类别时，应考虑对 P 值进行校正，此处提供的方法为 Bonferroni 方法。

◇ Percentages：百分比。

☑ Row：单元格频数占所在行合计的百分比。

□ Column：单元格频数占所在列合计的百分比。

□ Total：单元格频数占总例数的百分比。

◇ Residuals：残差分析。

□ Unstandardized：非标准化残差。

□ Standardized：标准化残差。

□ Adjusted Standardized：调整标准化残差。

◇ Noninteger Weights：非整数频数变量的处理。

⊙ Round cell counts：每格子的频数不舍入，但累积频数在计算统计量前舍入。

◎ Round case weights：首先将所有频数舍入。

◎ Truncate cell counts：每格子的频数不舍入，但累积频数在计算统计量前取整。

◎ Truncate case weights：首先将所有频数取整。

◎ No adjustments：不作舍入或取整处理。

★ Format：输出格式（图 6–28）。

击 Format 按钮，弹出 Crosstabs：Table Format（列联表输出格式）对话框（图 6–31）。

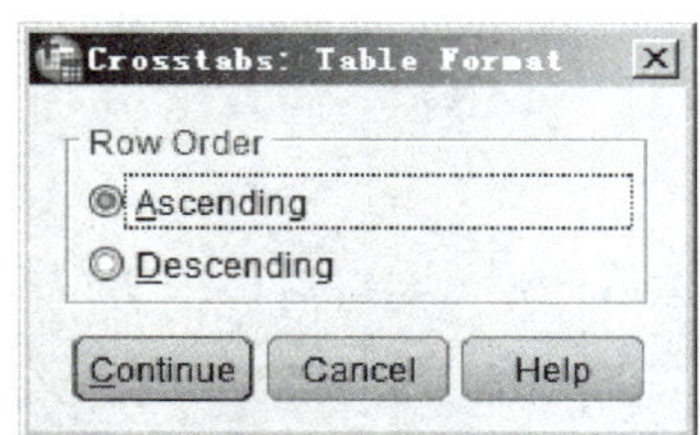

图 6–31　列联表输出格式对话框

Row order：行的输出顺序。

⊙ Ascending：行变量从小到大按升序显示。系统默认。

◎ Descending：行变量从大到小按降序显示。

★ Bootstrap（图 6–28）：同频数分布分析中的 Bootstrap，图形同图 6–6。

2. 主要输出结果　例 6–4 的全部过程如下：

Data

Weight Cases

▸ ⊙ **Weight cases by：*freq***

Analyze

Descriptive Statistics

Crosstabs

▸ **Row（s）：*group***

▸ **Column（s）：*effect***

Statistics

☑ **Chi–square**

Cells

☑ **Observed**

☑ **Row**

（1）频数分布表：见图 6–32。

组别 * 疗效 Crosstabulation

			疗效		
			有效	无效	Total
组别	抗病毒组	Count	31	25	56
		% within 组别	55.4%	44.6%	100.0%
	紫外线组	Count	55	9	64
		% within 组别	85.9%	14.1%	100.0%
Total		Count	86	34	120
		% within 组别	71.7%	28.3%	100.0%

图 6–32　例 6–4 的频数分布表

（2）检验结果：见图 6–33，说明如下：

1）Pearson Chi–Square：非校正 χ^2 检验，适于 $R \times C$ 表资料。

2）Continuity Correction：校正 χ^2 检验，仅用于四格表资料。

3）Likelihood Ratio：似然比 χ^2 检验，适于 $R \times C$ 表资料。

Chi-Square Tests

	Value	df	Asymptotic Significance (2-sided)	Exact Sig. (2-sided)	Exact Sig. (1-sided)
Pearson Chi-Square	13.755[a]	1	.000		
Continuity Correction[b]	12.290	1	.000		
Likelihood Ratio	14.089	1	.000		
Fisher's Exact Test				.000	.000
Linear-by-Linear Association	13.640	1	.000		
N of Valid Cases	120				

a. 0 cells (0.0%) have expected count less than 5. The minimum expected count is 15.87.

b. Computed only for a 2x2 table

图 6–33　例 6–4 的检验结果

4）Fisher's Exact Test：Fisher 确切概率检验，仅用于四格表资料。

5）Linear-by-Linear Association：线性趋势检验，用于分析一个分类变量与一个等级变量是否存在线性关联，其他情况可忽略。

6）N of Valid Cases：有效分析例数。

7）各格子的理论频数均大于 5，最小理论频数为 15.87。

8）χ^2=13.755，v=1，P=0.000（双侧），差异有统计意义，可认为紫外线治疗带状疱疹的疗效优于抗病毒药物。

9）行变量与列变量互换不会改变 χ^2 检验的结果，本结论适合于所有列联表的 χ^2 检验。

例 6-5 根据数据文件"clinical trial.sav"，比较分类变量"*GROUP*"两组间的性别（"*SEX*"）分布有无差异。

由于是原始数据格式，无需说明频数变量，全部过程如下：

Analyze

Descriptive Statistics

Crosstabs

▸ **Row（s）: *GROUP***

▸ **Column（s）: *SEX***

Statistics

☑ **Chi-square**

Cells

☑ **Observed**

☑ **Row**

分析结果见图 6-34 和图 6-35。结论为两组的性别分布无统计差异（P=0.601）。

分组 * 性别 Crosstabulation

			性别 男	性别 女	Total
分组	试验药	Count	48	24	72
		% within 分组	66.7%	33.3%	100.0%
	安慰剂	Count	45	27	72
		% within 分组	62.5%	37.5%	100.0%
Total		Count	93	51	144
		% within 分组	64.6%	35.4%	100.0%

图 6-34 例 6-5 两组的性别分布

Chi-Square Tests

	Value	df	Asymptotic Significance (2-sided)	Exact Sig. (2-sided)	Exact Sig. (1-sided)
Pearson Chi-Square	.273[a]	1	.601		
Continuity Correction[b]	.121	1	.727		
Likelihood Ratio	.273	1	.601		
Fisher's Exact Test				.728	.364
Linear-by-Linear Association	.271	1	.602		
N of Valid Cases	144				

a. 0 cells (0.0%) have expected count less than 5. The minimum expected count is 25.50.

b. Computed only for a 2x2 table

图 6-35 例 6-5 的检验结果

二、$R \times C$ 表资料的 χ^2 检验

主要用于多个样本率、两个或多个样本构成比的比较以及两个分类变量的关联性分析。

例 6-6 某医院儿科 504 例就诊者的病原学检测结果见表 6-2，试分析病原学阳性率与年龄是否相关。

1. 操作过程

（1）建立数据文件（chiR_C.sav）：数据格式为 8 行 3 列，3 个变量分别为行变量、列变量和频数变量（图 6-36）。

表 6-2 不同年龄组的病原学检测结果

年龄段	病原学检测 阴性	病原学检测 阳性	合计	阳性率 /%
<1 岁	30	14	44	31.8
1 岁 ~	50	60	110	54.5
3 岁 ~	88	107	195	54.9
6~13 岁	69	86	155	55.5
合计	237	267	504	53.0

● 分类变量（行变量）：行变量名为"*age_g*"，1="<1 岁"；2="1 岁 ~"；3="3 岁 ~"；4="6~13 岁"。

age_g	aetiology	freq
1	0	30
1	1	14
2	0	50
2	1	60
3	0	88
3	1	107
4	0	69
4	1	86

图 6-36　$R \times C$ 表资料（表 6-2）的数据文件格式

● 分类变量（列变量）：列变量名为 “*aetiology*”，0= “阴性”；1= “阳性”。

● 频数变量：变量名为 “*freq*”，将表 6-2 中的 8 个频数输入此列。

（2）全部过程

Data

Weight Cases

▸ ⊙ **Weight cases by**：***freq***

Analyze

Descriptive Statistics

Crosstabs

▸ **Row（s）：*aetiology***

▸ **Column（s）：*age_g***

Statistics

☑ **Chi-square**

Cells

☑ **Observed**

☑ **Column**

☑ **Compare column proportions**

☑ **Adjusted p-values（Bonferroni method）**

2．主要输出结果　频数分布表见图 6-37，检验结果见图 6-38。由此可见，χ^2=8.688，ν=3，P=0.034（双侧），病原学阳性率与年龄有关。经线性趋势检验有统计意义，χ^2=3.956，ν=1，P=0.047（双侧），病原学阳性率随年龄增加有增大趋势，但这一趋势主要体现在 “<1 岁” 和 “1 岁 ~” 段的变化，1 岁以后的变化不大。所有格子的理论频数均大于 5，格子中的最小理论频数为 20.69。对不同年龄段之间阳性率的多重比较见图 6-37，相同的下标字母代表差异无统计学意义，反之差异有统计学意义。结果显示年龄小于 1 岁的患者病原学检测结果阳性率较低。

病原学 * 年龄段 Crosstabulation

			年龄段				
			<1岁	1岁–	3岁–	6–13岁	Total
病原学	阴性	Count	30_a	$50_{a,b}$	88_b	69_b	237
		% within 年龄段	68.2%	45.5%	45.1%	44.5%	47.0%
	阳性	Count	14_a	$60_{a,b}$	107_b	86_b	267
		% within 年龄段	31.8%	54.5%	54.9%	55.5%	53.0%
Total		Count	44	110	195	155	504
		% within 年龄段	100.0%	100.0%	100.0%	100.0%	100.0%

Each subscript letter denotes a subset of 年龄段 categories whose column proportions do not differ significantly from each other at the .05 level.

图 6-37　例 6-6 的频数分布表

Chi-Square Tests

	Value	df	Asymptotic Significance (2-sided)
Pearson Chi-Square	8.688[a]	3	.034
Likelihood Ratio	8.800	3	.032
Linear-by-Linear Association	3.956	1	.047
N of Valid Cases	504		

a. 0 cells (0.0%) have expected count less than 5. The minimum expected count is 20.69.

图 6-38　例 6-6 的检验结果

三、配对计数资料的 χ^2 检验和 κ 系数检验

例 6-7　某抗生素治疗呼吸道感染的住院患者 65 例，治疗前后的细菌学检查结果见表 6-3，试分析该抗生素对治疗呼吸道感染是否有效。

表 6-3　某抗生素治疗呼吸道感染的观测结果

治疗前细菌学检查	治疗后细菌学检查		合计
	–	+	
–	20	2	22
+	29	14	43
合计	49	16	65

1．操作过程

（1）建立数据文件（chi_pair.sav）：数据格式：

4行3列，3个变量分别为行变量、列变量和频数变量。

- 分类变量（行变量）：行变量名为"*treat_b*"，0="阴性"；1="阳性"。
- 分类变量（列变量）：列变量名为"*treat_a*"，0="阴性"；1="阳性"。
- 频数变量：变量名为"*freq*"，将表6-3中的4个频数输入此列。

（2）全部过程

Data

Weight Cases

▸ ⊙ **Weight cases by**：***freq***

Analyze

Descriptive Statistics

Crosstabs

▸ **Row（s）**：***treat_b***

▸ **Column（s）**：***treat_a***

Statistics

☑ **McNemar**

Cells

☑ **Observed**

☑ **Total**

2. 主要输出结果 频数分布表见图6-39，检验结果见图6-40，所用方法是基于二项分布的McNemar检验，P=0.000（双侧），有统计差异，即该抗生素用于治疗呼吸道感染是有效的。如果想要获得McNemar χ^2检验的结果，可参见第十三章两相关样本的非参数检验。

治疗前细菌学检查 * 治疗后细菌学检查
Crosstabulation

			治疗后细菌学检查		
			阴性	阳性	Total
治疗前细菌学检查	阴性	Count	20	2	22
		% of Total	30.8%	3.1%	33.8%
	阳性	Count	29	14	43
		% of Total	44.6%	21.5%	66.2%
Total		Count	49	16	65
		% of Total	75.4%	24.6%	100.0%

图6-39 例6-7 频数分布表

例6-8 116例患者的诊断结果见表6-4及数据文件"diagnosis.sav"，使用κ系数法分析影像（CT）诊断与病理诊断的吻合情况。

1. 操作过程 打开数据文件"diagnosis.sav"，由于是原始数据，无需定义频数变量，过程如下：

Chi-Square Tests

	Value	Exact Sig. (2-sided)
McNemar Test		.000[a]
N of Valid Cases	65	

a. Binomial distribution used.

图6-40 例6-7检验结果

表6-4 两种检查方法对患者的诊断结果

CT检查	病理学检查		合计
	炎症	恶性肿瘤	
炎症	35	11	46
恶性肿瘤	3	67	70
合计	38	78	116

Analyze

Descriptive Statistics

Crosstabs

▸ **Row（s）**：***diag_CT***

▸ **Column（s）**：***diag_path***

Statistics

☑ **McNemar**

☑ **Kappa**

2. 主要输出结果 McNemar检验结果（图6-41）为P=0.057，两法诊断结果无统计差异。

Chi-Square Tests

	Value	Exact Sig. (2-sided)
McNemar Test		.057[a]
N of Valid Cases	116	

a. Binomial distribution used.

图6-41 McNemar检验结果

κ检验见图6-42，两种诊断的吻合系数为κ=0.740，P=0.000，说明两种诊断方法的吻合度有统计学意义且较强。一般来讲，$\kappa \geqslant 0.7$，表示吻合度较强；$0.7>\kappa \geqslant 0.4$表示吻合度一般；$\kappa<0.4$，表示吻合度较弱。

四、分层资料的χ^2检验

例6-9 分别以709例肺癌患者作病例、709例非肿瘤患者作对照，按性别分层，研究吸烟与肺癌的关系，调查结果如表6-5，试做肺癌的病例对照分析。

Symmetric Measures

		Value	Asymptotic Standard Error[a]	Approximate T[b]	Approximate Significance
Measure of Agreement	Kappa	.740	.064	8.060	.000
N of Valid Cases		116			

a. Not assuming the null hypothesis.

b. Using the asymptotic standard error assuming the null hypothesis.

图 6-42　κ 检验结果

表 6-5　性别和吸烟史与肺癌的关联

吸烟史	男性			女性		
	病例	对照	合计	病例	对照	合计
吸烟	647	622	1 269	41	28	69
不吸烟	2	27	29	19	32	51
合计	649	649	1 298	60	60	120

1. 操作过程

（1）建立数据文件（chiM-H.sav）：数据格式为 8 行 4 列，4 个变量分别为行变量、列变量、分层变量和频数变量。

- 行变量名为“*smoke*”，标记为“吸烟”，1=“是”，2=“否”。通常行变量选入暴露因素，特别是对于前瞻性研究。
- 列变量名为“*case_ctr*”，1=“病例”，2=“对照”。通常列变量选入结局因素，如患病与否，特别是对于前瞻性研究。
- 分层变量名为“*gender*”，标记为“性别”，1=“男”，2=“女”。
- 频数变量：变量名为“*freq*”，将上表中的 8 个基本频数输入此列。数据格式见图 6-43。

smoke	case_ctr	gender	freq
是	病例	男	647
是	对照	男	622
否	病例	男	2
否	对照	男	27
是	病例	女	41
是	对照	女	28
否	病例	女	19
否	对照	女	32

图 6-43　例 6-9 数据格式

（2）操作过程：从菜单选择

Data

Weight Cases

▸ ⊙ **Weight cases by:** ***freq***（定义频数变量）

Analyze

Descriptive Statistics

Crosstabs

▸ **Row(s):** ***smoke***　（行变量）

▸ **Column(s):** ***case_ctr***　（列变量）

▸ **Layer:** ***gender***　（分层变量）

Statistics

☑ **Chi-square**　（分层 χ^2 检验）

☑ **Risk**　（分层危险度估计）

☑ **Cochran's and Mantel-Haenszel statistics**　（M-H χ^2 检验）

Test common odds ratio equals: 1

Cells

☑ **Column**　（按列变量显示百分数）

2. 主要输出结果

（1）分层 χ^2 检验结果见图 6-44 和图 6-45。按不同性别分别做吸烟与肺癌的相关性检验，结果两性均显示吸烟与肺癌存在显著相关（$P<0.016$）。无论男性或女性，病例组的吸烟率显著高于对照组，提示吸烟可能是发生肺癌的危险因素。

（2）分层危险度估计结果见图 6-46，解释如下：

1）Odds Ratio for：*OR* 及其置信区间。结合图 6-46，如男性组的 *OR* 为：

$$OR=\frac{\text{病例组吸烟率}/(1-\text{病例组吸烟率})}{\text{对照组吸烟率}/(1-\text{对照组吸烟率})}$$

$$=\frac{0.997/0.003}{0.958/0.042}=14.043$$

OR 的 95% 置信区间为 3.325~59.301，不包含 1，即与 1 有统计差异，说明吸烟是男性发生肺癌的一个危险因素。女性 *OR* 为 2.466，95% 置信区间为 1.172~5.188，也不包含 1，说明吸烟是女性发生肺癌的一个危险因素。男性 *OR* 明显大于女性，有无统计差异需进一步检验。

2）For cohort…：此处报告队列研究（前瞻性研究）的相对危险度（*RR*）。本例属病例对照研究（回顾性研究），故该结果无意义。对于队列

吸烟 * 病例对照 * 性别 Crosstabulation

性别				病例对照 病例	对照	Total
男	吸烟	是	Count	647	622	1269
			% within 病例对照	99.7%	95.8%	97.8%
		否	Count	2	27	29
			% within 病例对照	0.3%	4.2%	2.2%
	Total		Count	649	649	1298
			% within 病例对照	100.0%	100.0%	100.0%
女	吸烟	是	Count	41	28	69
			% within 病例对照	68.3%	46.7%	57.5%
		否	Count	19	32	51
			% within 病例对照	31.7%	53.3%	42.5%
	Total		Count	60	60	120
			% within 病例对照	100.0%	100.0%	100.0%
Total	吸烟	是	Count	688	650	1338
			% within 病例对照	97.0%	91.7%	94.4%
		否	Count	21	59	80
			% within 病例对照	3.0%	8.3%	5.6%
	Total		Count	709	709	1418
			% within 病例对照	100.0%	100.0%	100.0%

图 6–44 例 6–9 频数分布表

Chi-Square Tests

性别		Value	df	Asymptotic Significance (2-sided)	Exact Sig. (2-sided)	Exact Sig. (1-sided)
男	Pearson Chi-Square	22.044[c]	1	.000		
	Continuity Correction[b]	20.316	1	.000		
	Likelihood Ratio	26.140	1	.000		
	Fisher's Exact Test				.000	.000
	Linear-by-Linear Association	22.027	1	.000		
	N of Valid Cases	1298				
女	Pearson Chi-Square	5.763[d]	1	.016		
	Continuity Correction[b]	4.910	1	.027		
	Likelihood Ratio	5.815	1	.016		
	Fisher's Exact Test				.026	.013
	Linear-by-Linear Association	5.715	1	.017		
	N of Valid Cases	120				
Total	Pearson Chi-Square	19.129[a]	1	.000		
	Continuity Correction[b]	18.136	1	.000		
	Likelihood Ratio	19.878	1	.000		
	Fisher's Exact Test				.000	.000
	Linear-by-Linear Association	19.116	1	.000		
	N of Valid Cases	1418				

a. 0 cells (0.0%) have expected count less than 5. The minimum expected count is 40.00.

b. Computed only for a 2x2 table

c. 0 cells (0.0%) have expected count less than 5. The minimum expected count is 14.50.

d. 0 cells (0.0%) have expected count less than 5. The minimum expected count is 25.50.

图 6–45 例 6–9 分层 χ^2 检验结果

Risk Estimate

性别		Value	95% Confidence Interval Lower	Upper
男	Odds Ratio for 吸烟(是/否)	14.043	3.325	59.301
	For cohort 病例对照 = 病例	7.393	1.939	28.187
	For cohort 病例对照 = 对照	.526	.470	.590
	N of Valid Cases	1298		
女	Odds Ratio for 吸烟(是/否)	2.466	1.172	5.188
	For cohort 病例对照 = 病例	1.595	1.063	2.394
	For cohort 病例对照 = 对照	.647	.453	.923
	N of Valid Cases	120		
Total	Odds Ratio for 吸烟(是/否)	2.974	1.787	4.949
	For cohort 病例对照 = 病例	1.959	1.352	2.839
	For cohort 病例对照 = 对照	.659	.572	.759
	N of Valid Cases	1418		

图 6–46 分层危险度估计

研究来说，假定将本例资料研究对象分为吸烟组与不吸烟组，观察结果为是否发生肺癌。则男性吸烟组的发病率 =647/1 269=0.509 9，男性不吸烟组的发病率 =2/29=0.069 0。两者的比值即男性吸烟较之非吸烟罹患肺癌的相对危险度为：*RR*=0.509 9/0.069 0=7.393。

需要指出，对于病例对照研究来说，在 Crosstabs 主对话框中无论将病例对照（*case_ctr*）变量选入行变量还是列变量，所得 *OR* 均是正确的。但是对于队列研究来说，须将暴露因素选入行变量，结局变量选入列变量，否则所报告的 For cohort ... 结果是错误的。

（3）不同性别 *OR* 的一致性检验结果见图 6–47，这里分别给出了 Breslow–Day 和 Tarone–Ware 两种一致性检验的结果，均表明不同性别的 *OR* 存在统计差异（*P*<0.03），男性高于女性。

Tests of Homogeneity of the Odds Ratio

	Chi-Squared	df	Asymptotic Significance (2-sided)
Breslow-Day	5.215	1	.022
Tarone's	5.175	1	.023

图 6–47 *OR* 的一致性检验

（4）协变量分析：图 6–48 给出了 Mantel–Haenszel 方法（MH 法）和经 Cochran 改进的 MH 方法（CMH 法）的检验结果。两种方法的原理是以性别为协变量检验吸烟与肺癌的关系，即剔除了性别因素的影响后吸烟与肺癌的关系。结果显示，剔除了性别的影响后，吸烟与肺癌仍然显著相关，从而进一步证实吸烟是导致肺癌的危险因素。

（5）Mantel–Haenszel 公共 *OR*（common odds ratio）估计：结果见图 6–49，解释如下：

Tests of Conditional Independence

	Chi-Squared	df	Asymptotic Significance (2-sided)
Cochran's	25.036	1	.000
Mantel-Haenszel	23.626	1	.000

图 6–48 MH 检验和 CMH 检验结果

Mantel-Haenszel Common Odds Ratio Estimate

Estimate			4.524
ln(Estimate)			1.509
Standard Error of ln(Estimate)			.320
Asymptotic Significance (2-sided)			.000
Asymptotic 95% Confidence Interval	Common Odds Ratio	Lower Bound	2.417
		Upper Bound	8.467
	ln(Common Odds Ratio)	Lower Bound	.883
		Upper Bound	2.136

The Mantel-Haenszel common odds ratio estimate is asymptotically normally distributed under the common odds ratio of 1.000 assumption. So is the natural log of the estimate.

图 6–49 MH 公共 *OR* 估计结果

1）以性别作为混杂因素求得公共 *OR* 为 4.524，与 1 相比差异有统计差异（*P*=0.000），合并 *OR* 的 95% 置信区间为（2.417，8.467），亦不包含 1。

2）表中 “ln” 为取自然对数的估计量，如 ln（4.524）=1.509；ln（2.417）=0.883；ln（8.467）=2.136。

在临床试验中，为校正中心效应，一般将代表不同医院的中心变量作为分层变量。若检验结果显示各个中心结果不具有同质性，则是否报告公共 *OR* 需审慎对待，尤其是当不同中心的结论方向不一致时，提示可能某些环节出错从而导致解释困难。

第五节 比值分析

比值分析（Ratio）过程是将两个定量变量的比值进行分析，给出比值的各种统计量，还可将分析结果存为数据文件。

例 6–10 根据数据文件 “clinical trial.sav”，以 “*GROUP*” 为分组变量，求治疗前血红蛋白含量 “*HB1*” 与治疗后血红蛋白含量 “*HB2*” 比值的各种统计量。

从菜单选择

Analyze

Descriptive Statistics

Ratio

弹出 Ratio Statistics（比值统计量）主对话框（图 6–50）。

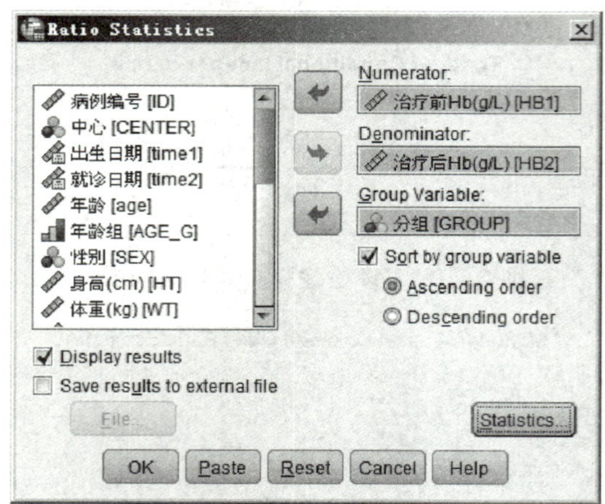

图 6–50 比值统计量主对话框

将“*HB1*”选入分子（Numerator）框内，“*HB2*”选入分母（Denominator）框内，“*GROUP*”选入分组变量（Group Variable）框内。分组变量框内选入变量后，Sort by group variable 选项被激活，按分类水平有“升序”和“降序”两种输出顺序选择。

☑ Display results：输出结果。

☐ Save results to external file：将结果存入新的数据文件。

★ Statistics：统计量

击 Statistics（统计量）按钮，弹出 Ratio Statistics：Statistics（统计量选项）对话框（图 6–51）。

前面已经介绍的统计量不再赘述。

◇ Central Tendency：集中趋势指标。

☐ Weighted Mean：加权均数，即分子的均数除以分母的均数，等同于以分母大小为权重计算出的均数。

◇ Dispersion：离散趋势指标。

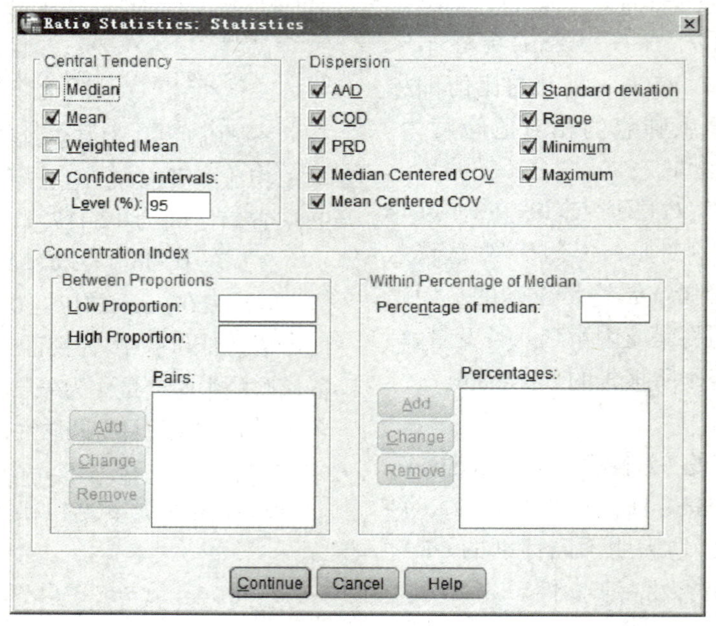

图 6–51 统计量选项对话框

☑ AAD（average absolute deviation）：平均绝对离差，即各相对比与相对比中位数差值的绝对值之和除以样本量。

☑ COD（coefficient of dispersion）：离散系数，即 ADD 除以相对比的中位数。

☑ PRD（price-related differential）：价格相关比，又称复归指数，即均数除以加权均数。

☑ Median Centered COV（median-centered coefficient of variation）：基于中位数的变异系数，即各相对比与中位数差值的均方根除以中位数，并以百分数表达。

☑ Mean Centered COV（mean-centered coefficient of variation）：基于均数的变异系数，用相对比的标准差除以均数，即通常所使用的变异

系数。

图 6-52 是按照图 6-51 选项得到的输出结果。

Ratio Statistics for 治疗前Hb(g/L) / 治疗后Hb(g/L)

		Group		
		试验药	安慰剂	Overall
Mean		1.032	1.029	1.030
95% Confidence Interval for Mean	Lower Bound	1.001	1.000	1.009
	Upper Bound	1.063	1.058	1.051
Minimum		.685	.695	.685
Maximum		1.494	1.505	1.505
Std. Deviation		.133	.124	.128
Range		.809	.811	.820
Average Absolute Deviation		.086	.077	.082
Price Related Differential		1.007	1.006	1.006
Coefficient of Dispersion		.086	.076	.082
Coefficient of Variation	Mean Centered	12.9%	12.0%	12.4%
	Median Centered	13.7%	12.4%	13.2%

The confidence intervals are constructed by assuming a Normal distribution for the ratios.

图 6-52　例 6-10 按照图 6-51 选项得到的输出结果

第六节　P-P 概率图及 Q-Q 概率图

P-P 概率图(P-P plots)和 Q-Q 概率图(Q-Q plots)都是用于检验样本的概率分布是否服从某种理论分布。P-P 概率图的原理是检验实际累积概率分布与理论累积概率分布是否吻合,若吻合,则散点应围绕在一条直线周围,或者实际累积概率与理论累积概率之差分布在对称于以 0 为水平轴的带内。Q-Q 概率图的原理是检验实际分位数与理论分位数是否吻合,若吻合,则散点应围绕在一条直线周围,或者实际分位数与理论分位数之差分布在对称于以 0 为水平轴的带内。

例 6-11　对数据文件“diameter_sub.sav”中的变量“*trueap_mean*”作正态性检验。

从菜单选择

Analyze

Descriptive Statistics

P-P / Q-Q

弹出 P-P Plots / Q-Q Plots(P-P / Q-Q 概率图)主对话框(图 6-53)。

Variables:被检验变量。可选入多个。

Test Distribution:检验分布,有 13 种分布可供选择。选择某种分布后,若该分布涉及自由度,则下面的 *df*(自由度)框被激活,填入自由度。

Distribution Parameters:分布参数,系统默认 Estimate from data(从现有数据估计)。若不选此项,则 Location(位置参数)和 Scale(度量参数)框被激活,填入相应参数。

可检验的分布有 Beta 分布(Beta)、卡方分布(Chi-square)、指数分布(Exponential)、Gamma 分布(Gamma)、半正态分布(Half-Normal)、拉普拉斯分布(Laplace)、logistic 分布(Logistic)、对数正态分布(Lognormal)、正态分布(Normal)、Pareto

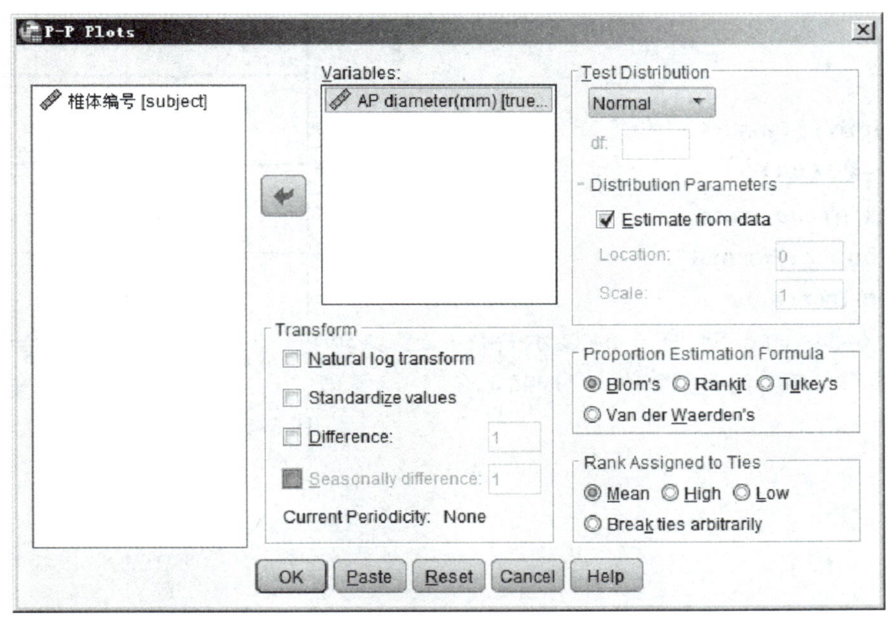

图 6-53　P-P 概率图 / Q-Q 概率图主对话框

分布(Pareto)、t分布(Student t)、Weibull分布(Weibull)和均匀分布(Uniform)。

◇ Transform：变量变换。

□ Natural log transform：自然对数变换。

□ Standardize values：标准化变换。

□ Difference：非季节差分变换，即连续两个数据之差替换原数据。输入一个正整数确定差分度，如输入2，则表示新变量中前2个数据系统缺省。

□ Seasonally difference：季节差分变换，计算时间序列中两个恒定间距的数据差，数据间隔依周期而定。

Current Periodicity：None：当前时间周期，系统默认为无。

◇ Proportion Estimation Formula：计算期望概率分布的公式。有以下4种公式供选择。

⊙ Blom's：(r−3/8)/(n+1/4)，n为样本量；r为秩次，从1到n之间，下同。

◎ Rankit：(r−1/2)/n

◎ Tukey's：(r−1/3)/(n+1/3)

◎ Van der Waerden's：r/(n+1)

◇ Rank Assigned to Ties：相同数值的排秩。

⊙ Mean：取平均秩次。

◎ High：取最高秩次。

◎ Low：取最低秩次。

◎ Break ties arbitrarily：每例打点，忽略个例的权重。

过程：

Analyze

Descriptive Statistics

P-P / Q-Q

▸ **Variables：*trueap_mean***

Test Distribution：Normal

☑ **Estimate from data**

结果见图6-54~图6-58，图6-54显示P-P正态概率累积概率分布的位置参数值为14.442 1，度量参数值为0.717 28。

综合各幅图形，可直观推测本数据服从正态分布。不过，精确的统计推断还需要数量方式表达，可参见有关正态性检验的章节。

Estimated Distribution Parameters

		AP diameter (mm)
Normal Distribution	Location	14.4421
	Scale	.71728

The cases are unweighted.

图6-54 P-P正态概率累积概率参数

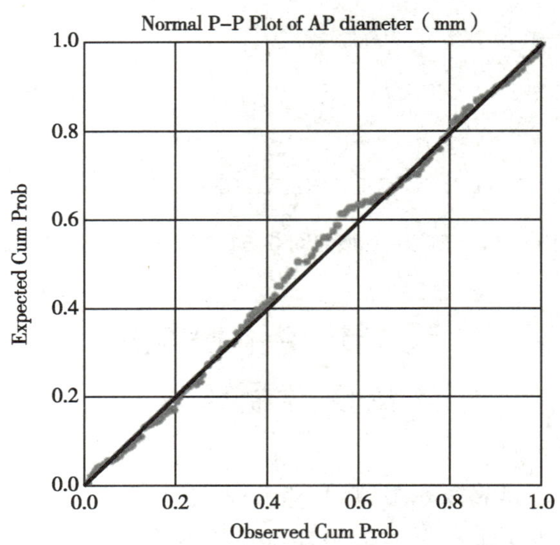

图6-55 P-P正态概率累积概率图

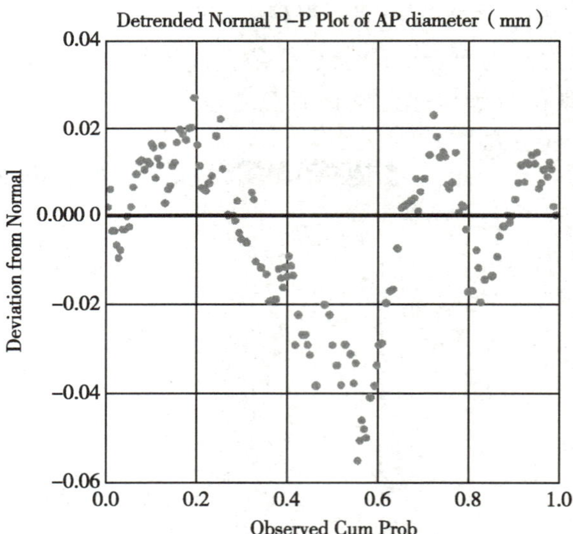

图6-56 P-P正态概率趋势检验图

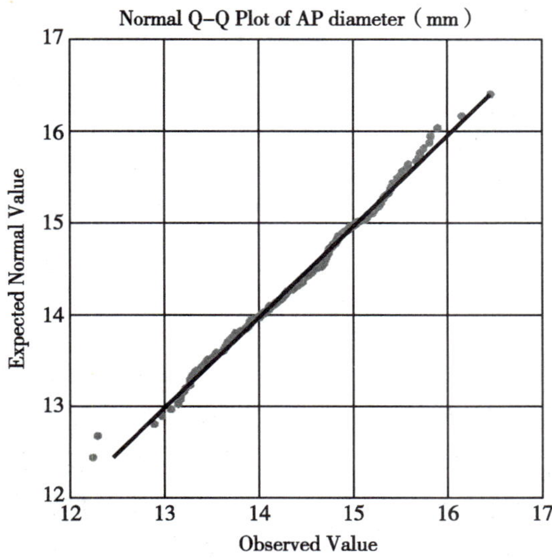

图 6-57　Q-Q 正态概率分位数图

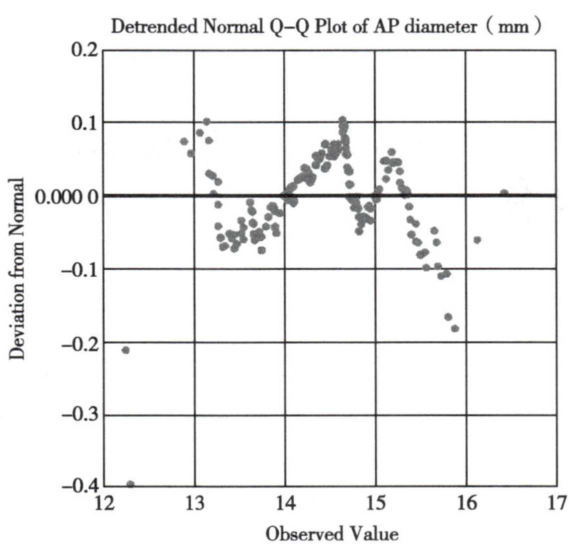

图 6-58　Q-Q 正态概率趋势检验图

配套数据文件集

（安胜利　黄高明　尹　平）

第七章　统计表

在对分类变量较多的数据进行分类汇总或在处理由多项应答组成的问卷时，SPSS 的统计表（Tables）过程体现了很大的灵活性和方便性。前述 Crosstabs 过程也能进行分类变量的列表，但是 Custom Tables 过程具有更强的列表功能和更多的输出格式选择。

统计表菜单下包括以下两种过程，见图 7-1。

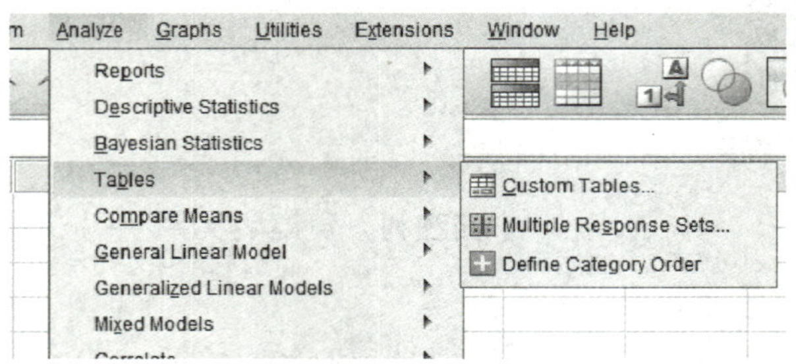

图 7-1　统计表下拉菜单

- Custom Tables：自定义统计表。
- Multiple Response Sets：定义多项应答集。

例 7-1　在一项老年护理现状的调查研究中，对 255 名护士进行了问卷调查，调查的部分数据见数据文件 “nurse_survey.sav”。文件中，除了年龄、职称、学历和科室等变量外，变量 “*c1*” ~ “*c10*” 是有关护士对医院某些方面满意程度的应答，为单选应答，即 10 个方面中，每个方面只能选五级满意程度（很不满意，不满意，一般，比较满意，很满意）中的一级。变量 “*prob1*” ~ “*prob6*” 则是护士对老年护理最紧迫问题的应答，为多选应答，即最紧迫的 6 个问题（“*prob1*” ~ “*prob6*”）中可以选 1 个，也可以选多个。

第一节　自定义统计表

自定义统计表（Custom Tables）可用以创建三维统计表。所谓三维统计表，是指由行变量（row/down variable）、列变量（column/across variable）和分层变量（layer/separate variable）构成的统计表。由于统计表是平面的，实际上每个表只是行变量与列变量组合的统计表，而分层变量则体现在具有相同行列变量的不同统计表上，如图 7-2，“年龄组” 为行变量；“学历” 为列变量；“科室” 为分层变量。

科室　内科

		学历			
		中专	大专	本科	不适用
		Count	Count	Count	Count
年龄组	<=25yr	41	4	0	37
	26 –	10	4	1	10
	36 –	0	2	0	5

科室　外科

		学历			
		中专	大专	本科	不适用
		Count	Count	Count	Count
年龄组	<=25yr	40	3	2	29
	26 –	6	5	3	14
	36 –	1	1	1	4

图 7-2　三维统计表示例

一、基本统计表的一般定义

从菜单选择

Analyze

Tables

Custom Tables…

弹出 Custom Tables（表格生成器）提示框（图 7-3）。提示在使用表格生成器模块之前需对分类变量进行正确变量值标签定义和度量类型设定。击 Define Variable Properties 弹出定义变量特征对话框，详见第三章第一节。

若当前数据文件已经进行了正确设置或者用户暂时不想进行设定，可直接点击 OK 按钮。弹出 Custom Tables（自定义统计表）的 Table 对话框（图 7-4）。此时，若用户发现需分析的变量尚未进行正确的度量类型设置，可通过右键单击该变量，通过快捷菜单进行设置。需要说明的是通过右键设定的变量属性只在当次操作有效，原始数据文件不产生变化。本例将“职称”“学历”和“科室”由 Scale 类型转换为 Nominal 类型。然后将这些变量拖入右侧适当的框内，如图 7-5 所示。

Variables：变量。显示分析中的所有变量列表。

Categories：分类。显示所选变量的变量值标签定义。

Summary Statistics：汇总统计量。

Position：位置。可供选择的为行和列。

□ Hide：选择此项时，则不显示行或列汇总统计标示。

Source：数据来源。可供选择的变量为分层变量、列变量或者行变量。

Define：定义。

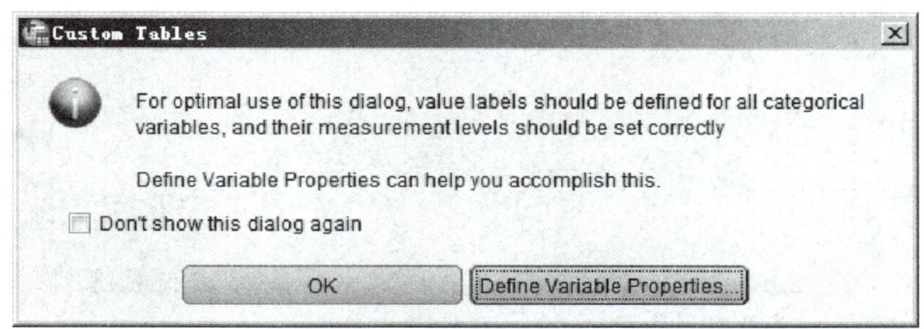

图 7-3 表格生成器提示框

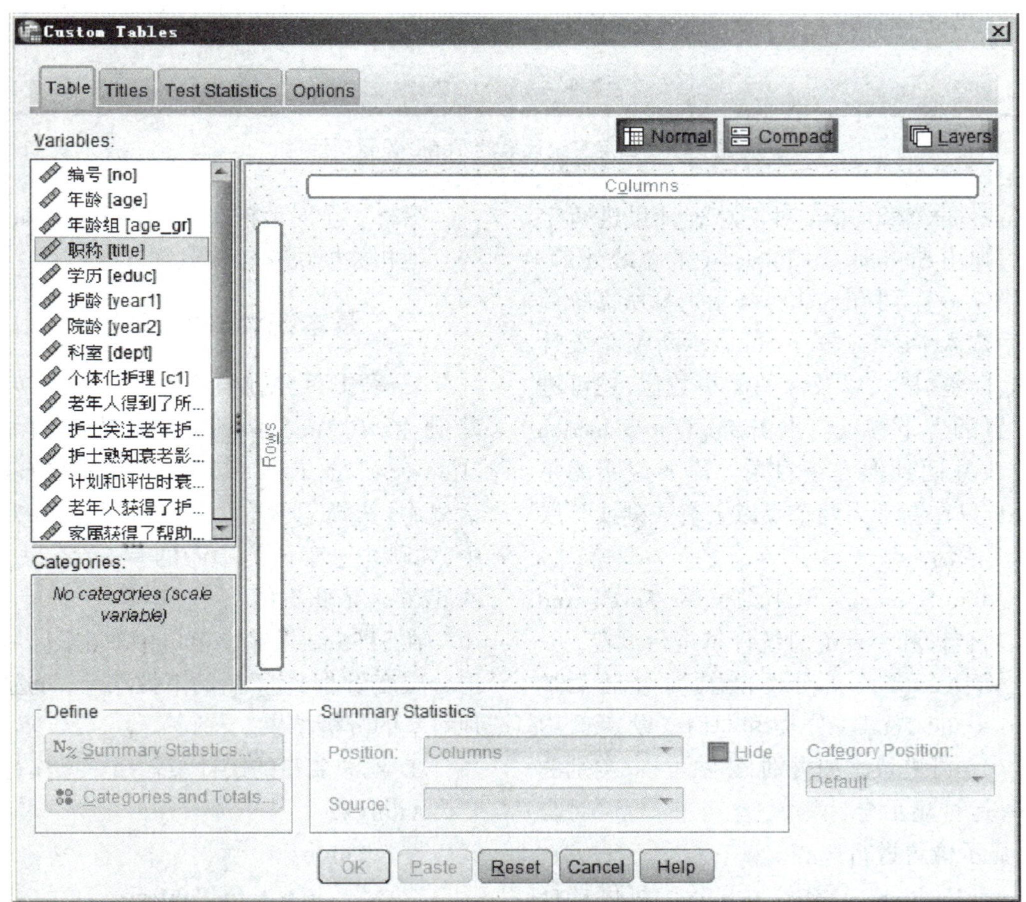

图 7-4 自定义统计表的 Table 对话框

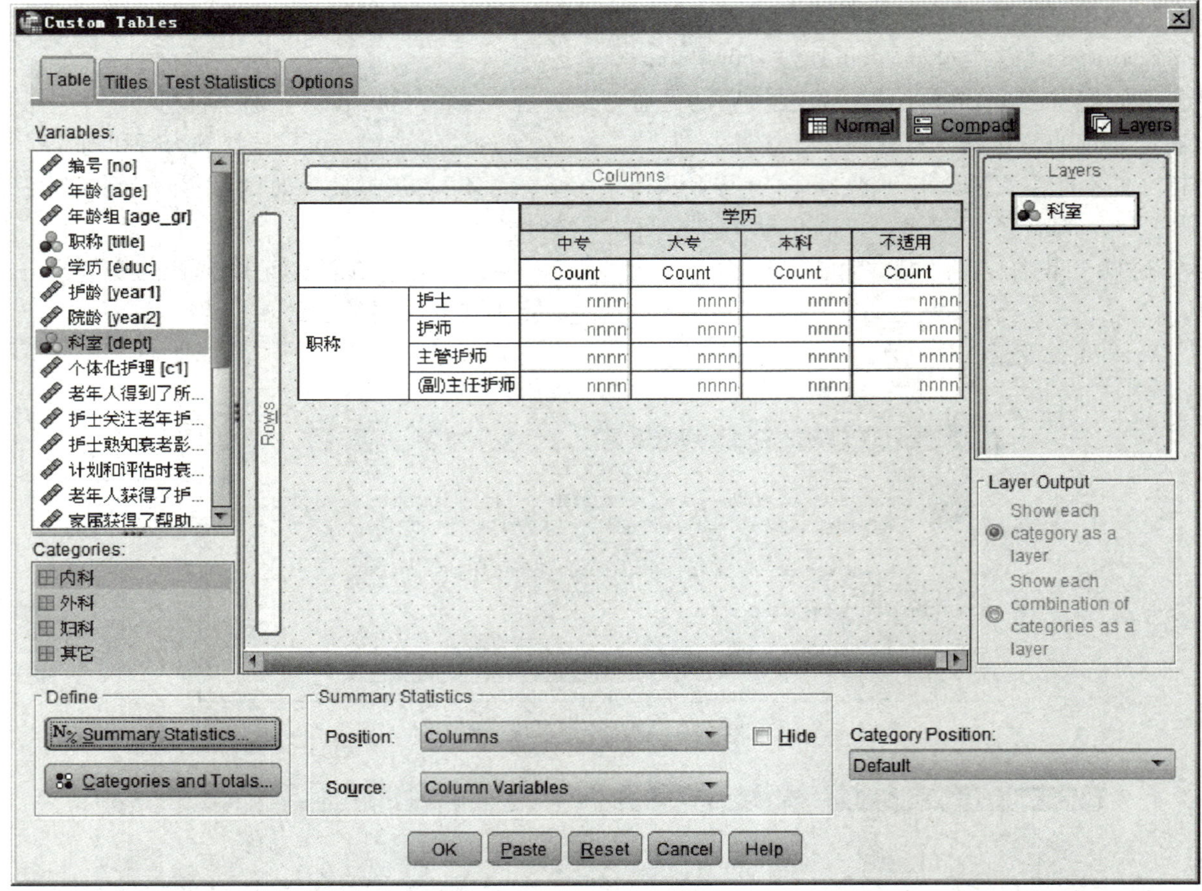

图 7-5 自定义统计表的 Table 设置对话框

N%Summary Statistics：对汇总统计量进行定义，点击后弹出 Summary Statistics：(汇总统计量)选项框(图 7-6)。可在 Statistics 下选择所需统计量，选中后选入 Display 框下，可显示所汇总统计量的名称、标签、格式以及保留的小数位，还可进行显示位置的上下移动。点击 Apply to Selection 为保存更改并回到上一级目录。需要说明的是 Apply to All 只在变量为两个及以上行或列或分层变量上才能激活。

□ Custom Summary Statistics for Totals and Subtotals：对合计和小计汇总统计量进行设定。

Categories and Totals：分类和总计。点击后弹出 Categories and Totals(分类和总计)设定选项框(图 7-7)。可进行添加类别、删除类别、类别的显示顺序、是否显示合计等操作。同时也可对合计和小计显示位置进行选择。

Category Position：分类位置显示。可供选择的为缺省选项、行标签的列显示和列标签的行显示。默认为缺省选项。

另外三个对话框 Titles、Test Statistics、Options 与其他相关模块有较多重复，此略。

二、基本统计表的统计量输出

1. 输出百分数与合计项 在图 7-5 选项的基础上，在 Summary Statistics 选项对话框中将 “Row N%” 选入；在 Categories and Totals 选项对话框中，选择☑ Total。输出结果见图 7-8。本例中，内科护士学历为中专的有 51 名，占所有护士的 52.6%，依此类推。

在 SPSS 结果输出窗口中双击图 7-8，然后点击分层变量“科室”后的下拉菜单，可选择显示其他科室的分析结果。

2. 汇总变量的统计量输出 操作过程：

Analyze

Tables

Custom Tables…

▸ **Row：*title***

▸ **Column：*educ / age***

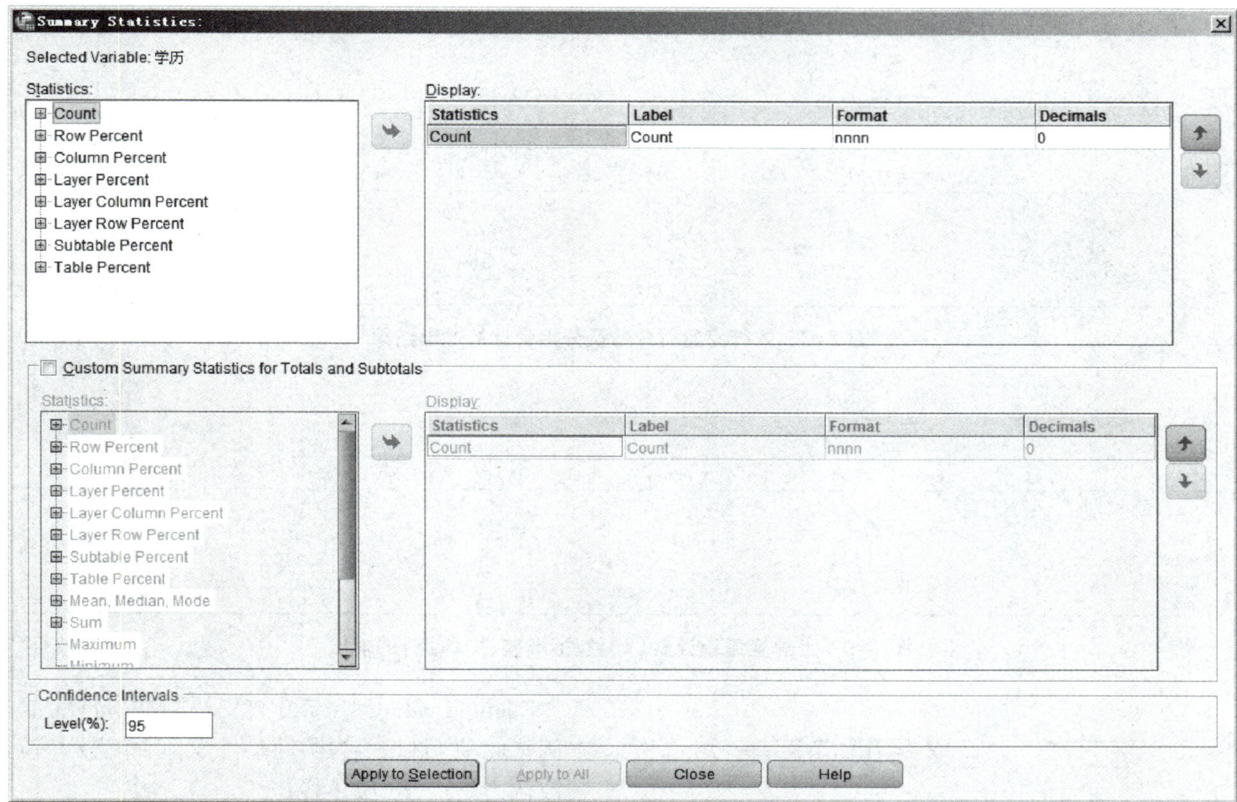

图 7-6 汇总统计量选项框

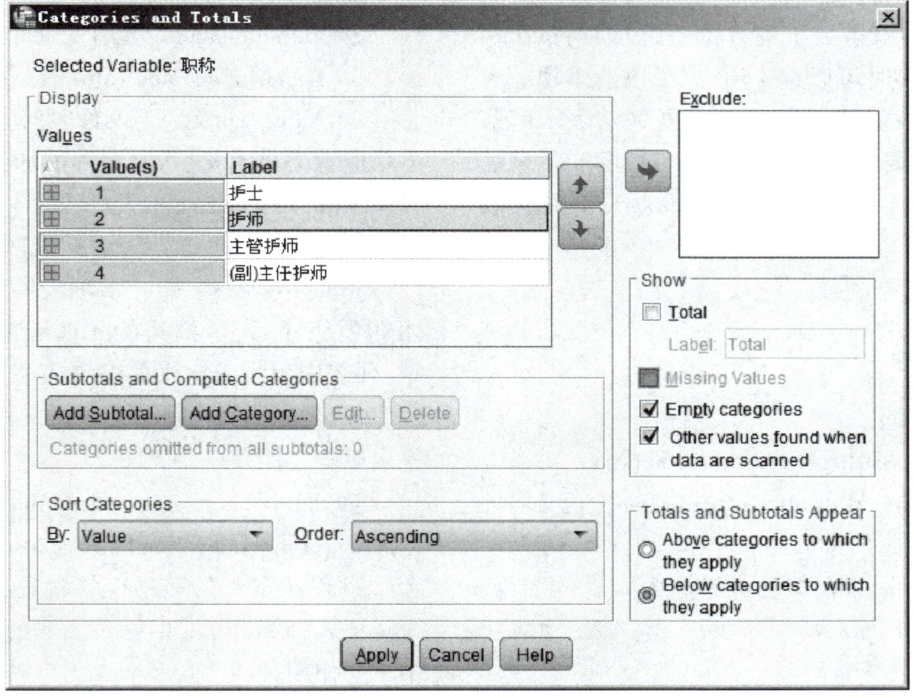

图 7-7 分类和总计设定选项框

Summary Statistics

▸ **Statistics: Mean / Std Deviation / Count**

Categories and Totals (*title*) ☑**Total**

结果见图 7-9。所有职称为护师且学历为中专的例数为 4 名，平均年龄为 29 岁，标准差为 2。

科室 内科

		学历									
		中专		大专		本科		不适用		Total	
		Count	Row N %	Count	Row N %	Count	Row N %	Count	Row N %	Count	Row N %
职称	护士	51	52.6%	5	5.2%	0	0.0%	41	42.3%	97	100.0%
	护师	0	0.0%	2	40.0%	1	20.0%	2	40.0%	5	100.0%
	主管护师	0	0.0%	3	25.0%	0	0.0%	9	75.0%	12	100.0%
	(副)主任护师	0	0.0%	0	0.0%	0	0.0%	0	0.0%	0	0.0%

图 7-8 依行变量百分数及分组合计的输出结果

		学历											
		中专			大专			本科			不适用		
		年龄			年龄			年龄			年龄		
		Mean	Standard Deviation	Count	Mean	Standard Deviation	Count	Mean	Standard Deviation	Count	Mean	Standard Deviation	Count
职称	护士	23	2	106	24	3	12	22	2	2	23	2	84
	护师	29	2	4	28	2	4	26	2	3	27	3	11
	主管护师	40	.	1	36	4	5	35	1	2	36	5	20
	(副)主任护师	.	.	0	.	.	0	50	.	1	.	.	0
	Total	23	3	111	28	6	21	30	10	8	26	6	115

图 7-9 汇总变量统计量（均数、标准差、样本量）的输出

第二节 定义多项应答集

调查表或量表常会设计多选应答项，如例 7-1 中，某一条目陈述为“老年护理目前最紧迫的问题是什么？”该条目下有 6 个备选项（“*prob1*”~“*prob6*”），应答时可以选 1 项，也可以选多项。对这种多选应答条目，用 1 个变量是无法表示应答结果的，而需要用相当于备选项目数的变量来表示，如本例需要 6 个变量表示。多项应答统计表的好处在于可以将每个多选应答项下的多个变量看作 1 个变量来处理。

从菜单选择

Analyze

Tables

Multiple Response Sets…

弹出 Define Multiple Response Sets（定义多项应答集）对话框（图 7-10）。

Variables in Set：多项应答集中所含的变量，本例 6 个变量“*prob1*”~“*prob6*”被选入，构成一个多项应答集。

Variables Coding：分类变量的选择，有二分类和多分类两种选择。

⊙ Dichotomies：二分类变量。

Counted value：[1]二分类变量阳性事件赋值，本例选此项，如“1”为阳性事件赋值，即表示该问题被认为是最紧迫的问题。

◎ Categories：多分类变量。

Category Labels Source：选择分类变量的标签。

⊙ Variable labels：选用变量标签。

◎ Labels of counted value：选用变量值标签。

Set Name：[prob_c]：设置多项应答集名称，当多项应答集被定义后，该名称前加美元符号“$”，并在 Mult. Response Sets 框内显示。

Set Label：[   ]：设置多项应答集名称标签。

Mult. Response Sets：多项应答集列表。当上述选项完成后，本框边的 Add 键被激活，击 Add 键，列表中出现新定义的多项应答集名称，击 OK 键后，定义完毕。当保存该数据文件后，此多项应答集也随之保存。

Set defined here are not available in the Multiple Response Frequencies and Crosstabs procedure：显示本过程所定义的多项应答集在另外两个模块（Analyze → Multiple Response 下的两个子菜单）中不起作用。

多选题的统计量输出操作过程：

从菜单选择

Analyze

Tables

Custom Tables…

▶ Row: *$prob_c*

Summary Statistics

▶ Statistics: Count / Table N% / Response/ Table Response%

Categories and Totals　☑ Totals

结果见图 7-11。

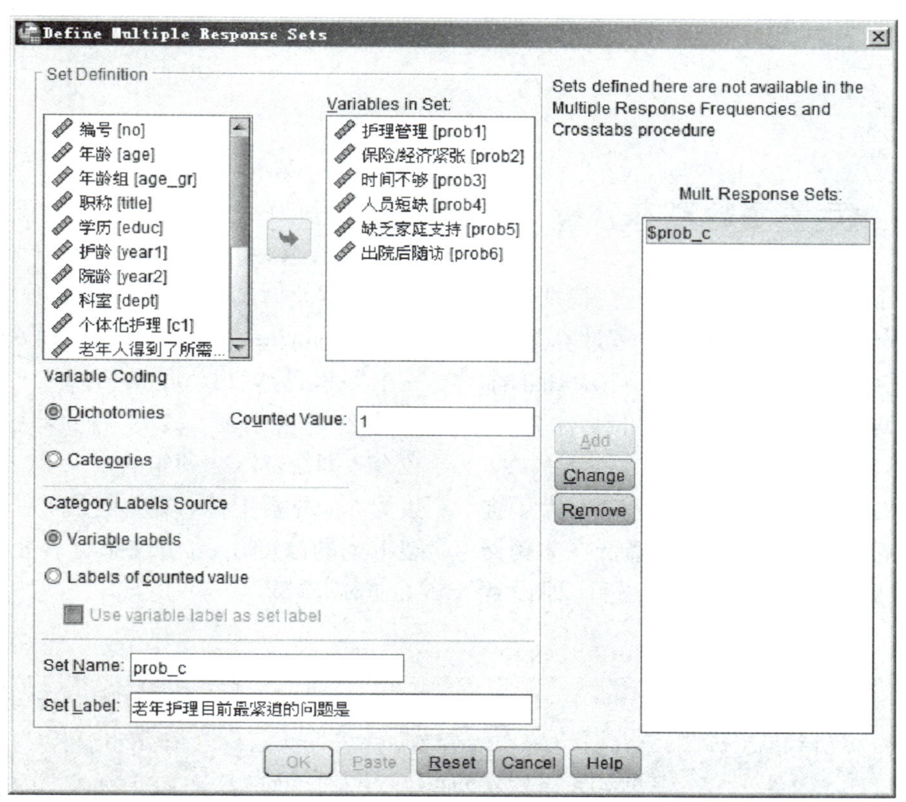

图 7-10　定义多项应答集对话框

		Count	Table N %	Responses	Table Responses %
老年护理目前最紧迫的问题是	护理管理	27	10.8%	27	4.0%
	保险/经济紧张	147	58.8%	147	21.6%
	时间不够	105	42.0%	105	15.4%
	人员短缺	161	64.4%	161	23.6%
	缺乏家庭支持	131	52.4%	131	19.2%
	出院后随访	110	44.0%	110	16.2%
	Total	250	100.0%	681	100.0%

图 7-11　多项应答的频数分析

在图 7-11 中，第二列 Count 的合计是总人数，第三列 Table N% 给出的是各单项选择人数占总人数的百分比，如选择“护理管理”的有 27 人，占总人数的 10.8%。第四列 Response 的合计是总选择次数，第五列 Table Responses % 给出的是各单项选择次数占总次数的百分比，如选择“护理管理”的有 27 人，占总选择次数的 4.0%。

在上述操作过程中，用户也可同时设置列变量、分层变量以获得更为详细的信息。

配套数据文件集

（安胜利　李　康　于　浩）

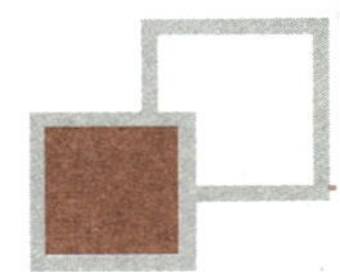

第八章　均数比较

第一节　定量资料基本分析

本过程用于定量资料的统计分析，特别是统计描述，多用于计量资料的预分析，可计算 21 种统计量，还可进行单向方差分析（one-way analysis of variance，即 One-Way ANOVA）和线性趋势检验。

例 8-1　在治疗肝癌的药物研究中，为了提高治疗药物在靶器官肝脏的浓度，降低在非靶器官如心脏的浓度，行 2×3×2 析因设计，即设置 3 个因素，第一个因素是药物（"*drug*"），有 2 个水平，分别为"丝裂霉素 + 高分子物质 + 磁性物质"（实验组 =1）和"丝裂霉素"（对照组 =2）；第二个因素是时间（"*time*"），有 3 个水平，分别为给药后 15min（=1）、30min（=2）和 60min（=3）；第三个因素是器官（"*organ*"），有 2 个水平，分别为心脏（=1）和肝脏（=2）。将 60 只小鼠随机分为 12 组（即 2×3×2 种组合），每组 5 只，即重复例数为 5。观察指标（反应变量）在器官组织中丝裂霉素的浓度（μg/g），结果见表 8-1 和数据文件"factorial_1"。

表 8-1　小鼠不同器官组织的丝裂霉素浓度检测结果　　单位：μg/g

	药物实验组（drug1）			药物对照组（drug2）		
	15 min（time1）	30 min（time2）	60 min（time3）	15 min（time1）	30 min（time2）	60 min（time3）
心脏（organ1）	0.118 9	0.349 8	0.240 4	0.348 2	0.620 4	0.396 8
	0.123 6	0.322 7	0.267 6	0.364 6	0.654 4	0.393 5
	0.133 3	0.348 8	0.250 5	0.378 0	0.677 9	0.394 2
	0.103 1	0.311 9	0.264 2	0.356 2	0.631 2	0.377 0
	0.092 0	0.327 0	0.243 4	0.359 6	0.622 1	0.391 8
肝脏（organ2）	0.778 7	3.615 3	0.564 3	0.161 3	0.377 4	0.119 4
	0.779 8	3.465 4	0.569 1	0.166 3	0.356 6	0.092 9
	0.756 0	3.498 0	0.579 9	0.150 2	0.374 8	0.105 0
	0.774 5	3.317 4	0.585 9	0.112 4	0.382 9	0.098 5
	0.799 9	3.361 7	0.562 8	0.163 7	0.394 2	0.119 6

1. 操作过程　从菜单选择

Analyze

　　Compare Means

　　　　Means

弹出 Means（定量资料基本分析）主对话框（图 8-1）。

◇ Dependent List：因变量，即反应变量，必须选定量变量。本例选入 1 个定量变量"*cons*"（丝裂霉素浓度，μg /g）。

◇ Independent List：自变量，即分类（组）变量。选入 1 个分类变量后，控制分层变量的 Next 按钮被激活，每击一次 Next 按钮，表示定义一个分层变量。当定义一个分层变量后，Previous 按钮被激活。每击一次 Previous 按钮，表示消除一

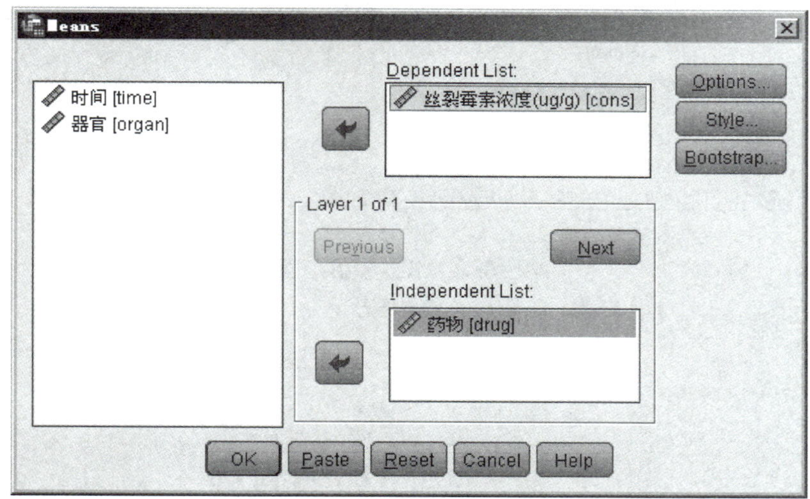

图 8-1 定量资料基本分析主对话框

个分层变量。本例“*drug*”“*time*”“*organ*”为分类变量，图 8-1 显示的是将 3 个分类变量均定义为分层变量。

★ Options：选项。

击 Options 按钮，弹出 Means：Options（选项）对话框（图 8-2）。

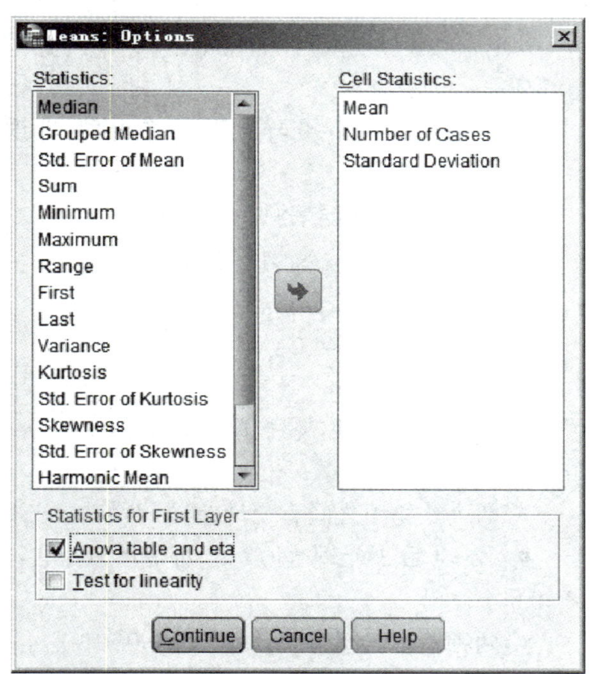

图 8-2 基本分析之选项对话框

◇ Statistics：统计量。见第六章第二节。

◇ Cell Statistics：输出的统计量。本例选入均数、样本量和标准差（默认选项）。

◇ Statistics for First Layer：第 1 个分层变量的下述统计分析。

☑ ANOVA table and eta：输出单向方差分析表与 eta 统计量。eta 统计量和 eta 统计量的平方用于度量关联性，eta 的平方表示由组间差异所解释的因变量的变异的比例，即 $\eta^2=SS_{组间}/SS_{总}$。本分析只对第 1 层的分析变量有效。

☐ Test for linearity：线性趋势检验。检验自变量与因变量之间是否具有线性关系，当自变量为有序分类变量（等级变量）时，可得出线性趋势检验统计量 R 和 R^2。本分析只对第 1 层的分析变量有效。

★ Style（图 8-1）：Table Style 表格格式采用默认形式即可。

★ Bootstrap（图 8-1）：用 Bootstrap 方法计算有关统计量，见第六章第一节。

2. 主要输出结果

（1）描述性统计量（未定义分层变量）：在 Means 主对话框中同时将 3 个分组变量“*drug*”“*time*”和“*organ*”选入 Independent List 框内，因未定义分层变量，按每个分类变量独立输出统计量，结果见图 8-3。

（2）描述性统计量（定义分层变量）：在 Means 主对话框中将 3 个分组变量“*drug*”“*time*”和“*organ*”依次选入 Independent List 框内，每选入一个分组变量，击 Next 按钮。当分组变量被定义为分层变量后，输出的统计量按选入分层变量的顺序将所有的因变量和分组变量完全列于一个表内，而不像未定义分层变量时每一个分组变量单列一个表，结果见图 8-4。

丝裂霉素浓度(ug/g) * 药物

Report

丝裂霉素浓度(ug/g)

药物	Mean	N	Std. Deviation
实验组	.916863	30	1.1745367
对照组	.338037	30	.1792969
Total	.627450	60	.8826428

药物分组

丝裂霉素浓度(ug/g) * 时间

Report

丝裂霉素浓度(ug/g)

时间	Mean	N	Std. Deviation
15min	.351015	20	.2711234
30min	1.200495	20	1.3400775
60min	.330840	20	.1765088
Total	.627450	60	.8826428

时间分组

丝裂霉素浓度(ug/g) * 器官

Report

丝裂霉素浓度(ug/g)

器官	Mean	N	Std. Deviation
心脏	.348770	30	.1624495
肝脏	.906130	30	1.1823323
Total	.627450	60	.8826428

器官分组

图 8-3　描述统计量

Report

丝裂霉素浓度(ug/g)

药物	时间	器官	Mean	N	Std. Deviation
实验组	15min	心脏	.114180	5	.0165175
		肝脏	.777780	5	.0156473
		Total	.445980	10	.3500767
	30min	心脏	.332040	5	.0166926
		肝脏	3.451560	5	.1175082
		Total	1.891800	10	1.6460343
	60min	心脏	.253220	5	.0122017
		肝脏	.572400	5	.0100891
		Total	.412810	10	.1685534
	Total	心脏	.233147	15	.0942947
		肝脏	1.600580	15	1.3590444
		Total	.916863	30	1.1745367
对照组	15min	心脏	.361320	5	.0110712
		肝脏	.150780	5	.0223150
		Total	.256050	10	.1122001
	30min	心脏	.641200	5	.0245895
		肝脏	.377180	5	.0137081
		Total	.509190	10	.1404108
	60min	心脏	.390660	5	.0078453
		肝脏	.107080	5	.0121197
		Total	.248870	10	.1497694
	Total	心脏	.464393	15	.1308657
		肝脏	.211680	15	.1235002
		Total	.338037	30	.1792969
Total	15min	心脏	.237750	10	.1309271
		肝脏	.464280	10	.3309571
		Total	.351015	20	.2711234
	30min	心脏	.486620	10	.1641418
		肝脏	1.914370	10	1.6222589
		Total	1.200495	20	1.3400775
	60min	心脏	.321940	10	.0730799
		肝脏	.339740	10	.2454704
		Total	.330840	20	.1765088
	Total	心脏	.348770	30	.1624495
		肝脏	.906130	30	1.1823323
		Total	.627450	60	.8826428

图 8-4　分层描述统计量

（3）方差分析表（ANOVA Table）：如果不将 3 个分组变量“*drug*”“*time*”和“*organ*”定义为分层变量，则按各个分组变量分别做方差分析。输出结果见图 8-5。如果将 3 个分组变量定义为分层变量，则只给出第一层分组变量（本例为“*drug*”）的方差分析结果。输出结果的解释如下：

- Between Groups（combined）：变异来源的组间项。
- Within Groups：变异来源的组内项，即误差项。
- Total：总的变异来源。
- Sum of Squares：离均差平方和。
- df：自由度。
- Mean Square：均方（差）。
- F：*F* 统计量。
- Sig.：*P* 值，又称观察显著性水平（observed significance level）。
- 两个药物组之间有统计差异（P=0.010）。
- 给药后 3 个时间点之间有统计差异（P=0.001）。
- 两种器官之间有统计差异（P=0.013）。

（4）关联性统计量和线性趋势：关联性统计量见图 8-6（1）~（3）。3 个因素 eta 统计量的平方 η^2 分别为 0.109、0.214 和 0.101。如需进一步了解时间的线性趋势，需选中☑Test for linearity，结果见图 8-6（4），R=−0.009，未发现时间有线性趋势（F=0.006，P=0.936）见图 8-6（5）。

ANOVA Table

			Sum of Squares	df	Mean Square	F	Sig.
丝裂霉素浓度(ug/g) * 药物	Between Groups	(Combined)	5.026	1	5.026	7.120	.010
	Within Groups		40.939	58	.706		
	Total		45.964	59			

药物分组

ANOVA Table

			Sum of Squares	df	Mean Square	F	Sig.
丝裂霉素浓度(ug/g) * 时间	Between Groups	(Combined)	9.855	2	4.928	7.779	.001
	Within Groups		36.109	57	.633		
	Total		45.964	59			

时间分组

ANOVA Table

			Sum of Squares	df	Mean Square	F	Sig.
丝裂霉素浓度(ug/g) * 器官	Between Groups	(Combined)	4.660	1	4.660	6.543	.013
	Within Groups		41.305	58	.712		
	Total		45.964	59			

器官分组

图 8-5　基于 3 个分组变量的各自独立的方差分析

Measures of Association

	Eta	Eta Squared
丝裂霉素浓度(ug/g) * 药物	.331	.109

（1）药物因素的eta统计量

Measures of Association

	Eta	Eta Squared
丝裂霉素浓度(ug/g) * 时间	.463	.214

（2）时间因素的eta统计量

Measures of Association

	Eta	Eta Squared
丝裂霉素浓度(ug/g) * 器官	.318	.101

（3）器官因素的eta统计量

Measures of Association

	R	R Squared	Eta	Eta Squared
丝裂霉素浓度(ug/g) * 时间	-.009	.000	.463	.214

（4）时间因素的线性趋势统计量

ANOVA Table

			Sum of Squares	df	Mean Square	F	Sig.
丝裂霉素浓度(ug/g) * 时间	Between Groups	(Combined)	9.855	2	4.928	7.779	.001
		Linearity	.004	1	.004	.006	.936
		Deviation from Linearity	9.851	1	9.851	15.551	.000
	Within Groups		36.109	57	.633		
	Total		45.964	59			

（5）基于时间分组和时间因素线性趋势的方差分析

图 8-6　关联性统计量和线性趋势

第二节　单样本 *t* 检验

单样本 *t* 检验（one-sample *t* test）主要用于样本均数和已知总体均数的比较，还可计算相应的描述性统计量及样本均数和总体均数之差的 95% 置信区间。

例 8-2　根据营养学要求，成年女性每日摄入食物的推荐平均热量为 7 725 kcal（1 cal=4.186 8J）。今随机抽查 11 名 20~30 岁成年女性每日摄入食物的热量如下：5 260kcal、5 470kcal、5 640kcal、6 180kcal、6 390kcal、6 515kcal、6 805kcal、7 515kcal、7 515kcal、8 230kcal、8 770kcal。问现今 20~30 岁成年女性每日摄入食物的平均热量是否足够？

1. 操作过程

（1）数据格式：见数据文件“t-test_1.sav”，有 11 行 1 列。定义检验变量，变量名为“*x*”。

（2）过程

Analyze

Compare Means

One-Sample T Test

弹出 One-Sample T Test（单样本 t 检验）主对话框（图 8-7）。

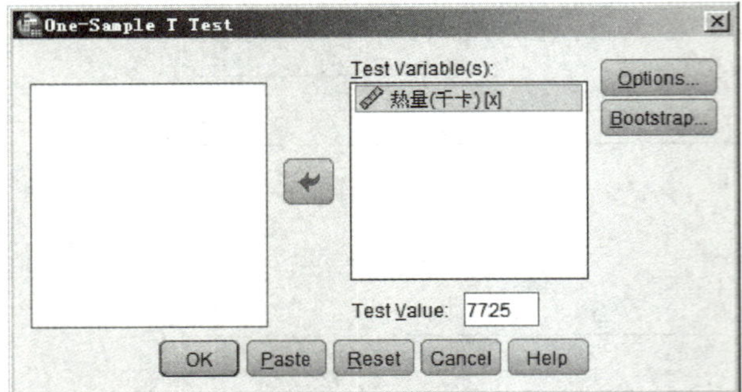

图 8-7　单样本 t 检验主对话框

◇ Test Variable（s）：检验变量。选入检验变量，本例为变量“x”。

◇ Test Value：7725 填入已知总体均数，本例为“7725”，系统默认值为 0。当使用系统默认值 0 时，可以计算样本均数的置信区间。

★ Options：选项。

击 Options 按钮，弹出 One-Sample T Test：Options（选项）对话框（图 8-8）。

Confidence Interval Percentage：95 %：样本均数和总体均数之差的置信区间估计，系统默认值为 95%。

◇ Missing Values：缺失值的处理。

⊙ Exclude cases analysis by analysis：剔除正在分析的变量中带缺失值的观察单位。

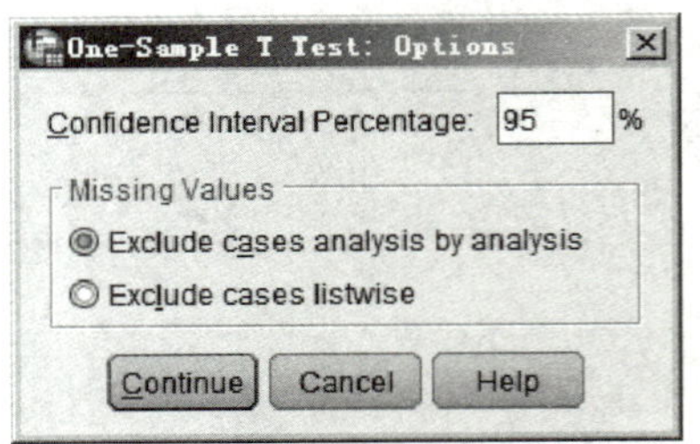

图 8-8　单样本 t 检验选项对话框

◎ Exclude case listwise：剔除所有分析变量中带有缺失值的观察单位。

★ Bootstrap（图 8-7）：见第六章第一节。

2. 主要输出结果　给出了描述性统计量（图 8-9）和 t 检验结果（图 8-10），解释如下：

One-Sample Statistics

	N	Mean	Std. Deviation	Std. Error Mean
热量(千卡)	11	6753.64	1142.123	344.363

图 8-9　例 8-2 的描述性统计量

● 样本量为 11，样本的均数 6 753.64kcal，标准差 1 142.123kcal，标准误 344.363。

● Test Value=7 725：总体均数为 7 725 kcal。

● t=-2.821，v=10，P=0.018（双侧），差异有统计意义，可认为变量 x 的样本均数与总体均数不同，因样本均数小于总体均数，说明成年女性摄入热量不足。

● 样本均数与总体均数之差为 -971.364，差值的 95% 置信区间为（-1 738.65，-204.07），不包含 0，亦说明两者间差异有统计意义。

One-Sample Test

	Test Value = 7725					
					95% Confidence Interval of the Difference	
	t	df	Sig. (2-tailed)	Mean Difference	Lower	Upper
热量(千卡)	-2.821	10	.018	-971.364	-1738.65	-204.07

图 8-10　例 8-2 的 t 检验结果

第三节　独立样本 t 检验

独立样本 t 检验即两样本均数比较的 t 检验，或称为两样本 t 检验（two-sample t test），用来检验两个独立样本的总体均数是否有统计学差异。

例 8-3　以临床试验的数据文件“clinical trial.sav”为例，为了检验随机分组的均衡性，分组变量“*GROUP*”（实验药 =1，安慰剂 =2），对治疗前两组的“*age*”（年龄）、“*HT*”（身高）、“*WT*”（体重）、“*SBP*”（收缩压）、“*DBP*”（舒张压）、“*PULSE*”（心率）进行两独立样本比较的 t 检验。

1. 操作过程　从菜单选择

Analyze

　　Compare Means

　　　　Independent–Samples T Test

弹出 Independent–Samples T Test（两样本 t 检验）主对话框（图 8–11）。

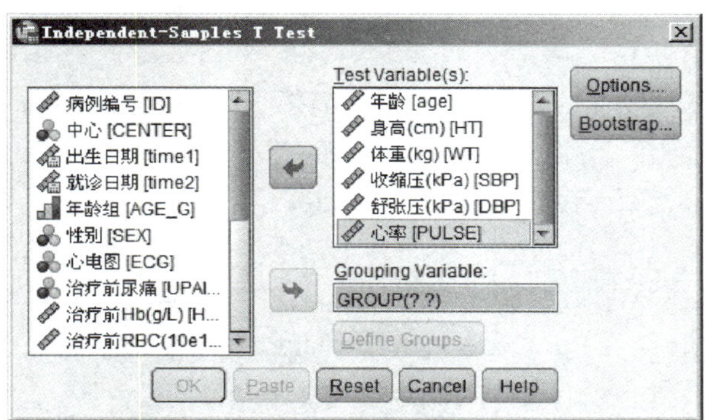

图 8–11　两独立样本 t 检验对话框

◇ Test Variable（s）：选入反应变量。本例为变量"*age*""*HT*""*WT*""*SBP*""*DBP*""*PULSE*"。

◇ Grouping Variable：分组变量。只能选入一个变量，本例选变量"*GROUP*"。 选入分组变量后，Define Groups（定义分组变量）按钮被激活。击该按钮后，弹出 Define Groups（定义分组变量）对话框（图 8–12）。

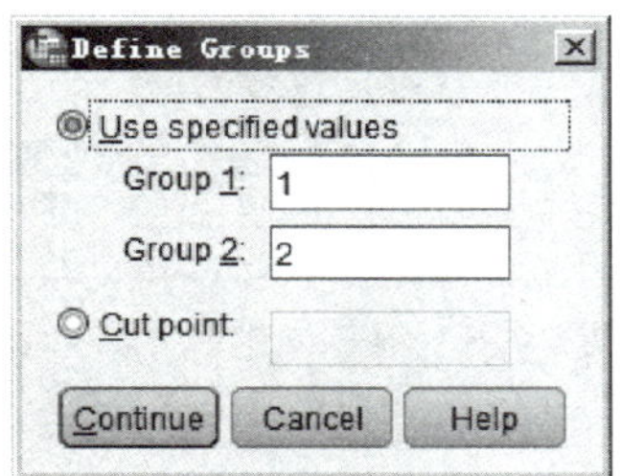

图 8–12　定义分组变量对话框

⊙ Use specified values：使用特定值，即分组变量值。需分别在 2 个框内输入分组变量值，表示只能进行两组比较。本例输入分组变量"*GROUP*"的值分别为"1"和"2"。通常分组变量为定性变量时选择这种定义方式。

◎ Cut point：指分组变量在设定值处自动分成两组，一组大于等于设定值，另一组小于设定值。通常分组变量为定量变量时选择这种定义方式，如例 8–4。

★ Options（图 8–11）：选项。与单样本 t 检验相同。

★ Bootstrap（图 8–11）：见第六章第一节。

2. 主要输出结果　分析给出基本统计量（图 8–13）和 t 检验结果（图 8–14），解释如下：

Group Statistics

	分组	N	Mean	Std. Deviation	Std. Error Mean
年龄	试验药	72	44.36	13.600	1.603
	安慰剂	72	41.08	13.451	1.585
身高(cm)	试验药	72	169.29	6.955	.820
	安慰剂	72	168.46	6.954	.820
体重(kg)	试验药	72	68.07	9.050	1.067
	安慰剂	72	66.66	9.127	1.076
收缩压(kPa)	试验药	72	16.719	2.6211	.3089
	安慰剂	72	16.304	2.2299	.2628
舒张压(kPa)	试验药	72	10.249	1.3232	.1559
	安慰剂	72	9.953	.9946	.1172
心率	试验药	72	72.93	6.092	.718
	安慰剂	72	71.79	6.920	.816

图 8–13　例 8–3 的基本统计量

● Levene's Test for Equality of Variances：Levene 方差齐性检验。先求得各观察值与其所在组的组均数之差的绝对值，然后将绝对值按分组变量做方差分析，所得 F 值即 Levene F 统计量。若 P>0.1，可认为方差齐性。该方法在数据为非正态分布情形下较稳健。本例中，舒张压（*DBP*）和收缩压（*SBP*）两组的总体方差不齐（P=0.009 和 P=0.053），其余指标两组的总体方差齐。

● Equal variances assumed：方差齐同条件下的 t 检验结果。本例除舒张压和收缩压外，其他变量方差齐性，应该看相应这一行的结果，如年龄：t=1.457，v=142，P=0.147；心率：t=1.048，v=142，P=0.296；差异无统计意义，可认为试验药和安慰剂基线年龄、心率均衡。

● Equal variances not assumed：方差不齐条件下的 t 检验，即 Satterthwaite 近似 t 检验（Satterthwaite's t test），该法根据独立方差计算 t 值，并对自由度进行校正，计算公式如下：

$$t' = \frac{|\bar{X}_1 - \bar{X}_2|}{\sqrt{\dfrac{S_1^2}{n_1} + \dfrac{S_2^2}{n_2}}},\quad v = \frac{(S_1^2/n_1 + S_2^2/n_2)^2}{\dfrac{(S_1^2/n_1)^2}{n_1 - 1} + \dfrac{(S_2^2/n_2)^2}{n_2 - 1}}$$

（式 8–1）

本例收缩压和舒张压两组方差不齐，其检验结果分别为：收缩压 t=1.024，v=138.444，P=0.308；舒张压 t=1.516，v=131.815，P=0.132；差异无统计意义，可认为试验药和安慰剂基线收缩压和舒张压均衡。

Independent Samples Test

		Levene's Test for Equality of Variances		t-test for Equality of Means					95% Confidence Interval of the Difference	
		F	Sig.	t	df	Sig. (2-tailed)	Mean Difference	Std. Error Difference	Lower	Upper
年龄	Equal variances assumed	.089	.766	1.457	142	.147	3.285	2.254	-1.171	7.741
	Equal variances not assumed			1.457	141.983	.147	3.285	2.254	-1.171	7.741
身高(cm)	Equal variances assumed	.155	.695	.719	142	.473	.833	1.159	-1.458	3.125
	Equal variances not assumed			.719	142.000	.473	.833	1.159	-1.458	3.125
体重(kg)	Equal variances assumed	.066	.798	.931	142	.354	1.410	1.515	-1.585	4.404
	Equal variances not assumed			.931	141.990	.354	1.410	1.515	-1.585	4.404
收缩压(kPa)	Equal variances assumed	3.794	.053	1.024	142	.308	.4153	.4056	-.3864	1.2170
	Equal variances not assumed			1.024	138.444	.308	.4153	.4056	-.3866	1.2172
舒张压(kPa)	Equal variances assumed	6.959	.009	1.516	142	.132	.2958	.1951	-.0898	.6815
	Equal variances not assumed			1.516	131.815	.132	.2958	.1951	-.0901	.6817
心率	Equal variances assumed	.231	.632	1.048	142	.296	1.139	1.086	-1.009	3.287
	Equal variances not assumed			1.048	139.753	.296	1.139	1.086	-1.009	3.287

图 8-14 例 8-3 的两样本 *t* 检验结果

● 结果还给出了两组均数的差值（Mean Difference），两组均数差值的标准误（Std. Error Difference）及 95% 置信区间（95% Confidence Interval of the Difference）。

● 结论：两组 6 项指标的比较均无统计差异（P>0.131），提示随机分组均衡。

例 8-4 仍以数据文件“clinical trial.sav”为例，将年龄（*age*）以 50 岁为界分为两组，比较两个年龄组的收缩压（*SBP*）有无差异。

从菜单选择

Analyze

  Compare Means

    Independent-Samples T Test

▸ **Test Variable（s）: *SBP***

▸ **Grouping Variable: *age***

Define Groups

  ⊙ **Cut Point** 50

输出结果见图 8-15 和图 8-16，结论为两组的总体方差齐（P=0.338），50 岁以上组的收缩压高于 50 岁以下组（t=3.981，P=0.000）。

Group Statistics

	年龄	N	Mean	Std. Deviation	Std. Error Mean
收缩压(kPa)	>= 50	42	17.710	2.4815	.3829
	< 50	102	16.019	2.2460	.2224

图 8-15 例 8-4 的基本统计量

Independent Samples Test

		Levene's Test for Equality of Variances		t-test for Equality of Means					95% Confidence Interval of the Difference	
		F	Sig.	t	df	Sig. (2-tailed)	Mean Difference	Std. Error Difference	Lower	Upper
收缩压(kPa)	Equal variances assumed	.923	.338	3.981	142	.000	1.6909	.4247	.8513	2.5304
	Equal variances not assumed			3.819	70.087	.000	1.6909	.4428	.8078	2.5740

图 8-16 例 8-4 的 *t* 检验结果

第四节 配对样本 *t* 检验

配对样本 t 检验（paired samples t test）简称配对 t 检验（paired t test），用于配对计量资料的比较，检验配对样本差值的总体均数与 0 的差异有无统计意义，以及配对样本是否相关。

例 8-5 根据数据文件“clinical trial.sav”，分别比较试验药组（*GROUP*=1）和安慰剂组（*GROUP*=2）治疗前后的 4 对血常规检查指标，即变量“*HB1*”和“*HB2*”（血红蛋白含量）、“*RBC1*”和“*RBC2*”（红细胞计数）、“*WBC1*”和“*WBC2*”（白细胞计数）、“*PLT1*”和“*PLT2*”（血小板计数），变量名中的“1”代表治疗前，“2”代表治疗后。

1. 操作过程

（1）拆分文件：将文件拆分为试验药组和安慰剂组两部分分别进行分析，有两种方式可供选择。

● 选用 Spilt Files（拆分文件）过程。

从菜单选择

Data

Split Files

弹出 Spilt Files（拆分文件）对话框，选择 Compare groups，在 Groups Based on 框中选入分组变量“*GROUP*”。

● 选用 Select Cases（选择观察单位）过程。

从菜单选择

Data

Select Cases

弹出 Select Cases（选择观察单位）主对话框，击 If condition is satisfied 按钮。分析试验药组时，设定选择条件“*GROUP*=1”；分析安慰剂组时，重新设定选择条件“*GROUP*=2”。

（2）配对 t 检验操作过程：从菜单选择

Analyze

Compare Means

Paired-Samples T Test

弹出 Paired-Samples T Test（配对 t 检验）主对话框（图 8-17）。

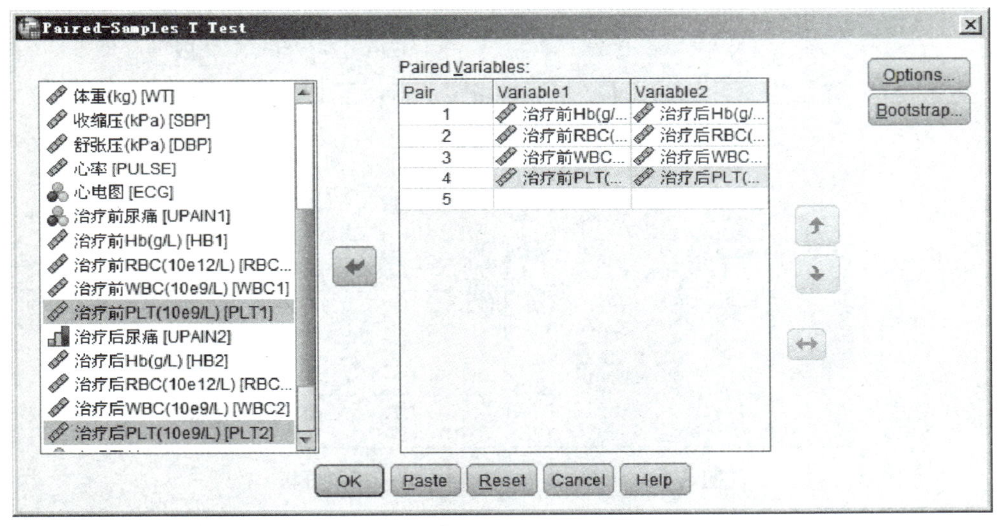

图 8-17　配对 t 检验主对话框

◇ Paired Variables：选入配对变量。

在左框内已有变量中，选择要配对的 2 个变量后，然后单击箭头，该配对变量（Paired Variables）被一一选入。配对变量中最先选中的变量出现在 Variable1 下，第二个选中的变量出现在 Variable2 中。如果有多个配对变量，可依此方法重复选用。本例设定 4 对配对变量，即“*HB1*”和“*HB2*”，“*RBC1*”和“*RBC2*”，“*WBC1*”和“*WBC2*”，“*PLT1*”和“*PLT2*”。

★ Opions：选项。与单样本 t 检验相同。

★ Bootstrap：见第六章第一节。

2. 主要输出结果

（1）基本统计量：见图 8-18，给出了治疗前后的均数、样本量、标准差和标准误。

（2）治疗前后的相关分析：见图 8-19，给出了每项指标治疗前后的 Pearson 积矩相关系数及 P 值，除了安慰剂组白细胞计数治疗前后相关关系无统计学差异（r=0.145，P=0.225）外，其余指标治疗前后均存在统计学正相关关系（P=0.000），试验药组血小板含量治疗前后的相关关系最强（r=0.729），具体可见第十章对 Pearson 积矩相关系数的操作和解释。

（3）配对 t 检验：见图 8-20，所有指标治疗前后均无统计差异（$P \geq 0.074$）。

Paired Samples Statistics

分组			Mean	N	Std. Deviation	Std. Error Mean
试验药	Pair 1	治疗前Hb(g/L)	136.28	72	18.156	2.140
		治疗后Hb(g/L)	133.01	72	17.014	2.005
	Pair 2	治疗前RBC(10e12/L)	4.4699	72	.54855	.06465
		治疗后RBC(10e12/L)	4.4211	72	.52186	.06150
	Pair 3	治疗前WBC(10e9/L)	6.9064	72	2.21117	.26059
		治疗后WBC(10e9/L)	7.1907	72	2.02988	.23922
	Pair 4	治疗前PLT(10e9/L)	224.00	72	78.656	9.270
		治疗后PLT(10e9/L)	225.67	72	71.381	8.412
安慰剂	Pair 1	治疗前Hb(g/L)	134.51	72	19.420	2.289
		治疗后Hb(g/L)	131.50	72	18.323	2.159
	Pair 2	治疗前RBC(10e12/L)	4.4935	72	.62598	.07377
		治疗后RBC(10e12/L)	4.4886	72	.85905	.10124
	Pair 3	治疗前WBC(10e9/L)	6.7411	72	1.85373	.21846
		治疗后WBC(10e9/L)	7.2217	72	2.15189	.25360
	Pair 4	治疗前PLT(10e9/L)	211.71	72	72.291	8.520
		治疗后PLT(10e9/L)	223.72	72	78.476	9.248

图 8–18 例 8–5 的基本统计量

Paired Samples Correlations

分组			N	Correlation	Sig.
试验药	Pair 1	治疗前Hb(g/L) & 治疗后Hb(g/L)	72	.571	.000
	Pair 2	治疗前RBC(10e12/L) & 治疗后RBC(10e12/L)	72	.494	.000
	Pair 3	治疗前WBC(10e9/L) & 治疗后WBC(10e9/L)	72	.420	.000
	Pair 4	治疗前PLT(10e9/L) & 治疗后PLT(10e9/L)	72	.729	.000
安慰剂	Pair 1	治疗前Hb(g/L) & 治疗后Hb(g/L)	72	.722	.000
	Pair 2	治疗前RBC(10e12/L) & 治疗后RBC(10e12/L)	72	.554	.000
	Pair 3	治疗前WBC(10e9/L) & 治疗后WBC(10e9/L)	72	.145	.225
	Pair 4	治疗前PLT(10e9/L) & 治疗后PLT(10e9/L)	72	.520	.000

图 8–19 例 8–5 各指标治疗前后相关分析

Paired Samples Test

			Paired Differences					t	df	Sig. (2-tailed)
						95% Confidence Interval of the Difference				
分组			Mean	Std. Deviation	Std. Error Mean	Lower	Upper			
试验药	Pair 1	治疗前Hb(g/L) - 治疗后Hb(g/L)	3.267	16.314	1.923	-.567	7.100	1.699	71	.094
	Pair 2	治疗前RBC(10e12/L) - 治疗后RBC(10e12/L)	.04875	.53868	.06348	-.07783	.17533	.768	71	.445
	Pair 3	治疗前WBC(10e9/L) - 治疗后WBC(10e9/L)	-.28431	2.28871	.26973	-.82213	.25351	-1.054	71	.295
	Pair 4	治疗前PLT(10e9/L) - 治疗后PLT(10e9/L)	-1.667	55.620	6.555	-14.737	11.403	-.254	71	.800
安慰剂	Pair 1	治疗前Hb(g/L) - 治疗后Hb(g/L)	3.014	14.097	1.661	-.299	6.326	1.814	71	.074
	Pair 2	治疗前RBC(10e12/L) - 治疗后RBC(10e12/L)	.00485	.73110	.08616	-.16695	.17665	.056	71	.955
	Pair 3	治疗前WBC(10e9/L) - 治疗后WBC(10e9/L)	-.48056	2.62906	.30984	-1.09835	.13724	-1.551	71	.125
	Pair 4	治疗前PLT(10e9/L) - 治疗后PLT(10e9/L)	-12.014	74.039	8.726	-29.412	5.384	-1.377	71	.173

图 8–20 例 8–5 各指标治疗前后配对 t 检验

第五节　单向方差分析

单向方差分析（one-way analysis of variance, One-Way ANOVA）过程用于完全随机设计资料的多个样本均数比较和样本均数间的多重比较，亦可进行多个处理组与一个对照组的比较。

例 8-6　将 27 只 3 月龄雌性 SD 大鼠随机分为 3 组，每组 9 只。3 组分别是空白对照组、去卵巢组和雌激素组。90 天后杀死大鼠，测量骨骼变化情况，用骨小梁面积百分比评价，结果见表 8-2，试比较 3 种处理对大鼠骨骼发育的影响有无差异。

表 8-2　SD 大鼠 90 天后的骨小梁面积百分比（%）观测值

对照组	去卵巢组	雌激素组
10.28	10.01	28.88
31.35	8.28	12.77
31.23	6.12	27.56
30.44	10.78	15.50
30.04	9.98	26.46
22.78	5.80	16.42
23.46	7.51	27.33
30.36	14.26	22.37
30.61	10.41	12.44

1. 操作过程

（1）数据格式：见数据文件 “ONE-WAY_1.sav”，有 27 行 2 列。定义 2 列变量，其中 1 个分类变量，1 个因变量。

- 分类变量：用以说明每一观察单位所属的组（类）别，本例为变量 “*group*”（分组），变量标记为：1=“对照组”，2=“去卵巢组”，3=“雌激素组”。
- 因变量（反应变量）：定量变量，本例变量名 “*tbar*”（骨小梁面积百分比 %）。

（2）单向方差分析：从菜单选择

Analyze

Compare Means

One-Way ANOVA

弹出 One-Way ANOVA（单向方差分析）主对话框（图 8-21）。

Dependent List：选入因变量，可选入 1 个或多个。本例为变量 “*tbar*。

Factor：选入一个分类变量（因素）。本例为变量 “*group*”。

★ Contrasts：线性组合比较，常见多个样本均数比较可以采用默认。

击 Contrasts 按钮，弹出 One-Way ANOVA：Contrasts（线性组合比较）对话框（图 8-22）。Contrast 是参数或统计量的线性函数，用于检验均数间的关系，除了差异之外，还包括线性趋势。Contrast 可以表达为：

$$\alpha_1\mu_1+\alpha_2\mu_2+\cdots+\alpha_k\mu_k=0;$$

$$\alpha_i \text{ 满足 } \alpha_1+\alpha_2+\cdots+\alpha_k=0 \qquad (\text{式 } 8\text{-}2)$$

式中，α_i 为线性组合系数；μ_i 为总体均数；k 为分类变量的水平数。例如，当 k=4 时，即有 A、B、C、D 4 个处理组，如果只将 B 组和 D 组比较，则线性组合系数依次为 0、-1、0、1；如果 C 组与其他 3 组的平均水平比较，则线性组合系数依

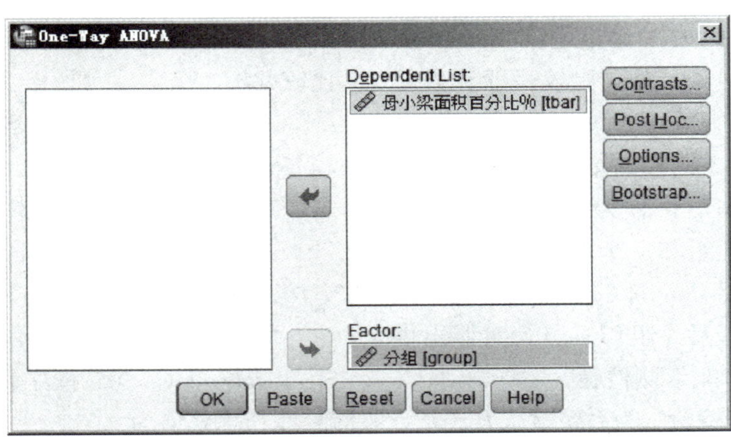

图 8-21　单向方差分析主对话框

次为 -1、-1、3、-1，余类推。线性组合系数要按照分类变量水平的顺序依次填入图 8-22 的 Coefficients 框中。对于均数趋势的检验，有五种多项式（Polynomial）选项，即线性（Linear）、二次（Quadratic）、三次（Cubic）、四次（4th）和五次（5th）多项式。

★ Post Hoc（图 8-21）：各组均数的多重比较。

击 Post Hoc 按钮，弹出 One-Way ANOVA：Post Hoc Multiple Comparisons（多重比较）对话框（图 8-23）。

◇ Equal Variances Assumed：满足方差齐性的多重比较方法。

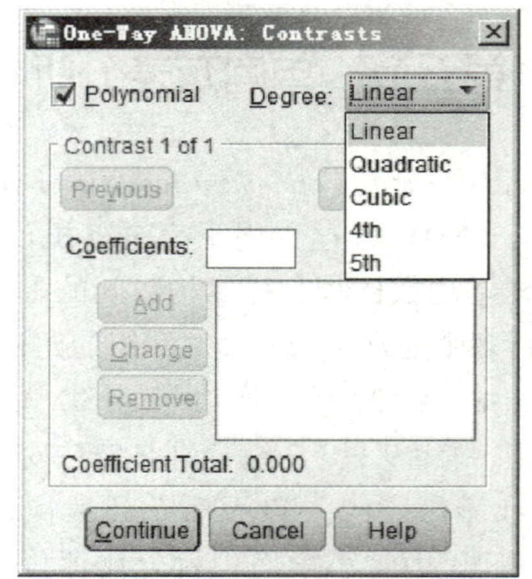

图 8-22　线性组合比较对话框

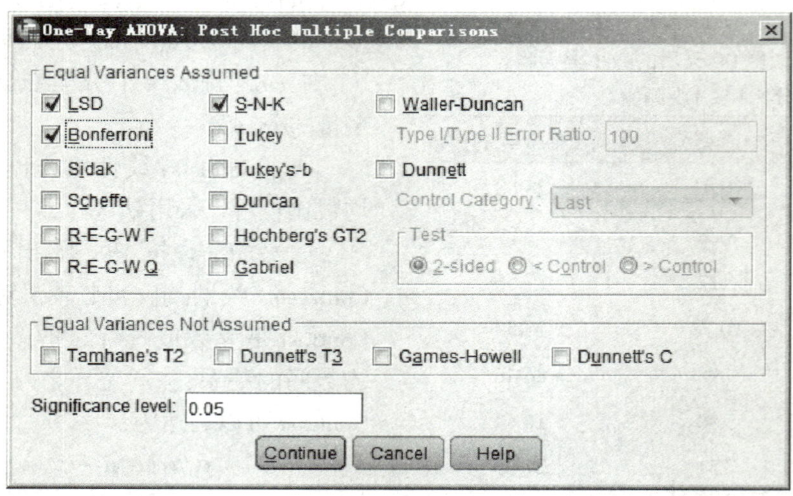

图 8-23　单向方差分析的多重比较对话框

满足方差齐性要求时，有 14 种多重比较方法可供选择，常用的方法有 LSD（least-significant difference，最小显著差值）法、SNK 多重比较（Student-Neuman-Keuls test）、Scheffe 法、Tukey 法、Duncan 法、Bonferroni 法等。其中，LSD 法最敏感，Scheffe 法较不敏感，SNK 多重比较、Bonferroni 法和 Tukey 法应用较多。多重比较一般在方差分析有统计学意义的情况下应用，若方差分析无统计学意义，无论多重比较的结果如何，都不应采纳。14 种方法的最后一种为 Dunnett 法，是唯一一种用于多个处理组和一个对照组比较的方法。选择此项，可激活 Control Category 栏，栏中设定第 1 组（First）或最后 1 组（Last）为对照组供选择。Test 栏中确定单、双侧检验。

⊙ 2-sided：双侧检验。为系统默认方式。

◎ <Control：单侧检验。比较组均数小于对照组均数。

◎ >Control：单侧检验。比较组均数大于对照组均数。

◇ Equal Variances Not Assumed：不满足方差齐性的多重比较方法。

□ Tambane's T2：基于 t 检验的保守的多重比较方法。

□ Dunnett's T3：基于学生化极大模的多重比较方法。

□ Games-Howell：非参多重比较方法。

□ Dunnett's C：基于学生化极差的多重比较方法，是一种置信区间的方法。

以上方法可选择 1 种或多种进行分析，在 Significance level [.05] 框中输入检验的显著性水准，系统默认值为 0.05。

★ Options（图 8-21）：选项。

击 Options 按钮，弹出 One-Way ANOVA：Options（选项）对话框（图 8-24）。

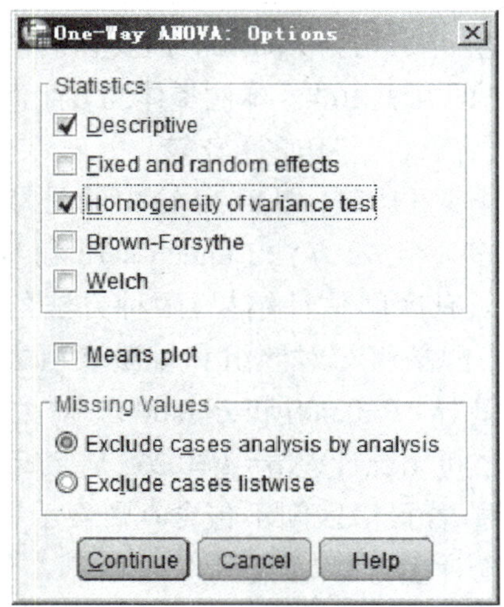

图 8-24　单向方差分析的选项对话框

◇ Statistics：统计量。

☑ Descriptive：描述性统计量。

□ Fixed and random effects：给出固定效应模型的标准差、标准误和 95% 置信区间，以及随机效应模型的标准误和 95% 置信区间。

☑ Homogeneity of variance test：方差齐性检验。

□ Brown-Forsythe：Brown-Forsythe 检验（Brown-Forsythe test），一种稳健性检验方法。

□ Welch：Welch 近似方差分析，一种稳健性检验方法。

□ Means plot：均数图。横轴为分类变量，纵轴为反应变量的均数线图。

◇ Missing Values：缺失值的处理。

⊙ Exclude cases analysis by analysis：剔除分析所涉及变量中带缺失值的观察单位，系统默认。

◎ Exclude cases listwise：剔除所有选入变量中带有缺失值的观察单位。

★ Bootstrap（图 8-21）：见第六章第一节。

2. 主要结果　首先进行方差齐性检验和方差分析，根据方差是否齐性选择恰当方法。由图 8-25 见，经 Levene 方差齐性检验，方差不齐（P=0.018）。有两种选择，一种是通过数据转换使之方差齐性，如应用 Explore 过程实现；另一种是应用近似方法，本例选后者。由图 8-26 和图 8-27 见，无论是 Fisher 方差分析，还是近似的稳健方差分析，总体均数间都有统计差异（P=0.000），需要进行多重比较。综合上述，本例的全部过程如下：

Analyze

Compare Means

One-Way ANOVA

▸ **Dependent List**：***tbar***

▸ **Factor**：***group***

Post Hoc

☑ **Dunnett's T3**

☑ **Dunnett's C**

Options

☑ **Descriptive**

☑ **Homogeneity of variance test**

☑ **Brown-Forsythe**

☑ **Welch**

Test of Homogeneity of Variances

		Levene Statistic	df1	df2	Sig.
骨小梁面积百分比%	Based on Mean	4.810	2	24	.018
	Based on Median	1.841	2	24	.180
	Based on Median and with adjusted df	1.841	2	12.340	.200
	Based on trimmed mean	4.102	2	24	.029

图 8-25　方差齐性检验结果

ANOVA

骨小梁面积百分比%

			Sum of Squares	df	Mean Square	F	Sig.
Between Groups	(Combined)		1433.953	2	716.976	21.086	.000
	Linear Term	Contrast	143.482	1	143.482	4.220	.051
		Deviation	1290.471	1	1290.471	37.952	.000
Within Groups			816.067	24	34.003		
Total			2250.020	26			

图 8-26　基于方差齐性的方差分析结果

Robust Tests of Equality of Means

骨小梁面积百分比%

	Statistic[a]	df1	df2	Sig.
Welch	31.110	2	13.134	.000
Brown-Forsythe	21.086	2	18.213	.000

a. Asymptotically F distributed.

图 8-27 基于方差不齐的近似方差分析结果

（1）描述性统计量：见图 8-28，分别给出了各组及合计的样本量、均数、标准差、标准误、95%置信区间、最小值和最大值。

（2）方差齐性检验：见图 8-25，Levene 检验方差不齐，F=4.810，P=0.018。

（3）方差分析：尽管选择了方差不齐的近似 F 检验的 Welch 检验和 Brown-Forsythe 检验，但结果中一定包括 Fisher 方差分析的结果，见图 8-26。图中，Between Groups 表示处理组间项；Within Groups 表示处理组内项，即误差项；Total 表示合计项；Sum of Squares 表示离差平方和；Mean Square 表示均方；F=21.086，P=0.000。由图 8-27 见，Welch 检验是在 F 分布基础上对 F 值和自由度均做了校正，F=31.110，ν=13.134，P=0.000；Brown-Forsythe 检验是在 F 分布基础上只对自由度做了校正，F=21.086，ν=18.213，P=0.000。虽然三种方法的结论一致，均为 P=0.000，但要以后两种基于方差不齐的方法为准。本例整体而言组间均数有统计差异，需进一步作多重比较。

（4）多重比较：图 8-29 给出的是基于方差不齐的多重比较方法 Dunnett's T3 和 Dunnett's C，后者只有区间估计结果，两种方法的结果一致。即去卵巢组与对照组和雌激素组之间均存在统计差异（P=0.000 和 P=0.002），对照组和雌激素组之间无统计差异（P=0.265）。对于置信区间的结果，若置信区间不包含 0 则表示在 α=0.05 水准有统计差异。结合图 8-28 的基本统计量，总的结论为去卵巢组的骨骼发育差于其他两组，其他两组间无统计差异，但从均数看，雌激素组（21.081 1）低于对照组（26.727 8）。图 8-29 其他结果的解释：

- Dependent Variable：骨小梁面积百分比 %，

Descriptives

骨小梁面积百分比%

	N	Mean	Std. Deviation	Std. Error	95% Confidence Interval for Mean Lower Bound	95% Confidence Interval for Mean Upper Bound	Minimum	Maximum
对照	9	26.7278	6.99503	2.33168	21.3509	32.1046	10.28	31.35
去卵巢组	9	9.2389	2.63543	.87848	7.2131	11.2647	5.80	14.26
雌激素组	9	21.0811	6.79208	2.26403	15.8603	26.3020	12.44	28.88
Total	27	19.0159	9.30265	1.79030	15.3359	22.6959	5.80	31.35

图 8-28 基本统计量与置信区间

Multiple Comparisons

Dependent Variable: 骨小梁面积百分比%

	(I) 分组	(J) 分组	Mean Difference (I-J)	Std. Error	Sig.	95% Confidence Interval Lower Bound	95% Confidence Interval Upper Bound
Dunnett T3	对照	去卵巢组	17.48889*	2.49167	.000	10.4678	24.5100
		雌激素组	5.64667	3.25001	.265	-2.9667	14.2600
	去卵巢组	对照	-17.48889*	2.49167	.000	-24.5100	-10.4678
		雌激素组	-11.84222*	2.42849	.002	-18.6705	-5.0139
	雌激素组	对照	-5.64667	3.25001	.265	-14.2600	2.9667
		去卵巢组	11.84222*	2.42849	.002	5.0139	18.6705
Dunnett C	对照	去卵巢组	17.48889*	2.49167		10.3691	24.6087
		雌激素组	5.64667	3.25001		-3.6400	14.9334
	去卵巢组	对照	-17.48889*	2.49167		-24.6087	-10.3691
		雌激素组	-11.84222*	2.42849		-18.7815	-4.9030
	雌激素组	对照	-5.64667	3.25001		-14.9334	3.6400
		去卵巢组	11.84222*	2.42849		4.9030	18.7815

*. The mean difference is significant at the 0.05 level.

图 8-29 四种多重比较方法的结果

即反应变量为“*tbar*”。

- Mean Difference(I–J):比较组之间均数之差。
- Std. Error:均数差值的标准误。

例 8–7 在例 8–6 的研究背景下,观测的反应变量又增加了 4 个,即“*tbn*”(骨小梁数目,个 /mm^2)、“*tbsp*”(骨小梁间隙,μm)、“*lpm*”(荧光标记周长百分比 %)、“*bfr*”(骨形成率,μm/d × 100),观测结果见数据文件“ONE–WAY_2”,试分析三组间的骨小梁数目和骨小梁间隙有无差异。

首先进行方差齐性检验和方差分析,结果显示方差齐性,且整体比较组间有统计差异。全部操作过程如下:

Analyze

Compare Means

One–Way ANOVA

▶ **Dependent List:** ***tbn / tbsp***

▶ **Factor:** ***group***

Post Hoc

☑ **LSD**

☑ **SNK**

☑ **Bonferroni**

Options

☑ **Descriptive**

☑ **Homogeneity–of–variance test**

结果见图 8–30~ 图 8–35,解释如下:

(1)方差齐性检验(图 8–31):三组间两个反应变量均方差齐性(P=0.121 和 P=0.346)。

(2)方差分析(图 8–32):整体比较反应两个变量三组间均存在统计差异(P=0.000),需进一步作多重比较。

(3)多重比较(图 8–33):LSD 法和 Bonferroni 法的多重比较结果一致,两项指标均为去卵巢组与对照组、去卵巢组与雌激素组之间存在统计差异(P=0.000),对照组和雌激素组之间无统计差异(P>0.05)。但从 P 值的大小看,LSD 法较 Bonferroni 法敏感。

Descriptives

		N	Mean	Std. Deviation	Std. Error	95% Confidence Interval for Mean Lower Bound	95% Confidence Interval for Mean Upper Bound	Minimum	Maximum
骨小梁数目(#/mm2)	对照	9	4.4989	1.33624	.44541	3.4718	5.5260	1.29	5.88
	去卵巢组	9	1.6256	.42951	.14317	1.2954	1.9557	.88	2.41
	雌激素组	9	3.8344	.96061	.32020	3.0961	4.5728	2.56	5.15
	Total	27	3.3196	1.56737	.30164	2.6996	3.9397	.88	5.88
骨小梁间隙(μm)	对照	9	208.8056	183.70662	61.23554	67.5961	350.0150	118.49	694.50
	去卵巢组	9	603.9689	206.73451	68.91150	445.0587	762.8791	356.34	1069.23
	雌激素组	9	223.5433	81.37482	27.12494	160.9931	286.0936	140.97	341.87
	Total	27	345.4393	245.58860	47.26355	248.2876	442.5909	118.49	1069.23

图 8–30 例 8–7 的基本统计量

Test of Homogeneity of Variances

		Levene Statistic	df1	df2	Sig.
骨小梁数目(#/mm2)	Based on Mean	2.314	2	24	.121
	Based on Median	1.107	2	24	.347
	Based on Median and with adjusted df	1.107	2	14.698	.357
	Based on trimmed mean	2.193	2	24	.133
骨小梁间隙(μm)	Based on Mean	1.110	2	24	.346
	Based on Median	.581	2	24	.567
	Based on Median and with adjusted df	.581	2	18.006	.569
	Based on trimmed mean	.925	2	24	.410

图 8–31 例 8–7 的方差齐性检验结果

ANOVA

		Sum of Squares	df	Mean Square	F	Sig.
骨小梁数目(#/mm2)	Between Groups	40.730	2	20.365	21.120	.000
	Within Groups	23.142	24	.964		
	Total	63.872	26			
骨小梁间隙(μm)	Between Groups	903284.596	2	451642.298	16.303	.000
	Within Groups	664873.142	24	27703.048		
	Total	1568157.738	26			

图 8–32　例 8–7 的方差分析结果

Multiple Comparisons

Dependent Variable		(I) 分组	(J) 分组	Mean Difference (I-J)	Std. Error	Sig.	95% Confidence Interval	
							Lower Bound	Upper Bound
骨小梁数目(#/mm2)	LSD	对照	去卵巢组	2.87333*	.46290	.000	1.9179	3.8287
			雌激素组	.66444	.46290	.164	-.2909	1.6198
		去卵巢组	对照	-2.87333*	.46290	.000	-3.8287	-1.9179
			雌激素组	-2.20889*	.46290	.000	-3.1643	-1.2535
		雌激素组	对照	-.66444	.46290	.164	-1.6198	.2909
			去卵巢组	2.20889*	.46290	.000	1.2535	3.1643
	Bonferroni	对照	去卵巢组	2.87333*	.46290	.000	1.6820	4.0647
			雌激素组	.66444	.46290	.492	-.5269	1.8558
		去卵巢组	对照	-2.87333*	.46290	.000	-4.0647	-1.6820
			雌激素组	-2.20889*	.46290	.000	-3.4002	-1.0175
		雌激素组	对照	-.66444	.46290	.492	-1.8558	.5269
			去卵巢组	2.20889*	.46290	.000	1.0175	3.4002
骨小梁间隙(μm)	LSD	对照	去卵巢组	-395.16333*	78.46166	.000	-557.1002	-233.2264
			雌激素组	-14.73778	78.46166	.853	-176.6747	147.1991
		去卵巢组	对照	395.16333*	78.46166	.000	233.2264	557.1002
			雌激素组	380.42556*	78.46166	.000	218.4886	542.3625
		雌激素组	对照	14.73778	78.46166	.853	-147.1991	176.6747
			去卵巢组	-380.42556*	78.46166	.000	-542.3625	-218.4886
	Bonferroni	对照	去卵巢组	-395.16333*	78.46166	.000	-597.0955	-193.2312
			雌激素组	-14.73778	78.46166	1.000	-216.6699	187.1944
		去卵巢组	对照	395.16333*	78.46166	.000	193.2312	597.0955
			雌激素组	380.42556*	78.46166	.000	178.4934	582.3577
		雌激素组	对照	14.73778	78.46166	1.000	-187.1944	216.6699
			去卵巢组	-380.42556*	78.46166	.000	-582.3577	-178.4934

*. The mean difference is significant at the 0.05 level.

图 8–33　例 8–7 的多重比较结果

骨小梁数目(#/mm2)

	分组	N	Subset for alpha = 0.05	
			1	2
Student-Newman-Keuls[a]	去卵巢组	9	1.6256	
	雌激素组	9		3.8344
	对照	9		4.4989
	Sig.		1.000	.164

Means for groups in homogeneous subsets are displayed.

a. Uses Harmonic Mean Sample Size = 9.000.

图 8–34　例 8–7 变量“*tbn*”的 SNK 多重比较结果

骨小梁间隙(μm)

	分组	N	Subset for alpha = 0.05	
			1	2
Student-Newman-Keuls[a]	对照	9	208.8056	
	雌激素组	9	223.5433	
	去卵巢组	9		603.9689
	Sig.		.853	1.000

Means for groups in homogeneous subsets are displayed.

a. Uses Harmonic Mean Sample Size = 9.000.

图 8–35　例 8–7 变量“*tbsp*”的 SNK 多重比较结果

（4）SNK多重比较（Student-Neuman-Keuls test）（图8-34、图8-35）：SNK检验结果为无差别表达方式，即把差异没有统计意义的比较组列在同一列里。如本例，两个变量均显示对照组和雌激素组在同一列，即两组间无统计差异（P=0.164和P=0.853）。除去差异没有统计意义的比较组外，其余各比较组之间差异均有统计意义（显著性水准为0.05），如本例两个变量均显示去卵巢组单独一列，即该组与其他两组间均存在统计差异。当某列只有一组时，P=1.000，因为是和自身比较。除了P值一行外，其余每行列出的数值为各组的均数。

（5）按照SPSS多重比较的表达方式，可分为有差别方式（如LSD法和Bonferroni法）和无差别方式（如SNK法）。Tukey B法和Duncan法亦按无差别方式表达，Scheffe法和Tukey HSD法按有差别和无差别两种方式表达。

配套数据文件集

（马金香 李秀央 张晋昕）

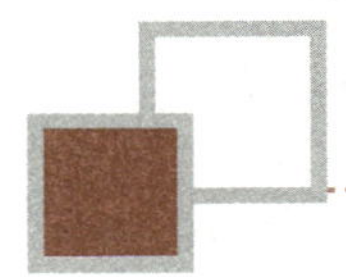

第九章　一般线性模型

主菜单 Analyze 的一般线性模型(general linear model)过程含有 4 个子模块,即 Univariate(单变量方差分析)、Repeated Measures(重复测量方差分析)、Multivariate(多变量方差分析)和 Variance Components(方差分量分析),本章仅介绍前两个模块的内容。这两个模块包含了一般的方差分析内容,如完全随机设计资料的方差分析、随机单位组设计资料的方差分析、拉丁方设计资料的方差分析、析因分析(factorial analysis)资料的方差分析、裂区设计(split-plot design)资料的方差分析、交叉设计(cross-over design)资料的方差分析、嵌套设计(nested design)资料的方差分析、正交设计(orthogonal design)资料的方差分析、协方差分析(analysis of covariance, ANCOVA)以及重复测量数据的方差分析(ANOVA for the repeated measurement data)等。

一般线性模型分析过程既可分析各个因素对一个反应变量的主效应,亦可分析各因素之间的交互效应;既可用于平衡设计资料,亦可用于非平衡设计资料;既可用于完整数据的资料,亦可用于缺失数据的资料;该过程还可用于回归分析。

第一节　一般线性模型单变量分析的基本过程

一般线性模型单变量分析适合于多种实验设计模型,在分析不同类型的资料时,有些过程是相同的,故先介绍其一般过程。

从菜单选择

Analyze

General Linear Model

Univariate

弹出 Univariate(单变量分析)主对话框(图 9-1)。

Dependent Variable:因变量(反应变量)。只限选入 1 个变量,且为定量变量。

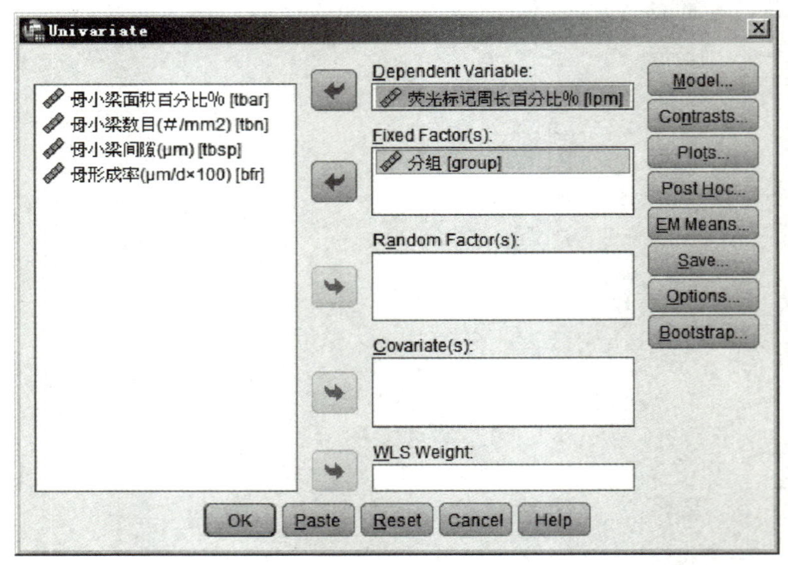

图 9-1　单变量分析主对话框

Fixed Factor(s):固定因素(fixed factor)。适于固定效应模型。该因素为分类(组)变量,可选入1个或多个。

Random Factor(s):随机因素。当应用随机效应模型或混合效应模型时,将随机因素选入。

Covariate(s):协变量。与因变量有关的定量变量,协方差分析时选用。

WLS Weight:变量加权。用于加权最小二乘分析。

★ Model:模型。

击 Model 按钮,弹出 Univariate:Model(模型)对话框(图 9-2)。

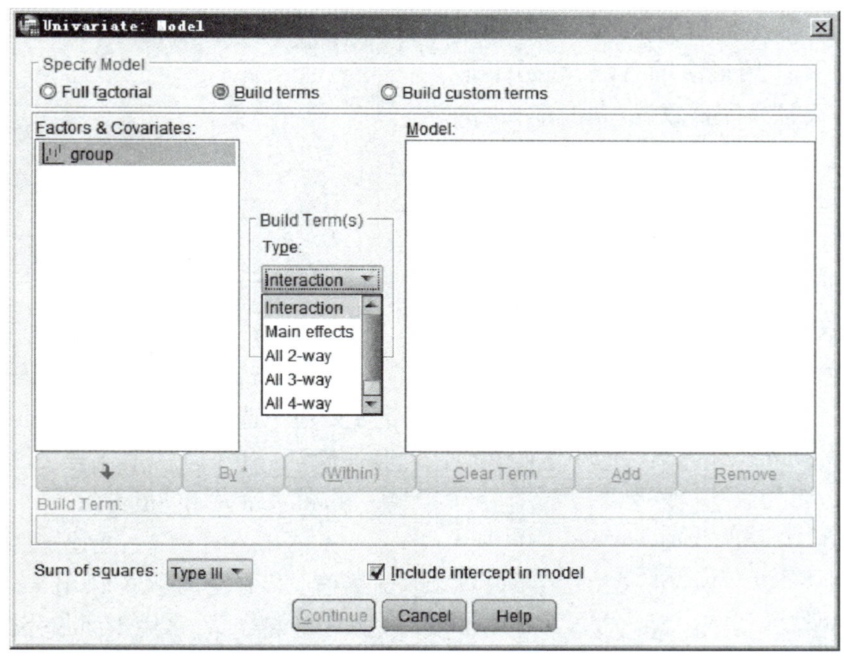

图 9-2　单变量分析的模型对话框

◇ Specify Model:定义模型。

◎ Full factorial:全因素模型(full factorial model)。系统默认。包括所有因素的主效应和所有因素各种组合的交互效应分析,但不包括与协变量的交互效应分析。

⊙ Build terms:自定义模型1。自行规定待分析的因素主效应和部分交互效应,可包括因素与协变量的交互效应。

◎ Build custom terms:自定义模型2。可逐个设定每个变量的嵌套项。主要用于裂区设计和嵌套设计资料的分析。

◇ Factors & Covariates:因素和协变量。框内为选入的分析因素及协变量。

◇ Model:模型方式。当选择 ⊙Build terms 或 ⊙Build custom terms 时,此框被激活,用户可自己选择主效应因素和交互效应因素,所选项均显示在此框内。

Build Term(s):分析效应选项。选择 ⊙Build terms,在 Factors & Covariates 框内选择某个或某几个因素后,该选项生效,各选项含义如下:

● Interaction:考虑所有因素不同水平各种组合的交互效应。系统默认。

● Main effects:只考虑主效应,不考虑交互效应。

● All 2-way:考虑所有2个因素的交互效应。

● All 3-way:考虑所有3个因素的交互效应。

● All 4-way:考虑所有4个因素的交互效应。

● All 5-way:考虑所有5个因素的交互效应。

选择 ⊙Build custom terms 时,最下方的一排功能键被激活。选择变量,点击向下箭头,变量进入 Build Term 下方的框,分析单个变量主效应时,直接击 Add 按钮。若要分析与另一个变量的交互效应,击 By* 按钮,选入另一变量。分析嵌套设计资料时,把上一级变量选入 Model 后,将下一级变量选入 Build Term 下方的框，击 (Within) 按钮，再选入上一级变量，击 Add 按钮设置生效。击 Clear Term 按钮清除 Build Term 框内变量，击 Remove 按钮清除 Model 变量。

Sum of squares [Type Ⅲ ▼]：计算离差平方和方法。

计算离差平方和方法有 4 种方法供选择，即 Type Ⅰ、Type Ⅱ、Type Ⅲ 和 Type Ⅳ，系统默认 Type Ⅲ。Type Ⅲ是应用最多的方法，它适于平衡或非平衡设计，而且是完整数据（with no empty cells）。Type Ⅰ适于嵌套设计资料；Type Ⅱ适于平衡设计，且只做主效应分析；Type Ⅳ是基于 Type Ⅲ的一种推广，适于平衡或非平衡设计，且为不完整数据（with empty cells）。需要指出，对于平衡设计的完整数据，四种方法的结果完全相同。

☑ Include intercept in model：模型内含有截距。系统默认。

★ Contrasts（图 9-1）：因素内的水平间差值比较。

击 Contrasts 按钮，弹出 Univariate：Contrasts（因素内的水平间比较）对话框（图 9-3），有 6 种方法可供选择，此略。

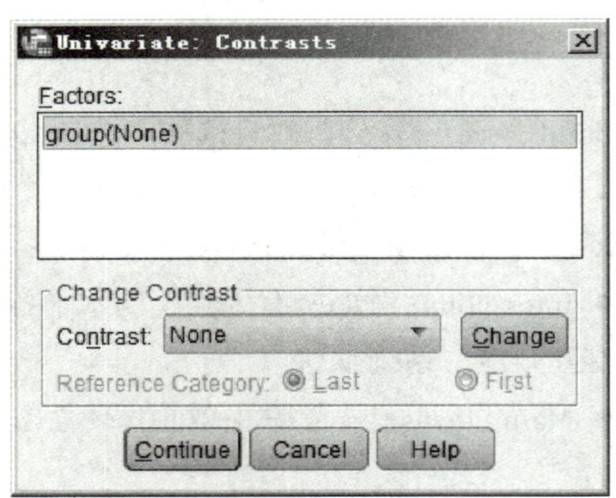

图 9-3　因素内的水平间比较对话框

★ Plots（图 9-1）：交互效应轮廓图。详见本章第五节。

★ Post Hoc（图 9-1）：多重比较。见第八章第五节。

★ EM Means（图 9-1）：均数估计。

击 EM Means 按钮，弹出 Univariate：Estimated Marginal Means（均数估计）对话框（图 9-4）。

◇ Factor（s）and Factor Interactions：选入模型的主效应与交互效应的因素，如欲估计个别或全部因素的均数，选择这些因素，并送入右框（Display Means for）。

◇ Display Means for：显示框内因素的均数估计，包括均数、标准误及置信区间。

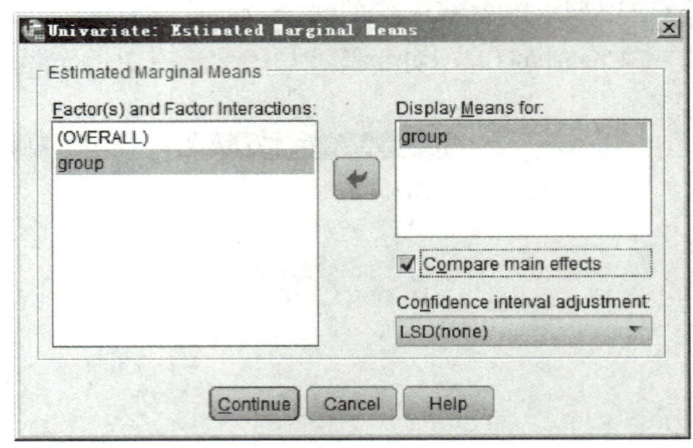

图 9-4　均数估计对话框

☑ Compare main effects：比较各因素不同水平的主效应。选此项后，Confidence interval adjustment 框被激活，有 3 种多重比较方法供选择，即 LSD 法、Bonferroni 法和 Sidak 法。

★ Save（图 9-1）：存入新变量。可将残差、预测值、Cook 距离（Cook's distance）等存为数据文件中的新变量，多用于回归分析。

★ Options（图 9-1）：选项。

击 Options 按钮，弹出 Univariate：Options（选项）对话框（图 9-5）。

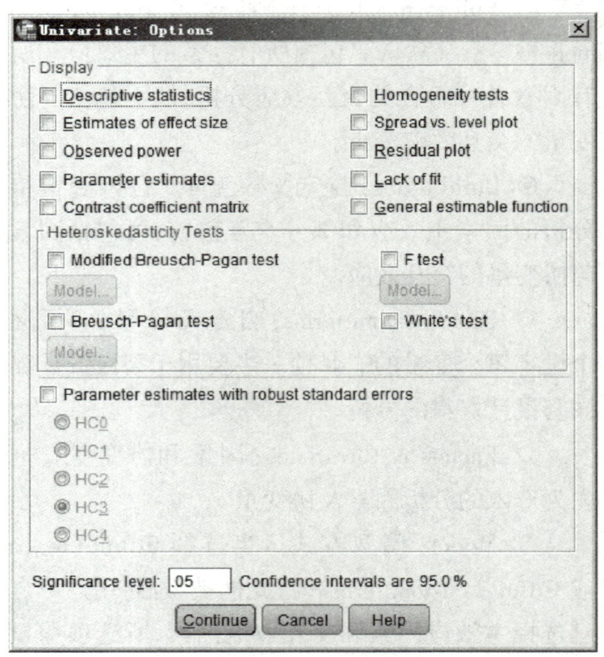

图 9-5　单变量分析的选项对话框

◇ Display：输出选项。

□ Descriptive statistics：描述统计量。包括均数、标准差和样本量。

□ Estimates of effect size：估计效应值大小的偏 eta 平方统计量。

□ Observed power：观察检验效能。由样本推算得来，与理论检验效能不同。

□ Parameter estimates：参数估计。包括回归系数及其标准误、t 检验等。

□ Contrast coefficient matrix：水平间差值比较的系数矩阵。

□ Homogeneity tests：方差齐性检验。检验因变量的方差在不同的因素组合下是否相同。

□ Spread vs. level plot：不同因素组合的均数与标准差（方差）的散点图。

□ Residual plot：残差、观察值及预测值 3 变量相关散点图。

□ Lack of fit：失拟检验，检验模型拟合是否有意义。

□ General estimable function：水平间比较的一般线性组合函数。

◇ Heteroskedasticity Test：异方差检验。检验随机误差是否与自变量取值有关，有 4 种检验方法可选，即 Modified Breusch–Pagan test、Breusch–Pagan test、F test 和 White's test。

□ Parameter estimates with robust standard errors：基于稳健性标准误的参数估计。有 HC0~HC4 等 5 种协方差矩阵稳健估计方法可选。

Significance level [.05] Confidence intervals are 95.0%：显著性水准为 0.05，系统默认，可自定义；置信区间为 95.0%，不可调整。

★ Bootstrap（图 9–1）：Bootstrap 法。该法对观测数据集进行有放回的随机抽样，进行假设检验和参数估计，特别适用于那些难以用常规方法导出参数的区间估计和假设检验等问题。它对数据的样本量和是否服从正态分布不做要求，但计算量较大。

击 Bootstrap 按钮，弹出 Bootstrap（辅助程序）对话框（图 9–6）。详见第六章第一节。

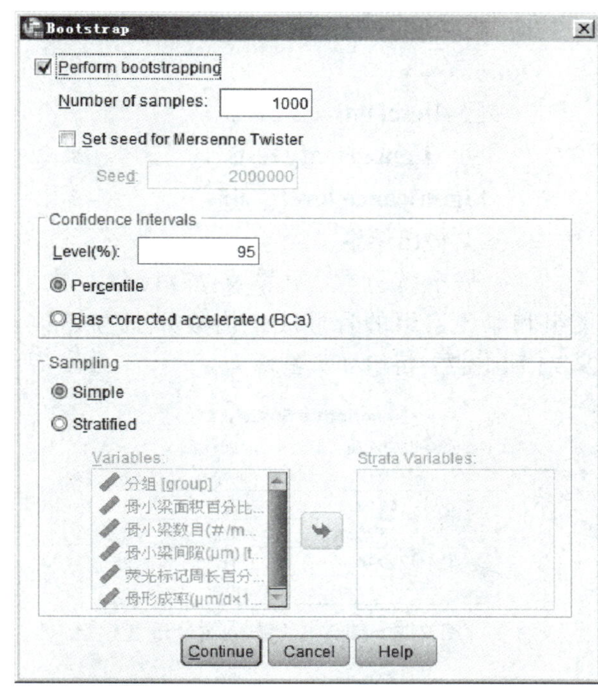

图 9–6　单变量分析的辅助程序对话框

第二节　完全随机设计资料的方差分析

例 9–1　引用数据文件“ONE–WAY_2”，研究背景见例 8–6，以“*group*”为因素，试比较 3 组间骨形成率（*bfr*）有无差异。

1. 操作过程

Analyze

　General Linear Model

　　Univariate

▸ **Dependent Variable：*bfr***

▸ **Fixed Factor（s）：*group***

Model

　⊙ **Full factorial**

　Sum of squares：[Type Ⅲ]

　☑ **Include intercept in model**

Post Hoc

　▸ **Post Hoc Tests for：*group***

　　☑ **Bonferroni**

EM Means

▶ **Display Means for: *group***

Options

☑ **Descriptive statistics**

☑ **Homogeneity tests**

Significance level: .05

2. 主要输出结果

（1）基本统计量：见图 9-7，对照组、去卵巢组和雌激素组的骨形成率均数分别为 13.94、26.75 和 13.75，每组样本量均为 9。

Descriptive Statistics

Dependent Variable: 骨形成率(μm/d×100)

分组	Mean	Std. Deviation	N
对照	13.9433	7.48787	9
去卵巢组	26.7522	10.82992	9
雌激素组	13.7456	2.93341	9
Total	18.1470	9.71819	27

图 9-7　例 9-1 的基本统计量

（2）方差齐性检验：见图 9-8，Levene 方差齐性检验，三组总体方差齐性（P=0.167）。

（3）方差分析：见图 9-9，方差分析表中，"group"一行为处理组间项，"Error"一行为误差项，"Corrected Total"一行为合计项，这三行组成的方差分析表与第八章图 8-26 显示的单向方差分析表是完全一样的。而表中"Corrected Model""Intercept"和"Total"三行内容是有关线性模型的表达，读者可以忽略不管。注释中的 R Squared（R^2）和 Adjusted R Squared（调整 R^2）在线性回归部分会有详细解释，此处也可忽略。解读本章后述的各种方差分析表均可仿此。

本例处理组间（*group*）F=8.242，P=0.002，差异有显著性意义，需进一步做多重比较。

Test of Homogeneity of Variances

		Levene Statistic	df1	df2	Sig.
骨形成率(μm/d×100)	Based on Mean	1.929	2	24	.167
	Based on Median	1.387	2	24	.269
	Based on Median and with adjusted df	1.387	2	13.085	.284
	Based on trimmed mean	1.647	2	24	.214

图 9-8　例 9-1 的方差齐性检验

Tests of Between-Subjects Effects

Dependent Variable: 骨形成率(μm/d×100)

Source	Type III Sum of Squares	df	Mean Square	F	Sig.
Corrected Model	999.840[a]	2	499.920	8.242	.002
Intercept	8891.504	1	8891.504	146.595	.000
group	999.840	2	499.920	8.242	.002
Error	1455.681	24	60.653		
Total	11347.025	27			
Corrected Total	2455.522	26			

a. R Squared = .407 (Adjusted R Squared = .358)

图 9-9　例 9-1 的方差分析表

（4）均数估计：见图 9-10，与图 9-7 给出的基本统计量不同的是给出了置信区间。这里的标准误为方差分析中误差项的标准误，即 $2.596=\sqrt{MS_E/n}=\sqrt{60.653/9}$。

（5）多重比较：见图 9-11，去卵巢组与对照组和雌激素组之间均存在统计差异（P=0.006 和 P=0.005），对照组和雌激素组之间无统计差异（P=1.000），以去卵巢组的骨形成率较高。

分组

Dependent Variable: 骨形成率(μm/d×100)

分组	Mean	Std. Error	95% Confidence Interval Lower Bound	95% Confidence Interval Upper Bound
对照	13.943	2.596	8.585	19.301
去卵巢组	26.752	2.596	21.394	32.110
雌激素组	13.746	2.596	8.388	19.103

图 9-10　例 9-1 的均数估计

Multiple Comparisons

Dependent Variable: 骨形成率(μm/d×100)

Bonferroni

(I) 分组	(J) 分组	Mean Difference (I-J)	Std. Error	Sig.	95% Confidence Interval	
					Lower Bound	Upper Bound
对照	去卵巢组	-12.8089*	3.67131	.006	-22.2575	-3.3603
	雌激素组	.1978	3.67131	1.000	-9.2509	9.6464
去卵巢组	对照	12.8089*	3.67131	.006	3.3603	22.2575
	雌激素组	13.0067*	3.67131	.005	3.5580	22.4553
雌激素组	对照	-.1978	3.67131	1.000	-9.6464	9.2509
	去卵巢组	-13.0067*	3.67131	.005	-22.4553	-3.5580

Based on observed means.
The error term is Mean Square(Error) = 60.653.

*. The mean difference is significant at the .05 level.

图 9-11 例 9-1 的多重比较结果

第三节 随机单位组设计资料的方差分析

例 9-2 为研究不同卡环对牙齿的固定效果,以取自 10 具新鲜尸体的 30 颗牙齿为实验对象,每具尸体视为一个配伍组(区组),取 3 颗牙齿随机分配于 3 种固定卡环,即普通卡环、RPI 卡环和 Y 型卡环,测试抗拉强度,结果见表 9-1。试分析 3 种卡环的固定效果有无差异。

表 9-1 不同卡环的抗拉强度

单位:牛顿

尸体编号	普通卡环	RPI 卡环	Y 型卡环
1	4.3	6.4	5.0
2	10.2	9.7	8.1
3	6.5	7.7	6.7
4	9.2	10.9	7.8
5	5.7	7.1	6.0
6	7.1	8.9	6.7
7	4.4	5.6	4.2
8	11.3	13.0	10.9
9	8.7	10.6	8.4
10	7.3	8.2	7.5

1. 操作过程

用双向方差分析(Two-Way ANOVA)方法。

(1)数据格式:见数据文件“teeth_1.sav”,有 30 行 3 列。定义 3 个变量,其中 1 个因变量,2 个分组变量。

- 因变量:定量变量。本例为变量“*pull*”。
- 分组变量(处理组):变量名为“*group*”,变量值标记为:1=“普通卡环”;2=“RPI 卡环”;3=“Y 型卡环”。
- 分组变量(配伍组):变量名为“*teeth*”,有 10 个水平,未标记。

(2)过程:在下述过程中,未选择方差齐性,因为在 Univariate 过程,模型中只要有 2 个及 2 个以上因素而且无重复例数的话(如本例),就不会给出方差齐性检验的结果。所以如果需要对处理组及配伍组做方差齐性检验,可以先在 One-Way ANOVA 过程分别尝试,见第八章第五节。本例的处理组和配伍组均方差齐性(P=0.634 和 P=0.637)。

Analyze

    General Linear Model

        Univariate

▶ Dependent Variable: ***pull***

▶ Fixed Factor(s): ***group / teeth***

Model

    ⊙ Bulid terms

    Type: **Main effects**

    ▶ Model: ***group / teeth***

    Sum of squares: **Type Ⅲ**

    ☑ Include intercept in model

Post Hoc

    ▶ Post Hoc Tests for: ***group***

    ☑ S-N-K

EM Means

▶ **Display Means for: *group***

Options

☑ **Descriptive statistics**

Significance level: .05

2. 主要输出结果　以上过程及下述结果即所谓的双向方差分析（two-way analysis of variance，即 Two-Way ANOVA）。

（1）基本统计量：从输出的基本统计量表中摘得普通卡环、RPI 卡环和 Y 型卡环的均数和标准差（$\bar{X} \pm S$）分别为（7.47 ± 2.37）、（8.81 ± 2.27）和（7.13 ± 1.89）。

（2）方差分析：见图 9-12。

● 处理组（*group*）间 F=26.687，P=0.000，3 种卡环的抗拉强度有统计差异。

● 配伍组（*teeth*）间 F=46.496，P=0.000，牙齿个体间有统计差异，说明配伍设计非常有效。

● 本例如果不考虑配伍因素，用 One-Way ANOVA 过程，则处理组（*group*）间 F=1.651，P=0.211，3 种卡环的抗拉强度无统计差异，这与用 Two-Way ANOVA 分析的结果是大相径庭的，也进一步证实了配伍组设计的有效性。

（3）均数估计：见图 9-13。

Tests of Between-Subjects Effects

Dependent Variable: 拉力(牛顿)

Source	Type III Sum of Squares	df	Mean Square	F	Sig.
Corrected Model	139.488[a]	11	12.681	42.894	.000
Intercept	1826.760	1	1826.760	6179.219	.000
group	15.779	2	7.889	26.687	.000
teeth	123.710	9	13.746	46.496	.000
Error	5.321	18	.296		
Total	1971.570	30			
Corrected Total	144.810	29			

a. R Squared = .963 (Adjusted R Squared = .941)

图 9-12　例 9-2 的方差分析表

分组

Dependent Variable: 拉力(牛顿)

分组	Mean	Std. Error	95% Confidence Interval Lower Bound	Upper Bound
普通卡环	7.470	.172	7.109	7.831
RPI卡环	8.810	.172	8.449	9.171
Y型卡环	7.130	.172	6.769	7.491

图 9-13　例 9-2 的均数估计

（4）多重比较：见图 9-14，RPI 卡环的抗拉强度显著高于其他两组，而其他两组间无统计差异（P=0.179）。

拉力(牛顿)

Student-Newman-Keuls[a,b]

分组	N	Subset 1	2
Y型卡环	10	7.130	
普通卡环	10	7.470	
RPI卡环	10		8.810
Sig.		.179	1.000

Means for groups in homogeneous subsets are displayed.
Based on observed means.
The error term is Mean Square(Error) = .296.

a. Uses Harmonic Mean Sample Size = 10.000.

b. Alpha = .05.

图 9-14　例 9-2 的 SNK 多重比较结果

第四节　拉丁方设计资料的方差分析

例 9-3　为比较 A、B、C、D、E、F 6 种药物给家兔注射后产生的皮肤疱疹面积大小（mm^2），采用拉丁方设计，选用 6 只家兔，在每只家兔的 6 个不同部位进行注射。试验结果见表 9-2，试作方差分析。

1. 操作过程　用三向方差分析（three-way analysis of variance，即 Three-Way ANOVA）方法。

（1）数据格式：见数据文件“THREE-WAY.sav”，有 36 行 4 列。定义 4 个列变量，其中 1 个因变量，3 个分组变量。

● 因变量：定量变量，本例为变量“*area*”（疱疹面积）。

● 分组变量（处理组）：变量名为“*group*”（药物），有 6 个水平，变量值标记为：1=“药物 A”；2=“药物 B”；3=“药物 C”；4=“药物 D”；5=“药物 E”；6=“药物 F”。

表 9-2　家兔注射不同药物后的皮肤疱疹面积　　单位：mm^2

家兔编号	注射部位编号					
	1	2	3	4	5	6
1	C（87）	B（75）	E（81）	D（75）	A（84）	F（66）
2	B（73）	A（81）	D（87）	C（85）	F（64）	E（79）
3	F（73）	E（73）	B（74）	A（78）	D（73）	C（77）
4	A（77）	F（68）	C（69）	B（74）	E（76）	D（73）
5	D（64）	C（64）	F（72）	E（76）	B（70）	A（81）
6	E（75）	D（77）	A（82）	F（61）	C（82）	B（61）

● 分组变量（行配伍组）：变量名为“*rabbit*”（家兔），有 6 个水平，为家兔编号，未标记。

● 分组变量（列配伍组）：变量名为“*position*”（部位），有 6 个水平，为家兔部位编号，未标记。

（2）过程：基本统计量由 Analyze / Compare Means / Means 过程求得，结果见图 9-15。方差齐性检验由过程 Analyze / Compare Means / One-Way ANOVA / Options / Homogeneity of Variance Test 完成，处理组间的总体方差齐性（P=0.100）。方差分析过程如下：

Analyze

General Linear Model

Univariate

▸ Dependent Variable（s）: ***area***

▸ Fixed Factor（s）: ***group / rabbit / position***

Model

⊙ Build terms

Type: Main effects

▸ Model: ***group / rabbit / position***

Sum of squares: Type Ⅲ

☑ Include intercept in model

Post Hoc

▸ Post Hoc Tests for: ***group***

☑ S-N-K

EM Means

▸ Display Means for: ***group***

Options

Significance level: .05

2. 主要输出结果　以上过程及下述结果即所谓的三向方差分析。

（1）基本统计量：见图 9-15（用 Analyze—Compare Means—Means 过程产生基本统计量）。

Report

皮疹面积(mm2)

药物	Mean	N	Std. Deviation
药物A	80.50	6	2.588
药物B	71.17	6	5.269
药物C	77.33	6	9.180
药物D	74.83	6	7.441
药物E	76.67	6	2.875
药物F	67.33	6	4.633
Total	74.64	36	6.941

图 9-15　例 9-3 的基本统计量

（2）方差分析：见图 9-16。

Tests of Between-Subjects Effects

Dependent Variable: 皮疹面积(mm2)

Source	Type III Sum of Squares	df	Mean Square	F	Sig.
Corrected Model	982.948[a]	15	65.530	1.863	.096
Intercept	198366.077	1	198366.077	5640.545	.000
rabbit	251.663	5	50.333	1.431	.256
position	65.337	5	13.067	.372	.862
group	657.336	5	131.467	3.738	.015
Error	703.358	20	35.168		
Total	202241.000	36			
Corrected Total	1686.306	35			

a. R Squared = .583 (Adjusted R Squared = .270)

图 9-16　例 9-3 的方差分析表（Three-Way ANOVA）

● 处理组（*group*）间 F=3.738，P=0.015，6 种药物导致的疱疹面积有统计差异。

● 行配伍组（*rabbit*）间 F=1.431，P=0.256，家兔间无统计差异，但 F 值大于 1，说明该配伍因素有效。

● 列配伍组（*position*）间 F=0.372，P=0.862，注射部位间无统计差异，且 F 值小于 1，说明该配伍因素无效，可以考虑在模型中去掉该因素，即用 Two-Way ANOVA 处理。

● 将“*position*”（部位）从模型中剔除后的方差分析结果见图 9-17，这里处理组（*group*）间

Tests of Between-Subjects Effects

Dependent Variable: 皮疹面积(mm2)

Source	Type III Sum of Squares	df	Mean Square	F	Sig.
Corrected Model	917.611[a]	10	91.761	2.984	.013
Intercept	200554.694	1	200554.694	6522.575	.000
rabbit	250.472	5	50.094	1.629	.189
group	667.139	5	133.428	4.339	.006
Error	768.694	25	30.748		
Total	202241.000	36			
Corrected Total	1686.306	35			

a. R Squared = .544 (Adjusted R Squared = .362)

图 9-17 例 9-3 的方差分析表(Two-Way ANOVA)

F=4.339,P=0.006,较未剔除前提高了模型效率,一方面体现在 P 值由 0.015 降低到 0.006,另一方面体现在调整 R^2 从 0.270 增大到 0.362。就本例而言,用 Two-Way ANOVA 较 Three-Way ANOVA 更可取。

(3)均数估计:见图 9-18 和图 9-19。

药物

Dependent Variable: 皮疹面积(mm2)

药物	Mean	Std. Error	95% Confidence Interval Lower Bound	Upper Bound
药物A	80.500	2.421	75.450	85.550
药物B	71.167	2.421	66.117	76.217
药物C	77.333	2.421	72.283	82.383
药物D	74.833	2.421	69.783	79.883
药物E	76.667	2.421	71.617	81.717
药物F	67.221	2.496	62.014	72.428

图 9-18 基于 Three-Way ANOVA 的均数估计

药物

Dependent Variable: 皮疹面积(mm2)

药物	Mean	Std. Error	95% Confidence Interval Lower Bound	Upper Bound
药物A	80.500	2.264	75.838	85.162
药物B	71.167	2.264	66.504	75.829
药物C	77.333	2.264	72.671	81.996
药物D	74.833	2.264	70.171	79.496
药物E	76.667	2.264	72.004	81.329
药物F	67.333	2.264	62.671	71.996

图 9-19 基于 Two-Way ANOVA 的均数估计

(4)多重比较:图 9-20 和图 9-21 分别是基于 Three-Way ANOVA 和 Two-Way ANOVA 的 SNK 多重比较的结果。就疱疹面积而言,前者的结论为药物 A 组显著高于药物 F 组,其余组间无统计差异;后者的结论为药物 F 组显著低于药物 A 组、药物 C 组和药物 E 组,其余组间无统计差异。

皮疹面积(mm2)

Student-Newman-Keuls[a,b]

药物	N	Subset 1	Subset 2
药物F	6	67.33	
药物B	6	71.17	71.17
药物D	6	74.83	74.83
药物E	6	76.67	76.67
药物C	6	77.33	77.33
药物A	6		80.50
Sig.		.058	.085

Means for groups in homogeneous subsets are displayed.
Based on observed means.
The error term is Mean Square(Error) = 35.168.

a. Uses Harmonic Mean Sample Size = 6.000.

b. Alpha = 0.05.

图 9-20 基于 Three-Way ANOVA 的 SNK 检验

皮疹面积(mm2)

Student-Newman-Keuls[a,b]

药物	N	Subset 1	Subset 2
药物F	6	67.33	
药物B	6	71.17	71.17
药物D	6	74.83	74.83
药物E	6		76.67
药物C	6		77.33
药物A	6		80.50
Sig.		.068	.052

Means for groups in homogeneous subsets are displayed.
Based on observed means.
The error term is Mean Square(Error) = 30.748.

a. Uses Harmonic Mean Sample Size = 6.000.

b. Alpha = 0.05.

图 9-21 基于 Two-Way ANOVA 的 SNK 检验

第五节 析因设计资料的方差分析

例 9-4 以例 8-1 资料为例，试做方差分析。

1. 操作过程

（1）数据格式：见数据文件“factorial_1.sav”，有 60 行 4 列。定义 4 个变量，其中 1 个因变量，3 个因素，即分组变量。

● 因变量：定量变量，本例为变量“*cons*”。

● 因素 1（药物）：变量名为“*drug*”，有 2 个水平，变量值标记为：1=“实验组”；2=“对照组”。

● 因素 2（时间）：变量名为“*time*”，有 3 个水平，变量值标记为：1=“15min”；2=“30min”；3=“60min”。

● 因素 3（器官）：变量名为“*organ*”，有 2 个水平，变量值标记为：1=“心脏”；2=“肝脏”。

（2）过程

Analyze

General Linear Model

Univariate

▸ **Dependent Variable**：***cons***

▸ **Fixed Factor（s）**：***drug / time / organ***

Model

⊙ **Full factorial**

Sum of squares：**Type Ⅲ**

☑ **Include intercept in model**

Post Hoc

▸ **Post Hoc Tests for**：***time***

☑ **S-N-K**

EM Means

▸ **Display Means for**：***drug / time / organ***

Options

☑ **Descriptive statistics**

Significance level：**.05**

Plots

▸ **Horizontal Axis**：***time***

▸ **Separate Lines**：***drug***

▸ **Separate Plots**：***organ***

★ Plots：交互效应轮廓图。

击 Plots 按钮，弹出 Univariate：Profile Plots（交互效应轮廓图）对话框（图 9-22）。将各因素不同水平组合的均数在二维图形上标出，以直观地描述主效应和交互效应。最多可同时设置 3 个因素：

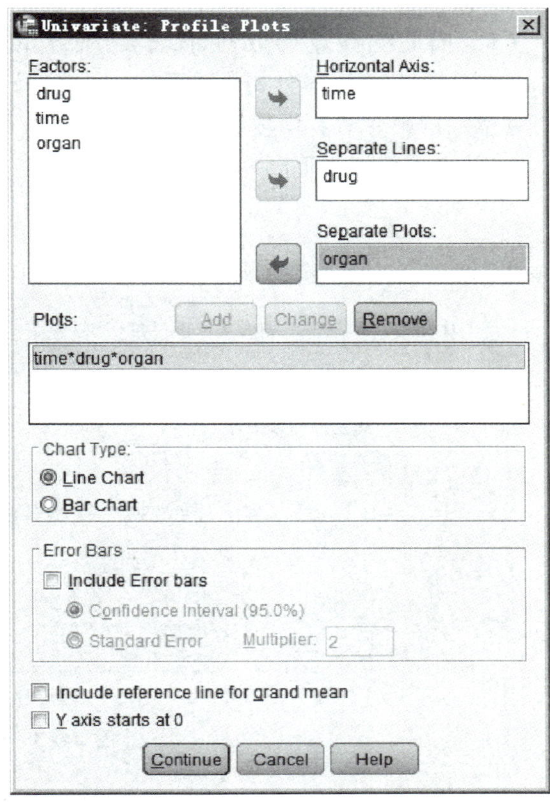

图 9-22 交互效应轮廓图对话框

◇ Horizontal Axis：横轴代表的因素。

◇ Separate Lines：不同线代表的因素。

◇ Separate Plots：分图代表的因素。

◇ Plots：用于绘制图形的因素。

◇ Chart Type：图形类型。

⊙ Line Chart：线图。

◎ Bar Chart：条图。

◇ Error Bars：误差棒图。

□ Include Error bars：在图形中显示误差棒。

⊙ Confidential interval（95.0%）：均数的 95% 置信区间。

◎ Standard Error：均数标准误（standard error of mean），默认加减 2 个标准误，通常修改为 1。

□ Include reference line for grand mean：在所有观测值的均数处绘制一条水平参考线。

□ Y axis starts at 0：Y 轴从 0 开始。

本例 Horizontal Axis（横轴）选入变量“*time*”，Separate Lines（线段）选入变量“*drug*”，Separate Plots（分图）选入变量“*organ*”，之后，Add 按钮被

激活，击 Add 按钮后，Plots 框内显示 "*time* * *drug* * *organ*"，设置完成。

2. 主要输出结果

（1）描述统计量均数估计：描述统计量与 Means（定量资料基本分析）过程输出的结果一样，见第八章第一节。均数估计见图 9-23。

（2）方差分析表见图 9-24，解释如下：

● 不同药物间有统计差异（F=3 660.158，P=0.000），实验组丝裂霉素浓度（均数为 0.917μg/g）显著高于对照组（均数为 0.338μg/g）。

● 用药后不同时间之间有统计差异（F=3 588.885，P=0.000），结合图 9-25 的多重比较结果，用药后 30 分钟的丝裂霉素浓度显著高于其他两组，其他两组间无统计差异。

1. 药物

Dependent Variable: 丝裂霉素浓度(ug/g)

药物	Mean	Std. Error	95% Confidence Interval	
			Lower Bound	Upper Bound
实验组	.917	.007	.903	.930
对照组	.338	.007	.324	.352

药物的均数估计

2. 器官

Dependent Variable: 丝裂霉素浓度(ug/g)

器官	Mean	Std. Error	95% Confidence Interval	
			Lower Bound	Upper Bound
心脏	.349	.007	.335	.362
肝脏	.906	.007	.893	.920

器官的均数估计

3. 时间

Dependent Variable: 丝裂霉素浓度(ug/g)

时间	Mean	Std. Error	95% Confidence Interval	
			Lower Bound	Upper Bound
15min	.351	.008	.334	.368
30min	1.200	.008	1.184	1.217
60min	.331	.008	.314	.347

时间的均数估计

图 9-23 描述统计量均数估计

Tests of Between-Subjects Effects

Dependent Variable: 丝裂霉素浓度(ug/g)

Source	Type III Sum of Squares	df	Mean Square	F	Sig.
Corrected Model	45.899[a]	11	4.173	3038.908	.000
Intercept	23.622	1	23.622	17203.664	.000
drug	5.026	1	5.026	3660.158	.000
organ	4.660	1	4.660	3393.707	.000
time	9.855	2	4.928	3588.885	.000
drug * organ	9.843	1	9.843	7168.881	.000
drug * time	4.847	2	2.424	1765.111	.000
organ * time	5.791	2	2.895	2108.711	.000
drug * organ * time	5.876	2	2.938	2139.914	.000
Error	.066	48	.001		
Total	69.586	60			
Corrected Total	45.964	59			

a. R Squared = .999 (Adjusted R Squared = .998)

图 9-24 例 9-4 的方差分析表

● 不同器官间有统计差异（F=3 393.707，P=0.000），肝脏丝裂霉素浓度显著高于心脏。

● 所有组合的交互效应均显著（P=0.000）。下面的交互效应轮廓图也直观地表达了这一点。

● 结合基本统计量输出结果（见第八章第一节），最大均数（3.452）的组合为实验组用药 30 分钟后肝脏的丝裂霉素浓度；最小均数（0.107）的组合为对照组用药 60 分钟后肝脏的丝裂霉素浓度。

● 模型拟合效果相当理想，调整 R^2=0.998。

（3）多重比较：在 3 个因素中，药物和器官因素只有 2 个水平，无需多重比较。时间因素是 3 个水平，其多重比较结果见图 9-25，30 分钟

丝裂霉素浓度(ug/g)

Student-Newman-Keuls[a,b]

时间	N	Subset 1	Subset 2
60min	20	.330840	
15min	20	.351015	
30min	20		1.200495
Sig.		.092	1.000

Means for groups in homogeneous subsets are displayed.
Based on observed means.
The error term is Mean Square(Error) = .001.

a. Uses Harmonic Mean Sample Size = 20.000.

b. Alpha = .05.

图 9-25　时间因素的 SNK 多重比较结果

组与其他时间点有统计差异，丝裂霉素浓度达到高峰。

（4）交互效应轮廓图见图 9-26，解释如下：

● 器官的 2 个水平分别用 2 幅轮廓图表示，即图 9-26（1）和图 9-26（2）。图中纵轴表示丝裂霉素浓度的均数，横轴表示用药后的不同时间点，线段表示药物组的 2 个水平，即实验组和对照组。

● 两直线不呈平行关系，图 9-26（2）尤其明显，提示存在交互效应。

● 从图中可明显地看出最大和最小均数。

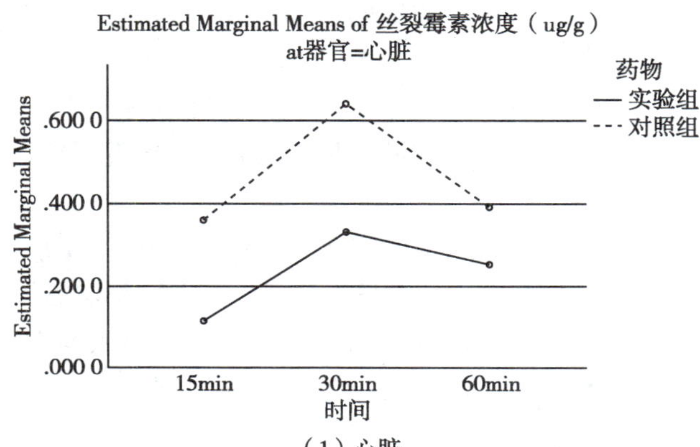

（1）心脏

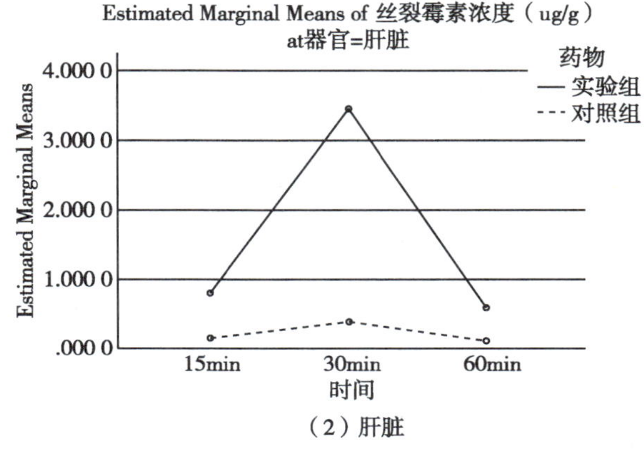

（2）肝脏

图 9-26　交互效应轮廓图

第六节　裂区设计资料的方差分析

例 9-5　将 10 只家兔随机等分两组，一组注射抗毒素，一组注射生理盐水。每只家兔取甲、乙两部位，分别以高、低两种浓度注射，观察指标为皮肤损伤直径（mm）范围，实验结果见表 9-3，试分析之。

1. 操作过程

（1）数据格式：见数据文件“split.sav”，有 20 行 4 列。定义 4 个变量，其中 1 个因变量，3 个分组变量。

● 因变量：定量变量，本例为变量“*diameter*”（损伤直径）。

● 分组变量（固定因素）：变量名为“*inject*”（注射物），有 2 个水平，变量值标记为：1=“抗毒素”；2=“生理盐水”。

表 9-3　家兔皮肤损伤直径

单位：mm

注射物	家兔编号	浓度	
		高浓度	低浓度
抗毒素	1	19.00	15.75
	4	20.75	15.50
	6	18.50	15.50
	7	20.50	17.00
	10	20.00	16.50
生理盐水	2	22.25	18.25
	3	21.50	18.50
	5	23.50	19.75
	8	24.75	21.50
	9	23.75	20.75

● 分组变量（固定因素）：变量名为"*cons*"（浓度），有 2 个水平，变量值标记为：1="低浓度"；2="高浓度"。

● 分组变量（随机因素）：变量名为"*subject*"（家兔编号），有 10 个水平，即 10 只家兔，无需标记。

（2）过程

Analyze

General Linear Model

Univariate

▸ **Dependent Variable：*diameter***

▸ **Fixed Factor（s）：*inject / cons***

▸ **Random Factor（s）：*subject***

Model

⊙ **Bulid custom terms**

▸ **Model：*inject / subject（inject）/cons / inject*cons***

Sum of squares：Type Ⅲ

☑ **Include intercept in model**

2. 主要输出结果

（1）基本统计量：用 Means 过程产生基本统计量，见图 9-27。

Report

损伤直径(mm)

注射物	浓度	Mean	N	Std. Deviation
抗毒素	低浓度	16.0500	5	.67082
	高浓度	19.7500	5	.96825
	Total	17.9000	10	2.10225
生理盐水	低浓度	19.7500	5	1.40312
	高浓度	23.1500	5	1.28209
	Total	21.4500	10	2.19469
Total	低浓度	17.9000	10	2.20857
	高浓度	21.4500	10	2.08766
	Total	19.6750	20	2.77335

图 9-27 例 9-5 的基本统计量

（2）方差分析表见图 9-28，解释如下：

● 不同注射物（*inject*）间有统计差异（P=0.001），抗毒素对皮肤的损伤较轻（损伤直径较生理盐水小）。

● 不同浓度（*cons*）间有统计差异（P=0.000），低浓度对皮肤的损伤较轻（损伤直径较高浓度小）。

● 注射物与浓度间无交互作用（P=0.521）。

● 家兔间个体差异有显著性意义（P=0.003）。

● a. MS［subject（inject）］：一级误差项均方。

● b. MS（Error）：二级误差项均方。

Tests of Between-Subjects Effects

Dependent Variable: 损伤直径(mm)

Source		Type III Sum of Squares	df	Mean Square	F	Sig.
Intercept	Hypothesis	7742.113	1	7742.113	3440.939	.000
	Error	18.000	8	2.250[a]		
inject	Hypothesis	63.012	1	63.012	28.006	.001
	Error	18.000	8	2.250[a]		
subject(inject)	Hypothesis	18.000	8	2.250	9.000	.003
	Error	2.000	8	.250[b]		
cons	Hypothesis	63.013	1	63.013	252.050	.000
	Error	2.000	8	.250[b]		
inject * cons	Hypothesis	.113	1	.113	.450	.521
	Error	2.000	8	.250[b]		

a. MS(subject(inject))

b. MS(Error)

图 9-28 例 9-5 裂区设计资料的方差分析表

第七节 二阶段交叉设计资料的方差分析

例 9-6 为比较血液透析过程中两种低分子肝素钙（A、B）对凝血酶原时间（TT）的影响，选择 20 例接受血液透析的患者为研究对象，采取二阶段交叉设计（two-stage cross-over design），试验数据如表 9-4，试分析之。

1. 操作过程

（1）数据格式：见数据文件"crossover.sav"，有 40 行 4 列。定义 4 个列变量，其中 1 个因变量，3 个分组变量。

● 因变量：定量变量，本例为变量"*tt*"（凝血酶原时间）。

表 9-4　两种抗凝药物对 TT 的影响

单位：s

	第 1 阶段	第 2 阶段
A → B	11.0	15.6
	11.5	18.3
	19.5	17.6
	16.2	20.0
	19.9	22.2
	15.7	18.8
	12.3	13.6
	12.0	31.8
	22.3	22.5
	14.6	17.9
B → A	32.6	19.9
	14.1	32.3
	36.7	59.9
	23.1	16.2
	13.8	13.8
	13.3	11.3
	17.9	21.9
	15.0	19.7
	13.5	12.3
	44.8	27.4

- 分组变量（处理因素）：变量名为“*drug*”（药物），有 2 个水平，变量值标记为：1=“低分子肝素钙 A”；2=“低分子肝素钙 B”。
- 分组变量（阶段因素）：变量名为“*stage*”（阶段），有 2 个水平，变量值标记为：1=“第一阶段”；2=“第二阶段”。
- 分组变量（配伍因素）：变量名为“*subject*”（患者编号），有 20 个水平，即 20 个患者，无需标记。

（2）过程

Analyze

　　General Linear Model

　　　　Univariate

▶ **Dependent Variable（s）:** ***tt***

▶ **Fixed Factor（s）:** ***drug / stage / subject***

　　Model

　　⊙ **Build terms**

　　Type: **Main effects**

　　▶ **Model:** ***drug / stage / subject***

　　Sum of squares: **Type Ⅲ**

　　☑ **Include intercept in model**

2. 主要输出结果

（1）基本统计量：用 Means 过程产生基本统计量，见图 9-29。

Report

凝血酶原时间(sec)

阶段	药物	Mean	N	Std. Deviation
第一阶段	低分子肝素钙(D)	15.5000	10	3.96765
	速避凝(S)	22.4800	10	11.50167
	Total	18.9900	20	9.10719
第二阶段	低分子肝素钙(D)	23.4700	10	14.41150
	速避凝(S)	19.8300	10	4.99846
	Total	21.6500	20	10.66309
Total	低分子肝素钙(D)	19.4850	20	11.07036
	速避凝(S)	21.1550	20	8.73761
	Total	20.3200	40	9.88000

图 9-29　例 9-6 的基本统计量

（2）方差分析表见图 9-30，解释如下：

- 两种药物间凝血酶原时间无统计差异（*P*=0.456）。

Tests of Between-Subjects Effects

Dependent Variable:　凝血酶原时间(sec)

Source	Type III Sum of Squares	df	Mean Square	F	Sig.
Corrected Model	2940.769[a]	21	140.037	2.910	.013
Intercept	16516.096	1	16516.096	343.213	.000
drug	27.889	1	27.889	.580	.456
stage	70.756	1	70.756	1.470	.241
subject	2842.124	19	149.585	3.108	.010
Error	866.195	18	48.122		
Total	20323.060	40			
Corrected Total	3806.964	39			

a. R Squared = .772 (Adjusted R Squared = .507)

图 9-30　例 9-6 二阶段设计资料的方差分析表

● 两阶段间凝血酶原时间无统计差异（P=0.241）。

● 个体间凝血酶原时间有统计差异（P=0.010）。

第八节 嵌套设计资料的方差分析

例 9-7 实验 A、B、C 三种催化剂在不同温度下对某化合物的转化作用。由于各催化剂所要求的温度范围不同，将催化剂作为一级实验因素，温度作为二级实验因素，采用嵌套设计，每个处理重复 2 次，试验结果见表 9-5，试做方差分析。

表 9-5 A、B、C 三种催化剂的转化率

催化剂	A/%			B/%			C/%		
温度 /℃	70	80	90	55	65	75	90	95	100
	82	91	85	65	62	56	71	75	85
	84	88	83	61	59	60	67	78	89

1. 操作过程

（1）数据格式：见数据文件“nest.sav”，有 18 行 3 列。定义 3 个列变量，其中 1 个因变量，2 个分组变量。

● 因变量：定量变量，本例为变量“*rate*”（转化率）。

● 分组变量（一级实验因素）：变量名为“*group*”（催化剂），有 3 个水平，变量值标记为：1=“A”；2=“B”；3=“C”。

● 分组变量（二级实验因素）：变量名为“*tempt*”（温度），有 8 个水平，变量值标记为：1=“55”；2=“65”；3=“70”；4=“75”；5=“80”；6=“90”；7=“95”；8=“100”。

（2）过程：

Analyze

General Linear Model

Univariate

▸ **Dependent Variable**：***rate***

▸ **Fixed Factor（s）**：***group / tempt***

Model

⊙ **Build custom terms**

▸ **Model**：***group / tempt*（*group*）**

Sum of squares：**Type Ⅲ**

（或

⊙ **Build terms**

▸ **Model**：***group / tempt***

Sum of squares：**Type Ⅰ**）

☑ **Include intercept in model**

Post Hoc

▸ **Post Hoc Tests for**：***group***

☑ **Bonferroni**

2. 主要输出结果

（1）基本统计量：用 Means 过程产生基本统计量，见图 9-31。

Report

转化率(%)

催化剂	Mean	N	Std. Deviation
A	85.50	6	3.391
B	60.50	6	3.017
C	77.50	6	8.337
Total	74.50	18	11.898

图 9-31 不同催化剂的基本统计量

（2）方差分析表见图 9-32，解释如下：

● 不同催化剂组之间的转化率有统计差异（P=0.000），可进一步作多重比较。

Tests of Between-Subjects Effects

Dependent Variable: 转化率(%)

Source	Type III Sum of Squares	df	Mean Square	F	Sig.
Corrected Model	2357.000a	8	294.625	53.568	.000
Intercept	99904.500	1	99904.500	18164.455	.000
group	1956.000	2	978.000	177.818	.000
tempt(group)	401.000	6	66.833	12.152	.001
Error	49.500	9	5.500		
Total	102311.000	18			
Corrected Total	2406.500	17			

a. R Squared = .979 (Adjusted R Squared = .961)

图 9-32 例 9-7 嵌套设计资料的方差分析表

● 对同一催化剂不同温度对转化率的影响有统计差异（P=0.001）。

（3）多重比较：见图 9-33，基于观察均数所作的 Bonferroni 多重比较，三组间均有统计差异（$P \leqslant 0.001$），结合图 9-31，A 组转化率最高，其次是 C 组，B 组最低。

Multiple Comparisons

Dependent Variable: 转化率(%)

Bonferroni

(I) 催化剂	(J) 催化剂	Mean Difference (I-J)	Std. Error	Sig.	95% Confidence Interval Lower Bound	Upper Bound
A	B	25.00*	1.354	.000	21.03	28.97
	C	8.00*	1.354	.001	4.03	11.97
B	A	-25.00*	1.354	.000	-28.97	-21.03
	C	-17.00*	1.354	.000	-20.97	-13.03
C	A	-8.00*	1.354	.001	-11.97	-4.03
	B	17.00*	1.354	.000	13.03	20.97

Based on observed means.
The error term is Mean Square(Error) = 5.500.
*. The mean difference is significant at the 0.05 level.

图 9-33　例 9-7 的 Bonferroni 多重比较结果

第九节　正交设计资料的方差分析

当因素和水平数较多时，若采用析因设计，将需要较大的样本量，这在许多场合中是不可行的，此时可考虑采用正交设计（orthogonal design）。正交设计的基本原理是，在各种因素组合均衡分布的前提下，以较少的实验次数，即样本量，获取所有因素的主效应及部分因素的交互效应，最终选出最优组合方案。

一、正交设计

SPSS 提供的正交设计主要是配合联合分析（conjoint analysis）用的，需要特别指出，这里产生的正交设计方案在分析交互效应时并不能保证完全正交，也就是说设计方案只适合于分析主效应。因此，如果需要分析交互效应，仍需要根据专业书籍提供的正交设计表头指导此过程。

例 9-8　为研究由 7 种化学成分（A、B、C、D、E、F、G）组成的最佳配方，以获取某物质的有效成分最高提取率，拟考虑每种成分有 3 种不同浓度水平供配方选择，试进行正交设计。

1. 操作过程　从菜单选择

Data

Orthogonal Design

Generate

弹出 Generate Orthogonal Design（正交设计）主对话框（图 9-34）。

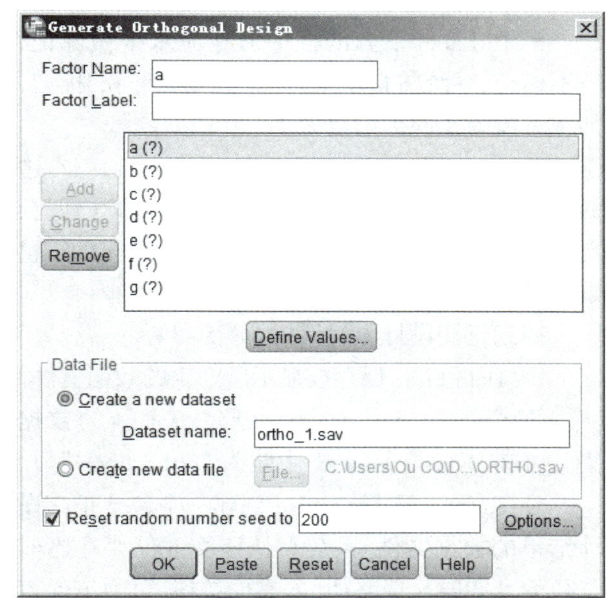

图 9-34　正交设计主对话框

◇ Factor Name：因素名。

◇ Factor Label：因素标签。

输入因素名称后，Add 按钮被激活，击 Add 按钮将因素及标签送入下方大方框内。若要去掉方框内某因素，击所选因素，然后点击 Remove 按钮；若要修改因素名称或标签，先点击选中它，在 Factor 栏中修改后击 Change 按钮。

★ Define Values：定义因素水平。

选中框中的一个因素，击 Define values 按钮，弹出 Generate Design: Define Values（定义因素）对话框（图 9-35）。

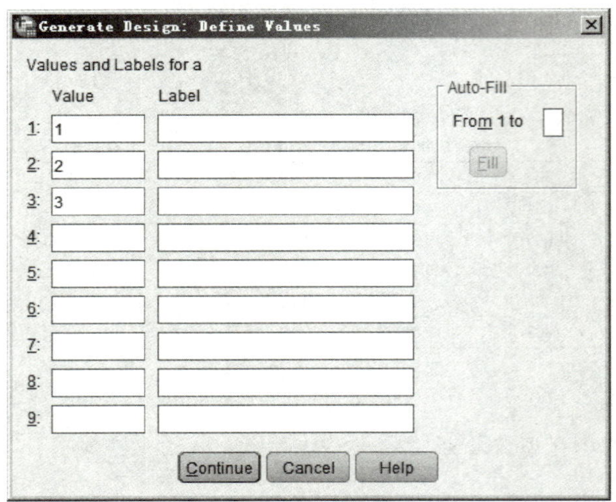

图 9-35 正交设计定义因素对话框

● 在 Value 下方的框中输入因素的每个水平值，如 1、2、3…，最多可定义 9 个水平。

● 在 Label 下方的框中对相应水平做标记，若不标记，系统将自动安排和水平值相同的标记，如水平值为 1 的标记也为 1。

● Auto-Fill：自动定义水平，在"From 1 to"右边的框中输入水平数，Fill 按钮被激活，击 Fill 按钮，会自动将水平值及标签定义成从 1 到最大水平的正整数。定义完后，击 Continue 回到正交设计主窗口。

回到正交设计主对话框（图 9-34）。

◇ Data File：保存或显示所产生的数据文件。

⊙ Create a new dataset：创建一个新的数据集。可在 Dataset name 框中输入"ortho_1.sav"。

◎ Create new data file：创建一个包含正交设计结果的数据文件，系统默认该文件保存在当前路径下。如要自选路径，击 File 按钮，可弹出保存文件对话框。

☑ Reset random number seed to：规定随机数种子，可选 $0\sim2\times10^9$ 中任一整数。不选此项，系统将自动产生随机数种子。选此项，需设置随机数种子，每个随机数种子为一种设计方案。选此项的好处在于设计方案可重现，本例随机种子选为 200。

★ Options：选项。

击 Options 按钮，弹出 Generate Orthogonal Design: Options（选项）对话框（图 9-36）。

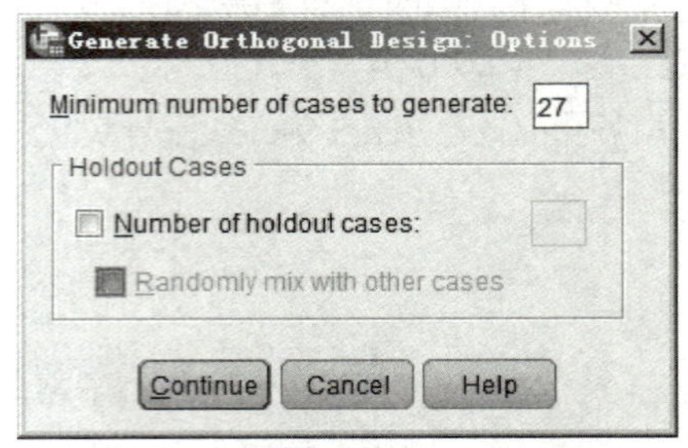

图 9-36 正交设计选项对话框

Minimum number of cases to generate：规定最少实验次数，即样本量大小。规定最少实验次数须小于或等于因素的全部可能组合（各因素水平数的乘积），系统默认产生只分析主效应所需的最少实验次数。如果设定的实验次数小于该默认值，系统仍按默认次数输出。要分析交互作用则需增加实验次数，原则是误差项自由度必须大于零。本例所有可能组合共有 3^7=2 187 种，系统默认产生 18 种正交组合，考虑到要分析二维交互作用，安排 27 次实验。

◇ Holdout Cases：考核样本。

同样安排实验，但实验数据不参与建模，即不用于分析因素的效应，仅用于考核模型的好坏。它与试验样本的产生是两个相互独立的随机过程。

□ Number of holdout cases：规定考核样本的大小，也必须小于或等于因素的全部可能组合，如不作规定，系统将不产生任何考核样本。

□ Randomly mix with other cases：将考核样本与实验样本随机混合，如不选该项，考核样本将列在实验样本之后。

2. 主要输出结果 本例正交设计结果产生一个 27 行 9 列的数据文件"ortho_1.sav"，见图 9-37。每 1 行为 1 种实验组合，7 种实验因素各占 1 列，数字代表本列因素的水平值。变量"*STATUS_*"表示样品类型，"0"指实验样品，"1"为考核样品，本例全是实验样品，故均为"0"。变量"*CARD_*"表示各种组合的编号，也可看作例号。

二、正交设计资料的方差分析

例 9-9 应用正交设计形成由 7 种成分（A、B、C、D、E、F、G）不同浓度组合的 27 种配方，每种配方进行一次提取实验，获得某物质的有效成分提取率（%）见数据文件"ortho_2.sav"，试分析之。

	a	b	c	d	e	f	g	STATUS_	CARD_
1	1	3	3	2	2	1	3	0	1
2	3	3	2	2	3	3	1	0	2
3	2	3	3	1	1	3	1	0	3
4	1	1	1	1	1	1	1	0	4
5	3	2	3	2	1	1	2	0	5
6	1	2	2	3	3	1	2	0	6
7	3	2	1	3	1	3	3	0	7
8	1	1	3	3	1	2	3	0	8
9	1	2	3	1	3	3	3	0	9
10	2	1	1	3	3	3	2	0	10
11	1	2	1	2	3	2	1	0	11
12	2	1	2	1	3	2	3	0	12
13	2	2	3	3	2	2	1	0	13
14	2	2	1	1	2	1	2	0	14
15	1	1	2	2	1	3	2	0	15
16	3	3	3	3	3	2	2	0	16
17	3	1	1	2	2	2	3	0	17
18	2	1	3	2	3	1	1	0	18
19	1	3	2	1	2	2	2	0	19
20	3	2	2	1	1	2	1	0	20
21	3	1	2	3	2	1	1	0	21
22	2	3	1	2	1	2	2	0	22
23	1	3	1	3	2	3	1	0	23
24	2	2	2	2	2	3	3	0	24
25	3	1	3	1	2	3	2	0	25
26	3	3	1	1	3	1	3	0	26
27	2	3	2	3	1	1	3	0	27

图 9-37　正交设计产生的数据文件“ortho_1.sav”(Seed=200)

1. 操作过程

（1）数据格式：见数据文件“ortho_2.sav”，有27行9列，其中1列“*card_*”为标识变量，不参与分析。定义8个列变量，其中1个因变量，7个分组变量。

● 因变量：定量变量，本例为变量“*x*”，表示“有效成分提取率（%）”。

● 分组变量：变量名分别为“*a*”“*b*”“*c*”“*d*”“*e*”“*f*”“*g*”，每个变量均有3个水平，未标记。

（2）过程

Analyze

General Linear Model

Univariate

▸ **Dependent Variable（s）: *x***

▸ **Fixed Factor（s）: *a / b / c / d / e / f / g***

Model

⊙ **Build terms**

Type: Main effects

▸ **Model: *a / b / c / d / e / f / g***

Sum of squares: Type Ⅲ

☑ **Include intercept in model**

EM Means

▸ **Display Means for: *a / b / c / d / e / f / g***

☑ **Compare main effects**

Confidence interval adjustment: LSD(none)▼

Options

Significance level .05

2. 主要输出结果

（1）均数估计：见图9-38，这里只列出了因素“*a*”的均数估计。

（2）方差分析：见图9-39，本结果只考虑主效应，未考虑任何交互效应。7个因素的水平间均有统计差异，可进一步作多重比较。

（3）多重比较：见图9-40，这里只列出了因素“*a*”的多重比较结果，各水平间均有统计差异，有效成分提取率以水平3最高，其次是水平2，水平1最低。

Estimates

Dependent Variable: x

a	Mean	Std. Error	95% Confidence Interval Lower Bound	Upper Bound
1	13.433	.100	13.215	13.651
2	15.400	.100	15.182	15.618
3	18.744	.100	18.526	18.963

图 9-38 因素“*a*”的均数估计

Tests of Between-Subjects Effects

Dependent Variable: x

Source	Type III Sum of Squares	df	Mean Square	F	Sig.
Corrected Model	313.503[a]	14	22.393	248.301	.000
Intercept	6790.935	1	6790.935	75299.893	.000
a	129.783	2	64.891	719.536	.000
b	74.627	2	37.314	413.745	.000
c	61.736	2	30.868	342.275	.000
d	27.290	2	13.645	151.298	.000
e	1.339	2	.669	7.421	.008
f	.939	2	.469	5.203	.024
g	17.790	2	8.895	98.628	.000
Error	1.082	12	.090		
Total	7105.520	27			
Corrected Total	314.585	26			

a. R Squared = .997 (Adjusted R Squared = .993)

图 9-39 例 9-9 正交设计资料的方差分析表

Pairwise Comparisons

Dependent Variable: x

(I) a	(J) a	Mean Difference (I-J)	Std. Error	Sig.[b]	95% Confidence Interval for Difference[b] Lower Bound	Upper Bound
1	2	-1.967*	.142	.000	-2.275	-1.658
	3	-5.311*	.142	.000	-5.620	-5.003
2	1	1.967*	.142	.000	1.658	2.275
	3	-3.344*	.142	.000	-3.653	-3.036
3	1	5.311*	.142	.000	5.003	5.620
	2	3.344*	.142	.000	3.036	3.653

Based on estimated marginal means

*. The mean difference is significant at the .05 level.

b. Adjustment for multiple comparisons: Least Significant Difference (equivalent to no adjustments).

图 9-40 因素“*a*”的多重比较结果

第十节 协方差分析

协方差分析(analysis of covariance，ANCOVA)是将线性回归与均数比较的方差分析相结合的一种统计方法，其基本思想是在扣除了某一个或多个协变量因素对因变量的线性影响后，比较各处理因素不同水平间的差异及分析各处理因素间是否存在交互作用。例如，要比较职业运动员、大学生、青年体力劳动者3个人群间的肺活量差异有无显著性意义，首先要扣除胸廓(协变量)对肺活量的线性影响，再比较其肺活量，才能体现其真实差异。

协方差分析除要满足正态分布和方差齐性的条件外，还需满足各组协变量与反应变量的总体回归系数相同且不为0。

例 9-10 将56例牙周病患者随机分为两组，每组28例。一组为试验组，用盐酸米诺环素加基础治疗；另一组为对照组，用基础治疗。检测牙龈沟液中的碱性磷酸酶（ALP）水平以评价治疗效果，ALP 越小效果越好。观测结果见数据文件“ANCOVA.sav”，试用协方差分析，以治疗前 ALP 为协变量，比较两组治疗后的 ALP 有无差异。

1. 操作过程

（1）数据格式：见数据文件“ANCOVA.sav”，56 行 3 列。定义 3 个变量，其中 1 个分组变量，1 个反应变量，1 个协变量。

- 分组变量：变量名为“*group*”，有 2 个水平，1=“对照组”，2=“试验组”。
- 因变量（反应变量）：变量名为“*ALP2*”（治疗后 ALP）。
- 协变量：变量名为“*ALP1*”（治疗前 ALP）。

（2）过程

Analyze

General Linear Model

Univariate

▸ **Dependent Variable：*ALP2***

▸ **Fixed Factor（s）：*group***

▸ **Covariate（s）：*ALP1***

Model

⊙ **Full factorial**

Sum of squares：Type Ⅲ

☑ **Include intercept in model**

EM Means

▸ **Display Means for：*group***

Options

Significance level .05

2. 主要输出结果

（1）均数估计：图 9–41 是 Means 过程得到的基本统计量，未作调整。图 9–42 是经治疗前碱性磷酸酶“*ALP1*”的合计均数 691.6845 调整后的均数估计，两者是不同的。

Report

治疗后ALP

group	Mean	N	Std. Deviation
对照组	435.6950	28	344.48918
试验组	412.4789	28	549.91891
Total	424.0870	56	454.80871

图 9–41 未经调整的 *ALP2* 的基本统计量

group

Dependent Variable: 治疗后ALP

group	Mean	Std. Error	95% Confidence Interval Lower Bound	Upper Bound
对照组	484.238[a]	27.342	429.398	539.078
试验组	363.936[a]	27.342	309.096	418.776

a. Covariates appearing in the model are evaluated at the following values: 治疗前ALP = 691.6845.

图 9–42 经 *ALP1* 调整后的 *ALP2* 均数估计

（2）方差分析：见图 9–43，在剔除了治疗前碱性磷酸酶“*ALP1*”的影响后，两组治疗后碱性磷酸酶“*ALP2*”有统计差异（P=0.003），结合图 9–42 调整后的均数，试验组的疗效优于对照组。此外，协变量“*ALP1*”对反应变量“*ALP2*”的影响也是显著的（P=0.000）。

Tests of Between-Subjects Effects

Dependent Variable: 治疗后ALP

Source	Type III Sum of Squares	df	Mean Square	F	Sig.
Corrected Model	10274499.9[a]	2	5137249.951	247.005	.000
Intercept	267143.666	1	267143.666	12.845	.001
ALP1	10266954.10	1	10266954.10	493.647	.000
group	200045.215	1	200045.215	9.618	.003
Error	1102303.287	53	20798.175		
Total	21448389.37	56			
Corrected Total	11376803.19	55			

a. R Squared = .903 (Adjusted R Squared = .899)

图 9–43 例 9–10 协方差分析的方差分析表

如果用两样本 t 检验，即 Analyze → Compare Means → Independent-Samples T Test 过程，分别对两组治疗前和治疗后的 ALP 进行比较，结果为治疗前两组的 ALP 无统计差异（P=0.408），治疗后亦无统计差异（P=0.851），可见两种不同方法得出的结论截然相反。

第十一节 重复测量数据的方差分析

重复测量数据是指每一实验/试验单位至少接受两次以上的不同处理,或接受相同处理后至少在两个以上不同时间点进行测量,并获得相应次数的记录数据。如果此类数据被误作配伍组设计资料的方差分析来处理,则会导致扩大第一类错误的后果。

一、单个重复测量因素的方差分析

例 9–11 为研究两种固定设备对脊柱前屈活动的影响,以 12 个脊柱骨(T_{12}~L_2)标本为研究对象,随机分为两组,一组 5 例,用设备 A 固定,称为设备 A 组;另一组 7 例,用设备 B 固定,称为设备 B 组。分别测量每一标本在正常、损伤、固定和疲劳状态下的最大前屈度,获得数据见表 9–6,试分析之。

表 9–6 不同设备固定下 4 种状态的最大前屈度

单位:°

标本	固定设备	脊柱状态			
		正常	损伤	固定	疲劳
1	A	5.81	13.53	2.54	5.75
2	A	6.32	13.39	1.72	1.50
3	A	7.08	16.03	10.41	1.95
4	A	7.72	17.80	4.82	5.00
5	A	8.20	11.35	2.35	6.32
6	B	6.00	10.86	2.73	2.92
7	B	8.22	22.04	4.03	1.98
8	B	5.05	15.90	1.88	3.76
9	B	9.44	17.21	2.54	1.24
10	B	5.61	10.32	0.89	1.31
11	B	6.58	15.64	3.05	2.72
12	B	8.40	19.79	3.27	5.15

1. 操作过程

(1)数据格式:见数据文件“repeated_1.sav”,有 12 行 5 列。定义 5 个列变量,其中 1 个分组变量,4 个重复测量变量(1 个重复测量因素有 4 个水平)。

- 重复测量变量:定量变量,分别为变量“*fl_norma*”,表示“正常前屈”;“*fl_injur*”,表示“损伤前屈”;“*fl_fixat*”,表示“固定前屈”;“*fl_fatig*”,表示“疲劳前屈”。
- 分组变量:变量名为“*group*”,有 2 个水平,变量值标记为:1=“设备 A”;2=“设备 B”。

(2)过程

Analyze

General Linear Model

Repeated Measures

弹出 Repeated Measures Define Factor(s)(重复测量定义因素)对话框(图 9–44)。

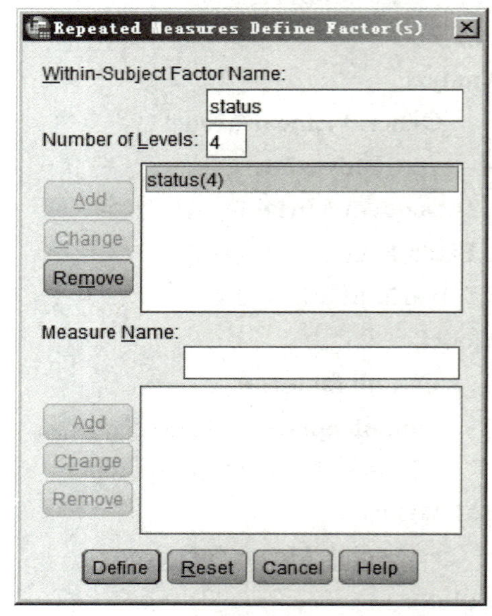

图 9–44 重复测量定义因素对话框

◇ Within–Subject Factor Name:重复测量因素名称。系统默认“factor1”,本例填入“status”。注意该名称不能与已有变量名相同。

◇ Number of Levels:重复测量因素的水平数。本例填入“4”。

填入重复测量因素名称及其水平数后,Add 按钮被激活,击 Add 按钮,重复测量因素名称和水平数“status(4)”进入待定义框内,Define 按钮被激活。

◇ Measure Name:测量名称。当观测指标不止一个时,如同时记录血压与体温两项指标,就需要分别用不同名称在此标记,注意标记名称不能与已有变量名相同。本例只有一个观测指标,无需在此定义。

击 Define 按钮，弹出 Repeated Measures（重复测量分析）主对话框（图 9–45）。

◇ Within–Subjects Variables（status）：重复测量因素的水平，即变量。本例选入 4 个，即 “*fl_norma*” “*fl_injur*” “*fl_fixat*” 和 “*fl_fatig*”，4 个变量名后括弧内数字分别代表水平的第次，在输出结果中为各变量的代码。

◇ Between–Subjects Factor（s）：组间因素。本例选入 “*group*”。

◇ Covariates：协变量。本例无协变量。

★ Model：模型。

击 Model 按钮，弹出 Repeated Measures：Model（重复测量模型）对话框（图 9–46）。

◇ Specify Model：定义模型。

⊙ Full factorial：全因素模型，系统默认。

包括所有因素的主效应和所有因素各种组合的交互效应分析，但不包括与协变量的交互效应分析。

◎ Build terms：自定义模型 1，自行规定待分析的因素主效应和部分交互效应，可包括因素与协变量的交互效应。

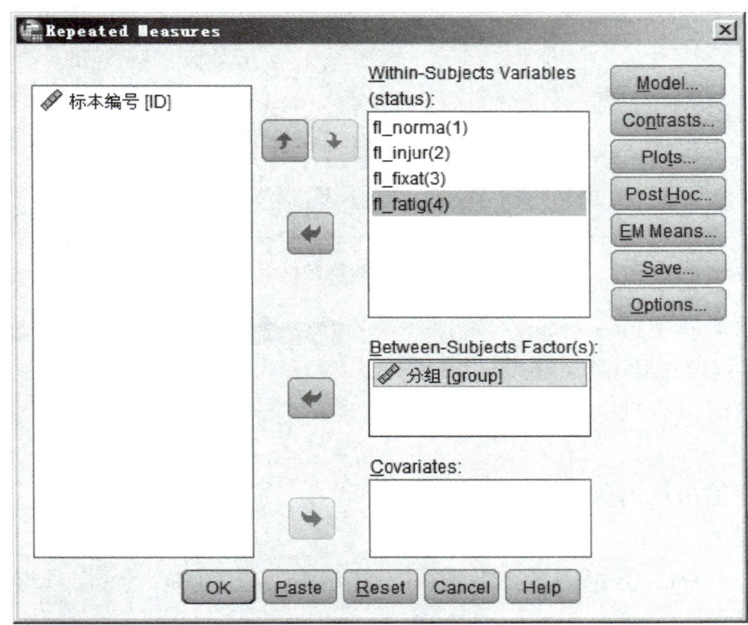

图 9–45　重复测量分析主对话框

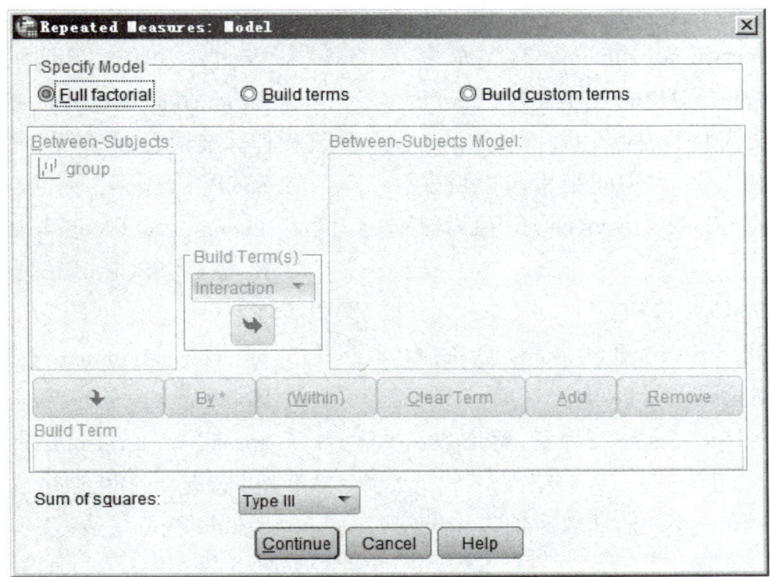

图 9–46　重复测量的模型对话框

◎ Build custom terms：自定义模型 2。可逐个设定每个因素的嵌套项。在 Between-Subjects Model 框内选择模型中待分析的分组因素和协变量。

★ Contrasts（图 9-45）：因素内的水平间差值比较。此略。

★ Plots（图 9-45）：交互轮廓图。详见本章第五节。

★ Post Hoc（图 9-45）：分组因素的多重比较。见第八章第五节。

★ EM Means（图 9-45）：均数估计。击 EM Means，弹出对话框（图 9-47）。

Estimated Marginal Means：均数估计。

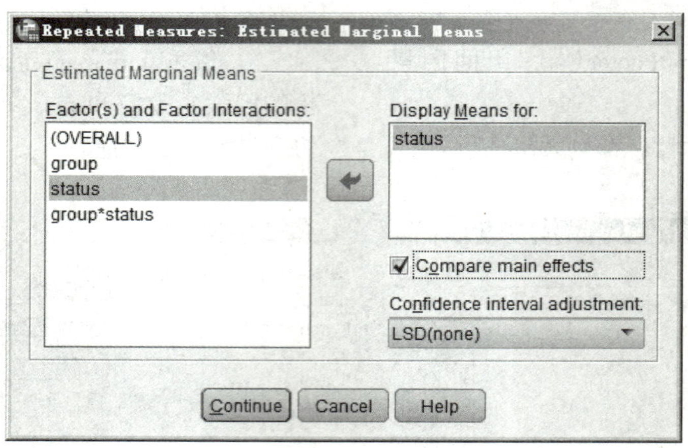

图 9-47　重复测量的均数估计对话框

◇ Factor(s) and Factor Interactions：模型中选入的主效应与交互效应的因素，如欲估计个别或全部因素的均数，选择这些因素，并送入右框（Display Means for）。

Display Means for：输出框内所选因素的均数、标准误和置信区间。

☑ Compare main effects：分组因素主效应不同水平间的多重比较：当 Display Means for 框内选入因素后，本项被激活。注意，选本项并不能做交互效应间的多重比较。

◇ Confidence interval adjustment：有 3 种多重比较方法供选择，即 LSD（none）法、Bonfferoni 法和 Sidak 法，系统默认 LSD 法。

★ Save（图 9-45）：存入中间结果。可将残差、预测值、Cook 距离（Cook's distance）等存为数据文件中的新变量。

★ Options（图 9-45）：选项。

击 Options 按钮，弹出 Repeated Measures：Options（重复测量的选项）对话框（图 9-48）。

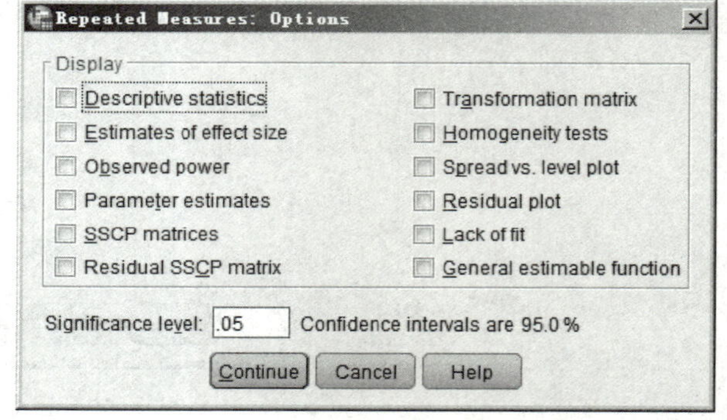

图 9-48　重复测量的选项对话框

□ Descriptive statistics：描述统计量，有均数、标准差和样本量。

□ Estimates of effect size：估计效应值大小的偏 eta 平方统计量。

□ Observed power：观察检验效能，由样本推算得来，与理论检验效能不同。

□ Parameter estimates：参数估计，包括回归系数及其标准误、t 检验等。

□ SSCP matrices：平方和及交叉积矩阵（sums-of squares and cross-products matrices）。

□ Residual SSCP matrix：残差的平方和及交叉积矩阵。

□ Transformation matrix：转置矩阵。

□ Homogeneity tests：Levene 方差齐性检验。

□ Spread vs. level plot：不同因素组合的均数与标准差（方差）的散点图。

□ Residual plot：残差、观察值及预测值三变量相关散点图。

□ Lack of fit：失拟检验，检验模型拟合是否有意义。

☐ General estimable function：水平间比较的一般线性组合函数。

Significance level [.05] Confidence intervals are 95.0%：显著性水准。可自己设定，系统默认 0.05。置信区间系统设定为 95.0%，不能自己设定。

Analyze

General Linear Model

Repeated Measures

▸ **Within–Subject in Factor Name：*status***

▸ **Number of Levels：*4***

Define

▸ **Within–Subjects Variables (status)：*fl_norma / fl_injur / fl_fixat / fl_fatig***

▸ **Between–Subjects Factor (s)：*group***

Model

⊙ **Full factorial**

Sum of squares：[Type Ⅲ]

EM Means

▸ **Display Means for：*status***

☑ **Compare main effects**

Confidence interval adjustment：[LSD (none)]

Options

☑ **Descriptive statistics**

Significance level：[.05]

2. 主要输出结果

（1）均数估计：见图 9–49，status 栏下的 1、2、3、4 分别代表“正常”“损伤”“固定”和“疲劳”4 种状态，表中列出了其相对应的均数、标准误和 95% 置信区间。

Estimates

Measure: MEASURE_1

status	Mean	Std. Error	95% Confidence Interval Lower Bound	Upper Bound
1	7.034	.415	6.109	7.960
2	15.193	1.081	12.783	17.602
3	3.498	.701	1.936	5.059
4	3.415	.520	2.255	4.574

图 9–49 例 9–11 的均数估计

（2）组间效应比较：见图 9–50，两种仪器固定对脊柱前屈活动的影响无统计差异（P=0.681）。

（3）球形检验：又称球对称检验（Mauchly's test of sphericity），见图 9–51。

● Mauchly 球形检验统计量 W=0.545，P=0.384，不拒绝球形假设，应用单变量检验方法时无需 ε（epsilon）校正。

Tests of Between-Subjects Effects

Measure: MEASURE_1
Transformed Variable: Average

Source	Type III Sum of Squares	df	Mean Square	F	Sig.
Intercept	2476.609	1	2476.609	251.283	.000
group	1.767	1	1.767	.179	.681
Error	98.558	10	9.856		

图 9–50 例 9–11 组间效应比较

Mauchly's Test of Sphericity[a]

Measure: MEASURE_1

Within Subjects Effect	Mauchly's W	Approx. Chi-Square	df	Sig.	Epsilon[b] Greenhouse-Geisser	Huynh-Feldt	Lower-bound
status	.545	5.289	5	.384	.759	1.000	.333

Tests the null hypothesis that the error covariance matrix of the orthonormalized transformed dependent variables is proportional to an identity matrix.

a. Design: Intercept + group
Within Subjects Design: status

b. May be used to adjust the degrees of freedom for the averaged tests of significance. Corrected tests are displayed in the Tests of Within-Subjects Effects table.

图 9–51 例 9–11 的球形检验

● ε(epsilon)校正系数：表中列出 3 种 ε 校正系数，分别是 Greenhouse–Geisser，Huynh–Feldt 和 Lower–boundε 校正系数。当资料不满足球形假设时(例如 $P<0.05$ 或 $P<0.10$)，需用 ε 校正系数来校正自由度。

(4)组内(重复)效应及交互效应的比较(单变量检验)见图 9–52，解释如下：

● 本资料满足球形假设，故以"Sphericity Assumed"一行的结果为准。

● 重复因素 4 个不同水平(4 种状态)间差异有显著性意义(P=0.000)。

● 状态与仪器间无交互作用(P=0.282)。

Tests of Within-Subjects Effects

Measure: MEASURE_1

Source		Type III Sum of Squares	df	Mean Square	F	Sig.
status	Sphericity Assumed	1072.395	3	357.465	73.009	.000
	Greenhouse-Geisser	1072.395	2.278	470.689	73.009	.000
	Huynh-Feldt	1072.395	3.000	357.465	73.009	.000
	Lower-bound	1072.395	1.000	1072.395	73.009	.000
status * group	Sphericity Assumed	19.583	3	6.528	1.333	.282
	Greenhouse-Geisser	19.583	2.278	8.595	1.333	.286
	Huynh-Feldt	19.583	3.000	6.528	1.333	.282
	Lower-bound	19.583	1.000	19.583	1.333	.275
Error(status)	Sphericity Assumed	146.885	30	4.896		
	Greenhouse-Geisser	146.885	22.784	6.447		
	Huynh-Feldt	146.885	30.000	4.896		
	Lower-bound	146.885	10.000	14.688		

图 9–52 例 9–11 重复效应及交互效应的比较(单变量检验)

● 表中列出 4 种方法，其离均差平方和一列的数值相同，其余自由度、均方、F 值和 P 值均不同，概源于自由度经 ε 校正的不同，如 Greenhouse–Geisser 法组内项的自由度为 2.278=3×0.759 45(0.759 为 Greenhouse–Geisser ε 校正系数，由图 9–51 可见)，相应的均方、F 值和 P 值均随之改变。

(5)多重比较：见图 9–53，在"正常""损伤""固定"和"疲劳"4 种状态间，除"固定"和"疲劳"之间前屈度无统计差异外(P=0.934)，其余各状态间均有统计差异(P≤0.001)。

Pairwise Comparisons

Measure: MEASURE_1

(I) status	(J) status	Mean Difference (I-J)	Std. Error	Sig.[b]	95% Confidence Interval for Difference[b] Lower Bound	Upper Bound
1	2	-8.158*	.913	.000	-10.193	-6.124
	3	3.537*	.721	.001	1.929	5.144
	4	3.620*	.645	.000	2.181	5.058
2	1	8.158*	.913	.000	6.124	10.193
	3	11.695*	.971	.000	9.532	13.859
	4	11.778*	1.173	.000	9.165	14.391
3	1	-3.537*	.721	.001	-5.144	-1.929
	2	-11.695*	.971	.000	-13.859	-9.532
	4	.083	.974	.934	-2.087	2.252
4	1	-3.620*	.645	.000	-5.058	-2.181
	2	-11.778*	1.173	.000	-14.391	-9.165
	3	-.083	.974	.934	-2.252	2.087

Based on estimated marginal means

*. The mean difference is significant at the .05 level.

b. Adjustment for multiple comparisons: Least Significant Difference (equivalent to no adjustments).

图 9–53 例 9–11 不同状态的 LSD 多重比较结果

二、两个重复测量因素的方差分析

例 9-12 用 6 只猫作脑部缺血性实验，分别在缺血前及缺血后 1h、3h、6h、12h、18h 及 24h，于猫脑部缺血中心区及对侧镜像区进行微透析取样，测定兴奋性氨基酸[天冬氨酸(Asp)]活性变化，结果见表 9-7，试分析之。

1. 操作过程

（1）数据格式：本资料具有 2 个重复测量因素，一个是时间因素，有 7 个水平，即 time1~time7，分别代表缺血前和缺血后 1h、3h、6h、12h、18h、24h；另一个是脑部区域，有 2 个水平，即 A 和 B，分别代表缺血中心区和对侧镜像区。数据格式见数据文件 "repeated_2.sav"，除去标识变量 "*rat*" 1 列，有 6 行 14 列，14=7×2，即两个重复变量的完全组合，变量名 "*time1A*" 表示缺血前缺血中心区的 Asp，"*time4B*" 表示缺血后 6h 对侧镜像区的 Asp，余类推。

表 9-7 猫脑缺血前后不同脑部区域的 Asp 单位：IU/g

猫编号	缺血前	缺血后 1h	缺血后 3h	缺血后 6h	缺血后 12h	缺血后 18h	缺血后 24h
缺血中心区							
1	9.64	146.25	187.31	208.05	294.32	314.57	263.85
2	10.08	144.05	185.64	213.25	298.09	315.46	264.38
3	9.87	145.32	186.35	213.02	298.66	314.54	261.03
4	9.96	145.05	185.64	213.55	296.04	314.07	266.09
5	9.76	140.31	186.37	211.66	293.45	314.04	265.53
6	9.64	140.58	186.09	210.11	298.61	314.33	262.84
对侧镜像区							
1	9.72	20.46	33.37	39.83	15.37	11.59	8.45
2	9.99	22.54	34.05	38.45	16.87	11.55	9.04
3	9.98	22.05	33.14	38.56	17.81	11.04	9.11
4	9.99	22.43	33.41	39.18	15.97	10.99	9.05
5	9.89	22.58	34.61	38.45	17.01	11.42	9.23
6	9.87	20.65	33.04	36.66	18.07	11.21	9.03

（2）过程

Analyze

General Linear Model

Repeated Measures

▸ **Within-Subject in Factor Name:** ***time***

▸ **Number of Levels:** ***7***

▸ **Within-Subject in Factor Name:** ***spot***

▸ **Number of Levels:** ***2***

Define

▸ **Within-Subjects Variables(time, spot):** ***time1A / time1B / time2A / time2B / time3A / time3B / time4A / time4B / time5A / time5B / time6A / time6B / time7A / time7B***

Model

⊙ **Full Factorial**

Sum of squares: **Type Ⅲ**

Plot

▸ **Horizontal Axis:** ***time***

▸ **Separate Lines:** ***spot***

EM Means

▸ **Display Means for: time / spot**

☑ **Compare main effects**

Confidence interval adjustment: LSD(none)

Options

☑ **Descriptive statistics**

Significance level: .05

2. 主要输出结果

（1）均数估计：图 9-54 是 Options 选项中 Descriptive Statistics 选项的结果，给出的是基本统计量，Compare main effects 给出的均数估计包括标准误和置信区间，这里未列出。

（2）重复效应及交互效应的方差分析（单变量检验）：当重复测量因素多于 1 个时，不再给出球形检验的统计量和 P 值，但是会给出 ε 校正系数，见图 9-55。两个重复测量因素的主效应和交互效应见图 9-56，经编辑这里只给出了三种方法的其中一种 Greenhouse-Geisser 方法的校正结果。由图 9-56 见，时间之间、部位之间均存在统计差异（P=0.000），时间与部位之间存在显著的交互效应（P=0.000），图 9-57 可直观地反映这些结论。

（3）时间水平的多重比较：见图 9-58，所有水平间均存在统计差异（P=0.000）。

Descriptive Statistics

	Mean	Std. Deviation	N
术前-A	9.8250	.17774	6
术前-B	9.9067	.10558	6
术后1h-A	143.5933	2.53890	6
术后1h-B	21.7850	.97285	6
术后3h-A	186.2333	.61905	6
术后3h-B	33.6033	.60609	6
术后6h-A	211.6067	2.16182	6
术后6h-B	38.5217	1.06044	6
术后12h-A	296.5283	2.27629	6
术后12h-B	16.8500	1.03931	6
术后18h-A	314.5017	.52029	6
术后18h-B	11.3000	.25799	6
术后24h-A	263.9533	1.84550	6
术后24h-B	8.9850	.27245	6

图 9-54 例 9-12 的均数估计

Mauchly's Test of Sphericity[a]

Measure: MEASURE_1

Within Subjects Effect	Epsilon[b] Greenhouse-Geisser	Huynh-Feldt	Lower-bound
time	.431	.935	.167
spot	1.000	1.000	1.000
time * spot	.380	.717	.167

Tests the null hypothesis that the error covariance matrix of the orthonormalized transformed dependent variables is proportional to an identity matrix.

a. Design: Intercept
Within Subjects Design: time + spot + time * spot

b. May be used to adjust the degrees of freedom for the averaged tests of significance. Corrected tests are displayed in the Tests of Within-Subjects Effects table.

图 9-55 例 9-12 的 ε 校正系数

Tests of Within-Subjects Effects

Measure: MEASURE_1

Source		Type III Sum of Squares	df	Mean Square	F	Sig.
time	Sphericity Assumed	199827.025	6	33304.504	17551.721	.000
	Greenhouse-Geisser	199827.025	2.588	77203.749	17551.721	.000
Error(time)	Sphericity Assumed	56.925	30	1.898		
	Greenhouse-Geisser	56.925	12.942	4.399		
spot	Sphericity Assumed	707987.307	1	707987.307	570594.639	.000
	Greenhouse-Geisser	707987.307	1.000	707987.307	570594.639	.000
Error(spot)	Sphericity Assumed	6.204	5	1.241		
	Greenhouse-Geisser	6.204	5.000	1.241		
time * spot	Sphericity Assumed	201767.741	6	33627.957	21292.078	.000
	Greenhouse-Geisser	201767.741	2.282	88401.496	21292.078	.000
Error(time*spot)	Sphericity Assumed	47.381	30	1.579		
	Greenhouse-Geisser	47.381	11.412	4.152		

图 9-56 例 9-12 的重复效应及交互效应的方差分析（单变量检验）

（4）交互效应轮廓图：见图 9-57。综合上述，结果解释如下：

- 不同时间水平有统计差异，主要是缺血中心区的作用。缺血中心区的 Asp 自缺血后一直呈上升趋势，至第 6 个时间点（缺血后 18 小时）达最高峰，然后下降。对侧镜像区的变化相对而言较为平缓，自缺血开始上升，至第 4 个时间点（缺血后 6 小时）达最高峰，然后逐步下降。需要说明，轮廓图的横轴为分类变量，所以图中的 7 个时间点是等距的，尽管实际的时间间隔不等。
- 不同部位间有统计差异（P=0.000），缺血中心区显著高于对侧镜像区。
- 时间与部位有显著交互效应（P=0.000），两者的变化趋势明显不同。

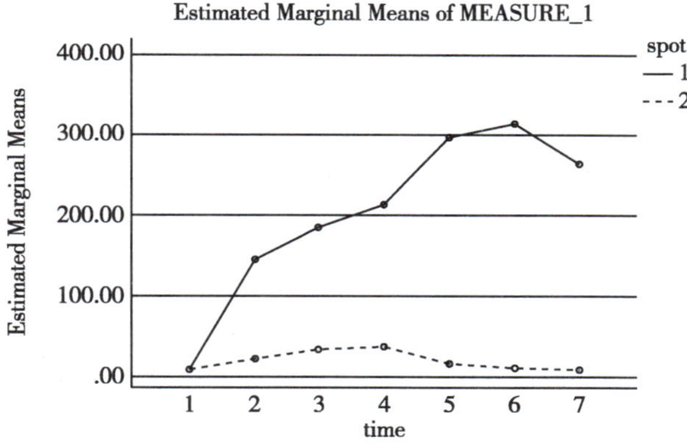

图 9-57　例 9-12 交互效应轮廓图

Pairwise Comparisons

Measure: MEASURE_1

(I) time	(J) time	Mean Difference (I-J)	Std. Error	Sig.[b]	95% Confidence Interval for Difference[b] Lower Bound	Upper Bound
1	2	-72.823	.516	.000	-74.149	-71.497
	3	-100.053	.197	.000	-100.560	-99.545
	4	-115.198	.432	.000	-116.308	-114.089
	5	-146.823	.608	.000	-148.386	-145.260
	6	-153.035	.141	.000	-153.398	-152.672
	7	-126.603	.375	.000	-127.567	-125.639
2	3	-27.229	.584	.000	-28.730	-25.728
	4	-42.375	.410	.000	-43.430	-41.320
	5	-74.000	.886	.000	-76.278	-71.722
	6	-80.212	.530	.000	-81.573	-78.851
	7	-53.780	.680	.000	-55.527	-52.033
3	4	-15.146	.545	.000	-16.546	-13.746
	5	-46.771	.754	.000	-48.709	-44.832
	6	-52.982	.193	.000	-53.480	-52.485
	7	-26.551	.389	.000	-27.550	-25.552
4	5	-31.625	.782	.000	-33.634	-29.616
	6	-37.837	.505	.000	-39.135	-36.539
	7	-11.405	.505	.000	-12.704	-10.106
5	6	-6.212	.627	.000	-7.824	-4.599
	7	20.220	.911	.000	17.879	22.561
6	7	26.432	.430	.000	25.327	27.536

Based on estimated marginal means

b. Adjustment for multiple comparisons: Least Significant Difference (equivalent to no adjustments).

图 9-58　例 9-12 不同时间的 LSD 多重比较结果

配套数据文件集

（欧春泉　陈炳为　张庆英）

第十章　相关与回归分析

第一节　双变量相关分析

当分析两个变量之间是否存在相关关系时，可采用双变量相关（bivariate correlation）分析。在双变量相关分析中，对于双变量正态分布资料，可选择 Pearson 积矩相关系数（Pearson correlation coefficient）；对于非双变量正态分布资料或者等级资料，可选择 Spearman 相关系数或 Kendall 相关系数等非参数方法。

例 10–1　随机抽取 123 名不同年龄的人，检测其端粒限制性酶切片段（TRF）长度（bp），结果见数据文件 “correlate_1.sav”，试分析人的年龄与 TRF 是否相关。

1. 操作过程

（1）数据格式：见数据文件 “correlate_1.sav”，除个体标识变量 “*id*” 外有 2 列 123 行，即 2 个变量和 123 个观察单位。2 个变量分别为 “*age*”（年龄）和 “*trf*”（端粒限制性酶切片段长度）。

（2）过程：从菜单选择

Analyze

　　Correlate

　　　　Bivariate

弹出 Bivariate Correlations（双变量相关分析）主对话框（图 10–1）。

◇ Variables：选入相关分析的变量。本例选变量 “*age*” 和 “*trf*”。

◇ Correlation Coefficients：相关系数。

☑ Pearson：积矩相关系数，参数方法。系统默认。

□ Kendall’s tau–b：Kendall 等级相关系数，非参数方法。

□ Spearman：Spearman 等级相关系数（Spearman rank correlation coefficient），非参数方法。

◇ Test of Significance：选择单双侧检验。

⦿ Two–tailed：双尾（侧）检验。系统默认。

◎ One–tailed：单尾（侧）检验。

□ Flag significant correlations：显著性标记。若 $0.01<P\leqslant 0.05$，在相关系数右上角标记符号 “*”；若 $P\leqslant 0.01$，在相关系数右上角标记符号 “**”。

★ Options：选项。

击 Options 按钮，弹出 Bivariate Correlation：Options（选项）对话框（图 10–2）。

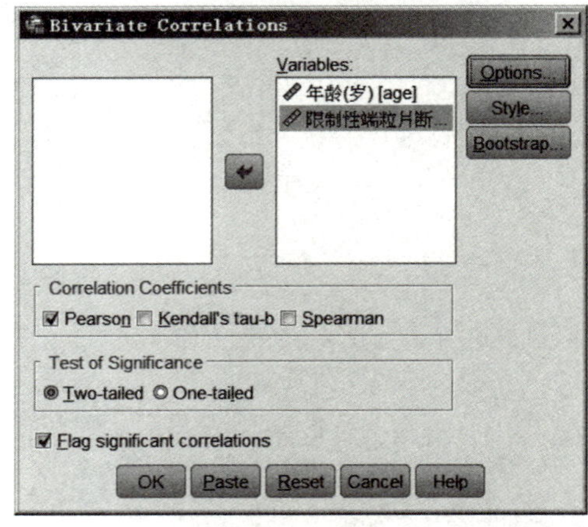

图 10–1　双变量相关分析主对话框

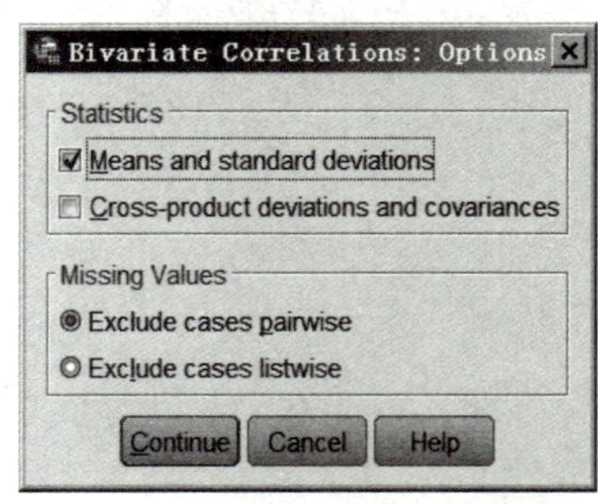

图 10–2　相关分析选项对话框

Statistics：统计量。

☑ Means and standard deviations：输出每一个变量的均数和标准差。

□ Cross-product deviations and covariances：输出离均差交叉积阵和协方差阵。

Missing Values：缺失值处理。

⊙ Exclude cases pairwise：剔除各对变量中含有缺失值的观察单位。系统默认。

◎ Exclude cases listwise：剔除含有缺失值的所有观察单位。

★ Bootstrap（图 10-1）：自助法。采用 bootstrap 法估计相关系数的标准误和 95% 置信区间，详见其他章节。

2. 主要输出结果

（1）基本统计量：对分析的变量进行简单的均数和标准差的描述，见图 10-3。

Descriptive Statistics

	Mean	Std. Deviation	N
年龄(岁)	31.600	20.9677	123
限制性端粒片断长度(bp)	12.5250	1.34552	123

图 10-3　两变量的基本统计量

（2）相关分析：图 10-4 是 Pearson 相关分析（参数方法）的结果，"*age*" 与 "*trf*" 的相关系数 r=-0.732，P=0.000，两者存在显著负相关关系。严格地讲，Pearson 相关分析要求资料满足双变量正态分布，虽然本软件未提供该项检验，但至少应该满足每个变量服从正态分布。本例经检验（如用 Analyze → Descriptive Statistics → Explore 模块，见前面章节）"*age*" 不服从正态分布，不妨考虑 Spearman 相关分析（非参数检验）的结果，见图 10-5，Spearman 相关系数 r_s=-0.748，P=0.000。可见两种方法的结果非常接近，这是由于样本量较大时是否正态分布对结果的影响不大，但是遇到小样本情形，变量是否满足正态分布可能导致两种方法的结果相差较大。

Correlations

		年龄(岁)	限制性端粒片断长度(bp)
年龄(岁)	Pearson Correlation	1	-.732**
	Sig. (2-tailed)		.000
	N	123	123
限制性端粒片断长度(bp)	Pearson Correlation	-.732**	1
	Sig. (2-tailed)	.000	
	N	123	123

**. Correlation is significant at the 0.01 level (2-tailed).

图 10-4　Pearson 相关分析（参数方法）

例 10-2　278 例尸体解剖资料见表 10-1，试分析年龄与冠状动脉粥样硬化等级之间的相关关系。

表 10-1　年龄与冠状动脉硬化的关系

年龄 / 岁	冠状动脉硬化等级				合计
	−	+	++	+++	
20~	70	22	4	2	98
30~	27	24	9	3	63
40~	16	23	13	7	59
≥50	9	20	15	14	58
合计	122	89	41	26	278

1. 操作过程　由于 2 个变量均为等级变量，故采用非参数相关分析方法。

（1）数据格式：见数据文件 "correlate_2.sav"，类似于 4×4 表 χ^2 检验数据格式，16 行 3 列，3 个变量分别为行变量、列变量和频数变量。

- 行变量名为 "*age_g*"（年龄组），1= "20~"，2= "30~"，3= "40~"，4= "≥50"。
- 行变量名为 "*AA*"（冠脉硬化），1= "–"，2= "+"，3= "++"，4= "+++"。
- 频数变量为 "*freq*"，将表 10-1 的 16 个基本频数输入此列。

Correlations

			年龄(岁)	限制性端粒片断长度(bp)
Spearman's rho	年龄(岁)	Correlation Coefficient	1.000	-.748**
		Sig. (2-tailed)	.	.000
		N	123	123
	限制性端粒片断长度(bp)	Correlation Coefficient	-.748**	1.000
		Sig. (2-tailed)	.000	.
		N	123	123

**. Correlation is significant at the 0.01 level (2-tailed).

图 10-5　Spearman 相关分析（非参数方法）

（2）过程：由于是频数表资料，首先需定义频数变量，然后再行相关分析。全部过程如下：

Data

　　Weight Cases

　　　　Weight Cases by

　　　　　▸ **Frequency Variable**：***freq***

Analyze

　　Correlate

　　　　Bivariate

　　　　　▸ **Variables**：***AA*** **/** ***age_g***

　　　　　☑ **Kendall's tau–b**

　　　　　☑ **Spearman**

2. 主要输出结果　见图 10–6，给出了两种非参数方法的分析结果，Kendall 相关系数为 0.425，Spearman 相关系数为 0.488，均为 $P<0.001$，提示冠脉硬化程度与年龄呈显著正相关关系，但相关关系并不密切（相关系数小于 0.5）。

Correlations

			冠脉硬化	年龄组
Kendall's tau_b	冠脉硬化	Correlation Coefficient	1.000	.425**
		Sig. (2-tailed)	.	.000
		N	278	278
	年龄组	Correlation Coefficient	.425**	1.000
		Sig. (2-tailed)	.000	.
		N	278	278
Spearman's rho	冠脉硬化	Correlation Coefficient	1.000	.488**
		Sig. (2-tailed)	.	.000
		N	278	278
	年龄组	Correlation Coefficient	.488**	1.000
		Sig. (2-tailed)	.000	.
		N	278	278

**. Correlation is significant at the 0.01 level (2-tailed).

图 10–6　例 10–2 的等级相关分析（非参数方法）

第二节　偏相关分析

多变量相关分析时，有时需要分析其中某两个变量的相关关系，但由于多个变量之间的相互作用，难以体现出某两个变量的真实相关关系。例如在某一海滨度假村，当蚂蚁多的时候来这里度假的人也多，如果将蚂蚁的数量与访客的数量作相关分析所得的相关系数较大（如大于 0.8），似乎可以推断两者间存在较密切的相关关系。其实，蚂蚁的多少是由气温决定的，而气温同时也影响着访客的人数，气温高的时候访客会多，蚂蚁也多；气温低的时候访客稀少，蚂蚁也不见踪迹。因此，从表面上看，虽然蚂蚁的数量与访客数量相关，但如果排除了气温变化的影响，两者的关系就未必如此了。偏相关分析（partial correlation analysis）的思想是控制其他变量的变化，即在其他变量固定不变的情况下，计算两变量间的相关系数。经偏相关分析得出的相关系数为偏相关系数。

例 10–3　29 名健康成人的身高、体重和肺活量见数据文件"partial_corr.sav"，试分析"*x1*"（身高）与"*y*"（肺活量）之间有无相关关系。

1. 操作过程　从菜单选择

Analyze

　　Correlate

　　　　Partial

弹出 Partial Correlations（偏相关分析）主对话框（图 10–7）。

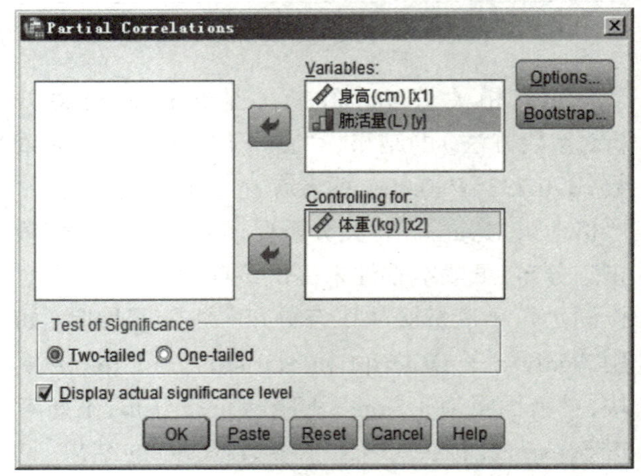

图 10–7　偏相关分析主对话框

◇ Variables：选入进行偏相关分析的变量。本例选"*x1*"（身高）和"*y*"（肺活量）。

◇ Controlling for：选入控制变量。本例选"*x2*"（体重）。

◇ Test of Significance：选择单双侧检验。

⦿ Two-tailed：双尾（侧）检验。系统默认。

◎ One-tailed：单尾（侧）检验。

☑ Display actual significance level：显示确切 *P* 值。若选择此项，在显示相关系数的同时，显示确切 *P* 值及自由度；若不选此项，则不显示确切 *P* 值，而用星号代替，"*"表示 $0.01<P\leqslant 0.05$；"**"表示 $P\leqslant 0.01$，且均不显示自由度。

★ Options：选项。

击 Options 按钮，弹出 Partial Correlations：Options（选项）对话框（图 10–8）。

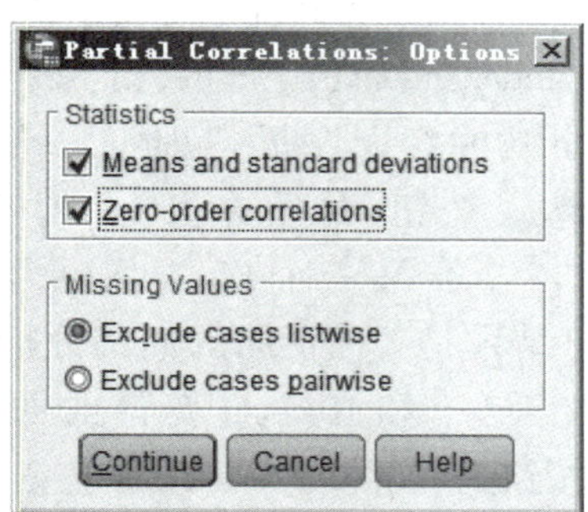

图 10–8　偏相关分析选项对话框

◇ Statistics：统计量。

☑ Means and standard deviations：输出每一个变量的均数和标准差，本例选此项。

☑ Zero-order correlations：输出零阶相关（zero-order correlation）系数，即显示含控制变量在内的所有变量的简单相关系数。本例选择此项，以便与偏相关分析结果进行对比。

★ Bootstrap（图 10–7）：同前述。

2. 主要输出结果

（1）基本统计量：见图 10–9。

（2）简单相关系数和偏相关系数：见图 10–10。

● 图中上半部分给出的是 Pearson 相关分析的结果，无控制变量。两两简单相关发现体重和身高均与肺活量有显著相关关系（$P \leqslant 0.001$）。

Descriptive Statistics

	Mean	Std. Deviation	N
身高(cm)	152.5759	8.36223	29
肺活量(L)	2.2069	.44855	29
体重(kg)	37.1276	5.53275	29

图 10–9　各变量的基本统计量

Correlations

Control Variables			身高(cm)	肺活量(L)	体重(kg)
-none-[a]	身高(cm)	Correlation	1.000	.588	.742
		Significance (2-tailed)	.	.001	.000
		df	0	27	27
	肺活量(L)	Correlation	.588	1.000	.736
		Significance (2-tailed)	.001	.	.000
		df	27	0	27
	体重(kg)	Correlation	.742	.736	1.000
		Significance (2-tailed)	.000	.000	.
		df	27	27	0
体重(kg)	身高(cm)	Correlation	1.000	.093	
		Significance (2-tailed)	.	.639	
		df	0	26	
	肺活量(L)	Correlation	.093	1.000	
		Significance (2-tailed)	.639	.	
		df	26	0	

a. Cells contain zero-order (Pearson) correlations.

图 10–10　例 10–3 的简单相关系数和偏相关系数

● 图中下半部分给出的是偏相关分析的结果，控制变量为“*x2*”（体重）。

● 变量“*x1*”（身高）与“*y*”（肺活量）的偏相关系数为 0.093（P=0.639），相关关系不显著，而两者的简单相关系数为 0.588（P=0.001）。说明身高与肺活量并无相关关系，但由于两者均与体重相关而造成假相关关系。由此可见，偏相关系数和简单相关系数是不同的概念。

● 偏相关分析的自由度为 26，与简单相关分析的自由度（27）亦不相同。

第三节　线性回归

线性回归（linear regression）过程用于分析一个或多个自变量与一个因变量之间的线性数量关系，并可进行回归诊断分析。

例 10-4　测得 97 名成年男性血常规和血生化指标 11 项，分别是 *rbc*（红细胞）、*hb*（血红蛋白）、*wbc*（白细胞）、*plt*（血小板）、*tbil*（总胆红素）、*dbil*（直接胆红素）、*alt*（谷丙转氨酶）、*ast*（谷草转氨酶）、*alp*（碱性磷酸酶）、*bun*（尿素氮）及 *cr*（肌酐），见数据文件"regression.sav"。试以 *hb* 为因变量，其他变量为自变量进行回归分析。

1. 操作过程

（1）数据格式：见数据文件"regression.sav"，有 97 行 12 列，即 97 条记录（观察单位）12 个变量，每个变量占 1 列，每名患者资料占 1 行，该数据格式为一般多元分析的数据格式。12 个变量中，1 个变量"*no*"为标识变量，其余 11 个变量代表 11 项检测指标。

（2）过程

Analyze

　　Regression

　　　　Linear

弹出 Linear Regression（线性回归）主对话框（图 10-11）。

◇ Dependent：因变量。只能选入 1 个因变量，本例选入变量"*hb*"。

◇ Independent（s）：自变量。可以是 1 个或多个，本例选入除变量"*no*"和"*hb*"外的其余 10 个变量。

□ Block：逐次对回归分析设定不同的自变量组合，并可对某一自变量组合用特定的 Method 进行分析。例如，先选 3 个血常规变量"*rbc*""*wbc*"及"*plt*"入 Independent（s）框内，击 Next 按钮；再选入 5 个肝功能变量"*tbil*""*dbil*""*alt*""*ast*"和"*alp*"，击 Next 按钮；最后选入 2 个肾功能变量"*bun*"和"*cr*"，若每一个 Block 均选用 Enter 方法，则输出结果是 3 种不同的回归分析结果，即依次为 3 个、8 个和 10 个自变量的回归方程。Previous 按钮是前翻按钮，与 Next 按钮的后翻对应，可以调整不同的自变量组合方案。

□ Method：回归分析方法，有 5 种方法可供选择。

● Enter：强迫引入法。即普通回归分析，所选自变量全部进入方程，为系统默认方式。

● Stepwise：逐步回归法。根据在 Options 对话框中设定的标准在计算过程中逐步加入有统计意义的变量和剔除无统计意义的变量，直到所建立的方程式中不再有可加入和可剔除的变量为止。

● Remove：强迫剔除法。根据设定的条件剔除自变量。

● Backward：向后逐步法。所选自变量全部进入方程，根据 Options 对话框中设定的标准在计算过程中逐个剔除变量，直到所建立的方程式中不再含有可剔除的变量为止。

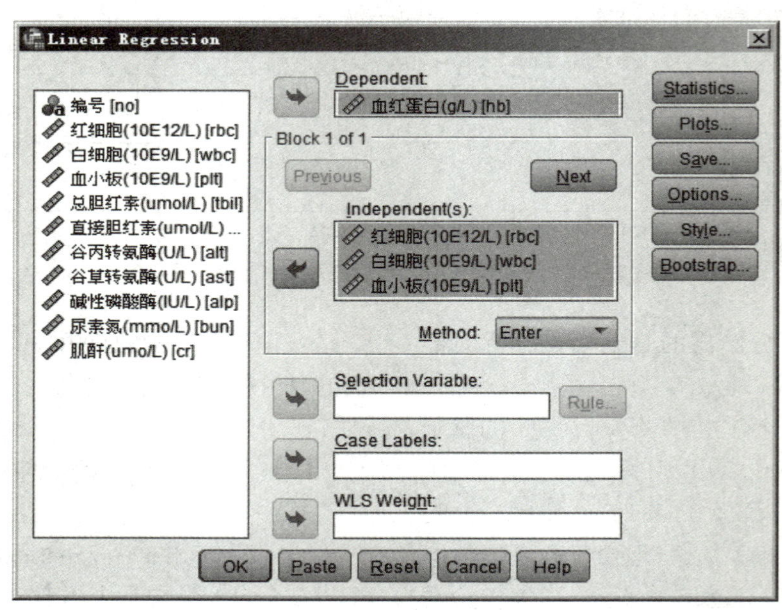

图 10-11　线性回归主对话框

● Forward：向前逐步法。根据 Options 对话框中设定的标准在计算过程中逐个加入单个变量，直到所建立的方程式中不再有可加入的变量为止。

◇ Selection variable：选择符合某变量条件的观察单位建立回归模型，每次只能选入 1 个变量。选入变量后，激活 Rule 按钮。击该按钮，弹出 Linear Regression：Set Rule（选择观察单位）对话框（图 10-12），对于数值型变量有 6 种方式供选择。

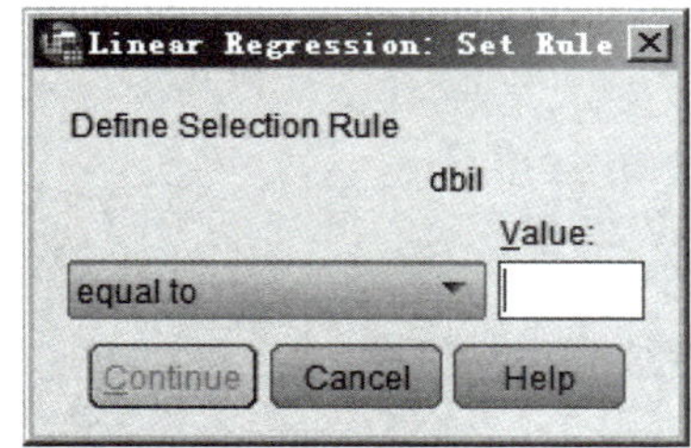

图 10-12　选择观察单位范围对话框

Define Selection Rule：定义入选规则。仅满足条件的观察单位才参加分析。在 Value 框内输入设定值，可设置以下条件：

● equal to：等于设定值。

● not equal to：不等于设定值。

● less than：小于设定值。

● less than or equal to：小于或等于设定值。

● greater than：大于设定值。

● greater than or equal to：大于或等于设定值。

对于字符型变量仅供选择前两项，即等于或者不等于设定值。

★ Statistics（图 10-11）：统计量。

击 Statistics 按钮，弹出 Linear Regression：Statistics（统计量）对话框（图 10-13）。

◇ Regression Coefficients：回归系数。

☑ Estimates：一般回归系数和标准回归系数及其标准误和显著性检验。

□ Confidence intervals：一般回归系数的 95% 置信区间。

□ Covariance matrix：方差及协方差矩阵和相关矩阵。

☑ Model fit：模型拟合情况。给出复相关系数 R、决定系数 R^2、调整决定系数及方差分析结果。

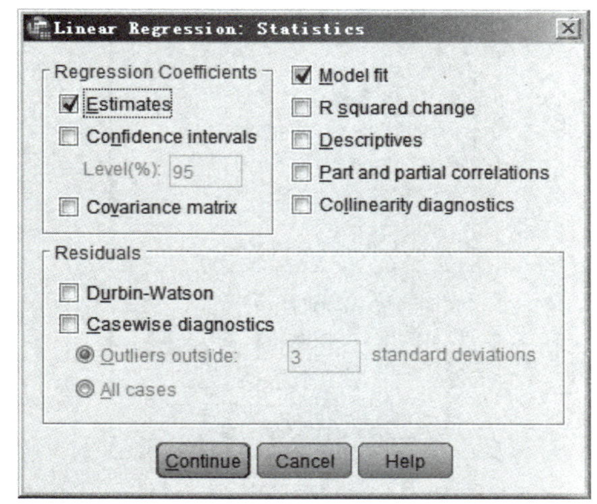

图 10-13　线性回归统计量对话框

□ R squared change：引入或剔除某个自变量后决定系数 R^2 的变化。

□ Descriptives：输出每个变量的均数，标准差，样本容量，相关系数及单侧检验 P 值的矩阵。

□ Part and partial correlations：各自变量同因变量的简单相关系数及偏相关系数。

□ Collinearity diagnostics：多重共线性诊断（collinearity diagnostics），给出每个自变量的杠杆值、方差膨胀因子（VIF）以及容许度（tolerance）等。

◇ Residuals：残差。

□ Durbin-Watson：对残差作顺序相关的 Dubin-Watson 检验。

□ Casewise diagnostics：个体诊断，给出残差和预测值、标准化残差和标准化预测值的统计量。选此项后，激活以下选项。

⊙ Outliers outside：3 standard deviations：凡个体观察值超出均数加减 n 倍标准差被视为离群点，系统默认此项 n 为 3。给出所有离群点的残差、标准化残差和预测值。

◎ All cases：给出所有观察单位的残差、标准化残差和预测值。

★ Plots（图 10-11）：残差散点图、正态概率图、离群点图及直方图（此略）。

★ Options（图 10-11）：选项。

击 Options 按钮，弹出 Linear Regression：Options（选项）对话框（图 10-14）。

◇ Stepping Method Criteria：逐步回归的剔选变量准则。

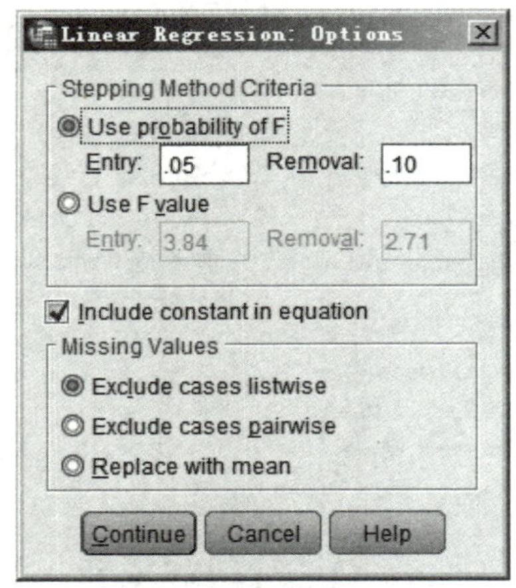

图 10-14 线性回归选项对话框

⊙ Use probability of F：以 F 值所对应的 P 值为剔选变量准则。系统默认方式。

● Entry .05：选入变量的显著性水准。系统默认 0.05，即对某变量的回归平方和进行检验时，若 $P \leqslant 0.05$，则该变量被选入方程。

● Removal .10：剔除变量的显著性水准。系统默认 0.10，即对某变量的回归平方和进行检验时，若 $P \geqslant 0.10$，则该变量被剔除出方程。剔除变量的显著性水准必须大于选入变量的显著性水准。

◎ Use F value：以回归平方和检验的 F 值为剔选变量准则。

● Entry 3.84：选入变量的 F 界值，系统默认 3.84，即对回归方程检验时，若 $F \geqslant 3.84$，则该变量被选入方程。

● Removal 2.71：剔除变量的 F 界值，系统默认 2.71，即对回归方程检验时，若 $F \leqslant 2.71$，则该变量被剔除出方程。

☑ Include constant in equation：回归方程中含有常数项。

◇ Missing values：缺失值处理。

⊙ Exclude cases listwise：剔除所有变量中有缺失值的观察单位。

◎ Exclude cases pairwise：仅剔除正在参与运算的一对变量中有缺失值的观察单位。

◎ Replace with mean：用变量的均数代替缺失值。

★ Save（图 10-11）：将框内所选项存为新变量或新文件。

击 Save 按钮，弹出 Linear Regression：Save（存新变量/文件）对话框（图 10-15）。

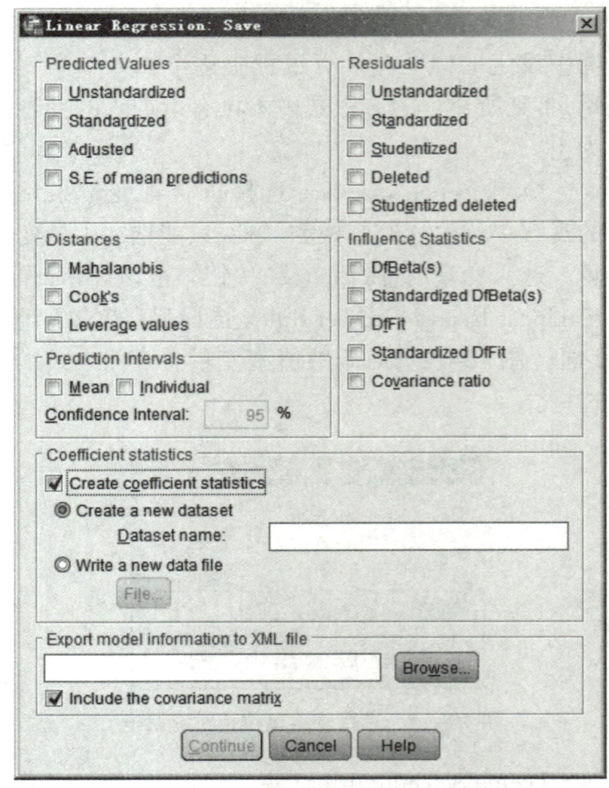

图 10-15 线性回归存新变量/文件对话框

◇ Predicted Values：给出每一例观察单位的预测值。

□ Unstandardized：非标准化预测值。

□ Standardized：标准化预测值。

□ Adjusted：调整预测值，用剔除该例观察单位后所建立的模型进行预测。

□ S.E. of mean predictions：预测值的标准误。

◇ Residuals：残差。

□ Unstandardized：非标准化残差。

□ Standardized：标准化残差。

□ Studentized：学生化残差，即非标准化残差除以其标准差。

□ Deleted：剔除残差，实测值与调整预测值之差。

□ Studentized deleted：学生化剔除残差。

◇ Distances：距离。计算每例观察单位的以下指标，用以探索对回归模型影响较大或具有特异值的观察单位。

□ Mahalanobis：马氏距离。

□ Cook's：Cook 距离。

□ Leverage values：杠杆值。

◇ Influence Statistics：个体观察单位影响统计量。

□ DfBeta(s)：剔除某一观察单位所引起的回归系数的变化。

□ Standardized DfBeta(s)：标准化 DfBeta。

□ DfFit：剔除某一观察单位所引起的预测值的变化。

□ Standardized DfFit：标准化 DfFit。

□ Covariance ratio：剔除某一观察值的协方差阵与含全部观察值的协方差阵的比值。

◇ Prediction Intervals：预测值的置信区间。

□ Mean：预测值均数的置信区间。

□ Individual：个体预测值的置信区间。

Confidence Interval：95 %：置信区间范围。系统默认 95%。

◇ Coefficient statistics：将回归系数保存在新的数据文件里。

☑ Create coefficient statistics：产生回归系数统计量。

⊙ Create a new dataset：建立一个新的数据文件以保存回归系数，自行规定其新数据文件名称。

◎ Write a new data file：写入一个新的数据文件。

◇ Export model information to XML file：将模型信息存为 XML 文件。

☑ Include the covariance matrix：包括协方差矩阵。

例 10-4 的主要过程如下：

Analyze

Regression

Linear

▸ **Dependent：*hb***

▸ **Independent(s)：*rbc / wbc / plt / tbil / dbil / alt / ast / alp / bun / cr***

Method：Enter / Stepwise(全变量回归 / 逐步回归)

Statistics

☑ **Estimates**

☑ **Confidence interval**

☑ **Model fit**

☑ **Descriptives**

Options

Missing Values

⊙ **Exclude cases pairwise**

2. 主要输出结果

(1) 基本统计量：见图 10-16，变量“*alp*”有 1 例缺失。

Descriptive Statistics

	Mean	Std. Deviation	N
血红蛋白(g/L)	131.78	24.735	97
红细胞(10E12/L)	4.4685	.85936	97
白细胞(10E9/L)	9.6819	4.51952	97
血小板(10E9/L)	253.06	129.903	97
总胆红素(umol/L)	11.616	6.3826	97
直接胆红素(umol/L)	3.322	2.7448	97
谷丙转氨酶(U/L)	34.66	59.596	97
谷草转氨酶(U/L)	36.43	58.377	97
碱性磷酸酶(IU/L)	80.327	62.7156	96
尿素氮(mmo/L)	5.096	2.5189	97
肌酐(umo/L)	82.06	22.407	97

图 10-16 基本统计量

(2) 相关系数矩阵及检验结果：见图 10-17，上部是 Pearson 积矩相关系数矩阵；中部是相关系数单侧检验的 P 值；下部是样本量。

(3) 入选 / 剔除回归方程的变量：用全变量回归分析(Enter)，5 个自变量均在方程内(图 10-18)。用逐步回归分析(Stepwise)，第一步方程内选入变量“*rbc*”，第二步方程内选入变量“*plt*”(图 10-19)。

(4) 模型检验

1) 全变量回归分析(Enter)：见图 10-20 和图 10-21，解释如下：

- Predictors：指示变量(自变量)，有常数项，以及其余 10 个变量：*rbc*、*wbc*、*plt*、*tbil*、*dbil*、*alt*、*ast*、*alp*、*bun* 及 *cr*。
- Dependent Variable：*hb*(血红蛋白含量)。
- R Square：决定系数 R^2 为 0.714。
- Adjusted R Square：调整决定系数，根据方程中自变量的多少对 R^2 进行调整，以避免偏性，常用于自变量个数不同的模型之间的比较，按下式计算：

Correlations

		血红蛋白(g/L)	红细胞(10E12/L)	白细胞(10E9/L)	血小板(10E9/L)	总胆红素(umol/L)	直接胆红素(umol/L)	谷丙转氨酶(U/L)	谷草转氨酶(U/L)	碱性磷酸酶(IU/L)	尿素氮(mmo/L)	肌酐(umo/L)
Pearson Correlation	血红蛋白(g/L)	1.000	.810	-.256	-.256	.217	.143	.062	.096	-.083	.108	.066
	红细胞(10E12/L)	.810	1.000	-.139	-.049	.200	.103	.087	.106	-.036	.128	.007
	白细胞(10E9/L)	-.256	-.139	1.000	.574	-.041	-.165	-.011	.002	-.018	.150	-.050
	血小板(10E9/L)	-.256	-.049	.574	1.000	-.208	-.315	-.054	-.076	-.028	-.095	-.080
	总胆红素(umol/L)	.217	.200	-.041	-.208	1.000	.709	.016	.005	-.052	.076	-.126
	直接胆红素(umol/L)	.143	.103	-.165	-.315	.709	1.000	.062	.046	-.006	.002	.014
	谷丙转氨酶(U/L)	.062	.087	-.011	-.054	.016	.062	1.000	.948	.037	.432	.062
	谷草转氨酶(U/L)	.096	.106	.002	-.076	.005	.046	.948	1.000	.045	.450	.069
	碱性磷酸酶(IU/L)	-.083	-.036	-.018	-.028	-.052	-.006	.037	.045	1.000	-.072	-.058
	尿素氮(mmo/L)	.108	.128	.150	-.095	.076	.002	.432	.450	-.072	1.000	.360
	肌酐(umo/L)	.066	.007	-.050	-.080	-.126	.014	.062	.069	-.058	.360	1.000
Sig. (1-tailed)	血红蛋白(g/L)	.	.000	.006	.006	.016	.081	.273	.174	.211	.145	.260
	红细胞(10E12/L)	.000	.	.087	.316	.025	.158	.200	.151	.363	.106	.472
	白细胞(10E9/L)	.006	.087	.	.000	.345	.053	.458	.493	.431	.071	.314
	血小板(10E9/L)	.006	.316	.000	.	.020	.001	.301	.230	.394	.177	.217
	总胆红素(umol/L)	.016	.025	.345	.020	.	.000	.439	.481	.309	.231	.109
	直接胆红素(umol/L)	.081	.158	.053	.001	.000	.	.274	.328	.476	.490	.447
	谷丙转氨酶(U/L)	.273	.200	.458	.301	.439	.274	.	.000	.360	.000	.273
	谷草转氨酶(U/L)	.174	.151	.493	.230	.481	.328	.000	.	.332	.000	.252
	碱性磷酸酶(IU/L)	.211	.363	.431	.394	.309	.476	.360	.332	.	.244	.287
	尿素氮(mmo/L)	.145	.106	.071	.177	.231	.490	.000	.000	.244	.	.000
	肌酐(umo/L)	.260	.472	.314	.217	.109	.447	.273	.252	.287	.000	.
N	血红蛋白(g/L)	97	97	97	97	97	97	97	97	96	97	97
	红细胞(10E12/L)	97	97	97	97	97	97	97	97	96	97	97
	白细胞(10E9/L)	97	97	97	97	97	97	97	97	96	97	97
	血小板(10E9/L)	97	97	97	97	97	97	97	97	96	97	97
	总胆红素(umol/L)	97	97	97	97	97	97	97	97	96	97	97
	直接胆红素(umol/L)	97	97	97	97	97	97	97	97	96	97	97
	谷丙转氨酶(U/L)	97	97	97	97	97	97	97	97	96	97	97
	谷草转氨酶(U/L)	97	97	97	97	97	97	97	97	96	97	97
	碱性磷酸酶(IU/L)	96	96	96	96	96	96	96	96	96	96	96
	尿素氮(mmo/L)	97	97	97	97	97	97	97	97	96	97	97
	肌酐(umo/L)	97	97	97	97	97	97	97	97	96	97	97

图 10-17 双变量相关系数矩阵及检验结果

Variables Entered/Removed[a]

Model	Variables Entered	Variables Removed	Method
1	肌酐(umo/L), 红细胞(10E12/L), 碱性磷酸酶(IU/L), 血小板(10E9/L), 谷丙转氨酶(U/L), 总胆红素(umol/L), 尿素氮(mmo/L), 白细胞(10E9/L), 直接胆红素(umol/L), 谷草转氨酶(U/L)[b]	.	Enter

a. Dependent Variable: 血红蛋白(g/L)

b. All requested variables entered.

图 10-18 全变量回归分析入选方程的自变量

Variables Entered/Removed[a]

Model	Variables Entered	Variables Removed	Method
1	红细胞(10E12/L)	.	Stepwise (Criteria: Probability-of-F-to-enter <= .050, Probability-of-F-to-remove >= .100).
2	血小板(10E9/L)	.	Stepwise (Criteria: Probability-of-F-to-enter <= .050, Probability-of-F-to-remove >= .100).

a. Dependent Variable: 血红蛋白(g/L)

图 10-19 逐步回归分析入选方程的自变量

Model Summary

Model	R	R Square	Adjusted R Square	Std. Error of the Estimate
1	.845[a]	.714	.681	13.980

a. Predictors: (Constant), 肌酐(umo/L), 红细胞(10E12/L), 碱性磷酸酶(IU/L), 血小板(10E9/L), 谷丙转氨酶(U/L), 总胆红素(umol/L), 尿素氮(mmo/L), 白细胞(10E9/L), 直接胆红素(umol/L), 谷草转氨酶(U/L)

图 10-20 全变量回归方程的决定系数

ANOVA[a]

Model		Sum of Squares	df	Mean Square	F	Sig.
1	Regression	41509.392	10	4150.939	21.240	.000[b]
	Residual	16611.265	85	195.427		
	Total	58120.657	95			

a. Dependent Variable: 血红蛋白(g/L)

b. Predictors: (Constant), 肌酐(umo/L), 红细胞(10E12/L), 碱性磷酸酶(IU/L), 血小板(10E9/L), 谷丙转氨酶(U/L), 总胆红素(umol/L), 尿素氮(mmo/L), 白细胞(10E9/L), 直接胆红素(umol/L), 谷草转氨酶(U/L)

图 10-21　全变量回归方程的方差分析表

$$R_{adj}^2 = R^2 - \frac{K\times(1-R^2)}{N-K-1} = 0.714 - \frac{10\times(1-0.714)}{96-10-1} = 0.681 \quad \text{（式 10-1）}$$

● 对方程检验，F=21.24，P=0.000，有统计学意义。

2）逐步回归分析（Stepwise）：见图 10-22 和图 10-23。第一步方程内有 1 个自变量"*rbc*"（红细胞）；第二步分析结束，方程内有 2 个自变量"*rbc*"和"*plt*"（血小板），下面只说明第二步的结果。R^2=0.704，调整 R^2=0.697。对整个方程检验，F=110.396，P=0.000，有统计学意义。

（5）参数估计

Model Summary

Model	R	R Square	Adjusted R Square	Std. Error of the Estimate
1	.810[a]	.657	.653	14.566
2	.839[b]	.704	.697	13.610

a. Predictors: (Constant), 红细胞(10E12/L)

b. Predictors: (Constant), 红细胞(10E12/L), 血小板(10E9/L)

图 10-22　逐步回归方程的决定系数

1）全变量回归分析（Enter）：见图 10-24，解释如下：

● 由标准偏回归系数（Beta）可见，10 个自变量对因变量（*hb*）的影响从大到小依次为 *rbc*、*plt*、*ast*、*alt*、*cr*、*tbil*、*alp*、*dbil*、*bun*、*wbc*。

● 一般回归方程为：

$$hb = 38.415 + 22.698rbc - 0.167wbc - 0.038plt + 0.235tbil - 0.435dbil - 0.060alt + 0.066ast - 0.023alp - 0.449bun + 0.069cr \quad \text{（式 10-2）}$$

● 对方程内各自变量单独检验，自变量"*rbc*"和"*plt*"对因变量"*hb*"有显著性影响，P 值分别为 0.000 和 0.011。

2）逐步回归分析（Stepwise）：见图 10-25，解释如下：

● 回归方程为：

$$hb=39.344+23.021rbc-0.041plt \quad \text{（式 10-3）}$$

● 就两个回归方程的比较而言，逐步回归方程较可取，因为其自变量从 10 个减到 2 个，模型更为简洁，便于实际中应用；而且逐步回归的调整 R^2（0.697）大于全变量回归方程的 0.681。

ANOVA[a]

Model		Sum of Squares	df	Mean Square	F	Sig.
1	Regression	38178.102	1	38178.102	179.954	.000[b]
	Residual	19942.556	94	212.155		
	Total	58120.657	95			
2	Regression	40895.177	2	20447.588	110.396	.000[c]
	Residual	17225.480	93	185.220		
	Total	58120.657	95			

a. Dependent Variable: 血红蛋白(g/L)

b. Predictors: (Constant), 红细胞(10E12/L)

c. Predictors: (Constant), 红细胞(10E12/L), 血小板(10E9/L)

图 10-23　逐步回归方程的方差分析表

Coefficients[a]

Model		Unstandardized Coefficients B	Unstandardized Coefficients Std. Error	Standardized Coefficients Beta	t	Sig.	95.0% Confidence Interval for B Lower Bound	95.0% Confidence Interval for B Upper Bound
1	(Constant)	38.415	10.916		3.519	.001	16.711	60.120
	红细胞(10E12/L)	22.698	1.759	.789	12.905	.000	19.201	26.195
	白细胞(10E9/L)	-.167	.415	-.031	-.402	.688	-.993	.659
	血小板(10E9/L)	-.038	.015	-.199	-2.591	.011	-.067	-.009
	总胆红素(umol/L)	.235	.341	.061	.691	.492	-.442	.913
	直接胆红素(umol/L)	-.435	.789	-.048	-.551	.583	-2.002	1.133
	谷丙转氨酶(U/L)	-.060	.077	-.145	-.785	.435	-.213	.092
	谷草转氨酶(U/L)	.066	.079	.156	.838	.405	-.091	.223
	碱性磷酸酶(IU/L)	-.023	.023	-.059	-1.004	.318	-.069	.023
	尿素氮(mmo/L)	-.449	.739	-.046	-.607	.545	-1.918	1.021
	肌酐(umo/L)	.069	.072	.063	.960	.340	-.074	.213

a. Dependent Variable: 血红蛋白(g/L)

图 10-24 全变量回归方程的参数估计

Coefficients[a]

Model		Unstandardized Coefficients B	Unstandardized Coefficients Std. Error	Standardized Coefficients Beta	t	Sig.	95.0% Confidence Interval for B Lower Bound	95.0% Confidence Interval for B Upper Bound
1	(Constant)	27.545	7.911		3.482	.001	11.837	43.253
	红细胞(10E12/L)	23.328	1.739	.810	13.415	.000	19.875	26.780
2	(Constant)	39.344	8.008		4.913	.000	23.441	55.247
	红细胞(10E12/L)	23.021	1.627	.800	14.151	.000	19.791	26.252
	血小板(10E9/L)	-.041	.011	-.216	-3.830	.000	-.063	-.020

a. Dependent Variable: 血红蛋白(g/L)

图 10-25 逐步回归方程的参数估计

第四节 曲线估计

在医学领域中，许多变量间的关系呈曲线趋势，需要用曲线方程描述它们之间的数量关系，统计学对这一问题的处理称为曲线拟合。

SPSS 的曲线估计（curve estimation）过程能自动拟合 11 种曲线，进行相应的参数估计和假设检验，拟合曲线图形及产生预测值、残差等新变量。

例 10-5 为研究抗生素头孢哌酮钠对枯草杆菌的抑菌效果，经实验得到头孢哌酮钠浓度（μg/ml）“x”与抑菌圈直径（mm）“y”的数据见表 10-2，试做曲线拟合。

1. 操作过程

（1）数据格式：见数据文件“curvefit.sav”，23 行 2 列，2 个变量分别为“x”（头孢哌酮钠浓度）和“y”（抑菌圈直径）。

（2）过程：从菜单中选择

Analyze

　Regression

　　Curve Estimation

弹出 Curve Estimation（曲线估计）主对话框（图 10-26）。

Dependent（s）：选入 1 个或多个因变量。本例选变量“y”。

表 10-2 头孢哌酮钠浓度与抑菌圈直径的实验数据

x/（μg/ml）	2.5	5.0	7.5	10.0	15.0	20.0	25.0	30.0	35.0	40.0	50.0	60.0
y/mm	7.0	8.0	9.1	10.1	10.6	11.8	12.0	11.8	12.5	13.3	13.9	15.6
x/（μg/ml）	70.0	80.0	90.0	100.0	110.0	120.0	130.0	140.0	150.0	160.0	170.0	
y/mm	15.5	16.7	16.2	16.9	16.8	16.9	17.2	17.0	17.4	18.3	18.4	

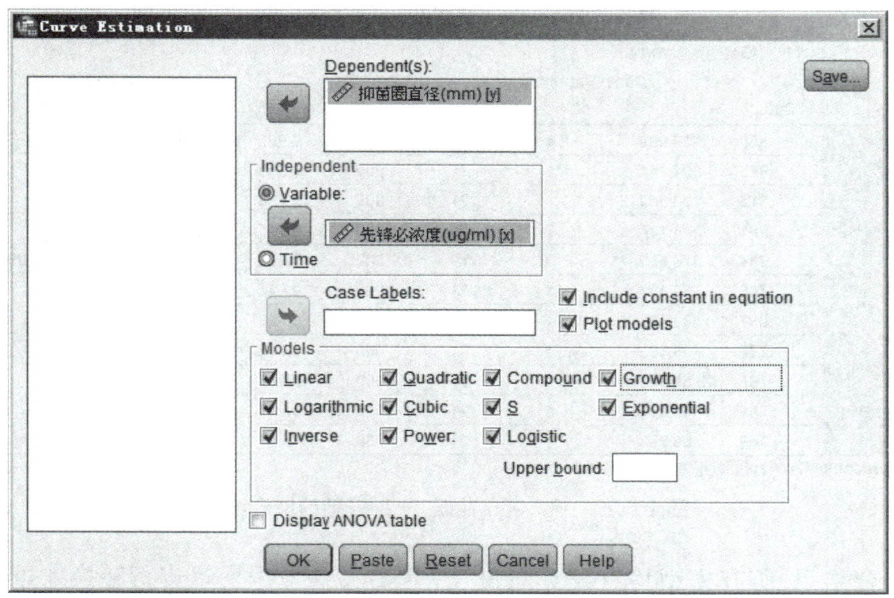

图 10-26 曲线估计主对话框

Independent：选择自变量，可选已有变量，也可选自动产生的顺序变量（Time）。

⊙ Variable：选入 1 个自变量。系统默认。本例选变量“*x*”。

◎ Time：自动按 1，2，3，…，时间序列顺序产生 1 个自变量。

◇ Case Labels：选择标识观察单位的变量。

☑ Include constant in equation：方程中包含常数项。

☑ Plot models：显示所选模型的函数曲线图。

◇ Models：模型。可选择 1 种或多种模型。

☑ Linear：线性模型。$Y=b_0+b_1*x$

☑ Quadratic：二次模型。$Y=b_0+b_1*x+b_2*x^2$

☑ Compound：复合模型。$Y=b_0(b_1)^x$

☑ Growth：生长模型。$Y=e^{(b0+b1*x)}$

☑ Logarithmic：对数模型。$Y=b_0+b_1*\ln(x)$

☑ Cubic：三次模型。$Y=b_0+b_1*x+b_2*x^2+b_3*x^3$

☑ S：S 型模型。$Y=e^{(b0+b1/x)}$

☑ Exponential：指数模型。$Y=b_0*e^{(b1*x)}$

☑ Inverse：逆模型。$Y=b_0+b_1/x$

☑ Power：幂模型。$Y=b_0(x^{b1})$

☑ Logistic：logistic 模型。$Y=1/[1/u+b_0(b_1^x)]$，u 称 Y 值的上限值。如选择 logistic 模型，则 Upper bound（上限）激活，自行规定上限值，必需大于等于 Y 的最大值。

□ Display ANOVA table：输出方差分析表。

★ Save：存为新变量。

击 Save 按钮，弹出 Curve Estimation：Save（存为新变量）对话框（图 10-27）。

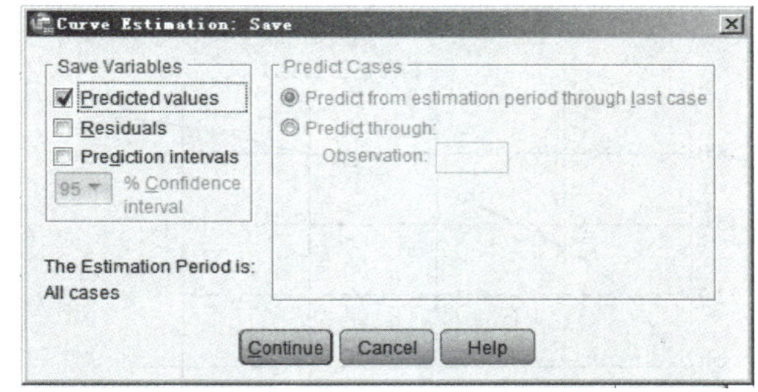

图 10-27 曲线估计存为新变量对话框

◇ Save Variables：保存变量。

☑ Predicted values：预测值。

□ Residuals：残差，即实测值与预测值之差。

□ Prediction intervals：预测值均数的置信区间，系统默认 95%。

◇ Predict Cases：预测个例。

⊙ Predict from estimation period through last case：对所有个例进行预测。

◎ Predict through：Observation：[n]：对第 1 至第 *n* 例进行预测。

2. 主要输出结果

（1）模型拟合：先在主对话框选择所有 11 种模型，根据结果选择最佳模型。图 10-28 是

Model Summary and Parameter Estimates

Dependent Variable: 抑菌圈直径(mm)

Equation	Model Summary					Parameter Estimates			
	R Square	F	df1	df2	Sig.	Constant	b1	b2	b3
Linear	.850	118.900	1	21	.000	9.966	.058		
Logarithmic	.975	804.741	1	21	.000	3.359	2.835		
Inverse	.616	33.660	1	21	.000	15.638	-30.250		
Quadratic	.961	244.134	2	20	.000	8.245	.137	.000	
Cubic	.984	378.853	3	19	.000	7.299	.219	-.002	5.050E-6
Compound	.768	69.363	1	21	.000	9.947	1.004		
Power	.987	1572.400	1	21	.000	5.726	.229		
S	.726	55.693	1	21	.000	2.747	-2.637		
Growth	.768	69.363	1	21	.000	2.297	.004		
Exponential	.768	69.363	1	21	.000	9.947	.004		
Logistic	.768	69.363	1	21	.000	.101	.996		

The independent variable is 先锋必浓度(ug/ml).

图 10-28 例 10-5 数据 11 种模型的拟合结果

11 种模型的拟合结果，所有模型均有统计意义（P=0.000），以幂模型（Power）和三次模型（Cubic）决定系数 R^2（R Square）最高，分别为 0.987 和 0.984。本例选择幂模型，回归方程为：$\hat{y}=5.726\,(x^{0.229})$。

（2）拟合曲线：重复之前的操作，但主对话框 Models 只选幂模型（Power），拟合的曲线见图 10-29，可见效果相当满意。

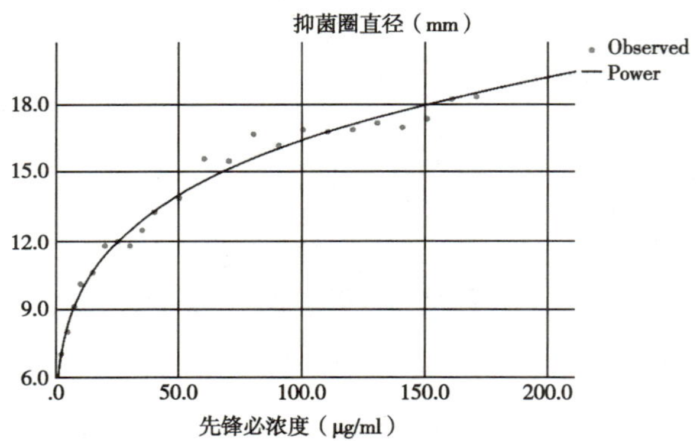

图 10-29 例 10-5 数据幂模型的拟合曲线

第五节 非线性回归

非线性回归（nonlinear regression）是指在因变量与一组自变量之间建立非线性模型。这里的"线性"和"非线性"并非指因变量与自变量间是直线关系还是曲线关系，而是指因变量能否表示为自变量的线性组合。如果变量（包括自变量和因变量）经过转换可以表达为线性形式，则可以应用线性回归的方法，例如前述的 Curve Estimation（曲线估计）过程（参见本章第四节）。但若需要对因变量进行转换才可以达到线性形式，用上述直线化方法则无法保证残差平方和最小。对于这种情形或无法通过变量转换达到线性形式，就需要用非线性回归分析方法。

非线性回归分析中的因变量和自变量应是定量变量，如果自变量是分类变量，应当先将其转换为二分类的哑变量。

例 10-6 数据文件"nonlinear.sav"记录了小鼠的 S78-3 肉瘤体积"y"（cm^3）随时间"x"（day）的增长规律，试建立两者之间的回归模型。

1. 操作过程

（1）数据格式：见数据文件"nonlinear.sav"，因变量选"y"（肉瘤体积）；自变量选"x"（时间）。

（2）一般过程：从菜单选择

Analyze

  Regression

    Nonlinear Regression

弹出 Nonlinear Regression（非线性回归）主对话框（图 10-30）。

◇ Dependent：因变量。

◇ Model Expression：模型表达式。此模型至少应包含一个自变量。可以通过从左侧的源变量框选择变量，从左下侧已定义好的参数框中选择参数，同时利用下侧的计算板和函数框建立模型。

必要的时候，模型表达式还可以分区段表示。每一段模型由一个逻辑表达式定义，整个模型必须是由几个分段模型的逻辑表达式组合在一起。例如，对于模型

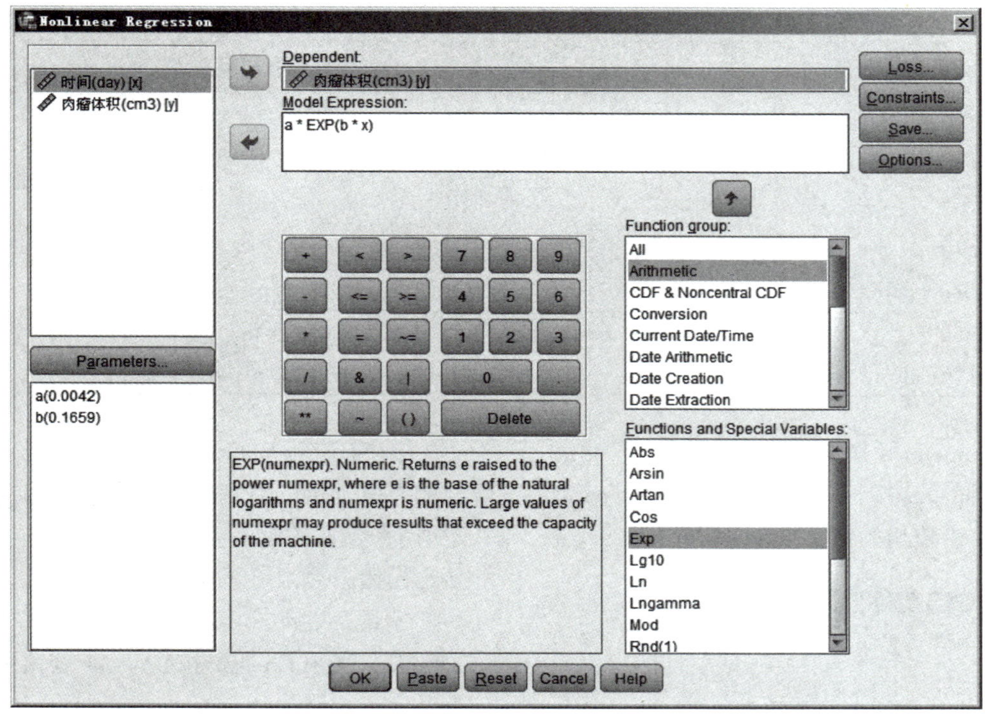

图 10-30 非线性回归主对话框

$$f(X)=\begin{cases}0 & X\leqslant 0\\ X & 0<X<1\\ 1 & X\geqslant 1\end{cases} \qquad (式 10-4)$$

其逻辑表达式为：

(X<=0)*0+(X>0&X<1)*X+(X>=1)*1

由于逻辑表达式只能是 1 或 0，于是

当 X<=0 时，结果为 1*0+0*X+0*1=0；

当 X>0&X<1 时，结果为 0*0+1*X+0*1=X；

当 X>=1 时，结果为 0*0+0*X+1*1=1。

字符串变量也可以用于逻辑表达式，如

(city='New York')*costliv+(city=Washington)*0.59*costliv。

表 10-3 是常用的非线性模型，在模型选择上一定要根据资料的性质而定。确定模型中参数的初始值是非常重要的，而且其中有些模型还需要进行参数约束，以便收敛。

表 10-3 常用的非线性模型

名称	模型表达式
Asymptotic Regression	B1+b2*exp(b3*x)
Asymptotic Regression	b1-(b2*(b3**x))
Density	(b1+b2*x)**(-1/b3)
Gauss	b1*(1-b3*exp(-b2*x**2)
Gompertz	b1*exp(-b2*exp(-b3*x))
Johnson-Schumacher	b1*exp(-b2/(x+b3))
Log-Modified	(b1+b3*x)**b2
Log-Logistic	b1-ln(1+b2*exp(-b3*x))
Metcherlich Law of Diminishing Returns	b1+b2*exp(-b3*x)
Michaelis Menten	b1*x/(x+b2)
Morgan-Mercer-Florin	(b1*b2+b3*x**b4)/(b2+x**b4)
Peal-Reed	b1/(1+b2*exp(-(b3*x+ b4*x**2+b5*x**3)))

续表

名称	模型表达式
Ratio of Cubics	(b1+b2*x+b3*x**2+b4*x**3) / (b5*x**3)
Ratio of Quadratics	(b1+b2*x+b3*x**2) / (b4*x**2)
Richards	b1/((1+b3*exp (−b2*x)) ** (1/b4))
Verhulst	b1/(1+b3*exp (−b2*x))
Von Bertalanffy	(b1** (1−b4) −b2*exp (−b3*x)) ** (1/(1−b4))
Weibull	b1−b2*exp (−b3*x**b4)
Yield Density	(b1+b2*x+b3*x**2) ** (−1)

★ Parameters (图 10–30): 参数。

击 Parameters 按钮,弹出 Nonlinear Regression: Parameters (参数初始值) 对话框 (图 10–31)。

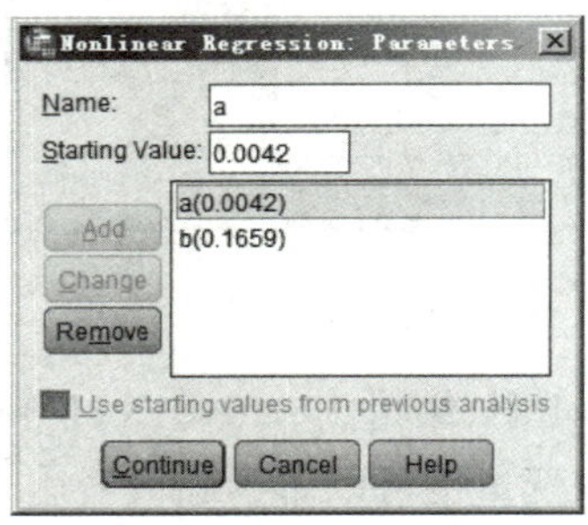

图 10–31 参数初始值对话框

◇ Name: 参数名称。该名称必须是有效的 SPSS 变量名,而且必须是在模型表达式中所用的名称。

◇ Starting Value: 参数的初始值。该值越接近最终所确定的值越好。所有参数都需要给出初始值,不合适的初始值会导致迭代不收敛或所建立的模型只对部分数据有效等。设置完参数名称和初始值后,单击 Add 按钮,将其送入下面的参数框中。利用 Change 和 Remove 按钮可以对参数进行修改和删除。

□ Use starting values from previous analysis: 以先前最后一次进行的非线性回归分析所获得的参数值作为初始值。它将代替用户事先指定的初始值。该选择项将在后面的分析中一直起作用,所以当变换模型后,务必取消该选项。

★ Loss (图 10–30): 损失函数。

击 Loss 按钮,弹出 Nonlinear Regression: Loss Function (损失函数) 对话框 (图 10–32)。损失

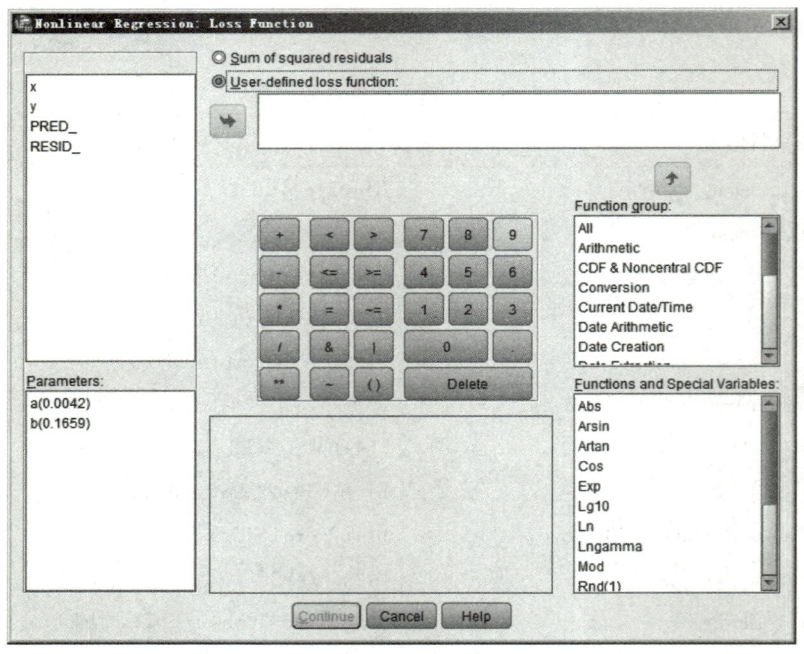

图 10–32 损失函数对话框

函数在非线性回归中指通过运算使之最小化的函数。必要的时候，损失函数还可以分区段表示。

◎ Sum of squared residuals：以残差平方和为损失函数。

⊙ User-defined loss function：用户定义损失函数。选此项后，可以通过从左侧的源变量框选择 RESID_（残差）、PRED_（预测值）和变量，从已定义好的左下参数框中选择参数，同时利用计算板和函数框定义损失函数模型。在这里，可以用逻辑表达式定义条件损失函数。

★ Constraints（图 10–30）：参数约束。

击 Constraints 按钮，弹出 Nonlinear Regression：Parameter Constraints（约束参数）对话框（图 10–33）。此处的约束是针对在得到最终参数值的迭代过程中所允许的取值范围而言的。

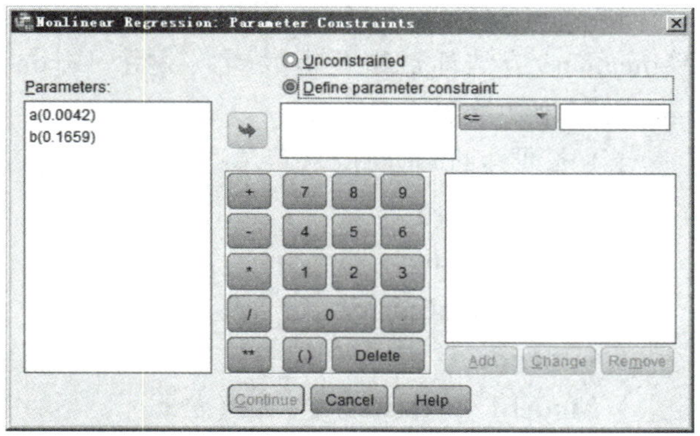

图 10–33　参数约束对话框

◎ Unconstrained：不对参数进行约束，系统默认。

⊙ Define parameter constraint：对参数进行约束。可以对单个参数进行约束，也可以对参数所构成的表达式进行约束。选择合适的逻辑表达符（<=、=、>=），并在其右侧键入一常数，然后单击 Add 按钮，将其送入下面的参数框中，利用 Change 和 Remove 按钮可以对要进行约束的参数和其表达式进行修改和删除。

★ Save（图 10–30）：存为新变量。

击 Save 按钮，弹出 Nonlinear Regression：Save New Variables（存为新变量）对话框（图 10–34）。

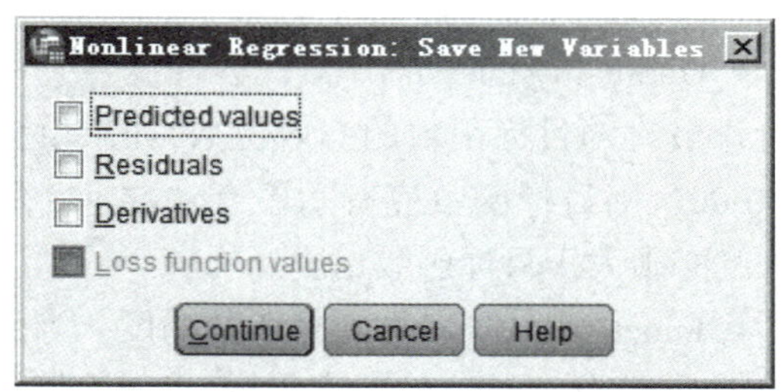

图 10–34　存为新变量对话框

☐ Predicted values：将预测值存为新变量，变量名为 *pred_*。

☐ Residuals：将残差存为新变量，变量名为 *Residua*。

☐ Derivatives：为模型中的每一个参数存一个衍生变量，其变量名为参数名称前加字母 *d*。

☐ Loss function values：将损失函数值存为新变量，变量名为 *loss_*。

★ Options（图 10–30）：选项。

击 Options 按钮，弹出 Nonlinear Regression：Options（选项）对话框（图 10–35）。

☐ Bootstrap estimates of standard error：用 Bootstrap 方法估计标准误。若选择该项，则在下面 Estimation Method（估计方法）中，只有 Sequential

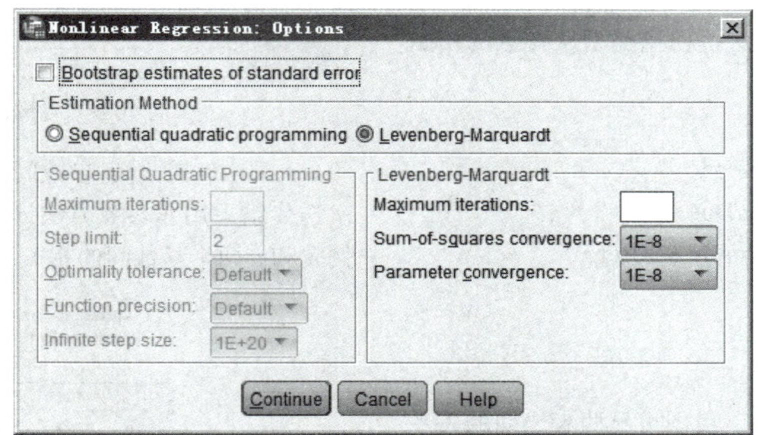

图 10–35　选项对话框

quadratic programming 可供选择。

◇ Estimation Method：估计方法。

◎ Sequential quadratic programming：连续二次计算法。如果用户已经定义了一个约束模型，或定义了一个损失函数，或选择了 Bootstrap estimates of standard error，软件会自动选用该方法。

● Maximum iteration：最大迭代步数。

● Step limit：参数向量长度的最大容许变化量，需要设置一个正值。

● Optimality tolerance：最优容许度。它可以被看作最终的目标函数的有效位数，如果设置为 0.000 001，则目标函数应有六位有效数字。最优容许度必须大于目标函数精度。

● Function precision：目标函数精度。当函数值较大时，它作为相对的精度指标，当函数值较小时，作为绝对精度指标。

● Infinite step size：如果参数在迭代过程中的变化大于所设定的值，则被认为无法得出合适的结果，于是停止运算。需要设置一正数。

⊙ Levenberg-Marquardt：非约束模型，系统默认。如果用户已经定义了一个约束模型，或定义了一个损失函数，或选择了 Bootstrap estimates of standard error，则无法激活此选项。

● Maximum iterations：最大迭代步数。

● Sum-of-squares convergence：平方和收敛标准。如果在连续的迭代过程中，平方和的变化小于所设定的数值，则过程停止。

● Parameter convergence：参数收敛标准。如果在连续的迭代过程中，任何参数的变化小于所设定的数值，则过程停止。

（3）本例过程

1）依据散点图选择模型类型及参数的初始值。从菜单选择

Graphs

Legacy Dialogs

Scatter/Dot

Simple Scatter

Define

▸ **Y Axis：*y***

▸ **X Axis：*x***

结果见图 10-36。由图可见两者之间的关系呈指数函数趋势，即 $y=A*e^{B*x}$。

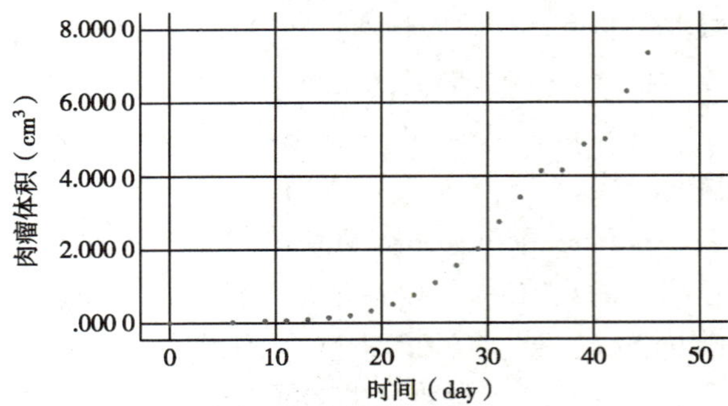

图 10-36 肿瘤体积和时间之间的散点图

由原始数据取任意两个相距较远又有代表性的点，如（0，0.004 2）和（45，7.346 1），列方程组：

$0.004\,2=A*e^{B*0}$

$7.346\,1=A*e^{B*45}$

解得 A=0.004 2，B=0.165 9。以此作为两个参数的初始值。

除上述方法外，也可以用曲线估计（Curve Estimation）方法通过拟合指数函数模型（Exponential）确定初始值。

2）非线性回归分析：从菜单选择

Analyze

Regression

Nonlinear

▸ **Dependent：*y***

▸ **Model Expression：*a*EXP*（*b*x*）**

▸ **Parameters：*a*：0.0042 / *b*：0.1659**

2. 主要输出结果

● 参数估计结果见图 10-37，回归方程为 $y=0.161\ e^{0.086x}$。

Parameter Estimates

Parameter	Estimate	Std. Error	95% Confidence Interval	
			Lower Bound	Upper Bound
a	.161	.035	.088	.234
b	.086	.005	.075	.097

图 10-37 参数估计

● 图 10-38 给出参数间的相关阵，是根据各次迭代结果用非参数方法计算的相关系数阵，本例 a 和 b 两个参数间的相关系数是 -0.990。

Correlations of Parameter Estimates

	a	b
a	1.000	-.990
b	-.990	1.000

图 10-38 估计参数的相关性

• 图 10-39 是非线性回归的方差分析表。这里的残差均方不是误差的无偏估计，因此通常所用的方差分析不能用于非线性回归的假设检验。实际应用中，可根据决定系数大小判断模型拟合程度，其计算如下：

$$R^2=1-\frac{残差平方和}{校正平方和}=1-\frac{3.510}{108.796}=0.968 \quad （式 10-5）$$

R^2 为 0.968 说明模型拟合效果很好。需要说明的是，如果模型拟合的效果很差，决定系数有可能为负值。

ANOVA[a]

Source	Sum of Squares	df	Mean Squares
Regression	201.543	2	100.771
Residual	3.510	19	.185
Uncorrected Total	205.053	21	
Corrected Total	108.796	20	

Dependent variable: 肉瘤体积(cm3)

a. R squared = 1 - (Residual Sum of Squares) / (Corrected Sum of Squares) = .968.

图 10-39 非线性回归的方差分析

第六节 二分类 logistic 回归分析

logistic 回归分析应用比较广泛，对于因变量为分类变量或等级变量的资料，可以用 logistic 回归分析一个或多个因素对该变量的影响（危险因素分析），logistic 回归还可用于判断研究对象的分类以及控制混杂等。与 Fisher 线性判别分析方法相比，logistic 回归对自变量分布无前提要求，即自变量可以是连续型变量，也可以是离散型变量，而线性判别分析则要求自变量应服从多元正态分布。本书将分别介绍因变量为二分类变量的二分类 logistic 回归分析（binary logistic regression），因变量为多分类变量的多分类 logistic 回归分析，以及因变量为等级变量的等级 logistic 回归分析。本节介绍二分类 logistic 回归分析。

例 10-7 为研究急性肾衰竭（ARF）患者死亡的危险因素，经回顾性调查，获得某医院 1990—2000 年中所有发生 ARF 的 422 名住院患者的临床资料见数据文件"logistic_1.sav"。本资料共涉及 29 个变量，分别为：性别（*sex*）、年龄（*age*）、社会支持、慢性病、手术、糖尿病、肿瘤、动脉硬化、器官移植、血清肌酐（血肌酐，*cr*）、血红蛋白（*hg*）、肾毒性、少尿、脂多糖结合蛋白（*lbp*）、黄疸、昏迷、辅助呼吸、心力衰竭（心衰）、肝衰竭（肝衰）、出血、呼吸衰竭（呼衰）、器官衰竭数目（器官衰竭）、胰腺炎、弥散性血管内凝血（*dic*）、败血症、感染、肝素结合蛋白（*hbp*）、透析方式、死亡。其中，透析方式为多分类变量，有 4 个水平；定量变量有 *age*、*cr*、*hg* 和器官衰竭数目；其余变量均为二分类变量。

1. 操作过程

（1）数据格式：见数据文件"logistic_1.sav"，有 422 行 29 列。定义 29 个变量，其中 1 个因变量，28 个自变量。

• 因变量：二分类变量，本例为变量"死亡"，有 2 个水平，变量标记为：0="N"（未死亡）；1="Y"（死亡）。

• 自变量：定量变量或定性变量，本例为其余 28 个变量，其中有 2 个多分类变量。

（2）一般过程：从菜单选择

Analyze

Regression

Binary Logistic

弹出 Logistic Regression（logistic 回归）主对话框（图 10-40）。

◇ Dependent：因变量。只能选入 1 个因变量，且为二分类变量。

◇ Covariates：自（协）变量。

可选入多个自变量。既可选入单个变量，亦可选入交互变量，若在左侧变量框内同时选中两个以上变量时，>a*b> 按钮被激活，击该按钮，所选变量被定义为交互变量。Previous 和 Next 按钮的用法见前述。

Method：选入方程内变量的方法。

• Enter：全变量模型。

• Forward：Conditional：基于条件参数估计的前进法。

• Forward：LR：基于偏最大似然估计的前进法。

• Forward：Wald：基于 Wald 统计量的前进法。

• Backward：Conditional：基于条件参数估计的后退法。

• Backward：LR：基于偏最大似然估计的后退法。

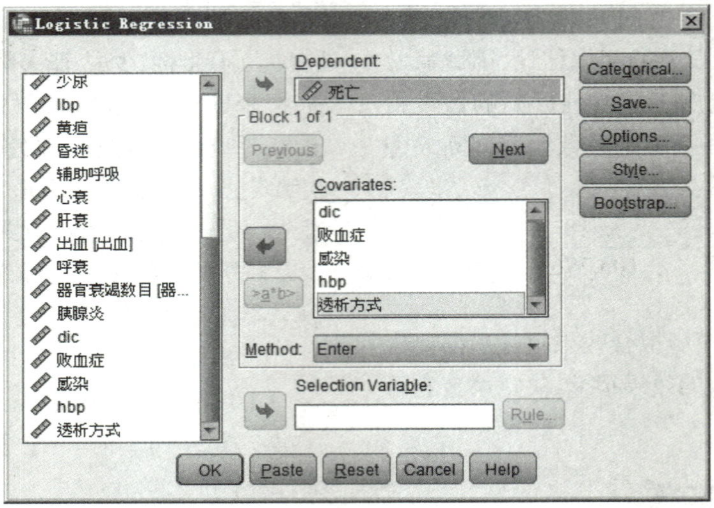

图 10-40　logistic 回归主对话框

● Backward: Wald: 基于 Wald 统计量的后退法。

◇ Selection Variable: 选择观察单位（参与计算的记录号）。框内可选入 1 个变量（一般选分类变量），选入变量后，Rule 按钮被激活，击该按钮，弹出定义变量值对话框，将该变量的某一水平值填入即可。

★ Categorical: 多分类变量的比较。

击 Categorical 按钮，弹出 Logistic Regression: Define Categorical Variable（定义多分类变量）对话框（图 10-41）。

◇ Categorical Covariates: 字符型变量系统自动设为多分类变量。尚可将其他数值型变量选入右侧框中，定义为多分类协变量，可同时选入多个。二分类变量可定义为一般的协变量或者多分类变量，结果完全相同。变量后面括弧内注明该变量不同类间的多重比较方法。

◇ Change Contrast: 多分类变量不同类间多重比较方法的选择和修改。

Contrast: 多分类变量不同类间的比较方法。

● Indicator: 每一类与参照类比较，并以矩阵的形式显示各类比较的线性组合，参照类在矩阵中整行均为 0。

● Simple: 将第一类或最后一类设为参照类，每一类均与参照类进行比较。

● Difference: 除第一类外，每一类与其前各类的平均效应比较，又称反 Helmert 法。

● Helmert: 除最后一类外，每一类与其后各类的平均效应比较。

● Repeated: 相邻分类比较，除第一类外，每一类与其前一类比较。

● Polynomial: 正交多名义分类比较，该法假设每一分类都有相等的空间，仅适于定量变量。

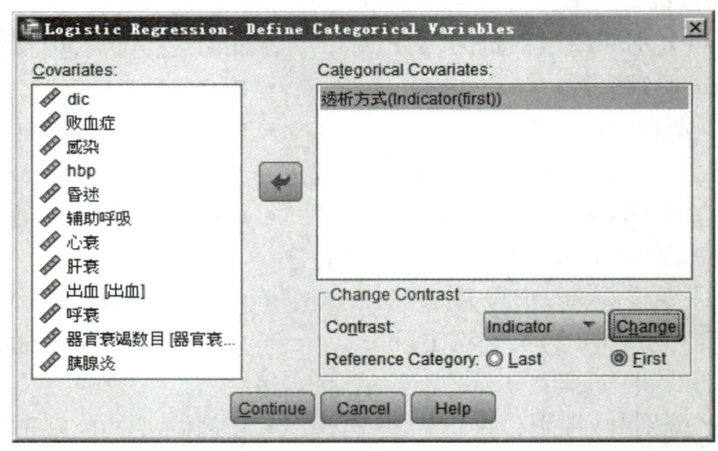

图 10-41　定义多分类变量对话框

● Deviation：除参照类外，每一类与总效应比较。

Reference Category：参照类选择，有最后一类和第一类两种选择。以上方法中，Deviation，Simple 或 Indicator 可选第一类，也可选最后一类作参照类。本例选 Indicator 法，将第一类设为参照类，即"透析方式"的各类分别与第一类（"无透析"）比较。

★ Save（图 10-40）：存为新变量。

击 Save 按钮，弹出 Logistic Regression：Save（保存）对话框（图 10-42）。

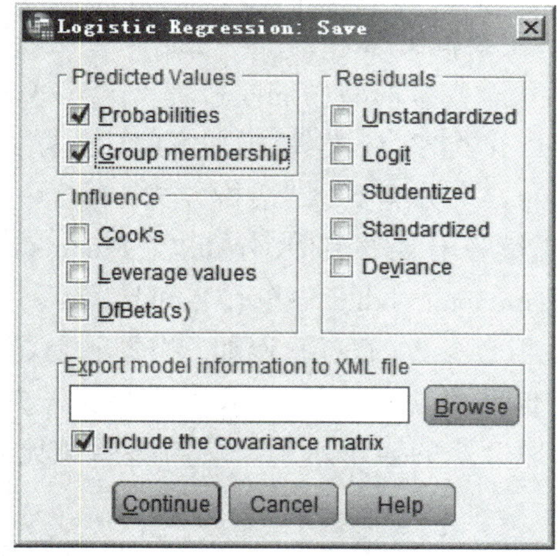

图 10-42 存为新变量对话框

◇ Predicted Values：预测值。

☑ Probabilities：事件发生概率的预测值，本例中事件系指"死亡（Y）"。

☑ Group membership：预测观察单位所属组别，即"N（未死亡）"组或"Y（死亡）"组。

◇ Influence：影响统计量。

☐ Cook's：Cook 影响统计量，剔除某一观察单位后残差的变化量。

☐ Leverage values：杠杆值，每一观察单位对模型拟合的相对影响量。

☐ DfBeta（s）：剔除某一观察单位后标准化回归系数的变化量。

◇ Residuals：残差。

☐ Unstandardized：非标准化残差。

☐ Logit：Logit 残差。

☐ Studentized：学生化残差。

☐ Standardized：标准化残差。

☐ Deviance：偏差

◇ Export model information to XML file：将模型信息存入 XML 文件。

☑ Include the covariance matrix：列出协方差矩阵。

★ Options（图 10-40）：选项。

击 Options 按钮，弹出 Logistic Regression：Options（选项）对话框（图 10-43）。

◇ Statistics and Plots：统计量和统计图。

☑ Classification plots：判别分类图。根据模型计算结果用图形将观察单位区分为"N（未死亡）"或"Y（死亡）"两类。

☐ Hosmer-Lemeshow goodness-of-fit：Hosmer-Lemeshow 模型拟合指数。

☐ Casewise listing of residuals：列出每一观

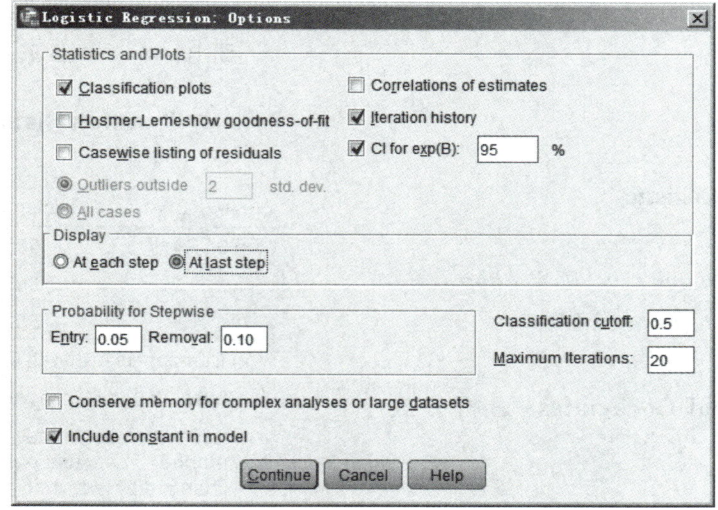

图 10-43 选项对话框

察单位的非标准化残差、预测概率、实测和预测分类。

⊙ Outliers outside [2] std. dev：只列出残差大于 2 倍标准差（系统默认）的观察单位的上述指标。

◎ All cases：列出所有观察单位的上述指标。

□ Correlations of estimates：相关系数矩阵。

☑ Iteration history：迭代过程。

☑ CI for exp（B） [95] %：*OR* 的 95% 置信区间。

◇ Display：输出。

◎ At each step：输出每一步骤的统计图、统计表及统计量。系统默认。

⊙ At last step：输出最后一步的统计图、统计表及统计量。本例选择此项。

◇ Probability for Stepwise：逐步筛选变量的概率水准。

Entry [0.05]：以 $P \leqslant 0.05$ 为选入变量的标准。系统默认。

Removal：[0.10]：以 $P>0.10$ 为剔除变量的标准。系统默认。

Classification cutoff：[0.5]：以预测概率 0.5 为分类变量的分界点。系统默认。

Maximum Iterations：[20]：最大迭代次数。系统默认 20 次。

□ Conserve memory for complex analyses or large datasets：

☑ Include constant in model：列出模型中的常数项。

（3）本例过程

Analyze

Regression

Binary Logistic

▸ **Dependent：死亡**

▸ **Covariates：*sex / age / … /* 感染 */ hbp***

▸ **Method：Enter / Forward LR**

Categorical

▸ **Categorical Covariates：透析方式（*Indicator*（*first*））**

Save

Predicted Values

☑ **Probabilities**

☑ **Group membership**

Options

Statistics and Plots

☑ **Classification plots**

☑ **Iteration history**

☑ **CI for exp 95%**

Display

⊙ **At Last step**

☑ **Include constant in model**

（需要说明的是，上述过程并未考虑自变量间的交互作用，必要时可探讨其交互作用。）

2. 主要输出结果

（1）全变量模型（Enter 过程）

1）分类变量类间比较的赋值方式：见图 10-44。多分类变量"透析方式"有 4 个分类。每个变量各分类的频数分布见"Frequency"一栏。"Parameter coding"表示类间比较（contrast）的线性组合参数的赋值，例如，"透析方式"水平"0"为参照类，"（1）"表示水平"1"与参照类比较；"（2）"的表示水平"2"与参照类比较，余类推。

2）模型检验见图 10-45~ 图 10-47，解释如下：

- 列出模型似然比检验的 3 项内容，即：

Categorical Variables Codings

		Frequency	Parameter coding (1)	(2)	(3)
透析方式	0	270	.000	.000	.000
	1	137	1.000	.000	.000
	2	7	.000	1.000	.000
	3	8	.000	.000	1.000

图 10-44　分类变量类间比较的赋值

Iteration History[a,b,c]

Iteration		-2 Log likelihood	Coefficients Constant
Step 0	1	562.992	-.455
	2	562.985	-.463
	3	562.985	-.463

a. Constant is included in the model.

b. Initial -2 Log Likelihood: 562.985

c. Estimation terminated at iteration number 3 because parameter estimates changed by less than .001.

图 10-45　只含常数项的模型检验

Omnibus Tests of Model Coefficients

		Chi-square	df	Sig.
Step 1	Step	344.490	30	.000
	Block	344.490	30	.000
	Model	344.490	30	.000

图 10-46 最后结果的模型检验

Model Summary

Step	-2 Log likelihood	Cox & Snell R Square	Nagelkerke R Square
1	218.495[a]	.558	.757

a. Estimation terminated at iteration number 20 because maximum iterations has been reached. Final solution cannot be found.

图 10-47 模型贡献

Model：检验除常数项外所有的总体回归系数是否为 0。统计量（服从 χ^2 分布）344.490=562.985−218.495，562.985 为只含常数项模型的 −2 倍的对数似然比（初始 Step 0 似然比），即 −2LL；218.495 为当前模型（包括常数项和所有自变量）的 −2LL。本例 P=0.000，回归方程有统计意义。

Block：由当前的 block（变量组合）与前一 block 的 −2 倍的对数似然比之差求得。这里只定义了 1 个 block，故其检验与 Model 相同。

Step：由当前步与前一步的 −2 倍的对数似然比之差求得，当选全变量模型时，其结果与 block 的结果相同。

- Cox and Snell 以及 Nagelkerke 的决定系数 R^2 分别为 0.558 和 0.757，其含义与多元回归的决定系数意义相同，即表示回归模型对因变量变异贡献的百分比。

3）参数估计及检验见图 10-48，说明如下：

Variables in the Equation

		B	S.E.	Wald	df	Sig.	Exp(B)	95% C.I.for EXP(B) Lower	Upper
Step 1[a]	性别	-.182	.413	.193	1	.660	.834	.371	1.874
	年龄	.016	.014	1.352	1	.245	1.016	.989	1.045
	社会支持	-.171	.748	.052	1	.819	.843	.194	3.654
	慢性疾病数	-.094	.453	.043	1	.836	.911	.375	2.214
	手术	.063	.619	.010	1	.919	1.065	.316	3.581
	糖尿病	1.284	.723	3.158	1	.076	3.612	.876	14.888
	肿瘤	1.587	.569	7.777	1	.005	4.887	1.602	14.906
	动脉硬化	-.424	.622	.464	1	.496	.655	.194	2.215
	器官移植	-3.270	2.150	2.312	1	.128	.038	.001	2.573
	血肌酐	-.001	.001	5.912	1	.015	.999	.997	1.000
	血红蛋白	-.046	.063	.536	1	.464	.955	.844	1.080
	肾毒性	.005	.465	.000	1	.991	1.005	.404	2.499
	少尿	1.069	.697	2.355	1	.125	2.914	.743	11.419
	lbp	.771	.445	2.999	1	.083	2.163	.903	5.177
	黄疸	.921	.544	2.869	1	.090	2.511	.865	7.288
	昏迷	1.574	.497	10.016	1	.002	4.827	1.821	12.796
	辅助呼吸	.897	.734	1.493	1	.222	2.452	.582	10.340
	心衰	-.518	.787	.433	1	.510	.596	.127	2.785
	肝衰	18.432	6686.732	.000	1	.998	101114208.6	.000	.
	出血	-.146	.610	.057	1	.811	.864	.261	2.856
	呼衰	.479	.643	.555	1	.456	1.615	.458	5.693
	器官衰竭数目	1.643	.456	12.978	1	.000	5.169	2.115	12.634
	胰腺炎	-2.413	1.054	5.242	1	.022	.090	.011	.707
	dic	1.694	1.288	1.729	1	.189	5.442	.436	67.983
	败血症	-.605	.619	.953	1	.329	.546	.162	1.839
	感染	.449	.420	1.141	1	.285	1.567	.687	3.572
	hbp	-.529	.889	.354	1	.552	.589	.103	3.365
	透析方式			2.687	3	.442			
	透析方式(1)	-.685	.458	2.240	1	.135	.504	.205	1.236
	透析方式(2)	-.723	1.530	.223	1	.637	.485	.024	9.735
	透析方式(3)	.132	1.252	.011	1	.916	1.141	.098	13.279
	Constant	-2.899	1.375	4.448	1	.035	.055		

a. Variable(s) entered on step 1: 性别, 年龄, 社会支持, 慢性疾病数, 手术, 糖尿病, 肿瘤, 动脉硬化, 器官移植, 血肌酐, 血红蛋白, 肾毒性, 少尿, lbp, 黄疸, 昏迷, 辅助呼吸, 心衰, 肝衰, 出血, 呼衰, 器官衰竭数目, 胰腺炎, dic, 败血症, 感染, hbp, 透析方式.

图 10-48 参数估计及检验

● 对死亡有显著影响的变量(P<0.05)有"肿瘤""血肌酐""昏迷""器官衰竭数目"和"胰腺炎"。

● B 为偏回归系数。

● S. E. 为偏回归系数的标准误。

● Wald 统计量用于检验总体偏回归系数与 0 有无显著差异。它服从 χ^2 分布,当自由度为 1 时,Wald 统计量等于偏回归系数与标准误之商的平方,如变量"*sex*"的 Wald 统计量为 $0.193=(-0.182/0.413)^2$。

● Exp(B)为优势比,或比数比(odds ratio),即偏回归系数的反自然对数。

● "肿瘤""昏迷"和"器官衰竭数目"是危险因素,"血肌酐"和"胰腺炎"是保护因素。

● 多分类变量"透析方式"的类间比较均无显著差异,在下面的逐步回归分析中不再考虑类间比较。

4)判别效果:见图 10-49,对疾病结局是否死亡进行判别分类,以预测概率 0.5 为判别分界点(cut value),判断死亡的灵敏度为 85.9%,特异性为 94.2%,总判对率为 91.0%,即(244+140)/422=0.91。

Classification Table[a]

Observed			Predicted 死亡 N	Predicted 死亡 Y	Percentage Correct
Step 1	死亡	N	244	15	94.2
		Y	23	140	85.9
	Overall Percentage				91.0

a. The cut value is .500

图 10-49 判别效果

5)判别分类图:见图 10-50,对死亡(用符号 Y 表示)进行判别分类,以预测概率 0.5 为判别分界点,每个符号代表 5 例。横轴表示对死亡的预测概率,纵轴表示频数。

(2)逐步 logistic 回归(Forward LR 过程):Forward LR 即采用偏最大似然估计前进法。逐步回归分析共进行 9 步,这里只给出第 9 步的结果。

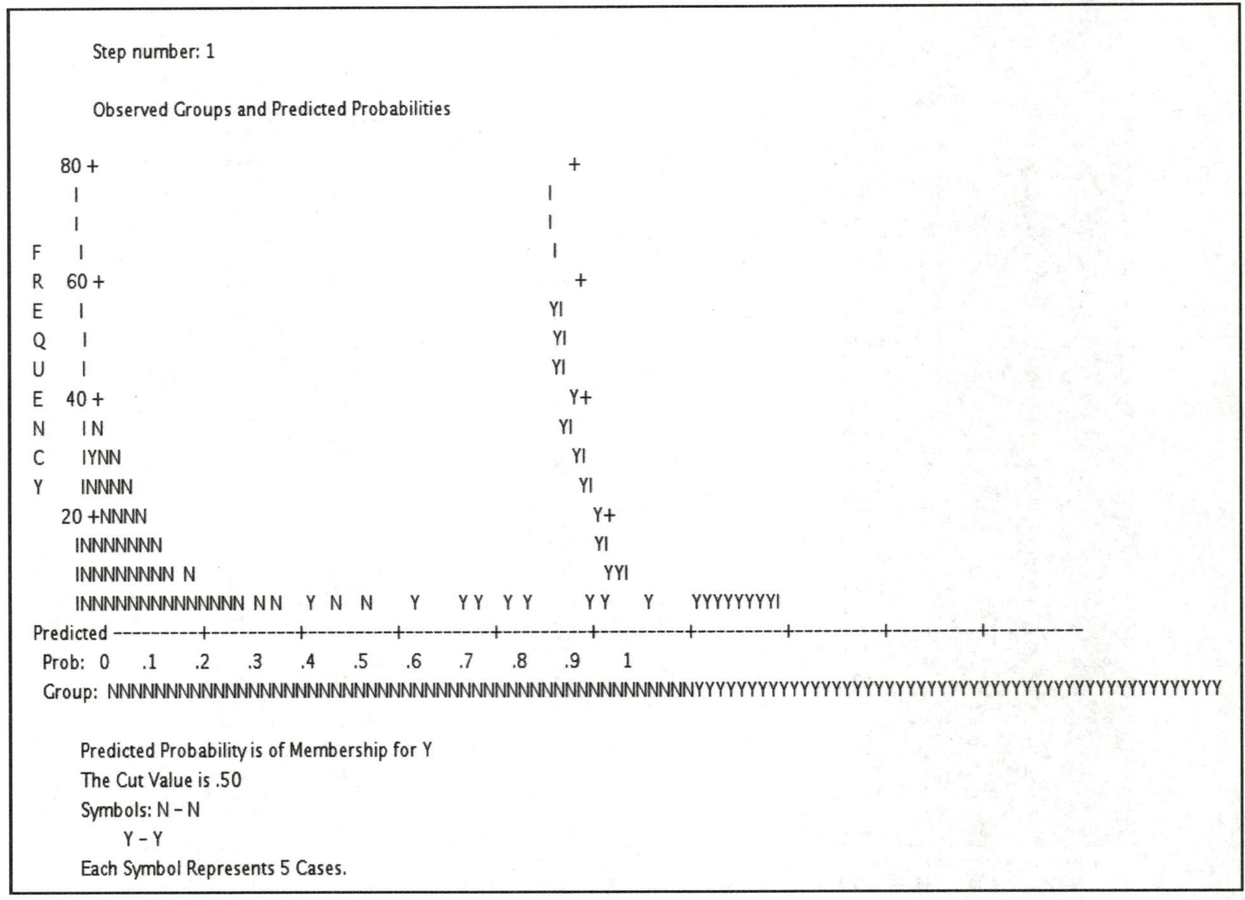

图 10-50 判别分类图

1）模型检验：见图 10-51 和图 10-52。逐步 logistic 回归分析每一步的变化体现在 Step 的 χ^2 统计量上，即每一步选入的变量所引起的 -2LL 的变化量。由于只定义了 1 个 block，故 block 和 model 的统计量相同。随着变量的逐步引入，决定系数 R^2 逐渐增大。

Omnibus Tests of Model Coefficients

		Chi-square	df	Sig.
Step 9	Step	4.063	1	.044
	Block	324.686	9	.000
	Model	324.686	9	.000

图 10-51 逐步回归的模型检验

Model Summary

Step	-2 Log likelihood	Cox & Snell R Square	Nagelkerke R Square
9	238.299[a]	.537	.729

a. Estimation terminated at iteration number 6 because parameter estimates changed by less than .001.

图 10-52 逐步回归的模型贡献

2）判别效果：见图 10-53，判断死亡的灵敏度为 85.3%，特异性为 93.8%，判对率为 90.5%。与全模型的判别效果相差不大，但该模型更为简洁。

Classification Table[a]

Observed			Predicted 死亡 N	Predicted 死亡 Y	Percentage Correct
Step 9	死亡	N	243	16	93.8
		Y	24	139	85.3
	Overall Percentage				90.5

a. The cut value is .500

图 10-53 逐步回归的判别效果

3）参数估计：见图 10-54，最后入选的有统计意义的 9 个变量为“糖尿病”“肿瘤”“血肌酐”“*lbp*”“黄疸”“昏迷”“辅助呼吸”“器官衰竭数目”“胰腺炎”，除“*cr*”和“胰腺炎”为保护因素外，其余均为危险因素。其中“胰腺炎”作为保护因素需要进一步探讨，以获得合理的专业解释。

4）逐步 logistic 回归分析总结：见图 10-55，解释如下：

Variables in the Equation

		B	S.E.	Wald	df	Sig.	Exp(B)	95% C.I.for EXP(B) Lower	95% C.I.for EXP(B) Upper
Step 9[a]	糖尿病	1.239	.633	3.832	1	.050	3.452	.999	11.933
	肿瘤	1.738	.481	13.061	1	.000	5.684	2.215	14.585
	血肌酐	-.002	.000	9.510	1	.002	.998	.998	.999
	lbp	1.098	.368	8.883	1	.003	2.998	1.456	6.172
	黄疸	1.115	.482	5.344	1	.021	3.051	1.185	7.855
	昏迷	1.557	.414	14.172	1	.000	4.743	2.109	10.667
	辅助呼吸	1.326	.586	5.113	1	.024	3.765	1.193	11.878
	器官衰竭数目	1.581	.241	42.909	1	.000	4.861	3.029	7.802
	胰腺炎	-2.755	.949	8.436	1	.004	.064	.010	.408
	Constant	-2.386	.413	33.320	1	.000	.092		

a. Variable(s) entered on step 9: 糖尿病.

图 10-54 逐步回归的参数估计和检验

Step Summary[a,b]

Step	Improvement Chi-square	Improvement df	Improvement Sig.	Model Chi-square	Model df	Model Sig.	Correct Class %	Variable
1	247.929	1	.000	247.929	1	.000	82.9%	IN: 器官衰竭数目
2	28.955	1	.000	276.883	2	.000	88.4%	IN: 昏迷
3	10.266	1	.001	287.149	3	.000	88.4%	IN: lbp
4	8.927	1	.003	296.076	4	.000	88.9%	IN: 肿瘤
5	10.193	1	.001	306.268	5	.000	90.0%	IN: 血肌酐
6	5.009	1	.025	311.277	6	.000	89.8%	IN: 胰腺炎
7	5.089	1	.024	316.366	7	.000	89.6%	IN: 黄疸
8	4.257	1	.039	320.623	8	.000	88.9%	IN: 辅助呼吸
9	4.063	1	.044	324.686	9	.000	90.5%	IN: 糖尿病

a. No more variables can be deleted from or added to the current model.

b. End block: 1

图 10-55 逐步 logistic 回归分析的总结

● Improvement：模型改善情况检验，每一次迭代均有显著改善（$P<0.05$）。

● Model：整个模型检验，具有统计学意义（$P<0.001$）。

● Correct Class %：模型分类判对率，最终为 90.5%。

● Variable：入选模型的变量。

例 10-8 以例 6-9 为例，见数据文件“chiM-H.sav”，试分析吸烟是否是肺癌的危险因素。

1. 操作过程 首先定义频数变量，然后进行 logistic 回归分析，过程如下：

Data

  Weight Cases

▸ ⊙ **Weight cases by：*freq*** （定义频数变量）

Analyze

  Regression

    Binary Logistic

▸ **Dependent：*case_ctr***

▸ **Covariates：*smoke / gender***

  Method：Enter

Options

☑ **CI for exp 95%**

☑ **Include constant in model**

2. 主要输出结果 模型检验见图 10-56，$\chi^2=26.217$，$P=0.000$，模型有统计意义。参数估计与检验的结果见图 10-57，可见不同性别“*gender*”罹患肺癌的危险性不同，女性发生肺癌的危险性显著高于男性（$P=0.014$）。在排除了性别的影响后（控制性别混杂），仍显示出吸烟“*smoke*”是罹患肺癌的危险因素，其 *OR* 为 4.255，*OR* 的 95% 置信区间为 2.348~7.711。这些检验结果与 M-H χ^2 检验结果是近似的。因此，logistic 回归还可分析分层定性资料，尤其是分层变量较多、多分类情形以及需要分析交互作用时，更能体现 logistic 回归分析的优越性。

Omnibus Tests of Model Coefficients

		Chi-square	df	Sig.
Step 1	Step	26.217	2	.000
	Block	26.217	2	.000
	Model	26.217	2	.000

图 10-56 例 10-8 的模型检验结果

Variables in the Equation

		B	S.E.	Wald	df	Sig.	Exp(B)	95% C.I.for EXP(B) Lower	Upper
Step 1[a]	吸烟	1.448	.303	22.785	1	.000	4.255	2.348	7.711
	性别	-.578	.234	6.083	1	.014	.561	.354	.888
	Constant	-.898	.293	9.385	1	.002	.407		

a. Variable(s) entered on step 1: 吸烟, 性别.

图 10-57 例 10-8 的参数估计与检验

第七节 多分类 logistic 回归分析

同二分类的 logistic 回归相对应，当因变量 y 为 2 个以上分类变量时，就需要用多分类 logistic 回归分析（multinomial logistic regression）。如果因变量 y 有 K 个值，即分为 K 类，以其中一个类别作为基线类（baseline category），其他类别都同它相比较可生成 K–1 个非冗余（nonredundant）的 logit 变换模型。例如以 $y=J$ 作为基线类，则对于 $y=i$（$i\neq j$），其 logit 模型为

$$g=\log\frac{P(y=i)}{P(y=J)}=B_{i0}+B_{i1}X_1+B_{i2}X_2+\cdots+B_{ip}X_p \quad \text{（式 10-6）}$$

而对于基线类，其模型中的所有系数均为 0。

例 10-9 为研究不同冠状动脉斑块形成的危险因素，某研究随机抽样 280 人进行 64 层螺旋 CT 冠状动脉检查，记录有无冠状动脉斑块以及斑块的种类，并调查相关的影响因素，包括年龄、性别、体重指数（BMI）、冠心病家族史、高血压、吸烟史、总胆固醇、高密度脂蛋白、甘油三酯、血糖、肌酐变量，变量描述见表 10-4，具体资料见数据文件“logistic_2.sav”。

1. 操作过程

（1）数据格式：见数据文件“logistic_2.sav”，有 280 行 13 列。定义 13 个变量，其中 1 个因变量，12 个自变量。

● 因变量：多分类变量。本例为变量“斑块种

表 10-4 数据文件"logistic_2.sav"各变量的含义

变量	赋值	变量	赋值
年龄	连续型变量/岁	总胆固醇	1:高,2:正常
性别	1:女,2:男	高密度脂蛋白	1:高,2:正常
BMI	连续型变量	甘油三酯	1:高,2:正常
冠心病家族史	1:有,2:无	血糖	1:高,2:正常
高血压	1:有,2:无	肌酐	1:高,2:正常
吸烟史	1:有,2:无	斑块种类	0:无斑块,1:非钙化斑块,2:混合性斑块,3:钙化斑块
糖尿病	1:有,2:无		

类",有 4 个水平,变量标记为:0="无斑块";1="未钙化斑块";2="混合性斑块";3="钙化斑块"。

● 自变量:可为定量变量或定性变量。本例为除"斑块种类"之外的其余 12 个变量,除了"年龄"和"BMI"为定量变量,其余 10 个变量均为二分类变量。

(2)一般过程:从菜单选择

Analyze

Regression

Multinomial logistic

弹出 Multinomial Logistic Regression(多分类 logistic 回归)主对话框(图 10-58)。

◇ Dependent:因变量。只能选入 1 个因变量,且为多分类变量。

Reference Categorical:设置因变量的参照类。击 Reference Category 按钮,弹出 Multinomial Logistic Regression:Reference Categorical(参照类设置)对话框(图 10-59)。

◇ Reference Category:设置因变量的参照类。

⊙ First category:将第一类设为参照类。

◎ Last category:将最后一类设为参照类,为系统默认。

◎ Custom:自定义参照类。在 value 其后的框中输入具体参照类的取值。

◇ Category Order:规定各类的排列顺序。

⊙ Ascending:升序排列,即变量值最小者为第一类,值最大者为最后一类。

◎ Descending:降序排列,即变量值最小者为最后一类,值最大者为第一类。

回到主对话框(图 10-58)。

◇ Factors:影响因素,可为字符型变量或数值型变量。

◇ Covariate(s):协变量,只可为数值型变量,指定量指标。

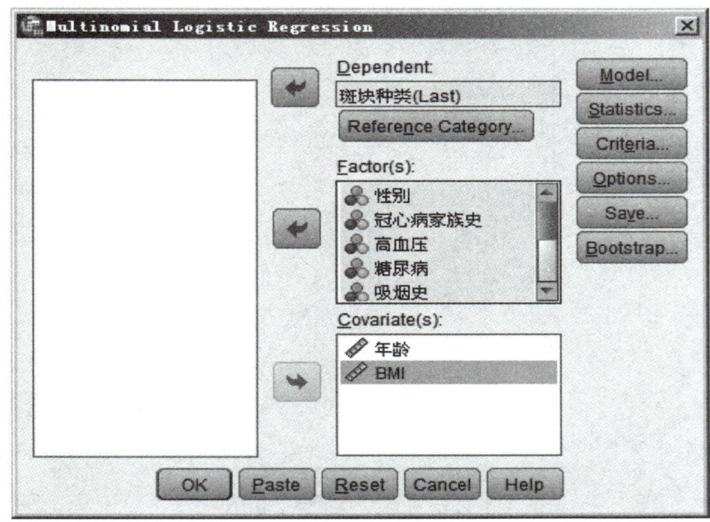

图 10-58 多分类 logistic 回归主对话框

Multinomial Logistic Regression: Reference Category

Reference Category

First Category

Last Category

Custom

Value

Category Order

Ascending

Descending

Continue Cancel Help

图 10-59 参照类设置对话框

★ Model：模型选择。

击 Model 按钮，弹出 Multinomial Logistic Regression：Model（模型）对话框（图 10-60）。

◇ Specify Model：指定模型

◎ Main effects：系统默认主效应模型。只分析各因素和协变量的主效应。

◎ Full factorial：全因素模型。分析各因素和协变量的主效应以及所有因素的交互项，但不包含协变量的交互项。

⊙ Custom/Stepwise：自定义模型，可采用逐步回归方法选择自变量。

◇ Factors & Covariates：下方框内列出所有自变量，包括因素和协变量。

◇ Forced Entry Terms：强迫选入模型的自变量，可选择主效应或交互效应。不论其影响大小均包含在最终的模型中。

◇ Stepwise Terms：筛选进入回归模型的自变量。可采用以下逐步回归方法确定自变量是否出现在最终的模型中。

◇ Stepwise Method：

- Forward entry：前进法。
- Backward elimination：后退法。
- Forward stepwise：向前逐步法。
- Backward stepwise：向后逐步法。

☑ Include intercept in model：规定模型中是否包含常数项。

◇ Build Terms：规定交互项或主效应，详见前述。

★ Statistics（图 10-58）：输出统计量

击 Statistics 按钮，弹出 Multinomial Logistic Regression：Statistics（统计量）对话框（图 10-61）。

☑ Case processing summary：给出分类变量的有关信息。

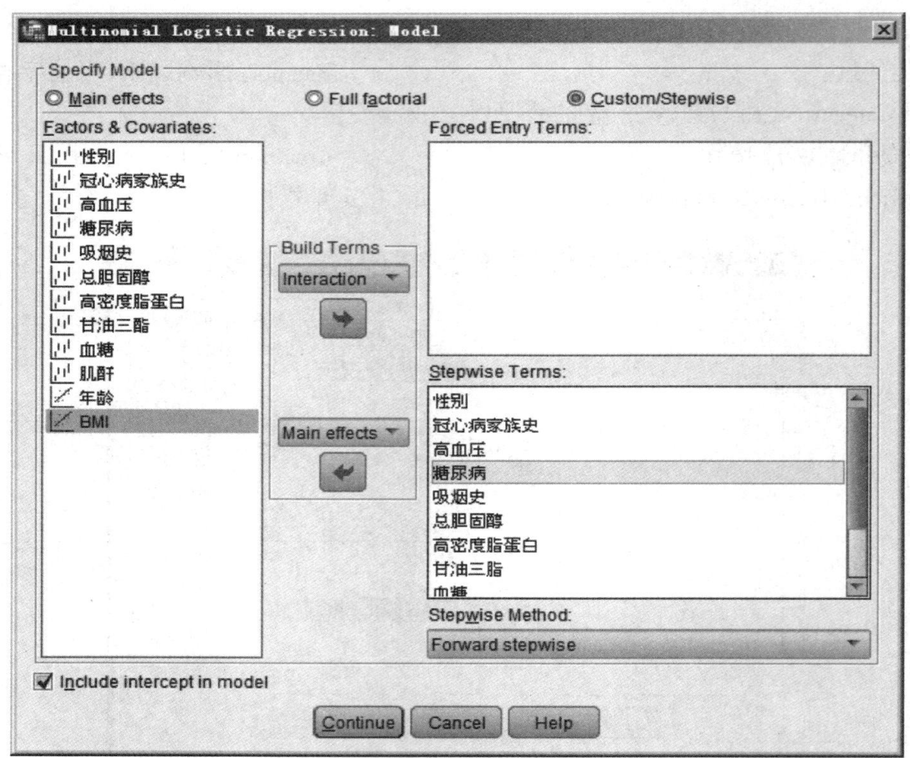

图 10-60 模型对话框

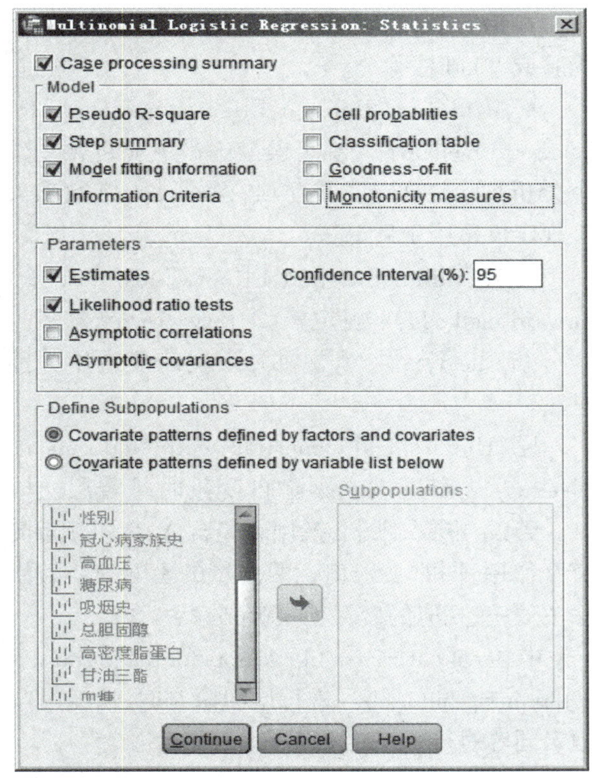

图 10-61　统计量对话框

◇ Model：输出总体模型的概要信息。

☑ Pseudo R-square：输出反映模型拟合效果的决定系数，包括 Cox and Snell、Nagelkerke 及 McFadden R^2 统计量。

☑ Step summary：给出逐步回归每一步的汇总信息。

☑ Model fitting information：模型拟合情况，将所拟合的模型与只含常数项的模型进行比较。

□ Information criteria：输出赤池信息量准则（AIC）和施瓦茨贝叶斯准则（BIC）。

□ Cell probabilities：计算单元格的实际频数，理论频数及其残差，特定组合情形下具有因变量某一类别倾向的概率估计。

□ Classification table：输出反映判别效果的分类表。

□ Goodness-of-fit：拟合优度检验。只能用于当自变量各水平组合中均有较多观察单位时。用两种方法进行检验，一个是 Pearson 卡方检验，一个是 Deviance 卡方检验，对于大样本资料，两个统计量非常接近。

□ Monotinicity measures：一系列统计量，包括协调对字数、不协调对字数、Somers' D、Goodman and Kruskal's Gamma，Kendall's tau-a 和协调指数 C 等。

◇ Parameters：有关模型参数的统计量。

☑ Estimates：输出各参数的估计值，并可自定义置信区间。

☑ Likelihood ratio tests：似然比检验。分别检验各参数是否为 0。

□ Asymptotic correlations：计算参数之间的相关矩阵。

□ Asymptotic covariances：输出各参数的协方差阵。

◇ Define Subpopulations：定义子集，该选项将影响到 Cell probabilities 以及拟合优度检验的结果。

⊙ Covariate patterns defined by factors and covariates：根据因素和协变量框中的所有水平组合数定义子集，系统默认。

◎ Covariate patterns defined by variable list below：按规定的变量自定义子集。

★ Criteria（图 10-58）：定义迭代标准。

击 Criteria 按钮，弹出 Multinomial Logistic Regression：Convergence Criteria（迭代标准）对话框（图 10-62）。

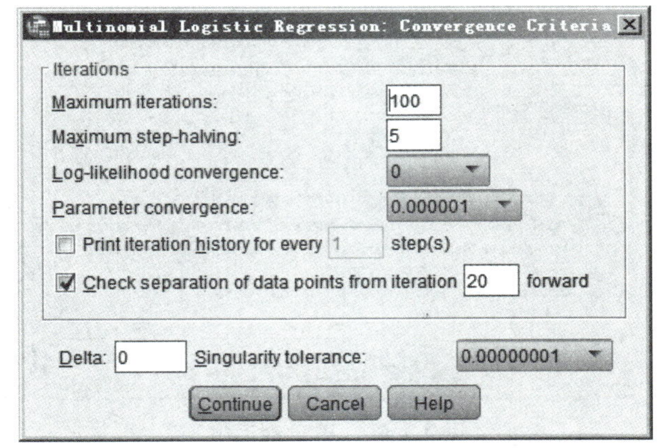

图 10-62　迭代标准对话框

◇ Iterations：定义迭代的有关参数

● Maximum iterations：最大迭代次数。系统默认为 100。

● Maximum step-halving：运算过程中的最大减半步幅。系统默认为 5。

● Log-likelihood convergence：定义以对数似然函数变化大小为依据的收敛标准。当似然比的变化小于所设定的值时，则收敛。系统默认没有变化时迭代停止。取值大于或等于 0。

● Parameter convergence：定义以参数估计值变化大小为依据的收敛标准。当所估计的参数的绝对或相对变化量小于所设定的值时，迭代停止。取值大于或等于 0。

□ Print iteration history for every [1] step(s)：每迭代多少步输出一次迭代结果，系统默认输出每步结果。

☑ Check separation of data points from iteration [20] forward：从第多少步开始检查数据的分离情况。系统默认为 20。

◇ Delta [0]：规定 Delta 校正系数的大小，取值在 0~1 之间。当单元格的观察频数为非随机 0 时，需要校正，否则设为 0（系统默认）。

Singularity tolerance：规定检查单调性时的容许度。异常容许度。

★ Options（图 10–58）：选项。

击 Options 按钮，弹出 Multinomial Logistic Regression：Options（选项）对话框（图 10–63）。

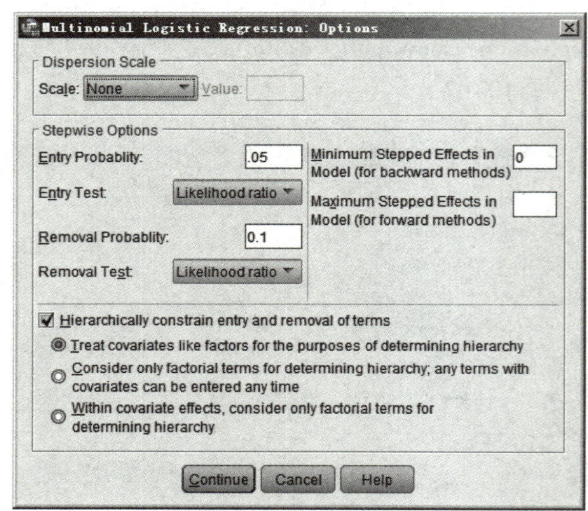

图 10–63 选项对话框

◇ Dispersion Scale：规定离散尺度，用于对参数协方差矩阵进行校正。

◇ Stepwise Options：逐步筛选变量的选项。

● Entry Probability [.05]：以 $P \leqslant 0.05$ 为选入变量的标准。系统默认。

● Entry Test：规定入选变量时采用似然比检验或 Wald 检验。

● Removal Probability：[.10]：以 $P>0.10$ 为剔除变量的标准。系统默认。

● Removal Test：规定剔除变量时采用似然比检验或 Wald 检验。

● Minimum Stepped Effects in Model(for backward methods)：规定模型中最少应包含多少个分析项（主效应或交互项，但不计入常数项），该规定仅适用于后退法。

● Maximun Stepped Effects in Model(for forward methods)：规定模型中最多应包含多少个分析项（不计入常数项），该规定仅适用于前进法。

☑ Hierarchically constrain entry and removal of terms：规定进入或剔除自变量时是否层次限制。若设立层次限制，模型若包含 A、B 两变量的交互作用，同时必须包含两变量的主效应。若剔除主效应，相应的交互项也被剔除。

⊙ Treat covariates like factors for the purpose of determining hierarchy：进行层次限制时，协变量与因素同等对待。

◎ Consider only factorial terms for determining hierarchy, any terms with covariates can be entered any time：层次限制仅针对因素，有关协变量的项随时可以进入模型。

◎ Within covariate effects, consider only factorial terms for determining hierarchy：若分析协变量与因素的交互作用，层次限制仅针对其中的因素。

★ Save（图 10–58）：存为新变量。

击 Save 按钮，弹出 Multinomial Logistic Regression：Save（存为新变量）对话框（图 10–64）。

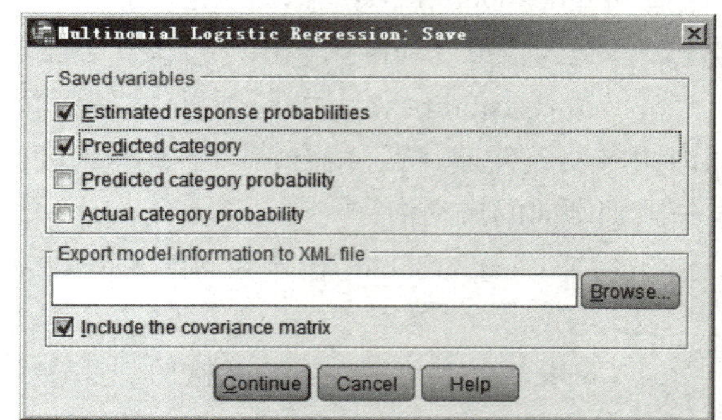

图 10–64 存为新变量对话框

◇ Saved variables：保存变量。

☑ Estimated response probabilities：每例观察单位属于各类的估计概率，因变量分 k 类则产生 k 个估计概率。

☑ Predicted category：预测观察单位所属类别，即最大估计概率所在类。

□ Predicted category probability：属于预测类别的概率，即 k 个估计概率中的最大值。

□ Actual category probability：根据回归分析结果将观察单位归为实际所属类别的概率。

◇ Export model information to XML file：将参数估计值以及协方差矩阵等模型信息存成新的 XML 格式文件。可在下方框内规定文件存入的路径名。

☑ Include the covariance matrix：XML 文件是否包含协方差矩阵的信息。

（3）本例过程

Analyze

Regression

Multinomial Logistic

▶ **Dependent**：斑块种类（*First*）

▶ **Factor（s）**：性别 / 冠心病家族史 / 高血压 / 糖尿病 / 吸烟史 / 总胆固醇 / 高密度脂蛋白 / 甘油三酯 / 血糖 / 肌酐

▶ ***Covariates***：年龄 /*BMI*

Model：⊙ **Custom/stepwise**

Stepwise terms

▶ **Main Effects**：选入所有自变量

Stepwise method：**Forward Stepwise**

☑ **Include intercept in model**

Statistics

☑ **Case Processing Summary**

Model

☑ **Model fitting information**

☑ **Classification table**

☑ **Goodness of fit**

Parameters

☑ **Parameter Estimates**

☑ **Likelihood ratio test**

2. 主要输出结果

（1）数据汇总描述：给出分类变量每一类的例数和百分比。见图 10–65。

（2）整个模型的拟合优度检验：见图 10–66。给出两种拟合优度检验结果，Pearson χ^2 检验（Pearson chi-square test）用于观察频数（observed frequency）与理论频数吻合程度的检验，P 值越大，拟合效果越好；偏差函数统计量 Deviance（似然比 χ^2 检验）用于度量当前模型偏离饱和模型的程度，是当前模型与饱和模型的对数似然比，即 $D=-2(\ln L_c-L_s)$，D 值越小，则 P 值越大。两者均得到较大的 P 值，说明所拟合的模型意义显著。

（3）似然比检验：见图 10–67，结果解释如下：

• 上半部分表格为整个模型检验，模型有统计意义（P=0.000）。

Case Processing Summary

		N	Marginal Percentage
斑块种类	无斑块	166	63.4%
	非钙化斑块	12	4.6%
	混合性斑块	38	14.5%
	钙化斑块	46	17.6%
性别	女	122	46.6%
	男	140	53.4%
冠心病家族史	有	36	13.7%
	无	226	86.3%
高血压	有	80	30.5%
	无	182	69.5%
糖尿病	有	9	3.4%
	无	253	96.6%
吸烟史	有	90	34.4%
	无	172	65.6%
总胆固醇	高	113	43.1%
	正常	149	56.9%
高密度脂蛋白	高	172	65.6%
	正常	90	34.4%
甘油三酯	高	106	40.5%
	正常	156	59.5%
血糖	高	35	13.4%
	正常	227	86.6%
肌酐	高	6	2.3%
	正常	256	97.7%
Valid		262	100.0%
Missing		18	
Total		280	
Subpopulation		262[a]	

a. The dependent variable has only one value observed in 262 (100.0%) subpopulations.

图 10–65 数据汇总描述

Goodness-of-Fit

	Chi-Square	df	Sig.
Pearson	782.585	771	.378
Deviance	431.473	771	1.000

图 10–66 拟合优度检验

Model Fitting Information

Model	Model Fitting Criteria -2 Log Likelihood	Likelihood Ratio Tests Chi-Square	df	Sig.
Intercept Only	532.303			
Final	431.473	100.830	12	.000

Likelihood Ratio Tests

Effect	Model Fitting Criteria -2 Log Likelihood of Reduced Model	Likelihood Ratio Tests Chi-Square	df	Sig.
Intercept	431.473[a]	.000	0	.
性别	444.370	12.897	3	.005
高密度脂蛋白	447.475	16.002	3	.001
甘油三酯	441.985	10.512	3	.015
年龄	481.246	49.774	3	.000

The chi-square statistic is the difference in -2 log-likelihoods between the final model and a reduced model. The reduced model is formed by omitting an effect from the final model. The null hypothesis is that all parameters of that effect are 0.

a. This reduced model is equivalent to the final model because omitting the effect does not increase the degrees of freedom.

图 10-67 似然比检验

• 下半部分表格为入选变量的单独检验。甘油三酯、性别、高密度脂蛋白和年龄等 4 个变量入选模型，分别检验它们对因变量的影响是否显著，结果可见每个因素对斑块形成均有影响（均为 $P<0.05$）。注意：当偏回归系数较小时，似然比的检验效能比 Wald 检验高。

（4）参数估计：见图 10-68，结果解释如下：

1）以“无斑块”为参照组，建立其他斑块类型的统计模型。

2）B：偏回归系数，解释见二分类 logistic 回归分析，各影响因素系统自动以水平值大的一类（即“2”）作为基线类，因而其系数均为 0。

3）表中的 Exp（B）即 *OR*，表示各类与基线类的暴露优势比，可反映各因素的影响大小和方向。

4）与非钙化斑块形成有关的影响因素包括甘油三酯和性别（*P* 均小于 0.05）。高甘油三酯的人更容易形成非钙化斑块（*OR*=5.411，95%*CI*：

Parameter Estimates

斑块种类[a]		B	Std. Error	Wald	df	Sig.	Exp(B)	95% Confidence Interval for Exp (B) Lower Bound	Upper Bound
非钙化斑块	Intercept	-3.799	2.931	1.680	1	.195			
	[性别=1]	-2.304	1.074	4.606	1	.032	.100	.012	.819
	[性别=2]	0[b]	.	.	0	.	.	.	.
	[高密度脂蛋白=1]	-.344	.691	.247	1	.619	.709	.183	2.749
	[高密度脂蛋白=2]	0[b]	.	.	0	.	.	.	.
	[甘油三酯=1]	1.688	.738	5.240	1	.022	5.411	1.275	22.970
	[甘油三酯=2]	0[b]	.	.	0	.	.	.	.
	年龄	.020	.055	.140	1	.708	1.021	.917	1.136
混合性斑块	Intercept	-10.480	2.071	25.595	1	.000			
	[性别=1]	-1.100	.434	6.424	1	.011	.333	.142	.779
	[性别=2]	0[b]	.	.	0	.	.	.	.
	[高密度脂蛋白=1]	-1.088	.439	6.131	1	.013	.337	.142	.797
	[高密度脂蛋白=2]	0[b]	.	.	0	.	.	.	.
	[甘油三酯=1]	1.030	.426	5.840	1	.016	2.800	1.215	6.455
	[甘油三酯=2]	0[b]	.	.	0	.	.	.	.
	年龄	.170	.036	21.980	1	.000	1.185	1.104	1.272
钙化斑块	Intercept	-11.290	2.005	31.712	1	.000			
	[性别=1]	-.347	.387	.804	1	.370	.707	.331	1.510
	[性别=2]	0[b]	.	.	0	.	.	.	.
	[高密度脂蛋白=1]	-1.547	.417	13.793	1	.000	.213	.094	.482
	[高密度脂蛋白=2]	0[b]	.	.	0	.	.	.	.
	[甘油三酯=1]	.561	.402	1.948	1	.163	1.753	.797	3.856
	[甘油三酯=2]	0[b]	.	.	0	.	.	.	.
	年龄	.190	.035	29.639	1	.000	1.209	1.129	1.295

a. The reference category is: 无斑块.

b. This parameter is set to zero because it is redundant.

图 10-68 参数估计

1.275~22.970)。女性较男性不易出现非钙化斑块(OR=0.100,95%CI:0.012~0.819)。

5)与混合性斑块形成有关的影响因素包括甘油三酯、性别、年龄和高密度脂蛋白(P均小于0.05)。高甘油三酯、年龄越大的人群越容易出现混合性斑块,而女性、高密度脂蛋白水平高的人群不容易出现混合性斑块。

6)与钙化斑块形成有关的影响因素包括年龄和高密度脂蛋白(P均小于0.001)。年龄越大的人群越容易出现钙化斑块,高密度脂蛋白水平高的人群不容易出现混合性斑块。

(5)判别效果:见图10-69。总的判对率67.9%。关于模型拟合效果,该判别符合率表只能提供非常有限的信息。当因变量中的各个类别的观察单位数不等时,该运算过程易将观察单位判至样本含量较大(本例为"无斑块")的那一类中。

Classification

Observed	Predicted 无斑块	非钙化斑块	混合性斑块	钙化斑块	Percent Correct
无斑块	156	0	6	4	94.0%
非钙化斑块	10	0	1	1	0.0%
混合性斑块	23	0	7	8	18.4%
钙化斑块	24	0	7	15	32.6%
Overall Percentage	81.3%	0.0%	8.0%	10.7%	67.9%

图10-69 判别效果

第八节 等级logistic回归分析

如果因变量为等级变量(ordinal variable),宜用等级logistic回归(ordinal logistic regression)建立模型来进行预测或分析危险因素。需要注意的是等级变量中各个类别要按程度的逻辑顺序取值。

等级回归的广义线性模型如下:

$$link(\gamma_j)=\theta_j-(\beta_1x_1+\beta_2x_2+\cdots+\beta_kx_k) \quad (式10\text{-}7)$$

式中,γ_j为第j个等级(类)的累积概率;θ_j为第j个等级的域;$\beta_1\cdots\beta_k$是回归系数;$x_1\cdots x_k$为指示变量;k为指示变量的个数。

上式中,($\beta_1 x_1+\beta_2 x_2\cdots+\beta_k x_k$)称为位置分量(location component),是模型的核心部分,用于预测个体观察值所属等级的概率。

在上述广义线性模型中,还可以加入标度分量(scale component),见下式:

$$link(\gamma_j)=\frac{\theta_j-(\beta_1x_1+\beta_2x_2+\cdots+\beta_kx_k)}{\exp(\tau_1z_1+\tau_2z_2+\cdots+\tau_mz_m)} \quad (m\leqslant k)$$

(式10-8)

式中,$\tau_1\cdots\tau_m$是标度分量的系数;$z_1\cdots z_m$是从指示变量集$x_1\cdots x_k$中选出的m个指示变量所构成的标度分量。标度分量是一个可选择的调整量,它通过对指示变量不同取值时的变异差的解释,达到改善模型的目的。

例10-10 为研究颅咽管瘤患者术后功能的影响因素,经回顾性调查,获得某医院70例颅咽管瘤患者的临床资料见数据文件"logistic_3.sav",试分析之。

1. 操作过程

(1)数据格式:见数据文件"logistic_3.sav",有70行9列。

因变量:"术后功能",有4个水平,按从好到坏依次标记为1、2、3、4。

自变量(影响因素):包括:性别、年龄、肿瘤大小、肿瘤类型、术前功能、切除程度和脑积水。其中:年龄和肿瘤大小为定量变量,脑积水和术前功能为等级指标,其他指标均为二分类变量。

(2)一般过程:从菜单选择

Analyze

Regression

Ordinal

弹出Ordinal Regression(等级logistic回归)主对话框(图10-70)。

◇ Dependent:因变量,只有一个。选入要预测的等级变量,本例为"术后功能"。

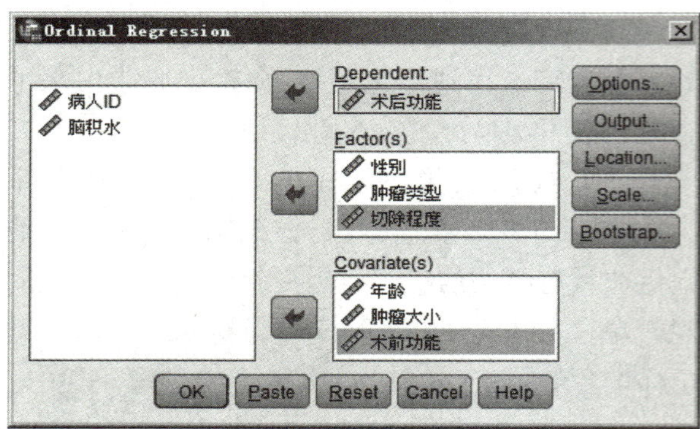

图 10-70 等级回归分析主对话框

◇ Factor(s)：因素。可以选一个或多个，一般为分类变量。本例选入“性别”“肿瘤类型”“切除程度”等。

◇ Covariate(s)：协变量。可以选一个或多个。本例选入“年龄”“肿瘤大小”“脑积水”和“术前功能”。

★ Options：选项

单击 Options 按钮，弹出 Ordinal Regression：Options（选项）对话框（图 10-71）。

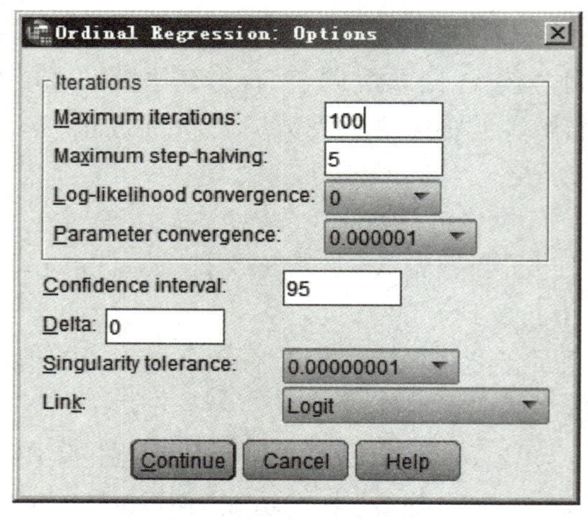

图 10-71 选项对话框

◇ Iteration：迭代过程。

● Maximum iterations：[100] 最大迭代次数。系统默认 100 次。用户可键入一正整数改变迭代次数。

● Maximum step-halving：[5] 运算过程中的最大减半步幅。系统默认 5。用户可输入一正整数改变步长。

● Log-likelihood convergence：[0] 收敛标准。当似然比的变化小于所设定的值时，则收敛。系统默认没有变化时迭代停止。用户可键入一正数。

● Parameter convergence：[1.0E-6] 当所估计的参数的绝对或相对变化量小于所设定的值时，运算停止。若设定值为 0，则该标准不起作用，系统默认 10^{-6}。

Confidence interval：[95] %：置信区间，系统默认 95% 置信区间。

Delta：[0]：校正系数。

Singularity tolerance：[1.0E-8]：指定异常容许度，系统默认 10^{-8}。

Link：连接函数，是一种累积概率的变换函数，列出 5 种函数形式，见表 10-5。

表 10-5 五种连接函数的形式以及适用条件

函数名称	函数形式	应用场合
Logit	$\ln\left(\frac{\gamma}{1-\gamma}\right)$	类别近似服从均匀分布
Complementary log-log	$\ln[-\ln(1-\gamma)]$	等级越高概率越大
Negative log-log	$-\ln[-\ln(\gamma)]$	等级越低概率越大
Probit	$\Phi^{-1}(\gamma)$	分析中含有服从正态分布的隐变量
Cauchit（inverse Cauchy）	$\tan[\pi(\gamma-0.5)]$	极端值较多时

γ 为累积概率

★ Output（图 10-70）：结果输出。

单击 Output 按钮，弹出 Ordinal Regression：Output（输出结果）对话框（图 10-72）。

◇ Display：输出。

□ Print iteration history for every [1] steps：规定每多少步显示似然比值和参数估计值。系统默认 1，如在框内改填 2 则显示第 0 步、2 步、4 步的迭代结果。如不选此项，则只显示第一步和最后一步的结果。

☑ Goodness of fit statistics：拟合优度统计量，即似然比和 Pearson 卡方统计量。

☑ Summary statistics：给出反映模型拟合效果的三种伪决定系数大小。

☑ Parameter estimates：参数估计值、标准误和置信区间。

□ Asymptotic correlation of parameter estimates：根据参数的渐进分布计算参数估计的相关系数矩阵。

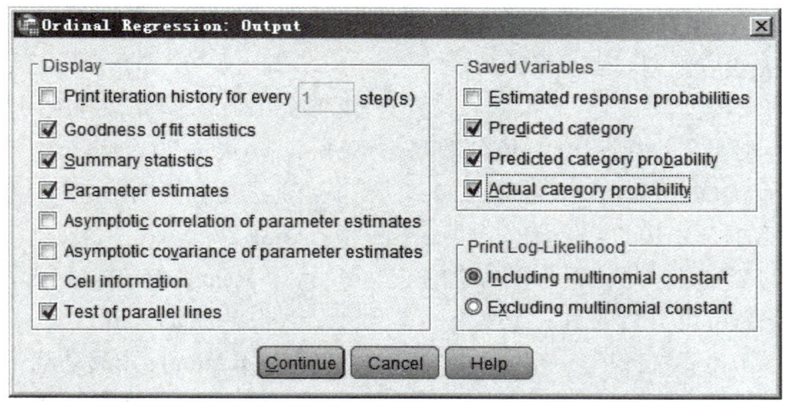

图 10-72 输出结果选项对话框

□ Asymptotic covariance of parameter estimates：根据参数的渐进分布计算参数估计的协方差矩阵。

□ Cell information：单元格信息，如实际与理论频数、Pearson 残差。如果模型含有较多因素、因素水平数较多或有较多的协变量，会因输出表格太大而无法显示，随之给出警告。因此，对于只含有少数几个因素的简单模型，可以通过选择 Cell Information 显示单元格信息，而对于含有许多因素或因素水平数较多，或有连续性的协变量，则不宜选择此项。

☑ Test of parallel lines：平行线检验。用于检验因变量中各类别的斜率是否相等（或曰各类别的参数是否相同）。该选项只对仅含有位置分量（Location component）的模型有效。

◇ Saved Variables：存为新变量。

□ Estimated response probability：用模型估计出的每个观察单位属于因变量中各类别的概率。选此项可产生一套新变量，每一新变量对应于因变量中的一个类别。

☑ Predicted category：预测的所属类别。即概率最大的那一类。

☑ Predicted category probability：预测所属类别的概率。即最大的概率值

☑ Actual category probability：对于观察单位实际所属类别，用该模型所估计出的概率。

◇ Print log-likelihood：输出似然比。

⊙ Including multinomial constant：实际似然比值，含常数项。

◎ Excluding multinomial constant：不含常数项的似然比值。

★ Location（图 10-70）：选择模型中的位置分量

击 Location 按钮，弹出 Ordinal Regression：Location（定义位置分量）对话框（图 10-73）。

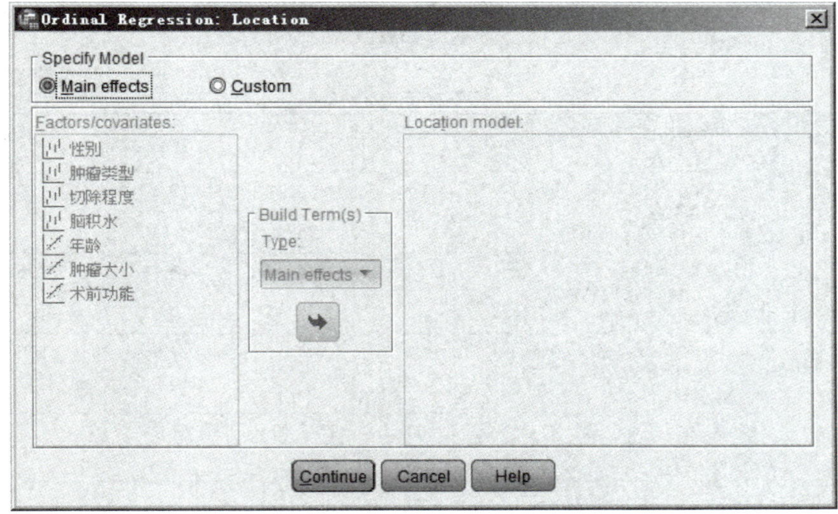

图 10-73 等级回归分析位置分量对话框

◇ Specify model：定义模型。

⊙ Main effect：主效应模型。系统默认。

◎ Custom：自定义模型。

★ Scale（图 10–70）：定义模型中的标度分量。

击 Scale 按钮，弹出 Ordinal Regression：Scale（定义标度分量）对话框（图 10–74）。

选作标度分量的变量必须是位置分量所选的变量中的一部分。设置标度分量的目的是改善模型，如果达不到此目的，可不选此项。

（3）本例过程

1）先对因变量进行频数分析，以选择合适的连接函数。

Analyze

Descriptive Statistics

Frequencies

▸ **Variables：术后功能**

由图 10–75 结果可见，因变量中等级较高的类别数目较少，因此在等级回归分析时，初步选定 Negative log–log 为连接函数。

2）进行等级回归分析。

Analyze

Regression

Ordinal

▸ **Dependent：术后功能**

▸ **Factor（s）：性别 / 肿瘤类型 / 切除程度**

▸ **Covariate（s）：年龄 / 肿瘤大小 / 术前功能 / 脑积水**

Options

Link：Negative log–log

Output

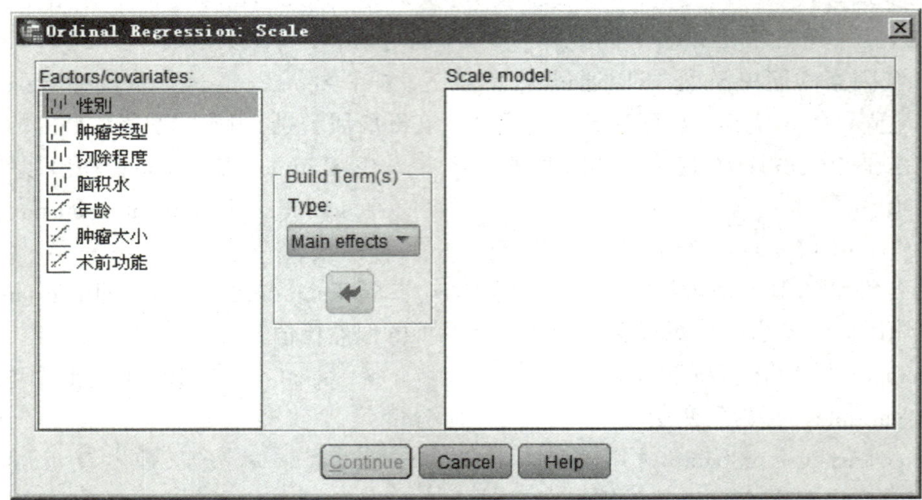

图 10–74 等级回归分析标度分量对话框

术后功能

		Frequency	Percent	Valid Percent	Cumulative Percent
Valid	normal hypothalamic function	26	37.1	38.8	38.8
	postop obesity (BMI >+2 SD), lack of behavioral/psychologica	27	38.6	40.3	79.1
	obesity (BMI >+2 SD) w/ hyperphagia, or memory disturbance o	11	15.7	16.4	95.5
	extreme obesity (BMI >+4 SD) & hyperphagia, behavioral distu	3	4.3	4.5	100.0
	Total	67	95.7	100.0	
Missing	System	3	4.3		
Total		70	100.0		

图 10–75 术后功能频数分布

☑ Goodness of fit statistics
☑ Summary statistics
☑ Parameter estimates
☑ Test of parallel lines
☑ Estimated response probability
☑ Predicted category
☑ Predicted category probability
☑ Actual predicted category

2. 主要输出结果

（1）整体拟合信息：见图 10–76。仅含有截距的模型同最终模型的 –2 倍似然比差值为 51.626（150.112–98.486）。本例 P=0.000，说明最终拟合的模型有统计意义。

Model Fitting Information

Model	-2 Log Likelihood	Chi-Square	df	Sig.
Intercept Only	150.112			
Final	98.486	51.626	7	.000

Link function: Negative Log-log.

图 10–76 整体模型拟合信息

（2）拟合优度检验：见图 10–77。由 P=0.989 和 P=1.000 可见两种检验方法均显示拟合效果极佳。

Goodness-of-Fit

	Chi-Square	df	Sig.
Pearson	146.154	188	.989
Deviance	98.486	188	1.000

Link function: Negative Log-log.

图 10–77 模型拟合优度检验

（3）伪决定系数：给出三种伪决定系数，其意义类似于线性回归分析的决定系数。见图 10–78。

Pseudo R-Square

Cox and Snell	.543
Nagelkerke	.605
McFadden	.344

Link function: Negative Log-log.

图 10–78 伪决定系数

（4）平行线检验：检验不同等级的位置参数（即斜率）是否相等。结果见图 10–79。由 P=0.128 可知，因变量不同等级的斜率相等。

Test of Parallel Lines[a]

Model	-2 Log Likelihood	Chi-Square	df	Sig.
Null Hypothesis	98.486			
General	78.415[b]	20.071[c]	14	.128

The null hypothesis states that the location parameters (slope coefficients) are the same across response categories.

a. Link function: Negative Log-log.

b. The log-likelihood value cannot be further increased after maximum number of step-halving.

c. The Chi-Square statistic is computed based on the log-likelihood value of the last iteration of the general model. Validity of the test is uncertain.

图 10–79 平行线检验

（5）参数估计：见图 10–80，结果解释如下：

- 从理论上来说，threshold（域）部分的参数估计并不重要。我们真正感兴趣的是 location（位置分量）部分的参数估计结果。

Parameter Estimates

		Estimate	Std. Error	Wald	df	Sig.	95% Confidence Interval Lower Bound	95% Confidence Interval Upper Bound
Threshold	[术后功能 = 1]	1.753	1.056	2.756	1	.097	-.317	3.822
	[术后功能 = 2]	4.239	1.208	12.323	1	.000	1.872	6.606
	[术后功能 = 3]	6.472	1.416	20.882	1	.000	3.696	9.247
Location	年龄	-.082	.054	2.302	1	.129	-.188	.024
	肿瘤大小	.569	.204	7.745	1	.005	.168	.970
	术前功能	.427	.418	1.041	1	.307	-.393	1.246
	脑积水	.600	.281	4.560	1	.033	.049	1.150
	[性别=1]	-1.176	.466	6.372	1	.012	-2.089	-.263
	[性别=2]	0[a]	.	.	0	.	.	.
	[肿瘤类型=1]	-1.245	.646	3.709	1	.054	-2.512	.022
	[肿瘤类型=2]	0[a]	.	.	0	.	.	.
	[切除程度=1]	-.448	.416	1.157	1	.282	-1.263	.368
	[切除程度=2]	0[a]	.	.	0	.	.	.

Link function: Negative Log-log.

a. This parameter is set to zero because it is redundant.

图 10–80 参数估计

● 对“术后功能”有显著性影响的变量（$P<0.05$）有肿瘤大小、脑积水和性别。可考虑将 P 值较大的变量剔除掉，然后重新尝试建立更严谨的模型。

● 对模型进行改进时，可尝试用新的连接函数估计模型，看模型的拟合效果是否增加。

● 所估计参数的符号可揭示相应自变量所起效应的方向。参数大于零则较高一等级的概率增大，参数小于零则较高一等级的概率减小。本例等级越高表示术后功能越差，即肿瘤越大、脑积水越严重的患者术后功能越差，男性患者较女性患者术后功能更好。

（6）预测值。原数据文件“logistic_3.sav”最后 7 列是由上述过程产生的新变量。EST1_1 至 EST4_1 分别表示判为第一、二、三、四类的概率。“*PRE_1*”表示预测所属等级；“*PCP_1*”表示预测所属等级的概率；“*ACP_1*”表示实际所属等级的概率。例如，根据回归模型，ID 第一例判为四类的概率分别为 0.00、0.12、0.68 和 0.20，因此按概率最大原则该患者最终被判为第三类。而该患者实际正好属于第三类，故“*ACP_1*”与“*PCP_1*”一致，均为 0.68。

（7）预测准确率。从菜单选择

Analyze

Descriptive Statistics

Crosstabs

▶ **Row(s): 术后功能**

▶ **Column(s): *PRE_1***

获频数分布表见图 10-81，可求得预测准确率为 69.70%=（22+21+3）/66。

术后功能 * Predicted Response Category Crosstabulation

Count

		Predicted Response Category			
		normal hypothalamic function	postop obesity (BMI >+2 SD), lack of behavioral/psychologica	obesity (BMI >+2 SD) w/ hyperphagia, or memory disturbance o	Total
术后功能	normal hypothalamic function	22	4	0	26
	postop obesity (BMI >+2 SD), lack of behavioral/psychologica	4	21	2	27
	obesity (BMI >+2 SD) w/ hyperphagia, or memory disturbance o	3	5	3	11
	extreme obesity (BMI >+4 SD) & hyperphagia, behavioral distu	0	0	2	2
Total		29	30	7	66

图 10-81 预测准确率

第九节 概率单位分析

概率单位分析（probit analysis）常用于研究毒物剂量与某阳性事件发生率之间的关系。例如为了评价某种杀虫剂杀灭蚂蚁的效果，以及多大剂量可以保证杀灭率达到 95%，我们可采用几种不同剂量的杀虫剂进行实验，分别记录每种剂量下蚂蚁总数和死亡数，应用概率单位分析法可分析剂量 - 反应关系从而决定合适的杀虫剂浓度。概率单位分析要求各个观察单位之间相互独立，观察结果为二分类（如死亡和生存）。

概率单位的回归方程为：Probit $P_i=A+BX_i$ （式 10-9）

式中，Probit 是一种变换方法，它将因变量反应率 P 转换为概率单位。概率单位分析与 logistic 回归非常相似，如果将因变量反应率 P 作 logit 转换，即 logit $P=\ln[P/(1-P)]$，则上述概率单位回归方程就变为 logistic 回归方程。概率单位分析主要用于实验室研究，分析重点是估计特定发生率所需的剂量（如半数致死量），而 logistic 回归更多地应用于观察性研究，主要目的是评价各影响因素的危险度（如比数比）。

例 10-11　为比较两种杀虫剂杀灭昆虫的效果，毒理实验结果如表 10-6。请对其作概率单位回归并比较两者效果。

表 10-6　某杀虫剂的效果

杀虫剂	剂量	观察例数	死亡例数
杀虫剂 A	10.2	50	44
	7.7	49	42
	5.1	46	24
	3.8	48	16
	2.6	50	6
杀虫剂 B	9.9	50	45
	8.1	50	43
	6.3	49	35
	3.7	48	19
	2.8	50	8

1. 操作过程

（1）数据格式：见数据文件“probit.sav”，有 10 行 4 列。定义 4 个变量，包括“*insecticide*（杀虫剂）”“*dose*（剂量）”“*no_total*（观察例数）”以及“*no_dead*（死亡例数）”。

（2）一般过程：从菜单选择

Analyze

Regression

Probit

弹出 Probit Analysis（概率单位分析）主对话框（图 10-82）。

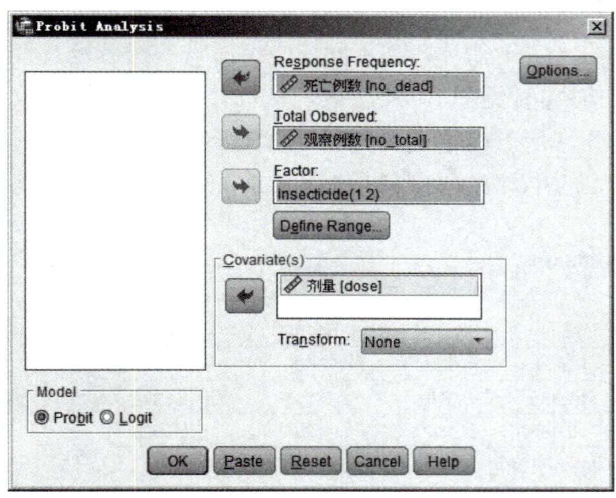

图 10-82　概率单位分析主对话框

◇ Response frequency：反应频数，只能选入一个变量，为发生阳性事件（本例为“死亡”）的例数，不能为负值，分析之前无需加权。本例选入“*no_dead*（死亡例数）”。

◇ Total observed：观察单位总数，即暴露于一定剂量下的观察单位总数，不能小于反应频数的大小。本例为“*no_total*（观察例数）”。

◇ Factor：因素，本例选入变量“*insecticide*（杀虫剂）”。点击 Define Range 按钮设定分析范围，该因素的赋值必须为整数。本例在上下两个框内分别键入 1 和 2。

◇ Covariate（s）：定义一个或多个协变量，其中必有一个变量表示剂量，本例只有一个协变量“*dose*（剂量）”。

◇ Transform：对协变量进行变量变换，系统默认 None（不进行转换），也可点击下拉菜单选择 Log base 10 选项（以 10 为底的对数转换）和 Natural log 选项（自然对数即以 e 为底的对数转换）。在进行概率单位回归分析时，常先将协变量进行对数变换，以使其与实际的 Probit 值间的散点图更好地呈直线趋势。当然也可采用其他适当的转换方法。若无法找到合适的转换方法达到直线趋势，则不宜用这里介绍的概率单位回归分析。

◇ Model：选择模型。

⊙ Probit：对阳性事件发生率进行 probit 转换，建立 Probit 回归模型。

◎ Logit：对阳性事件发生率进行 logit 转换，建立 Logit 回归模型。

★ Option：定义选项。

击 Option 按钮，弹出 Probit Analysis：Options（选项）对话框（图 10-83）。

◇ Statistics：统计量。

□ Frequencies：频数。输出每种剂量下实际反应频数、期望频数以及残差等。

☑ Relative median potency：相对中位数潜力。对因素的每两个水平（如 A 和 B 两种杀虫剂）分别计算半数有效量的比值及其 95% 置信区间，若没有设立因素变量或者有多个协变量则不会显示该内容。

☑ Parallelism test：平行检验。检验因素不同水平下剂量 - 反应关系的斜率是否相同。

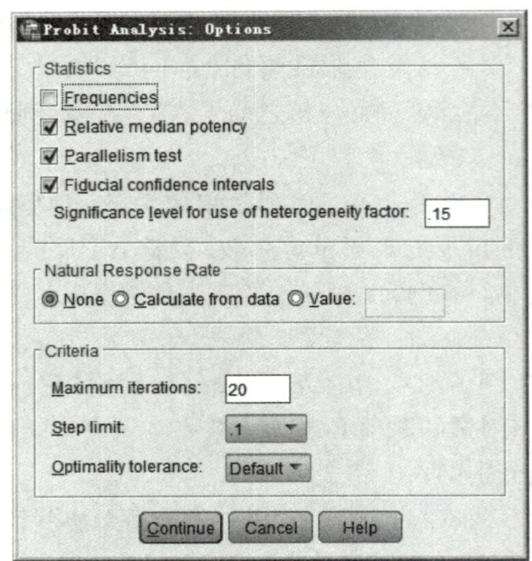

图 10-83 选项对话框

☑ Fiducial confidence intervals：计算一定反应率所对应剂量的置信区间，若有多个协变量则不会显示该内容。

Significance level for use of heterogeneity factor：设立同质性检验时所用检验水准，系统默认 0.15，可自行修改该设置。

◇ Natural Response Rate：规定剂量为 0 时的自然反应率，如本例为药物浓度为 0 时昆虫的自然死亡率。

⊙ None：自然反应率为 0，系统默认。本例选该项。

◎ Calculate from data：由现有数据计算。实验中需单独设立剂量为 0 的组作对照。

◎ Value：自定义具体的值。如果已知自然反应率，则键入相应数值，在 0~1 之间取值。

◇ Criteria：设立迭代标准。

Maximum iterations：最大迭代次数，系统默认 100 次。

Step limit：两次迭代似然函数改变值低至一定程度则停止迭代，系统默认 0.1。

Optimality tolerance：最大容许度。损失函数的近似准确度，系统默认缺省值。

（3）本例过程：

Analyze

Regression

Probit

▸ **Response Frequency**：***no_dead***

▸ **Total Observed**：***no_total***

▸ **Factor**：***insecitcide*（*1*，*2*）**

▸ **Covariate**：***dose***

Transform：**Log base 10**

Model：

⊙ **Probit**

Options

Statistics

☑ **Relative median potency**

☑ **Parallelism test**

☑ **Fiducial Confidence Intervals**

2. 主要输出结果

（1）参数估计：见图 10-84。

• 剂量对致死率有显著影响（Z=12.438，P<0.001），说明杀虫效果存在剂量依赖性。两种杀虫剂的概率单位模型分别为：

杀虫剂 A：Probit（P）=−2.851+4.161 lg（*dose*）

杀虫剂 B：Probit（P）=−2.749+4.161lg（*dose*）

（2）模型拟合优度和平行检验：见图 10-85。

• 拟合优度检验 χ^2=2.671，P=0.914，模型拟合得好，不必进行校正。平行检验 χ^2=0.007，P=0.933，说明两种杀虫剂的剂量－反应曲线平行，模型可以用共同的斜率（4.161）来表达。

（3）估计达到不同反应率所需的剂量及其置信区间：见图 10-86。该表只列出杀虫剂 A 不同致死率所需的浓度及其 95% 置信区间，可见杀虫剂 A 的半数致死剂量（LD50）为 4.843，其 95% 置信

Parameter Estimates

Parameter			Estimate	Std. Error	Z	Sig.	95% Confidence Interval Lower Bound	95% Confidence Interval Upper Bound
PROBIT[a]	剂量		4.161	.335	12.438	.000	3.506	4.817
	Intercept[b]	杀虫剂A	-2.851	.254	-11.239	.000	-3.105	-2.597
		杀虫剂B	-2.749	.257	-10.685	.000	-3.006	-2.492

a. PROBIT model: PROBIT(p) = Intercept + BX (Covariates X are transformed using the base 10.000 logarithm.)

b. Corresponds to the grouping variable insecticide.

图 10-84 参数估计

Chi-Square Tests

		Chi-Square	df[b]	Sig.
PROBIT	Pearson Goodness-of-Fit Test	2.671	7	.914[a]
	Parallelism Test	.007	1	.933

a. Since the significance level is greater than .150, no heterogeneity factor is used in the calculation of confidence limits.

b. Statistics based on individual cases differ from statistics based on aggregated cases.

图 10-85 模型拟合优度和平行检验

Confidence Limits

	杀虫剂	Probability	95% Confidence Limits for 剂量 Estimate	Lower Bound	Upper Bound	95% Confidence Limits for log(剂量)[a] Estimate	Lower Bound	Upper Bound
PROBIT	杀虫剂A	.010	1.337	1.018	1.640	.126	.008	.215
		.020	1.554	1.214	1.873	.192	.084	.273
		.030	1.710	1.358	2.038	.233	.133	.309
		.040	1.838	1.477	2.173	.264	.169	.337
		.050	1.949	1.581	2.289	.290	.199	.360
		.060	2.049	1.675	2.393	.311	.224	.379
		.070	2.140	1.761	2.488	.330	.246	.396
		.080	2.226	1.843	2.577	.347	.266	.411
		.090	2.306	1.920	2.661	.363	.283	.425
		.100	2.383	1.994	2.740	.377	.300	.438
		.150	2.729	2.329	3.099	.436	.367	.491
		.200	3.040	2.632	3.421	.483	.420	.534
		.250	3.334	2.919	3.727	.523	.465	.571
		.300	3.623	3.201	4.031	.559	.505	.605
		.350	3.913	3.482	4.338	.592	.542	.637
		.400	4.209	3.768	4.657	.624	.576	.668
		.450	4.517	4.062	4.993	.655	.609	.698
		.500	4.843	4.369	5.355	.685	.640	.729
		.550	5.191	4.693	5.749	.715	.671	.760
		.600	5.571	5.040	6.187	.746	.702	.791
		.650	5.993	5.419	6.684	.778	.734	.825
		.700	6.473	5.842	7.261	.811	.767	.861
		.750	7.033	6.326	7.950	.847	.801	.900
		.800	7.715	6.903	8.807	.887	.839	.945
		.850	8.593	7.630	9.940	.934	.883	.997
		.900	9.841	8.638	11.596	.993	.936	1.064
		.910	10.169	8.898	12.039	1.007	.949	1.081
		.920	10.537	9.189	12.540	1.023	.963	1.098
		.930	10.958	9.519	13.117	1.040	.979	1.118
		.940	11.447	9.900	13.794	1.059	.996	1.140
		.950	12.032	10.353	14.611	1.080	1.015	1.165
		.960	12.758	10.909	15.636	1.106	1.038	1.194
		.970	13.710	11.631	16.998	1.137	1.066	1.230
		.980	15.087	12.661	19.001	1.179	1.102	1.279
		.990	17.543	14.466	22.660	1.244	1.160	1.355

图 10-86 特定反应率所需剂量

区间为(4.369,5.355),若要达到90%的杀虫率则所需剂量为9.841(95%*CI*:8.638~11.596)。同理,可见杀虫剂B的半数致死剂量为4.577(95%*CI*:4.113~5.060)。

(4)相对中位数潜力:见图10-87。杀虫剂A相对于杀虫剂B的中位数潜力,即两者半数致死量之比为1.058(=4.843/4.577),其95%的置信区间为(0.917,1.222),包含1,所以两种杀虫剂的半数致死量无统计学意义的差别。

(5)Probit值与对数剂量的散点图:见图10-88。经过对数变换后的两种杀虫剂的剂量与Probit值均呈直线趋势,适宜用概率单位回归分析。

Relative Median Potency Estimates

	(I) 杀虫剂	(J) 杀虫剂	95% Confidence Limits			95% Confidence Limits with LOG Transform[a]		
			Estimate	Lower Bound	Upper Bound	Estimate	Lower Bound	Upper Bound
PROBIT	1	2	1.058	.917	1.222	.024	-.038	.087
	2	1	.945	.818	1.090	-.024	-.087	.038

a. Logarithm base = 10.

图10-87 相对中位数潜力估计

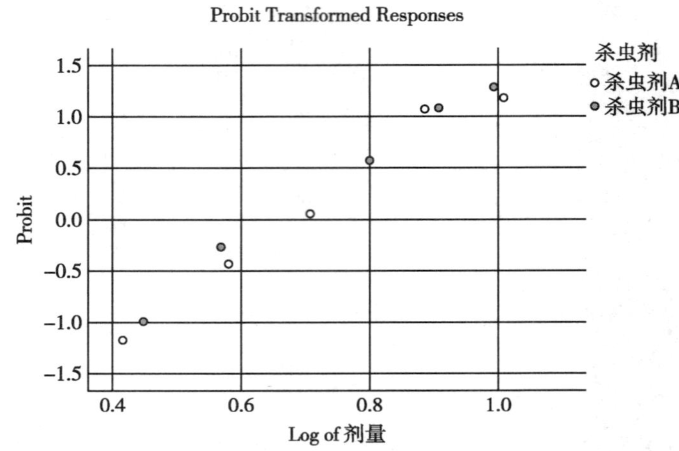

图10-88 Probit值与对数剂量的散点图

配套数据文件集

(欧春泉 王炳顺 钟晓妮)

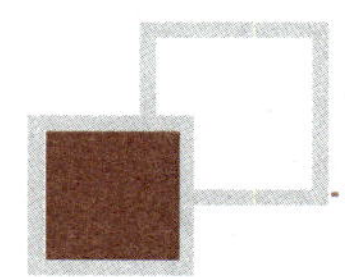

第十一章　聚类 / 判别分析和因子 / 主成分分析

多变量数据分析大致可分为两大类，一类是相关性分析，如第十章的相关与回归分析；另一类是分类和降维分析，如本章的聚类分析、判别分析、因子分析和主成分分析等。

聚类分析（cluster analysis）是按“物以类聚”的原则将特性相近的变量或观察单位进行归类。聚类分析可分为变量聚类和样品聚类两类，前者又称指标聚类或 R 型聚类；后者又称 Q 型聚类，所谓样品即 SPSS 所述的观察单位（cases）。

聚类分析基于不同的算法，一般会有三种选择：两步聚类（two-step cluster）、k 均值聚类（k-means cluster）和系统聚类（hierarchical cluster）。

第一节　两 步 聚 类

两步聚类（two-step cluster）分析是一种探索性的样品聚类方法，根据模型确定最佳分类数。其前提条件是各变量相互独立，服从多元正态分布（对于连续型变量）或联合多分类正态分布（joint multinomial-normal distribution，对于同时具有分类变量和连续型变量时）。其原理是根据信息量准则（Bayes 或池田信息量准则）给出最佳聚类方案，并且配合图形显示。分类特征数和最终聚类结果均与样品的排列顺序有关，为了减小该影响，分析前宜随机排列样品。

例 11-1　根据数据文件“nurse_survey”中的 6 个变量“*age*”（年龄）、“*title*”（职称）、“*educ*”（学历）、“*year1*”（护龄）、“*year2*”（院龄）和“*dept*”（科室），对 255 名护理工作人员进行样品聚类。

1. 操作过程

（1）样品随机排列：分析前对样品进行随机排列，例如在 Random Number Generators 中，使用种子为 1010 产生随机数，然后对样品重新排序。

（2）一般过程：从菜单选择

Analyze

　　Classify

　　　　TwoStep Cluster

弹出 TwoStep Cluster Analysis（两步聚类分析）主对话框（图 11-1）。将参加聚类分析的 6 个变量按分类变量（*educ*，*dept*，*title*）和连续型变量（*age*，*year1*，*year2*）分别选入 Categorical Variables（分类变量）和 Continuous Variables（连续型变量）框内。

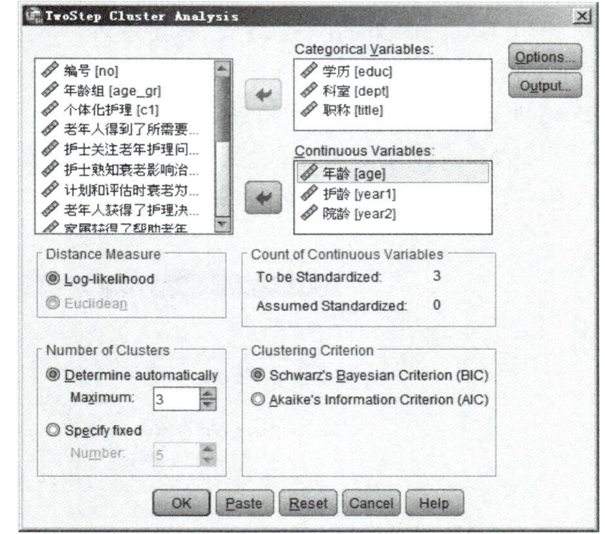

图 11-1　两步聚类分析主对话框

◇ Distance Measure：距离测度。

⊙ Log-likelihood：对数似然估计量。

◎ Euclidean：欧式距离。

◇ Count of Continuous Variables：连续型变量的个数，下方显示需作标准化的变量个数（To be Standardized）和已经标准化的变量个数（Assumed Standardized）。

◇ Number of Clusters：聚类数。

⊙ Determine automatically：自动决定聚类的最佳类数，下方可选择最大聚类数。

◎ Specify fixed：指定聚类数。

◇ Clustering Criterion：聚类准则。

⦿ Schwarz's Bayesian Criterion（BIC）：施瓦茨贝叶斯准则，是模型比较中选择模型的一个指数，定义为：

$$-2L_m+m\cdot\ln n \qquad （式 11-1）$$

这里，L_m 是最大化对数似然比（maximized log-likelihood），m 是模型中参数的个数，n 是样本量，指数越小，表明模型拟合得越好。

◎ Akaike's Information Criterion（AIC）：赤池信息量准则，也是模型比较中选择模型的一个指数，定义为：

$$-2L_m+2m \qquad （式 11-2）$$

指数越小，表明模型拟合得越好。

★ Options：选项。

击 Options 按钮，弹出 TwoStep Cluster：Options（两步聚类分析选项）对话框（图 11-2）。

◇ Outlier Treatment：离群点的处理。

☑ Use noise handing：将离群点另列一类。选此项后，Percentage（百分数）框激活，系统默认 25%，即离群点所占比例不超过 25%。

◇ Memory Allocation：分配给本过程算法的内存空间，系统默认 64MB，最小不能低于 4MB。

◇ Standardization of Continuous Variables：连续变量的标准化。

Assumed Standardized：假定已经标准化的变量。

To be Standardized：需要标准化的变量。本例为"*age*""*year1*"及"*year2*"。

点击 Advanced 按钮，弹出 CF Tree Tuning Criteria 和 Cluster Model Update 高级对话框。

◇ CF Tree Tuning Criteria：聚类特征（CF，cluster feature）树定义。

Initial Distance Change Threshold：[0]：初始距离改变域值，默认为 0。

Maximum Branches（per leaf node）：[8]：最大分叉数，默认为 8。

Maximum Number of Nodes Possible：[585]：最大可能的节点数，默认为 585。

Maximum Tree Depth（levels）：[3]：最大分类数，默认为 3。

◇ Cluster Model Update：聚类模型更新，可以导入 CF 类型的 XML 文件。

点击 Continue 按钮，完成 Options 设置。

★ Output（图 11-1）：输出结果。

击 Output 按钮，弹出 TwoStep Cluster：Output（两步聚类分析输出结果）对话框（图 11-3）。

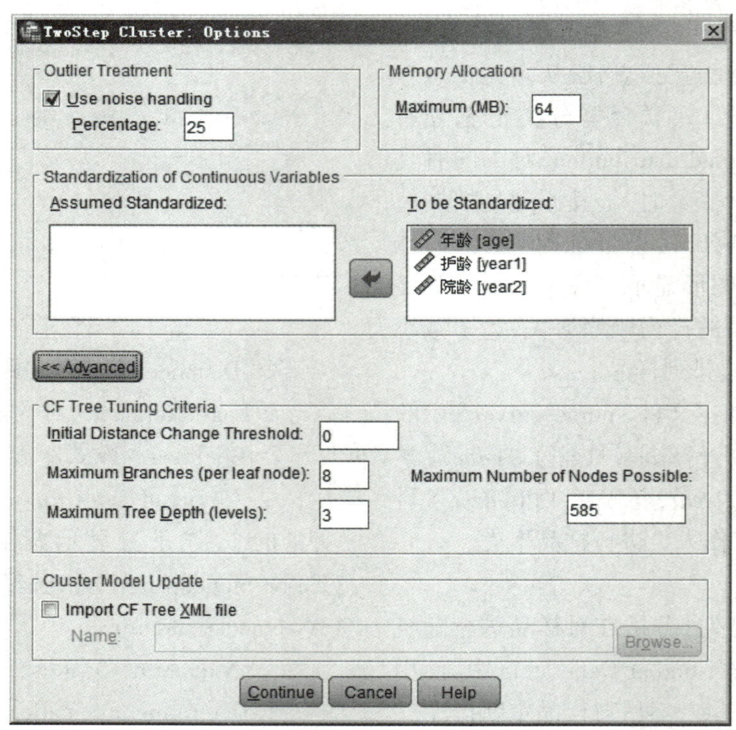

图 11-2 两步聚类分析选项对话框

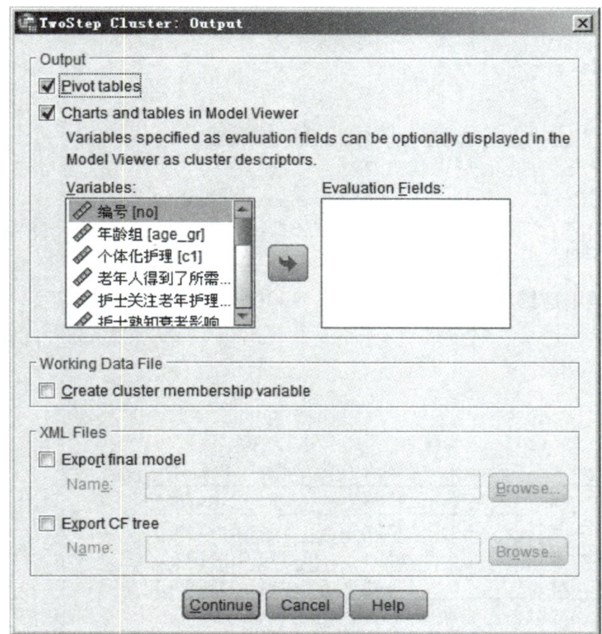

图 11-3 两步聚类分析输出结果对话框

◇ Output：输出选项。

☑ Pivot tables：透视表输出。

☑ Charts and tables in Model Viewer：模型视图中的图和表格。显示模型相关的输出，包括表格和图。模型视图中的表包括模型摘要和聚类特征单元格。模型视图中的图形输出包括聚类质量图表、聚类大小、变量重要性、聚类比较网格和单元格信息。

Evaluation Fields：评估字段。这可为未在聚类创建中使用的变量计算聚类数据。通过在"显示"子对话框中选择评估字段，可以在模型查看器中将其与输入特征一起显示。带有缺失值的字段将被忽略。

◇ Working Data File：当前数据文件。

□ Create cluster membership variable：建立分类变量，在当前数据文件中产生一个变量名为"*tsc_n*"的新变量，*n* 是一个随机的正整数，通常 3 到 4 位数。

◇ XML Files：XML 文件。可以导出最终模型文件或者 CF 分类树文件。

（3）本例过程如下：

Analyze

Classify

TwoStep Cluster

▸ **Categorical Variables：*educ / dept / title***

▸ **Continuous Variables：*age / year1 / year2***

Determine automatically

⊙ **Maximum** 3

⊙ **Schwarz's Bayesian Criterion（BIC）**

Options

☑ **Use noise handing**

Percentage： 25

Output

☑ **Pivot tables**

☑ **Charts and tables in Model Viewer**

2. 主要输出结果

（1）自动聚类（Auto-Clustering）：见图 11-4。本例采用自动决定聚类个数上限为 3 时，分别展示各聚类个数对应 BIC，BIC Change（BIC 改变量），Ratio of BIC Changes（BIC 改变量之比）和 Ration of Distance Measures（距离量之比）结果。

Auto-Clustering

Number of Clusters	Schwarz's Bayesian Criterion (BIC)	BIC Change[a]	Ratio of BIC Changes[b]	Ratio of Distance Measures[c]
1	466.172			
2	401.445	-64.727	1.000	1.786
3	394.609	-6.836	.106	1.143

a. The changes are from the previous number of clusters in the table.

b. The ratios of changes are relative to the change for the two cluster solution.

c. The ratios of distance measures are based on the current number of clusters against the previous number of clusters.

图 11-4 例 11-1 自动聚类结果

（2）聚类分布（Cluster Distribution）：见图 11-5。本例聚为 2 类，分别给出第 1 类、第 2 类、Outlier 和所有观测的样本容量、占比和累计占比。

Cluster Distribution

		N	% of Combined	% of Total
Cluster	1	125	49.0%	49.0%
	2	103	40.4%	40.4%
	Outlier (-1)	27	10.6%	10.6%
	Combined	255	100.0%	100.0%
Total		255		100.0%

图 11-5 例 11-1 聚类分布

（3）聚类概况（Cluster Profiles）：见图 11-6。分别给出本例中 3 个连续变量在第 1 类、第 2 类、Outlier 和所有观测的均数和标准差。

（4）频率（Frequencies）：见图 11-7。分别给出本例中 3 个分类变量在第 1 类、第 2 类、Outlier 和所有观测的频数和占比。

Cluster Profiles

Centroids

		年龄		护龄		院龄	
		Mean	Std. Deviation	Mean	Std. Deviation	Mean	Std. Deviation
Cluster	1	23.99	3.580	5.06	3.418	4.36	3.075
	2	23.46	2.604	4.52	2.574	3.84	2.404
	Outlier (-1)	35.63	6.234	16.74	6.443	14.89	7.029
	Combined	25.01	5.141	6.08	5.118	5.27	4.802

图 11-6　例 11-1 聚类中连续变量概况

Frequencies

学历

		中专		大专		本科		不适用	
		Frequency	Percent	Frequency	Percent	Frequency	Percent	Frequency	Percent
Cluster	1	58	52.3%	8	38.1%	2	25.0%	57	49.6%
	2	52	46.8%	5	23.8%	1	12.5%	45	39.1%
	Outlier (-1)	1	0.9%	8	38.1%	5	62.5%	13	11.3%
	Combined	111	100.0%	21	100.0%	8	100.0%	115	100.0%

科室

		内科		外科		妇科		其它	
		Frequency	Percent	Frequency	Percent	Frequency	Percent	Frequency	Percent
Cluster	1	0	0.0%	97	89.0%	2	40.0%	26	96.3%
	2	102	89.5%	0	0.0%	1	20.0%	0	0.0%
	Outlier (-1)	12	10.5%	12	11.0%	2	40.0%	1	3.7%
	Combined	114	100.0%	109	100.0%	5	100.0%	27	100.0%

职称

		护士		护师		主管护师		(副)主任护师	
		Frequency	Percent	Frequency	Percent	Frequency	Percent	Frequency	Percent
Cluster	1	106	52.0%	12	54.5%	7	25.0%	0	0.0%
	2	98	48.0%	3	13.6%	2	7.1%	0	0.0%
	Outlier (-1)	0	0.0%	7	31.8%	19	67.9%	1	100.0%
	Combined	204	100.0%	22	100.0%	28	100.0%	1	100.0%

图 11-7　例 11-1 聚类中分类变量概况

（5）模型摘要（Model Summary）：见图 11-8。本例采用二阶聚类算法，输入变量（Inputs）也就是预测变量为 6 个，结果聚成两类。

Model Summary

Algorithm	TwoStep
Inputs	6
Clusters	2

Cluster Quality

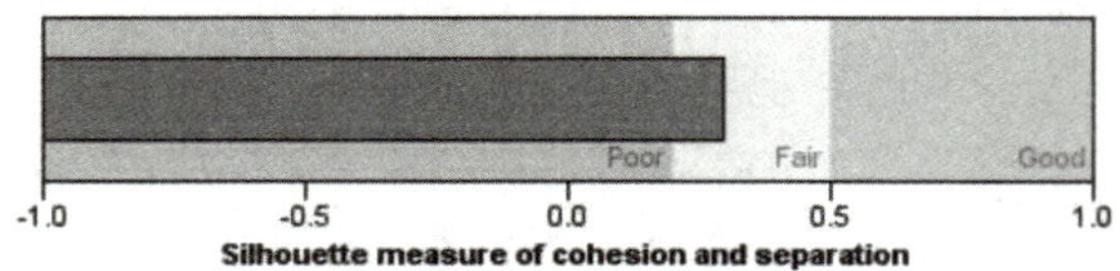

图 11-8　例 11-1 聚类结果摘要

（6）聚类质量（Cluster Quality）：见图 11-8。表示聚类结合和分离的 Silhouette 测度，根据 Silhouette 判断聚类效果，值越大说明聚类效果越好。该摘要可以快速检查聚类结果，如果较差，可返回主对话框修改聚类模型设置。此例聚类效果较好。

聚类效果的判断基于 Kaufman 和 Rousseeuw（1990）提出的关于聚类结构解释的标准：Good（良好）表示聚类结构为合理迹象或强迹象，Fair（中等）表示弱迹象，Poor（较差）表示无明显迹象。

Silhouette 测度定义为：$(B-A)/\max(A,B)$，其中 A 代表个体观测值距所属类别类中心的距离，B 代表个体观测值距其他最近类中心的距离。

Silhouette 系数为 1 表示所有个体均位于其所属类别的类中心上；为 -1 表示所有个体均位于其他类的类中心上；为 0 表示个体距自身类中心的距离与距其他最近类中心的距离相等。

（7）双击模型摘要（图 11-8）可展开聚类浏览器，见图 11-9。左侧为主视图，也就是模型摘要（Model Summary，为默认视图）。右侧辅助视图，为聚类大小（Cluster Sizes，为默认视图）。

Cluster Sizes：聚类类别占比。

Size of Smallest Cluster：最小类的样本数。本例最小类样本量为 103 例，占比 45.2%。

Size of Largest Cluster：最大类的样本数。本例最大类样本量为 125 例，占比 54.8%。

Ration of Size：Largest Cluster to Smallest Cluster：最大类与最小类样本量之比，本例为 125/103=1.21

（8）图 11-9 右侧辅助视图，左下角 View 处可通过下拉菜单选择预测变量重要性（Predictor Importance）视图，见图 11-10。最不重要（Least Important）用 0 表示，最重要（Most Important）用 1 表示。通过条形图展示 6 个变量对聚类的重要程度。

（9）图 11-10 左侧主视图，左下角 View 处选择聚类（Clusters）视图，右侧辅助视图左下角 view 处选择单元格分布（Cell Distribution）视图，见图 11-11。

Label：聚类的标签，默认为空白。双击单元格输入标签的内容，例如“外科护士”。

Description：描述聚类内容，默认为空白。双击单元格输入聚类描述内容；例如“护龄均数 5.06 年，院龄均数 4.36 年，科室为外科”。

Size：类别占比。显示各类别的占比和例数，如第 1 类有 125 例，占比为 54.8%。

Inputs：输入变量 / 预测变量的聚类特征。系统默认按照变量的重要性由大到小排序。重要性用 0~1 之间的值表示，表上方的 Input（Predictor）Importance 为颜色表示重要性大小的示例，值越大越重要，视图中单元格的背景颜色越深，本例第 1 类的第 1 个特征单元格，其单元重要性值为 1.00，类别特征为：最频繁的类别为外科，占到 77.6%。每个单元格可显示每个类别各个变量的聚类特征。

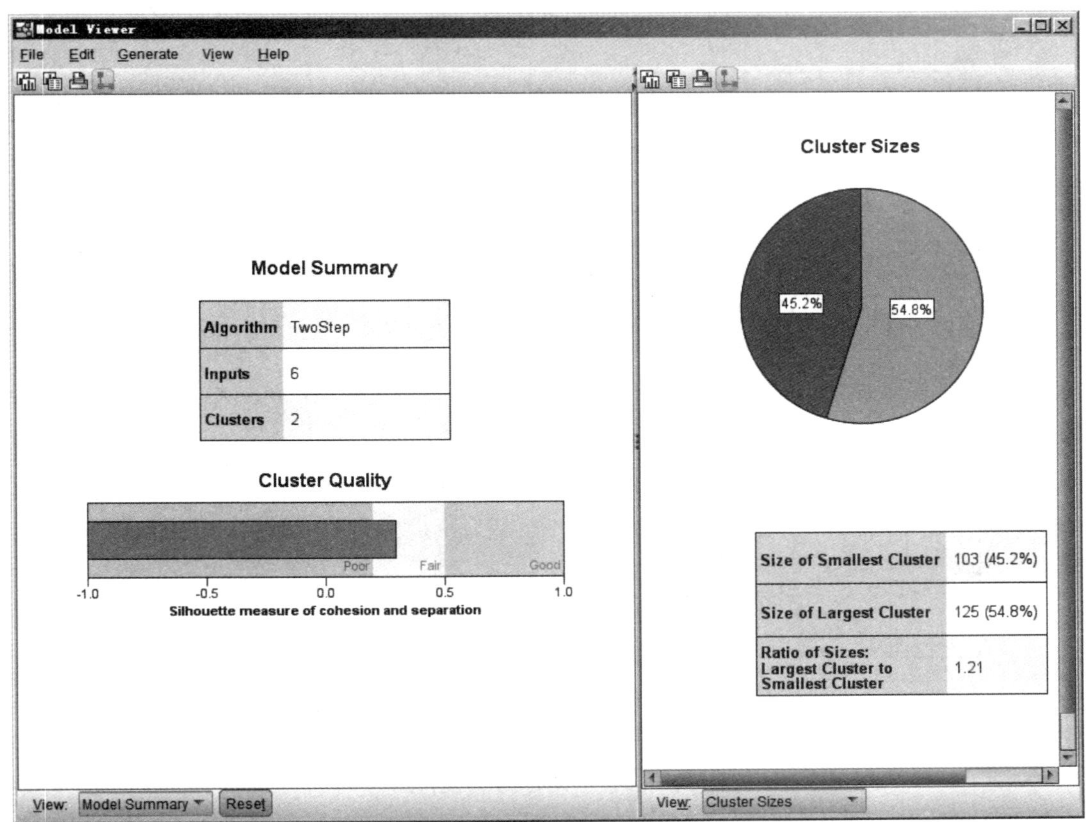

图 11-9　例 11-1 聚类大小

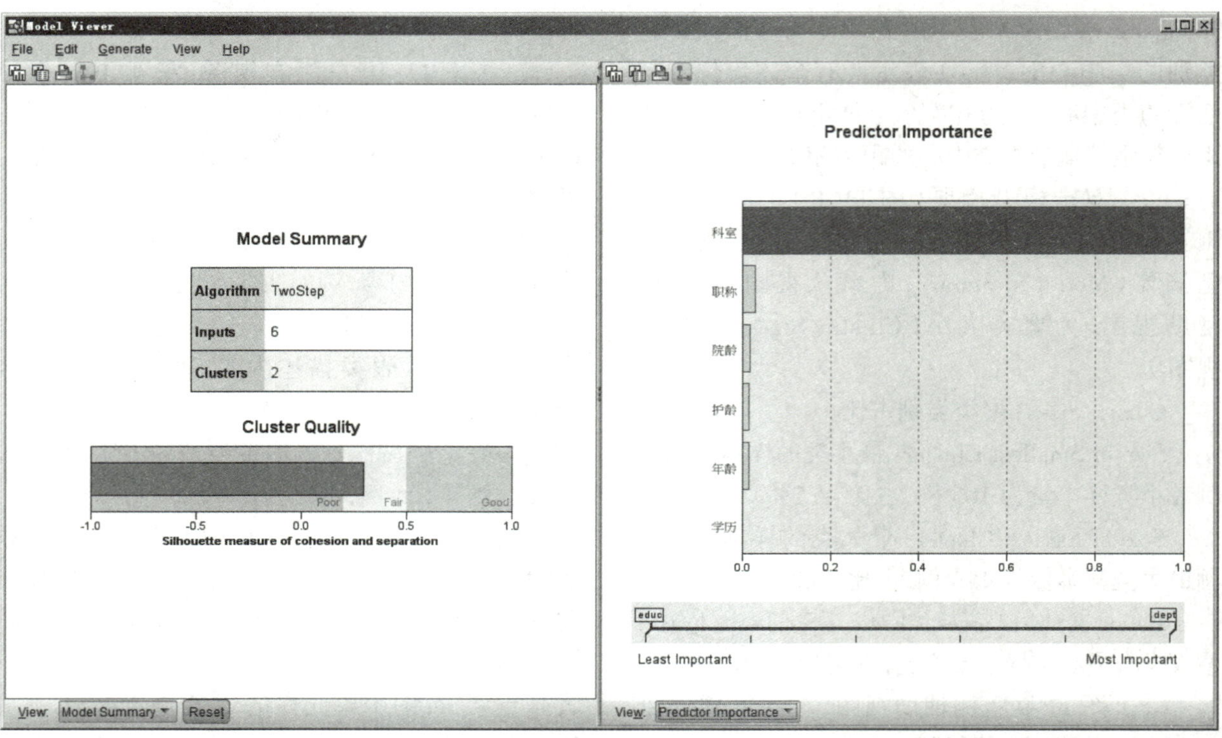

图 11-10　例 11-1 预测变量重要性

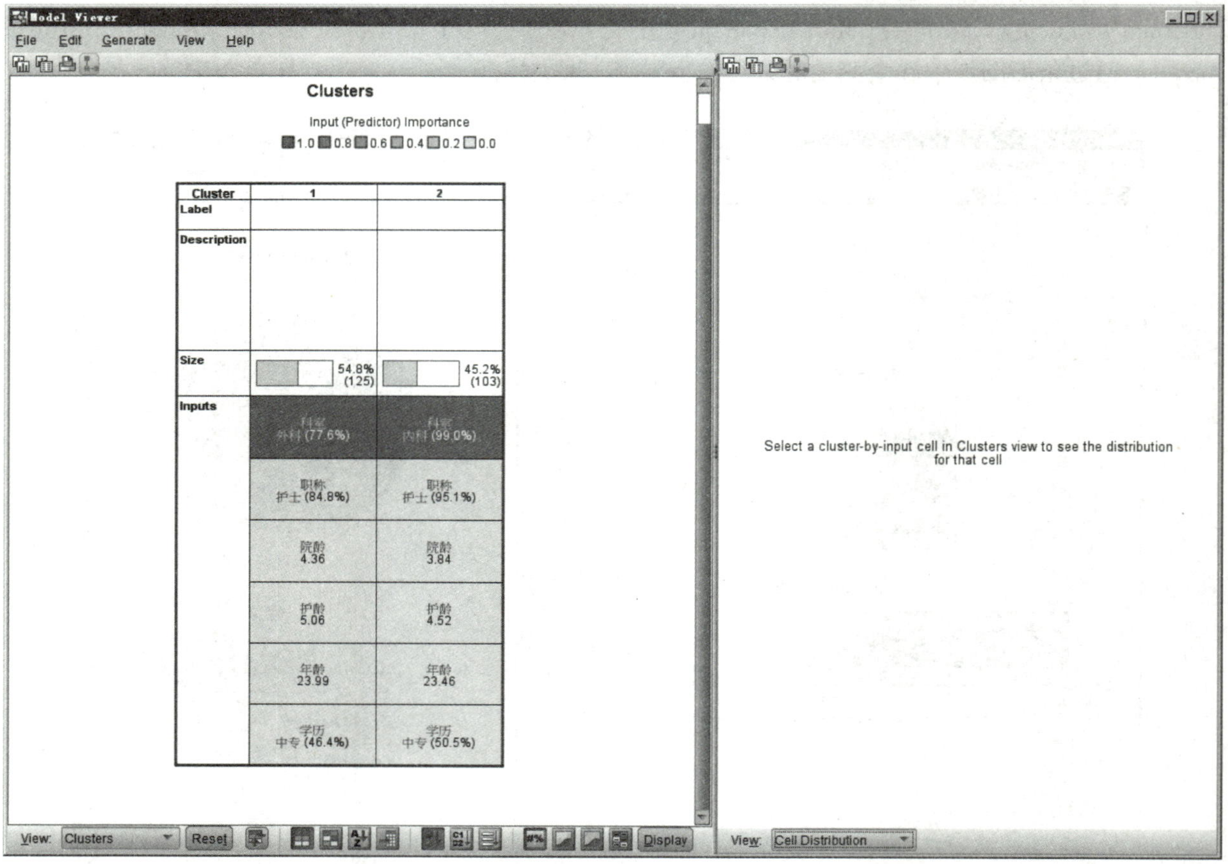

Model Viewer

File Edit Generate View Help

Clusters

Input (Predictor) Importance

1.0 0.8 0.6 0.4 0.2 0.0

Cluster	1	2
Label		
Description		
Size	54.8% (125)	45.2% (103)
Inputs	科室 外科 (77.6%)	科室 内科 (99.0%)
	职称 护士 (84.8%)	职称 护士 (95.1%)
	院龄 4.36	院龄 3.84
	护龄 5.06	护龄 4.52
	年龄 23.99	年龄 23.46
	学历 中专 (46.4%)	学历 中专 (50.5%)

Select a cluster-by-input cell in Clusters view to see the distribution for that cell

View: Clusters　Reset　Display　View: Cell Distribution

图 11-11　例 11-1 聚类视图

选择图 11-11 主视图中 Inputs 任一单元格，见图 11-12 和图 11-13。右侧辅助视图即出现选中单元格频数（分类变量）或分布（连续变量）以及全部数据的相应结果。

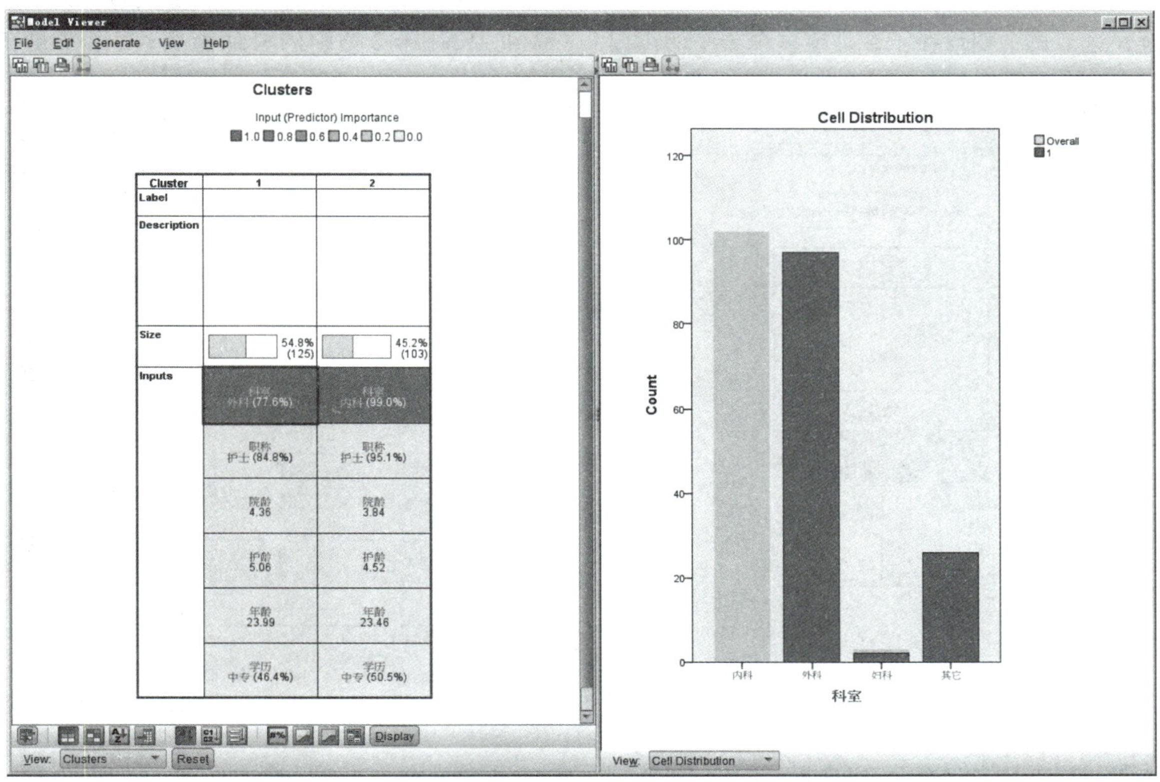

图 11-12　例 11-1 分类变量单元格分布

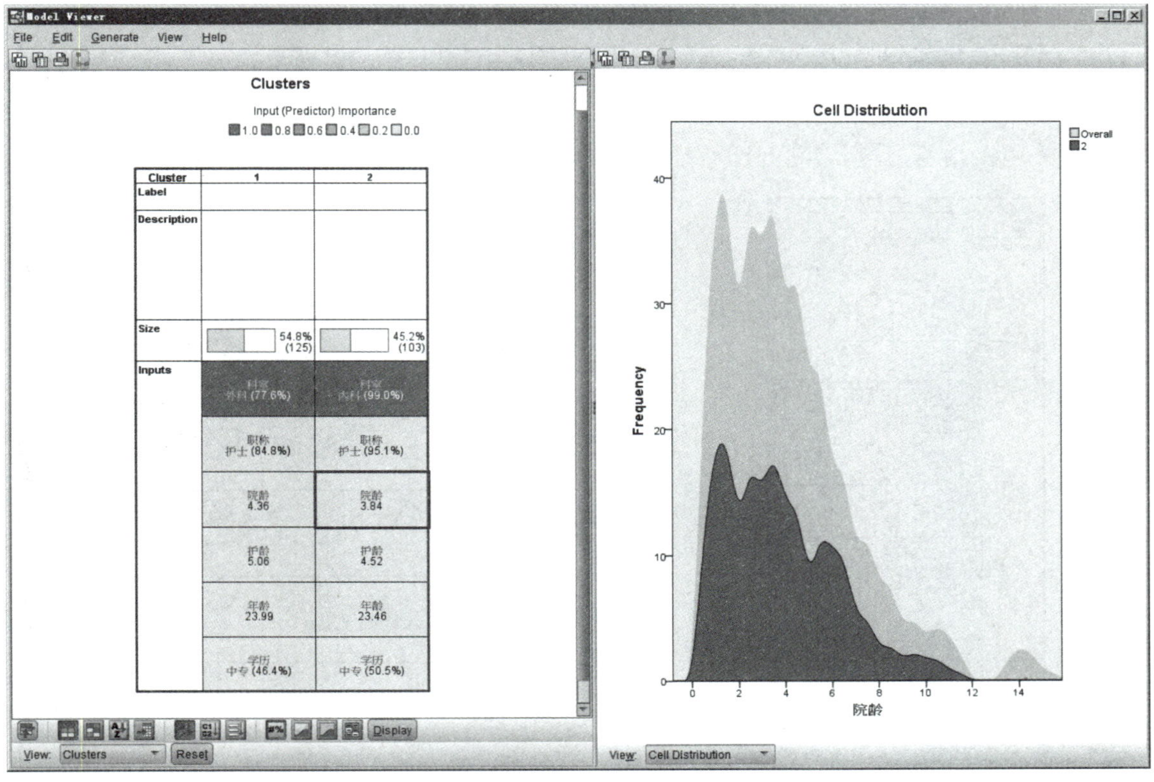

图 11-13　例 11-1 连续变量单元格分布

图 11-11 右侧辅助视图,左下角 View 处选择聚类比较(Cluster Comparison)左侧主视图选择表格任一列或多列,见图 11-14 和图 11-15。直观地表达了每个变量在 1 个类或多个类中的重要性和分布特点。图中,分类变量用圆点表示,其位置代表重要性,其大小代表频数;连续变量用箱图表示。本例显示,科室变量在第 1 类中外科最重要,在第 2 类中内科最重要;院龄变量在第

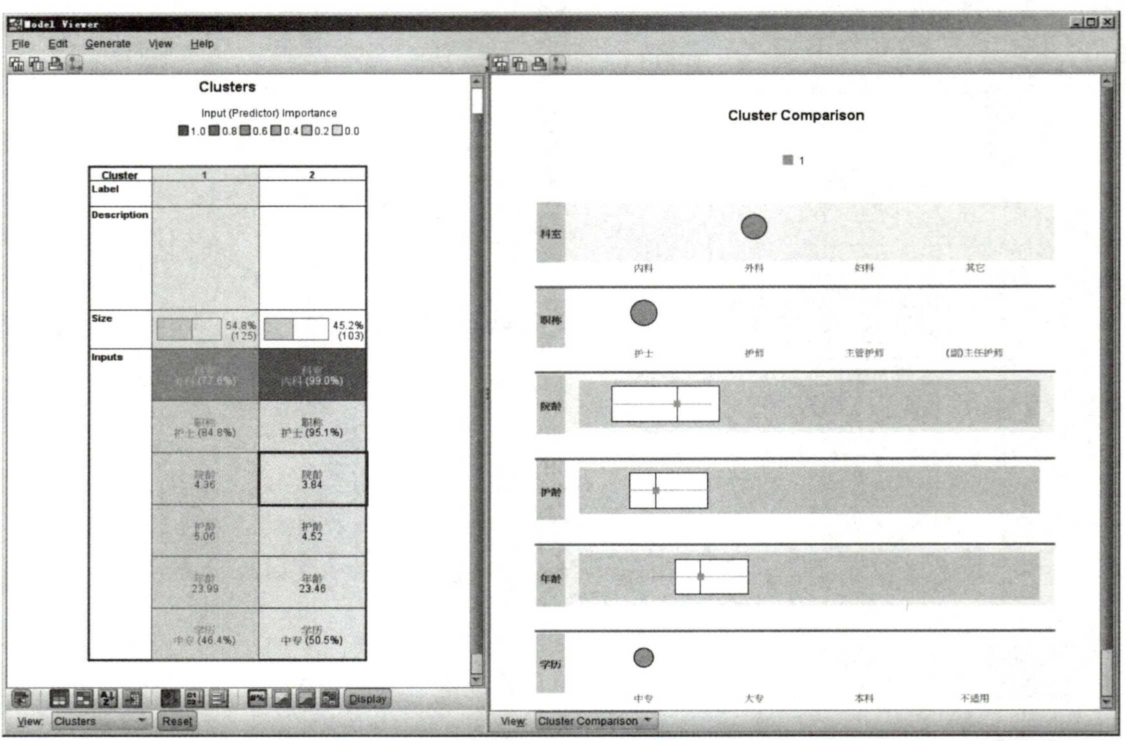

图 11-14 例 11-1 第 1 类的聚类结果

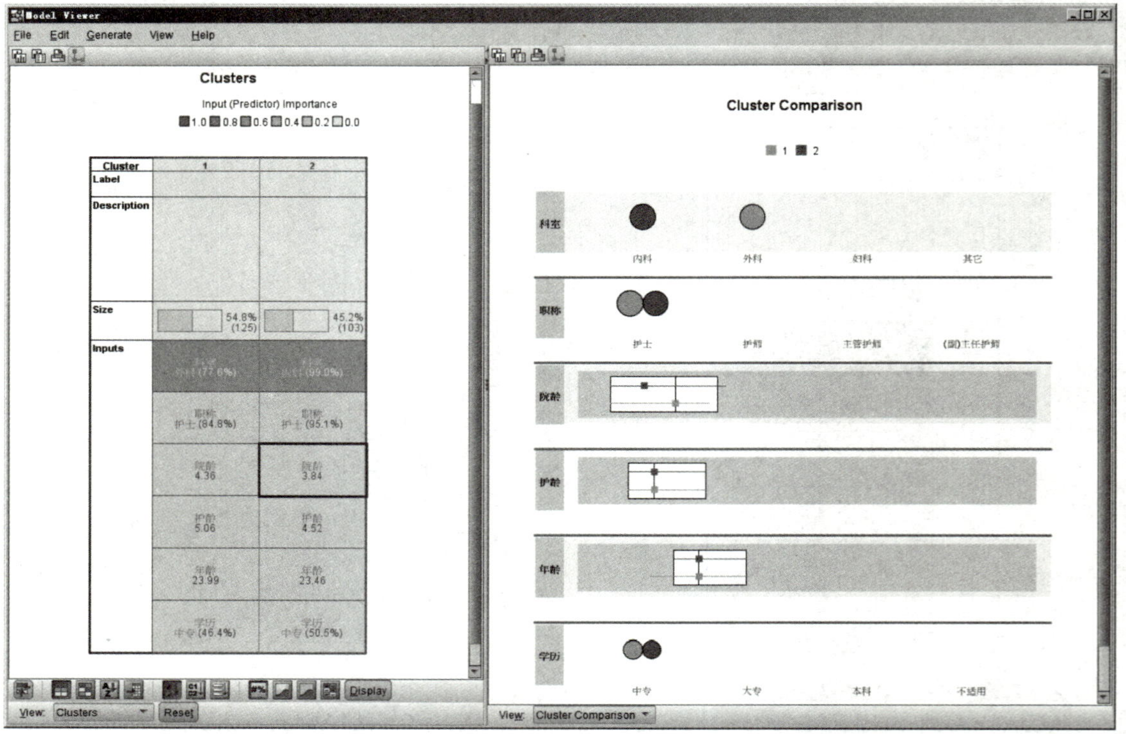

图 11-15 例 11-1 两类聚类结果比较

1 类中较第 2 类长；职称、护龄、年龄、学历等 4 个变量在两个类别中的区分度不大。

（10）图 11-11 左侧主视图，右下角点击 Display 键，弹出 Display（显示）对话框（图 11-16），可选择主视图 11-11 的显示内容。

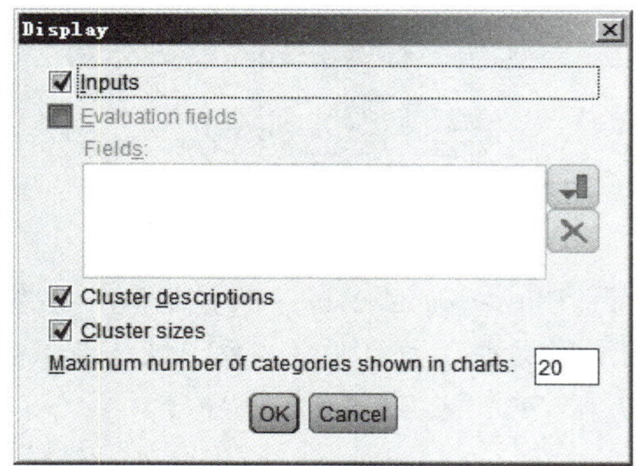

图 11-16　聚类显示选项

Inputs、Cluster descriptions 和 Cluster sizes 的选项见上述。

□ Evaluation fields：评估字段，选择要显示的评估字段（不用于创建聚类模型的字段，但被发送至模型浏览器以评估聚类）；默认不显示任何字段。

Maximum number of categories shown in charts：20：最大类别数，默认值为 20。

可通过点击在 Display 键左侧对应表格和图形按钮，展示变量不同排序和内容的聚类表格结果。

第二节　k 均值聚类

k 均值聚类（k-means cluster）又称快速聚类（quick cluster），是一种样品聚类方法，对大样本的样品聚类甚为有效。其方法是先将 *n* 个观察单位分为 k 类，并确定 k 个初始类中心，然后根据距类中心最小欧氏距离原则，采用迭代方法，对样品进行归类。

例 11-2　以例 11-1 为例进行样品聚类。

1. 操作过程　从菜单选择

Analyze

Classify

K-Means Cluster

弹出 K-Means Cluster Analysis（k 均值聚类分析）主对话框（图 11-17）。

◇ Variables：选入变量。本例为变量 "*age*" "*title*" "*educ*" "*year1*" "*year2*" 和 "*dept*"。

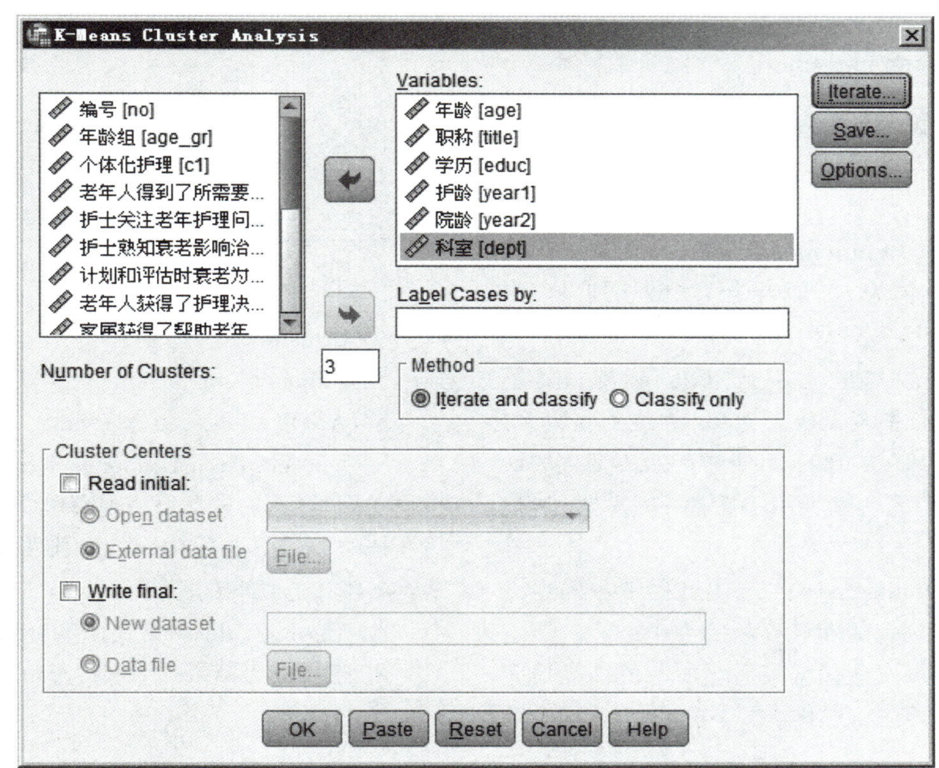

图 11-17　k 均值聚类分析主对话框

◇ Label Cases by：个案标记依据，设定对观察单位进行标记的变量。

◇ Number of Clusters：聚类数，输入分类数 k，k 必须是整数，不得小于 2，但不能大于观察单位的例数 n。系统默认值为 2，本例分类数设为 3。

◇ Method：聚类方法。

⊙ Iterate and classify：迭代和分类，在初始类中心的基础上，不断迭代更换类中心，把观察单位分配到与之最近的类别中去，为系统默认方法。

◎ Classify only：只使用初始类中心对观察单位进行分类，聚类过程中不更换类中心。

◇ Cluster Centers：选择聚类中心。

□ Read initial：File 键为使用指定数据文件中的观察值为初始类中心。

□ Write final：File 键为将聚类结果的各类中心数据存于指定文件。

★ Iterate：迭代。

击 Iterate 按钮，弹出 K-Means Cluster Analysis：Iterate（k 均值聚类分析迭代）对话框（图 11-18）。

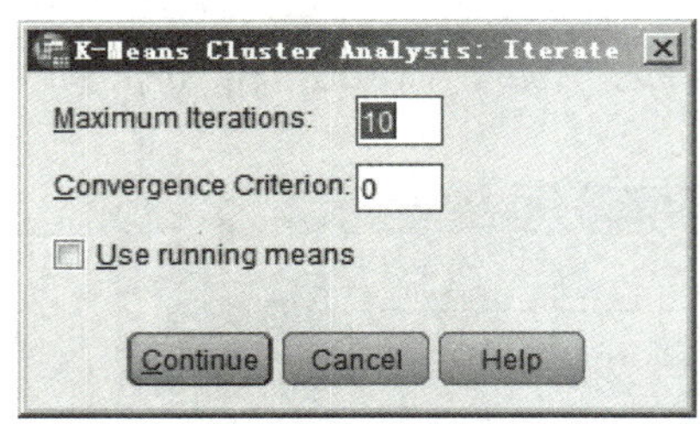

图 11-18 迭代对话框

Maximum Iterations：10：输入最大迭代次数。系统默认值为 10，即当迭代次数达到设定次数时，迭代停止。

Convergence Criterion：0：收敛标准。其值在 0 至 1 之间，系统默认值为 0。为达到收敛，可设略大于 0 的值，如 0.02，即类中心距离变化的最大值小于最小的初始类中心距离的 2% 时，迭代停止。

□ Use running means：迭代过程中每确定一个样品的分类后，随即计算新的类中心。若不选此项，则只在每次迭代结束后当所有的样品聚完类再计算新的类中心，开始下一次迭代，这样会节省运算时间。

★ Save（图 11-17）：存为新变量。

击 Save 按钮，弹出 K-Means Cluster：Save New Variable（k 均值聚类分析存为新变量）对话框（图 11-19）。

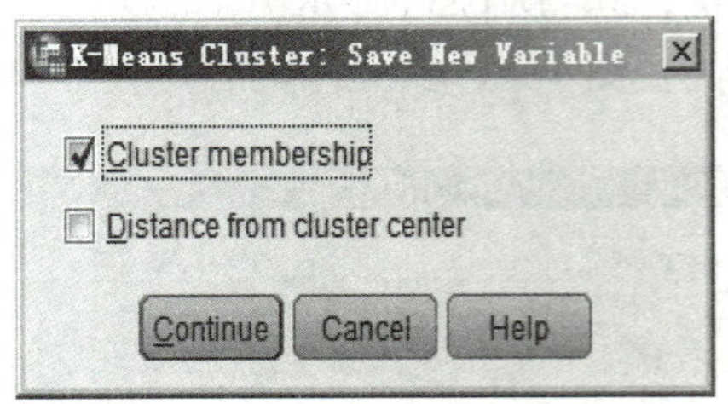

图 11-19 存为新变量对话框

☑ Cluster membership：聚类后每一观察单位的所属类别存为新变量。系统默认变量名为"QCL_n"，n 为产生新变量的顺序号。

□ Distance from cluster center：每一观察单位与最终类中心的距离存为新变量。

★ Options（图 11-17）：选项。

击 Options 按钮，弹出 K-Means Cluster Analysis：Options（选项）对话框（图 11-20）。

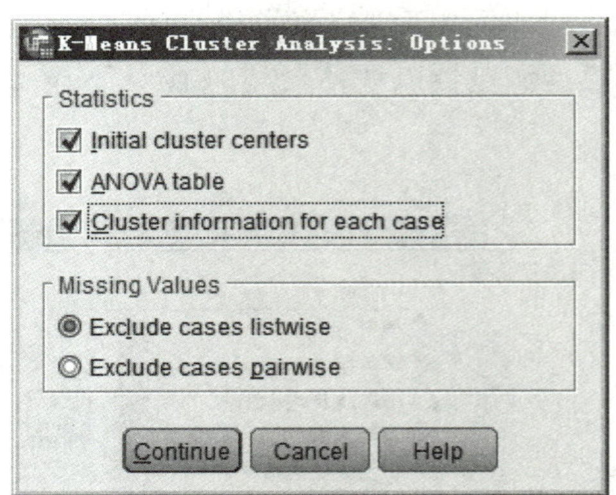

图 11-20 k 均值聚类分析选项对话框

◇ Statistics：统计量。

☑ Initial cluster centers：初始聚类中心。

☑ ANOVA table：方差分析表。

☑ Cluster information for each case：每个观察单位的聚类信息，包括每一观察单位（样品）聚类后所属类别及其与类中心的欧氏距离，同时计算最终各类中心之间的距离。

◇ Missing Values：缺失值的处理，见前述。

2. 主要输出结果 全部过程：

Analyze

Classify

K-Means Cluster

▸ Variable(s): *age* / *title* / *educ* / *year1* / *year2* / *dept*

Number of Clusters: 3

Method

⊙ Iterate and classify

Iterate

Maximum Iterations: 10

Save

☑ Cluster membership

Options

☑ Initial cluster centers

☑ ANOVA table

☑ Cluster information for each case

（1）初始类中心：见图 11–21，3 个初始类中心，每个类中心的 6 个变量值列为 1 列。

Initial Cluster Centers

	Cluster 1	2	3
年龄	50	18	37
职称	4	1	3
学历	3	4	4
护龄	32	1	19
院龄	23	1	7
科室	2	1	2

图 11–21 初始类中心

（2）迭代过程类中心的变化：见图 11–22，迭代 7 次后，各类中心没有任何变化，因此聚类过程结束。

Iteration History[a]

Iteration	Change in Cluster Centers 1	2	3
1	11.564	6.701	8.392
2	2.828	.090	2.051
3	.616	.068	.619
4	.000	.166	.725
5	.683	.160	.818
6	.000	.129	.451
7	.000	.000	.000

a. Convergence achieved due to no or small change in cluster centers. The maximum absolute coordinate change for any center is .000. The current iteration is 7. The minimum distance between initial centers is 24.413.

图 11–22 迭代过程类中心的变化

（3）样品分类结果：见图 11–23，给出 255 个观测所属类别和距离结果。

Cluster Membership

Case Number	Cluster	Distance
1	3	5.314
2	2	2.430
3	2	3.204
4	1	8.326
5	2	3.119
6	2	5.352
7	2	5.451
8	2	5.352
9	3	2.343
10	2	6.175

图 11–23 聚类关系

（4）最终类中心：见图 11–24，其数值为按最终分类每一类各变量的均数。

Final Cluster Centers

	Cluster 1	2	3
年龄	40	23	29
职称	3	1	2
学历	3	2	3
护龄	22	4	10
院龄	20	3	9
科室	2	2	2

图 11–24 最终类中心

（5）最终类中心之间的欧氏距离：见图 11–25，如第 1 和第 2 类类中心之间的欧氏距离为 30.457，其余类推。

Distances between Final Cluster Centers

Cluster	1	2	3
1		30.457	19.497
2	30.457		11.018
3	19.497	11.018	

图 11–25 最终类中心之间距离

（6）类间的方差分析：图 11–26 为每个变量按最终分类进行的方差分析结果，6 个变量中“*age*”“*year1*”和“*year1*”是连续型变量，适于方差分析；“*title*”，和“*educ*”属于等级分类变量，其方差分析结果有参考价值；“*dept*”是分类变量，做方差分析意义不大。类间方差分析对于选择聚类变量具有参考作用。

（7）每一类的样品数：见图 11–27，根据最终分类，第 1 类有 14 例，第 2 类有 190 例，第 3 类有 51 例，有效 255 例，缺失 0 例。

ANOVA

	Cluster Mean Square	Cluster df	Error Mean Square	Error df	F	Sig.
年龄	2627.738	2	5.788	252	454.018	.000
职称	39.801	2	.149	252	266.273	.000
学历	12.027	2	1.951	252	6.164	.002
护龄	2708.299	2	4.904	252	552.252	.000
院龄	2289.127	2	5.078	252	450.808	.000
科室	.097	2	.853	252	.114	.893

The F tests should be used only for descriptive purposes because the clusters have been chosen to maximize the differences among cases in different clusters. The observed significance levels are not corrected for this and thus cannot be interpreted as tests of the hypothesis that the cluster means are equal.

图 11-26　最终类中心的方差分析

Number of Cases in each Cluster

Cluster	1	14.000
	2	190.000
	3	51.000
Valid		255.000
Missing		.000

图 11-27　最终分类各类的例数

第三节　系统聚类

系统聚类法（hierarchical cluster）包括样品聚类和变量聚类，是先将 n 个变量或样品看成 n 类，然后将性质最接近（或相似程度最大）的 2 类合并为 1 个新类，聚为 n-1 类。再从中找到最接近的 2 类加以合并，聚为 n-2 类，如此类推，最后所有的变量或样品全聚在一类之中。SPSS 可输出垂直冰柱图，水平冰柱图或树状结构图等，用以表示分类结果。

例 11-3　以例 10-4 为例（数据文件 "regression.sav"），对 11 项血常规和血生化指标进行聚类分析。

1. **操作过程**　从菜单选择

Analyze

　　Classify

　　　　Hierarchical Cluster

弹出 Hierarchical Cluster Analysis（系统聚类分析）主对话框（图 11-28）。

◇ Variable（s）：选入变量。本例选入 11 个变量，分别为 *rbc*、*hb*、*wbc*、*plt*、*tbil*、*dbil*、*alt*、*ast*、*alp*、*bun*，以及 *cr*。

◇ Label Cases by：标注个案，设定对观察单位进行标记的变量，只能选入 1 个变量。本例未选。

◇ Cluster：分群，聚类类型。

◎ Cases：样品聚类。系统默认。

⊙ Variables：变量聚类。本例选此项。

◇ Display（输出）：输出选项。

☑ Statistics：统计量。　☑ Plots：聚类图。

★ Statistics：统计量。

击 Statistics 按钮，弹出 Hierarchical Cluster Analysis：Statistics（统计量）对话框（图 11-29）。

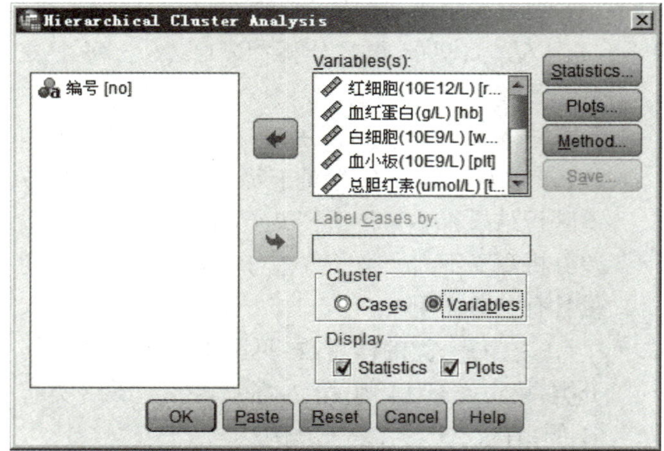

图 11-28　系统聚类分析主对话框

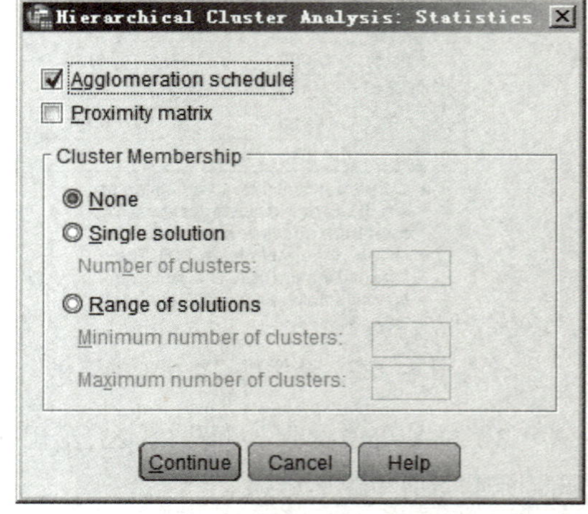

图 11-29　系统聚类分析统计量对话框

☑ Agglomeration schedule：凝聚过程（合并进程）表，显示聚类过程每一步合并的观察单位或类和它们之间的距离或相似性。

□ Proximity matrix：观察单位或变量间的距离或相似性矩阵。

◇ Cluster Membership：聚类成员，观察单位或变量的归类。

⊙ None：不显示观察单位或变量的归类。系统默认。

◎ Single solution：单一方案，显示按一定类数聚类的观察单位或变量的归类。例如，若框内填"4"，则会显示按4类聚类后每一观察单位或变量的归类。

◎ Range of solutions：方案范围，显示按某一区间类数聚类的观察单位或变量的归类，需定义最小和最大类数。

★ Plots（图 11-28）：聚类图。

击 Plots 按钮，弹出 Hierarchical Cluster Analysis：Plots（聚类图）对话框（图 11-30）。

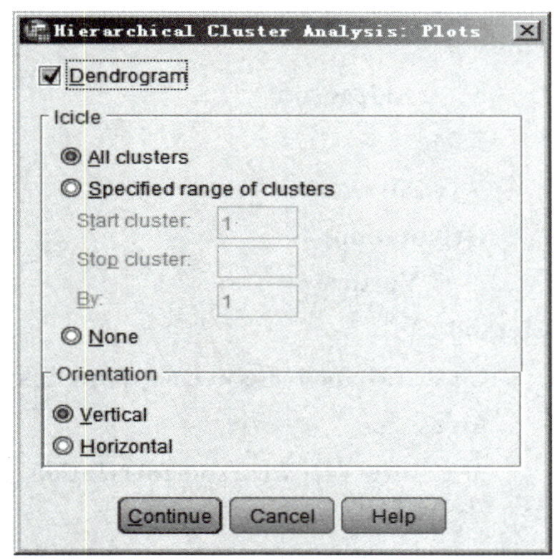

图 11-30　系统聚类分析聚类图对话框

☑ Dendrogram：树状图，显示每步合并的聚类与系数的值。

◇ Icicle：冰柱图。

⊙ All clusters：显示所有聚类过程的冰柱图。系统默认。

◎ Specified range of clusters：显示一定范围聚类过程的冰柱图，选此项后激活下面3个小框，若分别填入1、5、2，即

Start cluster [1] Stop cluster [5] By [2]：表示从第1类开始，到第5类结束，每2类报告结果，即显示聚为1类、3类和5类的冰柱图。

◎ None：不显示冰柱图。

◇ Orientation：冰柱图的方位。

⊙ Vertical：垂直冰柱图。系统默认。

◎ Horizontal：水平冰柱图。

★ Method（图 11-28）：方法。

击 Method 按钮，弹出 Hierarchical Cluster Analysis：Method（方法）对话框（图 11-31）。

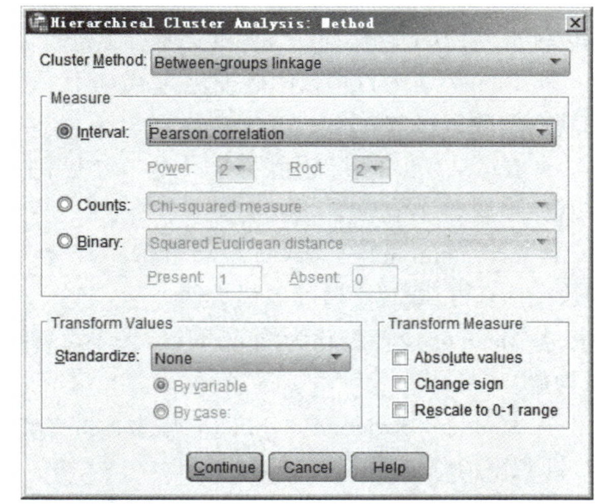

图 11-31　系统聚类分析方法对话框

◇ Cluster Method：聚类方法。

- Between-groups linkage：组间距离法。
- Within-groups linkage：组内距离法。
- Nearest neighbor：最近邻法。
- Furthest neighbor：最远邻法。
- Centroid clustering：重心聚类法。
- Median clustering：中位数聚类法。
- Ward's method：Ward 最小方差法。

◇ Measure：距离测度方法。

⊙ Interval（区间）：连续型变量（定量变量）。

- Euclidean distance：欧氏距离。
- Squared Euclidean distance：欧氏距离平方。
- Cosine：两个向量的余弦角度。
- Pearson correlation：Pearson 线性相关。
- Chebychev：切比雪夫距离。
- Block：绝对值距离。
- Minkovski：明可夫斯基距离。
- Customized：自定义距离。选此项后，下面的 Power 框和 Root 框被激活，在 Power 框内自定

幂次，在 Root 框自定开方次数。

◎ Counts（计数）：离散型变量（计数变量）

● Chi-square measure：χ^2 测度。

● Phi-square measure：Φ^2 测度。

◎ Binary（二分类）：二值变量。提供了欧氏距离和欧氏距离平方等近 30 种测度方法。

◇ Transform Values（转换值）：数据的标准化转换。

● None：不做转换。

● Z scores：标准化分值，即观察值与均数之差除以标准差，以下转化均在该标准化基础上进行。

● Range −1 to 1：将数值标准化为 −1~1 区间，即观察值除以极差。

● Range 0 to 1：将数值标准化为 0~1 区间，即观察值减最小值后除以极差。

● Maximum magnitude of 1：将数值标准化为最大值等于 1，即观察值除以最大值。

● Mean of 1：标准化为均数单位，即观察值除以均数。

● Standard deviation of 1：标准化为标准差单位，即观察值除以标准差。

◇ Transform Measures（转换度量）：测度转换方法。在计算出距离后，可选择下述方法对所算出的距离进行转换。

□ Absolute values：取绝对值。当数值表示相关方向，且只关心数值大小时，可选此法。

□ Change sign：更改符号。

□ Rescale to 0–1 range：将数值转化为 0~1 区间。

★ Save（图 11-28）：存为新变量。

当选择样品聚类时（⊙ Cases），Save 按钮被激活。击 Save 按钮，弹出 Hierarchical Cluster Analysis：Save（系统聚类存为新变量）对话框（图 11-32）。

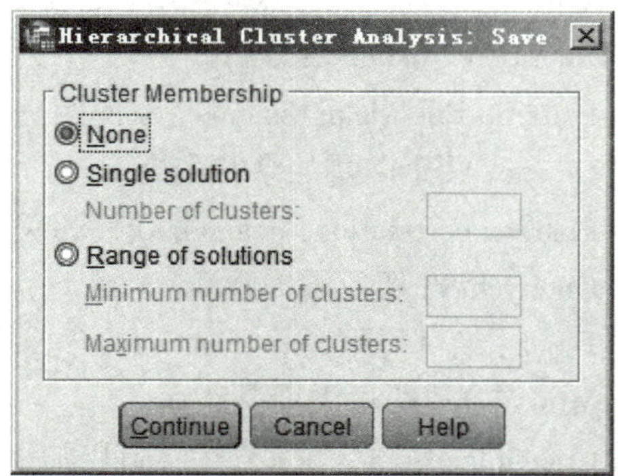

图 11-32　系统聚类分析存为新变量对话框

◇ Cluster Membership：聚类后各观察单位所属类别。

⊙ None：不输出。系统默认。

◎ Single solution：显示某一种分类方案。

◎ Range of solutions：多种分类方案显示，需定义最小和最大分类数。

2. 主要输出结果

（1）全部过程：

Analyze

Classify

Hierarchical Cluster

▸ **Variable（s）：*rbc / hb / wbc / plt / tbil / dbil / alt / ast / alp / bun / cr***

Cluster

⊙ **Variables**

Display

☑ **Statistics**

☑ **Plots**

Statistics

☑ **Agglomeration schedule**

Plots

☑ **Dendrogram**

Icicle

⊙ **All clusters**

Orientation

⊙ **Vertical**

Method

Cluster Method：Between-groups linkage

Measure：

⊙ **Interval：Pearson correlation**

（2）主要结果

1）聚类步骤：见图 11-33。

解释如下：

● Cluster Combined：类合并步骤，11 个变量（*rbc*，*hb*，*wbc*，*plt*，*tbil*，*dbil*，*alt*，*ast*，*alp*，*bun*，*cr*）分别用数字 1~11 顺序表示。步骤数为变量或观察单位数减 1，本例为 10。前 5 步的聚类过程如下，后面步骤类推。

第 1 步：第 7 与第 8 个变量合并（*alt* 和 *ast* 合并）。

第 2 步：第 1、2 个变量合并（*rbc* 和 *hb* 合并）。

Average Linkage (Between Groups)

Agglomeration Schedule

Stage	Cluster Combined		Coefficients	Stage Cluster First Appears		Next Stage
	Cluster 1	Cluster 2		Cluster 1	Cluster 2	
1	7	8	.949	0	0	5
2	1	2	.812	0	0	6
3	5	6	.710	0	0	6
4	3	4	.554	0	0	9
5	7	10	.442	1	0	7
6	1	5	.174	2	3	8
7	7	11	.164	5	0	8
8	1	7	.048	6	7	10
9	3	9	-.023	4	0	10
10	1	3	-.076	8	9	0

图 11-33　系统聚类分析的聚类步骤

第 3 步：第 5、6 个变量合并（*tbil* 和 *dbil* 合并）。

第 4 步：第 3、4 个变量合并（*wbc* 和 *plt* 合并）。

第 5 步：第 7、8 个变量与第 10 个变量合并（*alt*、*ast* 和 *bun* 合并）。

2）垂直冰柱图：见图 11-34。

下面列举分为 5 类的解释，其余类推。

- 聚为 1 类：（*rbc*，*hb*，*wbc*，*plt*，*tbil*，*dbil*，*alt*，*ast*，*alp*，*bun*，*cr*）。
- 聚为 2 类：（*alp*，*plt*，*wbc*）（*rbc*，*hb*，*tbil*，*dbil*，*alt*，*ast*，*bun*，*cr*）。
- 聚为 3 类：（*alp*）（*plt*，*wbc*）（*rbc*，*hb*，*tbil*，*dbil*，*alt*，*ast*，*bun*，*cr*）。
- 聚为 4 类：（*alp*）（*plt*，*wbc*）（*cr*，*bun*，*alt*，*ast*）（*tbil*，*dbil*，*hb*，*rbc*）。
- 聚为 5 类：（*alp*）（*plt*，*wbc*）（*cr*）（*bun*，*alt*，*ast*）（*tbil*，*dbil*，*hb*，*rbc*）。

3）树状图（dendrogram）：见图 11-35。

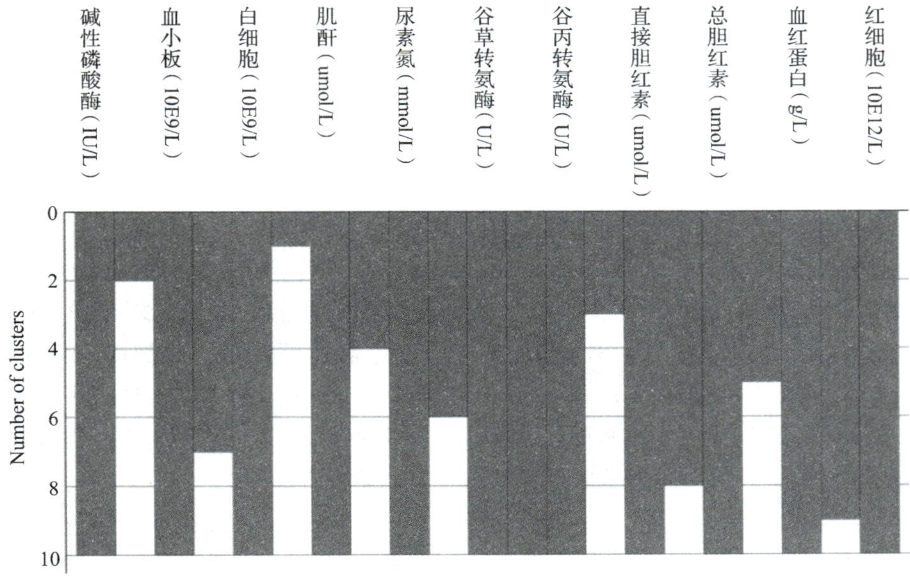

图 11-34　系统聚类分析的冰柱聚类图

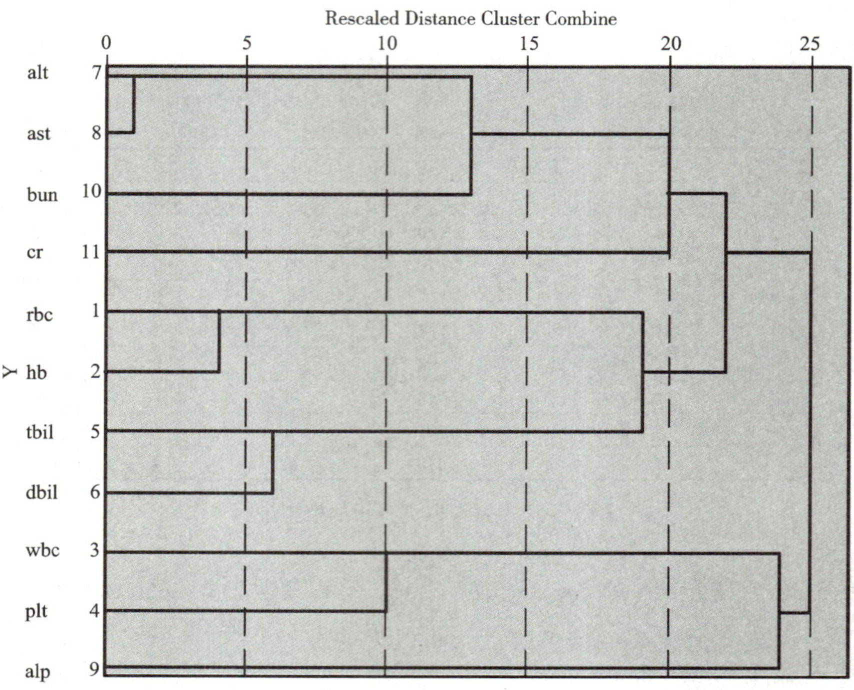

图 11-35　系统聚类分析的树状聚类图

第四节　判别分析

在医学科学研究中，经常遇到对研究对象所属类别进行判定的问题。例如，根据就诊者的各项症状、体征及化验指标，判别其是否患有某种疾病或某种疾病的一种类型等。判别分析（discriminant analysis）是解决这一问题的统计方法。

判别分析是根据一批已知所属分类的样品来建立一个判别函数组，使得该函数组在判别样品所属类别时，对样品的错判率达到最小。以后用该判别函数组判断未知分类的新样品。SPSS 软件提供的判别分析模块适用于判别指标为定量资料的两类或多类判别分析，要求判别指标服从多元正态分布，且各类的方差 - 协方差阵相同。

例 11-4　为研究某些心电图指标对区分健康人、主动脉硬化症患者和冠心病患者 3 类人群的作用，采得 23 名诊断明确的研究对象的心电图资料，见数据文件 “discriminant.sav”，试做判别分析。

1. 操作过程

（1）数据格式：见数据文件 “discriminant.sav”，23 行 6 列，即 23 个观察单位，6 个变量。在 6 个变量中，5 个指示变量，分别为 “*x1*” “*x2*” “*x3*” “*x4*” 和 “*x5*”；1 个分类变量 “*category*”，用以说明已知样品的分类，赋值为：1= “健康人”，2= “主动脉硬化”，3= “冠心病”。

（2）过程：从菜单选择

Analyze

Classify

Discriminant

弹出 Discriminant Analysis（判别分析）主对话框（图 11-36）。

◇ Grouping Variable：分组变量。选入 1 个分类变量。本例选变量 “*category*”，之后，Define Range 按钮被激活。击该按钮，弹出 Range（定义变量范围）对话框，分别输入分类变量的最小值（Minimum）和最大值（Maximum），必须为整数。本例变量 “*category*” 的最小和最大值分别为 “1” 和 “3”（图 11-37）。

◇ Independents：选入自变量（或称指示变量）。本例选入变量 “*x1*” “*x2*” “*x3*” “*x4*” 和 “*x5*”。

⊙ Enter independents together：一起输入自变量。所有自变量同时进入判别方程。系统默认。

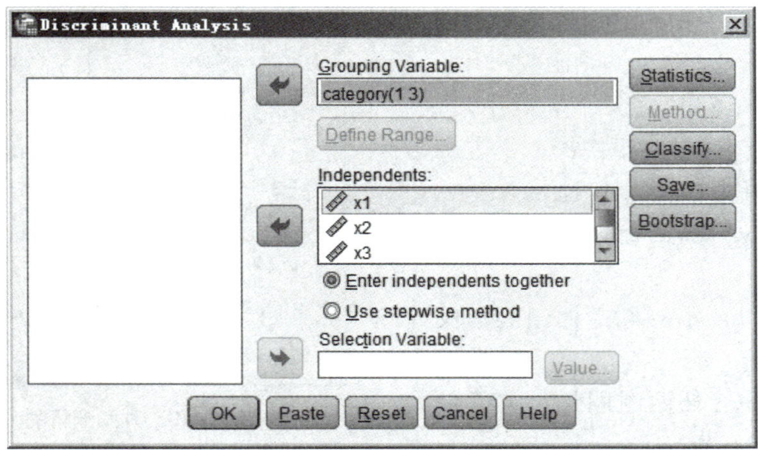

图 11-36　判别分析主对话框

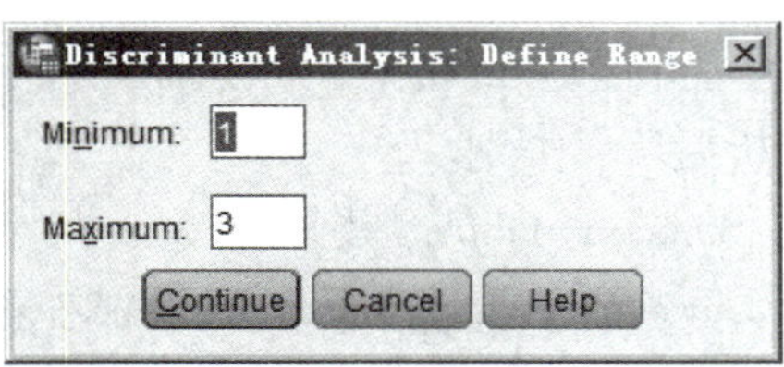

图 11-37　判别分析定义范围对话框

◎ Use stepwise method：使用步进式方法。逐步判别法。按自变量贡献大小，逐个引入和剔除变量，直到没有新的有显著作用的自变量可以引入，也没有无显著作用的自变量可以从方程内剔除为止。选此项后，激活 Method（方法）按钮。

◇ Selection Variable：挑选观察单位。框内选入变量后（不能选入分类变量和自变量中已选入的变量）Value 按钮被激活，填入数值。只有符合该数值的观察单位才参与判别分析。若不选此项，则所有观察单位都参与判别分析。

★ Statistics：统计量。

击 Statistics 按钮，弹出 Discriminant Analysis：Statistics（统计量）对话框（图 11-38）。

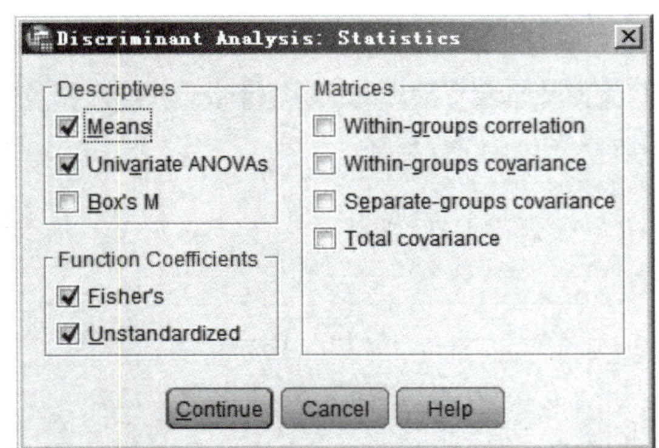

图 11-38　判别分析统计量对话框

◇ Descriptives：描述性统计量。

☑ Means：均数估计。

☑ Univariate ANOVAs：单变量方差分析。

□ Box's M：组间协方差齐性检验。

◇ Matrices：矩阵。

□ Within-groups correlation：合并组内相关阵。

□ Within-groups covariance：合并组内协方差阵。

□ Separate-groups covariance：各组协方差阵。

□ Total covariance：总协方差阵。

◇ Function Coefficients：函数系数。

☑ Fisher's：Fisher 函数系数。

☑ Unstandardized：非标准化典则判别函数系数。

★ Method（图 11-36）：逐步判别分析方法。当前面操作选择 ⊙ Use stepwise method 后，激活 Method 按钮。

击 Method 按钮，弹出 Discriminant Analysis：Stepwise Method（逐步判别方法）对话框（图 11-39）。

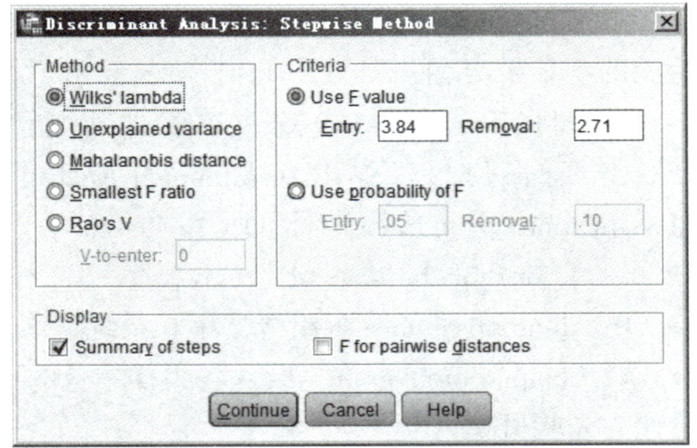

图 11-39　逐步判别分析方法对话框

◇ Method：逐步判别分析方法，可选用以下方法确定各判别指标是否进入判别函数。

⊙ Wilks' lambda：Wilks λ统计量最小化法。系统默认。Wilks λ统计量为组内离差平方和与总离差平方和的比值。

◎ Unexplained variance：组间不可解释方差和最小化法。

◎ Mahalanobis distance：邻近两组间马氏距离最大化法。

◎ Smallest F ratio：任两组间最小 *F* 值最大化法。

◎ Rao's V：Rao *V* 统计量最大化法。

V-to-enter：[0]：*V* 值的最小增量值。系统默认为 0。

◇ Criteria：剔选标准。

⊙ Use F value：以 *F* 值为剔选变量准则。

Entry：[3.84]：选入变量的 *F* 界值，系统默认 3.84，即对回归方程检验时，若 $F \geq 3.84$，则该变量被选入方程。

Removal：[2.71]：剔除变量的 *F* 界值，系统默认 2.71，即对回归方程检验时，若 $F \leq 2.71$，则该变量被剔除出方程。

◎ Use probability of F：以 *F* 值所对应的 *P* 值为剔选变量准则。系统默认方式。

● Entry [.05]：选入变量的显著性水准。系统默认 0.05，即对回归方程检验时，若 $P \leq 0.05$，则该变量被选入方程。

● Removal [.10]：剔除变量的显著性水准。系统默认 0.10，即对回归方程检验时，若 $P \geq 0.10$，则该变量被剔除出方程。

◇ Display：输出。

☑ Summary of steps：输出每一步的统计量。

☐ F for pairwise distances：输出两组间判别检验的 *F* 值及 *P* 值。

★ Classify（图 11-36）：分类参数。

击 Classify 按钮，弹出 Discriminant Analysis：Classification（分类参数）对话框（图 11-40）。

◇ Prior Probabilities：设定先验概率。

⊙ All groups equal：各组等概率。系统默认。

◎ Compute from group sizes：各组样本量的百分比为先验概率。

◇ Display：输出。

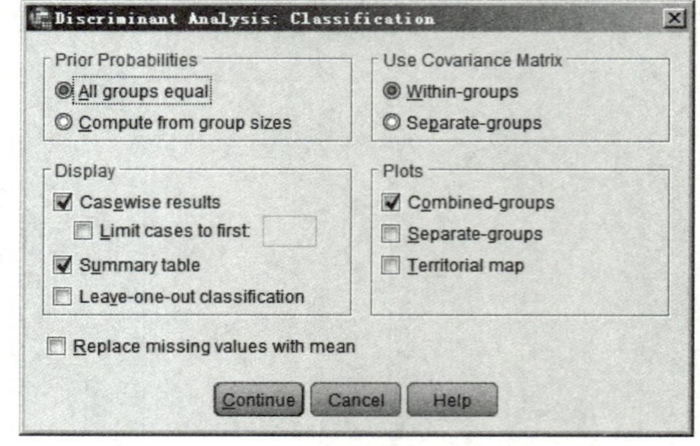

图 11-40 判别分析的分类参数对话框

☑ Casewise results：每个观察单位判别分析后所属类别。

☐ Limit cases to first：[ ]：前若干观察单位判别分析后所属类别。

☑ Summary table：判别符合率表。

☐ Leave-one-out classification：以剔除某观察单位所建立的判别函数判别该观察单位所属类别。

◇ Use Covariance Matrix：使用协方差阵。

⊙ Within-groups：组内协方差阵。系统默认。

◎ Separate-groups：各组协方差阵。

◇ Plots：判别图。

☑ Combined-groups：各类共同输出在一散点图中。

☐ Separate-groups：每类单独输出一散点图。

☐ Territorial map：分类区域图。

☐ Replace missing values with mean：用均数替代缺失值。

★ Save（图 11-36）：存为新变量。

击 Save 按钮，弹出 Discriminant Analysis：Save（存为新变量）对话框（图 11-41）。

☑ Predicted group membership：预测观察单位所属类别。

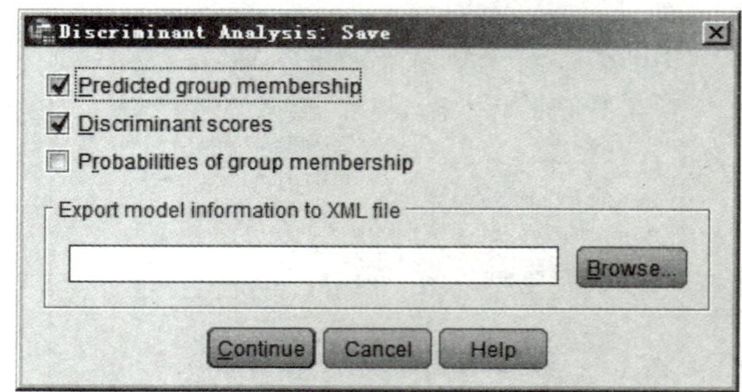

图 11-41 判别分析存为新变量对话框

☑ Discriminant scores：判别分，由非标化的典则判别函数计算。

☐ Probabilities of group membership：观察单位属于某一类的概率。

◇ Export model information to XML file：将模型信息存为 XML 文件。

2. 主要输出结果　过程如下：

Analyze

Classify

Discriminant

▸ **Grouping Variable**：*category*（**1，3**）

▸ **Independents**：*x1/x2/x3/x4/x5*

⊙ **Enter independents together**

Statistics

Descriptive

☑ **Means**

☑ **Univariate ANOVAs**

Function Coefficients

☑ **Fisher's**

☑ **Unstandardized**

Classify

Prior Probabilities

⊙ **All groups equal**

Display

☑ **Casewise results**

☑ **Summary table**

Use Covariance Matrix

⊙ **Within-groups**

Plots

☑ **Combined-groups**

Save

☑ **Predicted group membership**

☑ **Discriminant scores**

（1）产生新变量：在数据文件右端增加了 3 个新变量，分别代表判别分类（*Dis_1*）、判别分 *D1*（*Dis1_1*）和判别分 *D2*（*Dis2_1*）。

（2）分析个案处理概况（Analysis Case Processing Summary），见图 11-42。包括有效观测（Valid）、被排除观测（Excluded）和所有观测（Total）的个数与比例。

（3）分组统计量（Group Statistics）：3 种分类条件下各变量均数、标准差和有效样本数，见图 11-43。

Analysis Case Processing Summary

Unweighted Cases		N	Percent
Valid		23	100.0
Excluded	Missing or out-of-range group codes	0	.0
	At least one missing discriminating variable	0	.0
	Both missing or out-of-range group codes and at least one missing discriminating variable	0	.0
	Total	0	.0
Total		23	100.0

图 11-42　例 11-4 数据概况

Group Statistics

原分类		Mean	Std. Deviation	Valid N (listwise) Unweighted	Weighted
健康人	x1	7.4373	2.33287	11	11.000
	x2	238.5555	45.03975	11	11.000
	x3	13.8918	2.88074	11	11.000
	x4	5.5236	.44747	11	11.000
	x5	7.6736	1.80803	11	11.000
主动脉硬化	x1	6.8886	2.14427	7	7.000
	x2	342.8471	77.58641	7	7.000
	x3	14.9971	3.79894	7	7.000
	x4	5.2586	.42188	7	7.000
	x5	9.2471	1.42264	7	7.000
冠心病	x1	5.2540	1.82185	5	5.000
	x2	310.2360	68.15144	5	5.000
	x3	18.1760	3.39008	5	5.000
	x4	4.8880	.43814	5	5.000
	x5	10.4920	2.47790	5	5.000
Total	x1	6.7957	2.25388	23	23.000
	x2	285.8791	75.46847	23	23.000
	x3	15.1596	3.56056	23	23.000
	x4	5.3048	.48843	23	23.000
	x5	8.7652	2.12169	23	23.000

图 11-43　原分类的基本统计量

（4）各组变量均数相等检验（Tests of Equality of Group Means）：见图 11-44。λ 统计量在 0~1 之间，它越接近 0，组间差异越显著；越接近 1，组间差异越不显著。3 类人群间，变量 *x2*、*x4*、*x5* 有显著差异。

Tests of Equality of Group Means

	Wilks' Lambda	F	df1	df2	Sig.
x1	.853	1.729	2	20	.203
x2	.598	6.711	2	20	.006
x3	.773	2.939	2	20	.076
x4	.731	3.675	2	20	.044
x5	.701	4.272	2	20	.029

图 11-44　组间均数相等检验

（5）特征值（Eigenvalues）：见图 11-45。3 分类中，共产生 2 个判别函数（Function），每个函数对应特征值（Eigenvalue）反映判别函数的判别能力，数值越大代表函数判别能力越强。根据特征值计算方差占比（% of Variance）、累计方差占比（Cumulative %）和展示典型相关系数（Canonical Correlation）。

Eigenvalues

Function	Eigenvalue	% of Variance	Cumulative %	Canonical Correlation
1	1.377[a]	73.8	73.8	.761
2	.489[a]	26.2	100.0	.573

a. First 2 canonical discriminant functions were used in the analysis.

图 11-45 典型判别函数特征值

（6）威尔克 λ（Wilks' Lambda）：针对 2 个判别函数，威尔克 λ 统计量表示判别函数的显著程度，给出在总变异中判别函数不能解释的比例。威尔克 λ 值越小，表示判别函数判别能力越高。图 11-45 中典型相关系数分别为 0.761 和 0.573，相应威尔克 λ 值表示为 $(1-0.761^2)\times(1-0.573^2)=0.283$ 和 $(1-0.573^2)=0.672$。给出每个判别函数卡方统计量（Chi-square），自由度（df）和 *P* 值（Sig.），由威尔克 λ 值和 *P* 值看出第 2 个判别函数判别能力较弱。见图 11-46。

Wilks' Lambda

Test of Function(s)	Wilks' Lambda	Chi-square	df	Sig.
1 through 2	.283	22.751	10	.012
2	.672	7.164	4	.127

图 11-46 典型判别函数威尔克 λ

（7）标准典型判别函数系数（Standardized Canonical Discriminant Function Coefficients）：见图 11-47。

Standardized Canonical Discriminant Function Coefficients

	Function 1	Function 2
x1	.638	-.243
x2	-1.556	-.990
x3	-.174	.453
x4	1.074	-.083
x5	1.458	.909

图 11-47 标准化典则判别函数系数

- 标准化典则判别函数如下：

$D1=0.638\,x1-1.556\,x2-0.174\,x3+1.074\,x4+1.458\,x5$

$D2=-0.243\,x1-0.990\,x2+0.453\,x3-0.083\,x4+0.909\,x5$

（8）典型判别函数系数（Canonical Discriminant Function Coefficients）：见图 11-48。

Canonical Discriminant Function Coefficients

	Function 1	Function 2
x1	.292	-.111
x2	-.025	-.016
x3	-.053	.138
x4	2.452	-.188
x5	.783	.488
(Constant)	-13.788	.010

Unstandardized coefficients

图 11-48 非标准化典则判别函数系数

- 未标准化典则判别函数如下：

$D1=-13.788+0.292\,x1-0.025\,x2-0.053\,x3+2.452\,x4+0.783\,x5$

$D2=0.010-0.111\,x1-0.016\,x2+0.138\,x3-0.188\,x4+0.488\,x5$

根据上面函数计算出判别分 *D1* 和 *D2*，在数据文件的后面形成新变量（选项 Discriminant Scores 的结果），系统自动命名变量名为“*Dis1_1*”和“*Dis2_1*”，结合判别分可以制定出判别标准，即

$D1\geq 0$：判为第 1 类；

$D1<0$ 且 $D2<0$：判为第 2 类；

$D1<0$ 且 $D2\geq 0$：判为第 3 类。

从后述的判别分类图可更容易地理解典则判别函数的应用。

（9）结构矩阵（Structure Matrix）：各自变量与判别函数之间的相关性。* 表示每个自变量与所有判别函数中相关系数绝对值最大的一个。*x2* 和 *x5* 与第 1 个判别函数相关性更强，*x3*、*x4* 和 *x1* 与第 2 个判别函数相关性更强。见图 11-49。

Structure Matrix

	Function 1	Function 2
x2	-.688*	-.198
x5	-.494*	.433
x3	-.311	.573*
x4	.413	-.520*
x1	.237	-.442*

Pooled within-groups correlations between discriminating variables and standardized canonical discriminant functions
Variables ordered by absolute size of correlation within function.

*. Largest absolute correlation between each variable and any discriminant function

图 11-49 结构矩阵

（10）每组函数质心（Functions at Group Centroids）：未标准化典型判别函数得分在不同组的均数。见图 11–50。

Functions at Group Centroids

原分类	Function 1	2
健康人	1.139	-.055
主动脉硬化	-1.148	-.710
冠心病	-.900	1.115

Unstandardized canonical discriminant functions evaluated at group means

图 11–50　不同组函数质心

（11）分类处理概况（Classification Processing Summary）：见图 11–51。包括处理观测（Valid）、被排除观测（Excluded）和输出观测（Used in Output）个数。

Classification Processing Summary

Processed		23
Excluded	Missing or out-of-range group codes	0
	At least one missing discriminating variable	0
Used in Output		23

图 11–51　分类过程概况

（12）各组先验概率（Prior Probabilities for Groups）：见图 11–52。本例以等先验概率计算，若以每组样本量百分比为先验概率，需修改图 11–40 中 Prior Probabilities 为⊙ Compute from group sizes。同时给出分析所用未加权和加权样本量。

Prior Probabilities for Groups

原分类	Prior	Cases Used in Analysis: Unweighted	Weighted
健康人	.333	11	11.000
主动脉硬化	.333	7	7.000
冠心病	.333	5	5.000
Total	1.000	23	23.000

图 11–52　各组先验概率

（13）分类函数系数（Classification Function Coefficients）：图 11–53 是 Fisher 判别函数（Fisher's linear discriminant functions）系数。Fisher 判别函数如下：

Classification Function Coefficients

	原分类: 健康人	主动脉硬化	冠心病
x1	7.455	6.859	6.729
x2	-.479	-.411	-.447
x3	.266	.297	.536
x4	101.358	95.875	96.139
x5	29.598	27.488	28.573
(Constant)	-366.979	-335.715	-339.229

Fisher's linear discriminant functions

图 11–53　分类函数系数

原分类（1）$=-366.979+7.455\ x-0.479\ x^2+0.266\ x^3+101.358\ x^4+29.598\ x^5$

原分类（2）$=-335.715+6.859\ x-0.411\ x^2+0.297\ x^3+95.875\ x^4+27.488\ x^5$

原分类（3）$=-339.229+6.729\ x-0.447\ x^2+0.536\ x^3+96.139\ x^4+28.573\ x^5$

（14）个案分析统计（Casewise Statistics）：见图 11–54。显示每个观测实际类（Actual Group）、预测类（Predicted Group）、后验概率（Posterior Probability）和判别得分（Discriminant Scores）等信息。P（D>d | G=g）表示给定预测类时，判别得分概率。P（G=g | D=d）表示给定判别得分时，属于某个类的概率，即一个观测属于某个类的概率。图中分别给出最有可能类（Highest Group）和第二有可能类的类（Second Highest Group）的预测类别，后验概率和马氏距离（mahalanobis distance）。马氏距离表示每个观测与类均数的差异程度，随着马氏距离上升，一个观测属于该类的可能性下降。例如第一个观测到第 1 类中心马氏距离为 0.936，到第 2 类中心马氏距离为 8.241，距离上升，属于第 1 类后验概率为 0.967，属于第 2 类后验概率下降到 0.025。

（15）判别分类图：见图 11–55，基于典则判别函数的判别结果。

- 根据前述典则判别准则，若以 0 为原点，可将 *D* 值划分为 4 个象限，落在Ⅰ、Ⅳ象限者被判为第 1 类（健康人），落在Ⅱ象限者被判为第 3 类（冠心病），落在Ⅲ象限者被判为第 2 类（主动脉硬化）。
- "■（Group Centroid）"表示各类中心所在位置。
- 结合图 11–55 中判别得分（Discriminant Scores）和预测类（Predicted Group），错判 2 例的编号分别是 17 和 23。

Casewise Statistics

	Case Number	Actual Group	Highest Group: Predicted Group	Highest Group: P(D>d | G=g) p	Highest Group: P(D>d | G=g) df	Highest Group: P(G=g | D=d)	Highest Group: Squared Mahalanobis Distance to Centroid	Second Highest Group: Group	Second Highest Group: P(G=g | D=d)	Second Highest Group: Squared Mahalanobis Distance to Centroid	Discriminant Scores: Function 1	Discriminant Scores: Function 2
Original	1	1	1	.626	2	.967	.936	2	.025	8.241	1.721	-.828
	2	1	1	.337	2	.991	2.174	2	.007	12.120	2.327	-.928
	3	1	1	.513	2	.950	1.334	2	.043	7.532	1.565	-1.128
	4	1	1	.955	2	.934	.091	2	.037	6.555	1.371	-.249
	5	1	1	.641	2	.770	.890	3	.196	3.628	.990	.877
	6	1	1	.958	2	.871	.086	3	.083	4.786	1.104	.236
	7	1	1	.421	2	.706	1.732	3	.270	3.653	1.006	1.254
	8	1	1	.791	2	.858	.468	3	.112	4.531	1.173	.629
	9	1	1	.596	2	.477	1.036	3	.312	1.887	.169	.252
	10	1	1	.722	2	.586	.653	2	.212	2.688	.333	-.006
	11	1	1	.754	2	.787	.564	2	.165	3.692	.774	-.711
	12	2	2	.671	2	.558	.797	1	.272	2.232	-.269	-.554
	13	2	2	.993	2	.788	.014	3	.170	3.087	-1.216	-.613
	14	2	2	.456	2	.860	1.572	3	.137	5.246	-2.398	-.618
	15	2	2	.043	2	.996	6.279	3	.002	18.679	-2.017	-3.060
	16	2	2	.716	2	.541	.668	3	.248	2.227	-.438	-.304
	17	2	3**	.835	2	.714	.360	1	.162	3.328	-.302	1.064
	18	2	2	.956	2	.865	.091	3	.109	4.239	-1.393	-.884
	19	3	3	.437	2	.507	1.654	2	.484	1.747	-1.935	.352
	20	3	3	.183	2	.982	3.393	1	.012	12.288	-.677	2.943
	21	3	3	.869	2	.799	.281	2	.183	3.234	-1.427	1.066
	22	3	3	.316	2	.774	2.307	2	.223	4.795	-2.418	1.073
	23	3	1**	.702	2	.978	.709	3	.015	9.120	1.958	.140

**. Misclassified case

图 11-54　个案分析统计

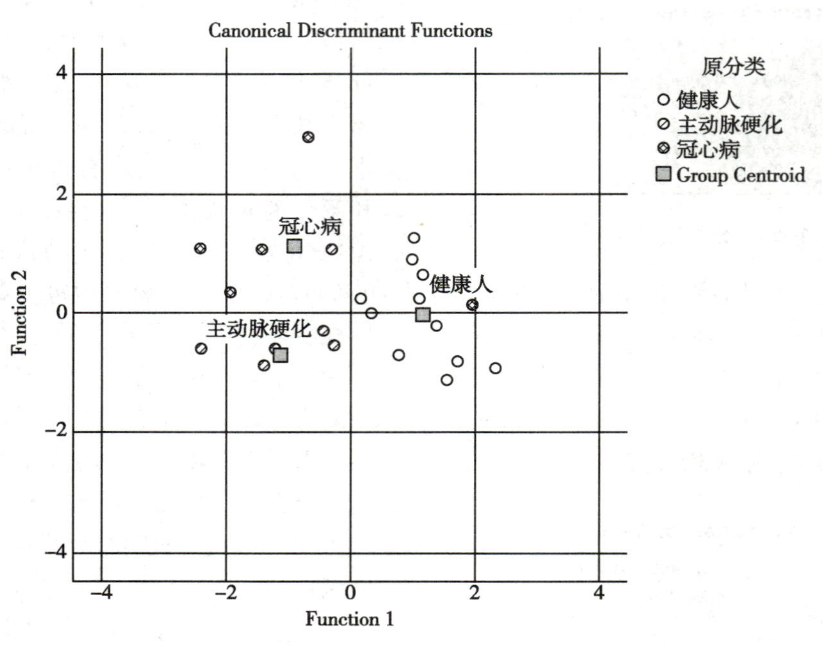

图 11-55　判别分类图

（16）判别符合率表：图 11-56 是判别符合情况。建立判别函数后，将所有观察值代入判别函数，就形成了混淆矩阵，将判别分类与原分类对照可得到判别符合率，本例总例数 23 例中，错判 2 例，判断符合率为 91.3%。判别符合率越高，说明判别效果越好。

Classification Results[a]

		原分类	Predicted Group Membership: 健康人	Predicted Group Membership: 主动脉硬化	Predicted Group Membership: 冠心病	Total
Original	Count	健康人	11	0	0	11
		主动脉硬化	0	6	1	7
		冠心病	1	0	4	5
	%	健康人	100.0	.0	.0	100.0
		主动脉硬化	.0	85.7	14.3	100.0
		冠心病	20.0	.0	80.0	100.0

a. 91.3% of original grouped cases correctly classified.

图 11-56　判别函数的判别符合率

第五节 因子分析及主成分分析

因子分析（factor analysis）是从多个实测的原变量中提取出较少数的、互不相关的、抽象的综合指标，即因子（factor），每个原变量可用这些提取出的公共因子的线性组合表示。根据各个因子对原变量的影响大小，亦可将原变量划分为等同于因子数目的类数，由于因子数目（k）≤原变量数目（p），故因子分析既可以达到降低变量维数的目的，又可以对变量进行分类，这一技术在量表的构建效度（construct validity）评价中得到了广泛应用。

因子分析通常包括 4 个步骤：

第 1 步：进行 Kaiser-Meyer-Olkin（KMO）检验及球型检验，以判断数据是否适于因子分析。如果有缺失数据，此步骤需进行缺失数据估计。

第 2 步：确定因子数目。可以采用不同的方法，例如：

- 经主成分分析（principal component analysis，PCA），以累积贡献率大于一定百分比（如 70%）的主成分数目为因子数目。
- 经主成分分析，以特征值大于 1 的主成分数目为因子数目。
- 根据研究内容确定因子数目，如以量表的维数为因子数目。

第 3 步：进行旋转变换，寻求最佳分析效果，此过程可进行反复尝试。

第 4 步：计算因子得分，以备进一步分析用。

一般来讲，主成分分析与因子分析是不同的分析技术，但在数据处理的功能上（如减少变量维数和变量分类）两法甚为相近，故在此一并介绍。

例 11-5 在住院患者满意度量表研制中，初步拟定的量表由 5 个因素（domains / dimensions）共 27 个条目（item）组成，即“医生服务”（7 个条目，“*d1*”~“*d7*”），“伙食供应”（4 个条目，“*f1*”~“*f4*”），“辅助科室服务”（6 个条目，“*h1*”~“*h6*”），“护理”（6 个条目，“*n1*”~“*n6*”）和“医疗环境与设施”（4 个条目，“*s1*”~“*s4*”）。据此，对 193 名住院患者调查的结果见数据文件“IPSQ1.sav”，试用因子分析验证该量表的合理性，以评价其构建效度。

1. 操作过程

（1）数据格式：见数据文件“IPSQ1.sav”，有 193 行 27 列，即 193 个调查对象，27 个条目，每个条目被视为一个变量。

（2）一般过程：从菜单选择

Analyze

Dimension Reduction

Factor

弹出 Factor Analysis（因子分析）主对话框（图 11-57）。

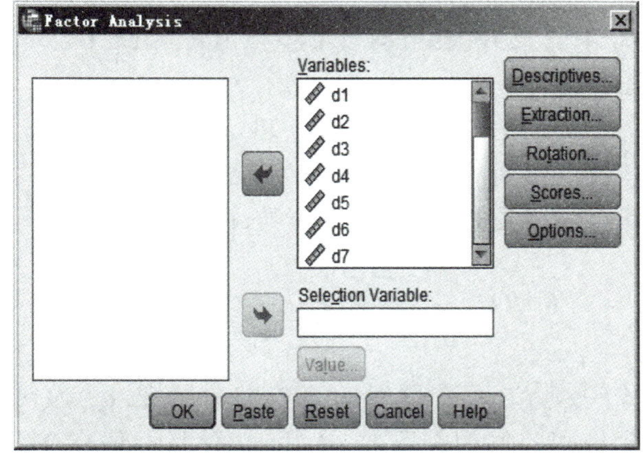

图 11-57 因子分析主对话框

Variables：选定分析变量。本例将全部 27 个变量（条目）选入。

Selection Variable：选定变量值，见本章第四节。

★ Descriptives：描述统计量。

击 Descriptives 按钮，弹出 Factor Analysis：Descriptives（描述统计量）对话框（图 11-58）。

◇ Statistics：统计量。

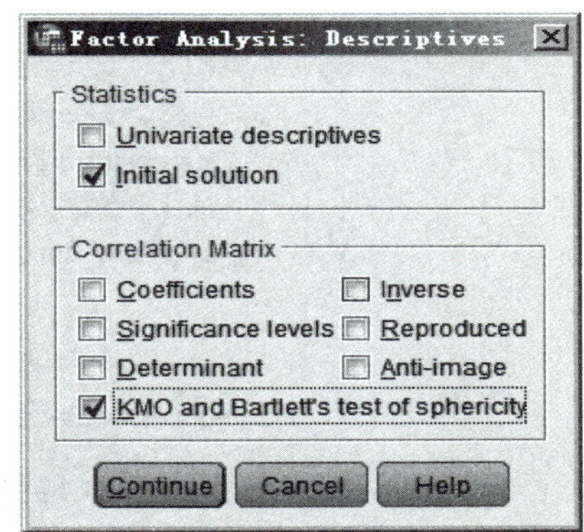

图 11-58 描述统计量对话框

□ Univariate descriptives：单变量的基本统计量。包括均数、标准差和样本量。

☑ Initial solution：原始分析结果。包括原变量的公因子方差，与变量数目相同的因子（主成分），各因子的特征值及其所占总方差的百分比和累积百分比，系统默选此项。

◇ Correlation Matrix：相关矩阵及其检验。

□ Coefficients：相关系数矩阵。

□ Significance levels：相关系数单侧检验的 P 值。

□ Determinant：相关系数矩阵的行列式。

☑ KMO and Bartlett's test of sphericity：KMO 统计量及 Bartlett 球形检验（Bartlett's test of sphericity）。

● KMO（Kaiser-Meyer-Olkin）统计量：用于检验变量间的偏相关性是否足够小，是简单相关量与偏相关量的一个相对指数，由下式求得：

$$KMO=\frac{\sum\sum_{i\neq j} r_{ij}^2}{\sum\sum_{i\neq j} r_{ij}^2+\sum\sum_{i\neq j} a_{ij}^2} \quad \text{（式 11-3）}$$

式中，r_{ij}^2 为两变量间的简单相关系数；a_{ij}^2 为两变量间的偏相关系数。KMO 统计量取值在 0~1 之间，其值越大，说明各变量的相关性越高，越适合做因子分析。Kaiser 认为，KMO>0.9 时，做因子分析的效果最理想；KMO<0.5 时，不宜做因子分析。

● Bartlett 球型检验（Bartlett's test of sphericity）：用于检验相关阵是否是单位阵。该检验统计量服从 χ^2 分布，如果检验结果不拒绝单位阵的假设的话（P>0.05），用因子分析应慎重。

□ Inverse：相关系数矩阵的逆矩阵。

□ Reproduced：再生相关阵。给出因子分析后的相关阵及其残差，下三角为再生相关阵，上三角为残差，即再生相关系数与原始相关系数之差。

□ Anti-image：反映象协方差阵和相关阵。

★ Extraction（图 11-57）：提取因子方法。

击 Extraction 按钮，弹出 Factor Analysis：Extraction（提取因子方法）对话框（图 11-59）。

◇ Method：提取因子方法复选框。有 7 种方法供选择。

● Principal components：主成分法。系统默认。

● Unweigted least square：非加权最小二乘法。

● Generalized least square：广义最小二乘法。

● Maximum likelihood：最大似然估计法。

● Principal axis factoring：主轴因子提取法。

● Alpha factoring：α 因子提取法。

● Image factoring：映象因子提取法。

◇ Analyze：分析矩阵。

⦿ Correlation matrix：相关阵。系统默认。

◎ Covariance matrix：协方差阵。

◇ Display：输出内容。

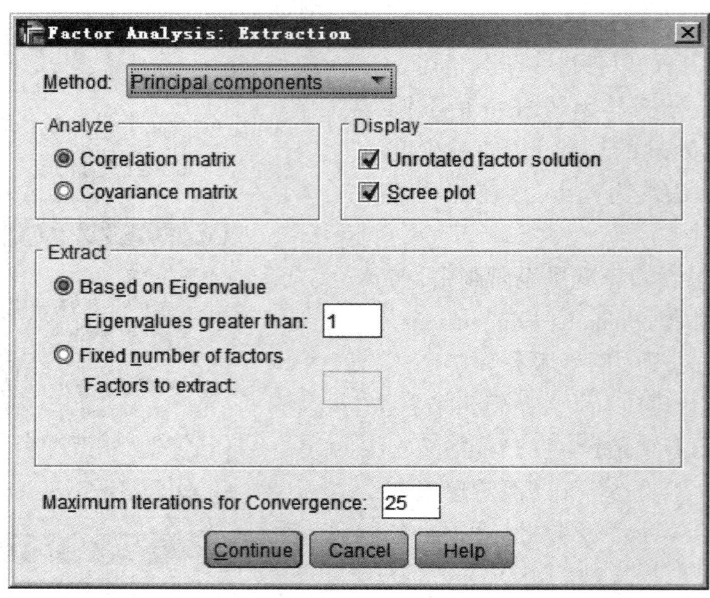

图 11-59 提取因子方法对话框

☑ Unrotated factor solution：未经旋转变换的因子提取结果（因子载荷、公因子方差和因子解的特征值）。系统默认。

☑ Scree plot：碎石图，于每个因子相关联的方差的图。以特征值大小排列的因子序号为横轴，特征值为纵轴的加连线的散点图。

◇ Extract：提取标准。

⦿ Based on Eigenvalue

Eigenvalues greater than：[1]：以特征值大于某数值为提取标准。系统默认 1。

◎ Fixed number of factors

Factors to extract：[ ]：自定义提取因子的数量，框内填入正整数。

Maximum Iterations for Convergence [25]：最大迭代次数，系统默认 25 次，框内填入正整数。

★ Rotation（图 11-57）：旋转变换。

击 Rotation 按钮，弹出 Factor Analysis：Rotation（旋转变换）对话框（图 11-60）。

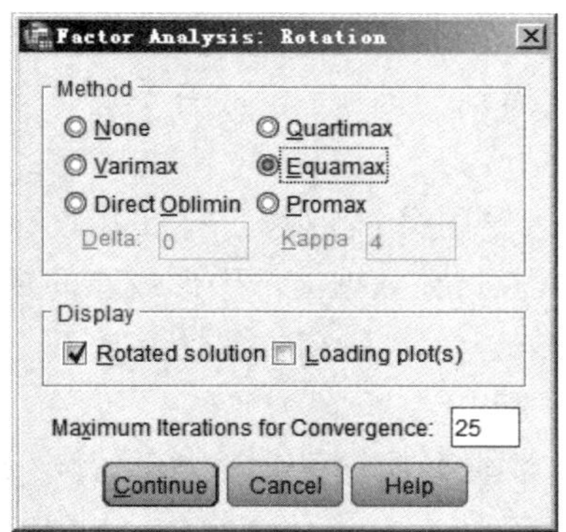

图 11-60 旋转变换对话框

◇ Method：旋转方法。

◎ None：不旋转。系统默认。

◎ Varimax：最大方差旋转法。

◎ Direct Oblimin：最大斜交旋转法，选此项，下方的 Delta 框被激活，可填入小于或等于 0.8 的值，系统默认 0，即产生最高相关因子。

◎ Quartimax：最大四次方正交旋转法。

⦿ Equamax：平均正交旋转法，或说最大平衡值法。

◎ Promax：斜交旋转法，选此项，下方的 Kappa 框被激活，系统默认值为 4。该法允许因子间相关，远较最大斜交旋转法计算速度快，适于大型数据处理。

◇ Display：输出内容。

☑ Rotated solution：旋转后的分析结果。

☐ Loading plot（s）：载荷图，因子负荷散点图。

Maximum Iterations for Convergence [25]：最大收敛迭代次数，系统默认 25 次，框内填入正整数。

★ Scores（图 11-57）：因子得分。

击 Scores 按钮，弹出 Factor Analysis：Factor Scores（因子得分）对话框（图 11-61）。

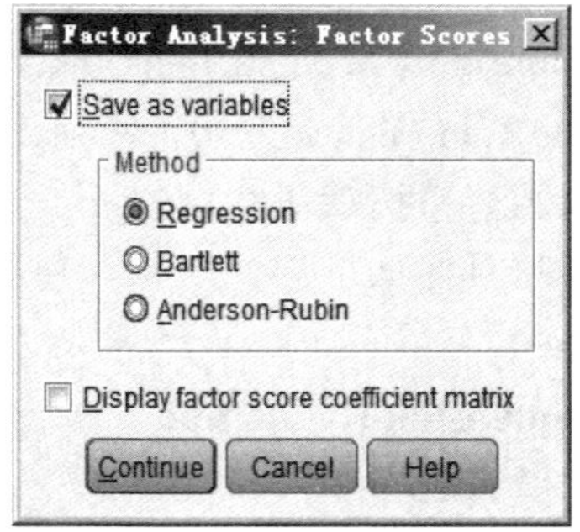

图 11-61 因子得分对话框

☑ Save as variables：将因子得分存为新变量。选此项后，因子得分将作为新变量保存在数据文件中，同时，下面求因子得分方法框被激活。

◇ Method：求因子得分方法。

⦿ Regression：回归法。系统默认。

◎ Bartlett：Bartlett 法。

◎ Anderson-Rubin：Anderson-Rubin 法。

☐ Display factor score coefficient matrix：输出因子得分系数矩阵。

★ Options（图 11-57）：选项。

击 Options 按钮，弹出 Factor Analysis：Options（选项）对话框（图 11-62）。

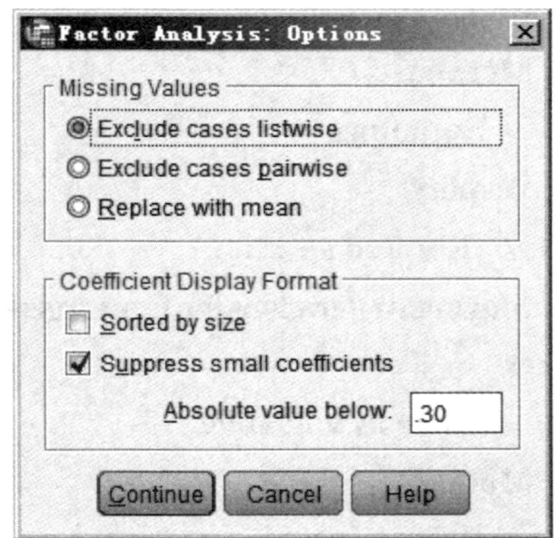

图 11-62 因子分析选项对话框

◇ Missing Values：缺失值处理。

⊙ Exclude cases listwise：按列表排除个案，剔除含有缺失值的所有观察单位。系统默认。

◎ Exclude cases pairwise：剔除各对变量中含有缺失值的观察单位。

◎ Replace with mean：用各变量的均数替代缺失值。

◇ Coefficient Display Format：因子矩阵的输出格式。

□ Sorted by size：按因子系数由大到小排列。

☑ Suppress small coefficients：取消小系数。

Absolute value below：[.30]：只列出大于某一值的因子系数。系统默认 0.1。

（3）过程具体如下：

Analyze

Dimension Reduction

Factor

▸ **Variables：*d1~d7/f1~f4/h1~h6/n1~n6/s1~s4***

Descriptives

☑ **Initial solution**

☑ **KMO and Bartlett's test of sphericity**

Extraction

Method：Principal components

Analyze

⊙ **Correlation matrix**

Display

☑ **Unrotated factor solution**

Extract

⊙ **Based on Eigenvalue**

Eigenvalues greater than：[1]

Maximum Iterations for Convergence：[25]

Rotation

Method

⊙ **Equamax**

Display

☑ **Rotated solution**

Maximum Iterations for Convergence：[25]

Scores

☑ **Save as variables**

Method

⊙ **Regression**

Options

Missing Values

⊙ **Exclude cases listwise**

Coefficient Display Format

☑ **Suppress small coefficients**

Absolute values below：[.30]

2. 主要输出结果

（1）KMO 统计量及球型检验：见图 11-63。

● KMO 统计量为 0.892，偏相关性很弱，非常适于因子分析。

KMO and Bartlett's Test

Kaiser-Meyer-Olkin Measure of Sampling Adequacy.		.892
Bartlett's Test of Sphericity	Approx. Chi-Square	1646.130
	df	351
	Sig.	.000

图 11-63 KMO 统计量及球型检验结果

● Bartlett 球型检验，拒绝单位相关阵的原假设，$P<0.001$，适于因子分析。

（2）碎石图（因子编号与特征值散点图）：见图 11-64，横轴为因子（主成分）编号，纵轴为特征值。

（3）因子得分：各观察单位的因子得分在执行上述过程后，在数据文件中形成新的变量，自动命名为“*FAC1_1*”“*FAC2_1*”“*FAC3_1*”“*FAC4_1*”“*FAC5_1*”和“*FAC6_1*”。

本例对缺失数据处理选择了剔除所有缺失数据的观察单位，故这些观察单位亦未列出因子得分。

（4）共性方差：见图 11-65。各变量共性方差初始值（Initial）均给定为 1，提取值（Extraction）为每个变量共性方差，即每个变量方差可以由公因子进行解释的程度，反映变量对所有公因子依赖程度。

（5）主成分法：见图 11-66。分别给出所有因子/主成分、特征值大于 1 的因子/主成分和旋转后因子/主成分各自方差、占比和累计占比。特征值大于 1 的因子/主成分有 6 个，其对总方差的累积贡献率为 65.265%。

（6）因子负荷矩阵（未经旋转变换）：采用主成分法，提取 6 个因子，结果见图 11-67。

（7）因子负荷矩阵（旋转变换后）：图 11-68 是经旋转变换的因子负荷矩阵，解释如下：

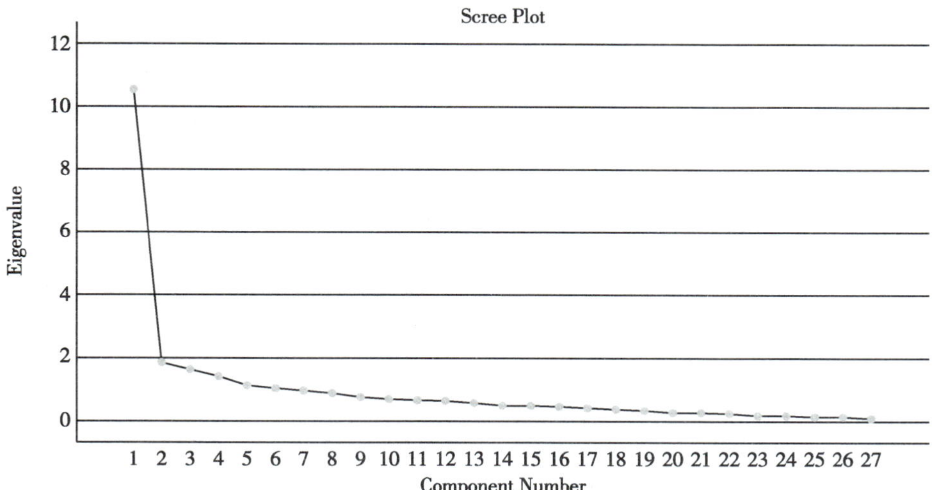

图 11-64 因子编号与特征值散点图

Communalities

	Initial	Extraction
d1	1.000	.762
d2	1.000	.752
d3	1.000	.700
d4	1.000	.460
d5	1.000	.556
d6	1.000	.775
d7	1.000	.671
f1	1.000	.683
f2	1.000	.552
f3	1.000	.611
f4	1.000	.510
h1	1.000	.526
h2	1.000	.623
h3	1.000	.599
h4	1.000	.703
h5	1.000	.626
h6	1.000	.592
n1	1.000	.805
n2	1.000	.716
n3	1.000	.576
n4	1.000	.604
n5	1.000	.630
n6	1.000	.779
s1	1.000	.712
s2	1.000	.617
s3	1.000	.760
s4	1.000	.720

Extraction Method: Principal Component Analysis.

图 11-65 共性方差

Total Variance Explained

Component	Initial Eigenvalues			Extraction Sums of Squared Loadings			Rotation Sums of Squared Loadings		
	Total	% of Variance	Cumulative %	Total	% of Variance	Cumulative %	Total	% of Variance	Cumulative %
1	10.517	38.952	38.952	10.517	38.952	38.952	3.689	13.663	13.663
2	1.844	6.828	45.780	1.844	6.828	45.780	3.343	12.381	26.045
3	1.645	6.094	51.874	1.645	6.094	51.874	3.288	12.176	38.221
4	1.418	5.251	57.125	1.418	5.251	57.125	2.611	9.671	47.892
5	1.155	4.277	61.402	1.155	4.277	61.402	2.358	8.734	56.626
6	1.043	3.863	65.265	1.043	3.863	65.265	2.333	8.639	65.265
7	.972	3.602	68.867						
8	.877	3.248	72.114						
9	.766	2.837	74.952						
10	.705	2.611	77.563						
11	.675	2.500	80.062						
12	.648	2.401	82.464						
13	.565	2.092	84.556						
14	.500	1.853	86.409						
15	.489	1.809	88.218						
16	.464	1.718	89.936						
17	.420	1.557	91.493						
18	.380	1.406	92.899						
19	.350	1.297	94.196						
20	.294	1.090	95.286						
21	.273	1.010	96.296						
22	.243	.900	97.196						
23	.196	.725	97.920						
24	.179	.662	98.582						
25	.157	.580	99.162						
26	.132	.488	99.650						
27	.094	.350	100.000						

Extraction Method: Principal Component Analysis.

图 11-66 因子/主成分的方差贡献

- 用主成分法的因子负荷矩阵(未经旋转变换),经平均正交旋转(Equamax with Kaiser Normalization),迭代 10 次所得结果。
- 仅列出大于 0.3 的因子系数。
- 根据原变量所对应的最大因子负荷,原变量形成 6 个因子。
- 与未经旋转变换的结果相比有较大差异。

(8)因子变换矩阵:见图 11-69。未经旋转变换因子负荷矩阵(图 11-67)右乘因子变换矩阵(图 11-69),形成旋转变换后因子负荷矩阵(图 11-68)。

Component Matrix[a]

	Component					
	1	2	3	4	5	6
d1	.802					
d2	.805					
d3	.799					
d4	.404	-.417				
d5	.695					
d6	.820					
d7	.749					
f1	.408	.386		.531		
f2	.511			.481		
f3	.586			.393		
f4	.472			.410		
h1	.457		.336	-.317		.307
h2	.517		.497			
h3	.416					.518
h4	.428		.579			-.419
h5	.460		.380			-.330
h6	.387		.635			
n1	.824					
n2	.786					
n3	.398				-.619	
n4	.694					
n5	.756					
n6	.760				-.393	
s1	.614	.512				
s2	.623	.373				
s3	.441	.673		-.326		
s4	.691	.302				

Extraction Method: Principal Component Analysis.

a. 6 components extracted.

图 11-67 因子负荷矩阵(未经旋转变换)

Rotated Component Matrix[a]

	Component					
	1	2	3	4	5	6
d1	.653	.315		.317		
d2	.600	.385				.387
d3	.561	.377				.347
d4	.655					
d5	.555					
d6	.661	.362				
d7	.614	.388				
f1				.771		
f2				.675		
f3				.677		
f4				.528		.434
h1			.313			.524
h2					.427	.633
h3						.727
h4					.794	
h5	.377				.685	
h6					.621	.359
n1	.327	.680			.323	
n2	.402	.596	.306			
n3		.665				
n4	.332	.572	.363			
n5	.349	.447	.461			
n6		.750				
s1			.742			
s2			.668			
s3			.832			
s4			.699			

Extraction Method: Principal Component Analysis.
Rotation Method: Equamax with Kaiser Normalization.

a. Rotation converged in 10 iterations.

图 11-68 因子负荷矩阵(旋转变换后)

Component Transformation Matrix

Component	1	2	3	4	5	6
1	.486	.479	.431	.354	.315	.351
2	-.587	-.130	.671	.396	-.141	-.106
3	-.411	-.219	-.126	-.083	.764	.420
4	-.032	-.101	-.538	.822	-.106	.110
5	.496	-.825	.237	.089	.095	-.027
6	-.052	-.123	.046	-.165	-.526	.822

Extraction Method: Principal Component Analysis.
Rotation Method: Equamax with Kaiser Normalization.

图 11-69 因子变换矩阵

配套数据文件集

(陈 征 王 玖 朱彩蓉)

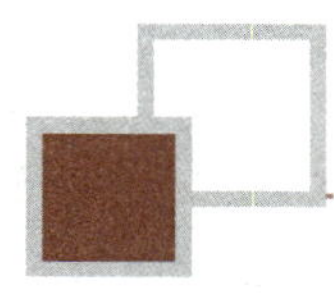

第十二章　信度分析

量表或问卷(scale, questionnaire)的应用相当广泛，从刚出生婴儿用的阿普加(Apgar)量表，到用于评价一般人群生存质量的健康调查量表36(36-Item Short Form Health Survery, SF-36)；从市场调查用的各种类型的问卷，到反映患者对医疗服务质量满意程度的各种患者满意度量表，等，不一而足。在这些场合，量表扮演了一种测量工具的角色。

众所周知，一台质量上乘的血压计，无论什么时间、什么地点、由什么医护人员操作、测量什么对象，在规范、准确操作下，测量结果都能准确地反映测量对象的真实血压水平。同样，量表作为测量工具也应该具备类似的可靠性和有效性。用于评价量表的可靠性和有效性的指标分别是信度(reliability)和效度(validity)。这里主要介绍SPSS评价信度的方法。

第一节　信度分析的一般过程

信度分析(reliability analysis)时，从菜单选择

Analyze

Scale

Reliability Analysis

弹出Reliability Analysis(信度分析)主对话框(图12-1)。

Items：选入条目。将要分析的条目选入此框内。

Model：计算信度的模型，有5种模型可供选择。

- Alpha：即克龙巴赫 α 系数(Cronbach α 系数)，又称内部一致性系数，由下式求得

$$\alpha = \frac{k \cdot \overline{\text{cov}} / \overline{\text{var}}}{1 + (k-1)\overline{\text{cov}} / \overline{\text{var}}} \qquad \text{(式 12-1)}$$

式中，k 为条目的数量；$\overline{\text{cov}}$ 为条目间的平均协方差；$\overline{\text{var}}$ 为条目的平均方差。如果条目标准化为同方差的话，则上式简化为

$$\alpha = \frac{k \cdot \bar{r}}{1 + (k-1)\bar{r}} \qquad \text{(式 12-2)}$$

式中，$\bar{r}$ 为条目间的平均相关量，即所有条目两两间积矩相关系数的均数。Cronbach α 系数是应用最广的评价信度指标。它取值在0~1之间，其值越大，信度越高。一般地，α 系数以大于0.7为好。计算Cronbach α 系数的一个假设前提是，条目之间呈正相关。如果条目之间较多地呈现为负相关

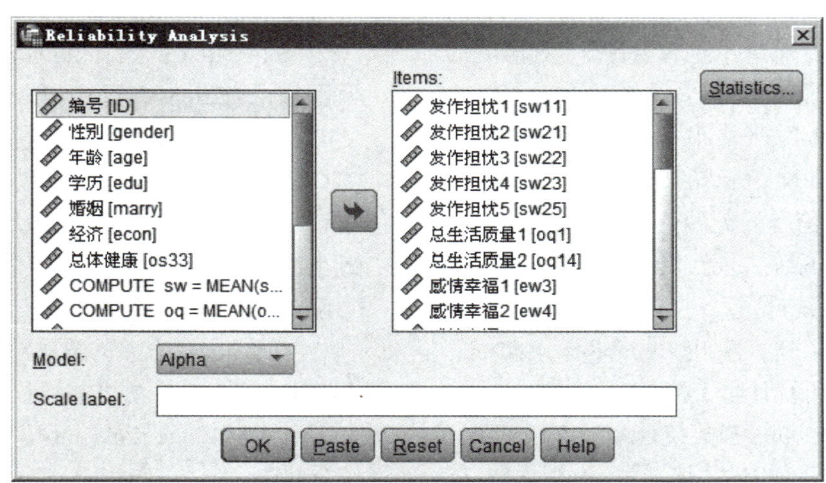

图12-1　信度分析主对话框

时，说明量表的条目设计出现了重大错误，此时，Cronbach α 系数有可能为负数。

由上述公式可见，Cronbach α 系数由条目的数量和条目间的相关关系所决定。因此，在评价信度时，不仅要看 Cronbach α 系数的大小，还有看条目数的多少。例如，一个量表的 Cronbach α 系数很大，比如大于 0.9，但如果内容重复的条目数太多的话，量表的信度未必高。

将每个条目的方差都标准化为 1 时，所求得的 Cronbach α 系数称为标准化 Cronbach α 系数（standardized item α）。条目间的方差相差越大，Cronbach α 系数与标准化 Cronbach α 系数相差也越大。

当每个条目的应答为二分类时，Cronbach α 系数相当于 Kuder–Richardson 20（KR20）系数。

● Split–half：分半信度。将问卷的所有条目随机分成数量相同的两半，这两个半表的相关程度就表示分半信度。分半信度是在计算两个半表间的积矩相关系数的基础上，经 Spearman–Brown 公式校正后得到，又称 Spearman–Brown 系数。分半信度较少被应用，一是由于其结果不稳定，因为随机分成两个半表的结果很多，特别是条目数量较多时；二是由于 α 系数是所有可能的分半信度的平均数，因此可以代表分半信度。

● Guttman：Guttman 分半信度。它与 Spearman–Brown 系数相似，只是无需满足 Spearman–Brown 系数所要求的两个半表的信度和方差均齐性的前提条件。

● Parallel：平行模型。即在满足所有条目的方差齐性和误差的方差齐性的条件下，对信度的最大似然估计。

● Strict parallel：严格平行模型。即在满足所有条目的方差齐性、误差的方差齐性以及均数相同的条件下，对信度的无偏估计。

□ List item labels：显示条目的标签。

★ Statistics：统计量。

击 Statistics 按钮，弹出 Reliability Analysis：Statistics（信度分析统计量）对话框（图 12–2）。

◇ Descriptives for：描述统计量。

☑ Item：各条目的描述统计量，包括均数、标准差和样本量。

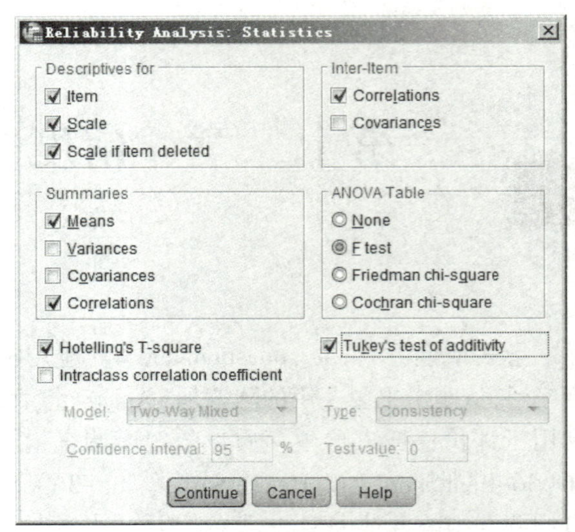

图 12–2　信度分析统计量对话框

☑ Scale：整个量表的描述统计量，包括条目合计分的均数、方差、标准差以及条目数。

☑ Scale if item deleted：去掉当前条目整个量表的描述统计量，即敏感性分析，包括以下内容：

● Scale Mean if Item Deleted：去掉当前条目量表合计分的均数。

● Scale Variance if Item Deleted：去掉当前条目量表合计分的方差。

● Corrected Item–Total Correlation：当前条目得分与去掉当前条目量表合计分的 Pearson 积矩相关系数。

● Squared Multiple Correlation：由当前条目为因变量，其他所有条目为自变量求得的决定系数 R^2。

● Cronbach's Alpha if Item Deleted：去掉当前条目后量表的 Cronbach α 系数。

◇ Inter–Item：条目间的相关阵和协方差阵。

☑ Correlations：条目间的相关阵。

□ Covariances：条目间的协方差阵。

◇ Summaries：统计量的描述统计量，给出下述统计量的均数，最小值和最大值，极差，最大值与最小值的比值，方差。

☑ Means：均数的描述统计量。

□ Variances：方差的描述统计量。

□ Covariances：协方差的描述统计量。

☑ Correlations：Pearson 积矩相关系数的描述统计量。

◇ ANOVA Table：列方差分析表。

◎ None：不列方差分析表，系统默认。

⦿ F test：列出重复测量的方差分析表。

◎ Friedman chi-square：列出 Friedman χ^2 统计量和 Kendall 和谐系数，适用于等级资料。

◎ Cochran chi-square：列出 Cochran Q 统计量，适用于二分类变量资料。

☑ Hotelling's T-square：Hotelling T^2 检验，其检验假设为各条目的总体均数相同。

☑ Tukey's test of additivity：可加性检验，其检验假设为条目间无多重交互作用。

□ Intraclass correlation coefficient：组内相关系数（intraclass correlation coefficient，ICC）。

Model：效应模型，决定 ICC 的算法，有 3 种选择。

● Two-Way Mixed：双因素混合效应模型，行变量（观察对象）为随机效应，列变量（条目 / 测量者）为固定效应。

● Two-Way Random：双因素随机效应模型，行变量（观察对象）和列变量（条目 / 测量者）均为随机效应。不管列变量是固定效应还是随机效应，ICC 的计算结果均相同，不同之处是结果解释时固定效应结果中的 ICC 仅限于给定的测量者，而随机效应结果中的 ICC 可推广到所有可能的测量者。

● One-Way Random：单因素随机效应模型，行变量（观察对象）为随机效应。

Type：ICC 的定义方法，有两种选择。仅在选择 Two-Way 时激活此选项。

● Consistency：相对一致性 ICC，即求 ICC 时从分母的方差中剔除各列（条目 / 测量者）间的方差。用于度量测量者的评分是否高度相关。

● Absolute Agreement：绝对一致性 ICC，即求 ICC 时分母中保留各列（条目 / 测量者）间的方差。用于度量测量者是否给予观察对象相同的绝对评分。

Confidence interval [95] %：置信区间，系统默认 95%。

Test value [0]：设定检验常量，表示观察 ICC 与此值进行比较。选择范围在 0~1 之间，系统默认值为 0。

第二节　信度评价实例

例 12-1　某研究应用癫痫患者生活质量评定量表（QOLIE-33）对 198 名癫痫患者的调查结果见数据文件“QOLIE.sav”，量表的结构见表 12-1，试分析该量表总的信度和各因素的信度。

1. 数据文件及其整理

（1）数据格式：原始数据为 198 行 39 列结构，即由 39 个变量构成。前 6 个变量中，除第一个变量“*ID*”为标识变量外，其余 5 个变量“*genger*”“*age*”“*edu*”“*marry*”及“*econ*”，为用

表 12-1　QOLIE-33 因素和条目构成及分值计算表

因素	条目（变量名）	条目数	合计	
			变量名	计算
发作担忧（sw）	*sw11*，*sw21*，*sw22*，*sw23*，*sw25*	5	*sw*	∑*swi*/5
总生活质量（oq）	*oq1*，*oq14*	2	*oq*	∑*oqi*/2
感情 / 幸福（ew）	*ew3*，*ew4*，*ew5*，*ew7*，*ew9*	5	*ew*	∑*ewi*/5
精力 / 疲劳（ef）	*ef2*，*ef6*，*ef8*，*ef10*	4	*ef*	∑*ef i*/ 4
认知（cog）	*cog12*，*cog15*，*cog16*，*cog17*，*cog18*，*cog26*	6	*cog*	∑*cogi*/6
药物作用（me）	*me24*，*me29*，*me30*	3	*me*	∑*mei*/3
社会功能（sf）	*sf13*，*sf19*，*sf20*，*sf27*，*sf28*	5	*sf*	∑sfi/5
中国调适（cn）	*cn31*，*cn32*	2	*cn*	∑*cni*/2
总体健康（os）	*os33*	1		
总计（不含 os33）		32	*sum*	–*

* sum=0.07sw+0.12oq+0.14ew+0.11ef+0.24cog+0.03me+0.19sf+0.10cn

于人口统计学分析的变量。随后的 33 个变量 “*sw11*” ~ “*os33*” 表示量表的 33 个条目。

（2）数据整理：为进一步分析用，首先需要产生各因素的分值和量表总分值。根据表 12-1 量表的分值计算方法，用 Transform → Compute Variable 过程，产生代表 8 个因素分值和量表总分值的 9 个新变量，例如，因素分值 “*sw*” 的产生过程为：

Transform

Compute Variable

▸ **Target Variable**：*sw*

Type&Label ⊙ **Use expression as label**

▸ **Numeric Expression**：***MEAN*(*sw11*, *sw21*, *sw22*, *sw23*, *sw25*)**

其他 7 个因素产生过程类似。量表总分值 “*sum*” 的产生过程为：

Transform

Compute Variable

▸ **Target Variable**：***sum***

Type&Label ⊙ **Use expression as label**

▸ **Numeric Expression**：

0.07*sw+0.12*oq+0.14*ew+0.11*ef+0.24*cog+0.03*me+0.19*sf+0.1*cn

2. 操作过程

Analyze

Scale

Reliability Analysis

▸ **Items**：***sw11/sw21/sw22/sw23/sw25/… cn31/cn32***

（共 32 个变量，“*os*”（总体健康）不选入，做效度评价用）

Model：**Alpha**

Statistics

Descriptives for

☑ **Item**

☑ **Scale**

☑ **Scale if item deleted**

Summaries

☑ **Means**

☑ **Correlations**

Inter-Item

☑ **Correlations**

ANOVA Table

⊙ **F test**

☑ **Hotelling's T-square**

☑ **Tukey's test of additivity**

3. 主要输出结果

（1）Cronbach α 系数：

1）量表的 Cronbach α 系数：见图 12-3，量表由 32 个条目构成，总的 Cronbach α 系数为 0.939，条目经标化后算得的信度为 0.941，内部一致性信度较高。

Reliability Statistics

Cronbach's Alpha	Cronbach's Alpha Based on Standardized Items	N of Items
.939	.941	32

图 12-3 总的 Cronbach α 系数

2）因素的 Cronbach α 系数：要计算各因素的 Cronbach α 系数，只需每次在主对话框将某一个因素的全部条目选入条目框即可，下面以因素 “*sw*” 为例列出计算该因素 α 系数的过程，其余因素仿此。

从菜单选择

Analyze

Scale

Reliability Analysis

▸ **Items**：***sw11/sw21/sw22/sw23/sw25***

Model：**Alpha**

通过 8 次类似上述过程，得到量表 8 个因素的 Cronbach α 系数（输出结果略），分别为：发作担忧（*sw*）0.883；总生活质量（*oq*）0.751；感情 / 幸福（*ew*）0.780；精力 / 疲劳（*ef*）0.758；认知（*cog*）0.870；药物作用（*me*）0.804；社会功能（*sf*）0.849；中国调适（*cn*）0.576。除因素 “*cn*” 外，均大于 0.70，可以说各因素的内部一致性信度较高。

（2）描述统计量：条目的描述统计量见图 12-4，给出了各个条目的均数、标准差和样本量。量表的描述统计量见图 12-5，给出了观察对象 32 个条目的合计分（32 个条目分值求和得到）的均数（1 696.03）、方差（317 079.300）和标准差（563.098）。

Item Statistics

	Mean	Std. Deviation	N
发作担忧1	43.74	31.222	198
发作担忧2	50.24	32.778	198
发作担忧3	44.19	34.599	198
发作担忧4	41.92	34.413	198
发作担忧5	37.25	30.514	198
总生活质量1	57.12	20.209	198
总生活质量2	54.80	15.802	198
感情幸福1	64.65	25.858	198
感情幸福2	58.89	26.290	198
感情幸福3	57.98	24.925	198
感情幸福4	65.15	32.301	198
感情幸福5	55.96	29.130	198
精力/疲劳1	49.39	23.900	198
精力/疲劳2	55.66	25.156	198
精力/疲劳3	65.35	25.522	198
精力/疲劳4	62.93	25.200	198
认知1	55.15	28.795	198
认知2	46.30	30.152	198
认知3	55.15	29.423	198
认知4	58.59	30.859	198
认知5	67.68	28.170	198
认知6	43.03	29.854	198
药物作用1	34.50	29.359	198
药物作用2	40.15	31.926	198
药物作用3	45.45	32.330	198
社会功能1	54.75	34.386	198
社会功能2	56.34	31.086	198
社会功能3	58.33	37.952	198
社会功能4	39.90	33.968	198
社会功能5	44.95	32.353	198
中国调适1	67.42	34.713	198
中国调适2	63.13	34.233	198

图 12-4 条目的描述统计量

Scale Statistics

Mean	Variance	Std. Deviation	N of Items
1696.03	317079.300	563.098	32

图 12-5 量表的描述统计量

（3）条目的敏感性分析（sensitivity analysis）：图 12-6 是敏感性分析的结果，即分析每个条目对有关统计量的影响，基本思想是观察去掉当前条目后有关统计量的变化。解释如下：

1）Scale Mean if Item Deleted：去掉当前条目量表合计分的均数。例如，对于条目“发作担忧 1”，1 652.30 是去掉条目“发作担忧 1”后其他 31 个条目合计分的均数。

2）Scale Variance if Item Deleted：去掉当前条目量表合计分的方差。例如，对于条目“发作担忧 1”，294 214.998 是去掉条目“发作担忧 1”后其他 31 个条目合计分的方差。

3）Corrected Item–Total Correlation：当前条目得分与去掉当前条目量表合计分的 Pearson 积矩相关系数。例如，对于条目“发作担忧 1”，0.646 是当前条目“发作担忧 1”与去掉条目“发作担忧 1”后其他 31 个条目合计分的相关系数。

4）Squared Multiple Correlation：由当前条目为因变量，其他所有条目为自变量求得的决定系数 R^2。例如，对于条目“发作担忧 1”，0.706 是以当前条目“发作担忧 1”为因变量，其他 31 个条目为自变量求得的决定系数 R^2。

5）Cronbach's Alpha if Item Deleted：去掉当前条目后量表的 Cronbach α 系数。例如，对于条目“发作担忧 1”，0.936 是去掉条目“发作担忧 1”后其他 31 个条目的 Cronbach α 系数。一般而言，该值可作为调整条目的一个重要参考依据。如果该值越大，其相对应的条目越应是首先考虑调整的条目。本例，条目“中国调适 2”的值最大，为 0.940，是重点考虑调整对象。结合各因素的 Cronbach α 系数，因素“*cn*”偏低，为 0.576，亦支持调整条目“中国调适 2”。

（4）相关阵：结果略。从相关阵中，主要考察相关系数比较大的情况。如果相关系数太大，提示有关条目的内容可能重复，为取舍的参考依据之一。

（5）条目的方差分析：不同条目属于重复测量变量，因而条目间均数的比较用重复测量的方差分析，结果见图 12–7。32 个条目的均数间相差显著（F=28.836，P=0.000）。另外可注意到，条目间变异由观察对象的误差项分解得到，这一分解有助于计算两种不同定义下的组内相关系数。

（6）多重交互作用检验与等均数检验：见图 12–8 和图 12–9，解释如下：

1）Tukey 多重交互作用检验：Tukey 估计量为 1.433，检验统计量 F=18.471，P=0.000，结论为存在多重交互作用。

2）Hotelling's T^2 检验：T^2=1 251.387，F=34.220，P=0.000，分子自由度 ν_1=31，分母自由度 ν_2=167。检验结果为条目的均数不全相同，此种情形下，不能选择计算信度的严格平行模型。

3）32 个条目的均数间相差显著（F=28.836，P=0.000），与图 12–7 的结果相同。

Item-Total Statistics

	Scale Mean if Item Deleted	Scale Variance if Item Deleted	Corrected Item-Total Correlation	Squared Multiple Correlation	Cronbach's Alpha if Item Deleted
发作担忧1	1652.30	294214.998	.646	.706	.936
发作担忧2	1645.80	291278.179	.699	.806	.935
发作担忧3	1651.84	293432.767	.599	.696	.936
发作担忧4	1654.12	290555.642	.683	.834	.935
发作担忧5	1658.79	297179.371	.570	.658	.937
总生活质量1	1638.91	304621.344	.540	.646	.937
总生活质量2	1641.24	307583.545	.528	.648	.938
感情幸福1	1631.39	302259.684	.498	.527	.937
感情幸福2	1637.14	305355.162	.380	.469	.938
感情幸福3	1638.05	304189.376	.446	.649	.938
感情幸福4	1630.88	292912.206	.661	.762	.936
感情幸福5	1640.07	297758.191	.581	.748	.937
精力/疲劳1	1646.64	299110.271	.666	.645	.936
精力/疲劳2	1640.38	301429.770	.544	.648	.937
精力/疲劳3	1630.68	300428.503	.572	.728	.937
精力/疲劳4	1633.10	301851.058	.527	.675	.937
认知1	1640.88	295155.851	.674	.734	.936
认知2	1649.74	296527.887	.598	.747	.936
认知3	1640.88	295540.745	.646	.799	.936
认知4	1637.45	296698.616	.578	.615	.937
认知5	1628.36	297321.992	.617	.680	.936
认知6	1653.00	297171.902	.584	.663	.937
药物作用1	1661.53	302172.780	.435	.662	.938
药物作用2	1655.88	302359.191	.390	.840	.939
药物作用3	1650.58	300154.596	.448	.827	.938
社会功能1	1641.29	294566.036	.571	.649	.937
社会功能2	1639.70	294780.886	.632	.777	.936
社会功能3	1637.70	295806.086	.480	.719	.938
社会功能4	1656.13	291791.903	.658	.771	.936
社会功能5	1651.08	290923.117	.719	.810	.935
中国调适1	1628.61	299863.158	.421	.556	.939
中国调适2	1632.90	306101.557	.259	.483	.940

图 12-6 条目的敏感性分析

ANOVA

		Sum of Squares	df	Mean Square	F	Sig
Between People		1952019.443	197	9908.728		
Within People	Between Items	542356.313	31	17495.365	28.836	.000
	Residual	3705299.266	6107	606.730		
	Total	4247655.580	6138	692.026		
Total		6199675.023	6335	978.639		

Grand Mean = 53.00

图 12-7 条目的方差分析

ANOVA with Tukey's Test for Nonadditivity

			Sum of Squares	df	Mean Square	F	Sig
Between People			1952019.443	197	9908.728		
Within People	Between Items		542356.313	31	17495.365	28.836	.000
	Residual	Nonadditivity	11175.014[a]	1	11175.014	18.471	.000
		Balance	3694124.252	6106	604.999		
		Total	3705299.266	6107	606.730		
	Total		4247655.580	6138	692.026		
Total			6199675.023	6335	978.639		

Grand Mean = 53.00

a. Tukey's estimate of power to which observations must be raised to achieve additivity = 1.433.

图 12-8　条目的多重交互作用检验

Hotelling's T-Squared Test

Hotelling's T-Squared	F	df1	df2	Sig
1251.387	34.220	31	167	.000

图 12-9　条目的等均数检验

（7）构建效度（结构效度）的相关性分析：将所有条目和因素做 Spearman 相关分析（过程略），结果经整理表达为表 12-2 和表 12-3 形式。表 12-2 显示，除了因素“*ef*”与总分“*sum*”的相关系数为 0.79，大于因素“*ef*”的内部一致性系数 α 外，每个因素的内部一致性系数均大于该因素与其他因素的相关系数。表 12-3 显示每个条目与其所属因素的相关系数均大于与其他因素的相关系数。这两点说明构建效度较高。

表 12-2　因素间的相关分析与 Cronbach α 系数 *

因素	因素									*sum*
	sw	*oq*	*ew*	*ef*	*cog*	*me*	*sf*	*cn*	*os33*	
sw	(0.88)									
oq	0.41	(0.75)								
ew	0.45	0.62	(0.78)							
ef	0.56	0.47	0.73	(0.76)						
cog	0.56	0.48	0.62	0.62	(0.87)					
me	0.55	0.28	0.25	0.34	0.28	(0.80)				
sf	0.60	0.42	0.48	0.57	0.69	0.35	(0.85)			
cn	0.36	0.33	0.35	0.32	0.25	0.20	0.28	(0.58)		
os33	0.57	0.58	0.47	0.56	0.49	0.35	0.52	0.21	(–)	
sum	0.74	0.66	0.78	0.79	0.86	0.44	0.83	0.51	0.63	(0.94)

* 括弧内为 Cronbach α 系数

表 12-3　条目与因素的相关矩阵

条目	因素							
	sw	*oq*	*ew*	*ef*	*cog*	*me*	*sf*	*cn*
sw11	0.833	0.417	0.441	0.520	0.422	0.448	0.478	0.232
sw21	0.909	0.314	0.392	0.467	0.499	0.492	0.556	0.329
sw22	0.772	0.307	0.259	0.389	0.451	0.386	0.542	0.400
sw23	0.918	0.341	0.382	0.470	0.477	0.506	0.519	0.301
sw25	0.688	0.298	0.408	0.459	0.470	0.449	0.366	0.222
oq1	0.369	0.924	0.545	0.408	0.425	0.310	0.390	0.282

续表

条目	因素							
	sw	*oq*	*ew*	*ef*	*cog*	*me*	*sf*	*cn*
oq14	0.361	0.873	0.567	0.437	0.438	0.170	0.359	0.318
ew3	0.404	0.388	0.680	0.451	0.439	0.214	0.269	0.261
ew4	0.199	0.278	0.624	0.295	0.413	0.063	0.303	0.203
ew5	0.298	0.540	0.666	0.534	0.308	0.178	0.267	0.219
ew7	0.451	0.472	0.853	0.664	0.551	0.216	0.484	0.323
ew9	0.284	0.562	0.802	0.684	0.506	0.238	0.400	0.240
ef2	0.492	0.549	0.559	0.739	0.606	0.276	0.523	0.258
ef6	0.318	0.386	0.621	0.768	0.482	0.130	0.440	0.186
ef8	0.457	0.246	0.502	0.767	0.475	0.276	0.434	0.247
ef10	0.430	0.251	0.544	0.770	0.334	0.352	0.330	0.283
cog12	0.499	0.415	0.537	0.558	0.778	0.180	0.641	0.163
cog15	0.304	0.500	0.557	0.506	0.794	0.122	0.478	0.345
cog16	0.401	0.441	0.541	0.522	0.857	0.135	0.560	0.234
cog17	0.480	0.229	0.442	0.414	0.735	0.283	0.511	0.076
cog18	0.475	0.383	0.433	0.530	0.771	0.231	0.564	0.058
cog26	0.472	0.275	0.368	0.379	0.743	0.355	0.463	0.286
me24	0.611	0.199	0.234	0.308	0.192	0.734	0.230	0.288
me29	0.341	0.222	0.190	0.248	0.280	0.908	0.283	0.109
me30	0.464	0.277	0.218	0.309	0.238	0.893	0.371	0.122
sf13	0.384	0.343	0.437	0.510	0.525	0.114	0.776	0.222
sf19	0.446	0.347	0.355	0.471	0.555	0.309	0.882	0.195
sf20	0.365	0.274	0.357	0.386	0.421	0.176	0.751	0.042
sf27	0.552	0.315	0.355	0.412	0.581	0.434	0.764	0.342
sf28	0.640	0.383	0.401	0.465	0.654	0.372	0.796	0.324
cn31	0.332	0.457	0.411	0.327	0.266	0.223	0.269	0.840
cn32	0.276	0.095	0.165	0.208	0.151	0.112	0.198	0.836

配套数据文件集

（安胜利　王乐三）

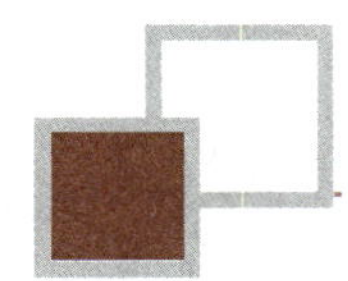

第十三章　非参数检验

主菜单中的非参数检验（nonparemetric test）模块由保留模块（legacy dialog）和新增的智能分析模块两部分组成，前者是指保留了之前的SPSS版本在Nonparemetric Test模块下所列内容及操作和表达方式，后者主要体现了智能化分析的功能，将前者的8个过程归纳为3个过程，即单样本检验（one sample）、独立样本检验（independent samples）和相关样本检验（related samples），见图13-1。

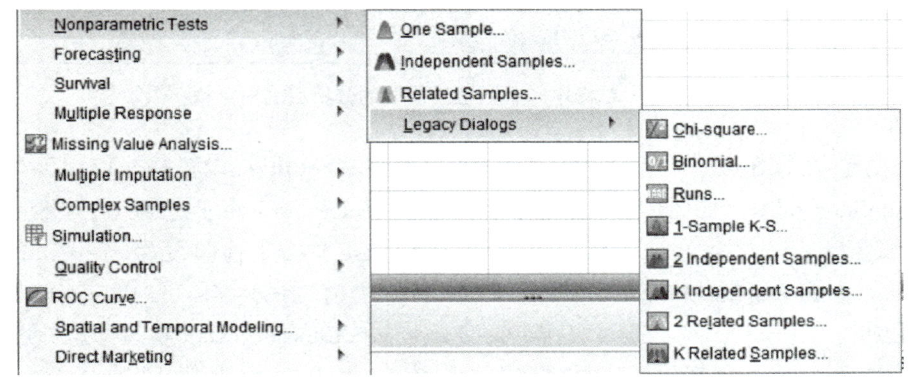

图13-1　非参数检验模块的下拉菜单

第一节　智能分析模块概述

智能分析模块包含单样本检验（one sample）、独立样本检验（independent samples）和相关样本检验（related samples）三种过程。每种过程分三步进行，即确定分析目的（objective）、定义变量（fields）和检验方法选择及其设置（settings）。

一、单样本检验

单样本非参数检验（one-sample nonparametric test）主要通过一个或者多个非参数方法来检验单样本序列，此单样本序列可以不服从正态分布。

例13-1　数据文件“clinical trial.sav”是某一临床试验的数据，患者编号“*ID*”代表了病例的入组顺序。试检验治疗前Hb“*Hb1*”的入组顺序是否随机及该变量是否服从正态分布。

1. 操作过程　从菜单选择

Analyze

　　Nonparametric Tests

　　　　One Sample

弹出One-Sample Nonparametric Tests（单样本非参数检验）目标对话框（图13-2）。

◇ Objective：检验目标。

What is your objective？：目标选择。每项选择均对应一个默认的设置。

◎ Automatically compare observed data to hypothesized：自动进行数据的假设检验。为默认选项。选此项后，软件会在二项分布检验、χ^2检验和Kolmogorov-Smirnov检验三种方法中自动选择。

◎ Test sequence for randomness：随机序列检验。采用游程检验。

⊙ Customize analysis：自定义分析，本例选此项。

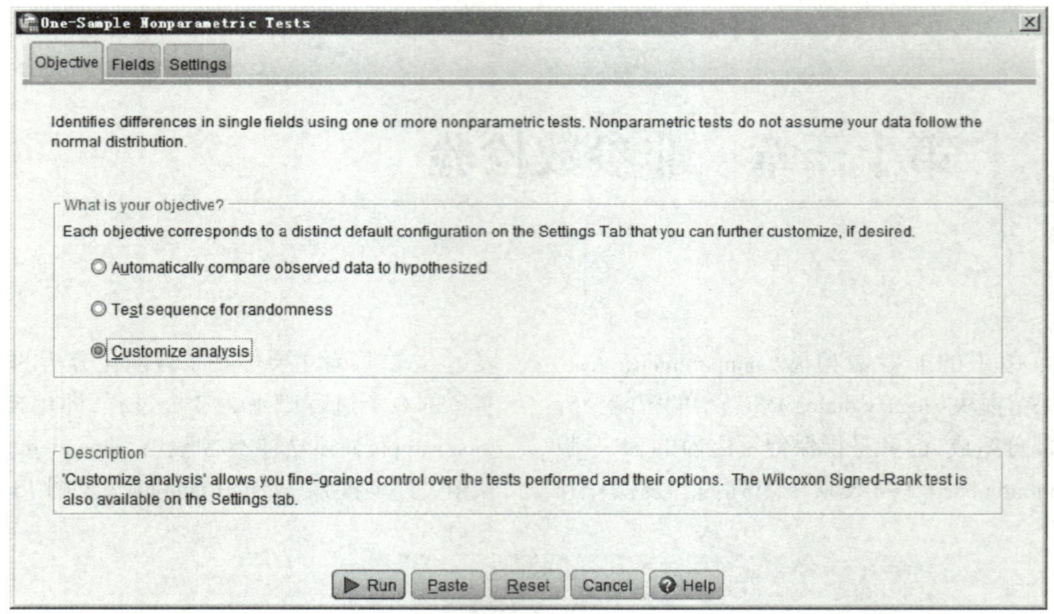

图 13-2　单样本非参数检验模块的分析目的对话框

◇ Fields：变量（图 13-3）。

◎ Use predefined roles：使用预定义角色，即数据文件的全部变量。

⊙ Use custom field assignments：使用自定义变量，本例选此项。

Fields：变量。可对变量的显示按字母或按顺序进行排序，可选择是否显示变量名标签等。

Test Fields：检验变量。本例选择变量“治疗前 *Hb*”。

◇ Settings：设置（图 13-4）。

Select an item：选项。有检验方法选择（Choose Tests）、检验设置（Test Options）和是否估计缺失值（User-Missing Values）三个选项。

● Choose Tests：检验方法选择。分为系统自动根据数据类型进行检验方法的选择（Automatically choose the tests based on the data）和自定义选择检验方法（Customize tests），前者为默认项。自定义选择检验方法（Customize tests）有

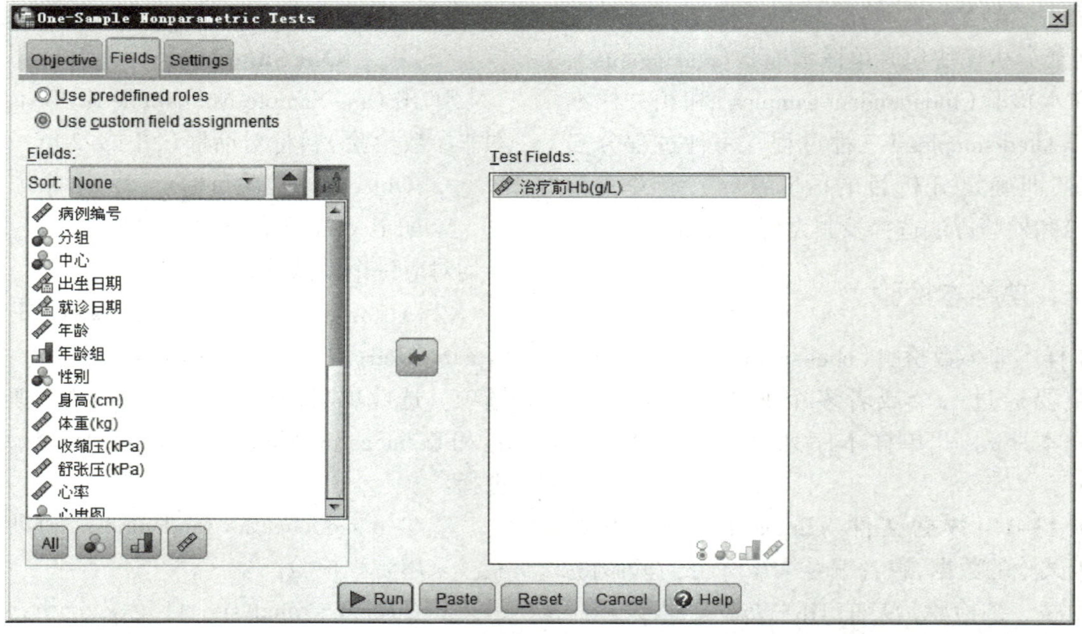

图 13-3　单样本非参数检验变量对话框

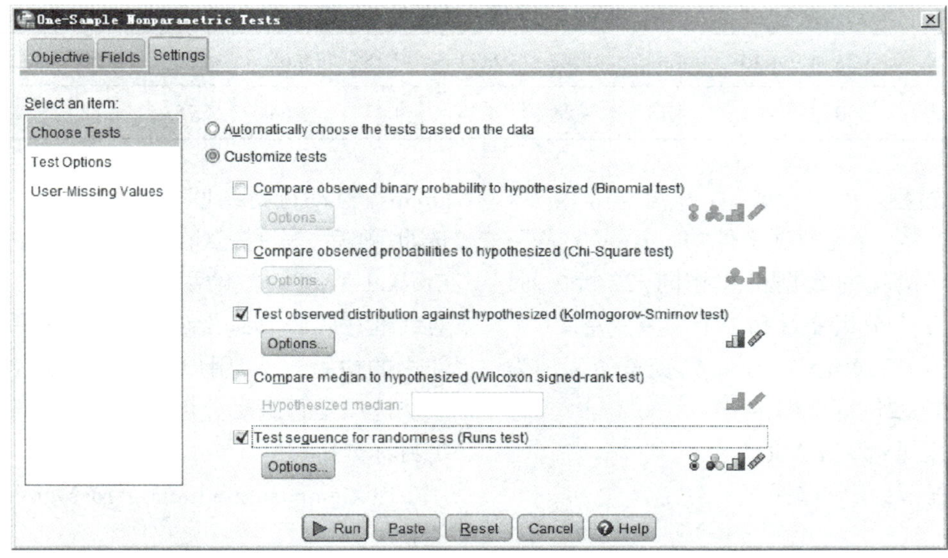

图 13-4　单样本非参数检验设置对话框

5 种选择，即二项分布检验，χ^2 检验，Kolmogorov-Smirnov 检验（本例选），Wilcoxon 符号秩检验和游程检验（本例选）。每种方法选择后还需进行单独设置。比如 Kolmogorov-Smirnov 检验（本例选）中备选项有 Normal（正态分布，本例选）、Uniform（均匀分布）、Exponential（指数分布）和 Poisson 分布。

● Test Options：检验设置。可设定检验水准和置信区间值，默认检验水准为 0.05，置信区间为 95%。还可对排除变量进行选择，只剔除检验变量中含缺失值的观察单位（Exclude cases test-by-test）以及剔除所有变量中含缺失值的观察单位（Exclude cases listwise）。

● User-Missing Values：是否使用缺失值，分析变量时可选择排除或包含缺失值，默认选项为排除。

2. **主要输出结果**　见图 13-5，解释如下：

Hypothesis Test Summary

	Null Hypothesis	Test	Sig.	Decision
1	The sequence of values defined by 治疗前Hb(g/L)<=136 and >136 is random.	One-Sample Runs Test	.021	Reject the null hypothesis.
2	The distribution of 治疗前Hb(g/L) is normal with mean 135 and standard deviation 18.754.	One-Sample Kolmogorov-Smirnov Test	.200[1,2]	Retain the null hypothesis.

Asymptotic significances are displayed. The significance level is .05.

[1]Lilliefors Corrected

[2]This is a lower bound of the true significance.

图 13-5　单样本非参数检验结果

● Null Hypothesis：原假设。本例进行了两种检验，故有两种原假设。其一，原假设为按变量“治疗前 *Hb*”病例入组的顺序是随机的，因为该变量是定量变量，故软件自动以中位数（本例为 136g/L）为界进行游程检验。其二，原假设为“治疗前 *Hb*”来自于均数为 135g/L 和标准差为 18.754g/L 的正态分布总体，这里的均数和标准差是从本样本数据求得的。

● Test：检验方法。对应上述检验目的，分别选择了单样本游程检验和单样本 Kolmogorov-Smirnov 检验（在 Options 选项中进一步选了“Normal”）。

● Sig：*P* 值。游程检验的 P=0.021，正态分布的 P=0.200。

● Decision：最终结果。游程检验拒绝原假设，认为按变量“治疗前 *Hb*”病例入组的顺序不是随机的。正态性检验不拒绝原假设，且 *P* 值远大于 0.05，可以认为“治疗前 *Hb*”服从正态分布。

二、两个或多个独立样本的非参数检验

两个或多个独立样本的非参数检验主要用于比较两个样本或多个样本之间的差异，样本可不服从正态分布。

例 13-2　对 10 例肺癌患者和 12 例硅肺 0 期工人用 X 线片测量肺门横径右侧距 RD 值（cm），结果见表 13-1，试比较两个人群的 RD 值有无差别。

表 13-1 两个人群的 RD 值 单位：cm

肺癌	2.78	3.23	4.20	4.87	5.12	6.21	7.18	8.05	8.56	9.60		
硅肺	3.23	3.50	4.04	4.15	4.28	4.34	4.47	4.64	4.75	4.82	4.95	5.10

1. 操作过程

（1）数据格式：见数据文件“nonpara_3.sav”，与独立样本 t 检验的数据格式相同，22 行 2 列，即 2 个变量，1 个分组变量和 1 个反应变量。

● 分组变量：变量名“*group*”，变量值标记为 1=“肺癌患者”，2=“硅肺工人”。

● 反应变量：为“*RD* 值”。

（2）过程：从菜单选择

Analyze

Nonparametric Tests

Independent Samples

弹出 Nonparametric Tests：Two or More Independent Samples（两样本及多样本的非参数检验）目标对话框（图 13-6）。

◇ Objective：检验目标。

What is your objective：目标选择。每项选择均对应一个默认的设置。

⦿ Automatically compare distributions across groups：自动进行组间分布的比较，为默认选项。选此项后，软件会在 Mann-Whitney U 检验和 Kruskal-Wallis 检验两种方法之间自动选择。该对话框在底部 Description 中解释各种目标选择会使用的检验方法，用户可以根据描述来决定系统默认选项是否满足分析目标。本例选此项可以满足目标分析。

◎ Compare medians across groups：中位数检验。

◎ Customize analysis：自定义分析。

◇ Fields：变量（图 13-7）。

◎ Use predefined roles：使用预定义角色，也即数据文件的全部变量。

⦿ Use custom field assignments：使用自定义变量。

Fields：变量。

Test Fields：检验变量。本例选择变量“*RD* 值”。此框中变量属性需为数值变量。

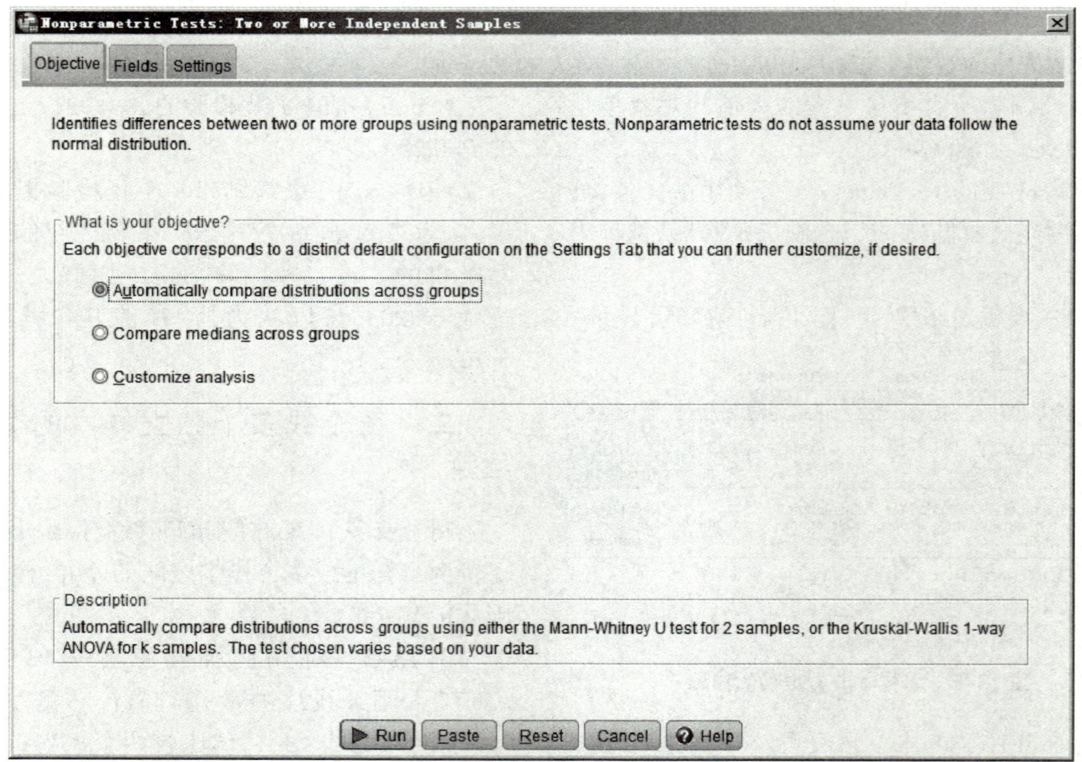

图 13-6 两样本及多样本的非参数检验目标对话框

Groups：分组变量，本例选择变量“分组”。需要说明的是需要将 Groups 的变量事先定义其属性为等级变量或者名义变量才可选择此框中。

◇ Settings：设置（图 13–8）。

Select an item：选项。有检验方法选择（Choose Tests）、检验设置（Test Options）和是否使用缺失值（User–Missing Values）三个选项。

● Choose Tests：检验方法选择。自定义检验方法（Customize tests）有以下几种。

Compare Distributions across Groups：分布检验。两独立样本比较有 Mann–Whitney U 检验，Kolmogorov–Smirnov 检验，随机序列的 Wald–

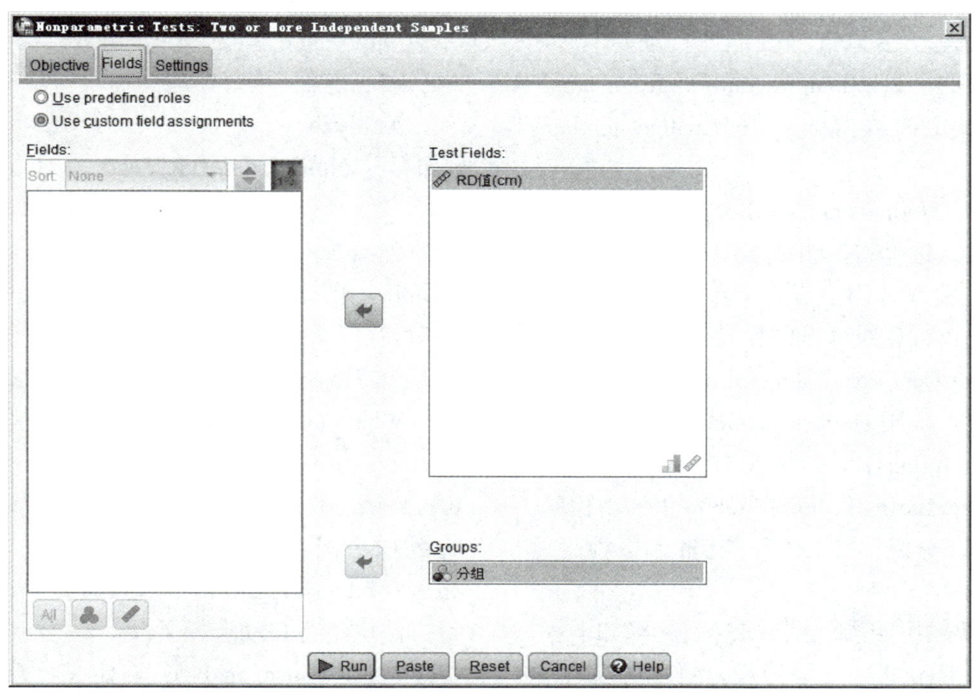

图 13–7　两样本及多样本的非参数检验变量对话框

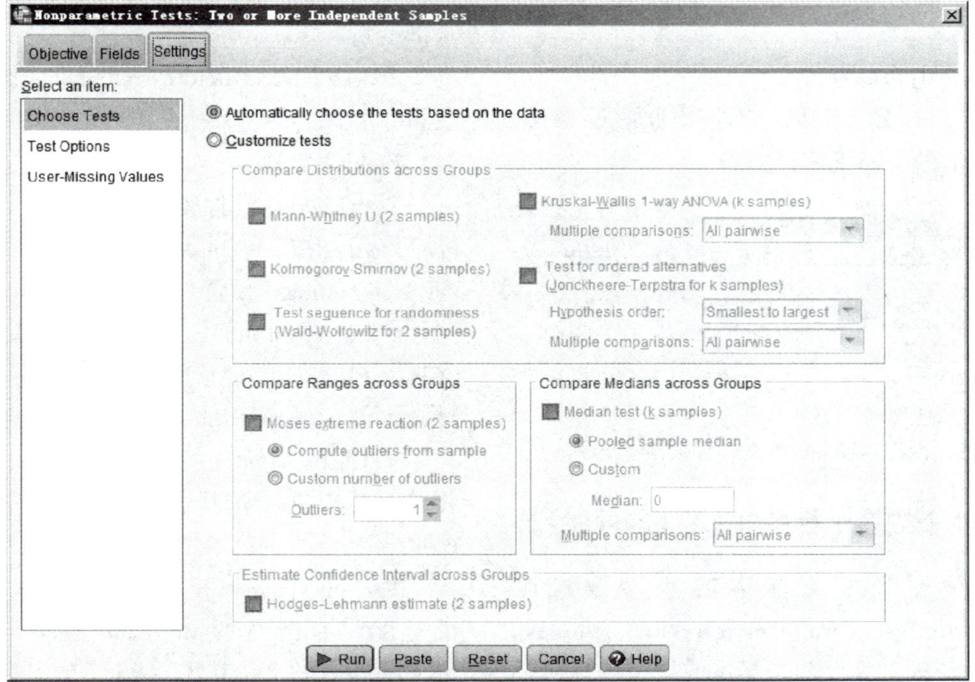

图 13–8　两样本及多样本的非参数检验设置对话框

Wolfowitz 检验。多独立样本比较有 Kruskal-Wallis 检验(多重比较可选择两两比较或逐级降低的比较),Jonckheere-Terpstra 有序检验(多重比较可选择两两比较或逐级降低的比较)等选项。其中多组间的 Jonckheere-Terpstra 有序检验可对数据进行从小到大或者从大到小的设计。

Compare Ranges across Groups:极差检验。采用 Moses 极差反应分析。可选择自动从样本中统计离群值的个数(Compute outliers from sample)或者用户设定离群值的个数(Custom number of outliers)。

Compare Medians across Groups:中位数检验。用户可自定义选择将两组或多组合并为一组的中位数进行检验或者用户设定中位数,多重比较可选择两两比较或逐级降低的比较。

Estimate Confidence interval across Groups:置信区间估计。采用 Hodges-Lenhman 检验。

- Test Options:见本章单样本检验。
- User-Missing Values:见本章单样本检验。

本例对“分组”和“*RD*”进行非参数检验,均选择默认选项。

2. 主要输出结果 见图 13-9,解释如下:

- Null Hypothesis:原假设,本例假定两组的“*RD* 值”来自于同一分布总体。
- Test:检验方法,选择了两组间的 Mann-Whitney U 检验。
- Sig:*P* 值,*P*=0.080。
- Decision:最终结果。不拒绝原假设,两组人群的 *RD* 值的分布无统计差异。

Hypothesis Test Summary

	Null Hypothesis	Test	Sig.	Decision
1	The distribution of RD值(cm) is the same across categories of 分组.	Independent-Samples Mann-Whitney U Test	.080[1]	Retain the null hypothesis.

Asymptotic significances are displayed. The significance level is .05.

[1]Exact significance is displayed for this test.

图 13-9 两样本及多样本的非参数检验结果

三、两个或多个相关样本的非参数检验

两个或多个相关样本的非参数检验(nonparametric tests: two or more related samples)主要用于比较配对设计两个样本或区组设计多个样本之间的差异,样本可不服从正态分布。

例 13-3 以例 9-2 数据为例,用非参数检验方法比较 3 种卡环的固定效果有无差异。

1. 操作过程

(1)数据格式:见数据文件“teeth_2.sav”,10 行 4 列。10 行表示 10 个配伍组;4 列表示 4 个变量,其中 1 个变量是配伍组标识变量“*teeth*”,其余 3 个变量代表 3 个处理组,变量名分别为“*pull_gen*”“*pull_RPI*”和“*pull_Y*”。

(2)过程:从菜单选择

Analyze

Nonparametric Tests

Related Samples

弹出 Nonparametric Tests: Two or More Related Samples(两个或多个相关样本的非参数检验)目标对话框(图 13-10)。

◇ Objective:检验目标。

What is your objective?:目标选择。

⊙ Automatically compare observed data to hypothesized:自动选择分析方法,为默认选项。选此项后,软件会在 McNemar 检验、Cochran's Q 检验、Wilcoxon 配对符号秩检验和 Friedman 检验等方法中进行自动选择。

◎ Customize analysis:自定义分析。

◇ Fields:变量(图 13-11)。

◎ Use predefined roles:使用预定义角色,即全部变量。

⊙ Use custom field assignments:使用自定义变量。

Fields:变量。

Test Fields:检验变量。本例选择变量“*pull_gen*”“*pull_RPI*”和“*pull_Y*”。

◇ Settings:设置(图 13-12)。

- Select an item:选项。有检验方法选择(Choose Tests)、检验设置(Test Options)和是否估计缺失值(User-Missing Values)三个选项。
- Choose Tests:检验方法选择。有自动选择和自定义两个选择。自定义选择检验方法有 6 种。

Test for Change in Binary Data:二分类数据的检验。有配对的 McNemar 检验和多组间的 Cochran's Q 检验:其中多组间的 Cochran's Q 检验有多重比较选项。

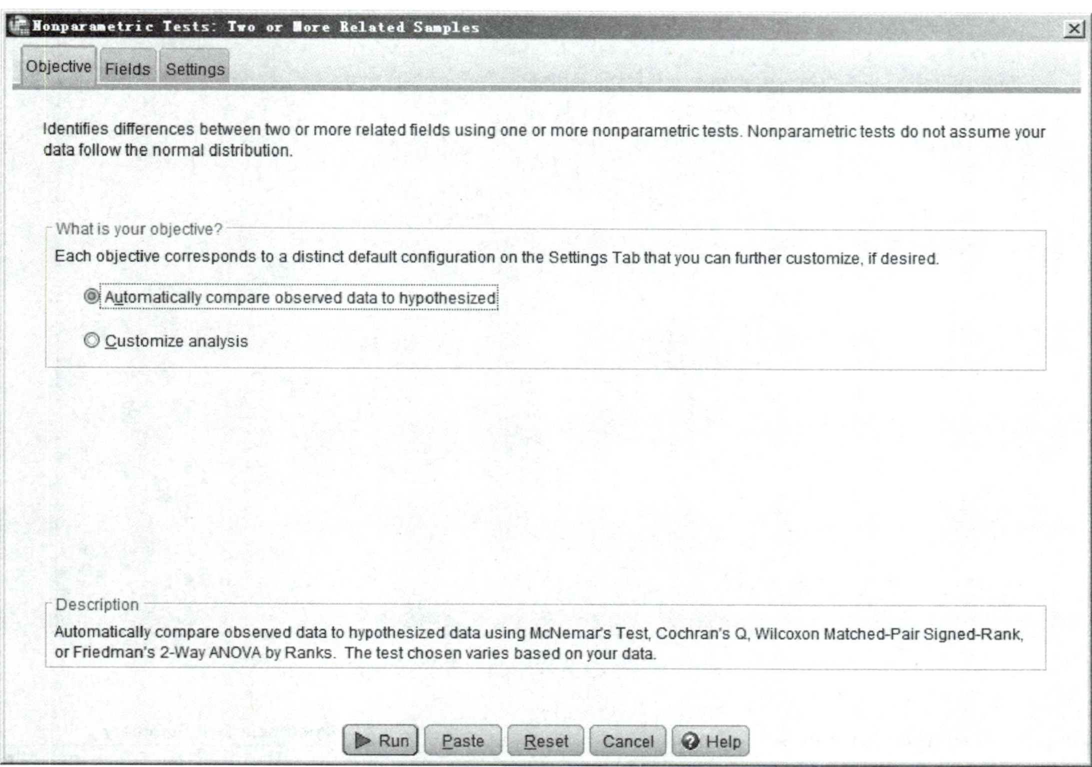

图 13–10　两个或多个相关样本的非参数检验目标对话框

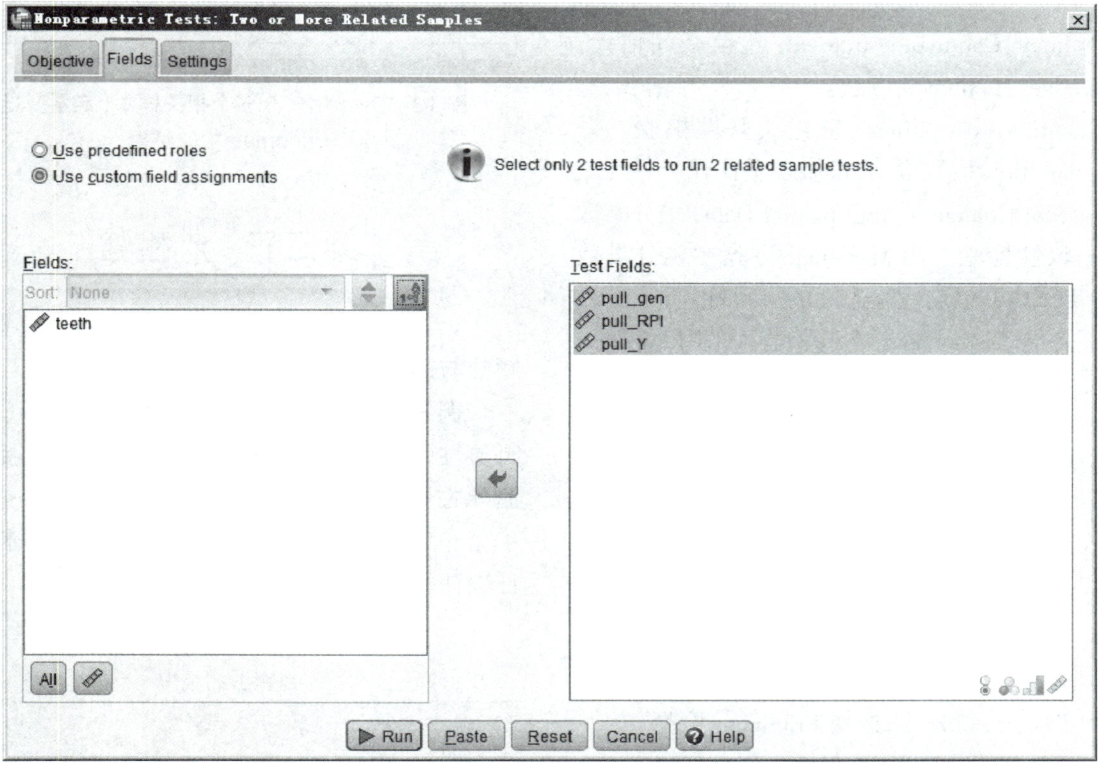

图 13–11　两个或多个相关样本的非参数检验变量对话框

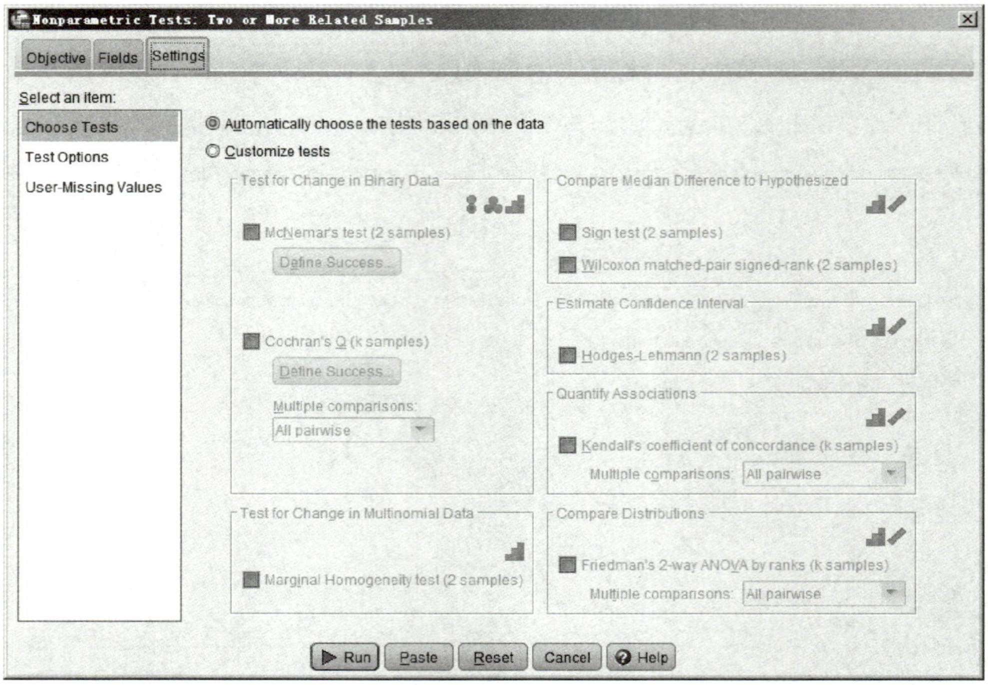

图 13-12　两个或多个相关样本的非参数检验设置对话框

Compare Medians Difference to Hypothesized：中位数检验。主要为符号检验和 Wilcoxon 符号秩检验，检验两个总体中位数之差是否为 0。

Estimate Confidence interval：置信区间估计，采用 Hodges-Lenhman 方法。

Quantify Associations：量化关联性检验。采用 Kendall 和谐系数检验，可做多重比较。

Test for Change in Multinomial Data：多分类数据的一致性检验。为 McNemar 检验在多分类数据的扩展，其思想是检验边际的一致性。

Compare Distributions：分布检验。采用 Friedman 检验，有多重比较选项。

- Test Options：见本章单样本检验。
- User-Missing Values：见本章单样本检验。

本例选择变量“*pull_gen*”“*pull_RPI*”和“*pull_Y*”，均选择默认选项。

2. **主要输出结果**　见图 13-13，解释如下：

- Null Hypothesis：原假设，本例假设三组间的抗拉强度值来自于同一分布总体。
- Test：检验方法，选择 Friedman 检验。
- Sig：*P* 值，*P*=0.002。
- Decision：最终结果。拒绝原假设，认为三种处理的抗拉强度有统计差异。

Hypothesis Test Summary

	Null Hypothesis	Test	Sig.	Decision
1	The distributions of 普通卡环抗拉强度(牛顿), RPI卡环抗拉强度(牛顿) and Y型卡环抗拉强度(牛顿) are the same.	Related-Samples Friedman's Two-Way Analysis of Variance by Ranks	.002	Reject the null hypothesis.

Asymptotic significances are displayed. The significance level is .05.

图 13-13　例 13-3 多个相关样本（定量变量）Friedman 检验结果

第二节　χ^2 检验

χ^2 检验（Chi-Square test）过程用于检验观察频数与期望频数是否吻合。

例 13-4　某毒理实验对 60 只怀孕小白鼠进行显性致死实验，结果见表 13-2。有研究报道胚胎死亡数服从负二项分布，表中给出了根据负二项分布求得的期望频数分布，试据此用 χ^2 检验验证以往研究报道的正确性。

表 13-2　不同胚胎死亡数的雌鼠分布情况

胚胎死亡数	0	1	2	≥3
观察雌鼠数	30	14	8	8
期望频数	29.69	14.86	7.55	7.90

1. 操作过程

（1）数据格式：见数据文件“nonpara_1.sav”，有4行2列，2个变量分别为检验变量和频数变量。

● 检验变量：变量名为“*no*”，标记为“死亡胚胎数”，0=“0个”，1=“1个”，2=“2个”，3=“≥3个”。

● 频数变量：变量名为“*freq*”，标记为“观察频数”，将上表中的4个观察雌鼠数输入此列。

（2）过程：首先用Data菜单中的Weight Cases过程说明频数变量“*freq*”，然后从菜单选择

Analyze

Nonparametric Tests

Legacy Dialogs

Chi-square

弹出Chi-square Test（χ^2检验）主对话框（图13-14）。

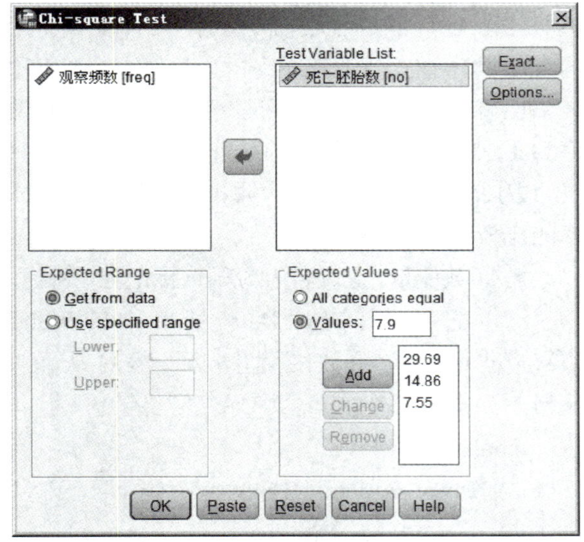

图13-14 χ^2检验主对话框

◇ Test Variable List：选入检验变量，即分组变量。本例为变量“*no*”。

◇ Expected Range：定义期望值范围。

⊙ Get from data：在原始数据的最小值和最大值范围内，检验变量有多少不同取值，将产生多少类别。系统默认。

◎ Use specified range：定义类别范围，键入下界值（Lower）和上界值（Upper），产生分析所需的类别。

◇ Expected Values：定义期望值。

◎ All categories equal：所有类别的期望值相等。

⊙ Values：输入各类别所对应的期望值，有几个类别需输入几个期望值。本例将表13-2中的4个期望频数依次与检验变量在数据文件中的显示顺序对应键入Values框内，每键入一个数据，Add按钮被激活，击Add按钮完成。

★ Exact：确切概率法。

击Exact按钮，弹出Exact Tests（确切概率法）对话框（图13-15）。

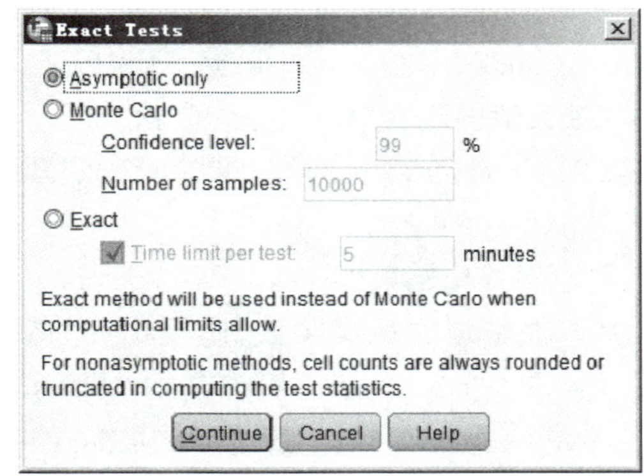

图13-15 χ^2检验确切概率法对话框

⊙ Asymptotic only：近似分布法。基于假设分布下的检验，即χ^2检验。系统默认。

◎ Monte Carlo：计算机模拟法。对分布无任何前提要求，以观察频数的周边合计为参数模拟样本，当样本量较大，用确切概率法耗时过长时，可考虑选此法。

Confidence level [99] %：置信区间。系统默认99%。

Number of samples [10 000]：模拟次数。系统默认10 000次。

◎ Exact：确切概率法。

□ Time limit per test [5] minutes：每次检验时限，系统默认5 min，即当运算超过5 min仍未得出结果时，自动终止执行命令。一般若30 min未能得出结果的话，建议选用Monte Carlo法。

★ Options：选项（图13-14）。

击Options按钮，弹出Chi-square Test：Options（选项）对话框（图13-16）。

◇ Statistics：统计量。

□ Descriptive：描述统计量，输出均数、最小值、最大值、标准差等。

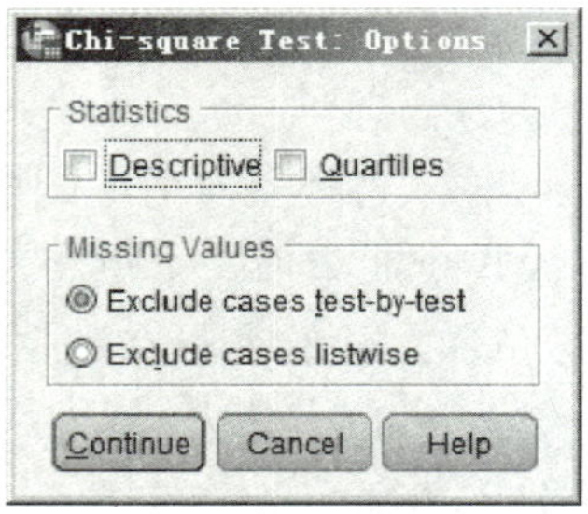

Chi-square Test: Options

Statistics

Descriptive　Quartiles

Missing Values

Exclude cases test-by-test

Exclude cases listwise

Continue　Cancel　Help

图 13-16　χ^2 检验选项对话框

□ Quartiles：四分位数，输出第 25，50 以及第 75 百分位数。

◇ Missing Values：缺失值的处理。

⊙ Exclude cases test-by-test：只剔除检验变量中含缺失值的观察单位。系统默认。

◎ Exclude cases listwise：剔除所有变量中含缺失值的观察单位。

2. 主要输出结果

（1）各类别的观察频数、期望频数与残差：见图 13-17，"Observed" 一栏表示观察频数；"Expected" 一栏表示期望频数；"Residual" 一栏表示残差，即观察频数与期望频数之差。

死亡胚胎数

	Observed N	Expected N	Residual
0个	30	29.69	.31
1个	14	14.86	-.86
2个	8	7.55	.45
3个–	8	7.90	.10
Total	60		

图 13-17　观察和期望频数及残差

（2）χ^2 检验：见图 13-18，χ^2=0.081，P=0.994，不拒绝原假设，即支持胚胎死亡数服从负二项分布的结论。

Test Statistics

	死亡胚胎数
Chi-Square	.081[a]
df	3
Asymp. Sig.	.994

a. 0 cells (0.0%) have expected frequencies less than 5. The minimum expected cell frequency is 7.6.

图 13-18　χ^2 检验结果

第三节　样本率与总体率比较的二项分布检验

二项分布检验过程用来检验样本是否来自于给定的二项分布总体。

例 13-5　根据大量筛查得知某沿海省份成人的 α- 地中海贫血基因携带率为 7.6%。某研究在本省某山区随机抽样调查成人 125 例，检出 α- 地中海贫血基因携带者 12 例，问该山区与本省一般成人的 α- 地中海贫血基因携带率有无差异？

1. 操作过程

（1）数据格式：见数据文件 "nonpara_2.sav"，有 2 行 2 列，2 个变量分别为检验变量和频数变量。

● 检验变量：又是分组变量，变量名为 "*gene*"，标记为 "地中海贫血基因携带"。变量赋值为 1= "是"，2= "否"。需特别指出，变量赋值的大小顺序在这里是有区别的，赋值较小的值代表阳性事件。例如，若将 "是" 赋值为 0，"否" 赋值为 1，则输出结果显示的是非携带率，即 90.4%（1–12/125），就变成了样本非携带率与总体携带率的比较。

● 频数变量：变量名为 "*freq*"，标记为 "频数"。

（2）过程：首先用 Data 菜单中的 Weight Cases 过程说明频数变量 "*freq*"，然后从菜单选择

Analyze

　　Nonparametric Tests

　　　　Legacy Dialogs

　　　　　　Binomial

弹出 Binomial Test（二项分布检验）主对话框（图 13-19）。

◇ Test Variable List：选入检验变量，即分组变量。本例选 "*gene*"。

Test Proportion：[0.076]：确定检验概率值，即总体率。系统默认值为 0.5。本例总体携带率为 7.6%，故键入 "0.076"。

◇ Define Dichotomy：定义二分值。

⊙ Get from data：设定的变量只有两个取值，直接从原数据读取。

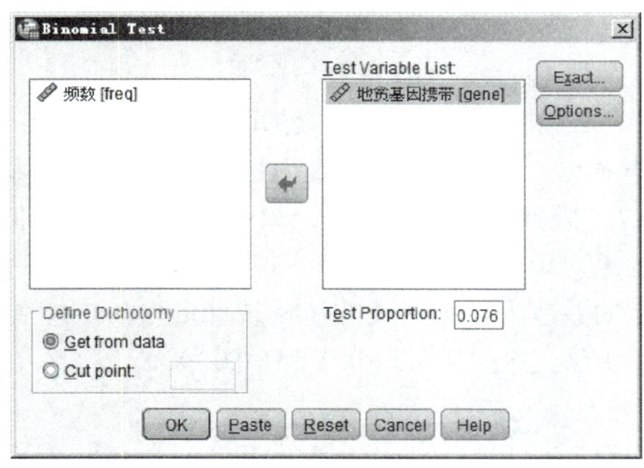

图 13-19　二项分布检验对话框

◎ Cut point：设定的变量超过两个取值时，选择此项，并键入分割界值，小于或等于该界值点的数据将形成第一组，大于该界值点的数据形成另一组。

★ Exact：确切概率法。

★ Options：选项。

2. 主要输出结果　见图 13-20，样本携带率为 9.6%，总体携带率为 7.6%。单侧确切概率（*P* 值）为 0.242，可据此推断该山区与本省一般成人的 *α*- 地中海贫血基因携带率无统计学显著性。

Binomial Test

		Category	N	Observed Prop.	Test Prop.	Exact Sig. (1-tailed)
地贫基因携带	Group 1	是	12	.096	.076	.242
	Group 2	否	113	.904		
	Total		125	1.000		

图 13-20　样本率与总体率比较的检验结果

第四节　游 程 检 验

游程检验（runs test）主要用于推断数据序列中两类事件的发生过程是否随机，例如临床试验所关心的病例入组顺序是否随机的问题。

例 13-6　数据文件 “clinical trial.sav” 是某一临床试验的数据，患者编号 “*ID*” 代表了病例的入组顺序。试检验病例分组 “*GROUP*” 和性别 “*SEX*” 的排列顺序是否随机。

1. 操作过程　从菜单选择

Analyze

Nonparametric Tests

Legacy Dialogs

Runs

弹出 Runs Test（游程检验）主对话框（图 13-21）。

◇ Test Variable List：检验变量。本例选入 “*GROUP*” 和 “*SEX*”。

◇ Cut Point：分界点。变量被分为两类，小于分界点一类，大于或等于分界点为另一类。确定分界点有 4 种选择，即检验变量的中位数、均数和众数，以及自定义。本例选自定义，填入 “2”，因为两个变量均为二分类变量，且赋值也都是 1 和 2。

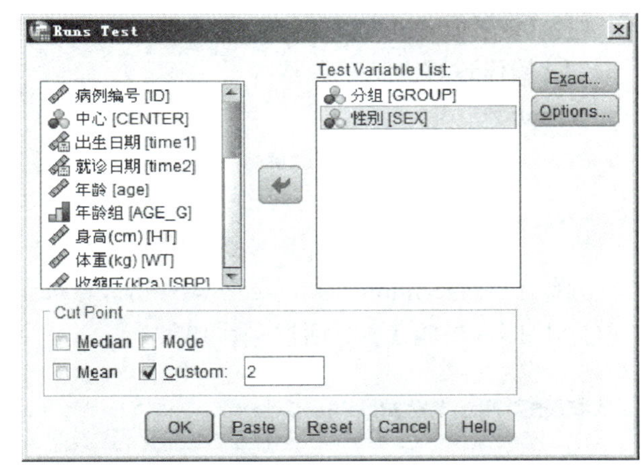

图 13-21　游程检验主对话框

2. 主要输出结果　见图 13-22，解释如下：

● Test Value：两个变量的分界点均为自定义 2。

● Total Cases：样本量，两变量都是 144 例。

Runs Test

	分组	性别
Test Value[a]	2.00	2.00
Total Cases	144	144
Number of Runs	84	52
Z	1.840	-2.721
Asymp. Sig. (2-tailed)	.066	.007

a. User-specified.

图 13-22　游程检验结果

● Number of Runs：游程数，病例分组“*GROUP*”有 84 个，性别“*SEX*”有 52 个。

● 游程检验用 *Z* 检验，病例分组的顺序可认为排列随机（Z=1.840，P=0.066），性别的顺序排列是不随机的（Z=-2.721，P=0.007）。

第五节 单样本科尔莫戈罗夫－斯米尔诺夫检验

单样本科尔莫戈罗夫－斯米尔诺夫检验（Kolmogorov-Smirnov test，K-S 检验）是用来检验样本的分布是否服从某种理论分布，这里的理论分布可以是正态分布（normal distribution）、均匀分布（uniform distribution）、泊松分布（Poisson distribution）和指数分布（exponential distribution）。

例 13-7 以例 6-1 数据（数据文件名“diameter_sub.sav”）为例，试检验变量“*trueap_mean*”（矢状面管径）是否服从正态分布。

1. 操作过程 从菜单选择

Analyze

Nonparametric Tests

Legacy Dialogs

1-Sample K-S Test

弹出 One-Sample Kolmogorov-Smirnov Test（单样本 K-S 检验）主对话框（图 13-23）。

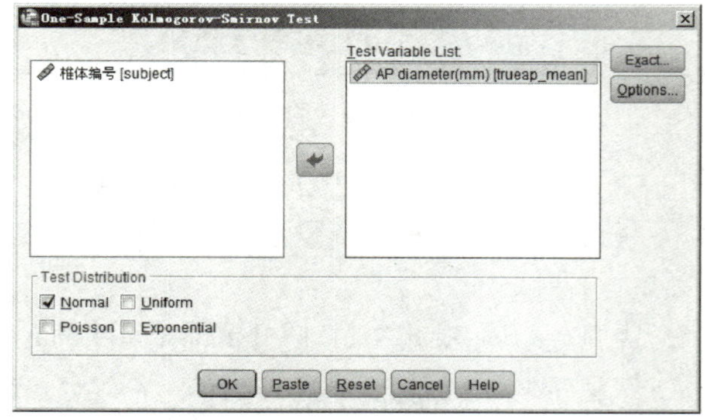

图 13-23 K-S 检验主对话框

◇ Test Variable List：选入检验变量。本例选变量“*trueap_mean*”。

◇ Test Distribution：检验分布类型。

☑ Normal：正态分布。

☐ Uniform：均匀分布。

☐ Poisson：泊松分布。

☐ Exponential：指数分布。

2. 主要输出结果 见图 13-24。该变量的样本量 216 例；均数和标准差分别为 14.44 和 0.72；观察累积分布与理论累积分布的最大差值的绝对值为 0.058。最大正向差值为 0.032，最大负向差值为 -0.058；Lilliefors 统计量为 0.058。结论为该变量服从正态分布（P=0.07）。

One-Sample Kolmogorov-Smirnov Test

		AP diameter (mm)
N		216
Normal Parameters[a,b]	Mean	14.4421
	Std. Deviation	.71728
Most Extreme Differences	Absolute	.058
	Positive	.032
	Negative	-.058
Test Statistic		.058
Asymp. Sig. (2-tailed)		.070[c]

a. Test distribution is Normal.

b. Calculated from data.

c. Lilliefors Significance Correction.

图 13-24 K-S 检验结果（正态分布）

第六节 两独立样本非参数检验

两独立样本非参数检验（two independent samples nonparametric tests）用以检验两个独立样本间是否具有相同的分布。

一、两组计量资料的比较

例 13-8 应用例 13-2 资料。

1. 操作过程

（1）数据格式：见数据文件“nonpara_3.sav”，与独立样本 *t* 检验的数据格式相同，22 行 2 列，即 2 个变量，1 个分组变量和 1 个检验变量。

● 分组变量：变量名“*group*”，变量值标记为 1=“肺癌患者”，2=“硅肺工人”。

● 检验变量：为“*RD*”。

（2）过程：从菜单选择

Analyze

Nonparametric Tests

Legacy Dialogs

2 Independent Samples

弹出 Two-Independent-Samples Tests（两独立样本非参数检验）对话框（图 13-25）。

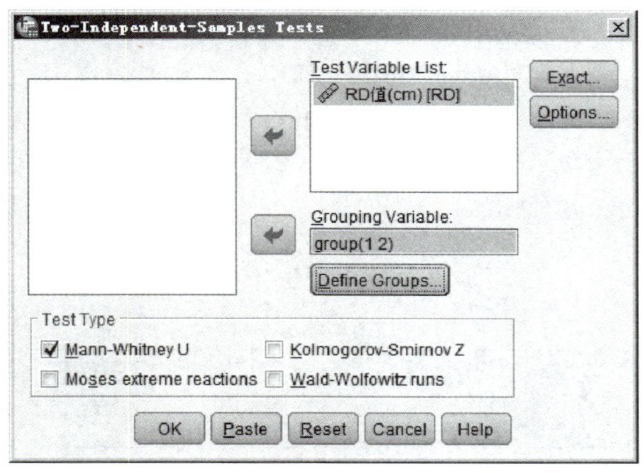

图 13-25 两独立样本非参数检验对话框

◇ Test Variable List：选入检验变量。本例选变量“*RD*”。

◇ Grouping Variable：选入分组变量。本例选变量“*group*”，同时激活 Define Groups（定义分组变量）框，分别键入 1 和 2。

◇ Test Type：检验方法。

☑ Mann-Whitney U：该法应用最广，为系统默认。其基本思想是检验两抽样总体的位置是否相同，它与 Wilcoxon 秩和检验及两组比较的 Kruskal-Wallis 检验完全等价。

□ Kolmogorov-Smirnov Z：其计算建立在两组累积分布最大差值的基础上。该法与 Wald-Wolfowitz runs 法思想相同，同时检验两抽样总体的位置及形状是否有差异。

□ Moses extreme reactions：基本思想是，在剔除了各 5% 的最大和最小值后，比较两组的极差是否相同。

□ Wald-Wolfowitz runs：基于排秩后的游程检验。

2. 主要输出结果 见图 13-26 和图 13-27，解释如下：

● 肺癌患者平均秩次为 14.15（=141.50/10），硅肺工人平均秩次为 9.29。

Ranks

	分组	N	Mean Rank	Sum of Ranks
RD值(cm)	肺癌病人	10	14.15	141.50
	矽肺工人	12	9.29	111.50
	Total	22		

图 13-26 秩次统计量

Test Statistics[a]

	RD值(cm)
Mann-Whitney U	33.500
Wilcoxon W	111.500
Z	-1.748
Asymp. Sig. (2-tailed)	.080
Exact Sig. [2*(1-tailed Sig.)]	.080[b]

a. Grouping Variable: 分组

b. Not corrected for ties.

图 13-27 两独立样本秩和检验结果

● Mann-Whitney U 统计量为 33.500，Wilcoxon W 统计量为 111.500，两法的 Z 检验统计量完全一致，为 Z=-1.748，P=0.080（双侧）。确切概率检验的 P 值为 0.080。两组人群 RD 值的分布无差异。

二、等级 / 频数表资料

例 13-9 血清乙肝病毒（HBV）DNA 的肝细胞人类白细胞抗原（HLA）-A、B、C 的表达结果见表 13-3，问 DNA 阳性组（DNA+）与 DNA 阴性组（DNA-）的肝细胞 HLA-A、B、C 的表达强度有无差异？

表 13-3 血清 HBV DNA 的肝细胞 HLA-A、B、C 的表达结果

HLA-A、B、C 的表达强度	DNA+ 组	DNA- 组	合计
-	17	7	24
±	10	15	25
+	9	16	25
合计	36	38	74

1. 操作过程

（1）数据格式：见数据文件“nonpara_4.sav”，有 6 行 3 列。定义 3 个变量，分别为分组变量、检验变量和频数变量。

● 分组变量：本例为“*group*”（分组），赋值为 1=“DNA+”，2=“DNA-”。

● 检验变量：本例为“*HLA_ABC*”（HLA-ABC 染色强度），赋值为 1=“-”、2=“±”，3=“+”。

● 频数变量：本例为“*freq*”。

（2）过程：首先用 Data 菜单中的 Weight Cases 过程说明频数变量“*freq*”，然后从菜单选择

Analyze

Nonparametric Tests

Legacy Dialogs

2 Independent Samples

弹出 Two-Independent-Samples Tests（两独立样本非参数检验）主对话框。在 Test Variable List 框中选入检验变量，本例为变量"*HLA_ABC*"。在 Grouping Variable 框中选入分组变量，本例为变量"*group*"。检验方法本例选择 Mann-Whitney U。

2. 主要输出结果 见图 13-28 和图 13-29，解释如下：

- DNA+ 组平均秩次为 31.68，DNA- 组平均秩次为 43.01。
- Mann-Whitney U 统计量为 474.5，Wilcoxon W 统计量为 1140.5，Z 检验统计量为 Z=-2.403，P=0.016（双侧）。两组的肝细胞 HLA-A、B、C 的表达强度有统计学显著性，以 DNA- 组较强（43.01>31.68）。

Ranks

	分组	N	Mean Rank	Sum of Ranks
HLA-ABC染色强度	DNA+	36	31.68	1140.50
	DNA-	38	43.01	1634.50
	Total	74		

图 13-28 秩次统计量

Test Statistics[a]

	HLA-ABC染色强度
Mann-Whitney U	474.500
Wilcoxon W	1140.500
Z	-2.403
Asymp. Sig. (2-tailed)	.016

a. Grouping Variable: 分组

图 13-29 两独立样本秩和检验结果

例 13-10 以数据文件"clinical trial.sav"为例，以"*GROUP*"为分组变量，比较两组治疗前尿痛程度"*UPAIN1*"有无差异。

由于数据是非频数表格式，故无需定义频数变量。过程为：

Analyze

Nonparametric Tests

Legacy Dialogs

2 Independent Samples

▸ **Test Variable List：*UPAIN1***

▸ **Grouping Variable：*GROUP*（*1*，*2*）**

☑ **Mann-Whitney U**

结果见图 13-30，两组治疗前尿痛程度有统计学差异（P=0.014），以试验药组的尿痛程度较重（79.83>65.17）。

Ranks

	分组	N	Mean Rank	Sum of Ranks
治疗前尿痛	试验药	72	79.83	5747.50
	安慰剂	72	65.17	4692.50
	Total	144		

Test Statistics[a]

	治疗前尿痛
Mann-Whitney U	2064.500
Wilcoxon W	4692.500
Z	-2.465
Asymp. Sig. (2-tailed)	.014

a. Grouping Variable: 分组

图 13-30 例 13-10 两独立样本秩和检验结果

第七节 多个独立样本非参数检验

多个独立样本非参数检验（nonparametric tests for several independent samples）用以检验多个独立样本间是否具有相同的分布。

一、多组计量资料的比较

例 13-11 为比较三种药物的杀灭钉螺效果，每种药每次对 200 只活钉螺进行杀灭，记录杀灭率，结果见表 13-4。试比较三种药物杀灭钉螺的效果有无差别。

表 13-4 三种药物对钉螺的杀灭率

甲药 /%	乙药 /%	丙药 /%
32.5	16.0	6.5
35.5	20.5	9.0
40.5	22.5	12.5
46.0	29.0	18.0
49.0	36.0	24.0

1. 操作过程

（1）数据格式：与 One-Way ANOVA 格式相同，见数据文件"nonpara_5.sav"，有 15 行 2 列。

定义 2 个变量，分别为分组变量和检验变量。

● 分组变量：本例为“*medicine*”（药物），赋值为 1=“甲药”，2=“乙药”，3=“丙药”。

● 检验变量：本例为“*mortality*”（杀灭率 %）。

（2）过程：从菜单选择

Analyze

Nonparametric Tests

Legacy Dialogs

K Independent Samples

弹出 Tests for Several Independent Samples（多个独立样本非参数检验）主对话框（图 13-31）。

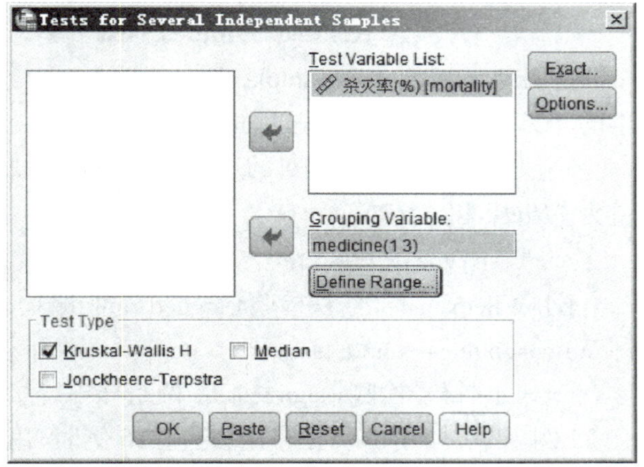

图 13-31　多个独立样本非参数检验主对话框

◇ Test Variable List：选入检验变量。本例选变量“*mortality*”。

◇ Grouping Variable：选入分组变量。本例选变量“*medicine*”，同时激活 Define Range（定义分组变量范围）框，分别填入 1 和 3，表示第 1 至第 3 组之间的比较。

◇ Test Type：检验方法。

☑ Kruskal-Wallis H：多组秩和检验。

☐ Median：多个中位数检验。

☐ Jonckheere-Terpstra：检验多个样本是否来自同一总体。对等级资料，该法较 Kruskal-Wallis 法效能更高。

2. **主要输出结果**　见图 13-32。H 统计量服从 χ^2 分布，故以 χ^2 值表示检验统计量。本例，χ^2=9.740，ν=2，P=0.008，3 组间差异有统计学显著性，可认为不同药物对钉螺的杀灭率有差异，根据平均秩次进一步推断，以甲药效果最好，乙药次之，丙药最差。

Ranks

	药物	N	Mean Rank
杀灭率(%)	甲药	5	12.60
	乙药	5	7.60
	丙药	5	3.80
	Total	15	

Test Statistics[a,b]

	杀灭率(%)
Kruskal-Wallis H	9.740
df	2
Asymp. Sig.	.008

a. Kruskal Wallis Test

b. Grouping Variable: 药物

图 13-32　例 13-11 多个独立样本秩和检验结果

二、多组等级 / 频数表资料的比较

例 13-12　使用不同内固定钉治疗股骨胫骨折的疗效见表 13-5，试分析之。

表 13-5　不同内固定钉治疗股骨胫骨折的疗效观察

疗效	内固定钉			合计
	三翼钉	粗螺钉	细螺钉	
优良	13	20	20	53
不愈合	5	4	2	11
坏死	7	6	3	16
合计	25	30	25	80

1. 操作过程

（1）数据格式：见数据文件“nonpara_6.sav”，有 9 行 3 列。定义 3 个变量，分别为分组变量、检验变量和频数变量。

● 分组变量：本例为“*group*”（内固定钉），赋值为 1=“三翼钉”，2=“粗螺钉”，3=“细螺钉”。

● 检验变量：本例为“*effect*”（疗效），赋值为 1=“优良”，2=“不愈合”，3=“坏死”。

● 频数变量：本例为“*freq*”（频数）。

（2）过程：从菜单选择

Data

Weight Cases

▸ ⊙ **Weight cases by: freq**

Analyze

Nonparametric Test

Legacy Dialogs

K Independent Samples

▸ **Test Variable List:** ***effect***

▸ **Grouping Variable:** ***group*（*1*，*3*）**

☑ **Kruskal–Wallis H**

2. 主要输出结果　见图 13–33，χ^2=4.099，ν=2，P=0.129，3 种内固定螺钉的疗效无统计学差异。

Ranks

	内固定钉	N	Mean Rank
疗效	三翼钉	25	46.14
	粗螺钉	30	40.37
	细螺钉	25	35.02
	Total	80	

Test Statistics[a,b]

	疗效
Kruskal-Wallis H	4.099
df	2
Asymp. Sig.	.129

a. Kruskal Wallis Test

b. Grouping Variable: 内固定钉

图 13–33　例 13–12 多个独立样本秩和检验结果

第八节　两相关样本的非参数检验

例 13–13　以数据文件“clinical trial.sav”为例，试比较试验药组（*GROUP*=1）治疗前血红蛋白含量“*HB1*”和治疗后血红蛋白含量“*HB2*”有无差异。注意如果资料属于正态分布，宜首选配对 *t* 检验，因为配对非参数检验会降低检验效能，本例仅练习两相关（配对设计）样本非参数检验的操作过程。

1. 操作过程　分两步进行。第一步选择分析对象，第二步做秩和检验。

第一步：从菜单选择

Data

　Select Cases

　　⦿ **If condition is satisfied:** ***GROUP*=1**

第二步：从菜单选择

Analyze

　Nonparametric Tests

　　Legacy Dialogs

　　　2 Related Samples Test

弹出 Two–Related–Samples Tests（两相关样本的非参数检验）主对话框（图 13–34）。

◇ Test Pairs：选入配对的变量。本例配对变量为“*HB1*”和“*HB2*”。

◇ Test Type：检验方法。

☑ Wilcoxon：符号秩检验（signed rank test），即 Wilcoxon one–sample test。

☐ Sign：符号检验（sign test）。两组样本容量在 25 例以下时，用二项分布法；超过 25 例时，用正态分布法。

☐ McNemar：用于配对计数资料的比较，只适于二分类且每对的分类相同的资料。

☐ Marginal Homogeneity：边际一致性检验（marginal homogeneity）。适于两组相关的等级资料比较，为 McNemar 法由二分类到多个有序分类的扩展方法。

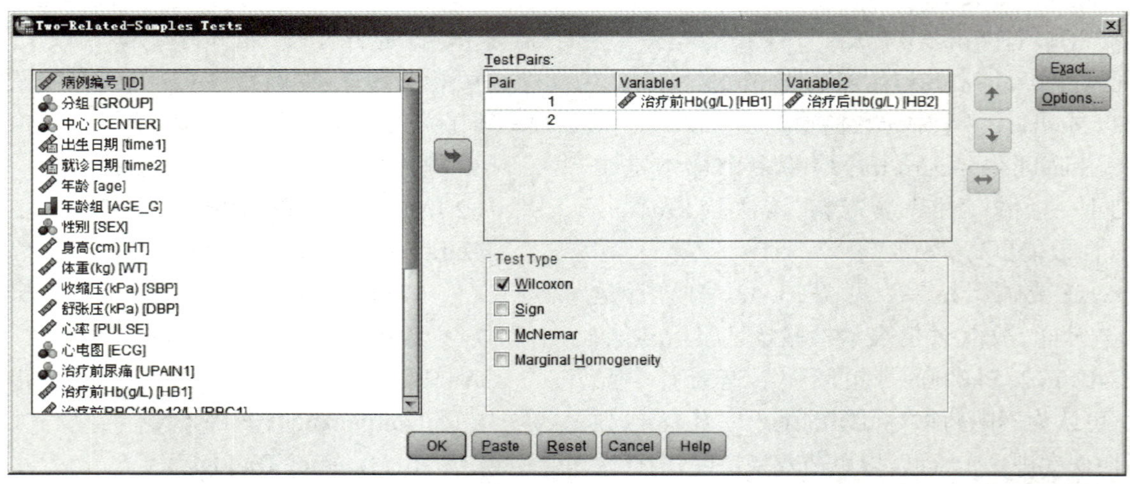

图 13–34　两相关样本的非参数检验主对话框

2. 主要输出结果 见图 13-35，解释如下：

● 秩号：秩号的符号由“*HB2-HB1*”决定，负秩号（Negative Ranks）有 31 例；正秩号（Positive Ranks）有 25 例；持平（Ties）有 16 例。

● 负秩号的平均秩次为 31.74，正秩号的平均秩次为 24.48，以负秩号占优，说明治疗后血红蛋白含量下降。

● 治疗前后比较无差异（$Z=-1.518$，$P=0.129$），治疗后血红蛋白含量较治疗前下降无差异。

例 13-14 仍以数据文件“clinical trial.sav”为例，试比较试验药组（*GROUP*=1）治疗前尿痛程度“*UPAIN1*”和治疗后尿痛程度“*UPAIN2*”有无差异。

1. 操作过程

Data

Select Cases

⊙ **If condition is satisfied：*GROUP*=1**

Analyze

Nonparametric Test

Legacy Dialogs

2 Related Samples Test

▸ **Test Pair（s）List：*UPAIN1* – *UPAIN2***

☑ **Wilcoxon**

2. 主要输出结果 见图 13-36，治疗后尿痛程度显著改善（$P=0.000$）。

Ranks

		N	Mean Rank	Sum of Ranks
治疗后Hb(g/L) - 治疗前Hb (g/L)	Negative Ranks	31[a]	31.74	984.00
	Positive Ranks	25[b]	24.48	612.00
	Ties	16[c]		
	Total	72		

a. 治疗后Hb(g/L) < 治疗前Hb(g/L)

b. 治疗后Hb(g/L) > 治疗前Hb(g/L)

c. 治疗后Hb(g/L) = 治疗前Hb(g/L)

Test Statistics[a]

	治疗后Hb(g/L) - 治疗前Hb (g/L)
Z	-1.518[b]
Asymp. Sig. (2-tailed)	.129

a. Wilcoxon Signed Ranks Test

b. Based on positive ranks.

图 13-35 例 13-13 两个相关样本非参数检验结果

Ranks

		N	Mean Rank	Sum of Ranks
治疗后尿痛 - 治疗前尿痛	Negative Ranks	65[a]	33.00	2145.00
	Positive Ranks	0[b]	.00	.00
	Ties	7[c]		
	Total	72		

a. 治疗后尿痛 < 治疗前尿痛

b. 治疗后尿痛 > 治疗前尿痛

c. 治疗后尿痛 = 治疗前尿痛

Test Statistics[a]

	治疗后尿痛 - 治疗前尿痛
Z	-7.259[b]
Asymp. Sig. (2-tailed)	.000

a. Wilcoxon Signed Ranks Test

b. Based on positive ranks.

图 13-36 例 13-14 两个相关样本非参数检验结果

第九节　多个相关样本的非参数检验

例 13-15　以例 9-2 数据为例，用非参数检验方法比较 3 种卡环的固定效果有无差异。

1. 操作过程

（1）数据格式：见数据文件 “teeth_2.sav”，10 行 4 列。10 行表示 10 个配伍组；4 列表示 4 个变量，其中 1 个变量是配伍组标识变量 “*teeth*”，其余 3 个变量代表 3 个处理组，变量名分别为 “*pull_gen*” “*pull_RPI*” 和 “*pull_Y*”。

（2）过程：从菜单选择

Analyze

Nonparametric Tests

Legacy Dialogs

K Related Samples Test

弹出 Test for Several Related Samples（多个相关样本的非参数检验）对话框（图 13-37）。

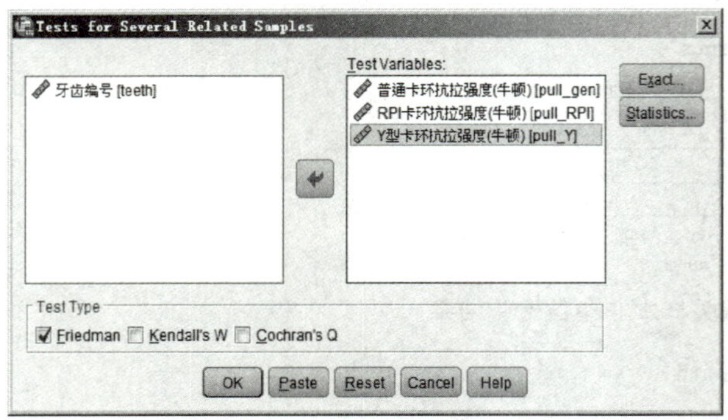

图 13-37　多个相关样本的非参数检验对话框

◇ Test Variables：选入检验变量。本例选入变量 “*pull_gen*” “*pull_RPI*” 和 “*pull_Y*”。

◇ Test Type：检验方法。

☑ Friedman：是单样本重复测量或配伍组设计定量或等级资料的一种非参数检验方法，检验假设是 K 个相关样本来自同一总体。

□ Kendall's W：是 Friedman 统计量正态化的结果，称之协调系数（coefficient of concordance），取值在 0 至 1 之间，用以度量不同测量者之间的一致程度，系数越接近于 1，一致性程度越高。

□ Cochran's Q：是 Friedman 检验在所有反应变量均为二分类结果时的一个特例，亦是 McNemar 检验在多个样本情况下的推广。

2. 主要输出结果

图 13-38 是 Friedman 检验的结果，可见 3 种卡环的抗拉强度有统计学意义（P=0.002），RPI 卡环抗拉强度最大，其次是普通卡环，Y 型卡环抗拉强度最小。

Ranks

	Mean Rank
普通卡环抗拉强度(牛顿)	1.70
RPI卡环抗拉强度(牛顿)	2.90
Y型卡环抗拉强度(牛顿)	1.40

Test Statistics[a]

N	10
Chi-Square	12.600
df	2
Asymp. Sig.	.002

a. Friedman Test

图 13-38　例 13-15 多个相关样本（定量变量）Friedman 检验结果

例 13-16　在研制一种患者满意度量表的条目筛选阶段，研究者设计了一个具有 31 个条目的问卷对高年资的医护人员进行调查，以了解专业人员对这些条目重要性的判断，为筛选条目提供依据。数据文件 “concordance.sav” 是对 59 名医护人员的调查结果，试检验和谐系数。

1. 操作过程

Analyze

Nonparametric Tests

Legacy Dialogs

K Related Samples Test

▸ **Test Variables：*item1/item2 / item3/…/item31***

☑ **Kendall's W**

2. 主要输出结果

图 13-39 是 Kendall 检验的结果，和谐系数为 0.323，有统计学意义（P<0.001），但和谐程度较弱，提示有必要进行下一轮调查。

Test Statistics

N	48
Kendall's W[a]	.323
Chi-Square	465.424
df	30
Asymp. Sig.	.000

a. Kendall's Coefficient of Concordance

图 13-39　例 13-16 多个相关样本 Kendall 检验结果

例 13-17　在维 A 酸软膏治疗银屑病的临床试验中，以 44 名静止期银屑病患者为对象，分别于治疗前、治疗后 2 周、4 周、6 周和 8 周观察患者的皮损面积，用银屑病面积与严重性指数（PASI 评分）表示，分为 4 个等级，即 0：0%；1：1%~9%；2：10%~29%；3：30%~49%，结果见数据文件“nonpara_7”，试分析该药对银屑病是否有效。

该资料属于重复测量数据，由等级变量表达。由于目前对等级资料没有像定量资料那样的实用的重复测量分析方法，故沿用 Friedman 检验进行分析。

1. 操作过程

Analyze

Nonparametric Tests

Legacy Dialogs

K Related Samples Test

▶ **Test Variables：*PASI0/PASI2/PASI4/PASI6/PASI8***

☑ **Friedman**

2. 主要输出结果　图 13-40 是 Friedman 检验的结果，治疗前后皮损面积有统计学差异（P=0.000），随着治疗时间的延长，皮损面积逐渐减小（平均秩次从治疗前到治疗后 8 周呈减小趋势）。

Ranks

	Mean Rank
PASI 评分(术前)	3.27
PASI评分(后2W)	3.16
PASI评分(后4W)	3.05
PASI评分(后6W)	2.99
PASI评分(后8W)	2.53

Test Statistics[a]

N	44
Chi-Square	28.229
df	4
Asymp. Sig.	.000

a. Friedman Test

图 13-40　例 13-17 多个相关样本（等级变量）Friedman 检验结果

配套数据文件集

（马金香　王　彤）

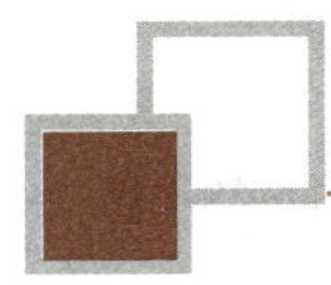

第十四章　生存分析

生存分析（survival analysis）是用于处理以生存时间（survival time）为反应变量、含有删失个例（censored cases）一类资料的统计方法。此类资料的生存时间变量多不服从正态分布。根据不同研究目的和资料类型，可采用不同的生存分析方法。例如，估计某一生存时间的生存率时，如术后五年生存率等，可使用寿命表法；估计中位生存时间时，寿命表法和 Kaplan–Meier 法均可；比较某因素不同水平的生存时间有无差异时，可使用 Kaplan–Meier 法；研究多种因素对生存时间的影响时，可使用 Cox 回归模型分析。本章将介绍这几种常用的生存分析方法。由于 IBM SPSS 未提供条件 logistic 分析的专门模块，本章将借助 Cox 回归分析实现这一功能。

第一节　寿命表法

例 14–1　某临床试验对 20 名第Ⅲ或第Ⅳ期黑色素瘤的患者进行随访研究，截至研究期结束，记录的生存资料见表 14–1，试计算 100 周生存率。

表 14–1　20 名Ⅲ或Ⅳ期黑色素瘤患者的治疗后的生存时间　　单位：周

12.8，15.6，24.0+，26.4，29.2，30.8+，39.2，42.0，58.4+，72.0+，77.2，82.4，87.2+，94.4+，97.2+，106.0+，114.8+，117.2+，140.0+，168.0+

“+”表示该数据为删失数据

1. 操作过程

（1）数据格式：见数据文件“survival_1.sav”，有 20 行 2 列。定义 2 个变量，其中 1 个反应变量，1 个分类变量。

● 反应变量：即生存时间变量，本例为变量“*time*”。

● 分类变量：即生存状态变量，变量名为“*status*”，有且只能有 2 个水平，变量标记为：0=“删失”或“生存”；1=“死亡”。为便于分析和操作，建议读者对生存分析资料的状态变量均依此进行标记。

（2）过程：从菜单选择

Analyze

　　Survival

　　　　Life Tables

弹出 Life Tables（寿命表）主对话框（图 14–1）。

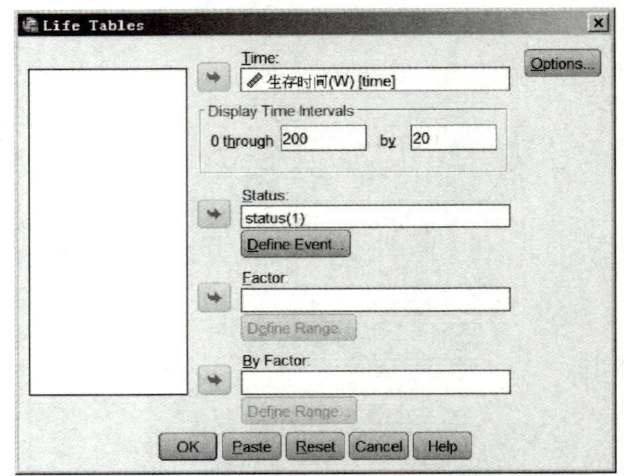

图 14–1　寿命表主对话框

◇ Time：选入生存时间变量。本例选“*time*”。

◇ Display Time Intervals：输出生存时间范围及组距。

在 by 前面的框内填入生存时间上限，本例填入 200；在 by 后面的框内填入生存时间的组距，本例填入 20，以保证输出结果列出“100–”的组段。

◇ Status：选入生存状态变量，并定义阳性事件的标记值。

选入变量“*Status*”后，按钮 Define Event 被激活，击该按钮，弹出 Life Tables：Define Event for

Status Variable（定义阳性事件标记值）对话框（图 14–2）。

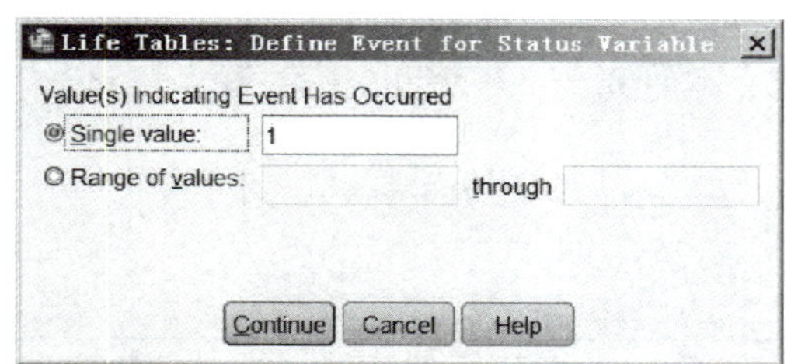

图 14–2　定义阳性事件标记值的对话框

◇ Value（s）Indicating Event Has Occurred：定义阳性事件的标记值。

⊙ Single value：[1]：以单一数值标记阳性事件。

◎ Range of values [ ] through [ ] ：以数值区间标记阳性事件。

对二分类变量，一般以死亡、复发、恶化等表示阳性事件。本例以死亡为阳性事件，其标记值为 1，故在框内填入 1。其他值则视为删失。

回到寿命表主对话框（图 14–1）。

◇ Factor：定义第 1 层因素。

◇ By Factor：定义第 2 层因素。

★ Options：选项。

击 Options 按钮，弹出 Life Tables：Options（选项）对话框（图 14–3）。

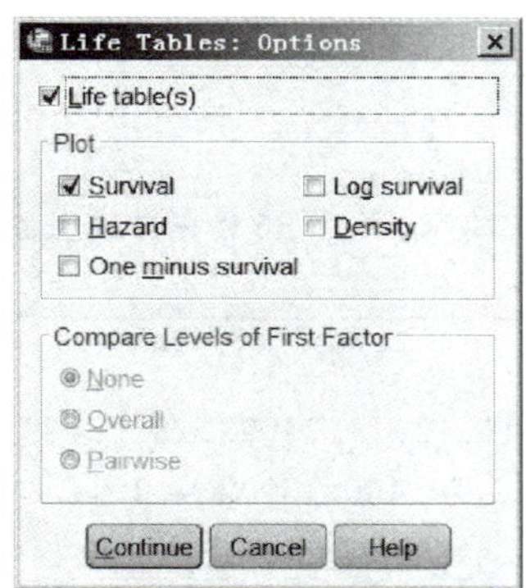

图 14–3　寿命表选项对话框

☑ Life table（s）：输出寿命表。系统默认。

◇ Plot：图形输出。

☑ Survival：累积生存函数曲线。

☐ Hazard：累积风险函数散点图。

☐ One minus survival：生存函数被 1 减后的曲线。

☐ Log survival：对数累积生存函数曲线。

☐ Density：密度函数散点图。

◇ Compare Levels of First Factor：采用 Wilcoxon（Gehan）检验对第 1 层因素不同水平的生存情况进行比较。

⊙ None：不做比较。系统默认。

◎ Overall：整体比较。

◎ Pairwise：两两比较。

（3）本例过程

Analyze

Survival

Life Tables

▸ **Time：*time***

▸ **Display Time Intervals：0 through [200] by [20]**

▸ **Status：*status*（*1*）**

▸ **Define Event**

⊙ **Single value：[1]**

Options

☑ **Life Tables**

Plot

☑ **Survival**

2. 主要输出结果　寿命表：见图 14–4，解释如下：

● Interval Start Time：生存时间的组段下限。

● Number Entering this Interval：进入该组段的观察例数。

● Number Withdrawing During Interval：进入该组段的删失例数。

● Number Exposed to Risk：暴露于危险事件的例数，即有效观察例数。

● Number of Terminal Events：阳性事件（终结事件）的例数，即死亡例数。

● Proportion Terminating：阳性事件比例，即死亡比例，也称死亡概率。

● Proportion Surviving：生存比例，也称生存概率。

● Cumulative Proportion Surviving at End of Interval：至本组段上限的累积生存率。可见，100 周的累积生存率为 13%，即 100 周结束的时侯尚有 53% 的患者存活。

● Std. Error of Cumulative Proportion Survival at End of Interval：累积生存率的标准误。

● Probability Density：概率密度。

● Std. Error of Probability Density：概率密度的标准误。

● Hazard Rate：风险率。

● Std. Error of Hazard Rate：风险率的标准误。

● The median survival time is 160.0000：本例中位生存时间为 160.0 周。从图 14–5 的累积生存函数曲线看，曲线与生存率等于 0.5 的横线不相交。本研究至观察终止，生存率仍有 53%。

Life Table[a]

Interval Start Time	Number Entering Interval	Number Withdrawing during Interval	Number Exposed to Risk	Number of Terminal Events	Proportion Terminating	Proportion Surviving	Cumulative Proportion Surviving at End of Interval	Std. Error of Cumulative Proportion Surviving at End of Interval	Probability Density	Std. Error of Probability Density	Hazard Rate	Std. Error of Hazard Rate
0	20	0	20.000	2	.10	.90	.90	.07	.005	.003	.01	.00
20	18	2	17.000	3	.18	.82	.74	.10	.008	.004	.01	.01
40	13	1	12.500	1	.08	.92	.68	.11	.003	.003	.00	.00
60	11	1	10.500	1	.10	.90	.62	.12	.003	.003	.01	.00
80	9	3	7.500	1	.13	.87	.53	.13	.004	.004	.01	.01
100	5	3	3.500	0	.00	1.00	.53	.13	.000	.000	.00	.00
120	2	0	2.000	0	.00	1.00	.53	.13	.000	.000	.00	.00
140	2	1	1.500	0	.00	1.00	.53	.13	.000	.000	.00	.00
160	1	1	.500	0	.00	1.00	.53	.13	.000	.000	.00	.00

a. The median survival time is 160.0000

图 14–4 例 14–1 输出的寿命表

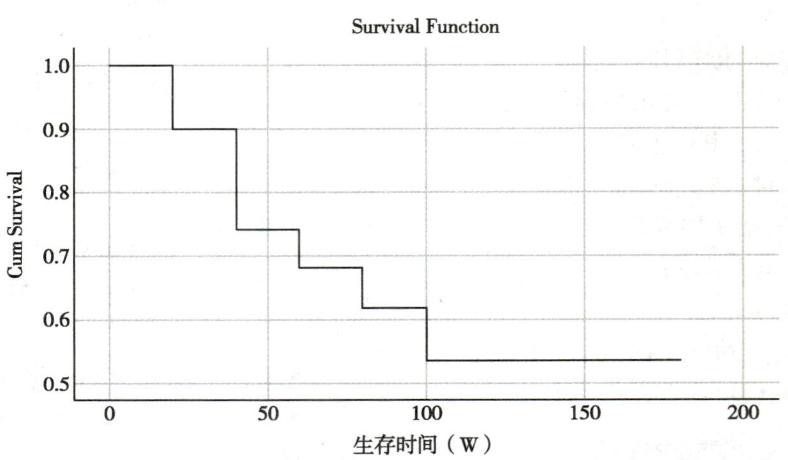

图 14–5 例 14–1 的累积生存曲线

第二节 Kaplan-Meier 法

例 14–2 3 种疗法治疗 66 例白血病患者的随访观察结果见表 14–2，试比较 3 种疗法的治疗效果有无差异。

表 14–2 3 种疗法治疗 66 例白血病患者的缓解时间

单位：天

A 疗法
4，5，9，10，11，12，13，23，28，28，28，29，31，32，37，41，41，57，62，74，100，139，20+，258+，269+
B 疗法
8，10，14，48，70，75，99，103，162，169，195，220，10+，12+，20+，161+，199+，217+，245+
C 疗法
8，10，11，12，23，25，25，28，28，31，31，40，48，89，124，143，159+，190+，196+，197+，205+，219+

"+" 表示该数据为删失数据

1. 操作过程

（1）数据格式：见数据文件 "survival_2.sav"，有 66 行 3 列。定义 3 个变量，其中 1 个反应变量，2 个分类变量，分别是生存状态变量和分组变量。

● 反应变量：即生存时间变量。本例为变量 "*time*"，表示缓解时间。

● 分类变量：生存状态变量，变量名为 "*status*"，变量赋值为：0= "删失"；1= "恶化"。

● 分类变量：分组变量，变量名为 "*group*"，变量赋值为：1= "A 疗法"；2= "B 疗法"；3= "C 疗法"。

（2）一般过程：从菜单选择

Analyze

Survival

Kaplan–Meier

弹出 Kaplan–Meier（K–M 法）主对话框（图 14–6）。

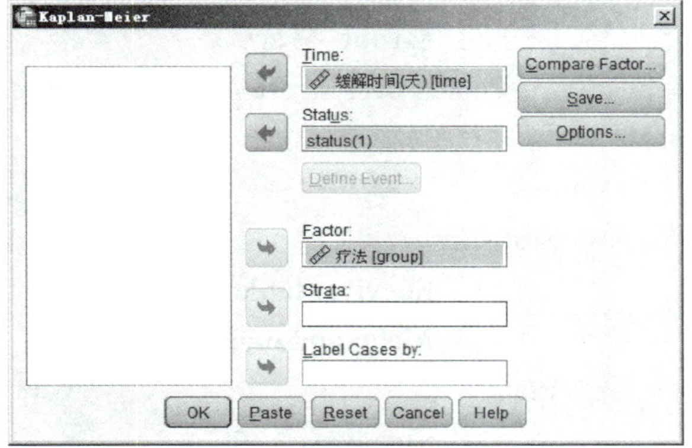

图 14–6　K–M 法主对话框

◇ Time：选入生存时间变量。本例选“*time*”。

◇ Status：选入生存状态变量。见本章第一节，本例选“*status*”。

选入变量“*status*”后，按钮 Define Event 被激活，击该按钮，弹出 Kaplan–Meier：Define Event for Status Variable（定义阳性事件标记值）对话框（图 14–7）。

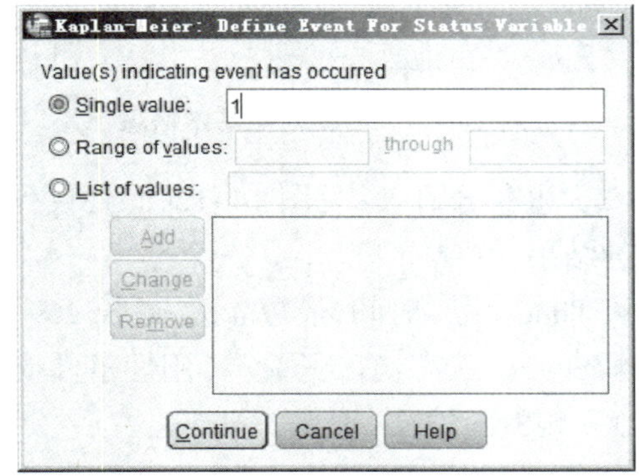

图 14–7　定义阳性事件标记值的对话框

◇ Value（s）indicating event has occurred：定义阳性事件的标记值。

⦿ Single value：[1]：以单一数值标记阳性事件。本例以恶化为阳性事件，其标记值为 1，故在框内填入 1。

◎ Range of values [ ] through [ ]：以数值区间标记阳性事件。

◎ List of values：以多个独立值标记阳性事件。输入具体数值后点击 Add 按钮添加。

回到 K–M 法主对话框（图 14–6）。

◇ Factor：选入分组变量。本例选“*group*”。

◇ Strata：选入分层变量。

◇ Label Cases by：给个例标记。

★ Compare Factor：分组因素水平间比较。

击 Compare Factor 按钮，弹出 Kaplan–Meier：Compare Factor Levels（分组因素水平间比较）对话框（图 14–8）。

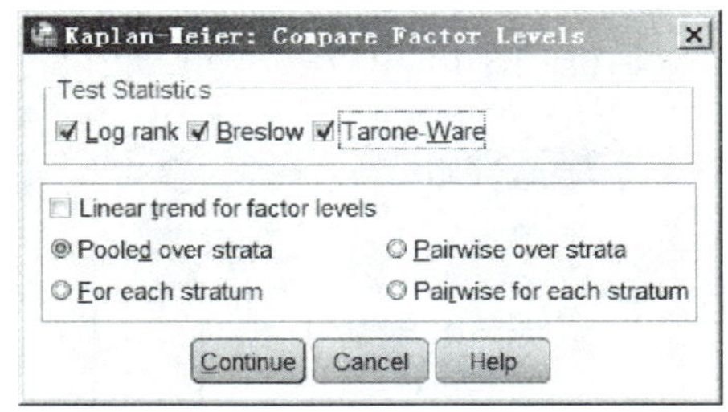

图 14–8　分组因素水平间比较对话框

◇ Test Statistics：检验统计量。

☑ Log rank：检验生存分布是否相同，各时间点权重一样。

☑ Breslow：检验生存分布是否相同，按各时间点的观察例数赋权。

☑ Tarone–Ware：检验生存分布是否相同，按各时间点观察例数的平方根赋权。

☐ Linear trend for factor levels：分组因素水平间的线性趋势检验。选该选项时，分组因素应为等级变量。

⦿ Pooled over strata：水平间的整体比较。

◎ For each stratum：按分层变量，在每一层内分别进行水平间的整体比较。

◎ Pairwise over strata：水平间的两两比较。

◎ Pairwise for each stratum：按分层变量，对每一层分别进行水平间的两两比较。

★ Save：存为新变量（图 14–6）。

击 Save 按钮，弹出 Kaplan–Meier：Save New Variables（存为新变量）对话框（图 14–9）。

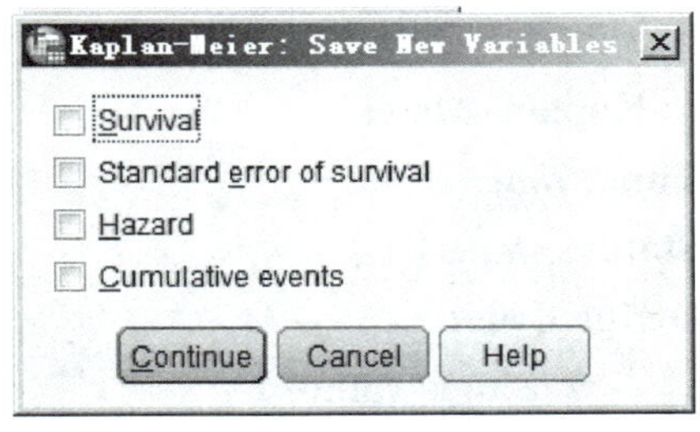

图 14–9　存为新变量对话框

☐ Survival：累积生存率估计。

☐ Standard error of survival：累积生存率的标准误。

☐ Hazard：累积风险函数估计。

☐ Cumulative events：阳性事件的累积频数，在各水平内，按生存时间和生存状态排序。

★ Options：选项（图 14–6）。

击 Options 按钮，弹出 Kaplan–Meier：Options（选项）对话框（图 14–10）。

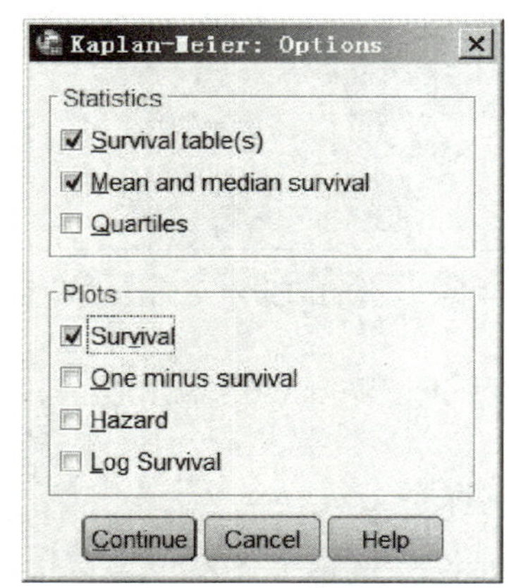

图 14–10　K–M 法选项对话框

◇ Statistics：统计量。

☑ Survival table（s）：生存分析表。

☑ Mean and median survival：平均生存时间和中位生存时间及其标准误和置信区间。

☐ Quartiles：生存率分别为 25%、50% 和 75% 所对应的生存时间及其标准误。

◇ Plots：统计图。

☑ Survival：累积生存函数曲线。

☐ One minus survival：生存函数被 1 减后的曲线。

☐ Hazard：累积风险函数散点图。

☐ Log Survival：对数累积生存函数曲线。

（3）本例过程

Analyze

Survival

Kaplan–Meier

▸ **Time**：***time***

▸ **Status**：***status*（*1*）**

▸ **Define Event**

⦿ **Single value：1**

▸ **Factor**：***group***

Compare factor

Test Statistics

☑ **Log rank**

☑ **Breslow**

☑ **Tarone–Ware**

⦿ **Pooled over strata / ⦿ Pairwise over strata**

Options

Statistics

☑ **Survival table（s）**

☑ **Mean and median survival**

Plots

☑ **Survival**

2. 主要输出结果

（1）观察对象基本信息：见图 14–11，A、B、C 疗法的删失例数分别为 3、7、6 例，删失率分别为 12.0%、36.8%、27.3%。

Case Processing Summary

疗法	Total N	N of Events	Censored	
			N	Percent
A疗法	25	22	3	12.0%
B疗法	19	12	7	36.8%
C疗法	22	16	6	27.3%
Overall	66	50	16	24.2%

图 14–11　观察对象基本信息

（2）生存分析表：见图 14–12，此处仅列出 A 疗法的结果，解释如下：

● Time：生存时间，最短 4 天，最长 269 天。

● Status：状态，有"恶化"（阳性事件或终结事件）和删失两种。

● Cumulative Proportion Survival at the Time：累积生存率（Estimate）和累积生存率的标准误（Std. Error）。

● N of Cumulative Events：累积阳性事件例数。

● N of Remaining Cases：剩余非阳性事件例数。

（3）生存时间估计：见图 14–13，给出了均数和中位数的估计，解释如下：

● Mean 是生存时间的算术均数，A、B、C 疗法组的生存时间均数分别为 57、134、90。

● A、B、C 疗法组生存时间均数的 95% 置信区间分别为（28，86）、（94，174）、（55，126）。

Survival Table

疗法		Time	Status	Cumulative Proportion Surviving at the Time Estimate	Std. Error	N of Cumulative Events	N of Remaining Cases
A疗法	1	4.000	恶化	.960	.039	1	24
	2	5.000	恶化	.920	.054	2	23
	3	9.000	恶化	.880	.065	3	22
	4	10.000	恶化	.840	.073	4	21
	5	11.000	恶化	.800	.080	5	20
	6	12.000	恶化	.760	.085	6	19
	7	13.000	恶化	.720	.090	7	18
	8	20.000	删失	.	.	7	17
	9	23.000	恶化	.678	.094	8	16
	10	28.000	恶化	.	.	9	15
	11	28.000	恶化	.	.	10	14
	12	28.000	恶化	.551	.101	11	13
	13	29.000	恶化	.508	.102	12	12
	14	31.000	恶化	.466	.102	13	11
	15	32.000	恶化	.424	.101	14	10
	16	37.000	恶化	.381	.099	15	9
	17	41.000	恶化	.	.	16	8
	18	41.000	恶化	.296	.094	17	7
	19	57.000	恶化	.254	.089	18	6
	20	62.000	恶化	.212	.084	19	5
	21	74.000	恶化	.169	.077	20	4
	22	100.000	恶化	.127	.068	21	3
	23	139.000	恶化	.085	.057	22	2
	24	258.000	删失	.	.	22	1
	25	269.000	删失	.	.	22	0

图 14-12 生存分析表（A 疗法）

Means and Medians for Survival Time

疗法	Mean[a] Estimate	Std. Error	95% Confidence Interval Lower Bound	Upper Bound	Median Estimate	Std. Error	95% Confidence Interval Lower Bound	Upper Bound
A疗法	57.111	14.640	28.417	85.805	31.000	3.201	24.726	37.274
B疗法	134.048	20.638	93.597	174.498	162.000	58.024	48.272	275.728
C疗法	90.455	18.245	54.695	126.214	31.000	11.726	8.017	53.983
Overall	93.807	12.109	70.073	117.541	41.000	13.839	13.876	68.124

a. Estimation is limited to the largest survival time if it is censored

图 14-13 生存时间估计

● Median 为中位生存时间，即生存率为 50% 所对应的生存时间。A、B、C 疗法组的中位生存时间分别为 31、162、31。

● A、B、C 疗法组中位生存时间的 95% 置信区间分别为（25，37）、（48，276）、（8，54）。

● Estimation is limited to the largest survival time if it is censored：删失数据的生存时间以记录到的最长生存时间计算。

（4）水平间的整体比较：在 Compare Factor 对话框中选⊙ Pooled over strata 所得结果，见图 14-14。3 种检验统计量的 P 值均小于 0.05，3 种疗法的生存时间有统计学差异。

（5）水平间的两两比较：在 Compare Factor 对话框中选⊙ Pairwise over strata，图 14-15 列出了 3 种检验方法的两两比较结果。3 种方法显示 A 疗法与 B 疗法之间有统计学差异（P=0.009）外，其余两两比较结果均无统计学差异（P>0.05）。

（6）生存曲线：见图 14-16。由图直观看出 B 疗法的生存率整体要高于 C 疗法和 A 疗法。

Overall Comparisons

	Chi-Square	df	Sig.
Log Rank (Mantel-Cox)	6.187	2	.045
Breslow (Generalized Wilcoxon)	6.764	2	.034
Tarone-Ware	7.127	2	.028

Test of equality of survival distributions for the different levels of 疗法.

图 14-14 水平间的整体比较

Pairwise Comparisons

	疗法	A疗法 Chi-Square	A疗法 Sig.	B疗法 Chi-Square	B疗法 Sig.	C疗法 Chi-Square	C疗法 Sig.
Log Rank (Mantel-Cox)	A疗法			6.726	.009	2.226	.136
	B疗法	6.726	.009			.983	.322
	C疗法	2.226	.136	.983	.322		
Breslow (Generalized Wilcoxon)	A疗法			7.330	.007	1.178	.278
	B疗法	7.330	.007			1.783	.182
	C疗法	1.178	.278	1.783	.182		
Tarone-Ware	A疗法			7.827	.005	1.630	.202
	B疗法	7.827	.005			1.511	.219
	C疗法	1.630	.202	1.511	.219		

图 14-15　水平间的两两比较

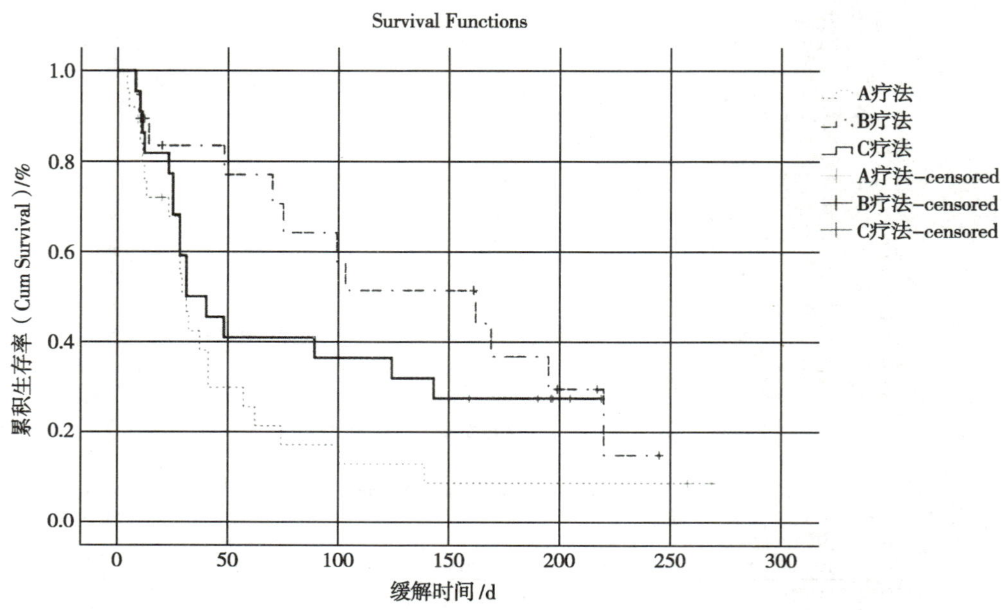

图 14-16　生存曲线图

第三节　Cox 回归模型

例 14-3　为了研究恶性胆道梗阻住院患者生存时间的影响因素，从三所医院获得 1995-2000 年 95 例住院患者的数据，见数据文件"survival_3.sav"，应用的变量分别为 *ID*（编号）、*age*（年龄）、*hb*（血红蛋白）、*stb*（编号）、*alt*（谷丙转氨酶）、*ast*（谷草转氨酶）、*alp*（碱性磷酸酶）、*rgt*（编号）、*wbc*（白细胞计数）、*cost*（总成本）、*time*（生存时间）、*duration*（住院时间）及 *size*（肿瘤体积），需要赋值的变量及赋值含义见表 14-3，试用 Cox 回归模型（Cox regression）做生存分析。

表 14-3　数据文件"survival_3.sav"赋值变量及含义

变量	标记	赋值
group	支架类型	1：金属支架，2：塑料内涵管
gender	性别	1：男，2：女
status	状态	0：删失，1：阳性事件
complica	并发症	0：无，1：有
obstruct	梗阻段	1：上段，2：中段，3：下段
stage	病理分期	1：Ⅰ期，2：Ⅱ期，3：Ⅲ期，4：Ⅳ期

1. 操作过程

（1）一般过程：从菜单选择

Analyze

Survival

Cox Regression

弹出 Cox Regression（Cox 回归）主对话框（图 14–17）。

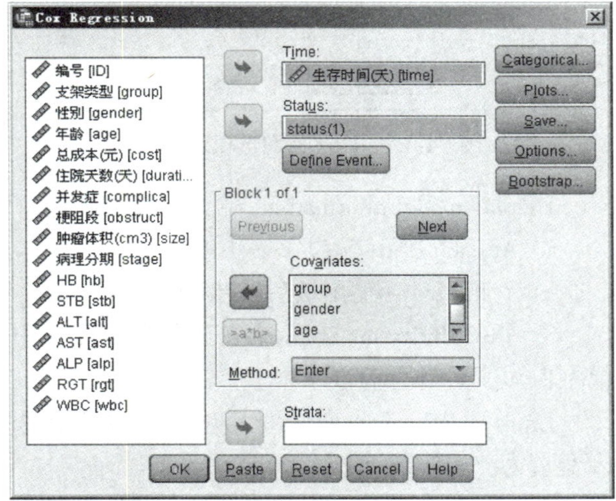

图 14–17　Cox 回归主对话框

◇ Time：选入生存时间变量。

◇ Status：选入生存状态变量。见本章第一节。

◇ Covariates：选入自 / 协变量。

◇ Method：筛选进入方程的变量的方法。

● Enter：选入 Covariates 框内的全部变量。

● Forward：Conditional：基于条件参数估计的前进法。

● Forward：LR：基于偏最大似然估计的前进法。

● Forward：Wald：基于 Wald 统计量的前进法。

● Backward：Conditional：基于条件参数估计的后退法。

● Backward：LR：基于偏最大似然估计的后退法。

● Backward：Wald：基于 Wald 统计量的后退法。

◇ Strata：选入分层变量。

★ Categorical：多分类变量选择。见第十章第六节。

击 Categorical 按钮，弹出 Cox Regression：Define Categorical Covariates（定义分类协变量）对话框（图 14–18）。

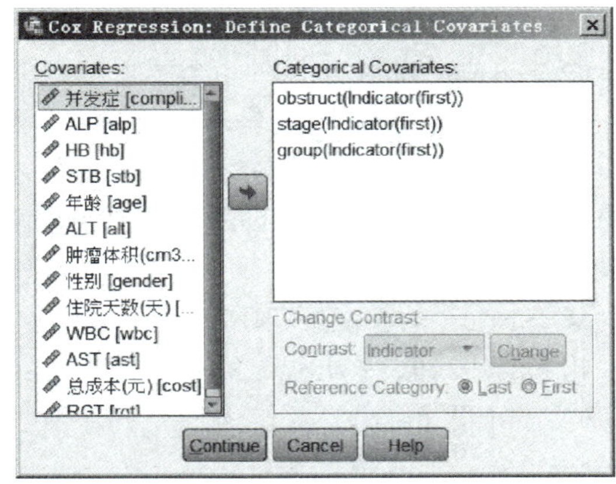

图 14–18　Cox 回归分类协变量对话框

◇ Covariates：协变量。

◇ Categorical Covariates：分类协变量。本例将“*obstruct*”（梗阻段）、“*stage*”（病理分期）和“*group*”（支架类型）设为分类变量。

★ Plots：统计图（图 14–17）。

击 Plots 按钮，弹出 Cox Regression：Plots（统计图）对话框（图 14–19）。

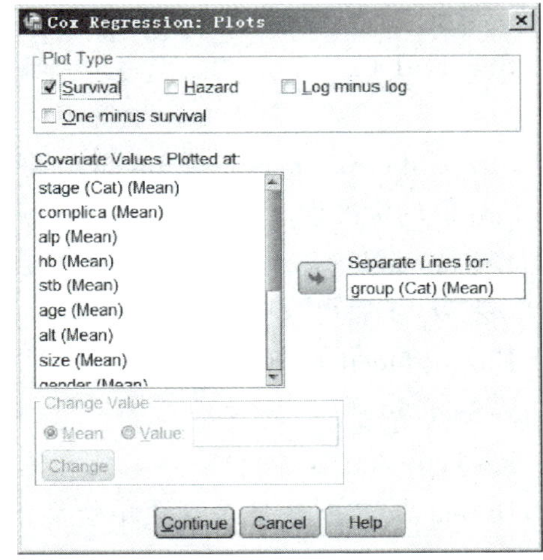

图 14–19　Cox 回归统计图对话框

◇ Plot Type：统计图类型。

☑ Survival：累积生存函数曲线。

☐ Hazard：累积风险函数曲线。

☐ Log minus log：对数累积生存函数乘以 –1 后再取对数。

☐ One minus survival：生存函数被 1 减后的曲线。

◇ Covariate Values Plotted at：各自变量用于作图的值，系统默认为各自变量的均数。若要改动，在框内选定某变量后，Change Value 框被激活，在 Value 框内填入确定数值。

◇ Separate Lines for：在一个图形中绘制多条生存曲线，每一条曲线代表入选变量的一个类别。需注意：只有被定义成分类变量的指标才可以选入该框。本例选入"*group*"，即分别绘制两种支架类型的生存曲线。

★ Save：存为新变量（图 14–17）。

击 Save 按钮，弹出 Cox Regression：Save（保存）对话框（图 14–20）。

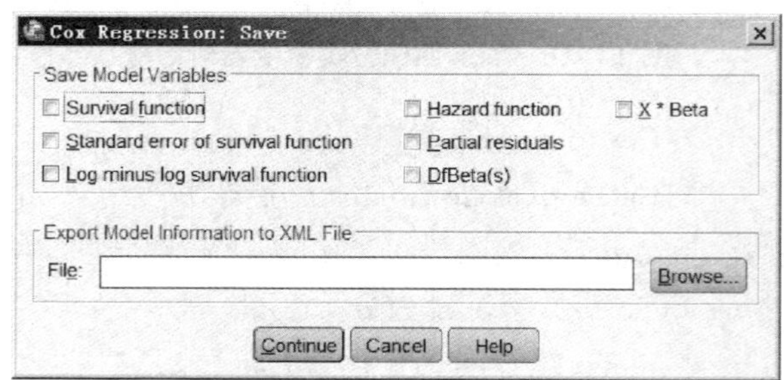

图 14–20　Cox 回归保存对话框

◇ Save Model Variables：保存模型产生的新变量。

□ Survival function：累积生存函数估计值。

□ Standard error of survival function：累积生存函数估计值的标准误。

□ Log minus log survival function：对数累积生存函数乘以 –1 后再取对数。

□ Hazard function：累计风险函数估计值，也称为 Cox–Snell 残差。

□ Partial residuals：偏残差。

□ DfBeta（s）：剔除某一观察单位后的回归系数变化量。

□ X*Beta：线性预测分。

◇ Export Model Information to XML File：将模型有关信息存入新的 XML 文件。

★ Options：选项（图 14–17）。

击 Options 按钮，弹出 Cox Regression：Options（选项）对话框（图 14–21）。

◇ Model Statistics：模型统计量。

☑ CI for exp（B）：95 %：相对危险度的置信区间，系统默选 95% 置信区间。

□ Correlation of estimates：回归系数的相关阵。

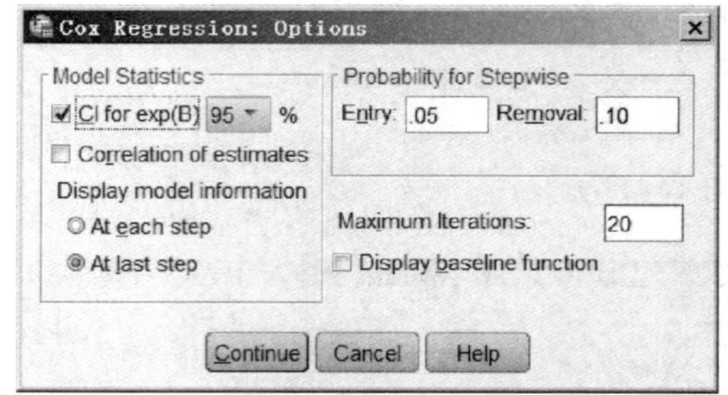

图 14–21　Cox 回归选项对话框

Display model information：输出模型方式。

◎ At each step：输出每一步的模型。

⊙ At last step：输出最后一步的模型。

◇ Probability for Stepwise：逐步回归分析中模型保留变量的显著性水平。

Entry 0.05：选入变量最大 P 值，系统默认选入变量为 $P \leqslant 0.05$。

Removal 0.10：剔除变量最小 P 值，系统默认剔除变量为 $P>0.10$。

Maximum Iterations 20：最大迭代次数，系统默认 20 次。

□ Display baseline function：输出风险基准函数以及基于各协变量均数的生存函数与风险函数。

★ Bootstrap：详见第六章第一节（图 14–17）。

（2）本例过程

Analyze

　　Survival

　　　　Cox Regression

▸ **Time**：***time***

▸ **Status**：***status*（*1*）**

▸ **Covariates**：***group/gender/age/cost/duration/complica/obstruct/size/stage/hb/stb/alt/ast/alp/rgt/wbc***

Categorical

　Categorical covariates：***group*（Indicator（first））/*obstruct*（Indicator（first））/*stage*（Indicator（first））**

Method：**Enter/Forward LR**

Plots

　☑ **Survival**

　Separate line for：***group***

Options

☑ CI for exp(B): 95 %

⊙ At Last step

2. 主要输出结果 这里给出全变量模型和逐步回归模型的结果。

（1）分析例数描述：见图 14-22，总共 95 例，纳入分析的有效例数 84 例，其中删失数据 20 例。有 11 例删失数据出现在最小阳性事件之前，故不纳入分析。

Case Processing Summary

		N	Percent
Cases available in analysis	Event[a]	64	67.4%
	Censored	20	21.1%
	Total	84	88.4%
Cases dropped	Cases with missing values	0	0.0%
	Cases with negative time	0	0.0%
	Censored cases before the earliest event in a stratum	11	11.6%
	Total	11	11.6%
Total		95	100.0%

a. Dependent Variable: 生存时间(天)

图 14-22　分析例数描述

（2）分类变量组间比较的赋值：见图 14-23，分类变量"*group*"两个水平，水平 1（金属支架）为参照类，标记"（1）"表示水平 2（塑料内涵管）与参照类比较。分类变量"*obstruct*"有三个水平，水平 1（上段）为参照类，"（1）"表示水平 2（中段）与参照类比较，"（2）"表示水平 3（下段）与参照类比较。分类变量"*stage*"有三四水平，水平 1（Ⅰ期）为参照类，"（1）"表示水平 2（Ⅱ期）与参照类比较，"（2）"表示水平 3（Ⅲ期）与参照类比较，"（3）"表示水平 4（Ⅳ期）与参照类比较。

Categorical Variable Codings[a,c,d]

		Frequency	(1)	(2)	(3)
支架类型[b]	1=金属支架	61	0		
	2=塑料内涵管	34	1		
梗阻段[b]	1=上段	39	0	0	
	2=中断	9	1	0	
	3=下段	47	0	1	
病理分期[b]	1=I期	1	0	0	0
	2=II期	10	1	0	0
	3=III期	58	0	1	0
	4=IV期	26	0	0	1

a. Category variable: 支架类型 (group)

b. Indicator Parameter Coding

c. Category variable: 梗阻段 (obstruct)

d. Category variable: 病理分期 (stage)

图 14-23　分类变量类间比较的赋值

（3）模型检验

1）全变量模型：在主对话框的 Method 复选框选 Enter，建立全变量模型，见图 14-24，模型的检验结果如下：

模型总体检验有统计意义（P<0.001），即至少有 1 个总体回归系数不为 0。这里给出 3 种总体检验方法：

- Overall（score）：整体模型的 χ^2 检验（global chi-square test），近似于似然比检验。
- Change From Previous Step：似然比检验，由当前步与前一步的 −2 倍的对数似然比之差求得。当选全变量模型时，其结果与 block 的结果相同。
- Change From Previous Block：似然比检验，由当前的 block（变量组合）与前一 block 的 −2 倍的对数似然比之差求得。如本例，初始 block，即 block 0（只含常数项的模型）的 $-2LL$=433.069；当前 block，即 block 1（含所有变量的模型）的 $-2LL$=381.457。χ^2=433.069−381.457=51.612。

Omnibus Tests of Model Coefficients

-2 Log Likelihood
433.069

Omnibus Tests of Model Coefficients[a]

-2 Log Likelihood	Overall (score)			Change From Previous Step			Change From Previous Block		
	Chi-square	df	Sig.	Chi-square	df	Sig.	Chi-square	df	Sig.
381.457	57.415	19	.000	51.612	19	.000	51.612	19	.000

a. Beginning Block Number 1. Method = Enter

图 14-24　模型检验（全变量模型）

2）逐步回归模型（Forward LR）：在主对话框的 Method 复选框选 Forward：LR（基于偏最大似然估计的前进法），在 Options 对话框选 Enter 0.05 Removal 0.10，所得的模型检验结果见图 14-25。经 4 步迭代得到最终模型，经检验模型有统计意义（P<0.001）。

（4）参数估计

1）全变量模型：全部变量选入方程内，见图 14-26，解释如下：

- B 为偏回归系数。
- SE 为偏回归系数的标准误。
- Wald 统计量用于检验总体偏回归系数与 0 有无统计差异。它服从 χ^2 分布，当自由度为 1 时，Wald 统计量等于偏回归系数与标准误之商的平方，如变量"*group*"一行 7.327=（1.220/0.451）^{2}。当偏回归系数的绝对值较大时，Wald 统计量的检验效能不佳。
- Exp（B）为风险比（hazard ratio，*HR*），也可直接称为相对危险度（relative risk，*RR*），即偏回归系数的反自然对数，越远离 1 说明影响越大。
- 4 个变量"*group*"（支架类型）、"*obstruct*"（梗阻段）、"*size*"（肿瘤体积）和"*stage*"（病理分期）有统计意义，P<0.05。回归系数若大于 0，即风险比大于 1，则表明变量值越大，死亡的风险越高。

2）逐步回归模型（Forward LR）：结果见图 14-27。对于支架类型，塑料内涵管的死亡风险是金属支架的 3.327 倍（95%*CI*：1.842~6.011）；对于梗阻段，中段梗阻的危险性最高，死亡风险是上端梗阻的 2.560 倍（95%*CI*：1.014~6.462），而下段梗阻的危险性与上端梗阻没有统计差异（P=0.129）；肿瘤体积越大、病理分型越高，死亡风险越大。

Omnibus Tests of Model Coefficients[a]

Step	-2 Log Likelihood	Overall (score)			Change From Previous Block		
		Chi-square	df	Sig.	Chi-square	df	Sig.
4	393.770	48.385	7	.000	39.299	7	.000

a. Beginning Block Number 1. Method = Forward Stepwise (Likelihood Ratio)

图 14-25 逐步回归模型检验

Variables in the Equation

	B	SE	Wald	df	Sig.	Exp(B)	95.0% CI for Exp(B)	
							Lower	Upper
支架类型	1.220	.451	7.327	1	.007	3.387	1.400	8.194
性别	-.112	.430	.068	1	.795	.894	.385	2.076
年龄	-.014	.013	1.167	1	.280	.986	.960	1.012
总成本(元)	.000	.000	1.273	1	.259	1.000	1.000	1.000
住院天数(天)	.013	.008	2.957	1	.086	1.013	.998	1.028
并发症	.086	.416	.042	1	.837	1.089	.482	2.463
梗阻段			7.121	2	.028			
梗阻段(1)	.758	.605	1.573	1	.210	2.135	.652	6.985
梗阻段(2)	-.537	.379	2.004	1	.157	.584	.278	1.229
肿瘤体积(cm3)	.019	.006	9.775	1	.002	1.019	1.007	1.032
病理分期			9.909	3	.019			
病理分期(1)	.281	1.363	.043	1	.837	1.325	.092	19.166
病理分期(2)	1.762	1.291	1.863	1	.172	5.825	.464	73.144
病理分期(3)	2.295	1.271	3.259	1	.071	9.927	.821	119.956
HB	-.013	.010	1.608	1	.205	.987	.967	1.007
STB	-.001	.001	.701	1	.402	.999	.997	1.001
ALT	-.002	.002	1.113	1	.291	.998	.995	1.002
AST	.002	.002	.489	1	.484	1.002	.997	1.006
ALP	-.001	.001	1.258	1	.262	.999	.998	1.000
RGT	-.001	.001	.803	1	.370	.999	.998	1.001
WBC	.106	.055	3.772	1	.052	1.112	.999	1.238

图 14-26 全变量模型的参数估计

Variables in the Equation

		B	SE	Wald	df	Sig.	Exp(B)	95.0% CI for Exp(B) Lower	Upper
Step 4	支架类型	1.202	.302	15.867	1	.000	3.327	1.842	6.011
	梗阻段			9.062	2	.018			
	梗阻段(1)	.940	.472	3.960	1	.047	2.560	1.014	6.462
	梗阻段(2)	-.444	.293	2.300	1	.129	.641	.361	1.139
	肿瘤体积(cm3)	.018	.005	11.782	1	.001	1.018	1.008	1.028
	病理分期			10.265	3	.016			
	病理分期(1)	-.319	1.162	.076	1	.783	.727	.075	7.079
	病理分期(2)	.477	1.044	.208	1	.648	1.611	.208	12.458
	病理分期(3)	1.279	1.071	1.425	1	.233	3.592	.440	29.334

图 14-27 逐步回归模型的参数估计

（5）自 / 协变量的均数：图 14-28 给出的是方程内各自变量的均数，Mean 一列给出的是全部患者的均数，Pattern 1 和 Pattern 2 分别表示的是采用金属支架和塑料内涵管的患者的均数。下面的生存曲线基于此绘制。

（6）生存曲线：图 14-29 是所有恶性胆道梗阻患者的整体生存曲线，绘制曲线时协变量值取所有患者的平均数。图 14-30 是按支架类型分组，控制其他协变量后，绘制两组患者的生存曲线，更便于两种不同支架治疗效果的比较。

例 14-4 为了研究低出生体重的影响因素，进行 1∶1 配对病例对照研究，56 例病例资料及与之匹配的对照资料见数据文件"survival_4.sav"，文件中各变量的含义见表 14-4。试通过 Cox 回归分析实现条件 logistic 回归分析。

Covariate Means and Pattern Values

	Mean	Pattern 1	Pattern 2
支架类型	.345	.000	1.000
性别	1.250	1.250	1.250
年龄	57.369	57.369	57.369
总成本(元)	49640.767	49640.767	49640.767
住院天数(天)	38.131	38.131	38.131
并发症	.333	.333	.333
梗阻段(1)	.107	.107	.107
梗阻段(2)	.524	.524	.524
肿瘤体积(cm3)	16.462	16.462	16.462
病理分期(1)	.119	.119	.119
病理分期(2)	.607	.607	.607
病理分期(3)	.262	.262	.262
HB	107.651	107.651	107.651
STB	248.591	248.591	248.591
ALT	133.567	133.567	133.567
AST	136.060	136.060	136.060
ALP	539.810	539.810	539.810
RGT	545.298	545.298	545.298
WBC	8.421	8.421	8.421

图 14-28 协变量的均数

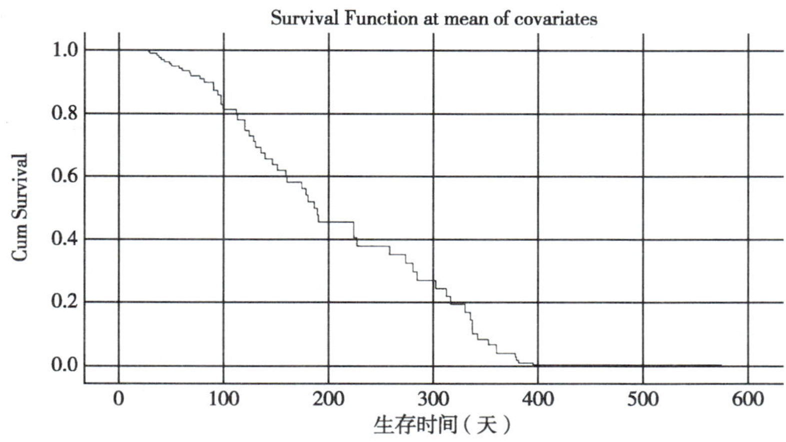

图 14-29 整体生存曲线

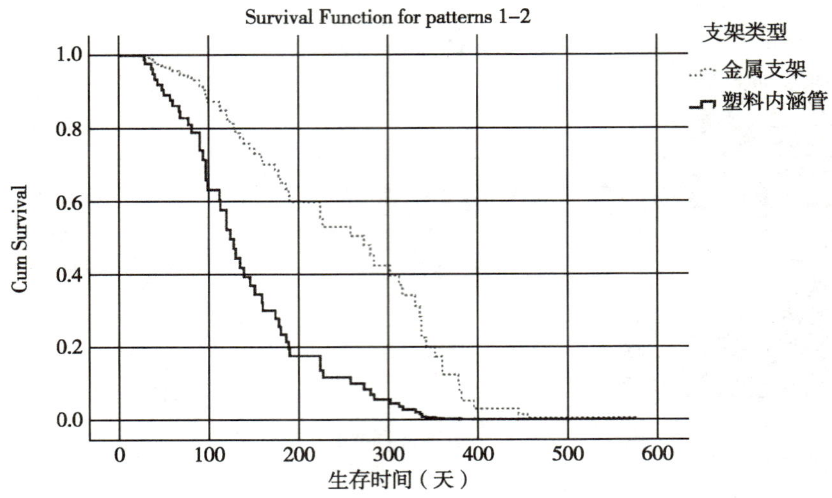

图 14-30 两种不同支架类型的生存曲线

表 14-4 数据文件“survival_4.sav”各变量的含义

变量	标记	赋值
pairid	匹配组	
age	母亲年龄	
lwt	孕前体重	
smoke	孕期吸烟	0：否，1：是
ptd	早产史	0：否，1：是
ht	高血压	0：否，1：是
ui	子宫刺激性	0：否，1：是
low	婴儿低出生体重	0：否，1：是

该资料需采用条件 logistic 回归分析，IBM SPSS 25 未提供条件 logistic 分析的专门模块，但可借助 Cox 回归分析完成，结果一致。首先需产生一个虚拟生存时间变量“*time*”，只需将所有病例（low=1）的生存时间设为相同，但均小于对照（low=0）的生存时间即可。本例利用 Recode into Different Variables 模块产生“*time*”变量，使所有病例的生存时间均为 1，对照的生存时间均为 2。

1. 本例过程

Analyze

Survival

Cox Regression

▸ **Time**：***time***

▸ **Status**：***low*（*1*）**

▸ **Covariates**：***age/lwt/smoke/ptd/ht/ui***

Method：**Forward LR**

▸ **Strata**：***pairid***

Options

☑ **CI for exp（B）**：**95** %

⊙ **Last step**

2. 主要输出结果

（1）分析例数描述：见图 14-31，共 112 例，其中删失数据 56 例，即原始资料中的对照例数。

Case Processing Summary

		N	Percent
Cases available in analysis	Event[a]	56	50.0%
	Censored	56	50.0%
	Total	112	100.0%
Cases dropped	Cases with missing values	0	0.0%
	Cases with negative time	0	0.0%
	Censored cases before the earliest event in a stratum	0	0.0%
	Total	0	0.0%
Total		112	100.0%

a. Dependent Variable: time

图 14-31 分析例数描述

（2）模型检验，见图 14-32。经两步迭代得到最终模型，整体模型经检验有统计意义（P=0.002）。

（3）参数估计，见图 14-33。逐步回归分析最终进入模型的只有 *smoke*（孕期吸烟）和 *ptd*（早产史）两个变量。可见，母亲孕期吸烟和有早产史是婴儿发生低出生体重的危险因素，其 *HR* 分别为 3.078（95%*CI*：1.267~7.474），和 4.326（95%*CI*：1.310~14.284）。

Omnibus Tests of Model Coefficients[a]

Step	-2 Log Likelihood	Overall (score)			Change From Previous Block		
		Chi-square	df	Sig.	Chi-square	df	Sig.
2	63.677	12.383	2	.002	13.956	2	.001

a. Beginning Block Number 1. Method = Forward Stepwise (Likelihood Ratio)

图 14-32　整体模型的检验

Variables in the Equation[a]

		B	SE	Wald	df	Sig.	Exp(B)	95.0% CI for Exp(B)	
								Lower	Upper
Step 2	孕期吸烟	1.124	.453	6.168	1	.013	3.078	1.267	7.474
	早产史	1.465	.610	5.774	1	.016	4.326	1.310	14.284

a. Constant or Linearly Dependent Covariates S = Stratum effect. 母亲年龄 = 45/2 + S ;

图 14-33　逐步回归模型的参数估计

第四节　伴时 Cox 回归模型

常见的 Cox 模型即指 Cox 等比例风险模型，它的重要应用前提是等比例风险，即要求各协变量的影响不随时间发生改变，当资料不满足这一假定前提时，比如某一协变量的值或者其风险比随时间发生变化，可采用伴时 Cox 回归模型（time-dependent Cox model）进行分析。同时也可运用伴时 Cox 回归模型检验某协变量的等比例风险假设是否成立。

例 14-5　对于上述例 14-3 资料，试分析支架类型对恶性胆道梗阻住院患者生存时间的影响是否随时间发生改变？

1. 操作过程

（1）一般过程：从菜单选择

Analyze

Survival

Cox w/Time-Dep Cov

弹出 Compute Time-Dependent Covariate（定义伴时协变量）对话框（图 14-34）。

◇ Expression for T_COV_：在下方框内给出伴时协变量的表达式。左侧变量列表栏内除了给出数据文件中所有变量之外，系统自动生成一个时间变量“*Time*［*T_*］”。若考虑某协变量不满足等比例风险假设，则需产生相应的伴时协变量，为时间变量和该协变量的一个函数，最简单的形式是两者的乘积，亦适于其他复杂的表达式。若需同时生成多个伴时协变量则可自行编写命令语句完成。本例生成一个新的协变量为“*T_*”与“*group*”的乘积，即“*T_*group*”。

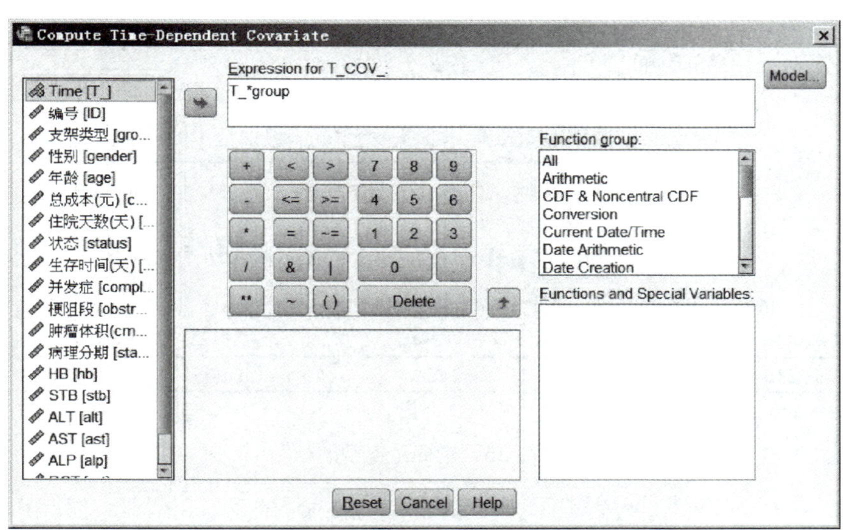

图 14-34　定义伴时协变量的对话框

定义伴时协变量后，点击 Model 按钮进入 Cox Regression（伴时 Cox 模型）主对话框（图 14–35）。该对话框和 Cox 模型的主对话框相同，参见本章第三节。需注意的是必须将刚定义的伴时协变量和原来待分析的其他协变量一起选入 Covariates（协变量）框中。

（2）本例过程

Analyze

Survival

Cox w/Time–Dep Cov

▸ **Expression for T_COV_:** ***T_*group***

Model

▸ **Time:** ***time***

▸ **Status:** ***status（1）***

▸ **Covariates:** ***T_COV_/group/gender/age/cost/duration/complica/obstruct /size/stage/hb/stb/alt/ast/alp/rgt/wbc***

Categorical

Categorical covariates: ***group（Indicator（first））/ obstruct（Indicator（first））/stage（Indicator（first））***

Method: Enter/Forward LR

Options

☑ **CI for exp（B）: 95 %**

⊙ **At Last step**

2. 主要输出结果

（1）全变量模型：见图 14–36 和图 14–37。模型整体检验有统计意义（P<0.001）。参数估计结果显示：伴时协变量没有统计意义（P=0.322），即支架类型与时间不存在交互作用，说明可以用 Cox 等比例风险模型分析支架类型对死亡的影响。

（2）逐步回归模型：采用基于偏最大似然估计的前进法。经 4 步迭代得到最终模型，伴时协变量没有被选入模型。分析结果与上一节 Cox 等比例风险模型完全一致，见图 14–38 和图 14–39。

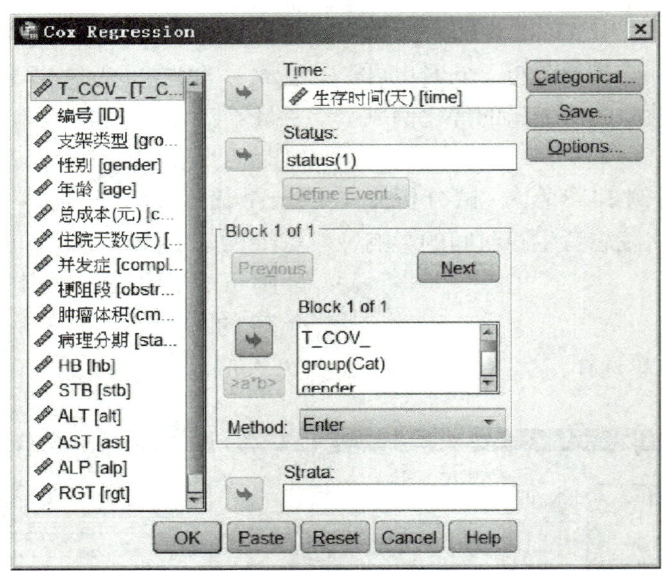

图 14–35 伴时 Cox 模型主对话框

Omnibus Tests of Model Coefficients[a]

-2 Log Likelihood	Overall (score)			Change From Previous Step			Change From Previous Block		
	Chi-square	df	Sig.	Chi-square	df	Sig.	Chi-square	df	Sig.
380.445	58.016	20	.000	52.623	20	.000	52.623	20	.000

a. Beginning Block Number 1. Method = Enter

图 14–36 全变量模型的检验

Variables in the Equation

	B	SE	Wald	df	Sig.	Exp(B)	95.0% CI for Exp(B) Lower	Upper
T_COV_	-.003	.003	.981	1	.322	.997	.991	1.003
支架类型	1.698	.666	6.497	1	.011	5.461	1.480	20.145
性别	-.102	.427	.057	1	.811	.903	.391	2.087
年龄	-.014	.013	1.032	1	.310	.986	.961	1.013
总成本(元)	.000	.000	1.460	1	.227	1.000	1.000	1.000
住院天数(天)	.013	.008	2.785	1	.095	1.013	.998	1.028
并发症	.168	.418	.162	1	.687	1.183	.522	2.684
梗阻段			7.324	2	.026			
梗阻段(1)	.645	.622	1.076	1	.300	1.907	.563	6.454
梗阻段(2)	-.632	.389	2.640	1	.104	.531	.248	1.139
肿瘤体积(cm3)	.021	.006	10.480	1	.001	1.021	1.008	1.034
病理分期			8.605	3	.035			
病理分期(1)	.461	1.375	.112	1	.738	1.585	.107	23.464
病理分期(2)	1.831	1.292	2.009	1	.156	6.242	.496	78.535
病理分期(3)	2.310	1.272	3.297	1	.069	10.071	.832	121.862
HB	-.011	.011	1.117	1	.290	.989	.968	1.010
STB	-.001	.001	.876	1	.349	.999	.997	1.001
ALT	-.002	.002	1.577	1	.209	.998	.994	1.001
AST	.002	.002	.512	1	.474	1.002	.997	1.006
ALP	.000	.001	.513	1	.474	1.000	.998	1.001
RGT	-.001	.001	.993	1	.319	.999	.998	1.001
WBC	.097	.055	3.121	1	.077	1.101	.989	1.226

图 14-37　全变量模型的参数估计

Omnibus Tests of Model Coefficients[a]

Step	-2 Log Likelihood	Overall (score) Chi-square	df	Sig.	Change From Previous Block Chi-square	df	Sig.
4	393.770	48.385	7	.000	39.299	7	.000

a. Beginning Block Number 1. Method = Forward Stepwise (Likelihood Ratio)

图 14-38　逐步回归模型的检验

Variables in the Equation

		B	SE	Wald	df	Sig.	Exp(B)	95.0% CI for Exp(B) Lower	Upper
Step 4	支架类型	1.202	.302	15.867	1	.000	3.327	1.842	6.011
	梗阻段			9.062	2	.018			
	梗阻段(1)	.940	.472	3.960	1	.047	2.560	1.014	6.462
	梗阻段(2)	-.444	.293	2.300	1	.129	.641	.361	1.139
	肿瘤体积(cm3)	.018	.005	11.782	1	.001	1.018	1.008	1.028
	病理分期			10.265	3	.016			
	病理分期(1)	-.319	1.162	.076	1	.783	.727	.075	7.079
	病理分期(2)	.477	1.044	.208	1	.648	1.611	.208	12.458
	病理分期(3)	1.279	1.071	1.425	1	.233	3.592	.440	29.334

图 14-39　逐步回归模型的参数估计

配套数据文件集

（陈　征　王锡玲）

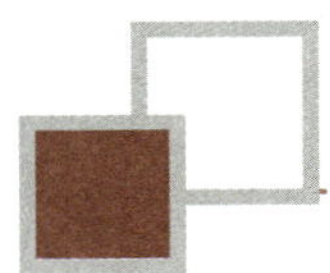

第十五章　受试者操作特征曲线

受试者操作特征曲线（receiver operating characteristic curve，ROC 曲线）用于二分类判别效果的分析与评价，尤其多见于临床中诊断试验的评价与比较，因此又称为诊断特征曲线。其基本原理是：通过诊断界点（cutoff point/cutoff value）的移动，获得多对灵敏度（sensitivity）和误诊率［1–特异性（specificity）］，以灵敏度为纵轴，误诊率为横轴，连接各点绘制曲线，然后计算曲线下的面积，面积越大，诊断价值越高。

例 15–1　对 50 例乳腺肿瘤标本进行检测，结果见数据文件“roc0.sav”，试用 ROC 曲线分析评价通过细针穿刺得到细胞核半径（*Radius*）对恶性肿瘤（*Malignant*）的诊断价值。

1. 操作过程

（1）数据结构：有 50 行 2 列，其中第 1 列为检验变量“Radius”，第 2 列为状态变量“Class”。

- 检验变量（Test Variable）：即诊断指标，可选一个或多个。本例为“*Radius*”，标记为“细胞核半径”。
- 状态变量（State Variable）：为二分类变量，用以说明观察单位实际所属类别。本例为“*Class*”，标记为“类型”。0=“良性”，1=“恶性”。

（2）ROC 曲线：从菜单选择

Analyze

ROC Curve

弹出 ROC Curve（ROC 曲线）主对话框（图 15–1）。

◇ Test Variable：检验变量。本例选入“*Radius*”。

◇ State Variable：状态变量。本例为“*Class*”。

Value of State Variable：定义状态变量的阳性事件。本例为“1”，即恶性肿瘤。

◇ Display：输出内容。

☑ ROC Curve：显示 ROC 曲线。

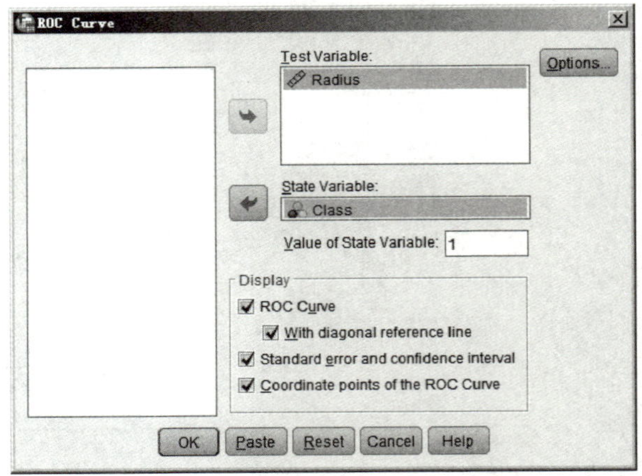

图 15–1　ROC 曲线对话框

☑ With diagonal reference line：标出诊断参考线，即与坐标轴呈 45° 的直线。若检验变量没有任何诊断意义，则理论上 ROC 曲线与该线吻合。

☑ Standard error and confidence interval：显示曲线下的面积及其置信区间。

☑ Coordinate points of the ROC Curve：以表格形式输出 ROC 曲线上各诊断界点的横、纵坐标，即灵敏度和误诊率。

★ Options：选项。

击 Options 按钮，弹出 ROC Curve：Options（ROC 曲线选项）对话框（图 15–2）。

◇ Classification：规定阳性事件是否包括分界值。

⊙ Include cutoff value for positive classification：阳性类包括分界值。

◎ Exclude cutoff value for positive classification：阳性类不包括分界值。

◇ Test Direction：规定检验方向。

⊙ Larger test result indicates more positive test：假定诊断变量值越大结果越容易发生阳性事件，系统默认。本例选此项，即细胞核半径越大者为恶性肿瘤可能性越大。

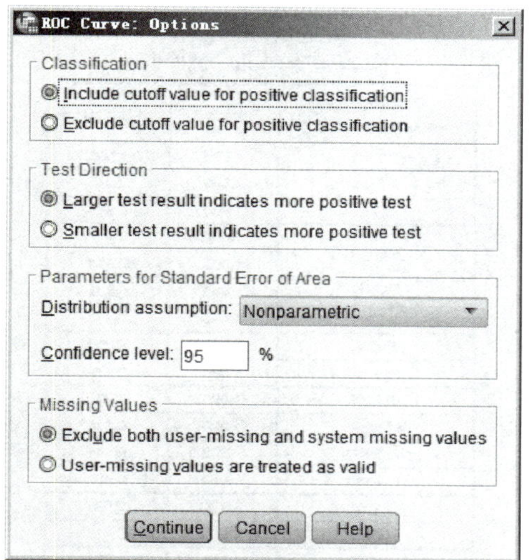

图 15-2　ROC 曲线选项对话框

◎ Smaller test result indicates more positive test：假定诊断变量值越小结果越容易发生阳性事件。

◇ Parameters for Standard Error of Area：选择曲线下面积标准误的计算方法及置信区间。

Distribution assumption：Nonparametric：假定曲线下面积服从何种分布。有两种选择，即 Nonparametric（非参数）和 Bi-negative exponential（负二项指数分布）。

Confidence level：95 %：输出曲线下面积的置信区间。系统默认为 95%。

◇ Missing Values：缺失值处理。

⊙ Exclude both user-missing and system missing values：将系统缺失值和自定义缺失值都剔除掉。系统默认。

◎ User-missing are treated as valid：只剔除掉系统缺失值，而将自定义缺失值当作有效值。

（3）本例过程：

Analyze

ROC Curve

▶ **Test Variable：*Radius***

▶ **State Variable：*Class***

Value of State Variable：1

▶ **Display**

☑ **ROC Curve**

☑ **With diagonal reference line**

☑ **Standard error and confidence interval**

☑ **Coordinate points of the ROC Curve**

Options

Classification

⊙ **Include cutoff value for positive classification**

Test Direction

⊙ **Larger test result indicates more positive test**

Parameters for Standard Error of Area

Distribution assumption：Nonparametric

Confidence level：95%

Missing Values

⊙ **Exclude both user-missing and system missing values**

2. 主要输出结果

（1）基本描述：见图 15-3，给出状态变量（诊断结果）阳性和阴性的人数，阳性 14 例，阴性 36 例。并假定诊断指标（变量）"*Radius*"值越大发生阳性事件的可能性越大。定义 1="恶性"为阳性事件。

Case Processing Summary

Class	Valid N (listwise)
Positive[a]	14
Negative	36

Larger values of the test result variable(s) indicate stronger evidence for a positive actual state.

a. The positive actual state is 1.

图 15-3　ROC 曲线基本描述

（2）ROC 曲线：见图 15-4，横轴为 1- 特异性，纵轴为灵敏度。若 ROC 曲线在标准参照线（图中 45° 直线）左上方离标准参照线越远，说明诊断效果越好。

（3）ROC 曲线下面积：见图 15-5。ROC 曲线下面积为 0.933，面积的标准误为 0.042，细胞核半径用于判断肿瘤类型有显著意义（P<0.001），细胞核半径越大表示恶性肿瘤的可能性越大。面积的 95% 置信区间为（0.851，1.000），不包括 0.5，得出相同的结论。

（4）ROC 曲线各点所对应的灵敏度和误诊率（1- 特异性）：见图 15-6，例如选 11.8700 为诊断界点时，灵敏度为 0.929，特异性为 0.5（=1-0.5）；选 16.9800 为诊断界点时，灵敏度为 0.286，特异性为 0.972。

图 15-4 ROC 曲线

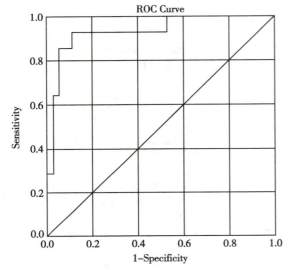

Area Under the Curve

Test Result Variable(s): 细胞核半径

Area	Std. Error[a]	Asymptotic Sig.[b]	Asymptotic 95% Confidence Interval	
			Lower Bound	Upper Bound
.933	.042	.000	.851	1.000

a. Under the nonparametric assumption

b. Null hypothesis: true area = 0.5

图 15-5 ROC 曲线下的面积

Coordinates of the Curve

Test Result Variable(s):细胞核半径

Positive if Greater Than or Equal To[a]	Sensitivity	1 - Specificity
6.6910	1.000	1.000
7.7255	1.000	0.972
7.9780	1.000	0.944
8.3965	1.000	0.917
9.1675	1.000	0.889
9.7400	1.000	0.861
9.8090	1.000	0.833
9.9530	1.000	0.806
10.4150	1.000	0.778
10.9700	1.000	0.750
11.2050	1.000	0.722
11.2850	1.000	0.694
11.3550	1.000	0.667
11.4650	1.000	0.639
11.5700	1.000	0.611
11.6450	1.000	0.583
11.7100	1.000	0.556
11.7550	1.000	0.528
11.8050	0.929	0.528
11.8700	0.929	0.500
11.9400	0.929	0.472
12.0300	0.929	0.444
12.2050	0.929	0.417
12.3800	0.929	0.389
12.4350	0.929	0.361
12.5600	0.929	0.333
12.7250	0.929	0.306
12.8350	0.929	0.278
12.9700	0.929	0.250
13.0950	0.929	0.222
13.2600	0.929	0.194
13.4200	0.929	0.167
13.4850	0.929	0.139
13.6550	0.929	0.111
13.8350	0.857	0.111
14.0800	0.857	0.083
14.3700	0.857	0.056
14.5150	0.786	0.056
14.6300	0.714	0.056
14.8900	0.643	0.056
15.1150	0.643	0.028
15.2150	0.571	0.028
15.3800	0.500	0.028
15.7850	0.357	0.028
16.9800	0.286	0.028
17.9200	0.286	0.000
18.0350	0.214	0.000
18.8800	0.143	0.000
22.4500	0.071	0.000
26.2200	0.000	0.000

a. The smallest cutoff value is the minimum observed test value minus 1, and the largest cutoff value is the maximum observed test value plus 1. All the other cutoff values are the averages of two consecutive ordered observed test values.

图 15-6 ROC 曲线的移动诊断界点

配套数据文件集

（陈 征 夏结来）

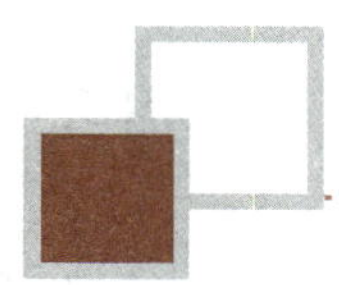

第十六章　广义估计方程

在医疗卫生领域相关研究中，重复测量设计的资料十分常见，对于定量变量重复测量资料，可使用前述有关章节的重复测量方差分析方法，但当资料含有缺失值、反应变量为分类变量时，则前述的重复测量方差分析方法不适用或无法充分利用数据信息，而广义估计方程（generalized estimating equations，GEE）可以用于分析此类资料。事实上对于调查研究中常见的多重应答数据、存在层次结构的数据均可用 GEE 进行分析。需注意的是与前述重复测量方差分析的数据格式不同，GEE 分析过程要求有一个表示在个体内进行重复测量的指示变量（比如时间变量）。因该模型相对复杂，本章仅对其中的主要选项进行介绍。

例 16–1　某研究者在维 A 酸软膏治疗银屑病的临床试验中，以 44 名静止期银屑病患者为对象，分别于治疗前、治疗后 2 周、4 周、6 周和 8 周共 5 个时间点观测和记录患者的皮损面积，皮损面积分为“小”和“大”2 类，见数据文件“gee1.sav”。研究目的是分析该药对银屑病的疗效。

1. 数据简介与格式　本例数据共 3 列、220 行。变量“*id*”表示每个患者的编号，有 44 个水平，变量“*week*”表示每个患者重复观测的时间，有 5 个水平，变量“*PASI*”为反应变量，表示每个患者的皮损面积，有 2 个水平即“1= 小”；“2= 大”。

2. 操作过程　从菜单选择

Analyze

Generalized Linear Models

Generalized Estimating Equations

弹出 Generalized Estimating Equations（广义估计方程）选项对话框（图 16–1）。

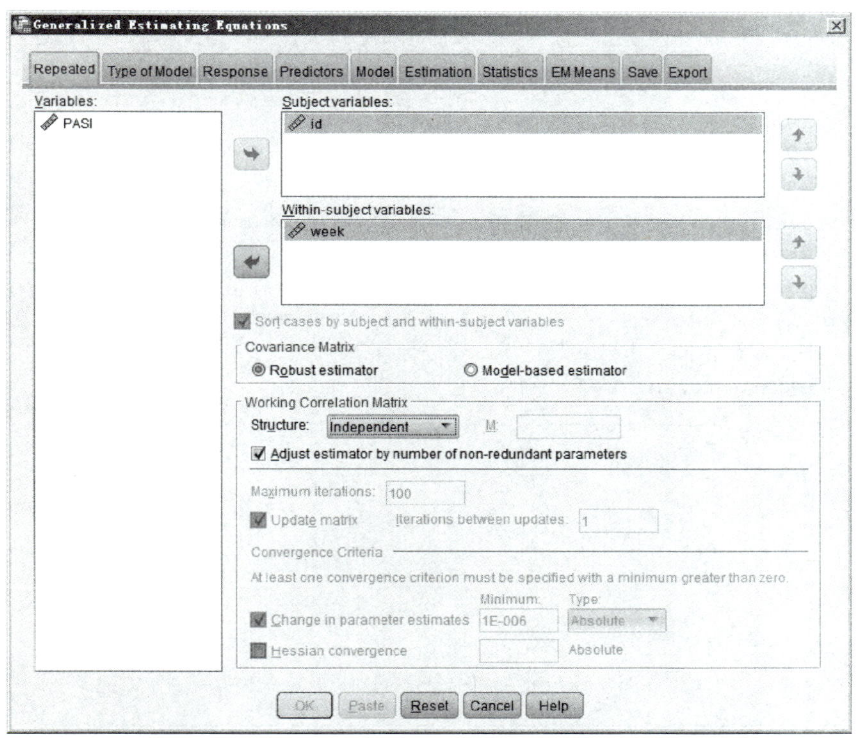

图 16–1　指定个体及重复测量变量对话框

★ Repeated："重复" 选项卡。

Subject variables：定义认为相互独立的观察单位的指示变量，本例选 "*id*"。

Within-subject variables：定义重复测量的指示变量，本例选 "*week*"

◇ Covariance Matrix：协方差矩阵。

⊙ Robust estimator：稳健的估计函数，是下述基于模型估计函数的一种校正方法。即使作业相关矩阵选择不当，仍然较为稳健。本例选此项。

◎ Model-based estimator：基于模型的估计函数。

◇ Working Correlation Matrix：定义作业相关矩阵。此矩阵表示个体内多次重复测量结果的内部相关关系，可以从下拉菜单内选择其中之一。因选择的不同将激活对话框下部其他选项。只要连接函数选择正确，GEE 对因作业相关矩阵的选择不当而引起的效率损失较小。本例选默认的 "Independent"。

● Independent：独立结构。重复测量间不相关。

● AR（1）：重复测量具有一阶自回归结构。

● Exchangeable：等相关结构，又称为复合对称结构（compound symmetry structure）。这种结构在元素之间具有同质相关性。

● M-dependent：M- 相关。

● Unstructured：不确定相关，即对相关性不进行限制。

★ Type of Model："模型类型" 选项卡。击 Type of Model 按钮，弹出 Type of Model（模型类型）对话框（图 16-2）。按照反应变量的类型、分别选择相应的连接函数。

Scale Response：反应变量为定量变量。

◎ Linear：线性，应变量分布为正态分布。

◎ Gamma with log link：log 连接的伽马，应变量分布为伽马分布。

Ordinal Response：反应变量为有序变量。

◎ Ordinal logistic：有序 logistic。

◎ Ordinal probit：有序 probit。

Counts：反应变量名义变量。

◎ Poisson loglinear：泊松对数线性。

◎ Negative binomial with log link：负二项对数线性。

Binary Response or Events/Trials Data：反应变量二分类变量。

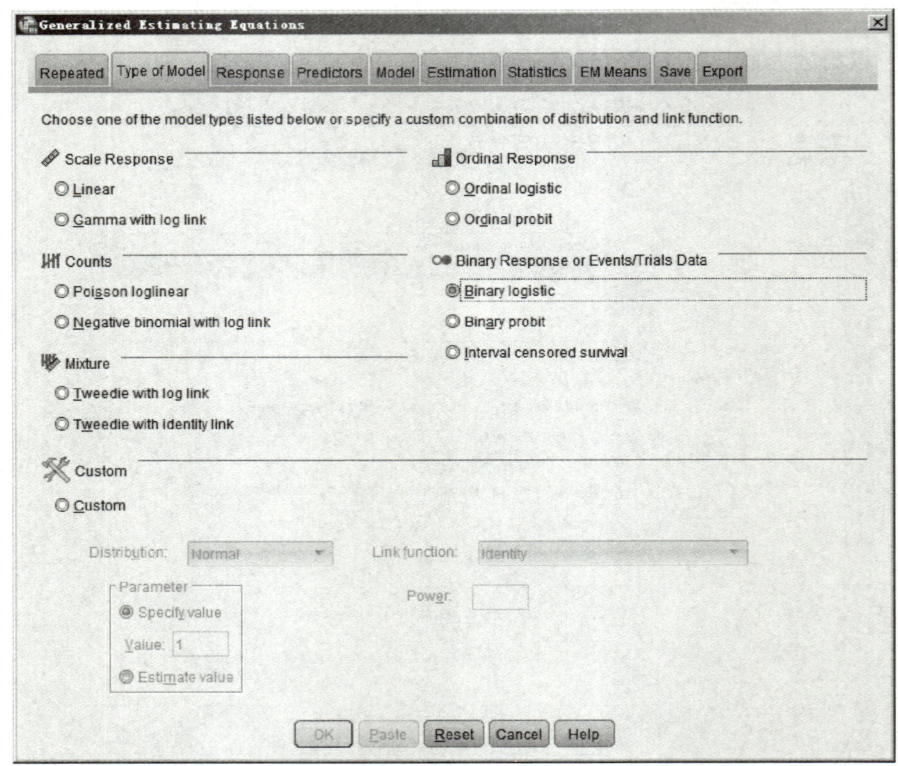

图 16-2　模型类型对话框

⊙ Binary logistic：二分类 logistic。本例选此项。

◎ Binary probit：二分类 probit。

◎ Interval censored survival：区间删失生存数据。

★ Response："响应"选项卡。击 Response 按钮弹出 Response（响应）对话框（图 16–3），对反应变量进行设置。

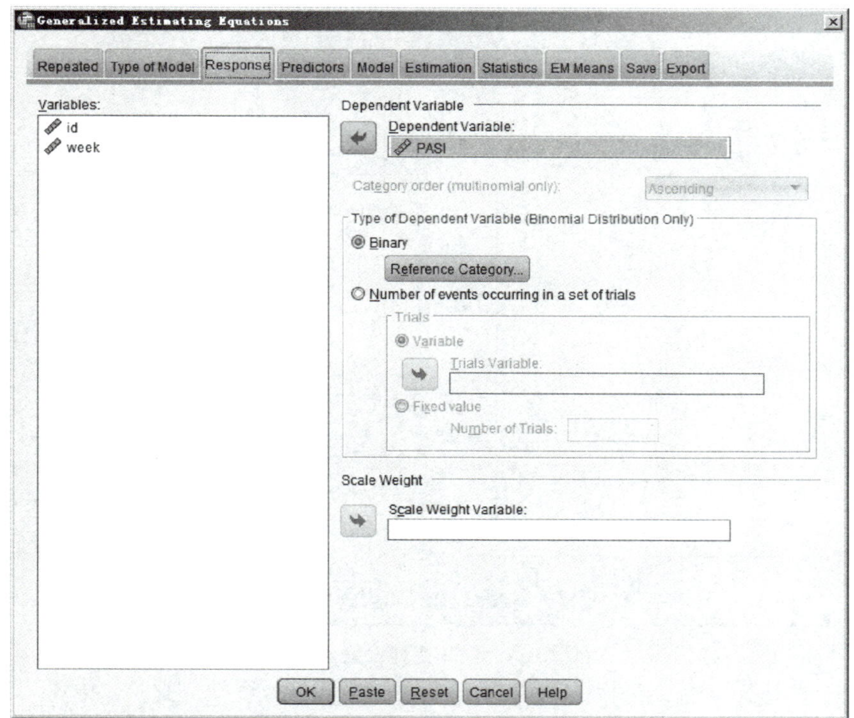

图 16–3　反应变量对话框

Dependent variable：反应变量。本例为"*PASI*"。

◇ Type of Dependent Variable（Binomial Distribution Only）：应变量类型，只有应变量为二项分布时，才需填写此项。

⊙ Binary：二分类。

击 Reference Category 按钮弹出 Reference Category（参考分类）选项对话框（图 16–4）。

◎ Last（highest–valued）：默认情况下，该过程将指定最后一个值（最高值）作为参考。

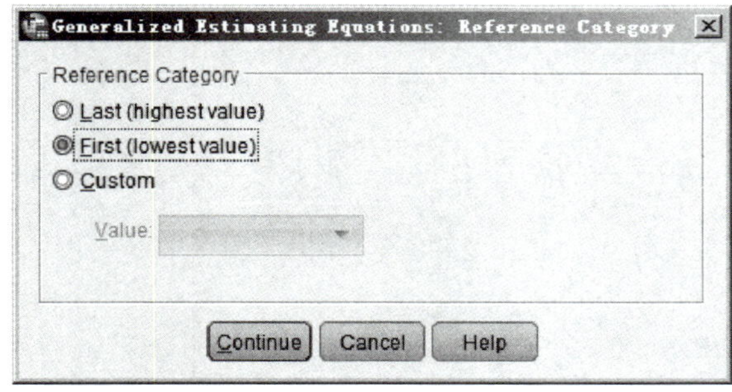

图 16–4　设置参考类别对话框

⊙ First（lowest–valued）：指定第一个值（最低值）作为参考类别。本例选此项。

◎ Custom：自定义参考类别，若变量值已定义标签，则可直观地从列表中选择参考类别。

★ Predictors："预测变量"选项卡（图 16–5）。

Factors：指定因素变量，本里选择"*week*"。一般应为分类变量。

Covariates：指定协变量，一般应为定量变量。

Offset：指定 offset 变量。当时间点内的测量次数不同时，需指定该变量。

★ Model："模型"选项卡。击 Model 按钮弹出 Model（模型）对话框（图 16–6）。详见本书第九章。

★ Estimation："估计"选项卡。击 Estimation 按钮弹出 Estimation（估计）对话框，用于设定该过程的参数估计方法、迭代次数、收敛标准等。此略。

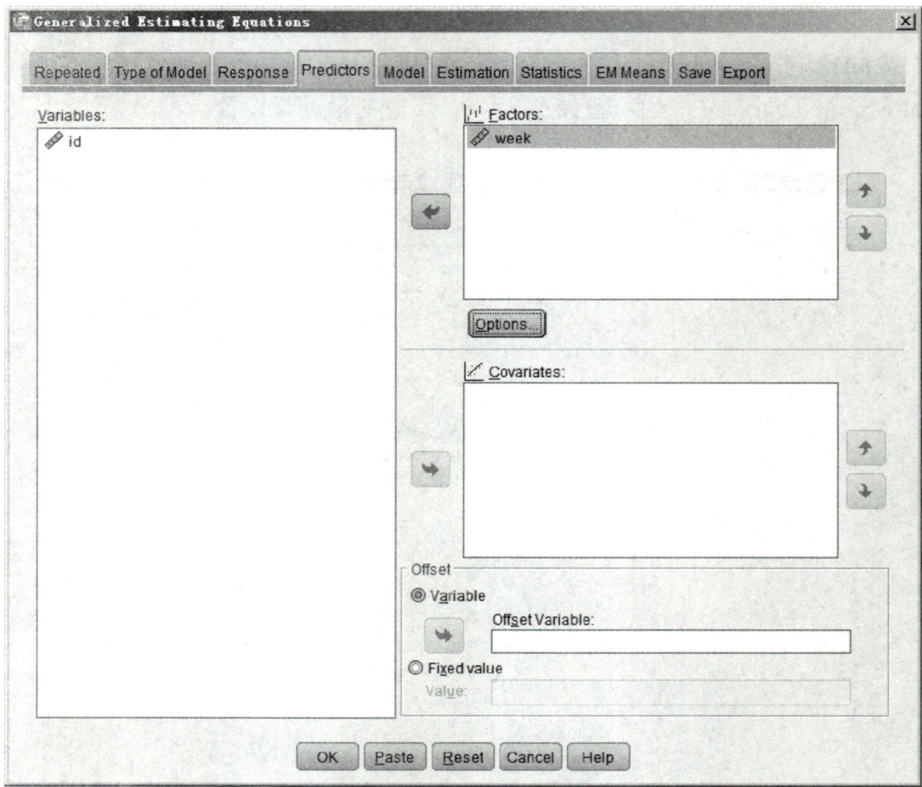

图 16–5 预测变量设置对话框

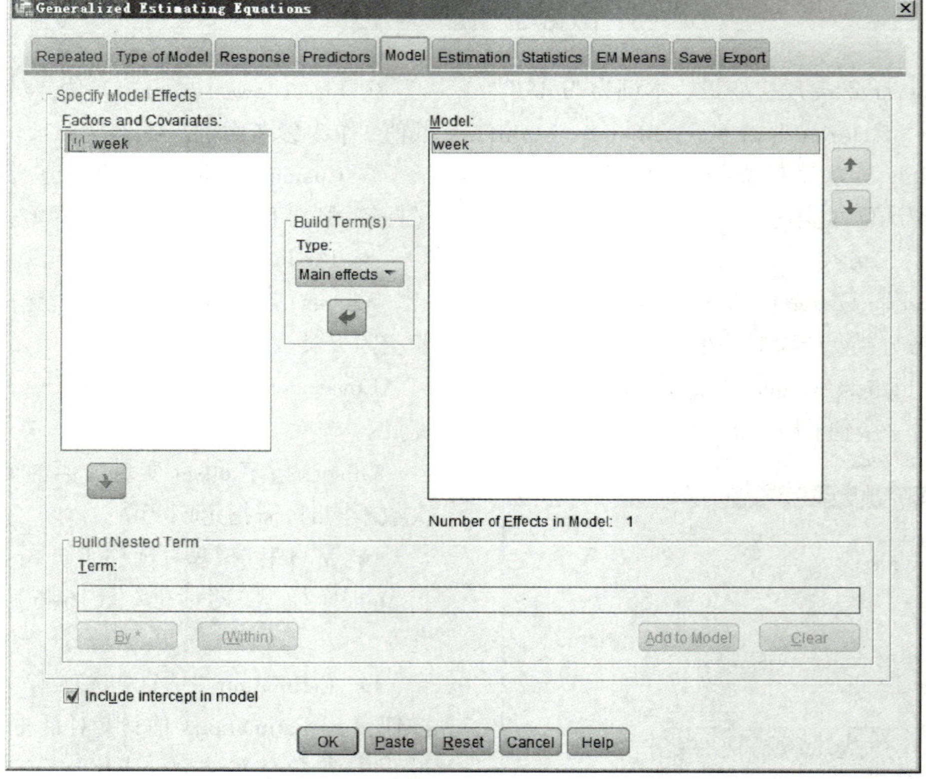

图 16–6 模型设置对话框

★ Statistics："统计量" 选项卡。击 Statistics 按钮，弹出 Statistics（统计量）对话框（图 16-7）。主要用于选择输出所需的统计量结果。

☑ Case processing summary：显示分析和相关数据汇总表中包含和排除的案例的数量和百分比。

☑ Descriptive statistics：描述性统计。显示有关应变量、协变量和因素的描述性统计信息和摘要信息。

☑ Model information：模型信息。显示数据集名称、应变量或试验标识变量、偏移变量、比例权重变量、概率分布和连接函数。

☑ Goodness of fit statistics：拟合优度统计量。给出 QIC 和 QICC 两个结果。

☑ Model summary statistics：模型摘要统计量。

☑ Parameter estimates：显示参数估计和相应的置信区间，还可设定是否计算以 *e* 为底的计算结果。

☐ Covariance matrix for parameter estimates：参数估计的协方差矩阵。

☐ Correlation matrix for parameter estimates：参数估计的相关矩阵。

☐ Contrast coefficient（L）matrices：对比系数（L）矩阵。在 EM Means 选项卡上显示默认效果和估计边际均数的对比度系数。

☐ General estimable functions：一般可估函数。显示用于生成对比度系数（L）矩阵的矩阵。

☐ Iteration history：迭代历史。显示参数估计和对数似然的迭代历史。

☐ Working correlation matrix：作业相关矩阵。

★ EM Means：击 EM Means 按钮，弹出 EM Means（估计均数）对话框（图 16-8）。主要用于选择输出各组（自变量为分类变量）的应变量均数，并可进行多重比较。应变量可选择原应变量尺度或者经连接函数线性转换后的尺度。该对话框对多分类有序应变量无效。

Save 和 Export 对话框主要用于将某些结果保存至当前数据文件中或输出为文件。此略。

本例过程：

Analyze

Generalized Linear Models

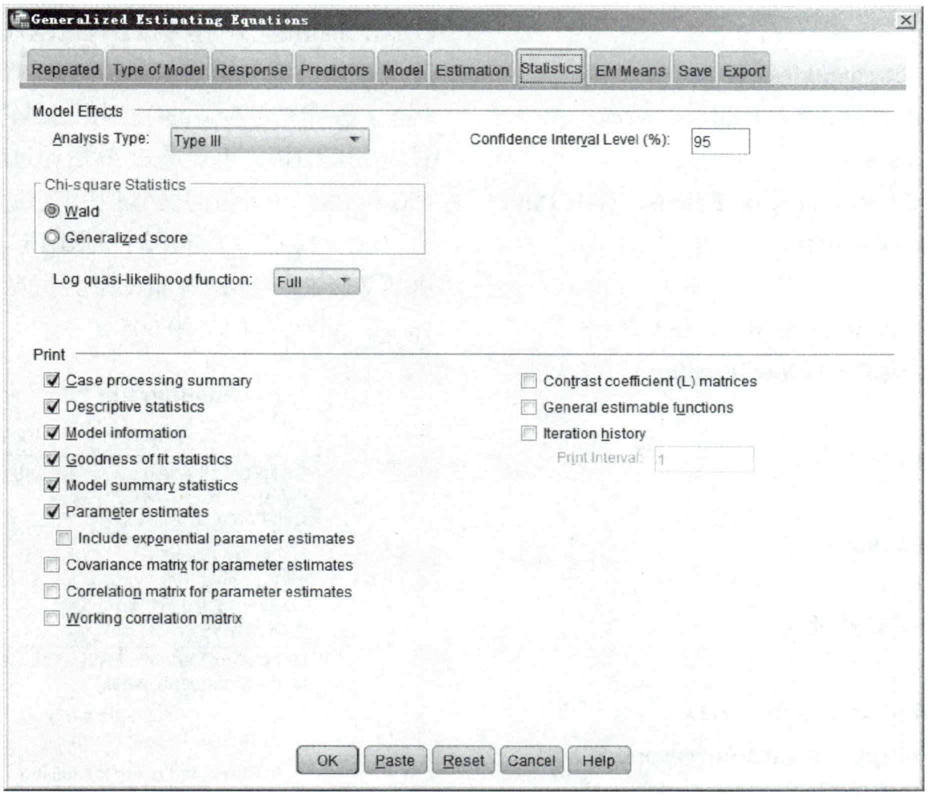

图 16-7　统计量选项设置对话框

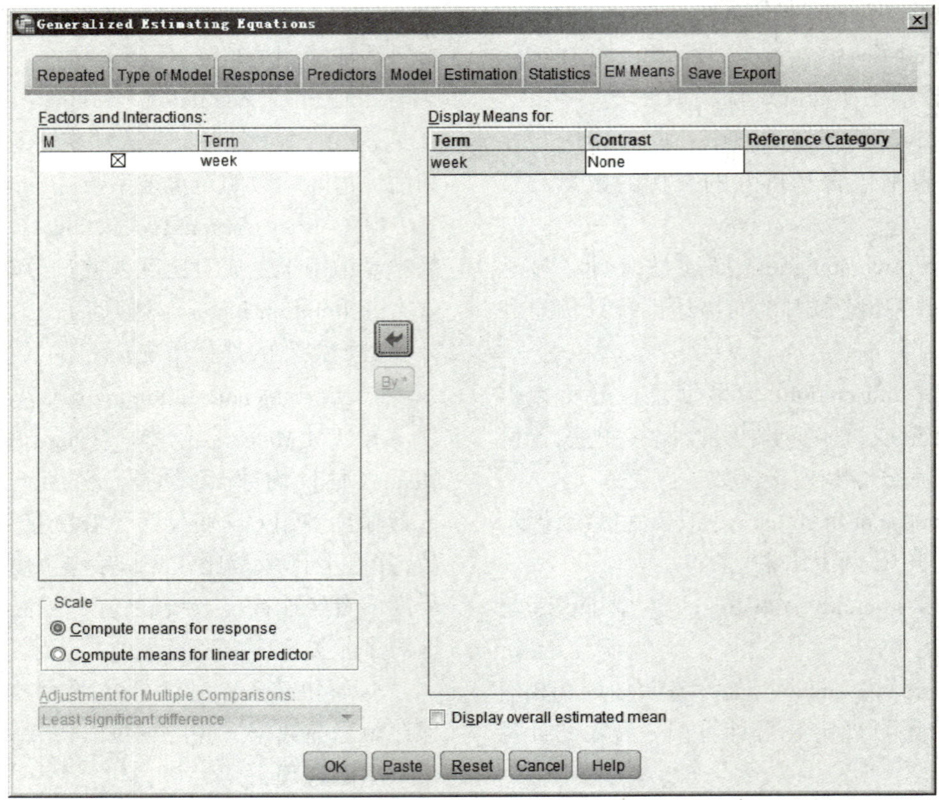

图 16-8 估计各组均数对话框

Generalized Estimating Equations

Repeated

▸ **Subject variables: *id***

▸ **Within Subject Variables: *week***

Type of Model

▸ **Binary Response or Events/Trials Data**

⊙ **Binary logistic**

Response

▸ **Dependent Variable: *PASI***

▸ **Binary: First (lowest value)**

Predictors

▸ **Factors: *week***

Model

▸ **Model: *week***

Statistics

Print: 默认选项

EM means

▸ **Display Means for: *week***

⊙ **Compute means for response**

3. 主要输出结果

（1）模型拟合优度：见图 16-9。独立模型准则下的伪似然（QIC）或独立模型准则下的修正伪似然（QICC）的值越小则模型拟合优度越好。此例选择了系统默认的独立结果（Independent）作为相关矩阵，但这不一定是最合适的作业相关矩阵。可以重新尝试定义其他相关矩阵形式，然后通过输出结果中的 QIC 和 QICC 统计量的大小来决定合适的相关矩阵。

（2）模型效应检验：见图 16-10，为模型中各因素不同水平的检验结果。可见，不同时间点“*week*”间有差异（P=0.005）。

Goodness of Fit[a]

	Value
Quasi Likelihood under Independence Model Criterion (QIC)[b]	288.973
Corrected Quasi Likelihood under Independence Model Criterion (QICC)[b]	288.973

Dependent Variable: PASI
Model: (Intercept), week

a. Information criteria are in smaller-is-better form.

b. Computed using the full log quasi-likelihood function.

图 16-9 拟合优度结果

Tests of Model Effects

Source	Type III Wald Chi-Square	df	Sig.
(Intercept)	4.269	1	.039
week	14.833	4	.005

Dependent Variable: PASI
Model: (Intercept), week

图 16-10　模型的检验结果

（3）参数估计：见图 16-11。给出了具体的回归系数值及其检验结果。本过程中反应变量以皮损面积小（*PASI=0*）作为参照，不同时间点的比较以“治疗后 8 周”为参照，“治疗前”“治疗后 2 周”“治疗后 4 周”“治疗后 6 周”偏回归系数分别为 1.190、0.960、0.750、0.554，并且都有统计学意义（*P* 均 <0.009），表明早期皮损较严重，随着治疗时间的延长，皮损有逐渐减小倾向（系数均为正，且逐渐减小），至最后时间点治疗后 8 周皮损面积最小。

（4）各组统计量：见图 16-12，给出了各时间点反应变量“*PASI*”出现皮损面积“大”的概率 *P* 的平均水平及其置信区间。可见随着时间的推移，出现“大”的皮损面积的概率逐渐降低。本例若在图 16-8 对话框中选择 Compute means for linear predictor，则输出的结果为图 16-12 中的 logit 值，即 $\ln\frac{P}{1-P}$。

Parameter Estimates

Parameter	B	Std. Error	95% Wald Confidence Interval Lower	Upper	Hypothesis Test Wald Chi-Square	df	Sig.
(Intercept)	-.091	.3018	-.683	.501	.091	1	.763
[week=0]	1.190	.3104	.581	1.798	14.685	1	.000
[week=2]	.960	.2772	.417	1.503	11.991	1	.001
[week=4]	.750	.2456	.269	1.232	9.332	1	.002
[week=6]	.554	.2127	.137	.971	6.773	1	.009
[week=8]	0[a]	.	.	.	.	.	.
(Scale)	1						

Dependent Variable: PASI
Model: (Intercept), week

a. Set to zero because this parameter is redundant.

图 16-11　各时间点与参考时间点的对比结果

Estimates

week	Mean	Std. Error	95% Wald Confidence Interval Lower	Upper
治疗前	.75	.065	.60	.86
治疗后2周	.70	.069	.56	.82
治疗后4周	.66	.071	.51	.78
治疗后6周	.61	.073	.46	.74
治疗后8周	.48	.075	.34	.62

图 16-12　各时间点的结果

例 16-2　在一项随机对照临床试验中，分别设立试验组和安慰剂对照组治疗呼吸系统疾病，研究总结治疗后病症的改善情况。选取达到试验标准的呼吸系统疾病患者共 111 人，将其随机分配到试验组或安慰剂组，试验组有患者 54 人，安慰剂组有患者 57 人；治疗前进行一次测量作为基线值，开始治疗后共进行四次测量。其评价结果为“呼吸状态”，分为“状态好”和“状态差”两种情况。见数据文件“gee2. sav”。

1. 数据简介与格式　本例数据输入 SPSS，共 5 个变量。变量“*subject*”表示每位呼吸系统疾病患者的编号；变量“*group*”表示患者所属分组，“0”为安慰剂组，“1”为试验组；变量“*baseline*”表示给予干预前患者的基础呼吸状况，为二分类变量，“0”为状态差，“1”为状态好；变量“*time*”表示患者就诊次数（时间），共 4 个水平，“1”“2”“3”“4”分别标识第一次至第四次就诊；变量“*status*”（呼吸状态）表示患者干预后每次就诊时的呼吸状况，是二分类变量，“0”为状态差，“1”为状态好。

2. 操作过程

Analyze

　Generalized Linear Models

　　Generalized Estimating Equations

Repeated

▸ **Subject variables**：***subject***

▸ **Within Subject Variables**：***time***

Type of Model

- **Binary Response or Events/Trials Data**
  - ⦿ **Binary logistic**

Response

- **Dependent Variable**：***status***
- **Binary**：**First（lowest value）**

Predictors

- **Factors**：***group/baseline/time***

Model

- **Model**：***group/baseline/time***

Statistics

Print：默认选项 **/include exponential parameter estimates**

3. 主要输出结果

（1）模型效应检验：见图 16-13，为模型中各因素不同水平的检验结果。可见，不同组别间有差异，试验组好于对照组（$P<0.001$）；不同的基线状态之间有差异，基础状态好者其治疗效果较好（$P<0.001$）；不同就诊次数"*time*"之间差异无统计学意义（$P=0.390$）。

Tests of Model Effects

Source	Type III Wald Chi-Square	df	Sig.
(Intercept)	8.356	1	.004
组别	14.846	1	.000
baseline	38.693	1	.000
time	3.010	3	.390

Dependent Variable: 呼吸状态
Model: (Intercept), 组别, baseline, time

图 16-13　模型中各协变量检验结果

（2）参数估计：见图 16-14。给出了具体的回归系数估计及其检验结果。本过程中反应变量以状态差（*status*=0）作为参照，对照组（*group*=0）比试验组（*group*=1）疗效差，其 *OR*=0.276；基础状态差的患者（*baseline*=0）相对于基础状态好（*baseline*=1），其疗效较差，*OR*=0.130；前三个时间点与最后一个时间点（*time*=4）进行对比，差异均无统计学意义（*P* 均 >0.200）。

Parameter Estimates

Parameter	B	Std. Error	95% Wald Confidence Interval Lower	95% Wald Confidence Interval Upper	Hypothesis Test Wald Chi-Square	Hypothesis Test df	Hypothesis Test Sig.	Exp(B)	95% Wald Confidence Interval for Exp(B) Lower	95% Wald Confidence Interval for Exp(B) Upper
(Intercept)	1.962	.3431	1.290	2.634	32.708	1	.000	7.113	3.631	13.935
[组别=0]	-1.287	.3341	-1.942	-.632	14.846	1	.000	.276	.143	.531
[组别=1]	0[a]	.	.	.	.	.	.	1	.	.
[baseline=0]	-2.039	.3278	-2.682	-1.397	38.693	1	.000	.130	.068	.247
[baseline=1]	0[a]	.	.	.	.	.	.	1	.	.
[time=1]	.289	.2430	-.188	.765	1.412	1	.235	1.335	.829	2.149
[time=2]	.048	.2393	-.421	.517	.040	1	.842	1.049	.656	1.677
[time=3]	.289	.2255	-.153	.731	1.640	1	.200	1.335	.858	2.077
[time=4]	0[a]	.	.	.	.	.	.	1	.	.
(Scale)	1									

Dependent Variable: 呼吸状态
Model: (Intercept), 组别, baseline, time
a. Set to zero because this parameter is redundant.

图 16-14　各协变量参数估计结果

配套数据文件集

（王建明　安胜利）

第十七章　统计图形

主菜单中的统计图形模块（Graphs）由图形生成器、模板图形选择、Weibull 图、亚组比较及保留模块组成。保留模块是指保留了之前的 SPSS 版本在 Graphs 主菜单下所列的内容，包含条图、三维条图、线图、面积图、圆图、高低图、箱图、误差棒图、分群金字塔图、散点图和直方图等 11 种图形。根据不同的研究目的、资料类型可选用不同的统计图进行直观的描述。数据图形化分析所起作用越来越重要，它是数据可视化的基础，而数据可视化是未来大数据分析的一个趋势。

第一节　图形生成器

例 17-1　以数据文件“clinical trial. sav”为例，用复式条图对不同药物组、不同性别研究对象的年龄进行比较。条图的作图目的是比较相互独立组别数据的大小。本例中，不同药物组相互独立，不同性别组相互独立，比较年龄大小，所以采用复式条图。

从菜单选择

Graphs

Chart Builder

弹出 Chart Builder（图形生成器）提示框（图 17-1）。提示在使用图形生成器模块之前需对变量进行正确属性定义，特别是分类变量的属性定义。

Define Variable Properties：定义变量属性。

击 Define Variable Properties 按钮，弹出定义变量属性对话框（此略），将分组变量“*GROUP*”和性别变量“*SEX*”选入，击 Continue 按钮，弹出图 17-2。在 Measurement Level 框选中 Nominal，然后击 OK，就将变量“*GROUP*”和“*SEX*”的属性由定量变量转变为名义变量。

如果本例数据文件“clinical trial. sav”中的“*GROUP*”和“*SEX*”已为名义变量，可不进行上述定义，直接在图 17-1 击 OK 按钮，弹出图形生成器对话框（图 17-3）。

Variables：变量。

Chart preview uses example data：使用案例数据产生的图形预览。

◇ Gallery：图库。图库中可供选择的图形包含了条图、线图、面积图、圆图 / 极坐标图、散点图 / 点图、直方图、高低图、箱图、双轴图等 9 类。可在选中的图形类别中双击或者选中后拖动图形至图表预览框中。

◇ Basic Elements：基本元素（图 17-4）。

Chose Axes：坐标轴式样。有横轴、横纵轴、立体三轴、圆周轴和双纵轴 5 种式样。

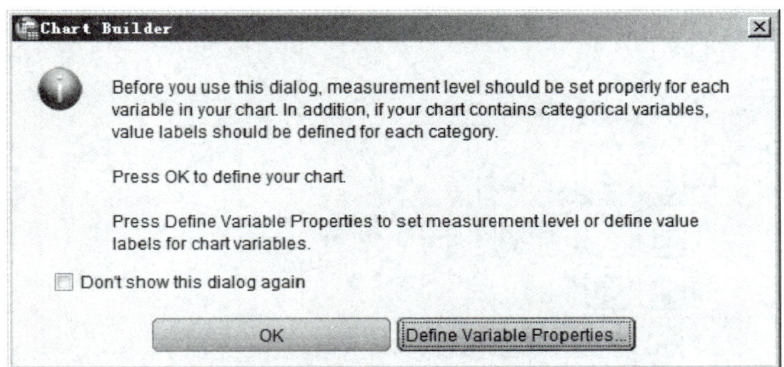

图 17-1　图形生成器提示框

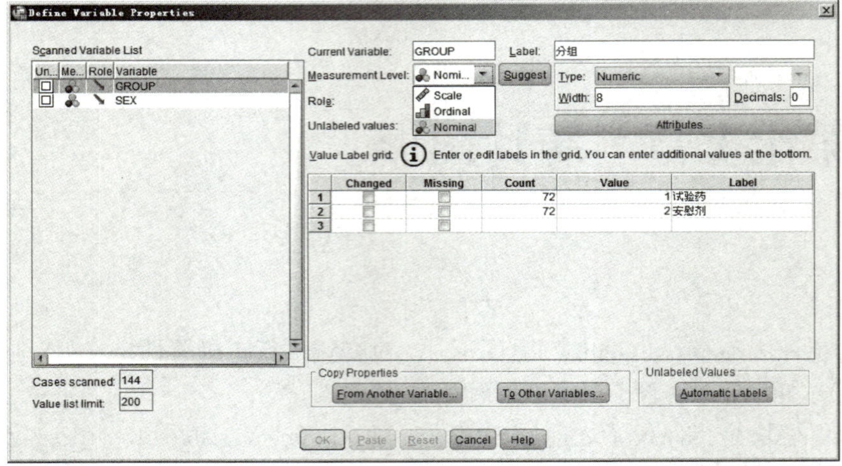

图 17-2　定义变量属性对话框

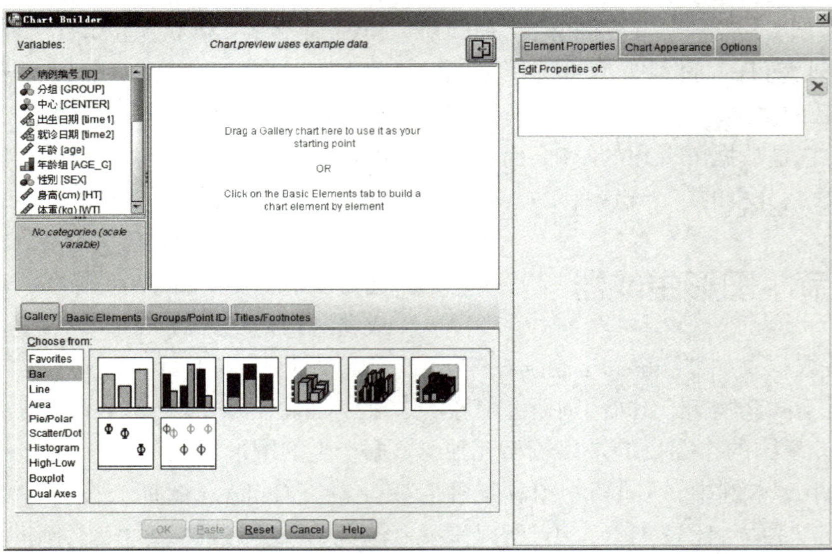

图 17-3　图形生成器对话框

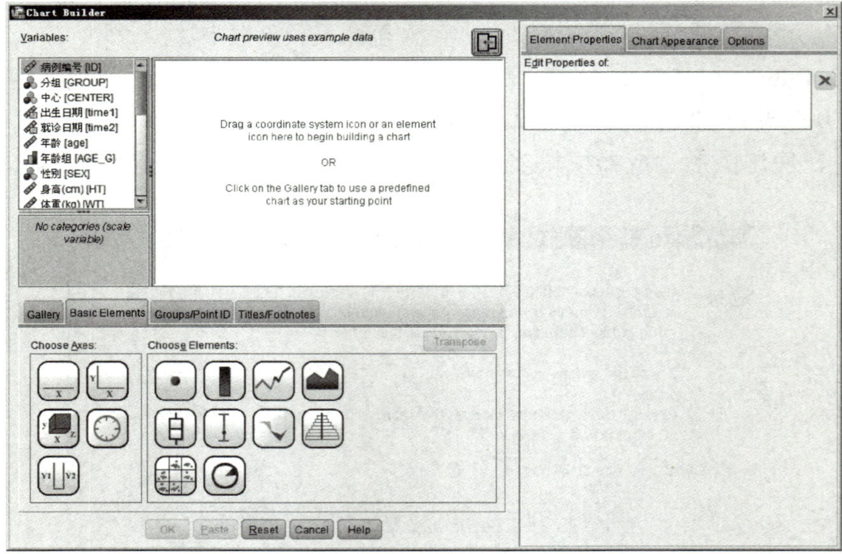

图 17-4　基本元素对话框

Choose Elements：图形元素式样。有 10 种几何形状可供选择。

Transpose：转置。可在横绘和直绘两种方式中切换。

◇ Groups/Point ID：分组与标记。

Checked items add drop zones to the canvas to which variables can be assigned：如选中以下项目可将其在图形预览框中显示。

□ Clustering variable on X：X 轴上的分群变量。

□ Clustering variable on Z：Z 轴上的分群变量。

□ Grouping/stacking variable：分组 / 分段变量。

□ Rows panel variable：行分层变量。

□ Columns panel variable：列分层变量。

□ Point ID label：指定 ID 变量标签。

◇ Titles/Footnotes：标题及脚注。有第一标题、第二标题、副标题、第一脚注和第二脚注等选项。

◇ Element Properties：元素属性。击 Element Properties 弹出元素属性对话框（图 17–5）。该窗口被激活需要在选中的图形类别中双击或者选中后拖动图形至图表预览框中，本例选用 Gallery 图库中的复合条图 “Clustered Bar”。同时采用拖动的方式，把名义变量 “*GROUP*” 拖到预览框 X 轴，把年龄 “*age*” 变量拖到预览框 Y 轴，把 “*SEX*” 拖到预览框图例 “Cluster on X” 处（图 17–5）。

Edit Properties of：选择属性编辑的对象，编辑对象包括条、X 轴、Y 轴、图例、标题等，下面以编辑定义条为例。

Statistics：统计量。包含数值、均数、中位数、组中间值、众数、最小值、最大值等 20 项统计指标。

Set Parameters：设置条参数值。某些统计量需要设定参数，选择这些统计量后该按钮被激活，然后根据分析内容设定相应参数。

☑ Display error bars：显示误差条。有置信区间、标准误和标准差三种选择。置信区间默认为 95% 区间，标准误和标准差默认加减 2 个标准误或标准差单位。

Bar Style：条的形状。有条形（Bar）、I 型（I– beam）和须型（Whisker）三种形状供选择。

◇ Chart Appearance：图形外观。编辑图形的颜色、内外框以及网格线等。

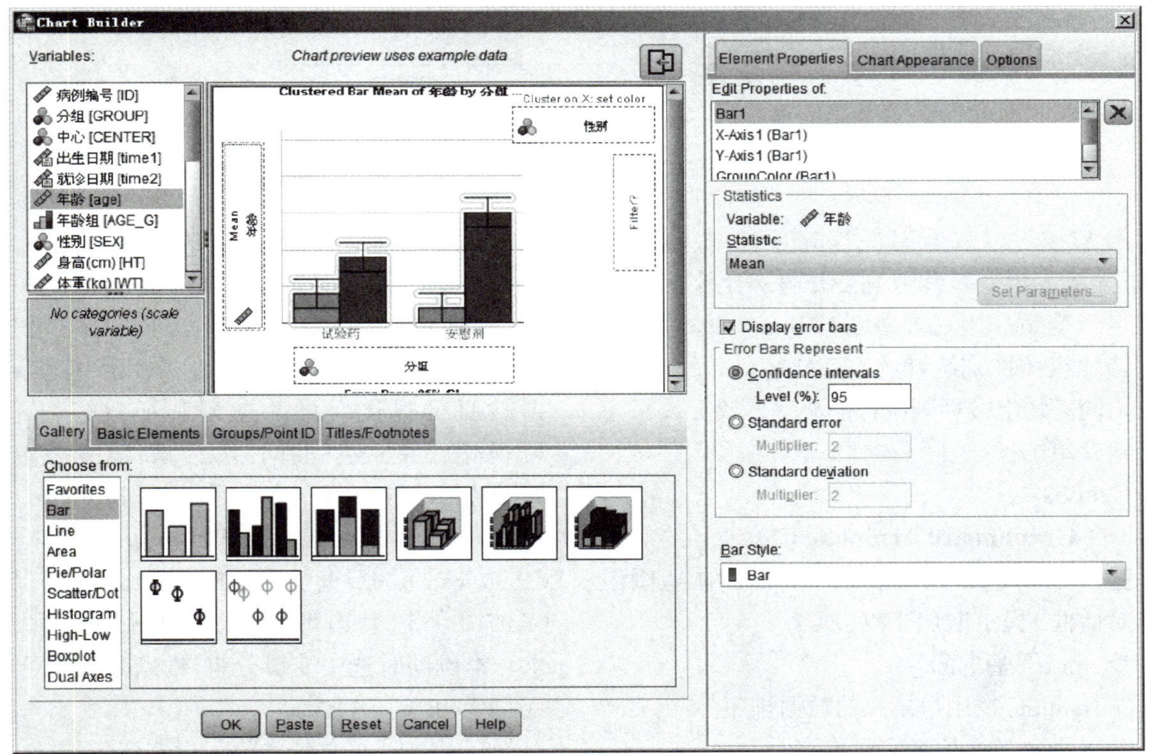

图 17–5 元素属性对话框

击 Chart Appearance 弹出对话框。

Edit Appearance：选中自定义颜色、边框和网格线，从而调整图体的颜色（Colors）、边框（Frame：Outer，Inner）以及网格线（Grid Lines：X axis，Y axis）。

Template：可以调用已有的图形模板。

设定了以上选项后击 OK 按钮完成变量属性的定义。

◇ Options：选项。包括缺失值处理、模板操作、显示比例和行列分层变量的转置切换。

用复式条图绘制不同药物组按性别统计的年龄分布。过程如下：

Graphs

Chart Builder（"GROUP" 和 "SEX" 的属性为名义变量）

OK

Gallery

Bar

Clustered Bar（条图中的第二个图形即复式条图）

▶ **X-Axis：*GROUP***

▶ **Y-Axis：*age***

▶ **Cluster on X：*SEX***

Element properties

☑ **Display error bars**

Confidence intervals level（%）：95

☐ **Footnote 1**

结果见图 17-6。

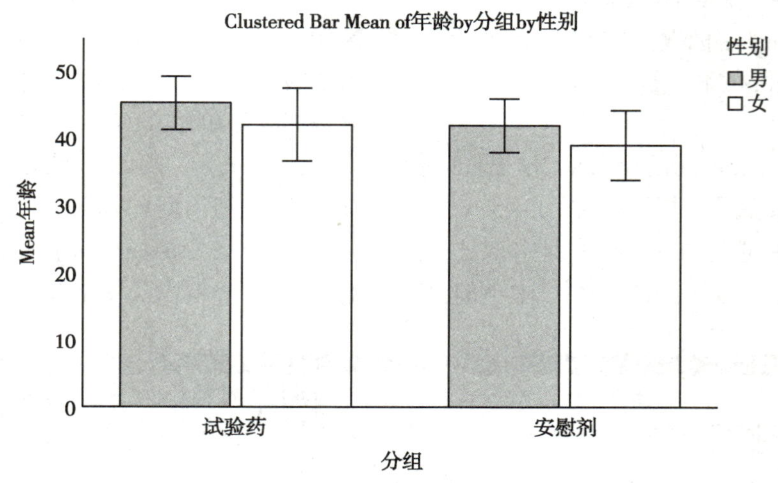

图 17-6 两药物组按性别统计的年龄比较（复式条图）

例 17-2 以数据文件"clinical trial. sav"为例，事先将分组变量和性别变量重新定义为数值型的名义变量。用三维条图（3D bar chart）绘制不同药物组按性别统计的心率比较，以及加设动画的不同药物组按性别统计的心率比较。

从菜单选择

Graphs

Graphboard Template Chooser

弹出 Graphboard Template Chooser（模板图形选择对话框）提示框（图 17-7A）。

◇ Basic：基本面。

⊙ Natural：按用户录入的数据排序。

◎ Name：按名称的字母排序。

◎ Type：按数据类型排序。

△：从上到下排序。英文中从 Z 到 A 排序。

▽：从下到上排序。英文中从 A 到 Z 排序。

Visualization of：可视化。自动出现变量的标签。该部分可视化模板类型特别丰富，根据需要可视化变量的类型和个数组合不同，可视化模板类型不同，包括条图（Bar Chart）、圆图（Pie Chart）、气泡图（Bubble Plot）、散点图（Scatter Plot）、箱图（Box plot）、热点图（Heat map）、3D 直方图（3-D Histogram）、面图（Surface）等，基本可以满足各种数据类型的要求。本例同时选中变量分组、性别和心率可视化（图 17-7B）。

Summary：汇总统计量。根据变量不同，有不同汇总统计量。

Manage：管理。点击后弹出“Manage Local Templates, Stylesheets and Maps”（管理本地模板、样式框和地图）对话框。可进行模板、样式和地图的导入和导出、重命名和删除等操作。

◇ Detailed：详细信息。弹出图形详细信息对话框（图 17–8）。

● Visualization type：可视化图形类型。提供了可供选择的各类图形。

● Categories：变量分类。

● Optional Aesthetics：视觉效果。可选择图形的颜色（Color）和透明度（Transparency）。

● Panel and Animation：面板和动画设置。

Panel across：横向排列。

Panel down：纵向排列。

Animation：动画。根据选择的变量进行动画设计，主要根据选择的变量类型设计图形的可视化动画，无需明确的变量。并非每个图形都有动画。

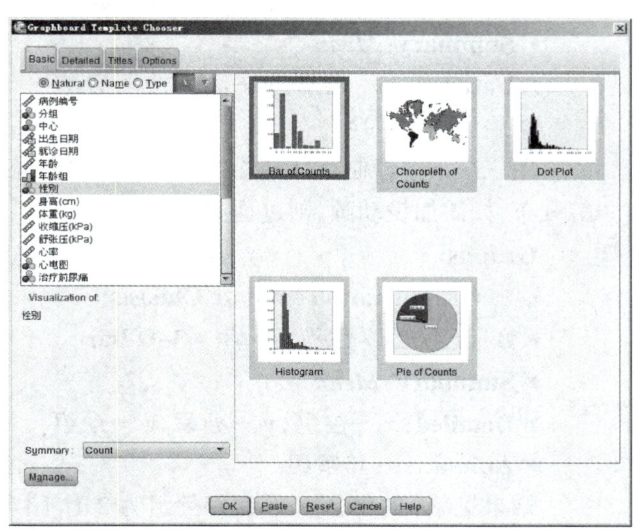

A

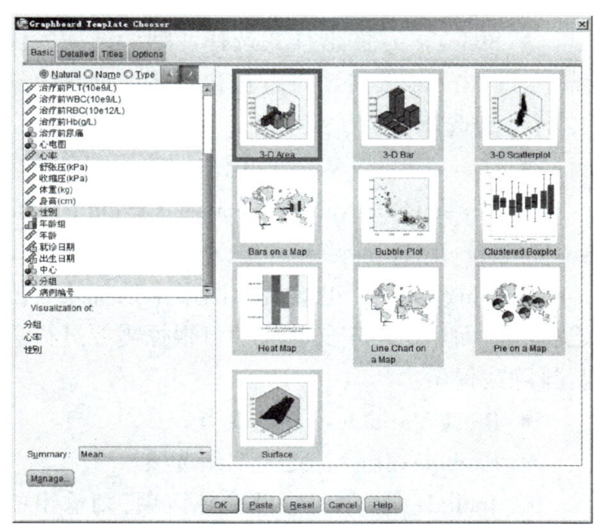

B

图 17–7 模板图形选择对话框

图 17–8 图形详细信息对话框

◇ Titles：标题。可进行标题、脚注的设置和修改（图略）。

Visualization Titles：可视化标题。

⦿ Use default titles：使用缺省标题。

◎ Use custom titles：使用自定义标题。选中此项后激活标题、副标题和脚注框。

◇ Options：选项。

● Output Label：输出标签。

Label：标签。输出标签出现在输出浏览器概要框中。

● Stylesheet：图形样式选择。默认选项为传统型。点击 Select 按钮可进行包括传统型在内的 12 种类型选择。

● User-Missing Values：用户缺失值定义。

System-missing values are always excluded but you can specify how you want SPSS Statistics to treat user-missing values：SPSS 统计图形中系统缺失值已排除。而用户自定义缺失值可根据需要进行选择排除或保留。

● Break Variables：分组变量。

⦿ Exclude：排除。此为默认选项。

◎ Include：包含。如果选择该项，则输出的结果图形中将包含缺失值组别。

● Summary Statistics and Case Values：汇总统计量和变量个值。

⦿ Exclude listwise to obtain a consistent case for the chart：排除用户缺失值以便得到统一的变量库。此为默认选项。

◎ Exclude variable-by-variable to maximize the use of the data：逐个排除用户缺失值以便使用变量效率最大化。

用三维条图绘制不同药物组按性别统计的年龄比较。过程如下：

Graphs

Graphboard Template Chooser

▸ **Basic：*分组 / 性别 / 心率*→ 3-D Bar**

▸ **Summary：*Mean***

▸ **Detailed：*x →性别，y →心率，z →分组***

结果见图 17-9A。

用三维条图绘制不同药物组按性别统计的年龄分布，如需加设动画，则过程如下：

Graphs

Graphboard Template Chooser

▸ **Basic：*分组 / 性别 / 心率*→ 3-D Bar**

▸ **Summary：*Mean***

▸ **Detailed：*x →性别，y →心率，z →分组***

▸ **Animation：年龄组**

结果见图 17-9B。显示在年龄组为 2 时不同性别、分组的心率的平均水平比较。可以采用图形模板编辑器（Graphboad Editor）中的探索模式（Explore Mode）激活动画（Play），从而探索不同性别、分组的心率随着年龄组变化的情况。

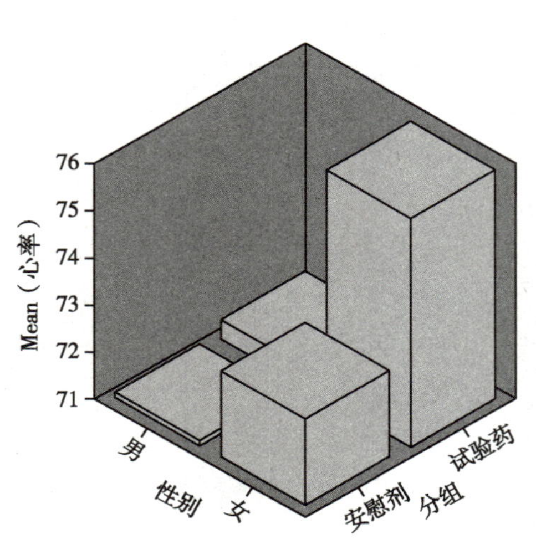

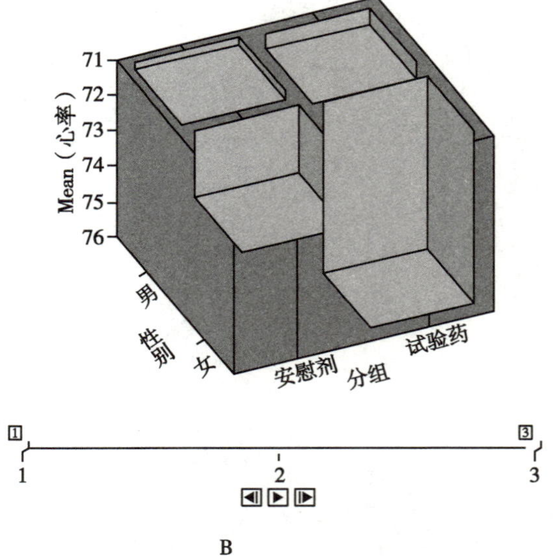

图 17-9 例 17-2 的三维条图（A）及加动画后的三维条图（B）

第二节 条 图

条图（bar chart）用以描述按性质分组的各组某项指标值的大小。

例 17–3 以数据文件“clinical trial. sav”为例，用单式条图绘制不同药物组年龄的均数和标准差；用复式条图绘制不同药物组的性别人数分布；用分段条图绘制不同药物组的年龄组占比。

从菜单选择

Graphs

　Legacy Dialogs

　　Bar

弹出 Bar Charts（条图）主对话框（图 17–10）。

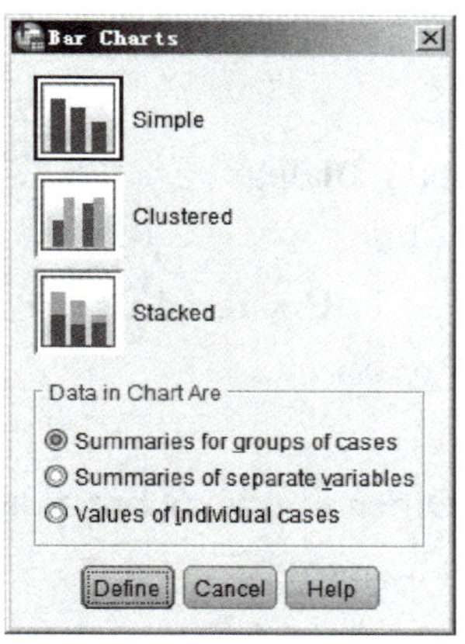

图 17–10 条图主对话框

◇ Bar Charts：条图类型。

□ Simple：单式条图。

□ Clustered：复式条图。

□ Stacked：分段条图。

◇ Data in Chart Are：数据类型。

⊙ Summaries for groups of cases：描述某一反应变量各分组的例数或各分组的描述指标（如均数、中位数、总和等）。1 个分类变量可绘制单式条图，2 个分类变量可绘制复式条图或分段条图。

◎ Summaries of separate variables：描述多个反应变量。反应变量的计量单位应一致，只有 1 个反应变量时为单式条图；2 个以上反应变量时为复式条图。

◎ Values of individual cases：个体观察值描点。

★ Define：定义。

击 Define 按钮，弹出与所选条图类型对应的定义对话框，三种条图类型的定义对话框基本相同，只是单式条图对话框少了一个分类变量的选项。这里以复式条图的定义对话框为例，见图 17–11。

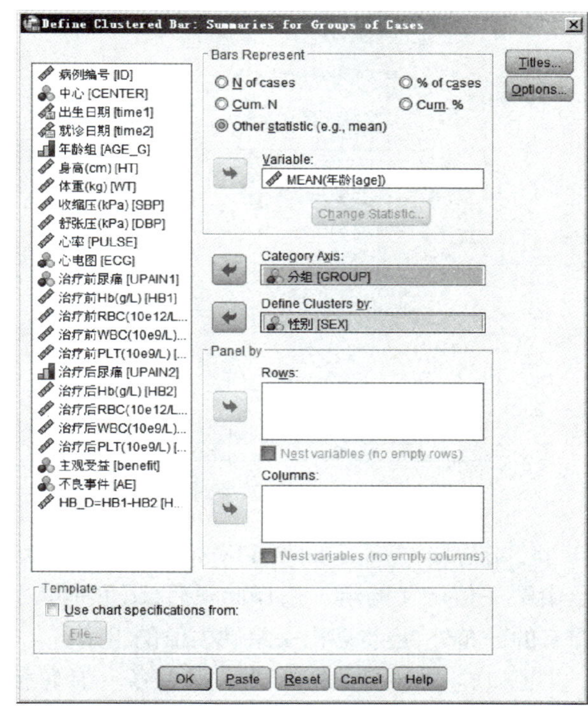

图 17–11 复式条图的定义对话框

◇ Bars Represent：条所代表的统计量。

◎ N of cases：例数。

◎ % of cases：百分数。

◎ Cum. N：累积例数。

◎ Cum. %：累积百分数。

⊙ Other statistic（e.g. mean）：其他统计量。选此项后，Variable 框被激活，选入变量后，Change Statistic 按钮被激活，有均数、中位数、标准差、最小值、最大值、合计等 18 余项统计量供选择。

Category Axis：分类变量轴变量，即横轴所代表的分类变量。

Define Clusters by：分簇变量，用图例表示的分类变量。

Panel by：分层变量。有行分层变量和列分层变量。

Template：模板。

□ Use chart specifications from：使用图形模板。选此项后，File 按钮被激活，可选择已有的模板文件为本图形的模板。

★ Options：选项（图 17–10）。

击 Options 按钮,弹出选项对话框(图 17-12)。

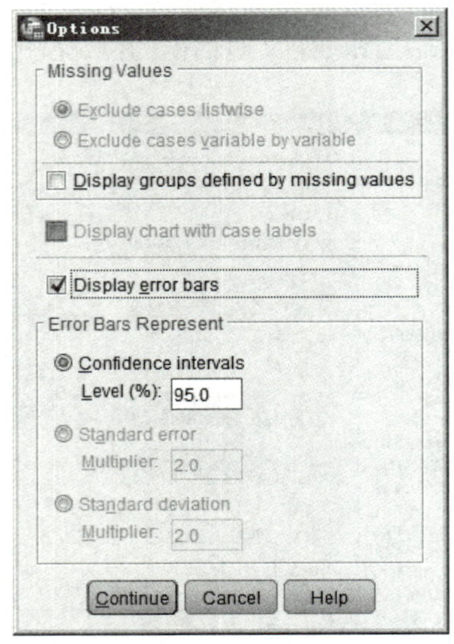

图 17-12 条图的选项对话框

□ Display groups defined by missing values:显示由缺失值定义的组。选择此项后,图形中除了原有的分布外,还将多出一组缺失值的组别。

☑ Display error bars:显示误差条。有置信区间、标准误和标准差三种选择。置信区间默认为 95% 区间,标准误和标准差默认加减 2 个标准误或标准差单位。

1. 单式条图(Simple) 绘制不同药物组年龄的均数和标准差。过程如下:

Graphs

Legacy Dialogs

Bar

Simple & ⊙ Summaries for groups of cases

Define

⊙ Other summary function(Mean)

▸ Variable:*age*

▸ Category Axis:*GROUP*

Options

☑ Display error bars

⊙ Standard deviation:Multiplier 1.0

结果见图 17-13。利用了图形编辑器中(Chart Editor)的特征(Properties)设置功能,对条(Bar Options)的宽度(Width)进行了重新设置,同时对图形的形状和内部填充(Fill & Border)进行了重新设置。

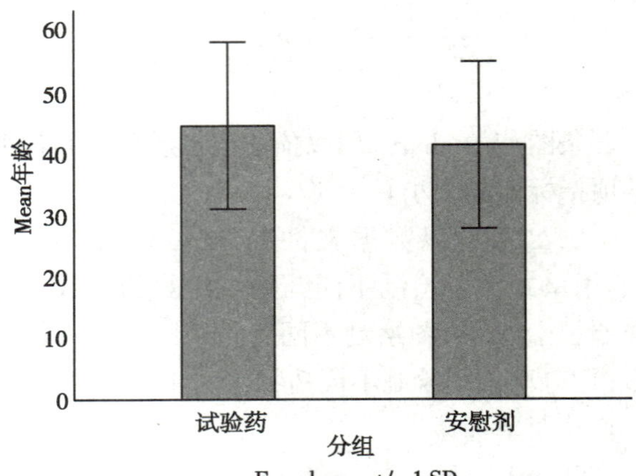

图 17-13 两组的年龄比较(单式条图)

2. 复式条图(Clustered) 绘制不同药物组的性别人数分布。过程如下:

Graphs

Legacy Dialogs

Bar

Clustered & ⊙ Summaries for groups of cases

Define

⊙ Other summary function(Mean)

▸ Variable:*age*

▸ Category Axis:*GROUP*

▸ Define Clusters by:*SEX*

Options

☑ Display error bars

⊙ Standard deviation:Multiplier 1.0

结果见图 17-14。

3. 分段条图(Stacked) 绘制不同药物组的年龄组占比。过程如下:

Graphs

Legacy Dialogs

Bar

Stacked & ⊙ Summaries for groups of cases

Define

⊙ N of cases

▸ Category Axis:*GROUP*

▸ Define Stacks by:*age_g*

结果见图 17-15。

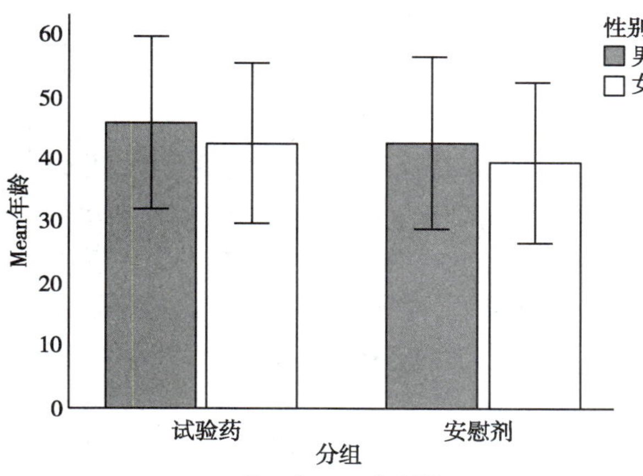

图 17-14 两组不同性别的年龄比较（复式条图）

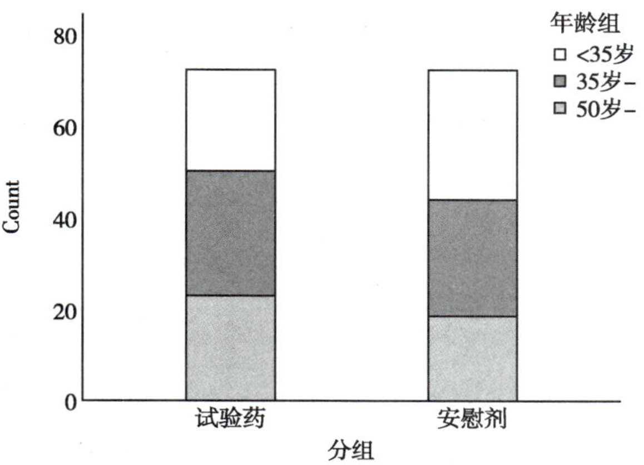

图 17-15 不同药物组的年龄组分布（分段条图）

第三节 三维条图

三维条图（3-D bar chart）实质上是复式条图的三维表现形式。

例 17-4 以数据文件“clinical trial. sav”为例，用三维条图绘制不同药物组的性别分布。

从菜单选择

Graphs

Legacy Dialogs

3-D Bar

弹出 3D Bar Charts（三维条图）主对话框（图 17-16）。选项的含义与条图相同。击 Define 按钮，弹出三维条图定义对话框（图 17-17）。将变量“*GROUP*”选入 X Category Axis（X 轴分类变

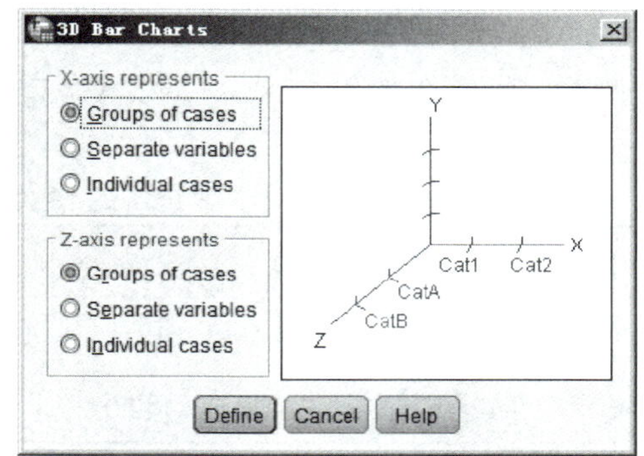

图 17-16 三维条图主对话框

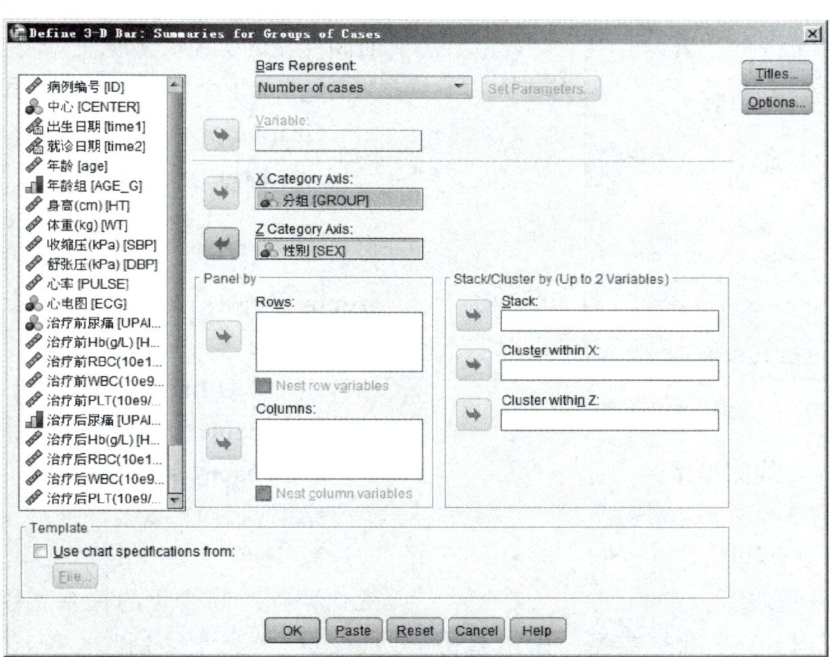

图 17-17 三维条图定义对话框

量),变量"*SEX*"选入Z Category Axis(Z轴分类变量),此处对于X轴和Z轴的变量属性的兼容性比较高,不要求一定事先设置为名义变量(在图形生成器中需要事先定义分类变量为名义变量,见第一节图17-1),三维条图的Y轴表示描述统计量。结果见图17-18。

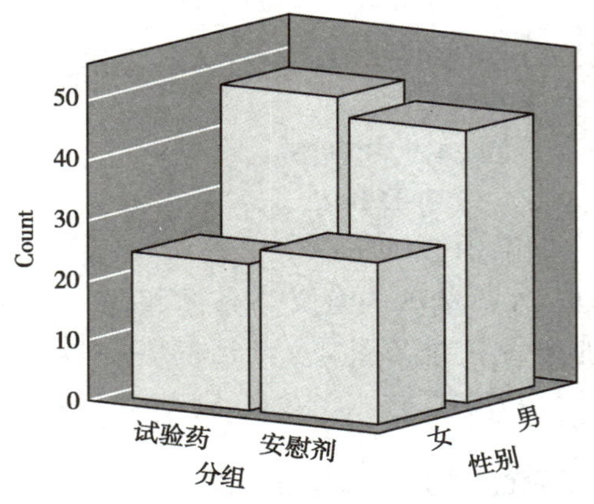

图 17-18 不同药物组性别分布的三维条图

第四节 线 图

线图(line chart)又称折线图,用以描述某一(些)变量随时间变量变化的关系或者一个变量随着另一个变量变化的趋势。一般取时间变量为横轴(X轴,分类轴),与条图类似,不同的是线图的分类轴通常为有序分类(比如年份)。

例 17-5 如表17-1数据,见数据文件"line.sav",绘制伤寒死亡率随时间变化的双变量线图;绘制伤寒和结核死亡率随时间变化的多变量线图。

1. 操作过程 从菜单选择

Graphs

Legacy Dialogs

Line

弹出Line Charts(线图)主对话框(图17-19)。

表 17-1 某地居民 1950—1966 年伤寒与结核病死亡率(1/10万)

年份	1950	1952	1954	1956	1958	1960	1962	1964	1966
伤寒	31.3	22.4	18.0	9.2	5.0	3.8	1.6	0.8	0.3
结核	174.5	157.1	142.0	127.2	97.7	71.3	59.2	46.0	37.5

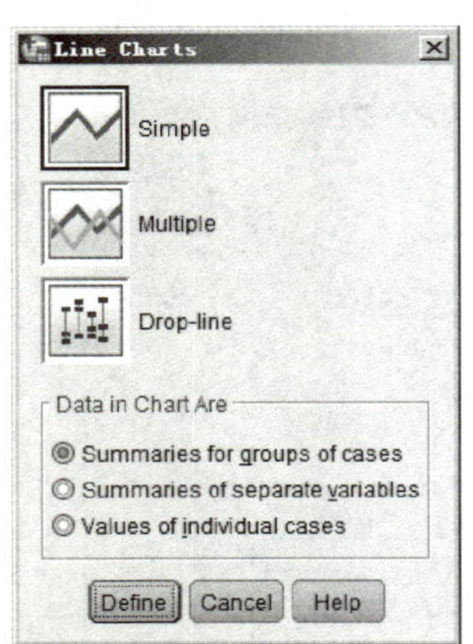

图 17-19 线图主对话框

◇ Line Charts:线图类型。

□ Simple:简单线图。

□ Multiple:复合线图。

□ Drop-line:垂线图。

◇ Data in Chart Are:数据类型。见本章第二节。

2. 简单线图(Simple) 描述伤寒死亡率随时间变化的关系。数据类型为1个时间变量(分类变量)和1个指示变量。过程如下:

Graphs

Legacy Dialogs

Line

Simple & ⊙ Summaries for groups of cases

Define

⊙ Other statistic(e.g. mean)

▸ Variable:*psh*

▸ Category Axis:*year*

结果见图17-20。

3. 复合线图(Multiple) 描述伤寒和结核死亡率随时间变化的关系。数据类型为1个时间变量(分类变量)和2(多)个指示变量。过程如下:

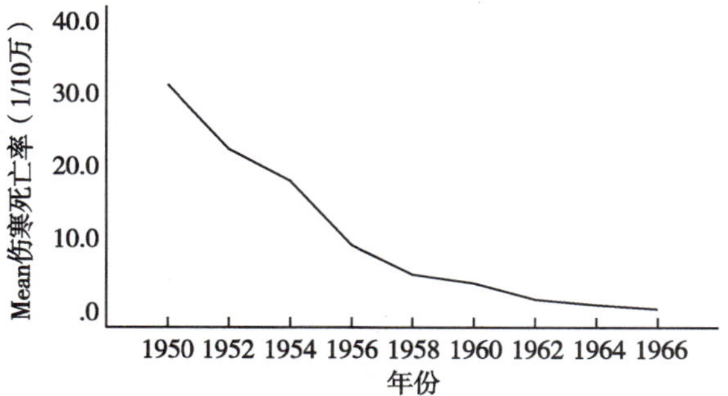

图 17-20　1950—1966 年间伤寒死亡率的变化（线图）

Graphs

　　Legacy Dialogs

　　　　Line

　　　　　　Multiple　&　⊙ Summaries of separate variables

Define

▸ **Lines Represent:** ***psh/ptb*** **(Mean)**

▸ **Category Axis:** ***year***

结果见图 17-21。

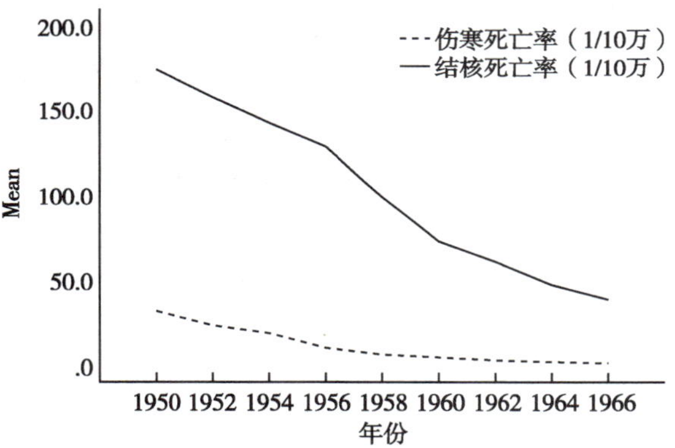

图 17-21　1950—1966 年间伤寒与结核死亡率的变化（复合线图）

4. 垂线图（drop-line chart）　数据类型为 1 个时间变量（分类变量）和 2（多）个指示变量。过程如下：

Graphs

　　Legacy Dialogs

　　　　Line

　　　　　　Drop-line　&　⊙ Summaries of separate variables

Define

▸ **Points Represent:** ***psh/ptb*** **(Mean)**

▸ **Category Axis:** ***year***

结果见图 17-22。

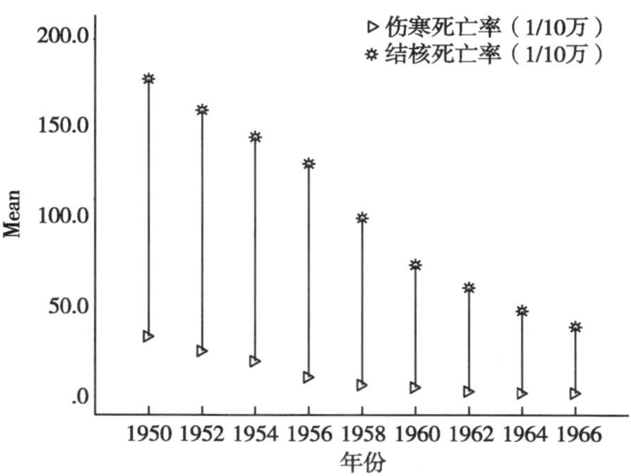

图 17-22　伤寒与结核死亡率随时间的变化（垂线图）

第五节　面　积　图

面积图（area chart）用折线下面的阴影（面积）表示某现象的变化，用以描述某一（些）变量随另一变量变化的关系，与线图和条图绘制基本一致。

例 17-6　以数据文件 “line. sav” 为例。

操作过程：从菜单选择

Graphs

　　Legacy Dialogs

　　　　Area

弹出 Area Charts（面积图）对话框（图 17-23）。

◇ Area Charts：面积图类型。

□ Simple：单式面积图。

□ Stacked：分段（堆积）面积图。

◇ Data in Chart Are：数据类型。见本章第二节。

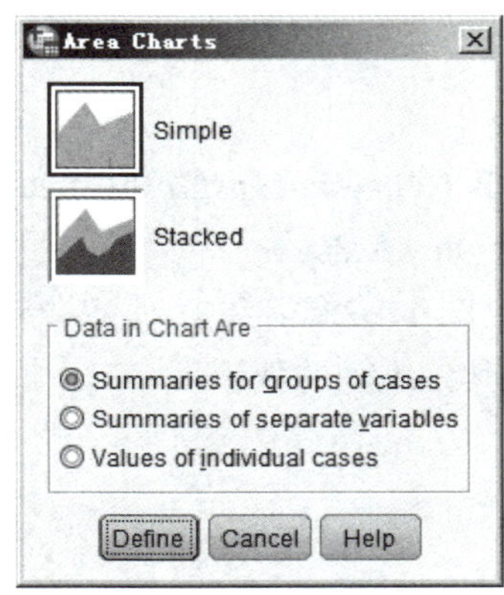

图 17-23　面积图对话框

1. 单式面积图（Simple）

Graphs

Legacy Dialogs

Area

Simple & ⊙ Summaries for groups of cases

Define

⊙ Other statistic（e.g. mean）

▸ **Variable:** ***psh***

▸ **Category Axis:** ***year***

结果见图 17-24。

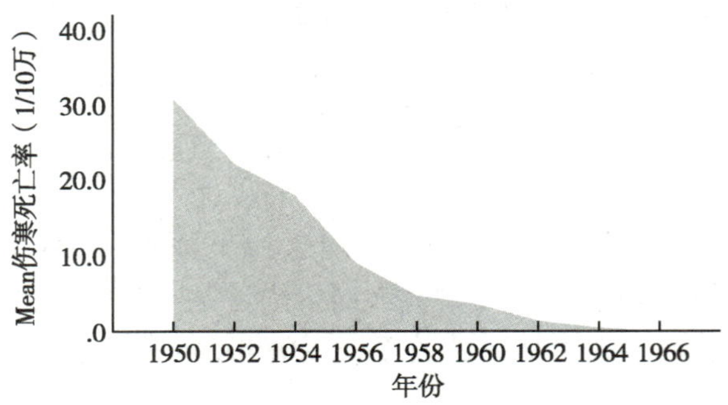

图 17-24 1950—1966 年间伤寒死亡率的变化（单式面积图）

2. 分段（堆积）面积图（Stacked） 堆积面积图是两个指标变量随着一个分类变量（X 轴）变化情况，比单式面积图多一个堆积变量，两个指标的面积统计量用不同颜色或不同填充方式叠加显示，全部阴影部分为堆积的合并统计量。过程如下：

Graphs

Legacy Dialogs

Area

Multiple & ⊙ Summaries of separate variables

Define

▸ **Areas Represent:** ***psh/ptb*** **（mean）**

▸ **Category Axis:** ***year***

结果见图 17-25，需注意图 17-25 与图 17-21 的区别，尤其是纵轴的数字。

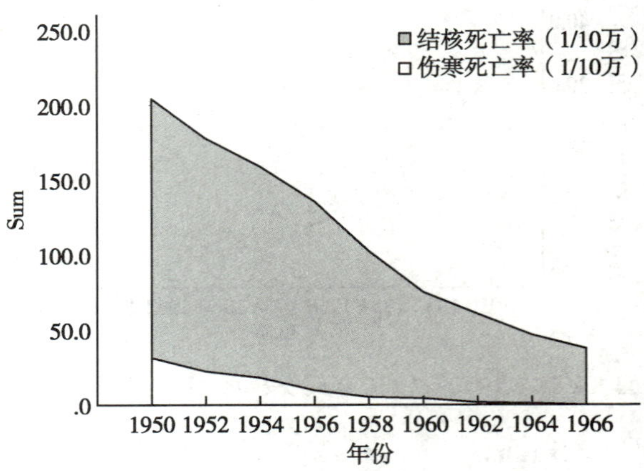

图 17-25 1950—1966 年间伤寒与结核死亡率的变化（分段面积图）

第六节 圆 图

圆图（pie chart）又称饼图，以整个圆的面积代表被研究对象的总体，按各组成部分占总体的比重把圆面积划分成多个扇形，用以表示各部分与总体的比例关系。用于描述百分比（构成比）资料，还可以使用百分条图描述构成比资料的（参考本章第二节分段条图的绘制）。

例 17-7 以数据文件“nurse_survey. sav”为例，绘制年龄组（变量名为“*age_gr*”）构成的圆图；绘制不同科室（变量名“*dept*”）护士的年龄构成的圆图和百分条图。

从菜单选择

Graphs

Legacy Dialogs

Pie

弹出 Pie Charts（圆图）主对话框（图 17-26）。

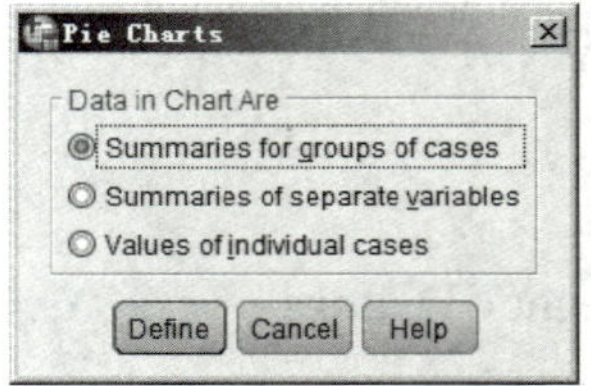

图 17-26 圆图主对话框

Data in Chart Are：数据类型。见本章第二节。

1. 绘制年龄组（变量名为“*age_gr*”）构成的圆图 本例过程：

Graphs

Legacy Dialogs

Pie

⊙ **Summaries for groups of cases**

Define

⊙ **N of cases**

▸ **Define Slices by:** ***age_gr***

结果见图 17–27。

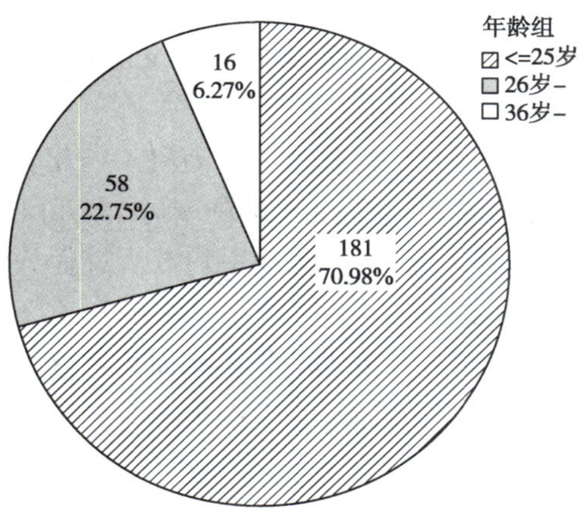

图 17–27　护士的年龄构成（圆图）

2. 绘制不同科室（变量名"*dept*"）护士的年龄构成的圆图和百分条图。

圆图过程：

Graphs

Legacy Dialogs

Pie

⊙ **Summaries for groups of cases**

Define

⊙ **N of cases**

▸ **Define Slices by:** ***age_gr***

▸ **Panel by Columns:** ***dept***

结果见图 17–28。采用了图形编辑器的编辑功能。

百分条图过程：

Graphs

Legacy Dialogs

Bar

Stacked & ⊙ **Summaries for groups of cases**

Define

⊙ **N of cases**

▸ **Category Axis:** ***dept***

▸ **Define Stacks by:** ***age_gr***

结果见图 17–29A。

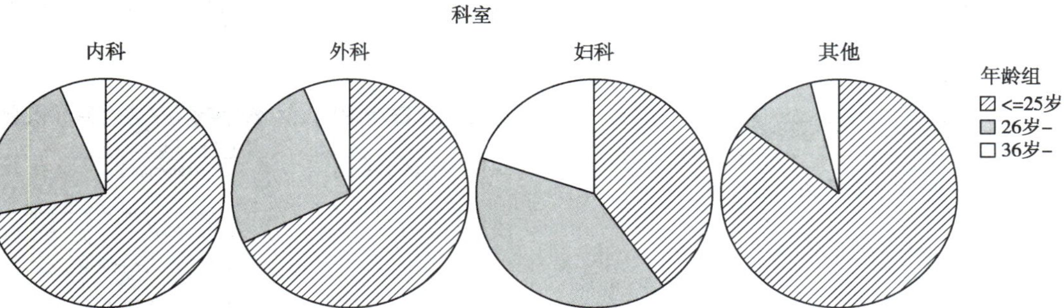

图 17–28　不同科室护士的年龄构成（圆图）

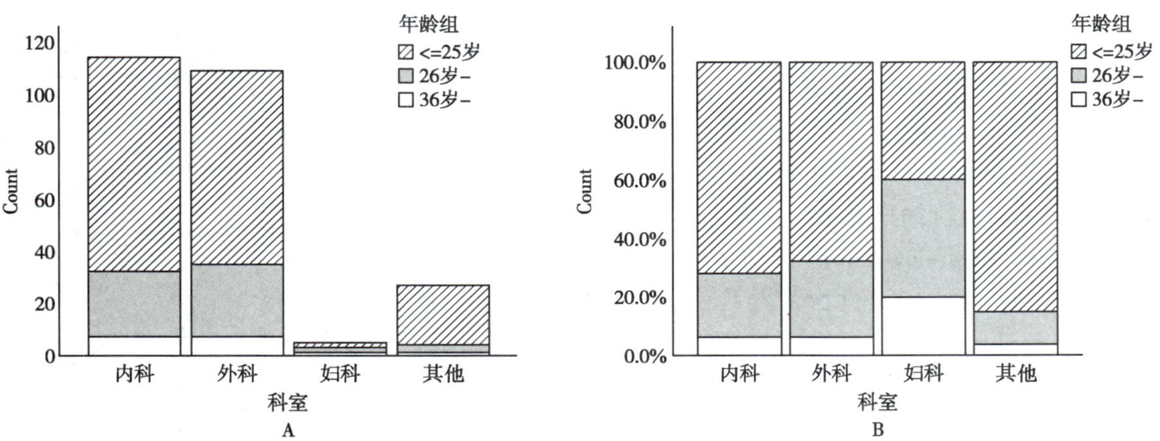

图 17–29　不同科室护士的年龄分布（A）与百分比构成（B）

双击图 17-29A 进入图形编辑器（Chart Editor）的编辑功能。Options—Scale to 100%，即为不同科室护士年龄构成（百分条图），见图 17-29B。

第七节 高 低 图

高低图（high-low chart）用于描述某变量随时间的长期变化趋势及短期的波动情况，如报告证券市场每日股市的最高价、最低价及收盘价。操作过程：

Graphs

Legacy Dialogs

High-low

弹出 High-Low Charts（高低图）主对话框（图 17-30）。

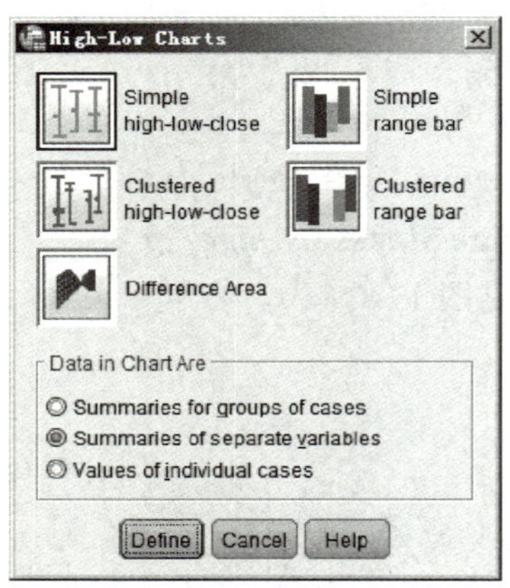

图 17-30 高低图主对话框

High-Low Charts：高低图类型。

□ Simple high-low-close：单式高低收盘图。描述各时间点的 3 个统计量。有两个分类变量：一个表示时间序列，另一个用于指示最高价、最低价（前两类）及收盘价（第 3 类），该变量若为二分类变量则相当于单式极差条图。

□ Simple range bar：单式极差条图。描述各时间点某变量的两个统计量。也包括两个分类变量，但指示高低收盘价的只能是二分类变量。

□ Clustered high-low-close：复式高低收盘图。比单式高低收盘图多一个分类变量。

□ Clustered range bar：复式极差条图。比单式极差条图多一个分类变量。

□ Difference Area：差别面积图。两个指标随时间的不同变化趋势，两条曲线之间的部分以阴影面积显示。

Data in Chart Are：数据类型。参见本章第二节。

当最高、最低、收盘价单独存为 3 个变量时，不能选 Summaries for groups of cases，必须选 Summaries of separate variables 或 Values of individual cases。

1. 单式高低收盘图（Simple high-low-close）

例 17-8 以数据文件“ONE-WAY_1.sav”为例，试作图说明 3 种处理的骨小梁面积百分比（%）的最大值、最小值及平均数。过程分两步进行：

（1）产生 3 种处理的骨小梁面积百分比的最大值、最小值及平均数。

Data

Aggregate

弹出 Aggregate Data（数据汇总）对话框。按处理分组生成 3 个新的汇总变量“*tbar_mean*”“*tbar_min*”和“*tbar_max*”，分别表示骨小梁面积百分比的平均数、最小值和最大值，产生的结果直接替换当前工作数据文件，定义过程和内容参见图 17-31。

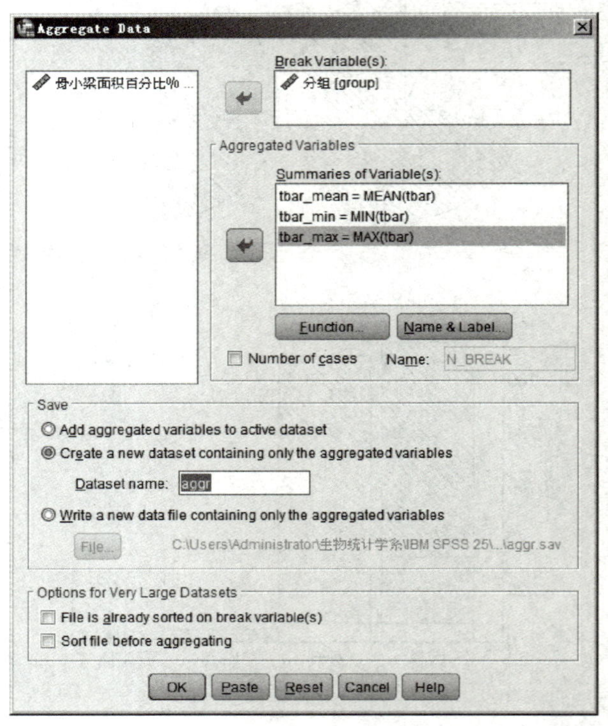

图 17-31 数据汇总的定义

（2）绘制高低图，过程如下：

Graph

Legacy Dialogs

High–low

Simple high–low–close　&

⊙ Summaries of separate variables

Define

▶ **High**：***tbar_max***

▶ **Low**：***tbar_min***

▶ **Close**：***tbar_mean***

▶ **Category Axis**：***group***

结果见图 17–32。

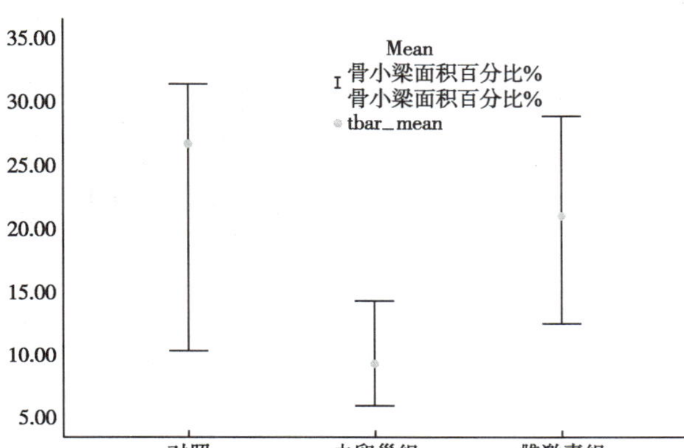

图 17–32　3 种处理的骨小梁面积百分比的高低图

2. 差别面积图（Difference Area）

例 17–9　以数据文件“line.sav”为例，试用差别线图描述 1950—1966 年伤寒和结核死亡率变化情况。

过程：

Graph

Legacy Dialogs

High–low

Difference Area & ⊙ Summaries of separate variables

Define

▶ **1st**：***psh***

▶ **2nd**：***ptb***

▶ **Category Axis**：***year***

结果见图 17–33。

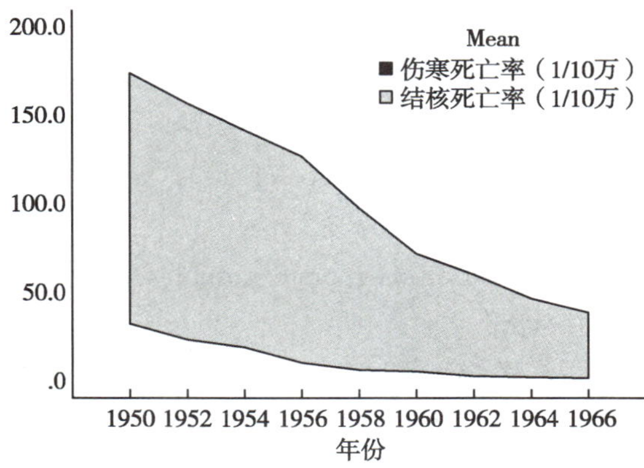

图 17–33　伤寒与结核死亡率变化的差别线图

第八节　箱　　图

箱图（box plot）用以描述定量变量的 5 个百分位点，即 $P_{2.5}$（第 2.5 百分位数）、P_{25}（第 25 百分位数）、P_{50}（中位数）、P_{75}（第 75 百分位数）、$P_{97.5}$（第 97.5 百分位数），由 P_{25}~P_{75} 构成“箱”（box），箱内包含中间 50% 的数据；由 $P_{2.5}$~P_{25} 及 P_{75}~$P_{97.5}$ 两条“丝”代表两端 45% 的数据，又称箱丝图（box–and–whisker diagram）。

例 17–10　以数据文件“clinical trial. sav”为例，用单式箱图描述不同药物组（*GROUP*）治疗前血红蛋白含量（*HB1*）；用复式箱图描述不同药物组（*GROUP*）和性别（*SEX*）治疗前血红蛋白含量（*HB1*）。

过程：从菜单选择

Graphs

Legacy Dialogs

Boxplot

弹出 Boxplot（箱丝图）对话框（图 17–34）。

◇ Boxplot：箱丝图类型。

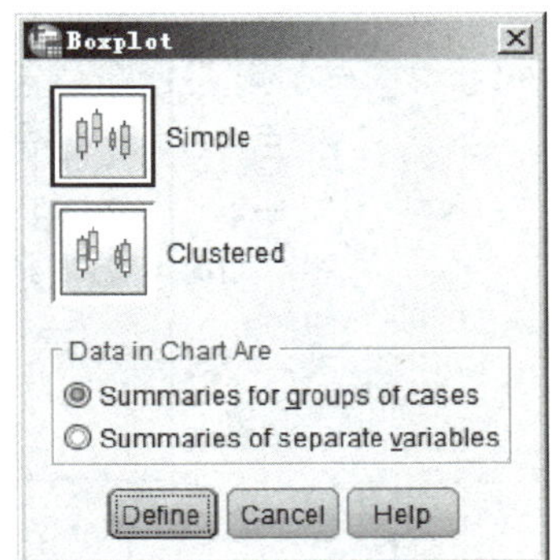

图 17–34　箱丝图对话框

□ Simple：单式条图（1 个分类变量）。

□ Clustered：复式条图（2 个分类变量）。

◇ Data in Chart Are：数据类型。

⊙ Summaries for groups of cases：描述某一变量各分组的统计量。系统默认。

◎ Summaries of separate variables：描述多个变量的统计量。

1. 单式箱丝图（Simple） 本例用以描述不同药物组（*GROUP*）治疗前血红蛋白含量（*HB1*）。过程如下：

Graphs

Legacy Dialogs

Boxplot

Simple & ⊙ Summaries for groups of cases

Define

▸ **Variable：*HB1***（指示变量）

▸ **Category：*GROUP***（分类变量）

▸ **Label Cases by：** 观察单位标记。将离群点（outliers）或极端值（extreme value）以某分组属性（如性别等）标出，此项一般可不填。

结果见图 17–35。图中 66 指的数据第 66 行所对应的离群点值，该值为治疗前 Hb 值 193g/L。

2. 复式箱丝图（Clustered） 本例用以描述不同药物组（*GROUP*）和性别（*SEX*）治疗前血红蛋白含量（*HB1*）。过程如下：

Graphs

Legacy Dialogs

Boxplot

Clustered & ⊙ Summaries for groups of cases

Define

▸ **Variable：*HB1***（指示变量）

▸ **Category Axis：*GROUP***（分类变量）

▸ **Define Clusters by：*SEX***（分类变量）

结果见图 17–36。

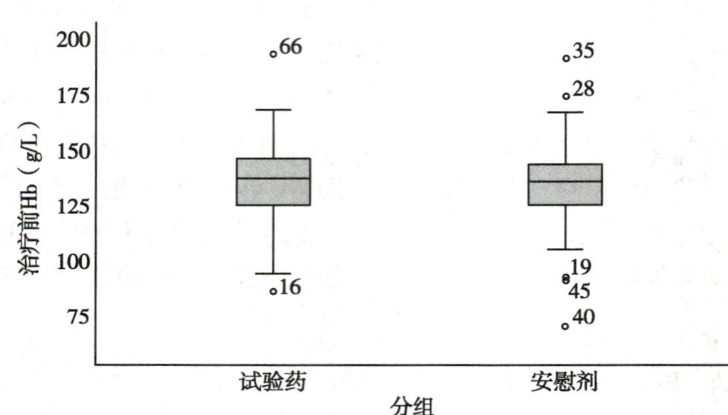

图 17–35 不同药物组治疗前血红蛋白含量的描述（单式箱丝图）

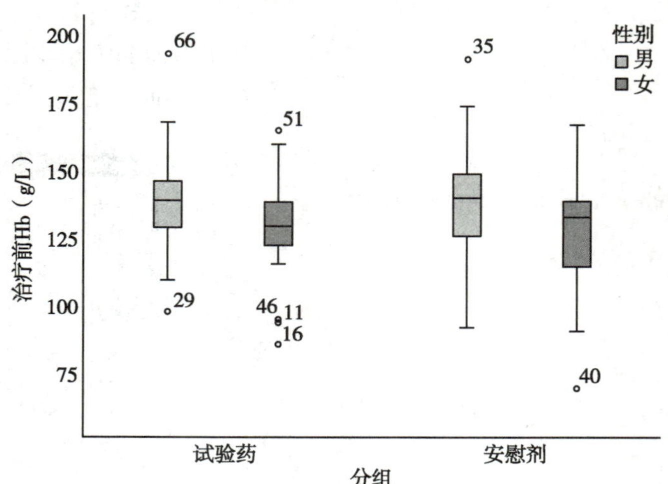

图 17–36 不同药物和性别治疗前血红蛋白含量的描述（复式箱丝图）

第九节 误差棒图

误差棒（error bar）图又称为误差限图、误差条、误差线图，是均数结合标准差、标准误或置信区间描述数值变量离散情况或者进行参数估计。

例 17-11 以数据文件“clinical trial. sav”为例，用单式误差棒图比较不同药物组（*GROUP*）的治疗前血红蛋白含量（*HB1*）；用复式误差棒图描述不同药物组（*GROUP*）和性别（*SEX*）的治疗前血红蛋白含量（*HB1*）。

操作过程：从菜单选择

Graphs

  Legacy Dialogs

    Error Bar

弹出 Error Bar（误差棒图）对话框（图 17-37）。

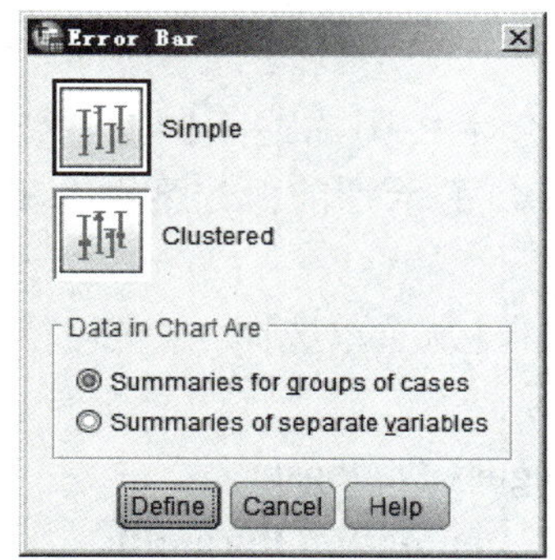

图 17-37 误差棒图对话框

1. 单式误差棒图（Simple） 本例用以比较不同药物组（*group*）的治疗前血红蛋白含量（*HB1*），给出两药物组的 95% 置信区间。过程如下：

Graphs

  Legacy Dialogs

    Error Bar

      Simple & ⊙ Summaries for groups of cases

  Define

  ▸ **Variable：*HB1***（指示变量）

  ▸ **Category Axis：*GROUP***（分类变量）

   Bars Represent（条长表示）

   Confidence interval for mean

     Level： 95 **%**（95% 置信区间。系统默认）

条长有 3 种选择，除置信区间外，还有标准误单位和标准差单位。

结果见图 17-38。由图可见：试验组治疗前血红蛋白含量的 95% 置信区间与安慰剂组治疗前血红蛋白含量 95% 置信区间有相互重叠，所以两组血红蛋白含量比较没有统计学差异（*P*>0.05）。

2. 复式误差棒图（Clustered） 本例用以描述不同药物组（*GROUP*）和性别（*SEX*）的治疗前血红蛋白含量（*HB1*），给出均数 ±1 倍标准差区间。过程如下：

Graphs

  Legacy Dialogs

    Error Bar

      Clustered & ⊙ Summaries for groups of cases

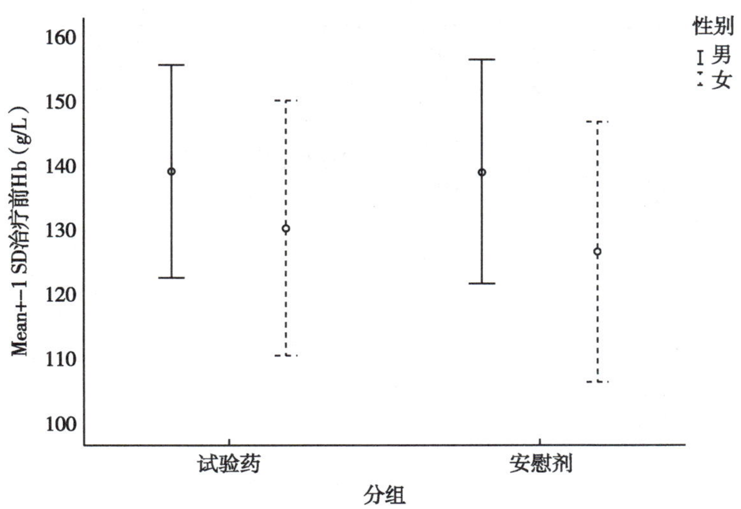

图 17-38 单式误差棒图（95% 置信区间）

Define

- **Variable:** ***HB1***（指示变量）
- **Category Axis:** ***GROUP***（分类变量）
- **Define Clusters by:** ***SEX***（分类变量）

Bars Represent

Standard deviation

Multiplier: 1

结果见图 17-39。描述四组样本数据离散情况。

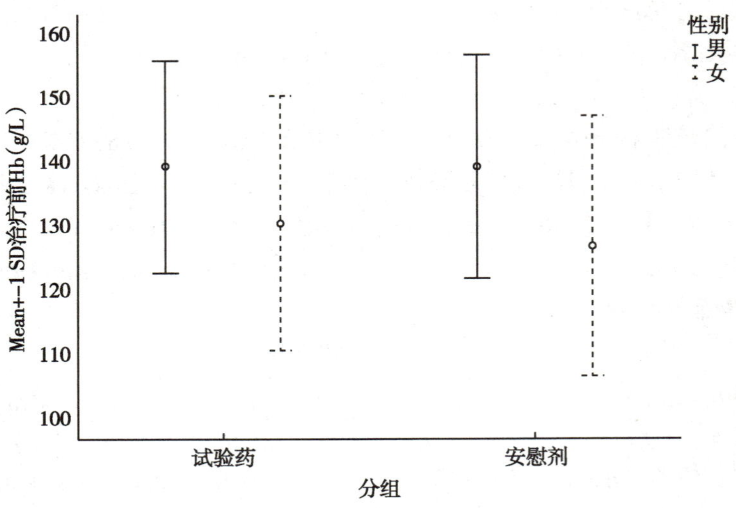

图 17-39 复式误差棒图（Mean ± SD）

第十节 分群金字塔图

分群金字塔图可以分类描述某变量的频数分布。多称为人口金字塔（population pyramid），通常用于人口普查，用类似古埃及金字塔的形象描绘人口年龄和性别分布状况的图形，能表明人口现状及其发展类型。

例 17-12 以数据文件“clinical trial. sav”为例，用分群金字塔图描述不同药物组（*GROUP*）和性别（*SEX*）的治疗前血红蛋白含量（*HB1*）的频数分布。

操作过程：从菜单选择

Graphs

Legacy Dialogs

Population Pyramid

弹出 Define Population Pyramid（定义分群金字塔图）主对话框（图 17-40）。

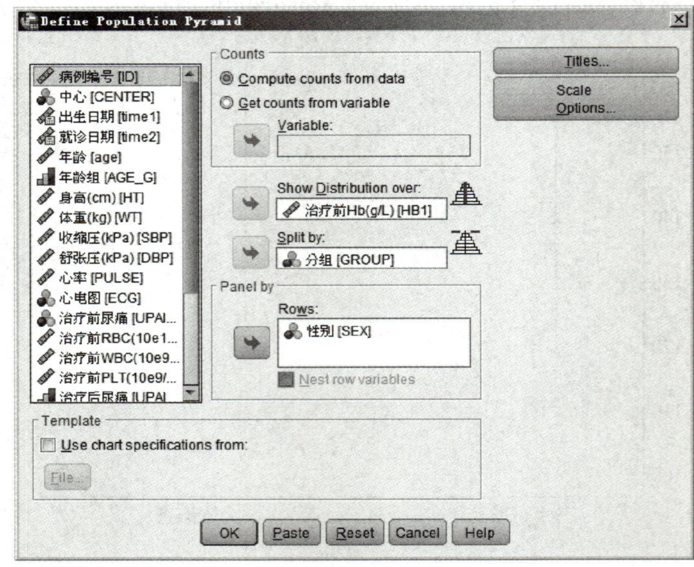

图 17-40 定义分群金字塔图主对话框

Counts：计数。

⊙ Compute counts from data：从数据中计数。系统默认。

◎ Get counts from variable：从某一变量中得到计数值，将此变量选入变量框即可。

过程如下：

Graphs

Legacy Dialogs

Population Pyramid

Define

⊙ Compute counts from data

▸ Show Distribution over：*HB1*

▸ Split by：GROUP

▸ Rows：SEX

结果见图 17-41。

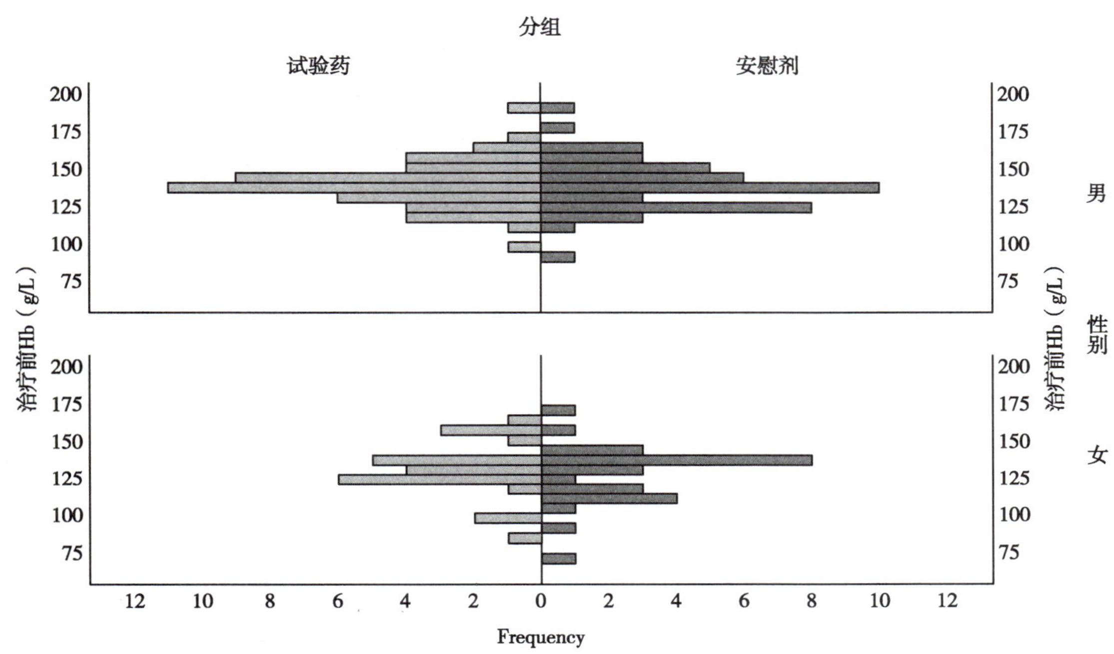

图 17-41　例 17-12 的分群金字塔图

第十一节　散　点　图

散点图（scatter chart）是用两组数据构成多个坐标点，考察坐标点的分布，判断两变量之间是否存在某种关联，也可对某变量的个值分布进行描述。

例 17-13　以数据文件 “clinical trial. sav” 为例，绘制散点图。

操作过程：从菜单选择

Graphs

Legacy Dialogs

Scatter/Dot

弹出 Scatter/Dot（散点图）主对话框（图 17-42），列出 5 种散点图类型供选择，即 Simple（简单型），Overlay（复合型），Matrix（矩阵型）、3-D（立体型）和 Simple Dot（个值型）。

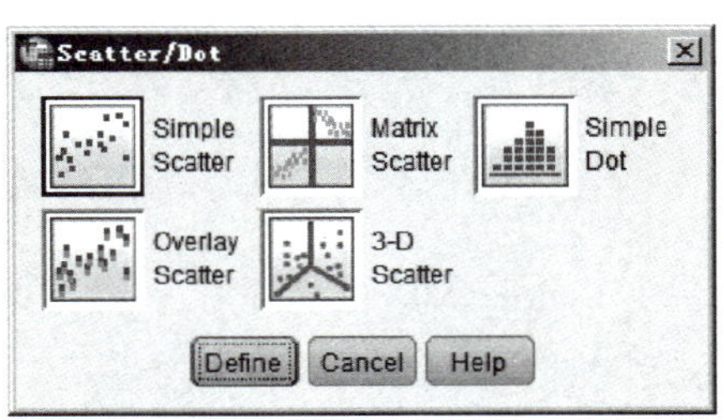

图 17-42　散点图主对话框

1. 简单型（Simple）　每个点代表某一观察单位的两个变量值。本例绘制治疗前血红蛋白含量（*HB1*）与红细胞计数（*RBC1*）的散点图。过程如下：

Graphs

Legacy Dialogs

Scatter/Dot

Simple Scatter

Define

▸ **Y Axis:** ***HB1***（Y 轴变量为治疗前血红蛋白含量）

▸ **X Axis:** ***RBC1***（X 轴变量为治疗前红细胞计数）

▸ **Set Markers by:** ***SEX***（用性别标记）

结果见图 17-43。

2. 复合型（Overlay） 用以绘制多个变量两两间的简单型散点图，但须注意，每一坐标轴上各变量的度量衡单位必须一致。本例绘制年龄（*age*）与收缩压（*SBP*）、年龄与舒张压（*DBP*）的复合型散点图。过程如下：

Graphs

Legacy Dialogs

Scatter/Dot

Overlay Scatter

Define

▸ **Y－X Pairs:** ***SBP－age /DBP －－ age***（X 轴表示年龄变量；Y 轴分别表示收缩压和舒张压）

结果见图 17-44。

3. 矩阵型（Matrix） 将多个变量两两间的简单型散点图以矩阵形式表达。本例绘制治疗前 4 个血常规变量的矩阵型散点图。过程如下：

Graphs

Legacy Dialogs

Scatter/Dot

Matrix Scatter

Define

▸ **Matrix Variables:** ***HB1/RBC1/WBC1/PLT1***

结果见图 17-45。

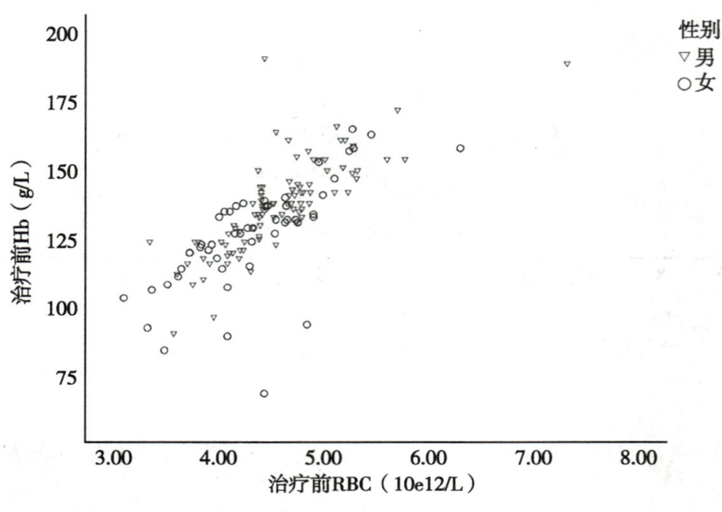

图 17-43 简单型散点图

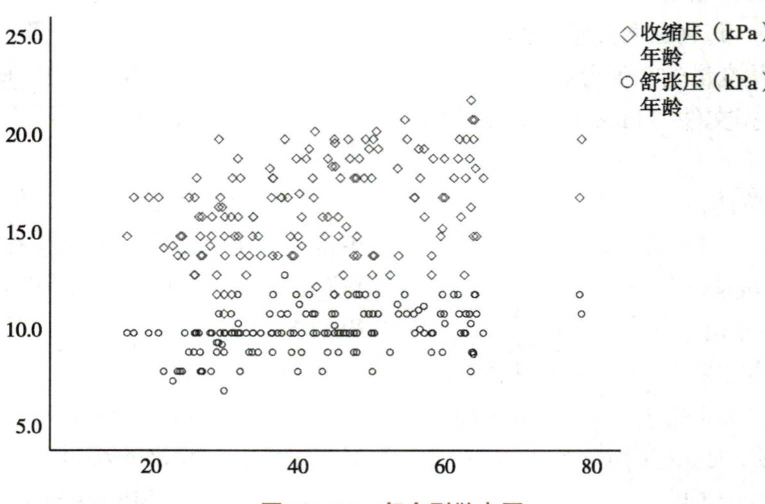

图 17-44 复合型散点图

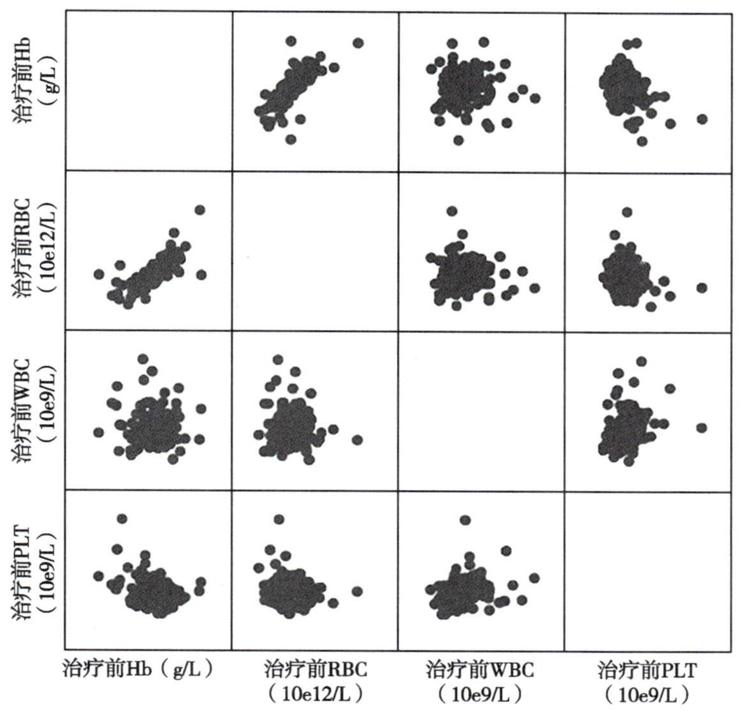

图 17-45　矩阵型散点图

4. 立体型（3-D）　用立体图形（三维坐标）表达 3 个变量间的空间关系，本例绘制年龄（*age*）与收缩压（*SBP*）、年龄与舒张压（*DBP*）的复合型散点图。过程如下：

Graphs

Legacy Dialogs

Scatter/Dot

3-D Scatter

Define

▸ **Y Axis：*SBP***

▸ **X Axis：*age***

▸ **Z Axis：*DBP***

结果见图 17-46。

5. 个值型（Simple Dot）　用散点表示数值型变量的个数值或者分类变量的个数值。本例绘制研究对象身高（*ht*）散点图。

过程如下：

Graphs

Legacy Dialogs

Scatter/Dot

Simple Dot

Define

▸ **X-Axis Variable：*HT***

结果见图 17-47。

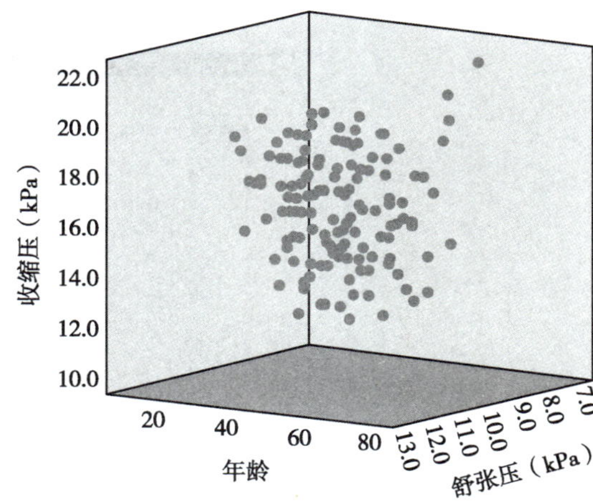

图 17-46　立体型散点图

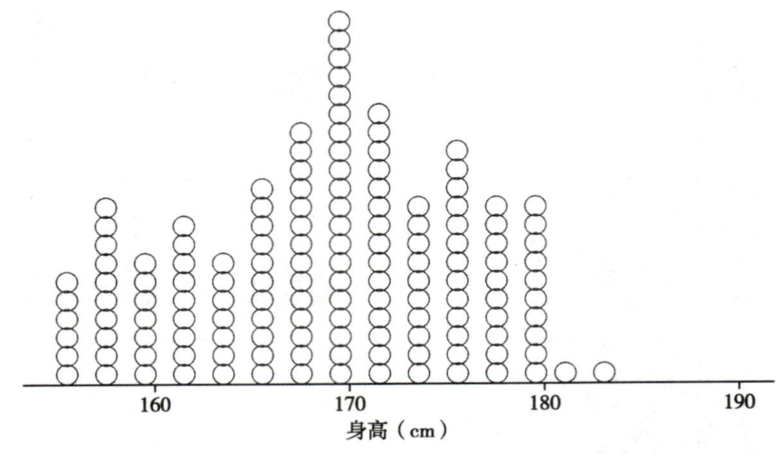

图 17-47 个值型散点图

第十二节 直 方 图

直方图（histogram）用以描述一组定量变量资料的频数分布。

例 17-14 以数据文件“diameter_sub. sav”为例，描述变量“*trueap_mean*”的频数分布。

操作过程：从菜单选择

Graphs

Legacy Dialogs

Histogram

弹出 Histogram（直方图）主对话框（图 17-48）。

□ Display normal curve：以样本统计量为参数绘出正态分布曲线。

Template：图形模板文件。

□ Use chart specifications from：图形模板文件路径，选此项，File 按钮被激活，供寻找定义好的模板文件。

描述变量“*trueap_mean*”的频数分布操作过程：

Graphs

Legacy Dialogs

Histogram

▸ **Variable：*trueap_mean***

☑ **Display normal curve**

结果见图 17-49。

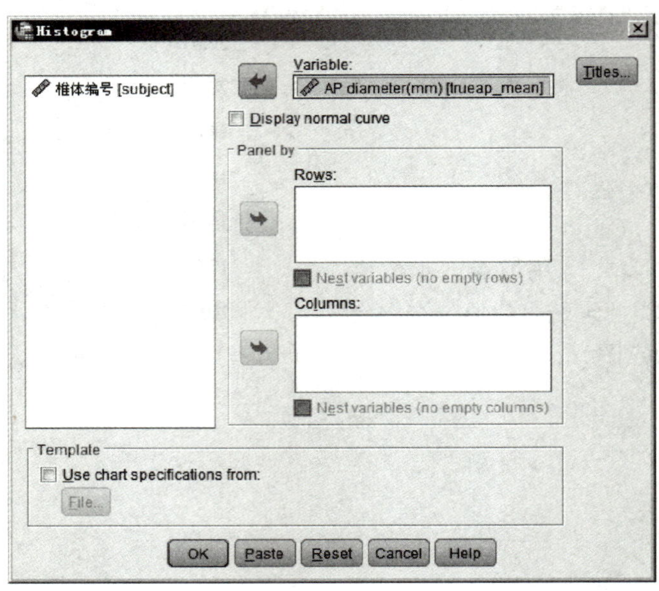

图 17-48 直方图主对话框

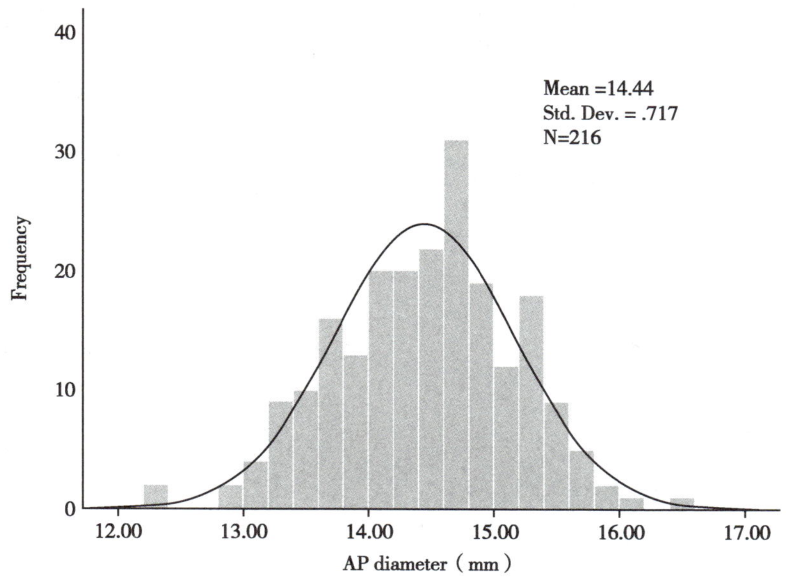

图 17-49　直方图（加正态分布曲线）

第十三节　统计图形的编辑

依照上述统计图形的绘制方法，统计图形输出于结果窗口中。对于输出的统计图形，可以根据不同的要求对其进行编辑。

一、统计图形编辑器界面

若要编辑图形，需首先激活统计图形编辑器，方法有三：

第一，双击所要编辑的统计图形。

第二，在所选统计图形上单击右键，弹出对话框，选择

Edit Content

　　In Separate Window

第三，在统计图形所在文件窗口（output）编辑（Edit）下拉菜单，选择

Edit Content

　　In Separate Window

激活的图形编辑器见图 17-50。若在结果输

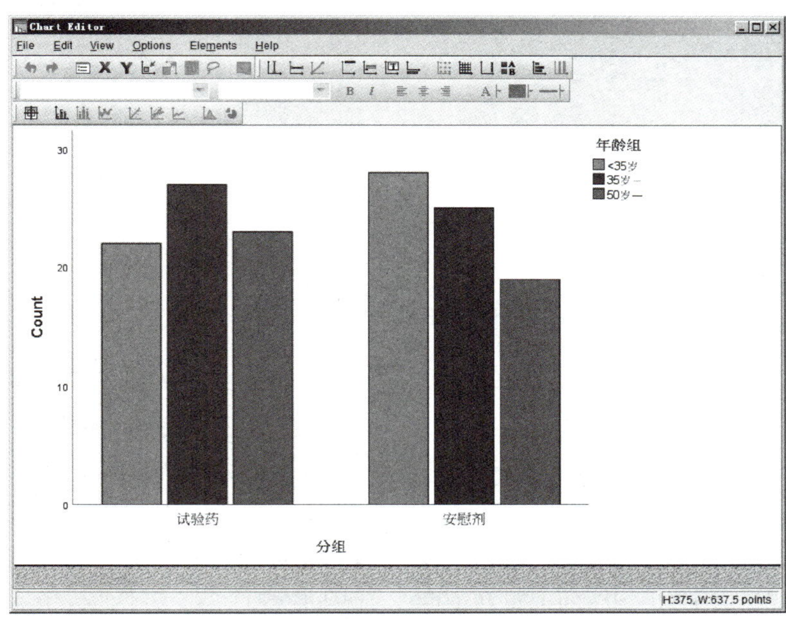

图 17-50　SPSS25 的图形编辑器界面

出窗口某图形为阴影背景，说明其仍在编辑激活状态，在屏幕下端可随时调用和编辑。如果同时激活过多的统计图形编辑器，会明显地影响运行速度，因要占用大量内存。

1. 文件操作菜单（File） 见图 17-51。

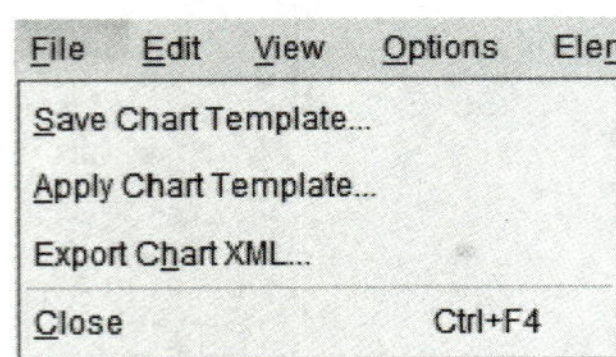

图 17-51 文件操作菜单

- Save Chart Template：将图形存为模板文件。
- Apply Chart Template：调用已有的模板图形文件。
- Export Chart XML：将图形存为 XML 文件。

2. 编辑菜单（Edit） 见图 17-52。编辑菜单中最重要的是图形特征编辑（Properties）功能，此外还有 X、Y、Z 编辑的选项。

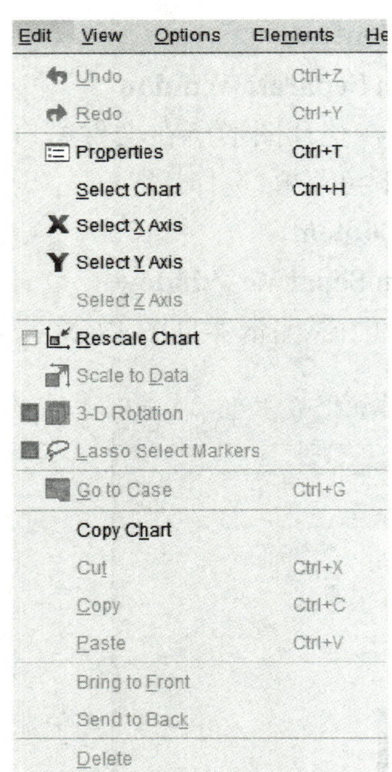

图 17-52 编辑菜单

3. 查看菜单（View） 见图 17-53，主要为状态栏、编辑工具栏、选项工具栏、元素工具栏、格式工具栏和放大按钮等选项。

4. 选项菜单（Options） 见图 17-54，主要有参考线、标题、注释、文字框、脚注的编辑和刻度线、轴线、图例的显示或隐藏等功能。

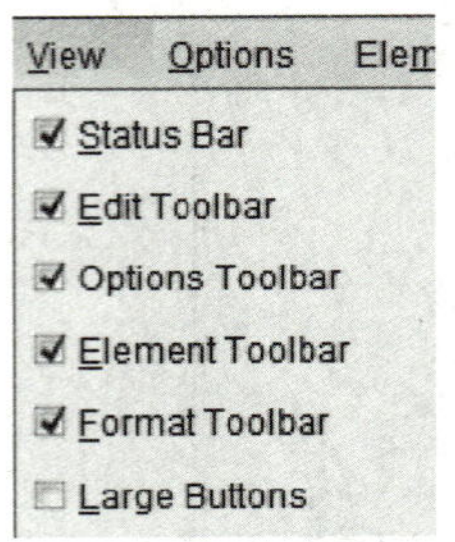

图 17-53 查看菜单

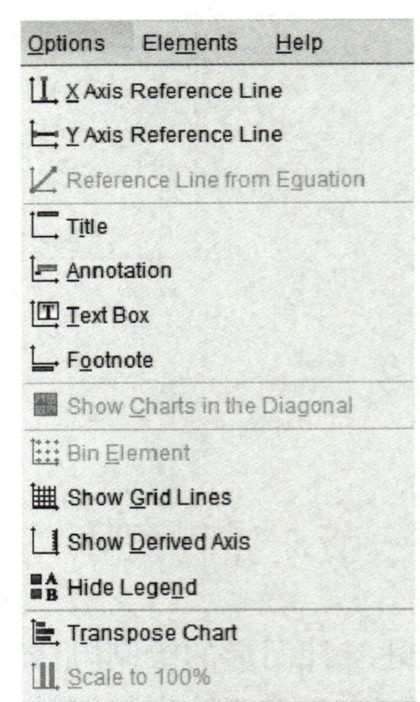

图 17-54 选项菜单

5. 基本元素菜单（Elements） 见图 17-55，主要是一些图形元素的编辑。

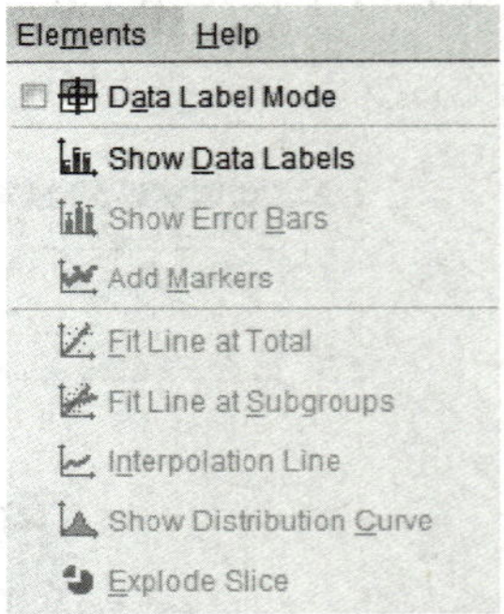

图 17-55 基本元素菜单

二、图形特征的编辑

1. 图形特征的编辑

（1）一般图形：在激活图形编辑器后，在菜单选择 Edit/Properties，或者在图形的任何空白处双击，会弹出适于所有图形的 Properties（图形特征）对话框组，由 3 个对话框组成，见图 17-56~ 图 17-58。

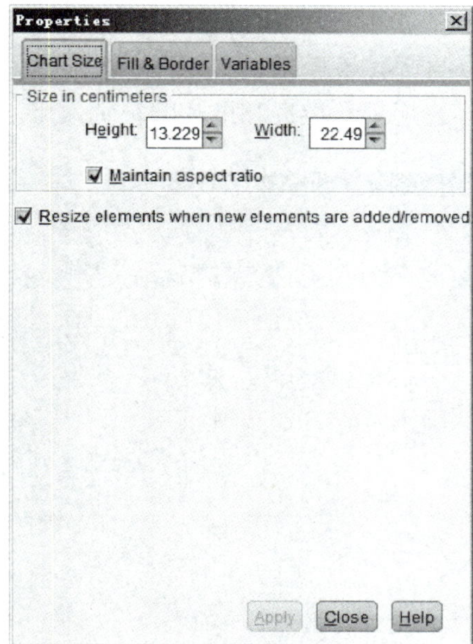

图 17-56 图形大小

★ Chart Size：图形大小（图 17-56）。定义图域的高度和宽度。如果选 Maintain aspect ratio，图域的高度和宽度遵循系统设定的比例，当调整高度时，宽度会相应地按比例自动调整。

★ Fill & Border：填充与边缘（图 17-57）。

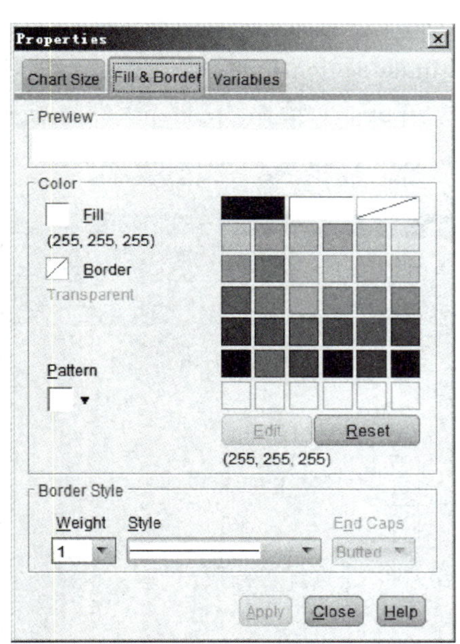

图 17-57 填充与边缘

● Fill：填充色。

● Border：各种类型图形边缘的颜色。

● Pattern：背景图案（图体内）。

● Border Style：边缘线条的粗细和类型，如实线、点断线等。

★ Variables：变量选择（图 17-58）。可重新进行变量组合。

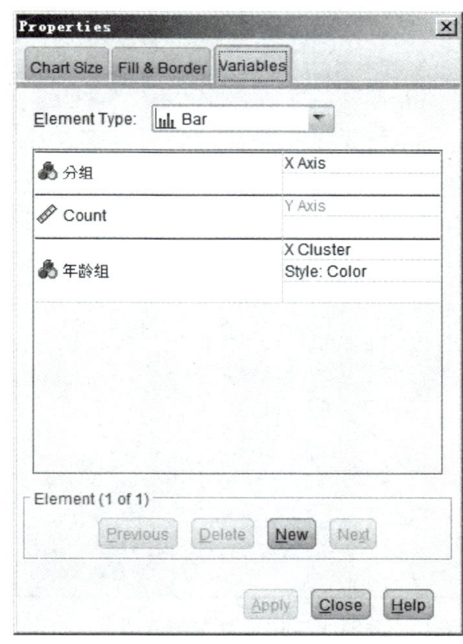

图 17-58 分类变量编辑

在编辑的图形中双击某一个图形元素，比如方条、线段、散点、圆图区、直方条区等，均会弹出 Properties（图形特征）对话框组，对话框组中除了包含一般图形的图形特征对话框（图 17-56~17-58）外，还有针对不同图形元素的特定图形特征对话框，下面分别介绍。

（2）条图：在激活图形编辑器之后，双击条体，弹出 Properties（图形特征）对话框组，除了 3 个一般的对话框外，还有 3 个对话框，见图 17-59~ 图 17-61。

★ Bar Options：直方条的选项（图 17-59）。

Width：宽度编辑框

● Bars：所有方条的条宽占横轴长度的比例。

● Clusters：复式条图每簇内条间距离占条宽的比例。

☑ Link the box，median line，and error bar widths：调整箱图、中位线图或者误差条图的条宽。

☐ Scale boxplot and error bar width based on count：根据例数自动调整条宽。

● Boxplot and Error Bar Style：箱图和误差条的表达形式。有 T 型、线型和棒型三种选择。

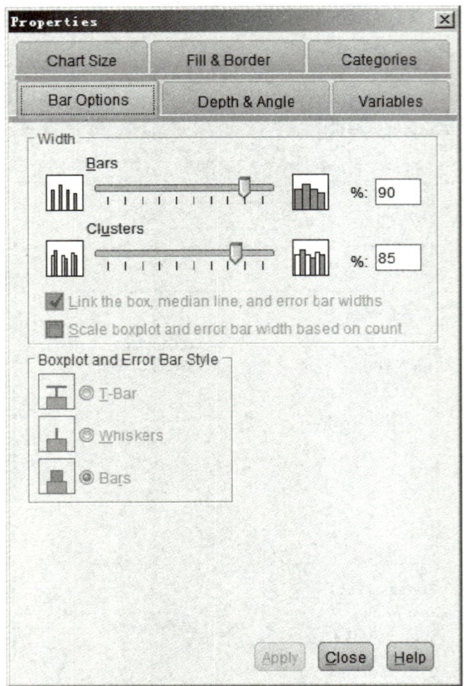

图 17-59　直方条选项

★ Categories：分类变量编辑。对于某分类变量，可对其水平重新排序，也可以增加或减少某个（些）水平（图 17-60）。

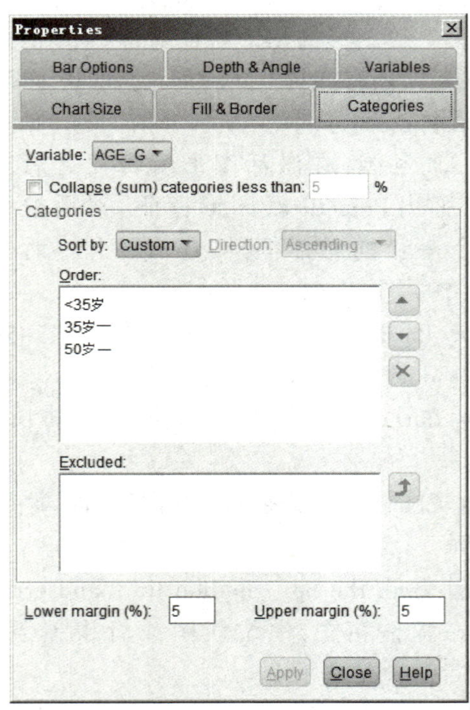

图 17-60　分类变量编辑

★ Depth & Angle：条形效果（图 17-61）。条形的效果（Effect）有平面（Flat）、阴影（Shadow）和三维（3-D）三种选择。选后两种后，角度（Angle）的调整被激活，可以通过滑标进行调整。选 3-D 后，还具有拉近和推远的视觉效果。

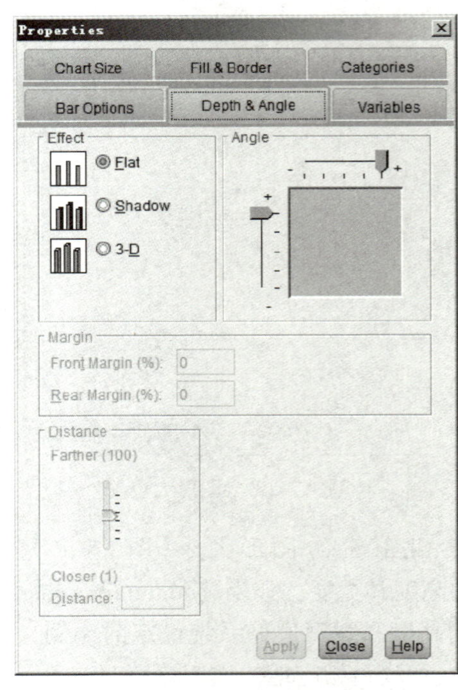

图 17-61　条形效果编辑

（3）线图：见图 17-62~ 图 17-64。

★ Interpolation Line：线型更改（图 17-62）。有直线（Straight）、阶梯线（Step）、跳跃线（Jump）和平滑拟合线（Spline）四种线形供选择。

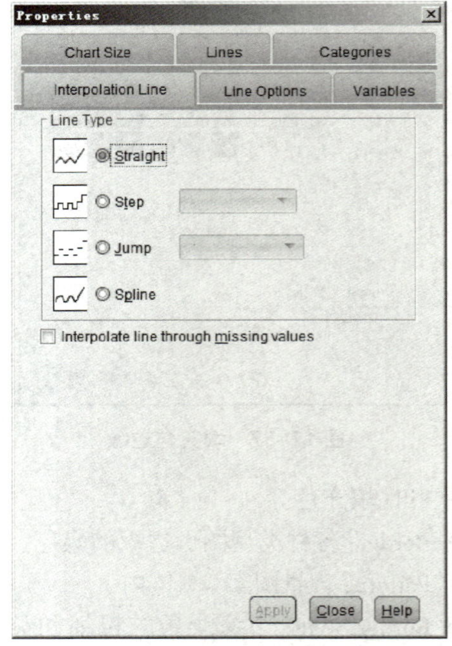

图 17-62　线型更改

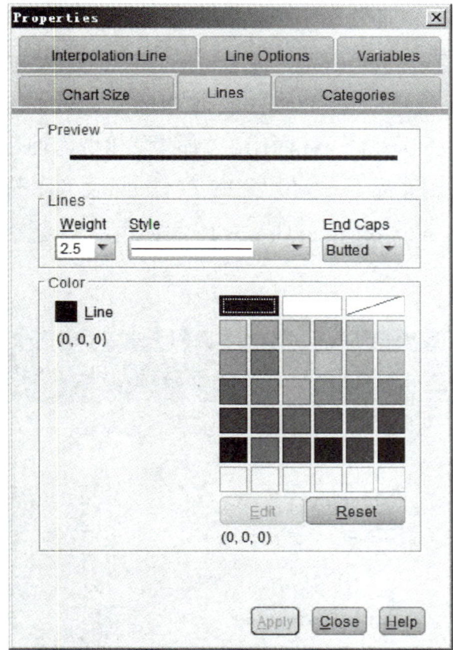

图 17-63　线段编辑

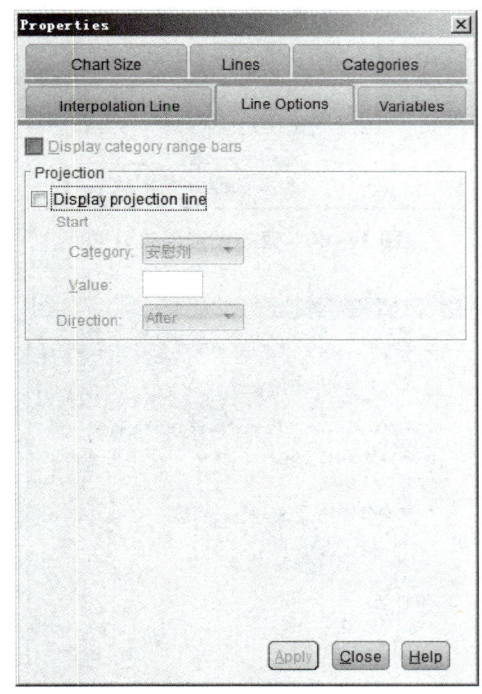

图 17-64　线图选项

★ Lines：线段编辑（图 17-63）。主要是编辑线段的颜色、粗细和线形。

★ Line Options：选项（图 17-64）。

● Display category range bars：各线段在每一时间点用纵线连接。

● Display projection line：标出重要显示期间。选此项后，激活起始点（Start）和标记方向（Direction）/Before，如选择 Start 1952，Direction：After，则 1952 之后的区间线条会加重以显示该期间的重要性。

（4）圆图：见图 17-65。

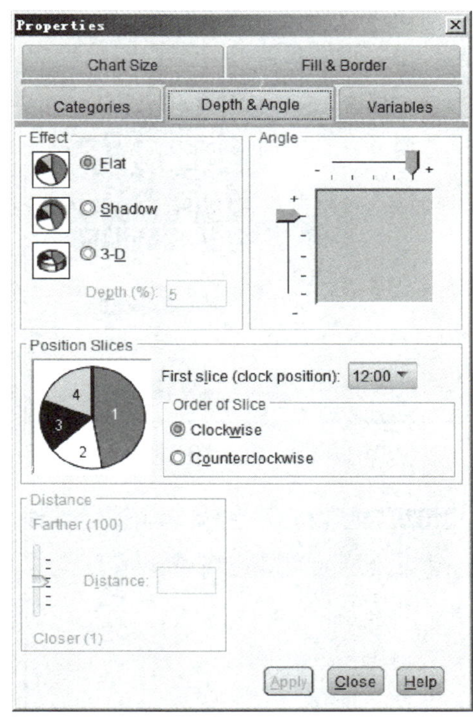

图 17-65　圆图编辑对话框

● Effect and Angle：效果和角度。效果有平面（Flat）、阴影（Shadow）和三维（3-D）三种效果。选后两种后，角度（Angle）的调整被激活，可以通过滑标进行调整。选 3-D 后，通过调整距离（Distance）产生拉近和推远的视觉效果。

● Position Slices：绘图起始点位置（First slice（clock position）），默认以时钟 12 点为起始点，限于 1~12 点之间。有顺时针方向（Clockwise）和逆时针方向（Counterclockwise）排列两种选择。

（5）散点图：见图 17-66 和图 17-67。

★ Marker：点标记（图 17-66）。编辑内容有：点的形状（Type）和大小（Size），点边缘的粗细（Border Width），点的填充色（Fill）和点边缘的颜色（Border）。

★ Spikes：钉线（图 17-67）。选项有：无钉线（None）、地板线（Floor）、自原始点放射线（Origin）和自重心放射线（Centroid）。

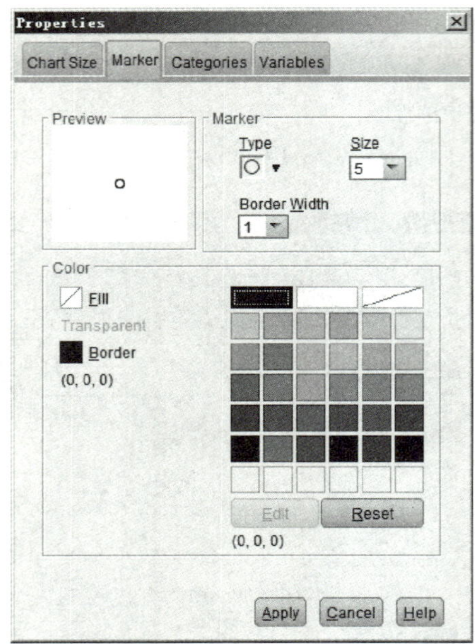

图 17-66　散点编辑对话框

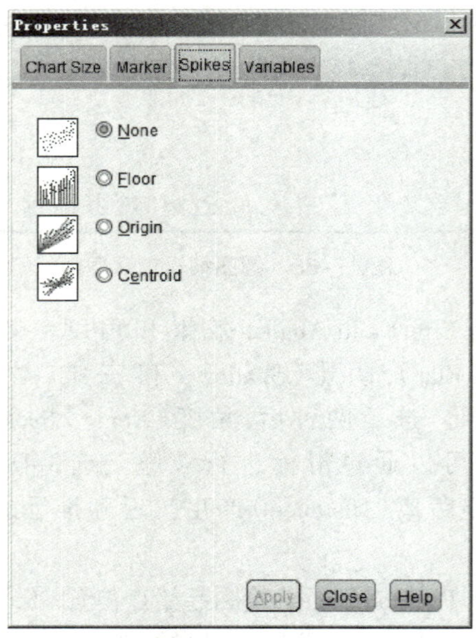

图 17-67　钉线对话框

（6）直方图：见图 17-68。

⊙ Automatic：自动。轴区间宽度和区间数系统自动定义。

◎ Custom：自定义。定义区间数（Number of intervals）和区间宽度（interval width）。

□ Custom value for anchor：自定义第一个直条的起始位置值。

2. 坐标轴编辑

激活图形编辑器后，在任何坐标轴上双击，会弹出 Properties（图形特征）编辑对话框组，针对坐标轴的常用对话框有 4 个，见图 17-69~图 17-72。

★ Labels & Ticks：坐标轴标记（图 17-69）。

● Display axis title：显示坐标轴标目。默认坐标标目的位置在左侧或底部，若选择 Display axis on the Opposite，则标目置于右侧或顶部。

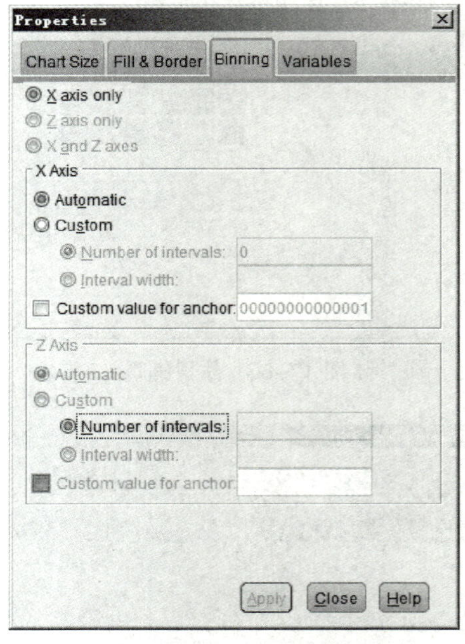

图 17-68　直方图选项对话框

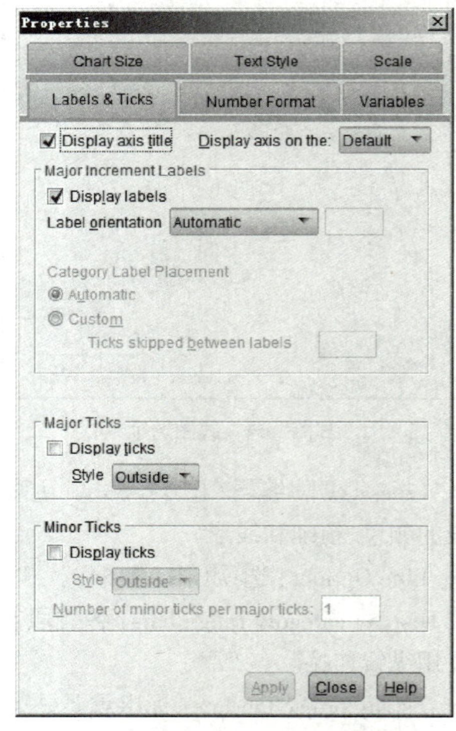

图 17-69　坐标轴标记对话框

● Major Increment Labels：刻度值标记。选择显示刻度值标记后，标记的方向有水平、垂直、斜向等选择。

● Major Ticks：大间距点标记，位置有内侧、外侧和双侧等选择。

● Minor Ticks：小间距点标记，位置有内侧、外侧和双侧等选择。

★ Number Format：数值格式（图 17-70）。

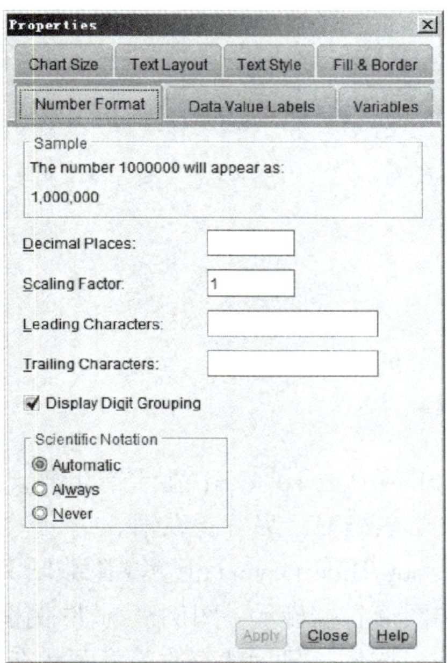

图 17-70　数值格式对话框

● Decimal Places：小数位。

● Scaling Factor：缩小倍数，填入数值后，坐标轴刻度为原刻度除以该数值所得。系统默认为 1。

● Leading Characters：在原标记前加字符。

● Trailing Characters：在原标记后加字符。

● Display Digit Grouping：加千分位符号。

● Scientific Notation：科学记数法，有自动确定、总是采用和永不采用选择。

★ Text Style：文字编辑（图 17-71）。编辑文字的字体、字形、大小和颜色。

★ Scale：坐标刻度（图 17-72）。

● Range：范围。定义坐标刻度的最小值、最大值、间距和原点。

● Type：度量类型。有 Linear、Logarithmic、Power、Logit、Probit、Inverse Sine、Hyperbolic Arctangent、Complementary log-log 等选项。例如，绘制半对数线图（Logarithmic）时，在绘制的线图基础上将对数变量轴由算术刻度改为对数刻度即可。余类推。

● Lower margin（%）：5：在刻度轴的下方或左方增加定义轴长 5%（系统默认）的长度。

● Upper margin（%）：5：在刻度轴的上方或右方增加定义轴长 5%（系统默认）的长度。

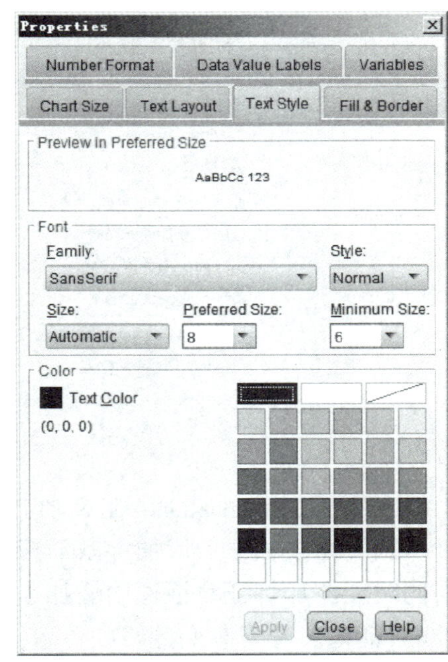

图 17-71　文字编辑对话框

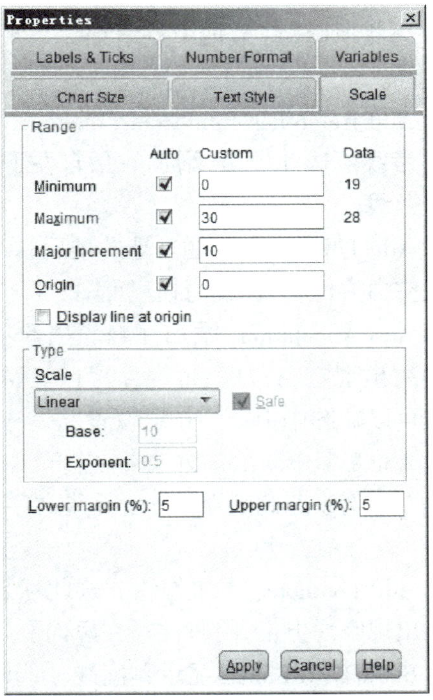

图 17-72　坐标刻度对话框

三、添加和显示图形元素

在激活的图形编辑器中击右键，弹出 Properties Window（图形特征窗）菜单，见图 17-73。不同的图形其图形特征窗存在些微差别（图 17-73A 和图 17-73B）。选择菜单内容后，图形中会添加此内容，并且在图形特征对话框中增加一个相应内容的特征编辑对话框。

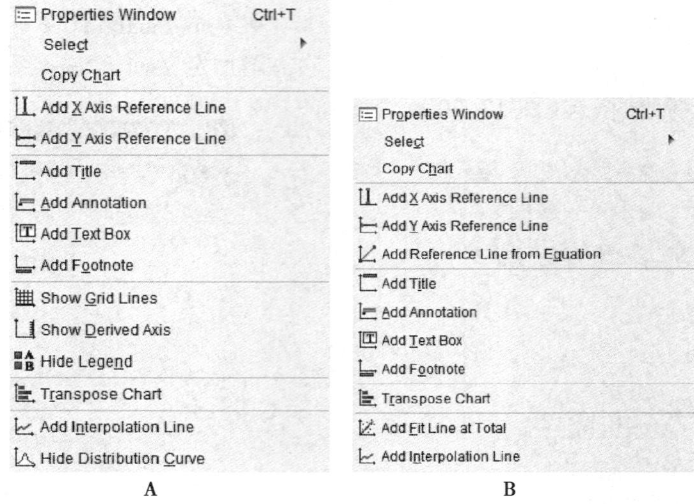

图 17-73 图形特征窗菜单

- Add X Axis Reference Line：在 X 轴上加参考线。选此项后，在 X 轴中点增加一条平行于 Y 轴的直线，同时在图形特征对话框中增加了一个编辑参考线对话框。若要改变此线的位置，可以拖动此线至指定位置，也可以从相应对话框中定义。
- Add Y Axis Reference Line：在 Y 轴上加参考线。选此项后，在 Y 轴中点增加一条平行于 X 轴的直线。
- Add Reference Line from Equation：添加斜对角参考线。选此项后，增加一条自左下至右上的斜对角线。
- Add Title：添加标题。选此项后，在图的上方出现空白方框，将标题写在里面。
- Add Annotation：添加注释。选此项后，在图的中央出现空白方框，将注释写在里面。注释的方框可以在图中拖动到指定位置。
- Add Text Box：添加文字边框。选择所要编辑的文字，击此菜单，会在所选文字外加一边框。
- Add Footnote：添加脚注。选此项后，在图的下方出现空白方框，将脚注写在里面。
- Show Grid Lines：显示刻度线。选此项后，图中添加刻度线。
- Show Derived Axis：显示衍生轴。选此项后，在图形右框显示另一条纵轴。
- Show/Hide Legend：显示 / 隐藏图例。选此项后，在图形右端显示一图例框，此图例框可随意拖动；或者图例从显示状态改为隐藏状态。
- Transpose Chart：横纵轴变换。选此项后，横轴与纵轴发生转置，在条图选择横绘式或纵绘式时可使用这一功能。
- Show/Hide Data Labels：显示 / 隐藏数值标签。选此项后，将显示每个观察单位的标签，如果未定义标签，将显示系统定义的标签，即数据框中左侧的系统顺序号。
- Show/Hide Line Markers：显示 / 隐藏线段的点标记。
- Add Interpolation Line：添加顺序连线。选此项后，按横轴由小到大顺序产生经各散点的连线，连线有四种不同类型的选择，见前述线图的编辑。
- Show/Hide Distribution Curve：显示 / 隐藏分布曲线。
- Add Fit Line at Total：添加全部散点的拟合线。选此项后，系统默认拟合一条回归直线，同时增加了 Fit Line（拟合线）对话框（图 17-74）。

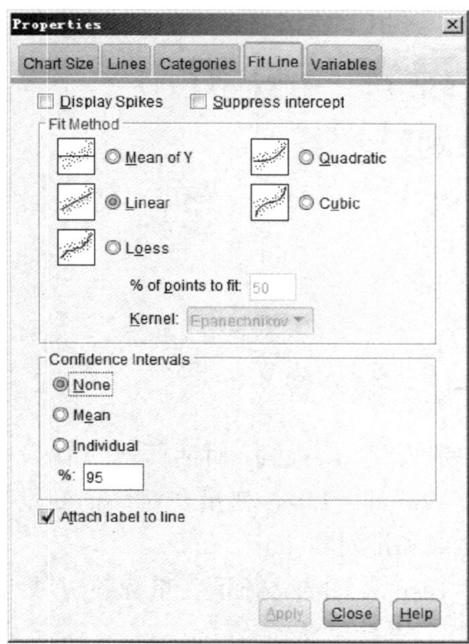

图 17-74　拟合线对话框

□ Display Spikes：显示钉线。

◇ Fit Method：拟合方法。

◎ Mean of Y：纵轴变量的均数。

◎ Linear：回归直线。

◎ Quadratic：二次回归曲线。

◎ Cubic：三次回归曲线。

◎ Loess：加权回归曲线。选此项后，需进一步定义所要拟合散点的百分数（% of points to fit），限于 1~99 之间选择。另外在 Kernel 框内有 7 种核函数供选择。

配套数据文件集

（马金香　薛付忠）

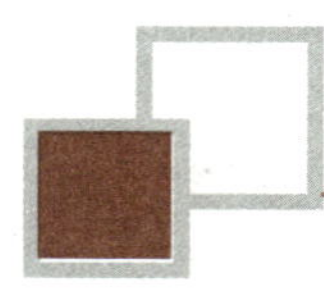

第十八章　系统参数的设置与分析结果的编辑和导出

第一节　系统参数的设置

IBM SPSS 25 的系统参数是在安装 SPSS 之后自动设置产生的。若要改变某些系统参数，可通过修改 Edit 菜单下 Option 对话框中的设置完成。从菜单选择

Edit

Options

弹出系统参数设置 Options（选项）对话框组，由 12 个对话框组成，见图 18-1~ 图 18-12，分别介绍如下。

一、一般设置

一般设置（General）对话框见图 18-1。

◇ Variable Lists：变量在对话框变量表中的显示形式和排列顺序。

⊙ Display labels：显示变量标签，其后括弧内为变量名，系统默认。

◎ Display names：仅显示变量名。

◎ Alphabetical：按变量的字母顺序显示。

⊙ File：按变量在数据文件中出现的先后顺序显示，系统默认。

◎ Measurement level：按变量的测量精度显示，即按名义变量、等级变量和定量变量顺序显示。

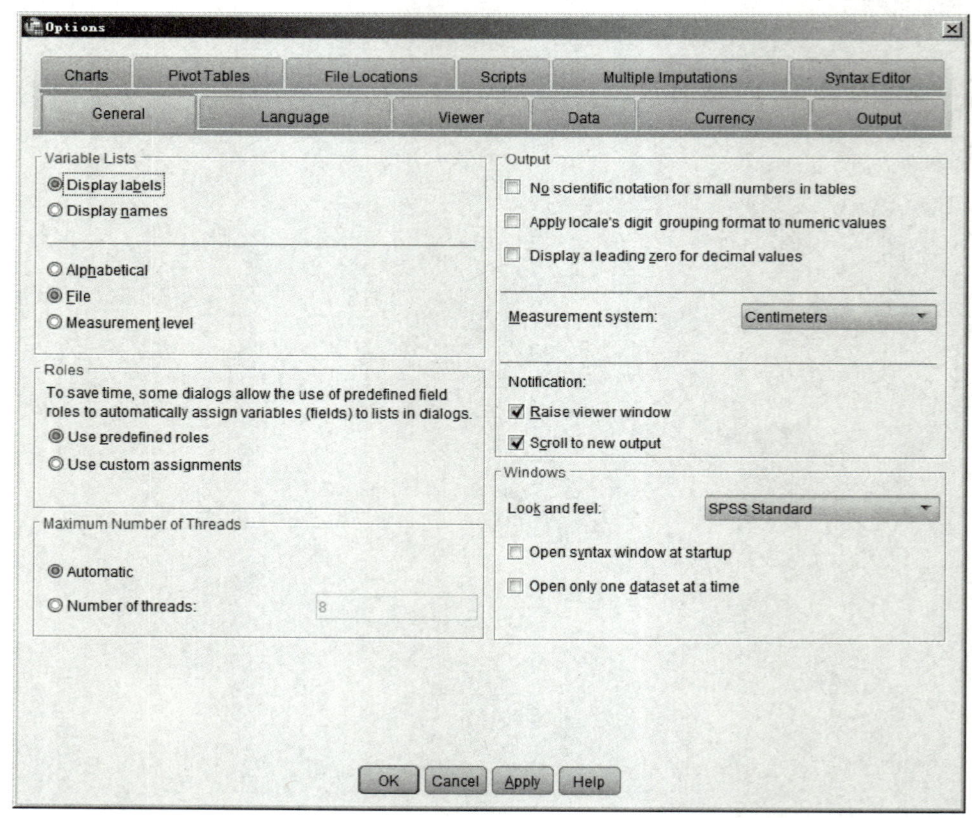

图 18-1　一般设置对话框

◇ Roles：任务。

To save time，some dialogs allow the use of predefined field roles to automatically assign variables（fields）to lists in dialogs：为节省时间，在某些对话框中允许预定义任务，将变量（字段）自动分配到对话框列表中。

⦿ Use predefined roles：使用预定义任务。

◎ Use custom assignments：使用自定义任务。

◇ Output：结果输出。

☐ No scientific notation for small numbers in tables：表中的小数值不用科学计数。

☐ Apply locale's digit grouping format to numeric values：自定义数值型分组方式。

☐ Display leading zero for decimal values：仅有小数数值时，显示加 0，如高度“.2”，输出后显示为“0.2”。

Measurement system：系统度量单位。度量输出表格时格与格之间的距离、打印时各表格间的距离，有三种选择，即 Centimeters（厘米）、Points（点）、和 Inches（英寸）。

Notification：提示程序执行完毕的方式。

☑ Raise viewer window：执行完毕，输出窗口成为当前窗口。

☑ Scroll to new output：滚动条至本次结果输出的开始位置。

◇ Windows：窗口。

Look and feel：窗口观感，有三种选项，分别为 SPSS 标准型、SPSS 经典型和 Windows 窗口型，默认为 SPSS 标准型。

☐ Open syntax window at startup：启动 SPSS 时打开程序编辑窗口。

☐ Open only one dataset at a time：每次只打开一个数据集文件。

二、语言设置

语言设置（Language）见图 18-2。

◇ Language：语言设置。

Output：输出显示语言，包括英文、简体中文、繁体中文、法语、德语等 12 种，具体语言种类取决于当前软件安装时的语言文件。

User Interface：用户界面语言，所选语言范围同输出语言。

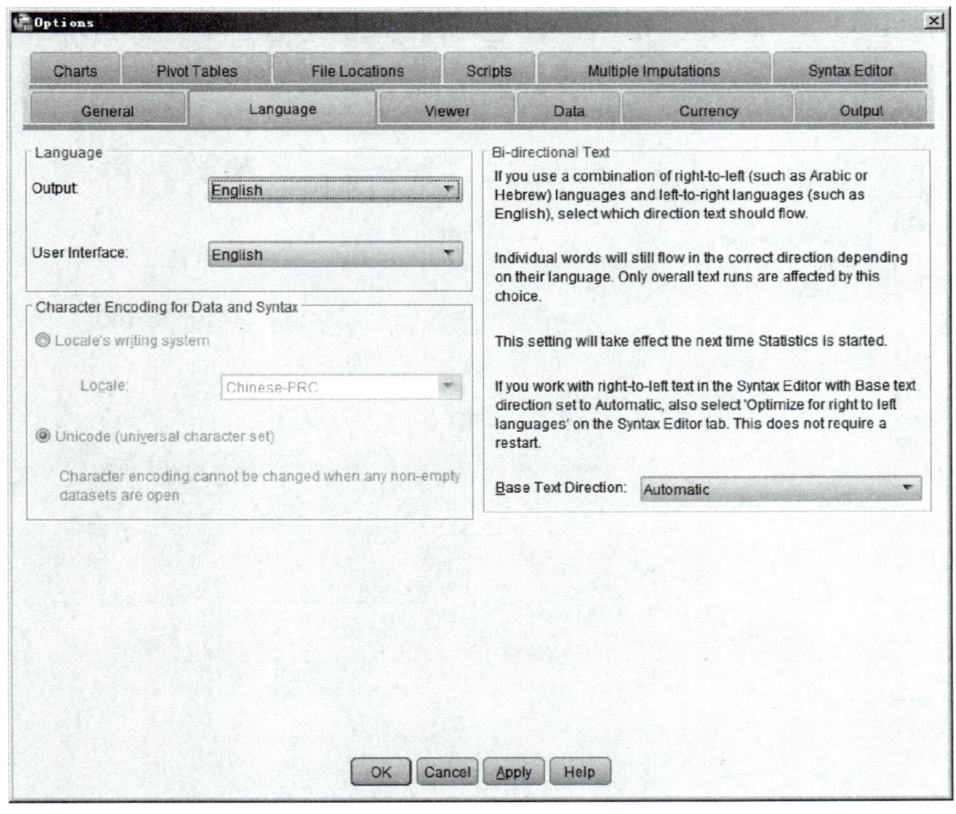

图 18-2　语言设置对话框

◇ Character Encoding for Data and Syntax：数据文件及语法程序中的字符编码。

◎ Locale's writing system：自定义编码系统。

⊙ Unicode（universal character set）：国际编码标准。

Character encoding cannot be changed when any non-empty datasets are open：即使更改了以上选项，已打开的任何非空数据的字符编码也无法进行更改。

◇ Bi-directional Text：双向文本。可按需供选择三种：自动、从右到左和从左到右。系统默认为自动。

三、结果输出窗

结果输出窗（Viewer）设置对话框见图18-3。

◇ Initial Output State：初始输出状态。

Item Icon：输出内容图标。

Item：输出内容。列表框中列有11项输出内容，即Log（日志）、Warnings（警告）、Notes（注意）、Title（标题）、Page Title（页标题）、Pivot Table（枢轴表）、Chart（图形）、Text Output（文本）、Tree Model（树形模型）、Model Viewer（模型浏览器）和Unknown Object Type（未知对象类型），左侧图形框为各项内容相对应的图标，可在列表框内，亦可点击相应图标来选择需重新设置的输出内容。

Contents are initially：最初是否显示所选内容。

⊙ Shown：显示该项内容。

◎ Hidden：隐藏该项内容。

Justification：对齐方式，有左、中、右3种对齐方式。

☑ Display commands in the log：在输出窗中显示被执行的程序，可将这些程序拷贝到其他命令语句文件中，系统默认。

◇ Title Font/Page Title Font：输出（页）标题的字体、字型、字号及颜色。

◇ Text Output Font：输出文本（图、表和标题除外的内容）的字体、字型、字号及颜色。

◇ Default Page Setup：页面尺寸默认设置。页面方向可选择横向或纵向，以及页面大小设置。

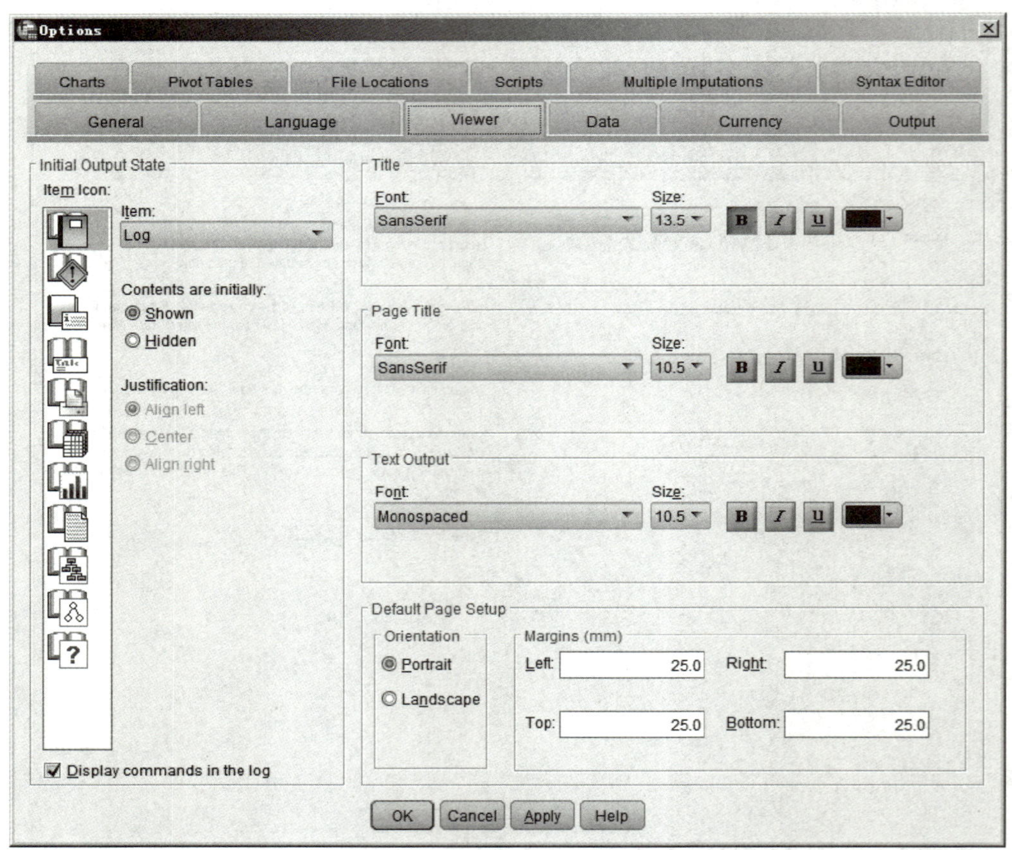

图18-3 结果输出窗对话框

四、数据输出窗

数据输出窗（Data）设置对话框见图 18-4。

◇ Transformation and Merge Options：执行数据转换与文件合并过程选项。

⊙ Calculate values immediately：立即执行 Transformation 或 Merge 过程，默认选项。

◎ Calculate values before used：延迟至执行下一个命令（如执行某一统计过程）时再执行 Transformation 或 Merge 过程。当数据文件很大时建议选该项，可节省计算机的运行时间。

◇ Display Format for New Numeric Variables：设定新的数字型变量显示的宽度和小数位。将数值填入 Width（宽度）和 Decimal（小数位）后的方框内，宽度包括小数位数在内。系统默认数值总宽度为 8 位，含 2 位小数。如果数值超过了设定的宽度，系统首先将小数四舍五入，仍太宽则自动采取科学记数法。数字的显示格式并不改变其实际值的大小，运行程序时仍用实际值计算。

◇ Random Number Generator：随机数发生器。

⊙ Compatible with SPSS 12 and earlier：与 SPSS 12 或之前的版本兼容，默认选项。

◎ Long period Mersenne Twister：适用于 SPSS12 之后的版本。

◇ Assigning Measurement Level：测量级别设置。

Cut-off number for unique values used to determine measurement level for numeric fields [24]：给变量分配至少 n 个独有的数值字段，默认值为 24。

◇ Rounding and Truncation of Numeric Values：数值变量的四舍五入和截断。

Number of fuzz bits used in RND and TRUNC：[6] 函数 RND 和函数 TRUNC 中使用的模糊位数为 6。

◇ Set Century Range for 2-Digit Years：当年份用两位数表示时，设定一个世纪的默认范围。

⊙ Automatic：自动设为 1950 年至 2049 年。

◎ Custom：自定义。用户可以根据自身需要修改起止年份。

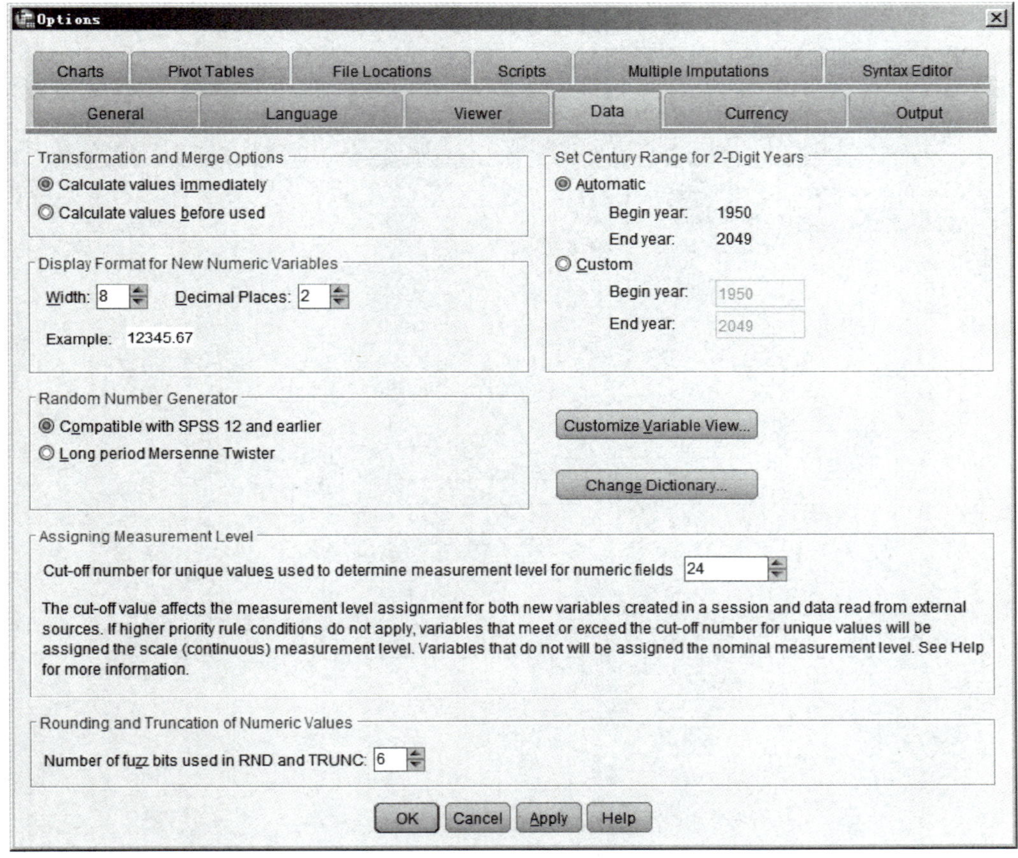

图 18-4　数据输出窗对话框

Customize Variable View：定制变量视窗。用户可调整变量的视窗显示，如是否显示变量的标签及其所在的位置等。

Change Dictionary：更改字典，默认为美式英语。

五、数值型变量的设置

数值型变量（Currency）设置对话框见图 18–5。

◇ Custom Output Formats：自定义输出格式。框内有 5 个名称，供自定义时选择，其中系统将"CCA"设置为 Sample Output 框内的格式，即保留两位小数，小数点用圆点表示，千分位用逗号隔开，负数前面加减号。用户亦可选择另一名称，重新定义。

◇ All Values：给所有数值添加前、后缀。将前、后缀分别填入 Prefix 与 Suffix 后的方框内。系统默认为空格，即不加任何前、后缀。

◇ Negative Values：给负数添加前、后缀。系统默认前缀为"–"，无后缀。

◇ Decimal Separator：小数点的表现形式。

⊙ Period：圆点，系统默认。

◎ Comma：逗号。

六、变量的输出方式

变量的输出方式（Output Labels）见图 18–6。

◇ Outline Labeling：标题窗中变量的输出方式。

Variables in item labels shown as：标题窗中显示变量名（Names）、变量标签（Labels）或两者同时显示（Names and Labels）。

Variable values in item labels shown as：标题窗中显示变量的标签（Labels）、变量值的标签（Values）或两者同时显示（Labels and Values）。

◇ Pivot Table Labeling：枢轴表中变量的输出方式。

Variables in labels shown as：内容窗中显示变量名和 / 或标签。

Variable values in labels shown as：内容窗中显示变量的标签和 / 或变量值的标签。

◇ One Click Descriptives：单击表述。

☑ Suppress tables with many categories：压缩分类表，仅显示唯一分类。

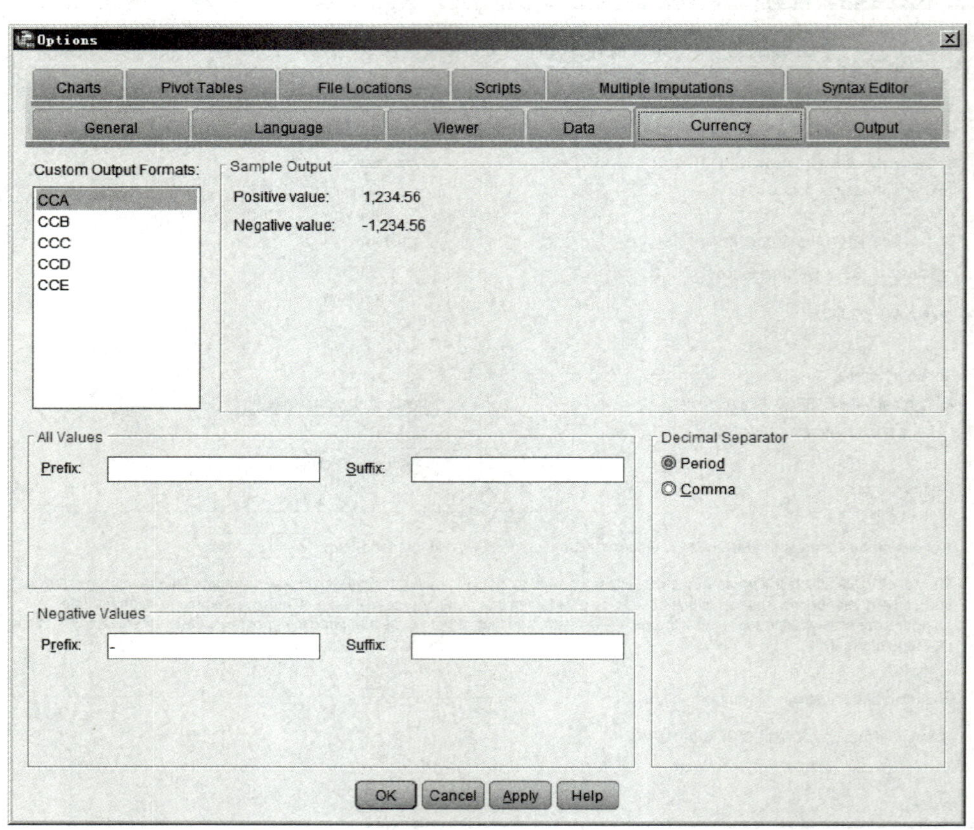

图 18–5　数值型变量设置对话框

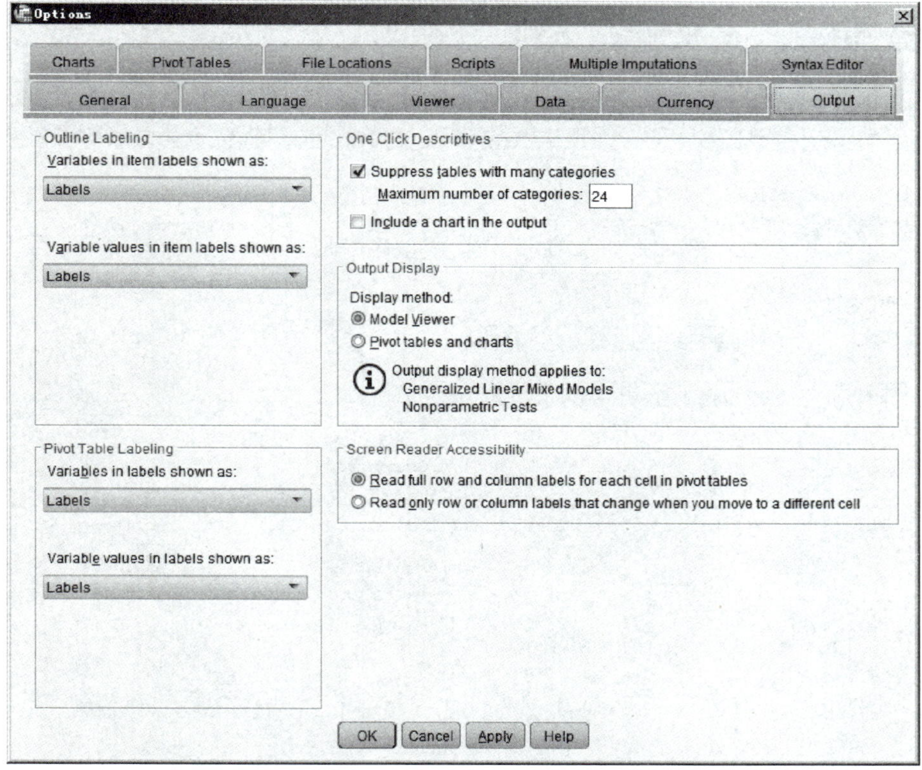

图 18-6　变量在分析结果中的显示形式对话框

Maximum number of categories: 24 : 限定最大分类，默认值为 24。

□ Include a chart in the output: 输出中包含图表。

◇ Output Display: 输出显示，可选择为模型查看器或透视图表，主要应用于广义线性模型或非参数检验，系统默认输出为模型查看器。

◇ Screen Reader Accessibility: 屏幕阅读器辅助功能。

⊙ Read full row and column labels for each cell in pivot tables: 完整阅读数据透视表中的所有行和列标签，系统默认。

◎ Read only row or column labels that change when you move to a different cell: 仅阅读移动到他处时更改的行或列标签。

七、图形输出格式

图形输出格式（Charts）对话框见图 18-7。

◇ Chart Template: 图形模板。

⊙ Use current settings: 使用当前图形输出设置。系统默认。

◎ Use chart template file: 使用图形模板。击 Browse 按钮，选择合适的图形模板文件。模板文件可自行创建，即编辑好一个图形，作为模板文件保存，以便以后使用。

◇ Current Settings: 当前设置。

Font: 图形输出中文本的字体样式。

Style cycle preference: 色彩与图形选择。

● Cycle through colors only: 用 14 色调色板。系统默认。

● Cycle through patterns only: 直接填充图形。

◇ Style Cycles: 图标设置。有 Colors（颜色）、Lines（线段）、Markers（标记）和 Fills（填充图案）四个按钮提示各种设置。

◇ Chart aspect ratio: 图形外框线的宽高比。系统默选 1.7，可重设为 0.1~10 之间的数值。已生成的图形不能再改变宽高比。

◇ Frame: 边框。

□ Outer: 在整个统计图的外围加边框。

□ Inner: 在统计图的图域部分加边框，标题和图例在框外。系统默认。

◇ Grid Lines: 刻度线。

☑ Scale axis: 显示定量变量刻度线。

□ Category axis: 显示分类变量刻度线。

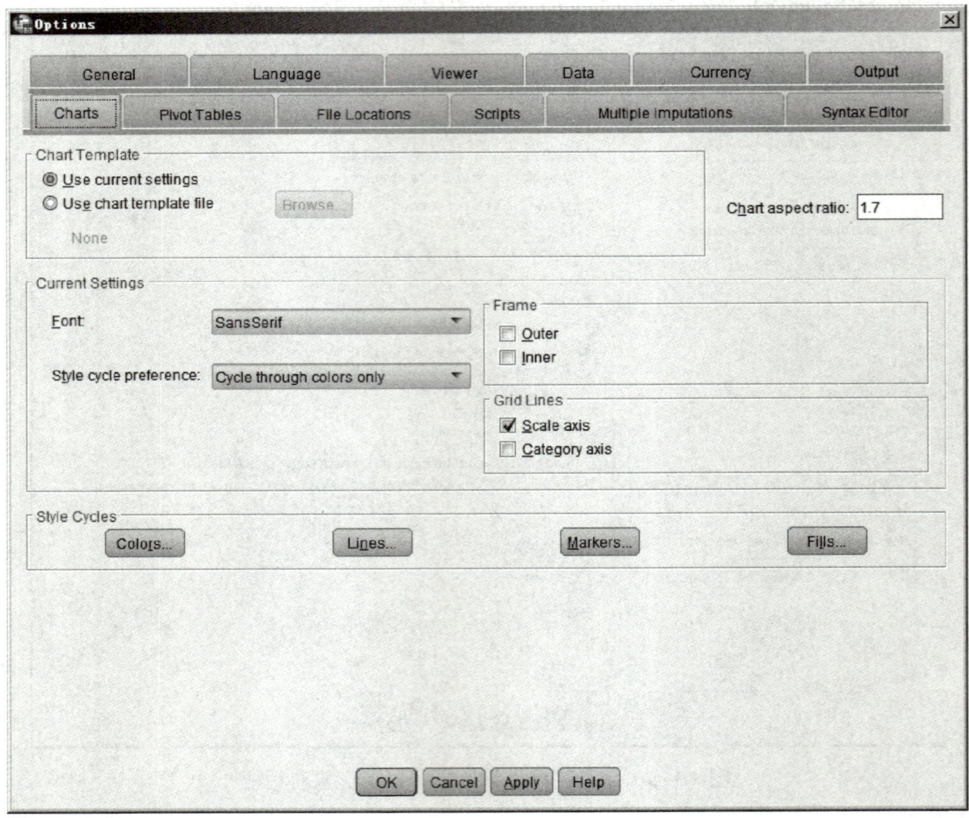

图 18-7　图形输出格式对话框

八、枢轴表输出格式

枢轴表（Pivot Tables）输出格式见图 18-8。

◇ TableLook：枢轴表外观。左侧列表框内是系统提供的各种表格模板的名称，右边 Sample 下方的框内显示各表格模板对应的图例。

Browse 按钮：从当前路径或其他路径选择表格模板文件。用户亦可自己编辑表格作为模板文件保存，以备后用。

Set TableLook Directory 按钮：击该按钮，重新设定表格模板的默认路径。

◇ Column Widths：列宽。

◎ Adjust for Labels only：列宽调整至与列变量标签的宽度一致。

⊙ Adjust for Labels and data for all tables：以列变量标签与本列数据中最宽者为标准调整列宽，系统默认。

◇ Table Comment：标注释。

□ Include a comment with all tables：所有表添加注释，选择此项，可激活注释框，添加注释内容。

◇ Default Editing Mode：缺省编辑模式，有三种模式可供选择：在表格编辑器中编辑除外特大表格外的表（Edit all but very large tables in Viewer），在表格编辑器中编辑所有的表格（Edit all tables in Viewer），以及将所有的表格在新的独立的窗口打开。

◇ Copying wide tables to the clipboard in rich text format：将表格以文本格式拷贝到剪贴板，有三种选项：不进行宽度调整（Do not adjust width），缩小到合适的宽度（Shrink width to fit），表格换行（Wrap table）。

九、文件位置

文件位置（File Locations）对话框见图 18-9。

◇ Startup Folders for Open and Save Dialogs：文件夹打开和保存对话框。

◎ Specified folder：指定文件夹。

Data files/Other files：C：\Users\Administrator\Documents：文件位置，如存放在 C 盘 Users 文件夹管理者的文档中。用户可击 Browse 进行修改路径。

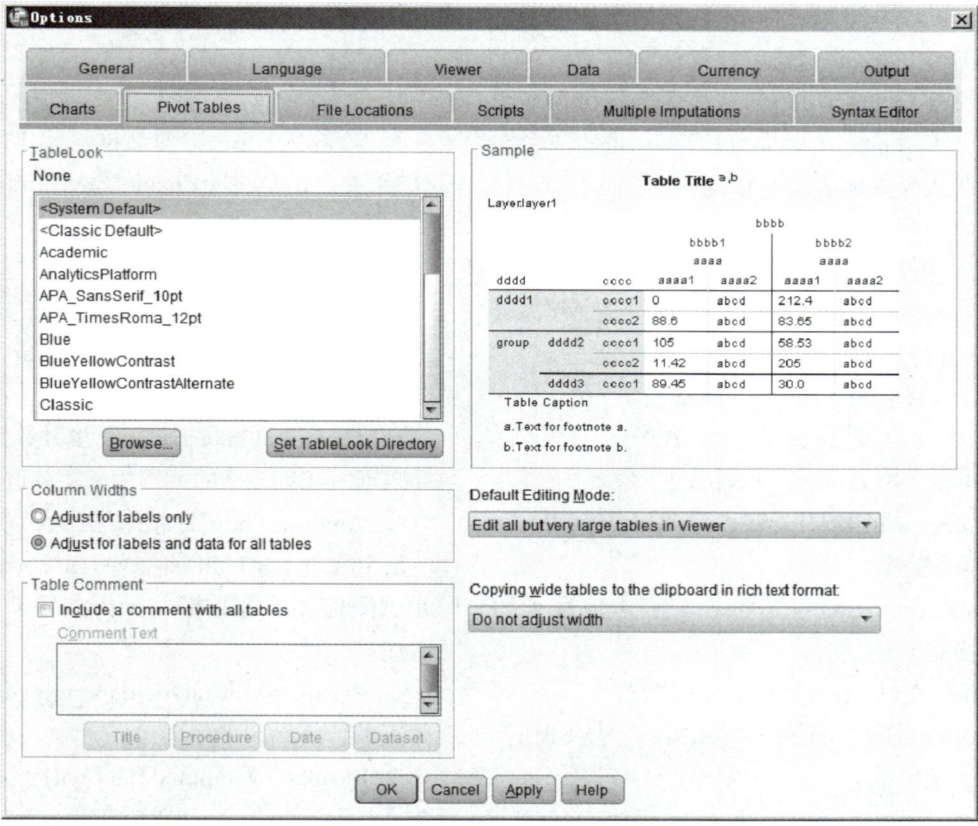

图 18–8 枢轴表输出格式对话框

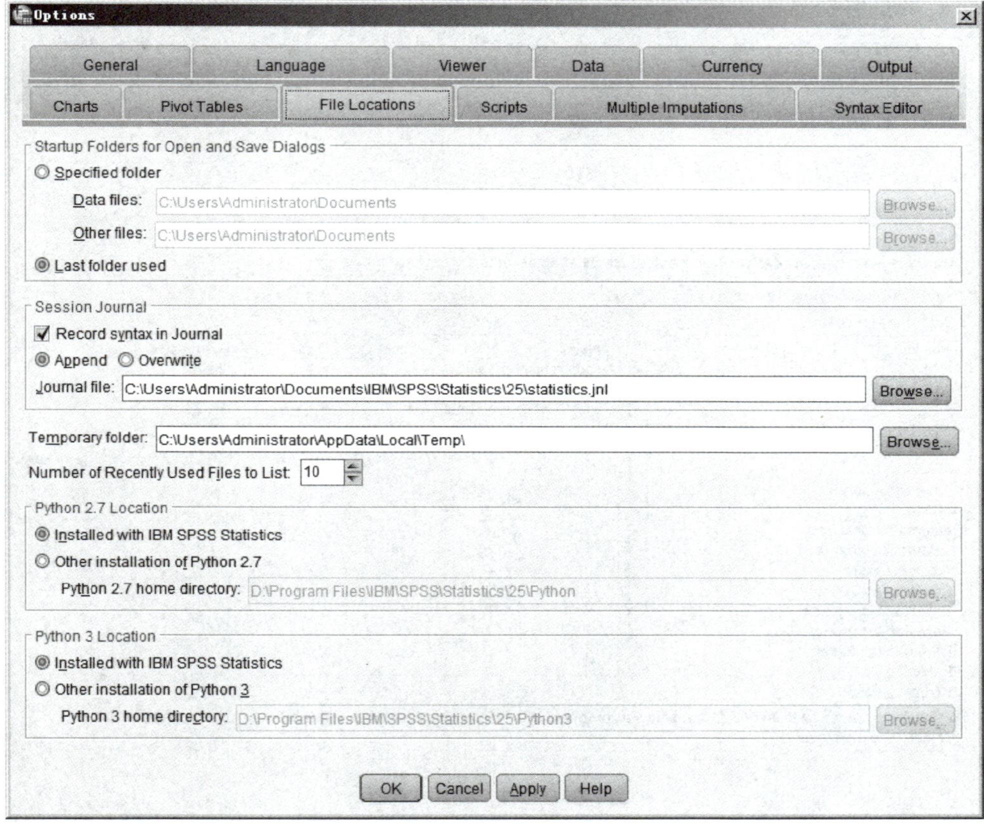

图 18–9 文件位置对话框

⦿ Last folder used：最近一次使用的文件夹。

◇ Session Journal：日志。

☑ Record syntax in Journal：将语法记录在日志中，有添加（Append）和覆盖（Overwrite）两个选项，系统默认为添加语法在日志中。

Journal file：日志文件存放位置，可击 Browse 按钮进行位置更改。

Temporary folder：临时目录存放位置，可击 Browse 按钮进行位置更改。

Number of Recently Used Files to List：10：最近使用的数据文件，默认显示为前 10 个。

◇ Python 2.7 Location ：Python 2.7 位置。

⦿ Installed with IBM SPSS Statistics：随 SPSS 一起安装，系统默认。

◎ Other installation of Python 2.7：其他安装方式，可以指定安装位置。

◇ Python 3 Location ：Python 3 位置。

⦿ Installed with IBM SPSS Statistics：随 SPSS 一起安装，系统默认。

◎ Other installation of Python 3：其他安装方式，可以指定安装位置。

十、脚本编辑

脚本编辑（Scripts）对话框见图 18-10。系统默认启用自动脚本（Enable autoscripting）文件。用户也可导入基础脚本。

十一、多重填补设置

多重填补设置（Multiple Imputations）对话框见图 18-11。

◇ Marking of Imputed Data：填补数据标记。对填补数据所在单元格的背景色和字体进行设置。

◇ Analysis Output：结果输出设置。

⦿ Results for both observed and imputed data：原始观测值和填补数据的分析结果都输出，系统默认。

◎ Results for observed data only：仅输出原始观测值的分析结果。

◎ Results for imputed data only：仅输出填补后数据的分析结果。

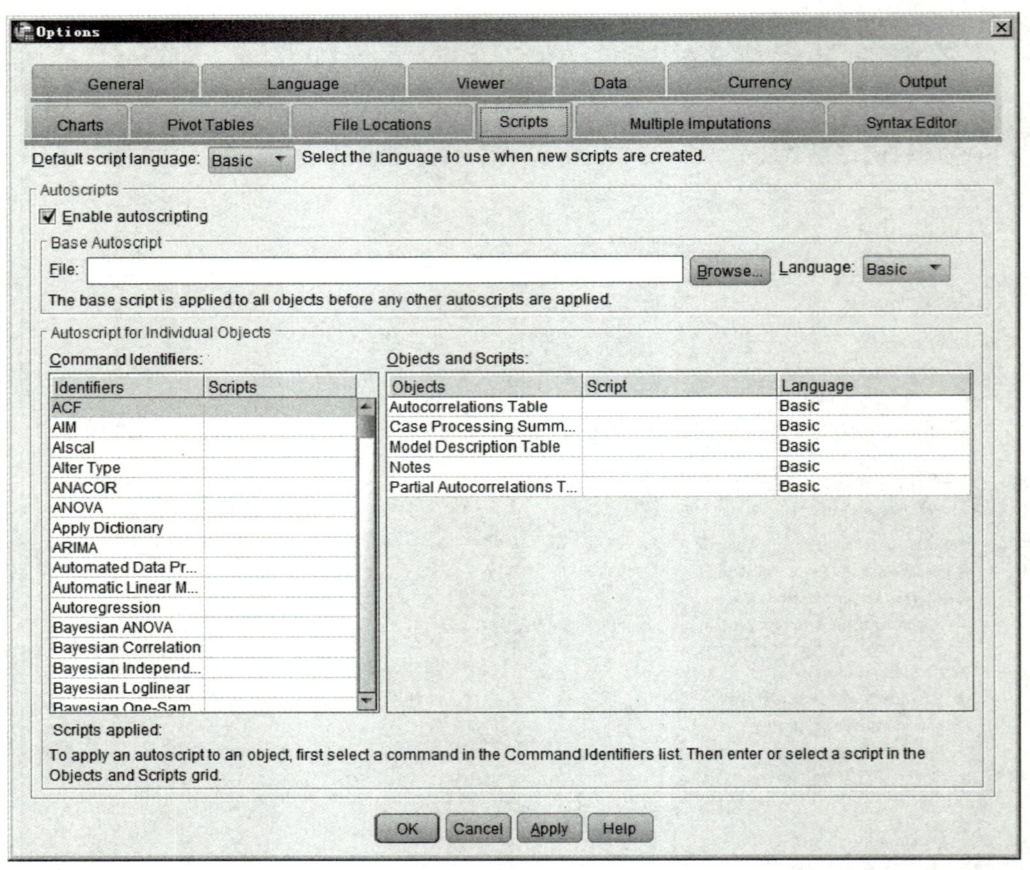

图 18-10　脚本编辑对话框

☑ Pooled results：输出合并分析的结果。

☑ Diagnostic statistics：输出统计诊断结果。

十二、语法编辑器设置

语法编辑器设置（Syntax Editor）对话框见图 18-12。

◇ Syntax Color Coding：语法颜色表。

☑ Display syntax color coding：显示语法颜色表。

Commands/Subcommands/Keywords/Values/

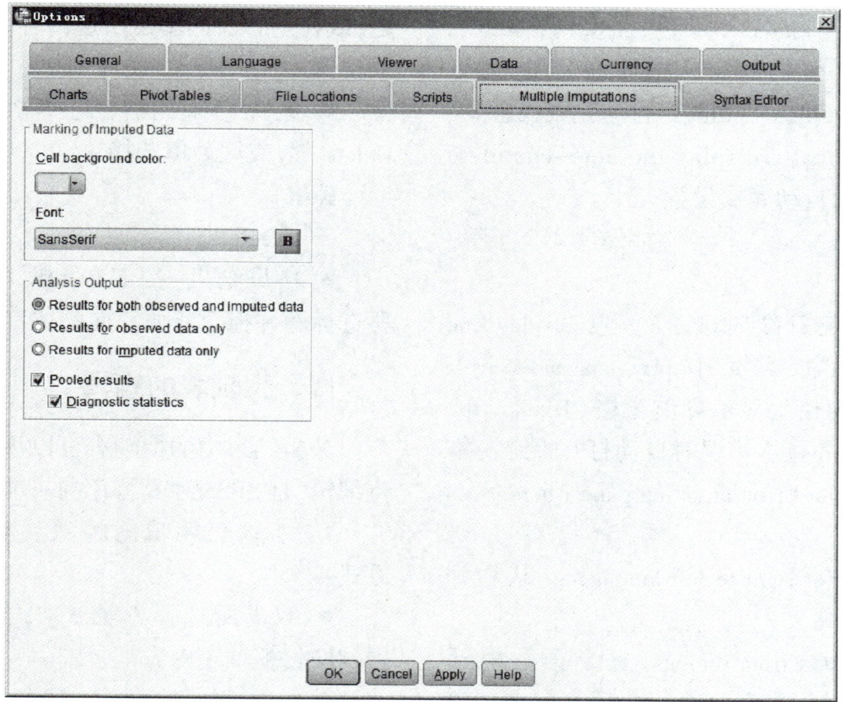

图 18-11　多重填补设置对话框

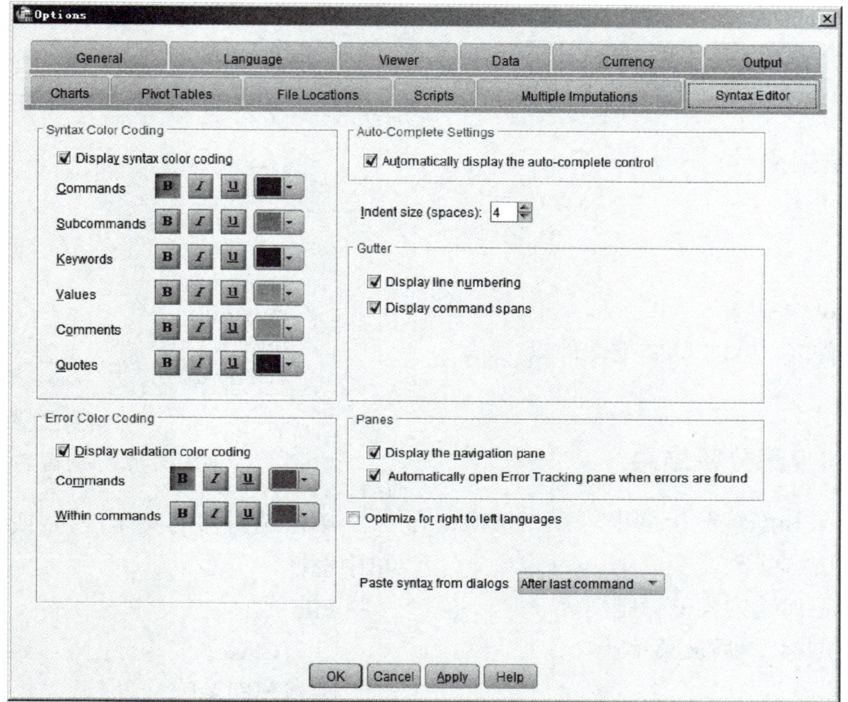

图 18-12　语法编辑器设置对话框

Comments/Quotes：指令/子指令/关键词/值/注释/引用等的字体颜色、加重、斜体和下划线等设置。

◇ Error Color Coding：错误语法颜色表。

☑ Display validation color coding：显示确认语法颜色表。包括指令（Commands）和指令内（Within commands）的字体颜色、加重、斜体和下划线等设置。

◇ Auto-Complete Settings：自动完成设置。

☑ Automatically display the auto-complete control：自动显示自动完成设置。

Indent size（spaces）：[4]：空格缩进 4 个字符，系统默认。

◇ Gutter：装订线。显示行号（Display line numbering）和显示命令跨度（Display command spans）。

◇ Panes：窗格。显示导航窗格（Display the navigation pane）和显示错误时自动打开追踪窗格（Automatically open Error Tracking pane when errors are found）。

☐ Optimize for right to left languages：从右到左对语言进行优化。

◇ Paste syntax from dialogs：粘贴语法对话框，默认选项为最近一条命令行。还有一个选项为光标或者选定的内容处。

第二节 分析结果的编辑和导出

一、保存结果文件

从菜单选择

File

　　Save/Save As

然后键入文件名。SPSS 的结果文件以“.spv”为默认后缀。

二、显示和隐藏分析结果

显示分析结果和隐藏分析结果可互相切换，以下 3 种操作方法均可。

- 双击标题窗所选内容的标题图标。
- 单击标题图标，然后从菜单选择

View

　　Hide/Show

- 单击标题框。若单击左上角的标题框 +（－），则隐藏（显示）所有结果。

三、移动、删除及拷贝结果内容

- 移动结果内容：在标题窗内单击所选标题，或在内容窗内单击所选内容，并拖至所要移向的位置。
- 删除结果内容：选择删除结果内容，按 Delete 键，或从菜单选择

Edit

　　Delete

- 拷贝结果：按下 Ctrl 键，在标题窗内单击所选标题并拖至所要移向的位置。

四、枢轴表的编辑

分析结果中的枢轴表可以用枢轴表编辑器进行编辑，是 SPSS 独具特色的一项功能。

1. 枢轴表编辑器的激活与关闭 有两种方式：

- 双击所选择枢轴表，即激活枢轴表编辑器，此时，枢轴表由方框包围。

单击方框外任一处，编辑器关闭。

- 在所选枢轴表处击右键，从弹出菜单（图 18-13）中选择

Edit Content

　　In Viewer/In Separate Window

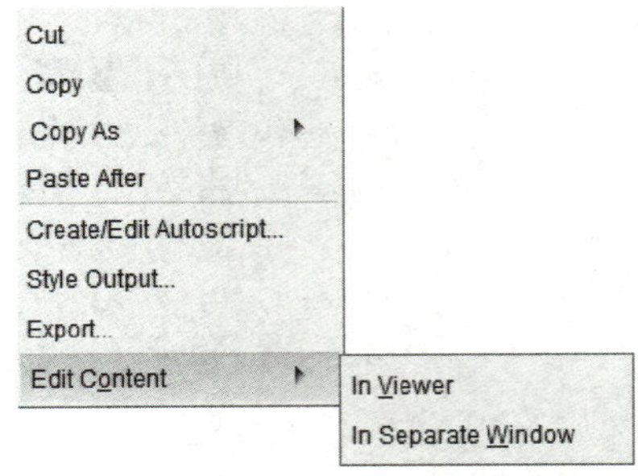

图 18-13 编辑菜单

单击编辑器的关闭按钮，或从 Pivot Table 菜单中选择

File

　　Close

编辑器即关闭。

2. 枢轴表绘图　从 Pivot Table 菜单中选择

Edit

Create Graph

下级菜单有 Bar（条图）、Dot（个值图）、Line（线图）、Area（面积图）和 Pie（圆图）5 种图形供选择。图形依据枢轴表显示的数据绘制，纵标目被视为分类变量，置于图形的横轴；横标目被视为指标值，置于纵轴。

3. 添加标题、注释和脚注　从 Pivot Table 菜单中选择

Insert

Title/Captain/Footnote

4. 枢轴表的行列转置　从 Pivot Table 菜单中选择

Pivot

Transpose Rows and Columns

若希望恢复原状，重复上述步骤。

5. 枢轴表格式

（1）枢轴表单元格格式：在枢轴表编辑器中选中要编辑的 1 个或多个单元格，从 Pivot Table 菜单中选择

Format

Cell Properties

弹出 Cell Properties（单元格特征）对话框组，由三个对话框组成，分别为字体和背景（Font and Background）、数值格式（Format Value）、对齐方式和边距（Alignment and Margins）。

（2）枢轴表格式：从 Pivot Table 菜单中选择

Format

Table Properties

弹出 Table Properties（枢轴表特征）对话框组，由 5 个对话框组成

★ General：一般设置。

☑ Hide empty rows and columns：不显示空行或空列。

◇ Row Dimension Labels：行标目设置，有非嵌套（In Corner）和嵌套（Nested）两种方式。

◇ Column Widths：行高度和列宽定义。

★ Notes：角标。按字母或数字顺序定义上标或下标，以及选择角标的上下位置。

★ Cell Formats：单元格格式。见上述。

★ Borders：边框线。

★ Printing：打印格式。

☐ Print all layers：打印所有分层内容。

☐ Print each layer on separate page：每一页内容打印成一个表。

☐ Rescale wide table to fit page：根据纸张调整表的宽度。

☐ Rescale long table to fit page：根据纸张调整表的长度。

◇ Position of Continuation Text：继续打印文字提示的位置。

☐ At bottom of table（at end of caption）：在表的底部（文字末尾处）。

☐ At top of table（at end of title）：在表的顶部（表的标题之后）。

6. 枢轴表的外观　从 Pivot table 菜单中选择

Format

Table Looks

有三十三种格式可供选择，还可调用模板文件。

7. 横、纵标目的 90° 旋转　从 Pivot Tables 菜单中选择

Format

Rotate Inner Column Labels/Rotate Outer Row Labels

8. 内容编辑

- 移动表中纵线，调节各列宽窄或隐藏某些列。
- 双击某单元格，修改该格的内容 .
- 击鼠标右键，弹出菜单，完成拷贝，粘贴，剪切等编辑功能。

五、分析结果的导出

1. 拷贝分析结果　在结果窗内选择内容后，

- 击鼠标右键，在弹出菜单中选择 Copy；
- 在主菜单选择

Edit

Copy/Copy Special

然后可将拷贝内容粘贴于各种文字类型的文件，如 image、.txt、.rtf、.emf、.xls 等文件类型。需注意选择 Copy 与选择 Copy Special 的区别。若选择 Copy Special，则每次可选择多项内容或全部分析结果。

2. 分析结果的导出 在结果窗选中的内容击鼠标右键，在弹出菜单中选择 Export，弹出 Export Output（导出结果）对话框（图 18-14）。

◇ Objects to Export：输出（复选框）。

◎ All：全部内容。

◎ All Visible：可视内容。

⦿ Selected：选择内容。

◇ Document Type：导出的文件类型，有 .xls、.xlsx、.xlsm、.htm、.mht、.pdf、.ppt、.txt、.doc 或者无（只导出图形）。

File Name：输出文件的文件名，如本例地址为“C:\结果 .xlsx”。

Graphics：图形选项。根据 Document Type 的不同选项激活相应的图形。可以导出 *.eps 或 *.png 图形格式。

Root File Name：图形文件存放位置。

□ Open the containing folder：保存文件后，打开相应文件夹，系统默认不开启。

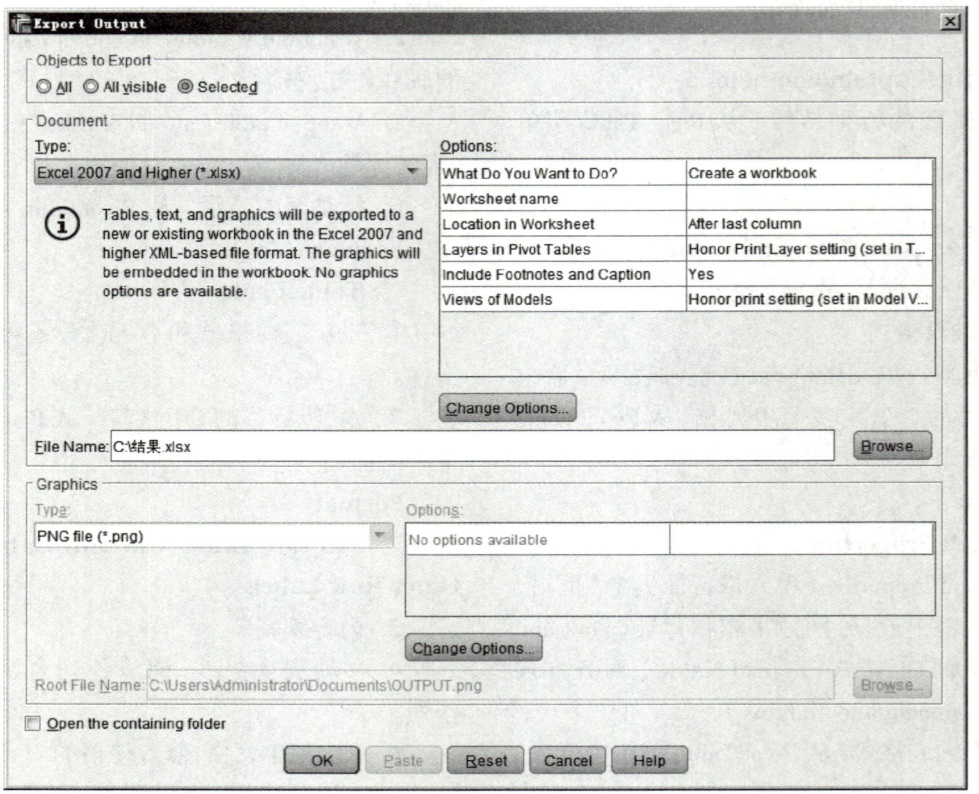

图 18-14 导出结果对话框

（陈莉雅 陈平雁）

参 考 文 献

1. 陈平雁,黄浙明 . SPSS8.0 统计软件应用教程 . 北京:人民军医出版社,2000
2. 陈平雁,黄浙明 . SPSS10.0 统计软件应用教程 . 北京:人民军医出版社,2002
3. 陈平雁,黄浙明 . SPSS10.0 统计软件高级应用教程 . 北京:人民军医出版社,2004
4. 陈平雁,黄浙明 . SPSS13.0 统计软件应用教程 . 北京:人民卫生出版社,2005
5. 陈平雁,黄浙明 . SPSS19 统计软件应用教程 . 北京:人民卫生出版社,2012
6. Norusis MJ. SPSS Professional Statistics 6.1. Chicago: SPSS Inc, 1994
7. Mehta CR, Patel NR. SPSS Exact Tests 19. Chicago: SPSS Inc, 2010
8. SPSS Inc. IBM SPSS Advanced Statistic 19. Chicago: SPSS Inc, 2010
9. SPSS Inc. IBM SPSS Bootstrapping 19. Chicago: SPSS Inc, 2010
10. SPSS Inc. IBM SPSS Missing Values 19. Chicago: SPSS Inc, 2010
11. SPSS Inc. IBM SPSS Statistics Base 19. Chicago: SPSS Inc, 2010
12. SPSS Inc. IBM SPSS Data Preparation 19. Chicago: SPSS Inc, 2010
13. SPSS Inc. IBM SPSS Statistics 19 Algorithms. Chicago: SPSS Inc, 2010
14. SPSS Inc. IBM SPSS Statistics 19 Brief Guide. Chicago: SPSS Inc, 2010
15. SPSS Inc. IBM SPSS Statistics 19 Command Syntax Reference. Chicago: SPSS Inc, 2010
16. Meulman JJ, Heiser WJ, SPSS Inc. IBM SPSS Categories 19. Chicago: SPSS Inc, 2010
17. SPSS Inc. IBM SPSS Dicision Trees 19. Chicago: SPSS Inc, 2010
18. SPSS Inc. IBM SPSS Complex Samples 19. Chicago: SPSS Inc, 2010
19. SPSS Inc. IBM SPSS Regression 19. Chicago: SPSS Inc, 2010
20. SPSS Inc. IBM SPSS Custom Tables 19. Chicago: SPSS Inc, 2010
21. Everitt BS. The Cambridge Dictionary of Statistics in the Medical Sciences. Cambridge University Press, 1995

附录　IBM SPSS 25 函数族

在 Transform 主菜单下的 Compute Variable 过程，IBM SPSS 25 提供了 19 类 201 种函数（16 种重复），列于 Functions and Special Variables 框内，现将各种函数的定义和应用按 IBM SPSS 25 函数族（Function group）框内的类别顺序介绍如下。

附表 1　算术函数（Arithmetic）

函数	说明	示例（x=3.6，y=2）
ABS（自变量#）	绝对值函数	ABS（y–x）→ 1.6
ARSIN（自变数）	反正弦函数（弧度单位），自变数取值区间为[–1，1]	ARSIN（x/4）→ 1.12（弧度）
ARTAN（自变数）	反正切函数（弧度单位）	ARTAN（y）→ 1.11（弧度）
COS（自变数）	余弦函数（弧度单位）	COS（y/4）→ 0.88
EXP（自变数）	以 e 为底的指数函数	EXP（y）→ 7.39
LG10（自变数）	以 10 为底的对数函数（变量取非负值）	LG10（y*100）→ 2.30
LN（自变数）	自然对数函数（变量取非负值）	LN（y）→ 0.69
LNGAMMA（自变数）	Γ 函数的自然对数函数（变量取非负值）	LNGAMMA（x）→ 1.31
MOD（自变数，a1）	取余函数，自变数 a1 为非零变量	MOD（x，y）→ 1.6
RND（自变数，a1，a2）	四舍五入后取整。 可选自变数 a1（非零），结果为 a1 的整数。 可选自变数 a2，未达四舍五入阈值时仍四舍五入，系统默认该值为 6。	RND（x）→ 4 RND（x+0.05，y–1.3）→ 3.5 RND（x–0.1，y–1.6，6）→ 3.6
SIN（自变数）	正弦函数（弧度单位）	SIN（y）→ 0.909
SQRT（自变数）	平方根函数，自变数为非负数	SQRT（y）→ 1.41
TRUNC（自变数，a1，a2）	取整函数。 可选自变数 a1（非零），结果为 a1 的整数。 可选自变数 a2，未达四舍五入阈值时仍四舍五入，系统默认该值为 6。	TRUNC（x）→ 3 TRUNC（x，y）→ 2 TRUNC（x–0.1，y，6）→ 2

#：自变数（argument），既可以是变量、常量，也可以是函数

附表 2 累积分布函数和非中心分布的累积分布函数(CDF & Noncentral CDF)

函数	说明	示例
CDF.BERNOULLI(k, a)	伯努利分布中,随机变量 x≤k 的概率(k 为 0 或 1, 0≤a≤1)	CDF.BERNOULLI(0, 0.4) → 0.6
CDF.BETA(q, a, b)	BETA 分布中,随机变量 x≤q 的概率(0≤q≤1, a>0, b>0)	CDF.BETA(0.636, 10, 2) → 0.05
CDF.BINOM(k, a, b)	二项分布中,随机变量 x≤k 的概率(0≤k≤a, 0≤b≤1)	CDF.BINOM(2, 10, 0.61) → 0.01
CDF.BVNOR(k, a, b)	标准双变量正态分布中,随机变量 x≤k 和 x≤a 的概率(0≤b≤1)	CDF.BVNOR(6, 1.6, 1) → 0.95
CDF.CAUCHY(q, a, b)	柯西分布中, x≤q 的概率(q≥0, b>0)	CDF.CAUCHY(22.63, 10, 2) → 0.95
CDF.CHISQ(q, a)	自由度为 a 的卡方分布中, x≤q 的概率(a>0)	CDF.CHISQ(3.84, 1) → 0.95
CDF.EXP(q, a)	指数分布中, x≤q 的概率(q≥0, a>0)	CDF.EXP(0.30, 10) → 0.95
CDF.F(q, a, b)	分子、分母自由度分别为 a, b 的 F 分布中, x≤q 的概率(q≥0, a>0, b>0)	CDF.F(2.35, 10, 20) → 0.95
CDF.GAMMA(q, a, b)	Γ(a>0, b>0)分布中, x≤q 的概率(q≥0)	CDF.GAMMA(2.71, 10, 2) → 0.05
CDF.GEOM(k, a)	几何分布中, x≤k 的概率(k 为正整数, 0<a≤1)	CDF.GEOM(2, 0.778) → 0.95
CDF.HALFNRM(q, a, b)	均数为 a, 标准差为 b 的半正态分布中, x≤q 的概率(b>0)	CDF.HALFNRM(5, 2, 1.5) → 0.95
CDF.HYPER(k, a, b, c)	超几何分布中, x≤k 的概率(0≤c≤a, 0≤b≤a, max(0, b−a+c)≤k≤min(c, b), a 为正整数)	CDF.HYPER(5, 19, 8, 9) → 0.95
CDF.IGAUSS(q, a, b)	逆高斯分布中, x≤q 的概率(a>0, b>0)	CDF. IGAUSS(10, 3, 2) → 0.95
CDF.LAPLACE(q, a, b)	拉普拉斯分布中, x≤q 的概率(b>0)	CDF.LAPLACE(5.4, 10, 2) → 0.05
CDF.LNORMAL(q, a, b)	对数正态分布中, x≤q 的概率(0≤q≤1, b>0)	CDF.LNORMAL(0.09, 0.2, 0.5) → 0.05
CDF.LOGISTIC(q, a, b)	logistic 分布中, x≤q 的概率(q≥0, b>0)	CDF.LOGISTIC(4.1, 10, 2) → 0.05
CDF.NEGBIN(k, a, b)	负二项分布中, x≤k 的概率(0≤b≤1, a 为正整数, k 为不小于 a 的整数)	CDF.NEGBIN(9, 5, 0.3) → 0.10
CDF.NORMAL(q, a, b)	均数为 a, 标准差为 b 的正态分布中, x≤q 的概率(b>0)	CDF.NORMAL(6.71, 10, 2) → 0.05
CDF.PARETO(q, a, b)	PARETO 分布中, x≤q 的概率(0<a≤q, b>0)	CDF.PARETO(10.3, 10, 2) → 0.05

续表

函数	说明	示例
CDF.POISSON(k, a)	泊森分布中, x≤k 的概率(a>0, q 为非负整数)	CDF.POISSON(3, 10) → 0.01
CDF.SMOD(q, a, b)	学生化最大模分布中, x≤q 的概率(a≥1, b>0)	CDF. SMOD(0.91, 10, 2) → 0.05
CDF.SRANGE(q, a, b)	学生化极差统计量分布, x≤q 的概率(a≥1, b>0)	CDF.SRANGE(1.50, 4, 2) → 0.26
CDF.T(q, a)	自由度为 a 的 t 分布中, x≤q 的概率(a>0)	CDF.T(1.72, 20) → 0.95
CDF.UNIFORM(q, a, b)	区间[a, b]上呈均匀分布的随机变量,其值小 q 的概率(a≤q≤b)	CDF. UNIFORM(2.4, 2, 10) → 0.05
CDF. WEIBULL(q, a, b)	Weibull 分布中, x≤q 的概率(q>0, a>0, b>0)	CDF.WEIBULL(2.26, 10, 2) → 0.05
CDF. NORM(Z)	标准正态分布中, x≤Z 的概率	CDF.NORM(2.33) → 0.99
NCDF.BETA(q, a, b, c)	非中心 beta 分布中,随机变量 x≤q 的概率(a>0, b>0, c≥0, 0≤q≤1)	NCDF.BETA(0.2, 3, 4, 7) → 0.01
NCDF.CHISQ(q, a, c)	非中心卡方分布中, x≤q 的概率(a>0, c≥0)	NCDF.CHISQ(13, 2, 3) → 0.95
NCDF.F(q, a, b, c)	非中心 F 分布中 x≤q 的概率(a>0, b>0, c≥0)	NCDF.F(10, 8, 10, 20) → 0.95
NCDF.T(q, a, c)	非中心 t 分布中 x≤q 的概率(a>0)	NCDF.T(17.5, 8, 10) → 0.95

附表 3 转换函数(Conversion)

函数	说明	示例
NUMBER(自变数集,格式)	当自变数为数值变量时,按指定格式转换为数值变量	NUMBER('23', F8.1)→ 2.3 NUMBER('01-01-99', DATE11)→ 01/01/99
STRING(自变数,格式)	按指定格式将自变数转换为字符型变量	STRING(3+4, F8.2)→ 7.00 STRING(3+4, F8.0)→ 7

附表 4 当前日期和时间函数(Current Date/Time)

函数	说明	示例
$DATE	格式为 dd-mmm-yy 的当前日期形式	字符串格式→ 23-JAN-11
$DATE11	格式为 dd-mmm-yyyy 的当前日期形式	字符串格式→ 23-JAN-2011
$JDATE	1582.10.15 开始计算天数的当前日期	例当前日期为 01-01-2011 $JDATE → 156403
$TIME	1582.10.15 开始计算时间,目前的日期和时间	日期格式→ 23-JAN-2011 17:35:47.46

附表 5　日期运算（Date Arithmetic）

函数	说明	示例（a=02/19/2011，b=01/01/1999）
DATEDIFF（a，b，u）	计算 a 和 b 日期之间的差值，以 u 为单位	DATEDIFF（a，b，'years'）→ 12 DATEDIFF（a，b，'weeks'）→ 633 DATEDIFF（a，b，'days'）→ 4432
DATESUM（a，v，u，m）	计算 a 和 v 之间的合计值，以 u 为单位，m 方法可选"rollover"或"closest"	DATESUM（a，11，'years'，'rollover'）→ 02/19/2022 DATESUM（a，11，'months'，'closest'）→ 01/19/2012

附表 6　日期生成函数（Date Creation）

函数	说明	示例
DATE.DMY（d，m，y）	与指定日、月、年对应的日期（1≤d≤31，1≤m≤12）	DATE.DMY（25，3，99）→ 03/25/99
DATE.MDY（m，d，y）	与指定月、日、年对应的日期（1≤d≤31，1≤m≤12）	DATE.MDY（3，25，99）→ 03/25/99
DATE.MOYR（m，y）	与指定的月、年度对应的日期值（1≤m≤12）	DATE.MOYR（5，99）→ 05/01/99
DATE.QYR（q，y）	与指定的季度、年度对应的日期（1≤q≤4）	DATE.QYR（2，99）→ 04/01/99
DATE.WKYR（w，y）	与指定的周、年度对应的日期（1≤w≤52）	DATE.WKYR（38，99）→ 09/17/99
DATE.YRDAY（y，d）	与指定年、日对应的日期（1≤d≤366）	DATE.YRDAY（99，35）→ 02/04/99

要正确显示以上函数值，必须先赋予其 SPSS 的日期型变量（DATE）格式，假设以上日期都用 mm/dd/yy 格式显示，时间都用 hh：mm：ss 格式显示

附表 7　提取日期函数（Date Exaction）

函数	说明	示例
XDATE.DATE（自变数）	1582.10.15 到指定日期的秒数	XDATE.DATE（y）→ 1.35E+10（秒）
XDATE.JDAY（自变数）	该时间在指定年份中的天数（1~366）	XDATE.JDAY（y）→ 50（第 50 天）
XDATE.MDAY（自变数）	该时间所对应的天数（1~31）	XDATE.MDAY（y）→ 19（天）
XDATE.MONTH（自变数）	该时间所对应的月份（1~12）	XDATE.MONTH（y）→ 2（月）
XDATE.QUARTER（自变数）	该时间在一年中的季度位置（1~4）	XDATE.QUARTER（y）→ 1（第 1 季度）
XDATE.TDAY（自变数）	1582.10.15 到指定日期的天数	XDATE.TDAY（y）→ 156452（间隔 156452 天）
XDATE.TIME（自变数）	从午夜开始所计的秒数	XDATE.TIME（x）→ 30040（秒）
XDATE.WEEK（自变数）	该时间在指定年份的星期位置（1~53）	XDATE.WEEK（y）→ 8（第 8 周）
XDATE.WKDAY（自变数）	该时间所对应的周日（1~7）	XDATE.WKDAY（y）→ 7（星期六）
XDATE.YEAR（自变数）	该时间所对应的 4 位数年份	XDATE.YEAR（y）→ 2011（年）
YRMODA（y，m，d）	从 1582 年 10 月 15 日到指定年、月、日之间的天数	YRMODA（11，2，19）→ 156452（天）

以上的时间表达式都必须是 SPSS 规定的 DATE 格式，假设示例中的 x 值为 hh：mm：ss 格式的 8 点 20 分 40 秒，y 值为 mm/dd/yy 格式的 2011 年 2 月 19 日

附表 8 连续型变量的反分布函数（Inverse DF）

函数	说明	示例
IDF.BETA（p，a，b）	满足 CDF.BETA（q，a，b）=p 的 q 值	IDF.BETA（0.05，10，2）→ 0.636
IDF.CAUCHY（p，a，b）	满足 CDF.CAUCHY（q，a，b）=p 的 q 值	IDF.CAUCHY（0.95，10，2）→ 22.628
IDF.CHISQ（p，a）	满足 CDF.CHISQ（q，a）=p 的 q 值	IDF.CHISQ（0.95，1）→ 3.841
IDF.EXP（p，a）	满足 CDF.EXP（q，a）=p 的 q 值	IDF.EXP（0.95，10）→ 0.300
IDF.F（p，a，b）	满足 CDF.F（q，a，b）=p 的 q 值	IDF.F（0.95，10，20）→ 2.348
IDF.GAMMA（p，a，b）	满足 CDF.GAMMA（q，a，b）=p 的 q 值	IDF.GAMMA（0.05，10，2）→ 2.713
IDF.HAIFNRM（p，a，b）	满足 CDF.HALFNRM（q，a，b）=p 的 q 值	IDF.HAIFNRM（0.05，10，2）→ 10.125
IDF.IGAUSS（p，a，b）	满足 CDF.IGAUSS（q，a，b）=p 的 q 值	IDF.IGAUSS（0.05，10，2）→ 0.479
IDF.LAPLACE（p，a，b）	满足 CDF.LAPLACE（q，a，b）=p 的 q 值	IDF.LAPLACE（0.05，10，2）→ 5.395
IDF.LNORMAL（p，a，b）	满足 CDF.LNORMAL（q，a，b）=p 的 q 值	IDF.LNORMAL（0.05，0.2，0.5）→ 0.088
IDF.LOGISTIC（p，a，b）	满足 CDF.LOGISTIC（q，a，b）=p 的 q 值	IDF.LOGISTIC（0.05，10，2）→ 4.111
IDF.NORMAL（p，a，b）	满足 CDF.NORMAL（q，a，b）=p 的 q 值	IDF.NORMAL（0.05，10，2）→ 6.710
IDF.PARETO（p，a，b）	满足 CDF.PARETO（q，a，b）=p 的 q 值	IDF.PARETO（0.05，10，2）→ 10.260
IDF.SMOD（p，a，b）	满足 CDF.SMOD（q，a，b）=p 的 q 值	IDF.SMOD（0.05，10，2）→ 0.910
IDF.SRANGE（p，a，b）	满足 CDF.SRANGE（q，a，b）=p 的 q 值	IDF.SRANGE（0.05，10，2）→ 1.502
IDF.T（p，a）	满足 CDF.T（q，a）=p 的 q 值	IDF.T（0.95，20）→ 1.725
IDF.UNIFORM（p，a，b）	满足 CDF.UNIFORM（q，a，b）=p 的 q 值	IDF.UNIFORM（0.05，2，10）→ 2.400
IDF.WEIBULL（p，a，b）	满足 CDF.WEIBULL（q，a，b）=p 的 q 值	IDF.WEIBULL（0.05，10，2）→ 2.265

附表 9 杂项函数（Miscellaneous）

函数	说明	示例（x1=7，x2=3，x3=2，x4=6）
$CASENUM	顺序编号	$CASENUM →从 1 至 n 顺序编号
LAG（自变数，n）	第前 n 例自变数的值	LAG（x，3）当前位置往前第 3 例的 x 值→ x1~x3 系统缺失，x4=7，x5=3，x6=2
VALUEBEL（a）	返回变量值的标签	VALUEBEL（group）→ A，B

group 分为 A、B 两组

附表 10 缺失值函数（Missing Values）

函数	说明	示例#
$SYSMIS	系统缺失值	目标变量 =$SYSMIS → .
MISSING（变量名）	若变量缺失（包括自定义缺失或系统缺失）则为 T 或 1，否则为 F 或 0	MISSING（x1）→ 1 MISSING（x2）→ 1 MISSING（x3）→ 0
NMISS（自变数集）	缺失值个数	NMISS（x1，x2，x3）→ 2
NVALID（自变数集）	有效值个数	NVALID（x1，x2，x3）→ 1
SYSMIS（变量名）	若变量是系统缺失值则为 1 或 True，如为自定义缺失或不缺失则为 F 或 0	SYSMIS（x2）→ 1 SYSMIS（x1）→ 0
VALUE（变量名）	忽略自定义缺失值	VALUE（x1）→ x1

#：以上示例中，假设 x1 为用户自定义的缺失值，x2 为系统缺失值，x3 为非缺失值

附表 11 非中心和中心性概率密度函数(PDF & Noncentral PDF)

函数	说明	示例
NPDF.BETA(q, a, b, c)	非中心 beta 分布中，随机变量 x=q 的概率(a>0, b>0, c≥0, 0≤q≤1)	NPDF.BETA(0.05, 3, 4, 7)→0.01
NPDF.CHISQ(q, a, c)	非中心卡方分布中，x=q 的概率(a>0, c≥0)	NPDF.CHISQ(13, 2, 3)→0.01
NPDF.F(q, a, b, c)	非中心 F 分布中 x=q 的概率(a>0, b>0, c≥0)	NPDF.F(7, 8, 10, 20)→0.05
NPDF.T(q, a, c)	非中心 t 分布中 x=q 的概率(a>0)	NPDF.T(19, 8, 10)→0.01
PDF.BERNOULLI(k, a)	伯努利分布中，随机变量 x=k 的概率(k 为 0 或 1, 0≤a≤1)	PDF.BERNOULLI(0, 0.05)→0.95
PDF.BEAT(q, a, b)	BETA 分布中，随机变量 x=q 的概率(0≤q≤1, a>0, b>0)	PDF.BEAT(0.46, 10, 2)→0.05
PDF.BINOM(k, a, b)	二项分布中，随机变量 x=k 的概率(0≤k≤a, 0≤b≤1)	PDF.BINOM(9, 10, 0.61)→0.05
PDF.BVNOR(k, a, b)	标准双变量正态分布中，随机变量 x=k 和 x=a 的概率(0≤b≤1)	PDF.BVNOR(1.5, 0.5, 0.7)→0.05
PDF.CAUCHY(q, a, b)	柯西分布中，x=q 的概率(q≥0, b>0)	PDF.CAUCHY(7, 10, 2)→0.05
PDF.CHISQ(q, a)	自由度为 a 的卡方分布中，x=q 的概率(a>0)	PDF.CHISQ(3, 1)→0.05
PDF.EXP(q, a)	指数分布中，x=q 的概率(q≥0, a>0)	PDF.EXP(0.7, 10)→0.01
PDF.F(q, a, b)	分子、分母自由度分别为 a, b 的 F 分布中，x=q 的概率[q≥0,(a>0, b>0)]	PDF.F(2.7, 10, 20)→0.05
PDF.GAMMA(q, a, b)	Γ(a>0, b>0)分布中，x=q 的概率(q≥0)	PDF.GAMMA(2.3, 10, 2)→0.05
PDF.GEOM(k, a)	在几何分布中，x=k 的概率(k 为正整数, 0<a≤1)	PDF.GEOM(4, 0.778)→0.01
PDF.HALFNRM(q, a, b)	均数为 a，标准差为 b 的半正态分布中，x=q 的概率(b>0)	PDF.HALFNRM(15, 5, 8)→0.05
PDF.HYPER(k, a, b, c)	超几何分布中，x=k 的概率(0≤c≤a, 0≤b≤a, max(0, b–a+c)≤k≤min(c, b), a 为正整数)	PDF.HYPER(1, 18, 8, 9)→0.01
PDF.IGAUSS(q, a, b, c)	逆高斯分布中，x=q 的概率(a>0, b>0)	CDF. IGAUSS(12, 3, 2)→0.01
PDF.LAPLACE(q, a, b)	拉普拉斯分布中，x=q 的概率(b>0)	PDF.LAPLACE(6.6, 10, 2)→0.05
PDF.LNORMAL(q, a, b)	对数正态分布中，x=q 的概率(0≤q≤1, b>0)	PDF.LNORMAL(0.9, 0.2, 0.5)→0.01
PDF.LOGISTIC(q, a, b)	logistic 分布中，x=q 的概率(q≥0, b>0)	PDF.LOGISTIC(6, 10, 2)→0.05
PDF.NEGBIN(k, a, b)	负二项分布中，x=k 的概率(0≤b≤1, a 为正整数, k 为不小于 a 的整数)	PDF.NEGBIN(10, 5, 0.3)→0.05
PDF.NORMAL(q, a, b)	均数为 a，标准差为 b 的正态分布中，x=q 的概率(b>0)	PDF.NORMAL(6.6, 10, 2)→0.05
PDF.PARETO(q, a, b)	PARETO 分布中，x=q 的概率(0<a≤q, b>0)	PDF.PARETO(16, 10, 2)→0.05

续表

函数	说明	示例
PDF.POISSON(k,a)	在泊森分布中,x=k 的概率(a>0,q 为非负整数)	PDF.POISSON(7,11.5)→0.05
PDF.T(q,a)	自由度为 a 的 t 分布中,x=q 的概率(a>0)	PDF.T(2.1,20)→0.05
PDF.UNIFORM(q,a,b)	在区间[a,b]上呈均匀分布的随机变量,其值 =q 的概率(a≤q≤b)	PDF. UNIFORM(2,1,20)→0.05
PDF. WEIBULL(q,a,b)	Weibull 分布中,x=q 的概率(q>0,a>0,b>0)	PDF.WEIBULL(11,10,20)→0.01

附表 12 离散型随机变量函数(Random Numbers)

函数	说明	示例
RV.BERNOULLI(a)	产生一服从伯努利分布的随机变量(0≤a≤1)	COMPUTE X1=RV.BERNOULLI(0.3)
RV.BETA(a,b)	产生一服从 beta 分布的随机变量(a>0,b>0)	COMPUTE X2= RV.BETA(6,0.7)
RV.BINOM(a,b)	产生一服从二项分布的随机变量(a≥0,0≤b≤1)	COMPUTE X3=RV.BINOM(100,0.3)
RV.CAUCHY(a,b)	产生一服从柯西分布的随机变量(b>0)	COMPUTE X4=RV. CAUCHY(6,0.7)
RV.CHISQ(a)	产生一服从卡方分布的随机变量(a>0)	COMPUTE X5=RV. CHISQ(2)
RV.EXP(a)	产生一服从指数分布的随机变量(a>0)	COMPUTE X6=RV. EXP(2)
RV.F(a,b)	产生一服从 F 分布的随机变量(a>0,b>0)	COMPUTE X7= RV.F(10,20)
RV.GAMMA(a,b)	产生一服从 Γ 分布的随机变量(a>0,b>0)	COMPUTE X8= RV.GAMMA(10,2)
RV.GEOM(a)	产生一服从几何分布的随机变量(0<a≤1)	COMPUTE X9=RV.GEOM(0.4)
RV.HALFNRM(a,b)	产生一服从半正态分布的随机变量(b>0)	COMPUTE X10= RV.HALFNRM(2,1.5)
RV.HYPER(a,b,c)	产生一服从超几何分布的随机变量(a 为正整数,0≤c≤a,0≤b≤a)	COMPUTE X11=RV.HYPER(100,20,4)
RV.LGAUSS(a,b)	产生一服从逆高斯分布的随机变量(a>0,b>0)	COMPUTE X12=RV. LGAUSS(3,2)
RV.LAPLACE(a,b)	产生一服从拉普拉斯分布的随机变量(b>0)	COMPUTE X13=RV. LAPLACE(10,2)
RV.LNORMAL(a,b)	产生一服从对数正态分布的随机变量(b>0)	COMPUTE X14=RV. LNORMAL(0.2,0.5)
RV.LOGISTIC(a,b)	产生一服从 logistic 分布的随机变量(b>0)	COMPUTE X15=RV. LOGISTIC(10,2)

续表

函数	说明	示例
RV.NEGBIN(a,b)	产生一服从负二项分布的随机变量(a为正整数,0≤b≤1)	COMPUTE X16=RV.NEGBIN(5,0.3)
RV.NORMAL(a,b)	产生一服从正态分布的随机变量(b>0)	COMPUTE X17=RV. NORMAL(10,2)
RV.PARETO(a,b)	产生一服从PARETO分布的随机变量(a>0,b>0)	COMPUTE X18=RV. PARETO(10,2)
RV.POISSION(a)	产生一服从泊森分布的随机变量(a>0)	COMPUTE X19=RV.POISSION(5)
RV.T(a)	产生一服从t分布的随机变量(a>0)	COMPUTE X20=RV. T(20)
RV.UNIFORM(a,b)	产生一服从均匀分布的随机变量(a≤b)	COMPUTE X21=RV. UNIFORM(1,20)
RV.WEIBULL(a,b)	产生一服从Weibull分布的随机变量(a>0,b>0)	COMPUTE X22=RV. WEIBULL(10,20)

附表 13 检索函数(Search)

函数	说明	示例(x1=7,x2=5)
ANY(自变数1,自变数集)	字符型:若自变数1和后面某自变数相同则为真,记作T或1,否则为F或者0 数值型:自变数1的值若与后面某自变数的值相等则为真,记为T或1,否则为F或者0	ANY(x,7)→x1返回1,x2返回0 ANY("is","this")→0 ANY("is","this","is")→1
CHAR.INDEX(a1,a2#,a3)	根据a3返回a2在a1最左侧开始出现的位置	CHAR.INDEX('thists','ist')→3 CHAR.INDEX('thists','ist',1)→1 CHAR.INDEX('thists','ists',2)→3
CHAR.RINDEX(a1,a2#,a3)	根据a3返回a2在a1最右侧开始出现的位置	CHAR.RINDEX('thists','ist')→5 CHAR.RINDEX('thists','ist',1)→6
MAX(自变数集)	字符型:按自变数对应的ACSII从左到右比较,得所有自变数中最大者 数值型:按自变数对应的有效值返回最大值	MAX('th','ta','an')→'th' MAX(2,4,6)→6
MIN(自变数集)	字符型:按自变数对应的ACS Ⅱ从左到右比较,得所有自变数中最小者 数值型:按自变数对应的有效值返回最小值	MIN('th','ta','an')→'an' MIN(2,4,6)→2
RANGE(自变数1,自变数集)	如果自变数1的值包含在自变数集的范围内则为T或1,否则为F或者0	RANGE('c','a','k')→1 RANGE(12,13,16)→0
REPLACE(a1#,a2#,a3#,a4)	用a3替换在a1中的a2,a4决定替换的例数	REPLACE('this is','is','ea')→'thea ea' REPLACE('this is','is','ea',1)→'thea is'

#:自变数可以是字符型变量、字符型常量,也可以是函数

附表 14 统计界值函数(Significance)

函数	说明	
SIG.CHISQ(q,b)	自由度为 b 的卡方分布中,随机变量 x>a 的概率(b>0)	SIG.CHISQ(3.84,1)→0.05
SIG.F(q,a,b)	自由度为 a 和 b 的 F 分布中,随机变量 x>q 的概率(a>0,b>0)	SIG.F(6.61,1,5)→0.05

附表 15 统计函数(Statistical)

函数	说明	示例(x1=2,x2=5,x3=8)
CFVAR(自变数集)	每一例所有自变数集的变异系数	CFVAR(x1,x2,x3)→0.6
MAX(自变数集)	每一例所有自变数集的最大值	MAX(x1,x2,x3)→8
MEAN(自变数集)	每一例所有自变数集的平均数	MEAN(x1,x2,x3)→5
MEDIAN(自变数集)	每一例所有自变数集的中位数	MEDIAN(x1,x2,x3)→5
MIN(自变数集)	每一例所有自变数集的最小值	MIN(x1,x2,x3)→2
SD(自变数集)	每一例所有自变数集的标准差	SD(x1,x2,x3)→3
SUM(自变数集)	每一例所有自变数集之和	SUM(x1,x2,x3)→15
VARIANCE(自变数集)	每一例所有自变数集的方差	VAR(x1,x2,x3)→9

附表 16 评分函数(Scoring)

函数	说明	示例(h=a_scoring_model)
APPLYMODEL(h,f,v)	导入外部 XML 文件 h,根据 f 产生数值型预测值。如果 f 为"probability",则 v 表示一个类别的概率计算。如果为"neighbor","distance",则 v 表示特定邻近模型。	APPLYMODEDL(**a_scoring_model**,'confidence') APPLYMODEDL(**a_scoring_model**,'probability',1)
STRAPPLYMODEL(h,f,v)	导入外部 XML 文件 h,根据 f 产生字符型预测值。如果 f 为"probability",则 v 表示一个类别的概率计算。如果为"neighbor","distance",则 v 表示特定邻近模型。	STRAPPLYMODEDL(**a_scoring_model**,'confidence') STRAPPLYMODEDL(**a_scoring_model**,'probability',1)

h 为外部 XML 或者 ZIP 文件名,f 为可选择的为字符"predict""stddev""probability""confidence""nodeid""cumhazard""neighbor"和"distance"

附表 17 字符型函数(String)

函数	说明	示例
CHAR.INDEX(a1,a2##,a3)	根据 a3 返回 a2 在 a1 最左侧开始出现的位置	CHAR.INDEX('thists','ist')→3 CHAR.INDEX('thists','ist',1)→1 CHAR.INDEX('thists','ists',2)→3
CHAR.LENGTH(自变数)	自变数所含字符的个数(包括其中的特殊字符及空格)	CHAR.LENGTH('th is')→5
CHAR.LPAD(a1,a2,a3##)	在 a1 的左侧增加 a3,扩展至长度为 a2。如无 a3,则在左侧加空格	CHAR.LPAD('thi',5,'b')→'bbthi' CHAR.LPAD('thi',5)→' thi'

续表

函数	说明	示例
CHAR.MBLEN(自变数,a1)	自变数中第a1位置字符所占字节,汉字占2个字节,英文字母1个字节,如未规定a1则默认为1	CHAR.MBLEN('我们 IS',2)→2 CHAR.MBLEN('THI',2)→1
CHAR.RINDEX(a1,a2##,a3)	根据a3返回a2在a1最右侧开始出现的位置	CHAR.RINDEX('thists','ist')→3 CHAR.RINDEX('thists','ist',1)→6
CHAR.RPAD(a1,a2,a3##)	在a1的右侧增加a3,扩展至长度为a2。如无a3,则在右侧加空格	CHAR.RPAD('thi',5,'b')→'thibb' CHAR.RPAD('thi',5)→'thi '
CHAR.SUBSTR(a1,a2,a3)	a1从a2位置开始长度为a3的字符串	CHAR.SUBSTR('this is',6)→'is' CHAR.SUBSTR('this is',6,1)→'i'
CONCAT(自变数集)	将所有自变数连成一个新的自变数	CONCAT('th','is')→"this"
LENGTH(自变数集)	自变数所含字符的个数(包括尾部的空格)	LENGTH('th is ')→6 LENGTH(RTRIM('th is '))→5
LOWER(自变数集)	自变数中的大写字母改为小写字母	LOWER('This')→'this'
LTRIM(a1,a2)	在a1开始处去除a2所形成的变量,如无a2,则去除a1左侧的空格	LTRIM('this','t')→'his' LTRIM('this')→'this'
MBLEN.BYTE(自变数,a1)	自变数中第a1位置字符所占字节,汉字占2个字节,英文字母1个字节,如未规定a1则默认为1	MBLEN('我们 IS',2)→2 MBLEN('THI',2)→1
NORMALIZE(自变数集)	返回标准化版本	NORMALIZE(' THI ')→' THI'
NTRIM(自变数集)	返回自变数集,必须是变量名	NTRIM(' THI ')→' THI '
REPLACE(a1#,a2#,a3#,a4)	用a3替换在a1中的a2,a4决定替换的例数	REPLACE('this is','is','ea')→'thea ea' REPLACE('this is', 'is', 'ea',1)→'thea is'
RTRIM(自变数,a1)	根据a1删除自变数中的尾部单个字符,若省略a1则删除其尾部空格	RTRIM('this is ')→'this is' RTRIM('this is','s')→'this i'
STRUNC(自变数,a1)	根据a1留取自变数的个数	STRUNC('this is',3)→'thi'
UPCASE(自变数集)	将自变数集中的小写字母改为大写	UPCASE('this')→'THIS'

#:自变数可以是字符型变量、字符型常量,也可以是函数;##:a1,a2,a3可以是字符常量,也可以是数值常量

附表18 时间间隔计算(Time Duration Creation)

函数	说明	示例
TIME.DAYS(d)	返回由日数决定的时间区间	TIME.DAYS(1)→86400(秒) TIME.DAYS(1)→24(小时)
TIME.HMS(d)	与指定的时、分、秒对应的时间区间(d可含小数)	TIME. HMS(3,20,40)→3:20:40(3小时20分40秒) TIME.HMS(3.8)→3:48:00(3小时48分)

续表

函数	说明	示例
CTIME.DAYS(自变数)	该时期的天数,可用小数表示	CTIME.DAYS(12:10:20-x)→0.16(天)
CTIME.HOURS(自变数)	该时期的小时数,可用小数表示	CTIME.HOURS(12:10:20-x)→3.83(小时)
CTIME.MINUTES(自变数)	该时期的分钟数,可用小数表示	CTIME.MINUTES(12:10:20-x)→229.67(分)
CTIME.SECONDS(自变数)	该时期的秒数,可用小数表示	CTIME.SECOND(12:10:20-x)→13780(秒)
XDATE.HOUR(自变数)	该时间所对应的小时(0~23)	XDATE.HOUR(x)→8(时)
XDATE.MINUTE(自变数)	该时间所对应的分钟(0~59)	XDATE.MINUTE(x)→20(分)
XDATE.SECOND(自变数)	该时间所对应的秒钟(0~59)	XDATE.SECOND(x)→40(秒)
XDATE.TDAY(自变数)	指定日期距 1582.10.15 的天数	XDATE.TDAY(y)→156452(天)

假设示例中的 x 值为 hh:mm:ss 格式的 8 点 20 分 40 秒,y 值为 mm/dd/yy 格式的 2011 年 2 月 19 日

附表 19 时间间隔提取(Time Duration Extrication)

函数	说明	示例
XDATE.HOUR(自变数)	该时间所对应的小时(0~23)	XDATE.HOUR(x)→8(时)
XDATE.MINUTE(自变数)	该时间所对应的分钟(0~59)	XDATE.MINUTE(x)→20(分)
XDATE.SECOND(自变数)	该时间所对应的秒钟(0~59)	XDATE.SECOND(x)→40(秒)
XDATE.TDAY(自变数)	1582.10.15 到指定日期的天数	XDATE.TDAY(y)→156452(天)

假设示例中的 x 值为 hh:mm:ss 格式的 8 点 20 分 40 秒,y 值为 mm/dd/yy 格式的 2011 年 2 月 19 日

中英文名词对照索引

E

F

G

H

J

L

M

X

Y

Z

获取图书配套增值内容步骤说明

1. 打开激活网址
打开激活平台（jh.ipmph.com）
或扫描封底圆形二维码
2. 登录网站
激活平台
01 刮开涂层获取激活码
02 输入激活码激活
03 激活成功
3. 激活增值服务
刮开封底激活码
激活图书增值服务
4. 浏览资源
激活成功，即可在线浏览资源或登录客户端扫描书内二维码浏览资源
恭喜您，激活成功!